Regine Lockot
Erinnern und Durcharbeiten

Das Anliegen der Buchreihe BIBLIOTHEK DER PSYCHOANALYSE besteht darin, ein Forum der Auseinandersetzung zu schaffen, das der Psychoanalyse als Grundlagenwissenschaft, als Human- und Kulturwissenschaft und als klinische Theorie und Praxis neue Impulse verleiht. Die verschiedenen Strömungen innerhalb der Psychoanalyse sollen zu Wort kommen, und der kritische Dialog mit den Nachbarwissenschaften soll intensiviert werden. Bislang haben sich folgende Themenschwerpunkte herauskristallisiert:
Die Wiederentdeckung lange vergriffener Klassiker der Psychoanalyse – wie beispielsweise der Werke von Otto Fenichel, Karl Abraham, W. R. D. Fairbairn und Otto Rank – soll die gemeinsamen Wurzeln der von Zersplitterung bedrohten psychoanalytischen Bewegung stärken. Einen weiteren Baustein psychoanalytischer Identität bildet die Beschäftigung mit dem Werk und der Person Sigmund Freuds und den Diskussionen und Konflikten in der Frühgeschichte der psychoanalytischen Bewegung.
Im Zuge ihrer Etablierung als medizinisch-psychologisches Heilverfahren hat die Psychoanalyse ihre geisteswissenschaftlichen, kulturanalytischen und politischen Ansätze vernachlässigt. Indem der Dialog mit den Nachbarwissenschaften wiederaufgenommen wird, soll das kultur- und gesellschaftskritische Erbe der Psychoanalyse wiederbelebt und weiterentwickelt werden.
Stärker als früher steht die Psychoanalyse in Konkurrenz zu benachbarten Psychotherapieverfahren und der biologischen Psychiatrie. Als das anspruchsvollste unter den psychotherapeutischen Verfahren sollte sich die Psychoanalyse der Überprüfung ihrer Verfahrensweisen und ihrer Therapie-Erfolge durch die empirischen Wissenschaften stellen, aber auch eigene Kriterien und Konzepte zur Erfolgskontrolle entwickeln. In diesen Zusammenhang gehört auch die Wiederaufnahme der Diskussion über den besonderen wissenschaftstheoretischen Status der Psychoanalyse.
Hundert Jahre nach ihrer Schöpfung durch Sigmund Freud sieht sich die Psychoanalyse vor neue Herausforderungen gestellt, die sie nur bewältigen kann, wenn sie sich auf ihr kritisches Potential besinnt.

BIBLIOTHEK DER PSYCHOANALYSE
HERAUSGEGEBEN VON HANS-JÜRGEN WIRTH

Regine Lockot

Erinnern und Durcharbeiten

Zur Geschichte der Psychoanalyse und
Psychotherapie im Nationalsozialismus

Psychosozial-Verlag

Bibliografische Information der Deutschen Bibliothek
Die Deutsche Bibliothek verzeichnet diese Publikation in der Deutschen
Nationalbibliografie; detaillierte bibliografische Daten sind im Internet
über <http://dnb.d-nb.de> abrufbar.

© der deutschen Ausgabe
Fischer Taschenbuch Verlag GmbH,
Frankfurt am Main 1985
© dieser Ausgabe:
2002 Psychosozial-Verlag
E-Mail: info@psychosozial-verlag.de
www.psychosozial-verlag.de
Alle Rechte, insbesondere das des auszugsweisen Abdrucks
und das der fotomechanischen Wiedergabe, vorbehalten.
Umschlagfoto: Gruppenfoto der wichtigsten Mitglieder des
Deutschen Instituts für psychologische Forschung
und Psychotherapie, 1941
Umschlaggestaltung: Christof Röhl
nach Entwürfen des Ateliers Warminski, Büdingen
Printed in Germany
ISBN 978-3-89806-171-1

Inhalt

Vorwort I

1. Einleitung... 7
1.1. Literaturübersicht.................................. 12
2. Psychoanalytische Überlegungen zur Bearbeitung der
   Geschichte der Psychoanalyse im Nationalsozialismus .. 17
   Geschichtsschreibung und Tradition 17
   Der »Widerstand« in der Geschichtsbetrachtung 21
   Erinnern unter den Bedingungen der (Gegen-)Übertragung 24
   Übertragung in der Interviewsituation 26
   Der Verdrängungswiderstand 26
   *Das Ineinandergreifen von Verdrängungs-
   und Übertragungswiderstand* 28
   Der Krankheitsgewinn................................ 30
   Es-Widerstand 30
   Der Über-Ich-Widerstand 32
   Das Durcharbeiten 34
3. Die psychotherapeutischen Organisationen vor 1933 39

3.1. Die Deutsche Psychoanalytische Gesellschaft.......... 39
3.2. Die Gesellschaft für Individualpsychologie........... 48
3.3. Die C. G. Jung-Gesellschaft.......................... 50

4. Die Formierung der psychotherapeutischen Bewegung .. 53

5. Der Prozeß der »Selbstgleichschaltung«............... 71

5.1. Die Repräsentanten der allgemeinen ärztlichen
     Gesellschaft für Psychotherapie..................... 74
     Prof. E. Kretschmer 74
     Prof. M. H. Göring 79
     Prof. C. G. Jung.................................. 87
5.2. Die Auflösung der Deutschen Psychoanalytischen
     Gesellschaft im Spiegel ihrer leitenden Mitglieder .. 110
     Dr. F. Boehm 113
     Dr. C. Müller-Braunschweig 118
     Dr. H. Schultz-Hencke 126

5.3. Die Deutsche allgemeine ärztliche Gesellschaft
für Psychotherapie 134
    Dr. G. R. Heyer, ein Outsider wird Insider 161
5.4. Anmerkungen zur »Arierfrage« 172

6. Die Etablierung der psychotherapeutischen Bewegung .. 184
6.1. Das Deutsche Institut für psychologische Forschung und
    Psychotherapie 188
    »Deutsche Seelenheilkunde« 191
    Die Abteilungen und ihre Aufgaben 193
    Gebührenregelung 205
    Kontrolle durch die Deutsche Arbeitsfront und
    Übernahme in den Reichsforschungsrat 207
    Das Institut während des Krieges 209
    Das Ende des Instituts 211
6.2. Patienten im Nationalsozialismus 212
6.3. Zur Frage der nichtärztlichen Psychotherapeuten 238
6.4. Die Auseinandersetzung der Deutschen Gesellschaft
    für Neurologie und Psychiatrie 248
6.5. Die internationale allgemeine ärztliche Gesellschaft
    für Psychotherapie 261
6.6 Die Selbstdarstellung der deutschen Psychotherapeuten
    auf Kongressen 286
6.7. Die Liquidierung des Wiener Psychoanalytischen Instituts
    und seiner Einrichtungen 294

7. Nach dem Durcharbeiten 309

Anhang 319
Anmerkungen 320
Danksagungen 369
Verzeichnis der Abkürzungen 370
Interviewpartner und Archive 371
Literaturverzeichnis 372
Verzeichnis der Abbildungen 379
Namenregister 381

»Ich könnte noch hinzufügen, daß mein Vater nichts tun wollte um es den Berlinern schwerer zu machen aber einverstanden waren wir mit deren Handlungsweise natürlich nicht.«

29.09.1979, Anna Freud an Regine Lockot

Vorwort

Auf seiner zweiten Reise in die Öffentlichkeit möchte ich meinem Buch noch ein paar Gedanken mit auf den Weg geben.

Als ich Ende der 70er Jahre anfing, mich mit Psychoanalyse im Nationalsozialismus zu beschäftigen, waren die Motive sehr vielfältig. Vielleicht ging es mir anfangs vor allem darum, der Generation der »Väter« Fehler und Lügen nachzuweisen – literarische Fehler, die sie bei ihren historischen Darstellungen gemacht hatten und dieses Motiv beflügelte mich mit einem gewissen Jagdeifer – wenn ich mich nicht täusche, ging es mir nicht darum, der verantwortlichen Generation Vorwürfe für ihr Verhalten zu machen. Indem ich das historische Material kennenlernte, verging mir das Triumphieren über gefundene Fehler gründlich. Dabei wurde mir klar, daß mich die Fehler nicht wirklich interessierten. Vielmehr war ich entsetzt darüber, in den Akten oft eine Normalität zu finden, an der nichts stimmte, einen Wertekodex wie selbstverständlich verhandelt zu finden, der Existenzen zerstörte und ein Rassenverständnis, das aus geschätzten Kollegen unwerte Kreaturen werden ließ. Ich war immer wieder fassungslos, als mir bewußt wurde, daß Menschenschicksale verhandelt wurden – sie waren oft kaschiert und auf bürokratische Vorgänge verkürzt. Dabei war ich wohl eigentlich auf der Suche nach jemandem, der mir überzeugend vermitteln könnte, daß die deutschen Psychoanalytiker integer und fair ihren jüdischen Kollegen gegenüber gehandelt hatten.

Diese Suche war vergebens und die »Erleichterung« über die ich im letzten Kapitel schrieb, war wohl eher der Wunsch danach – zwar hatte ich während der Arbeit viel gelernt – aber erleichtert war ich eigentlich nicht. Was es nämlich heißt, erleichtert zu sein, erfuhr ich erst 1998 als Elke Mühlleitner die Fenichel-Rundbriefe (Stroemfeld-Verlag) herausgab. Hier stand all das, wonach ich 20 Jahre zuvor vergeblich gesucht hatte. Aber die Suche hatte auch ihr Gutes – sie erzwang einen ersten Reflexionsprozeß und eine erste persönliche Positionierung. Ich mußte die Brüchigkeit der Vätergenerationen wahrnehmen – und dabei hätte ich sie sehr gern idealisiert. Ob sich dieser Wunsch nach Idealisierung jemals in der Konfrontation mit der Realität (oder Geschichte) verflüchtigen kann, bezweifle ich – auch das ist eine schmerzliche Erkenntnis. Denn als ich mich ans Schreiben dieses Vorworts machte, war mein erster

Einfall, daß es doch jemand anderes tun möge – z. B. Martin Grotjahn, der 1936 Deutschland verließ, da seine Frau Jüdin war. Meine fragenden Briefe beantwortete er mir damals sehr einfühlsam – akzentuiert mit liebevollen, witzigen Cartoons. Er unterstützte mich besonders durch seine Wertschätzung meiner Arbeit. Martin Grotjahn ist am 30. September 1990 mit 86 Jahren gestorben.

In vieler Hinsicht hätte ich gern ein besseres Buch geschrieben – dann wieder lese ich manche Passagen mit Wohlgefallen und bin damit ganz zufrieden. Jetzt bin ich allerdings noch ein bißchen zufriedener: das Namenregister, das außerordentlich fehlerhaft gewesen war, habe ich gründlich überarbeitet und erheblich erweitert. Ich habe darauf verzichtet, das Buch zu »verbessern« – auch wenn es viele Dinge gibt, die ich heute genauer schreiben könnte – über die es inzwischen einen breiten Strom an Forschungen gibt, geht es mir nicht darum, mit einer grundsätzlichen Arbeit einen Schlußpunkt hinter die Geschichte zu setzen – sondern anzuerkennen, daß auch das Eigene mit der Zeit zu einem Stück Geschichte geworden ist.

August 2001

1. Einleitung

Für das Weiterbestehen von Organisationen oder wissenschaftlichen Disziplinen, oder ihre Vernichtung im Nationalsozialismus gibt es verschiedene, einleuchtende Argumentationsmodelle. So erscheint manchen Autoren der Nationalsozialismus wie ein brutaler Einbruch reaktionärer Destruktivität, der alle tatsächlich »sozialen« Einrichtungen zerstörte[1]; andere sehen ihn als einen gesellschaftlichen Rahmen an, der sogar die Professionalisierung des Fachs wesentlich vorantrieb.[2]

Wurde die Psychoanalyse, deren wesentliches kritisches Instrumentarium in der Erforschung des menschlichen Trieblebens besteht, ihrer sie konstituierenden Methodik beraubt? Wäre sie ohnehin Opfer des mit einer fortschreitenden Institutionalisierung verbundenen Abwehrprozesses geworden, unabhängig vom gesellschaftlichen System, oder konnte sie sich, an der Seite der Psychotherapie, einen festen Platz in der gesellschaftlichen Infrastruktur schaffen?

Von der Psychoanalyse gingen vielfache Anstöße aus, die nicht nur für die Behandlung von Neurotikern richtungsweisend waren. Psychologie, Pädagogik, Psychosomatik, Psychiatrie, Philosophie, Politik, Jura, Literatur und Kunst profitierten von den Entdeckungen Freuds (s. a. Becker, 1983, S. 41 ff.). Während in den 20er Jahren einige dieser Disziplinen aufs engste mit Namen bedeutender Psychoanalytiker wie Bernfeld, Groddeck, Simmel, Sachs und Müller-Braunschweig verknüpft waren, lassen während der NS-Zeit nur noch Wortverbindungen, mit denen die Abteilungen am Deutschen Institut für psychologische Forschung und Psychotherapie bezeichnet wurden, einen Zusammenhang ahnen. Nun sollte die Deutsche Seelenheilkunde den Abteilungen am Institut, der Poliklinik, der literarischen Abteilung, der weltanschaulichen Abteilung, der Abteilung Erziehungshilfe und der kriminalistischen Abteilung ihr gleichgeschaltetes Gepräge geben. Das ursprünglich kritische gedankliche Potential der Psychoanalyse war verlorengegangen. War es vernichtet worden? Mit seinen Vertretern in die Emigration gegangen? Oder verdrängt, so daß nur hohle Formen zurückblieben? Während vor der NS-Zeit die Diskussion um die »Laienfrage« diese umfassende Konzeption der Psychoanalyse, die sich nicht nur als Technik der Heilung verstand, programmatisch zum Ausdruck brachte, bestand nun die Tendenz, die Psychoanalyse vom ärztlichen Stand vereinnahmen zu lassen. Der Einsatz des Leiters des Deutschen Instituts, M. H. Göring, für die nichtärztlichen Psychotherapeuten erfolgte lediglich aus pragmatischen Gründen: Er brauchte die »Laien«, um der Psychotherapie eine breite Gefolgschaft zu sichern und den poliklinischen Betrieb in Gang zu halten. Aus dem internationalen wissenschaftlichen Austausch wurden nun formalisierte Abläufe, die von der mächtigen deutschen Gruppe bestimmt wurden.

Aber: Hatte der Nationalsozialismus einen Anteil an dieser Entwicklung? Hat er sie sogar bewirkt? Oder handelt es sich um ein zufälliges zeitliches Zusammentreffen? Die Juden-Vertreibung und -Vernichtung war sicher ein Geschehen, das die Geschichte der Psychotherapie und der Psychoanalyse nicht unbeeinflußt gelassen hat – aber haben die Juden tatsächlich alles »mitgenommen«? Auch die Gleichschaltung aller Organisationen war bestimmend für die Geschichte – aber gab es keinen Spielraum für persönliche Entscheidungen?

Auf diese Fragen wird wohl keine eindeutige Antwort möglich sein. Trotzdem wagen wir eine Vermutung, die auch aus der Kenntnis der unmittelbaren Nachkriegsgeschichte gewonnen wurde (die in diese Arbeit allerdings nicht mit einbezogen werden kann): Die Entwicklung der Psychoanalyse in Deutschland ist, durch die politischen Einflüsse forciert, in eine Entwicklung hineingedrängt worden, die sich, wahrscheinlich in einem größeren Zeitabschnitt, auch ohne den Nationalsozialismus in ähnlicher Weise vollzogen hätte. Durch das Studium der Geschichte der Psychoanalyse und Psychotherapie im Nationalsozialismus besteht nun die Möglichkeit diesen komprimierten Prozeß der »sozialen Amnesie«[3], der sich sonst viel unmerklicher und schleichender vollzogen hätte, nachzuzeichnen. Er wird erkennbar an einer Kette von Konzessionen, die die Psychoanalytiker machten, weil jede Konzession einen kleinen Gewinn versprach; die Konzessionen wurden nicht ohne Nutzen gemacht:

1. Die psychoanalytische Terminologie durfte nicht mehr verwandt werden; *aber* psychoanalytische Behandlungen gingen weiter.
2. Eitingon mußte den Vorsitz der Deutschen Psychoanalytischen Gesellschaft (DPG) niederlegen; *aber* die DPG konnte weiterbestehen, von Boehm geleitet.

Die deutschen Psychoanalytiker versuchten in Görings Schatten zu verschwinden:
– sie verbargen Unerwünschtes;
– betonten Gefordertes;
– und profitierten von der vorläufigen Etablierung der Psychotherapie.

Die ersten Konzessionen zogen immer neue nach sich; der Preis wurde immer höher:

3. Die jüdischen Psychoanalytiker legten ihre Mitgliedschaft nieder; *aber:* die DPG konnte bestehen bleiben.

4. Das Berliner Psychoanalytische Institut wurde mitsamt seinem Inventar vom Deutschen Institut »geschluckt«; *aber:* dieser ›Einstand‹ ermöglichte der DPG eine relativ sichere Institutionalisierung.
5. Die Autonomie der Gruppe ging verloren; *aber:* Gruppen, von denen man sich früher scharf abgegrenzt hatte, wurden nun zu Bündnis- und Gesprächspartnern.
6. Die DPG trat aus der Internationalen Psychoanalytischen Vereinigung aus – ein Gegengewicht zur Internationalen allgemeinen ärztlichen Gesellschaft f. Psychotherapie mußte aufgegeben werden und damit ein gewisser Rückhalt; *aber:* ein nationales psychoanalytisches Selbstbewußtsein keimte auf.
7. Die psychoanalytische Theorie durfte nicht mehr diskutiert werden; *aber:* die psychoanalytische Technik konnte in kasuistischen Seminaren weiter gelehrt werden.
8. Boehm und Müller-Braunschweig durften keinen psychoanalytischen Nachwuchs mehr ausbilden; *aber:* sie konnten ihre ökonomische Existenz durch die Durchführung therapeutischer Analysen und die Mitarbeit in Forschungsgruppen (Homosexualität, Boehm) und in der Lehrplangestaltung (Müller-Braunschweig) erhalten.
9. Die Einschränkungen, die einzelnen auferlegt wurden (Müller-Braunschweig) – kamen anderen zugute (Schultz-Hencke).

Und schließlich ging es für einzelne nur noch um die wirtschaftliche Existenz. Andere hatten ihr gutes Einkommen und fragten nicht nach dem Preis.

In der vorliegenden Arbeit wird auch die Geschichte der Psychotherapie in groben Zügen rekonstruiert. Sie erscheint hier in erster Linie, um zum Verständnis der Vermittlung politischer Verhältnisse beizutragen; denn die Entscheidungen führender Psychotherapeuten und Psychoanalytiker können nur dann angemessen beurteilt werden, wenn der Hintergrund, vor dem sie getroffen wurden, sichtbar wird. Waren es äußere Zwänge, denen sie sich unterworfen fühlten, oder innere Wünsche, die sich nun mit »offizieller Billigung« durchsetzten? Rekonstruktion ist eine Absicht dieser Arbeit; das Nacherleben, die Identifizierung mit den »Vätern«, ihr unverzichtbares Gegenstück. Das Ziel der Arbeit besteht darin, emphatische Distanz zur Geschichte der Psychoanalyse im Nationalsozialismus zu gewinnen.[4]

Der Titel des Buches »Erinnern und Durcharbeiten« entstand in Anlehnung an Freuds »Erinnern, Wiederholen und Durcharbeiten« (1914). Durch meine Auslassung wird ein besonderer Akzent auf das »Wiederholen« gesetzt. Diese Art der Betonung soll nicht den Zeigefinger des Moralisten beschwören, der uns vor dem »Faschismus in uns selbst« warnt. Das Wiederholen der Geschichte der Psychoanalyse im Nationalsozialismus in der eigenen Übertragung, in der Neigung, die gesamte Palette menschlicher Reaktionen auf Macht zu empfinden, ermöglicht erst das Erinnern. Die Autorin hat versucht, das Wiederholen durch eine Erinnerungs-Rekonstruktionslinie zu ersetzen; sie wird da brüchig, wo das Wiederholen nicht gelingt. Als Autor oder Leser sind wir aber nicht nur diejenigen, die die Wiederholungsneigung in uns selber spüren – bzw. die Neigung, alles »besser« zu machen –, sondern wir sind auch diejenigen, die den Fortgang der Geschichte verfolgen können und das, was sich an Wiederholungssequenzen abspielt, interpretierend auf die Vorgeschichte anwenden. Das heißt, daß die Geschichte der Psychoanalyse/Psychotherapie im Nationalsozialismus vervollständigend geschrieben werden kann, wenn die Nachkriegsgeschichte unter dem Aspekt der Wiederholung interpretiert wird. Manchmal wird uns die Interpretationsarbeit von den Akteuren der Geschichte selbst abgenommen:

In der Ausschußsitzung der Deutschen Psychoanalytischen Gesellschaft vom 7. 8. 1945 zieht Schultz-Hencke eine Parallele zwischen der Gründung des Deutschen Instituts (1936) und der Gründung des Instituts für Psychotherapie. Müller-Braunschweig führt sie aus: Die jetzigen Medizinalgewaltigen seien ebenso wie damals sowohl psychoanalyse- als auch jungfeindlich. Während Schultz-Hencke dafür plädiert, sich genauso zu verhalten wie damals, meint Müller-Braunschweig, daß das Institut unter einem ähnlich ungünstigen Stern stehe wie 1936. »Damals die Angst Görings, daß wir uns den Prinzipien des Dritten Reichs gegenüberstellen könnten, heute, bei aller Verschiedenheit – die Befürchtung Schultz-Henckes um die jetzige Einstellung des medizinischen Instanzenapparats. Das könnte auf den einzelnen eine ähnliche Wirkung ausüben. Damals waren die Psychoanalytiker die gefährlichen Leute; ›man muß sich so benehmen, daß man nicht in Gefahr kommt, mit ihnen zu sympathisieren‹.«

Die Wiederholung einer historischen Situation vollzieht sich hier nicht unbewußt, schleichend, kaum merklich, sondern sie wird von Schultz-Hencke als Chance zur Korrektur verstanden (nach dem Motto: Das Modell des »Göring-Instituts« war gut, nur der Leiter war unpassend), von Müller-Braunschweig als bedrohlicher eigendynamischer Prozeß. Beide scheinen sich allerdings um eine gewisse Distanz zu ihrer Rolle als politische Akteure zu bemühen. Man könnte sogar dem Trugschluß aufsitzen, sie hätten aus der Geschichte – wenn auch Unterschiedliches – so doch etwas gelernt. Verallgemeinernd könnte man die Vorstellung entwickeln, daß wir nur die Wiederholungssequenzen in der Geschichte sorgfältig studieren müßten, um dem Faschismus Vergleichbares zu verhindern. Dieses verbreitete Denkmodell scheint mir vergleichbar mit dem Wunsch eines Süchtigen, der meint, seine Sucht beherrschen zu können, indem er die Bedingungen seines Rückfalls kennenlernt. So wesentlich das Wiederholen, das wir in der Nachkriegsgeschichte aufspüren können, auch sein mag – ohne Erinnern und Durcharbeiten käme es zu keinem Verarbeitungsprozeß. Zur psychoanalytischen Behandlung schreibt Freud:

»Er (der Kranke) muß den Mut erwerben, seine Aufmerksamkeit mit den Erscheinungen seiner Krankheit zu beschäftigen. Die Krankheit selbst darf ihm nichts Verdächtiges mehr sein, vielmehr ein würdiger Gegner werden, ein Stück seines Wesens, das sich auf gute Motive stützt, aus dem es Wertvolles für sein späteres Leben zu holen gilt. Die Versöhnung mit dem Verdrängten, welches sich in den Symptomen äußert, wird so von Anfang an vorbereitet, aber es wird auch eine gewisse Toleranz fürs Kranksein eingeräumt« (1914, S. 132).

Die vorliegende Arbeit beginnt mit psychoanalytischen Überlegungen zur Bearbeitung der Geschichte der Deutschen Psychoanalytischen Gesellschaft im Nationalsozialismus (Kap. 2.0.). Nur aus einer solchen Perspektive läßt sich eine empathische Distanz zur eigenen Geschichte, zu den Motiven ihrer Akteure und den Zielen ihrer Organisationen gewinnen. Diese Reflexion hat die Auseinandersetzung mit dem Material zur Geschichte der psychotherapeutischen Organisationen geprägt.

Die historische Rekonstruktion beginnt mit einem Abriß der psychotherapeutischen Organisationen vor 1933 (Kap. 3.0.). Die Formierung von Psychotherapeuten aller Richtungen zu einer einheitlichen Bewegung, die in der »Allgemeinen ärztlichen Gesellschaft für Psychotherapie« ihre Dachorganisation hat, schafft ein Gegengewicht zur traditionellen Psychiatrie. Gleichzeitig entsteht zwischen den verschiedenen psychotherapeutischen Richtungen ein starker, vereinheitlichender Anpassungsdruck (Kap. 4.0.).

Der Prozeß, in dem sich die Allgemeine ärztliche Gesellschaft für Psychotherapie in eine deutsche und eine überstaatliche aufgliedert, wird, da das unter nationalsozialistischen Prämissen geschieht, zu einem politischen Prozeß der Selbstgleichschaltung, also der Strukturierung der Gesellschaft nach dem Führerprinzip auf nationalsozialistischer Grundlage. Dieser Vorgang wird an den wichtigsten Repräsentanten der Gesellschaften illustriert. Diese Personenzentriertheit mag wie ein Relikt veralteter Historiographie erscheinen, in der die »Helden« Geschichte machen, doch hier soll es weder um »Schurken« noch um »Helden« gehen, sondern um einen Berufsstand, dessen wesentliches Charakteristikum seine Personenbezogenheit (die durch die eigene Lehranalyse tradiert wird) darstellt. Hier ist die Betonung der Persönlichkeit einzelner allerdings nicht nur aus diesen sachlichen Erwägungen geboten – auch die Quellenlage weist die Personen als Repräsentanten bestimmter Strategien und Tendenzen aus (Kap. 5.0.).

Die Etablierung der psychotherapeutischen Bewegung fand in der

Gründung des Deutschen Instituts für psychologische Forschung und Psychotherapie seinen institutionellen Ausdruck (Kap. 6.0.). Da eine tatsächliche Verankerung in gesellschaftlich relevanten Bereichen nicht zustande kam, hat der Kontakt mit der Internationalen Gesellschaft für Psychotherapie besondere Bedeutung (Kap. 6.5.).

Die Arbeit schließt mit einem Resümee, das durch die psychoanalytischen Überlegungen von Kap. 2.0. akzentuiert wird.

1.1. Literaturübersicht

Als einer der wesentlichsten Zeitzeugen skizzierte Müller-Braunschweig die Geschichte der Deutschen Psychoanalytischen Gesellschaft (DPG) zwischen 1936 und 1947 auf der Generalversammlung der DPG vom 17.4.1948 (unveröff.). Der Bericht ist die Geschichte von Konzessionen an das nationalsozialistische Regime:

Auf die Emigration und Flucht der meisten jüdischen Mitglieder folgte der Ausschluß der verbleibenden jüdischen Analytiker aus der DPG, die Beteiligung an dem Aufbau einer psychotherapeutischen Reichsorganisation in Zusammenarbeit mit früher befehdeten Gruppen (Adlers Individualpsychologie, Jungs analytischer Psychologie und den »wilden« Psychoanalytikern wie von Hattingberg und Schultz), die Übernahme des Berliner Psychoanalytischen Instituts durch das Deutsche Institut für psychologische Forschung und Psychotherapie.

In Müller-Braunschweigs 1951 verfaßtem Bericht an Glover wird der Zwang zur Konzession betont, und die Tendenz der Darstellung ist ganz auf die Auseinandersetzung mit Schultz-Hencke ausgerichtet (unveröff.).

Nach Boehms (1978) Darstellung wurde jede Konzession an das Regime in Absprache mit Freud und/oder Jones vorgenommen. Diese Argumentation gibt seinem Bericht einen eher rechtfertigenden, weniger informierenden Charakter, an den sich die Perspektive der neoanalytischen Gruppe als Weiterentwicklung der klassischen Psychoanalyse sinnfällig anschließt.

In Schwidders (enger Mitarbeiter Schultz-Henckes)[1] »Mitteilungen« über die klinische Psychologie in Berlin (1950/51) sind die Akzente völlig verändert gesetzt. Die Konzessionen an das Regime werden als »Entwicklung« dargestellt, die in der Vereinigung aller therapeutischer Ausrichtungen zu einem »durchaus als positiv« zu bewertenden Ergebnis führten. In der Tradition des Deutschen Instituts steht in seinem Beitrag die erfolgreiche Arbeit der Poliklinik an erster Stelle.

Die erste Phase der Bearbeitung der Geschichte der Psychoanalyse ist damit zunächst abgeschlossen. Die die zentrale Verantwortung tragenden

Repräsentanten der psychoanalytischen Gruppe versuchten im wesentlichen ihr Verhalten zu rechtfertigen oder beklagten mit einer gewissen Bitterkeit die Einschränkungen, die ihnen in der NS-Zeit auferlegt worden waren, und die scheinbar daraus folgenden Konzessionen. Die eigene Verstrickung in die damaligen Verhältnisse wurde nicht eingestanden.

Die nächste Verarbeitungswelle setzte, chronologisch gesehen, mit Thomäs Arbeit (1963) ein. Obwohl sieben Jahre später verfaßt, knüpft Baumeyers Arbeit (1970) stärker an die (durch die ersten Arbeiten entstandene) Tradition an: Seine Geschichte der DPG, anläßlich ihres 60jährigen Bestehens verfaßt, folgt vor allem Boehms Argumentation und versucht, mildernd, beschwichtigend, Boehm in Schutz nehmend, die Verbindung zwischen DPG und dem gleichgeschalteten Deutschen Institut einfühlend verständlich zu machen.

Thomäs Arbeit (1963) entstand während eines Studienjahres am Londoner Psychoanalytischen Institut, das durch ein Stipendium des »Foundation Fond for Research in Psychiatry« ermöglicht worden war. Den geschichtlichen Hintergrund der Entwicklung der beiden psychoanalytischen Institute (DPV und DPG) sah er vor allem in den die Neoanalyse Schultz-Henckes begünstigenden Einschränkungen der Psychoanalyse während der Nazizeit. Die Geschichte diente ihm zur Interpretation der Schultz-Henckeschen Lehre. Damit folgte er der Argumentation der International Psychoanalytical Association auf dem Züricher Kongreß von 1949, in der nicht die Frage nach der nationalsozialistischen Verformung der Psychoanalyse oder die schuldhafte Verflechtung führender Psychoanalytiker in den nationalsozialistischen Machtapparat thematisiert wurden, sondern Schultz-Hencke als mit dem Nationalsozialismus identifiziert erschien. Thomä gelingt allerdings eine gewisse sachlich-kritische Würdigung von Schultz-Henckes Position. In seinem Beitrag fand ein neu entstehendes Selbstbewußtsein der Deutschen Psychoanalytischen Vereinigung (DPV), die, in Abgrenzung zu Schultz-Henckes Neoanalyse, zur Wahrung der klassischen Position gegründet worden war, seinen Niederschlag.

Im gleichen Jahr, in dem die DPG ihr 60jähriges Bestehen feierte, das von Baumeyer gewürdigt wurde, beging das Berliner Psychoanalytische Institut (DPV) sein 50jähriges Jubiläum. Damit vertrat die DPV ihren Anspruch auf die Nachfolge des alten Berliner Psychoanalytischen Instituts. Durch die Namensgebung des Instituts als »Karl-Abraham-Institut« und die Gegenwart von Abrahams Tochter wurde diesem Anspruch Nachdruck verliehen (Abraham, Bannach, Dräger, Maetze et al., 1971).

In seiner Reflektiertheit sticht Drägers Beitrag in wohltuender Bescheidenheit hervor. Er setzt nachdenkliche Akzente und versucht in der Tradition einer internationalen Perspektive den eingeschränkten Provinzialismus der Auseinandersetzung zwischen DPG und DPV durch die

Aspekte zu überwinden, die tatsächlich Bedeutung gehabt haben. Der sich gegen die nationalsozialistische Herrschaft regende Widerstand wird nicht als »selbstverständlich« vorausgesetzt, sondern genauer thematisiert.

Mitte der 70er Jahre begann sich, aus mir unbekannten Gründen, im Ausland Interesse an der Geschichte der Psychoanalyse in Deutschland während der Nazizeit zu regen. In Frankreich erschien Brauns Beitrag (1975). Ihren Ausführungen liegt Thomäs Arbeit im wesentlichen zugrunde. Die Amerikaner Spiegel et al. wurden zunächst durch aus Deutschland stammende theoretische Arbeiten darauf aufmerksam, daß sich die Psychoanalyse in Deutschland, durch zwei Gesellschaften vertreten, darstellte. Ihr Interesse an der historischen Situation erwachte, und sie begannen eigene Forschungen anzustellen. In dem Bemühen, versöhnend zwischen jüdischen Emigranten und deutschen Psychoanalytikern zu wirken, verharmlosen Spiegel et al. die Entscheidungen der Psychoanalytiker in Deutschland, die sich bemühten, den politischen Bedingungen angepaßt, weiterzuarbeiten.

Vor allem der Beitrag von Cocks (1975 u. 1985), der als Historiker ein leidenschaftsloseres Verhältnis zu der Auseinandersetzung der sich befehdenden DPV und DPG gehabt haben dürfte und als Amerikaner der Nachkriegsgeneration keinem besonderen Rechtfertigungszwang unterlag, rückt die innenpolitischen Verhältnisse, als deren Spielball die Deutsche Psychoanalytische Gesellschaft weitgehend erscheint, zurecht. Das Prototypische des Deutschen, der sich als anfällig für den Nationalsozialismus erwies (Gauger), wurde hervorgehoben; die Persönlichkeiten, die das Nachkriegsklima bestimmten (Müller-Braunschweig, Schultz-Hencke, Boehm) und für die es um die Frage der individuellen Integrität ging, wurden vernachlässigt. Damit wurde der erste Schritt zu einer wohltuenden Neutralisierung vollzogen und deutlich gemacht, daß es nicht nur die DPG, die anderen verschiedenen Gruppen und das Deutsche Institut für psychologische Forschung und Psychotherapie mit Göring als dankbar, aber widerwillig beanspruchtem Bundesgenossen gab, sondern eine verwickelte Szenerie von Partei- und Staatsapparaten mit sich widerstreitenden Intentionen und Interessen. Der Beitrag zur Psychoanalyse in Österreich (Huber, 1977), in dem auch den deutschen Verhältnissen Rechnung getragen wurde, ist in ähnlicher Weise wie Cocks Arbeit wohltuend kenntnisreich und von differenzierter, empathischer Ausgewogenheit. Auch durch diesen Beitrag des Ludwig Bolzmann-Instituts für Geschichte der Gesellschaftswissenschaften wird deutlich, daß es den Historikern besser gelungen ist, die Geschichte der Psychoanalyse frei von aktueller politischer Leidenschaft aufzurollen. Sie sind in ihrer Identität weniger durch die Beschäftigung und Identifizierung mit führenden Psychoanalytikern und deren selbstzerstörerischen Konzessionen verletzbar.

Zapp (1975) versucht in ihrem Beitrag nachzuweisen, inwieweit die Psychoanalyse im Nationalsozialismus zur reinen Therapie verkommt. Dieser erste Ansatz zur schwierigen Reflexion der Auswirkungen der deutschen Seelenheilkunde auf die Psychoanalyse fordert noch eine weitergehende Aufarbeitung.

Maetzes kenntnisreicher Beitrag (1976) bringt eine Menge historischer Details. Er läßt allerdings eine reflektierende Gesamtschau vermissen. Durch seine Darstellung, in der er, die Gründung der alten DPG aufgreifend, ausholt, erscheint der Akzent auf die besondere internationale Bedeutung der Psychoanalyse gelegt, der auch der Nationalsozialismus keinen Abbruch tun konnte.

Auf der Bamberger Tagung der Mitteleuropäischen Psychoanalytischen Vereinigung (v. 3.4.1980) mit dem Titel »Die Wiederkehr von Krieg und Verfolgung in der Psychoanalyse« unterzog sich das Plenum dem Wagnis, die Innenweltbezüge zum Thema Psychoanalyse im Nationalsozialismus, mehr oder weniger an wissenschaftliche Arbeiten gekoppelt, herzustellen. Aber ohne den historischen Realitätsbezug, der den Rahmen setzt und den Ort des psychischen Geschehens definiert, mußte die Gefahr des Agierens in der Gegenübertragung entstehen.

Dieser Mangel an historischer Orientierung wurde durch die Bamberger Tagung einer breiten Schicht von vor allem jüngeren Psychoanalytikern bewußt. Dem neu erwachenden Interesse an der Geschichte der Psychoanalyse im Nationalsozialismus wurde in der »Psyche« (November 1982) Rechnung getragen. Hier kommen vor allem die Anwälte der durch die nationalsozialistische Herrschaft Unterdrückten und Verfolgten zu Wort. Ihre Worte sind zum Teil bittere Anklagen gegen die in Deutschland verbliebenen, sich anpassenden Psychoanalytiker. In der »Psyche« (Dezember 1983) wird die Diskussion, aufgenommen von einem lebendigen öffentlichen Forum, weitergeführt. Neues historisches Material wurde bekannt (z. B. durch den Beitrag von Hans Müller-Braunschweig). Die Suche nach der eigenen, die psychoanalytische Identität stiftenden Geschichte wird inzwischen, in engagierte Feldforschung betreibenden, regionalen kleinen Gruppen (z. B. in Hamburg, München und Frankfurt) fortgesetzt.

Eine Kontroverse über die Einschätzung der persönlichen Haltung der deutschen Psychoanalytiker während der Nazizeit war entstanden; sie wurde als Briefwechsel dokumentiert.[2] Von dieser Auseinandersetzung scheint ein Zwang zur engagierten Parteinahme auszugehen, die damals handelnden führenden Psychoanalytiker finden ihre persönlichen Anwälte – so daß die gesamte Thematik wiederum personalisiert wird. Obwohl sich einerseits die Diskussion verselbständigt zu haben scheint, melden sich andererseits Zeitzeugen zu Wort (Bräutigam, 1984).

Im Sommer 1985 soll der internationale psychoanalytische Kongreß zum erstenmal nach dem Krieg in Deutschland, in Hamburg, stattfinden. Dieses Ereignis regt besonders die Selbstdarstellung angesichts eines »professionellen« Über-Ichs an. Mit aller Strenge scheint dieses Über-Ich eine Anpassung an seine Normen zu fordern.

2. Psychoanalytische Überlegungen zur Bearbeitung der Geschichte der Psychoanalyse im Nationalsozialismus

»Menschen sind stark, solange sie eine starke Idee vertreten; sie werden ohnmächtig, wenn sie sich ihr widersetzen. Die Psychoanalyse wird diesen Verlust ertragen und für diese Anhänger andere gewinnen. Ich kann nur mit dem Wunsch schließen, daß das Schicksal allen eine bequeme Auffahrt bescheren möge, denen der Aufenthalt in der Unterwelt der Psychoanalyse unbehaglich geworden ist. Den anderen möge es gestattet sein, ihre Arbeit in der Tiefe unbelästigt zu Ende zu führen« (Freud, 1914 / 1973, S. 113).

So endet Freuds Beitrag »Zur Geschichte der Psychoanalytischen Bewegung«, den er, akzentsetzend, nach der Trennung von Jung verfaßt hatte.

Als Auftakt für die Bearbeitung der Geschichte der Deutschen Psychoanalytischen Gesellschaft während des Nationalsozialismus wird man sich bei diesen Worten eines gewissen Schauders nicht erwehren können. War nicht auch der Nationalsozialismus eine starke Idee, die die von ihr Erfaßten in einen Taumel rauschhafter Begeisterung versetzte? Wurden nicht die ohnmächtig, die sich ihr widersetzten?

Gewalttätigkeit ist nicht mit Stärke zu verwechseln. So fehlte der nationalsozialistischen Idee die selbstkritische Toleranz; Abweichungen vom nationalsozialistischen Dogma wurden, auch bei Anhängern, mit dem Tode bestraft. Beide Ideen sind also ungleichwertig, unvergleichbar. Wenn die psychoanalytische Idee so stark ist, wäre es dann nicht naheliegend, eine Ideengeschichte des Sieges der Psychoanalyse über die in der Deutschen Seelenheilkunde vertretene nationalsozialistische zu schreiben? Wollte man die Geschichte des Sieges der Psychoanalyse schreiben, so müßte man sich unter ihr Niveau begeben. Denn ihre tatsächliche Potenz erweist sich in der belebenden Wirkung einer gelungenen Deutung, in emphatisch begleitender Distanz, in der Achtung vor menschlichen Gefühlen und der Beachtung menschlicher Handlungen.

Diese psychoanalytische Perspektive soll Ausgangspunkt der Arbeit sein.

Geschichtsschreibung und Tradition
In seinem »Der Mann Moses und die monotheistische Religion«, dem Werk, das ihn in seinen letzten Jahren in Wien besonders beschäftigte, geht Freud auf die Art der Geschichtsschreibung ein, deren Berichte nach

den jeweiligen Bedürfnissen und Tendenzen des Volkes gestaltet wurden, ohne sich zur »unerbitterlichen Wahrhaftigkeit« verpflichtet zu fühlen. Jedes Volk möchte voller Stolz auf seine Vergangenheit verweisen und daraus Selbstbewußtsein für die Gegenwart schöpfen. Entsprechend den Idealen der Gegenwart werden damit die Akzente gesetzt; doch was geschieht mit dem »Rest«, dem wenig rühmlichen oder gar verbrecherischen Geschehen, das sich in das gewünschte Bild nicht einfügt? Oder mit unterschiedlichen Tendenzen in dem Geschehen selbst? In der früheren Geschichtsschreibung des jüdischen Volkes, das aus zwei Teilen bestand und zur Annahme einer gemeinsamen Religion sich verband (diejenigen, die von Moses aus Ägypten geführt worden waren, und die, die vor allem dem neuen Gott dienen wollten), bildete sich ein Gegensatz zwischen der schriftlichen Fixierung und der mündlichen Überlieferung, der Tradition desselben Stoffes heraus.

»Was in der Niederschrift ausgelassen oder abgeändert worden war, konnte sehr wohl in der Tradition unversehrt erhalten geblieben sein. Die Tradition war die Ergänzung und zugleich der Widerspruch zur Geschichtsschreibung. Sie war dem Einfluß der entstellenden Tendenz weniger unterworfen, vielleicht in manchen Stücken ganz entzogen, und konnte darum wahrhaftiger sein als der schriftlich fixierte Bericht« (Freud, 1939/1972, S. 172).

Die Tradition sei vielfältigen Gefahren ausgesetzt: Als unbeständiges, unbestimmtes Element mündlicher Mitteilung von einer Generation zur anderen sei sie mannigfachen Veränderungen und Verunstaltungen unterworfen, durch die Niederschrift widerlegt, in Vergessenheit geraten, oder aber sie ende selbst in einer schriftlichen Fixierung. Für die »offizielle Geschichtsschreibung« in der »Latenz in der jüdischen Religionsgeschichte« gilt allerdings, daß die Tradition, »anstatt sich mit der Zeit abzuschwächen, im Laufe der Jahrhunderte immer mächtiger wurde, sich in den späteren Bearbeitungen der offiziellen Berichterstattung eindrängte und endlich sich stark genug zeigte, um das Denken und Handeln des Volkes entscheidend zu beeinflussen« (Freud, 1939/1972, S. 173).

In der Geschichte eines Volkes sind vor allem epische Dichtungen und Mythen die Traditionsträger. Die Tradition der Geschichte der Psychoanalyse läßt sich in gruppenspezifischen Überlieferungen wie der Sekundärliteratur zum Thema Psychoanalyse im Nationalsozialismus, die von Vertretern der Deutschen Psychoanalytischen Gesellschaft und der Deutschen Psychoanalytischen Vereinigung verfaßt wurden, aufspüren in informell weitergegebenen kleinen Klatschgeschichten, die die Atmosphäre einer Zeit oft so prägnant wiedergeben können, und vor allem in Nachrufen, die zur Würdigung bedeutender Psychoanalytiker verfaßt wurden und das Fluidum, das eine Person umgab, in traditionsbildender Weise einzufangen vermögen. Die Akzente werden gemäß dem Gruppen-Ideal, dem Gruppen-Überich, gesetzt. In der Tradition bleibt das Verdrängte erhalten und findet seinen Niederschlag über den Prozeß der Reaktionsbildung im Über-Ich. Hier vereinigen sich die Einflüsse der Vergangenheit mit denen der Gegenwart (Freud, 1953/1972, S. 138). Die Analyse der Tradition umfaßt also immer ein Stück Über-Ich-Analyse und damit die Möglichkeit des Ichs, »vom Über-Ich unabhängiger zu werden, sein Wahrnehmungsfeld zu erweitern und seine Organisation auszubauen, so daß es sich neue Stücke des Es aneignen kann. Wo Es war, soll Ich werden« (Freud, 1933/1972, S. 86).

Auch die Geschichtsschreibung der Geschichte der Psychoanalyse gehorcht den von Freud hier aufgezeigten Gesetzen des Unbewußten: Auch sie diente wohl weitgehend dem Bedürfnis, das erheblich beeinträchtigte Selbstbewußtsein der Psychoanalytiker, die unter der Herrschaft der Nazis in Deutschland geblieben waren, zu stärken. Auch Psychoanalytiker folgten in ihrer Geschichtsschreibung einer Tendenz, die die »unerbittliche Wahrhaftigkeit« vermissen läßt, huldigten standespolitischen Idealen, setzten dementsprechende Akzente und vernachlässigten weniger rühmliche Passagen.

Die Geschichte der Psychoanalyse im Nationalsozialismus wurde in drei Schüben verfaßt:
1. Zunächst, nach dem Krieg, äußerten sich die Zeitzeugen (Müller-Braunschweig, 1948, 1949, 1951; Boehm, 1978; Schwidder, 1950; Schultz-Hencke, 1949).

    Thomaes Bericht (1963/64) nimmt eine Sonderstellung ein; er dokumentiert – vereinzelt – das neu entstandene Selbstbewußtsein der Nachkriegsgeneration der Deutschen Psychoanalytischen Vereinigung (DPV)[1]; denn innerhalb von zehn Jahren hatte sich die Mitgliederzahl der DPV verdreifacht und die Zahl der a. o. Mitglieder war fast so groß wie die der Mitglieder.
2. Der nächste Schub setzt Anfang der 70er Jahre ein. Anlaß ist die feierliche Würdigung des 50jährigen Bestehens des Berliner Psychoanalytischen Instituts als Ausbildungsstätte und Poliklinik. Während die DPV das 50jährige Bestehen[2] feiert, ist Baumeyers Festschrift (1971) zum 60jährigen Bestehen der Deutschen Psychoanalytischen Gesellschaft (DPG) verfaßt. Sie ist eher als eine verspätete Auseinandersetzung mit der von Thomae vertretenen DPV-Position zu verstehen denn als Jubiläumsdokument (Bannach, 1971; Dräger, 1971; Maetze, 1971).
3. Während Mitte der 70er Jahre vor allem im Ausland an der Thematik weitergearbeitet wurde (Cocks, 1975; Braun, 1975; Spiegel, 1975; Huber, 1977), setzte die Verarbeitungswelle in Deutschland erst wieder Anfang der 80er Jahre ein (Henseler, 1982, Tagung der mitteleuropäi-

schen Psychoanalytischen Vereinigung; Zapp, 1980; Psyche, Nov. 1982, Dez. 1983). Maetzes Beitrag von 1976 kam wohl nach Aufforderung durch den Kindler Verlag (Psychologie des 20. Jahrhunderts) zustande und ist insofern ein Zeichen dafür, daß die Geschichte der Psychoanalyse ein nicht zu übersehender Faktor auf dem wissenschaftlichen Forum ist.

Während die Äußerungen der ersten Phase den Versuch darstellen, das Verhalten der Hauptakteure zu begründen und zu rechtfertigen, dient die 2. Phase der Profilierung inzwischen etablierter Gruppen. In der 3. Phase wird, vor allem durch die Bearbeitung von Cocks, ein neuer Akzent erkennbar. Der realpolitische Zusammenhang der damaligen Zeit steht gleichgewichtiger neben dem Verhalten der einzelnen Akteure.

Versucht man allerdings, die Spuren der Tradition in der Geschichtsschreibung aufzuspüren, so befindet man sich bereits in komplexen berufspolitischen Auseinandersetzungen zwischen DPV und DPG. Beide beanspruchen, die authentischen Nachfolger des alten Berliner Psychoanalytischen Instituts zu sein, also die Traditionsträger.[3] Was macht die Fortsetzung der Tradition vor der NS-Zeit zu einem so engagiert umkämpften Gegenstand? Die Tradition des alten Berliner Psychoanalytischen Instituts scheint als Garant für die Unversehrtheit durch den Nationalsozialismus gegolten zu haben. Sie demonstriert die Verbundenheit mit denen, die Deutschland verlassen mußten, aber früher Mitglieder der Gesellschaft gewesen waren. Damit wird die NS-Zeit als Bestandteil der Identität der deutschen Psychoanalytiker ausgeklammert, die Zeit davor oft nostalgisch verklärt. Geschichtsschreibung wird hier also in den Dienst der Auseinandersetzung um die Tradition gestellt. Der Kampf um sie als Inhalt der Geschichtsschreibung weist ihre Bedeutung aus. In der Sekundärliteratur selbst ist eine Tradition der Geschichtsschreibung entstanden: Fast alle Autoren, die über das Schicksal der Psychoanalyse im Nationalsozialismus schreiben, geben ein fundamentales Statement ab; die einen halten sie für »liquidiert«, die anderen bezeichnen sie als »verschüttet«, und die dritten schreiben davon, daß sie »gerettet« wurde. Folgt man diesen Statements zu ihren Urhebern, läßt sich eine regelrechte Zitattradition ableiten. Psychoanalytiker, die die klassische Psychoanalyse als für sich verbindlich akzeptieren, äußern sich meistens dahingehend, daß sie die Psychoanalyse für »liquidiert« halten. Sie folgen damit einer Tradition, die Jones (1962) in seiner Freud-Biographie geschaffen hat. Hier schreibt er: »Dieses Jahr (1934) brachte die Flucht der noch gebliebenen Analytiker aus Deutschland und die »Liquidierung« der Psychoanalyse im deutschen Reich, eine der wenigen Taten, die Hitler vollständig gelungen sind« (S. 222). Maetze (1971), Thomae (1963) und Dräger (1971) schließen sich dieser Einschätzung an. Daneben läßt sich eine Zitattradition von Psychoanalytikern feststellen, die zum Kreis um Boehm und Schultz-Hencke gehörten: Hier sind vor allem Schwidder (1950) und Baumeyer (1971) zu nennen. Mit der jeweils unterschiedlichen Tendenz in der Einschätzung über das Schicksal der Psychoanalyse wird also die Zugehörigkeit zu einer Gruppe signalisiert: nämlich der DPG oder der DPV. Metaphorische Äußerungen wie »Zerstörung« der Psychoanalyse, »Rettung« der Psychoanalyse etc. scheinen allerdings mehr zu verhüllen als zu klären. Die Genauigkeit, mit der im psychoanalytischen Prozeß der Analysand exploriert wird, ist hier zu vermissen. Zu gern würde man erfahren, was sich tatsächlich abgespielt hat. Damals mußte die Psychoanalyse ihre analytische Potenz verleugnen – wiederholt sich der Prozeß nicht hier in der Übertragung, indem unklare, »verhüllende« Metaphern verwendet werden? Bei dem Versuch, eine Erklärung zu finden, zeigen sich zwei Richtungen: Die eine, bereits geschilderte, versucht, das Bild des gegenwärtigen Analytikers zu bestimmen als eines Menschen, der ein Opfer des Nationalsozialismus gewesen ist (Liquidationsargumentation), oder eines heimlichen Helden (Rettungsargumentation); die andere läßt die Frage entstehen, ob die Unmöglichkeit umfassender psychoanalytischer Exploration[4] während der Nazizeit nicht auch in die Nachbearbeitung eingegangen ist und ihren Niederschlag als Gegenübertragung findet. Ein zweites Mal scheint nun verboten zu werden, aus der Geschichte eine psychoanalytische Identität, ein psychoanalytisches Selbstverständnis entstehen zu lassen, das das breite Spektrum allgemeinmenschlicher Reaktionen auf Gewalt auch für diese Berufsgruppe zuläßt. Die sekundäre Bearbeitung dieser hochemotionalisierten Thematik kann sich nicht anders denn als Gegenübertragung konstituieren. Bietet sich hier nicht eine Chance, über die Gegenübertragung des Berichterstatters einen überraschend lebendigen Zugang zu der damaligen Zeit zu gewinnen? Dieser dynamische Aspekt der Gegenübertragung ist von dem inhaltlichen, der Auskunft über die Inhalte des Über-Ichs gibt, zu trennen, denn er ist die Form der Geschichtsschreibung, im Gegensatz zur Tradition der Geschichte der Psychoanalyse, die noch genauer untersucht werden muß. Die Erörterung des Verhältnisses zwischen Geschichtsschreibung und Tradition führt zu der Frage, welche Widerstände dazu führen, daß Geschichtsschreibung im allgemeinen – die der Geschichte der Psychoanalyse im besonderen – lediglich historische Fragmente wiedergibt und sie so beherrschend in den Dienst der gegenwärtigen Politik stellt.

Der »Widerstand« in der Geschichtsbetrachtung
Erinnern, Wiederholen, Durcharbeiten unter den Bedingungen von Widerständen wird den mühsamen Prozeß einer vollständigeren Geschichtsbetrachtung, in der sowohl Geschichtsschreibung als auch Tradition ent-

halten sind, konstituieren. Beide Aspekte sind dynamisch durch die Widerstände, die sich dem Geschichtsforscher entgegenstellen, miteinander verbunden. Aus der Psychoanalyse wissen wir, daß das Durcharbeiten der Widerstände nur dann gelingen kann, wenn wir uns mit dem Ich verbünden, es dadurch beruhigen, daß wir seine Partei ergreifen, das heißt Übertragung entstehen lassen, um so dem Verdrängten die Möglichkeit zu geben, sich zu äußern. Wie eine Psychoanalyse ist auch eine Geschichtsschreibung, die sich um Kulturarbeit mit Hilfe psychoanalytischer Erkenntnisse bemüht, ein sehr persönlicher Prozeß. Nur über eigene Übertragung und ihre Reflexion kann der historische Stoff belebt und verstehend durchdrungen werden. Ob eine Verallgemeinerung gelingt, muß dieser Prozeß erweisen.

Das Denken in psychoanalytischen Begriffen und der Versuch, davon im Verstehen und Analysieren historischer Prozesse zu profitieren, läßt zunächst die Frage entstehen, wer der Analysand und wer der Analysierende ist. Sind es die historischen Persönlichkeiten, die nachträglich zum »neurotischen« Patienten werden sollen? Sicherlich nicht! Der Analysand ist derjenige, der den Prozeß der Aufarbeitung eines historischen Stoffes vornimmt. Aber wer ist dann der Analysierende? Es ist ebenfalls der historisch Arbeitende. Er ist damit Analysand und Analysierender zugleich. Der historische Stoff dient ihm als Vehikel der eigenen Analyse. Wenn die Geschichte nun zur Selbstanalyse verwandt wird – wäre es dann nicht angemessener, ganz auf diese, hier zum Hilfsmittel degradierte Geschichte zu verzichten und im »stillen Kämmerlein« die persönliche Geschichte und die persönliche Gegenwart zu bearbeiten? Welche Relevanz hätte eine Selbstanalyse für den historisch interessierten Leser?

Gerade die NS-Zeit, in der sogar Massenmorde als bürokratische Vorgänge vollzogen wurden, scheint dazu geeignet zu sein, in dem Betrachter genau die Emotionen zu wecken, die damals fehlten. Die Bereitschaft dazu, hier gefühlsmäßig zu reagieren, liegt in den eigenen Triebimpulsen, die in der Projektion auf die Geschichte wiederbelebt werden. So wie die Tiefe einer psychoanalytischen Behandlung von der angstfreien Konfrontation des Analytikers mit seinen eigenen Triebimpulsen abhängt und er nur dann verpönte Regungen des Analysanden zulassen kann, wird auch das Ausloten der sich im Analysierenden widerspiegelnden historischen Wirklichkeit nur so weit gelingen, wie er, seine Gegenübertragung wahrnehmend und bearbeitend, immer weiter fragen kann.

Dieser analytische Prozeß ist immer wieder bedroht durch eigene Schuldgefühle, durch ein heimliches Mitgenießen aggressiver Auseinandersetzungen oder sogar Handlungen auf der Seite der Täter oder durch eine kontinuierliche Identifikation mit den Opfern. Ein Analysierender, der beherrscht ist von eigenen unbefriedigten Triebimpulsen, wird vor allem an spektakulären Enthüllungen[5] interessiert sein und in der Identifikation mit dem Geschehen zumindest in der Phantasie Befriedigung finden können. Er wird sich vorzeitig zufrieden geben und nicht weiterfragen können.

Phantasien über das Schicksal der Psychoanalyse im Nationalsozialismus und die Realität darüber klaffen auseinander. In der Vorstellung müßte eine solche Arbeit alle Greueltaten und Schrecken des Nationalsozialismus auch in der Geschichte der Psychotherapie aufzeigen. Ein genaues Quellenstudium läßt die Realisierung einer solchen Vorstellung nicht zu. Vielmehr tritt die Banalität des Alltags schärfer in den Vordergrund. Die Mischung zwischen Ungeheuerlichem und Banalem, wie sie uns in der Realität begegnet, die Banalität, die das Ungeheuerliche, dem oft erst nachträglich seine Bedeutung beigemessen werden kann, erträglich macht – diese Mischung ist nur schwer zu reproduzieren.[6] Entweder arbeitet man sich als Geschichtsforscher mühsam durch eine Unmenge von Absprachen, Verhandlungen, Vereinbarungen, die zu jeder Zeit an jedem beliebigen Ort hätten stattfinden können – oder man ist der eigenen Phantasie über die damaligen Verhältnisse und ihrer Tücke, den eigenen Projektionen nämlich, ausgesetzt. Um weder in das eine noch in das andere Extrem zu verfallen, muß eine Analyse der Widerstände gewagt werden und die Angst resonanzlos, ohne auf Beifall aus der Vergangenheit oder der Gegenwart zu hoffen, ertragen werden. Eine solche Arbeit ist also eine überaus einsame Angelegenheit.

Welche Widerstände stellen sich nun der besonderen Art des Erinnerns des Historikers entgegen? Die uns aus der Psychoanalyse bekannten fünf Spielarten des Widerstandes sollen hier kurz in ihrer Beziehung zur Geschichte referiert werden. Die drei Ich-Widerstände charakterisiert Freud als: den Übertragungswiderstand, den Verdrängungswiderstand und den Krankheitsgewinn. Die anderen beiden Widerstände gehen vom Es und vom Über-Ich aus: Der Es-Widerstand zwingt zum Durcharbeiten, da die »Anziehung der unbewußten Vorbilder auf den verdrängten Triebvorgang zu überwinden ist«, und der Über-Ich-Widerstand, »der zuletzt erkannte, dunkelste, aber nicht immer schwächste«, der wohl dem Schuldbewußtsein oder Strafbedürfnis entstammt und der sich der Analyse mit besonderer Hartnäckigkeit widersetzt (Freud, 1926/1972, S. 192/193). Diese Widerstände stellen sich uns sowohl in der Geschichtsschreibung als auch in der Tradition entgegen: Der (Gegen)Übertragungswiderstand könnte das Verbot der Psychoanalyse selber wiederholend agieren lassen, der Verdrängungswiderstand verlagert unliebsame Triebimpulse (wie die Aggression gegen Personen, die damals eine maßgebliche Rolle spielten, oder auch gegen die Juden) ins Unbewußte; der Krankheitsgewinn derer, die sich als »Opfer« des Nationalsozialismus und derer, die sich als Gemeinschaft der Retter der Psychoanalyse verstanden, liegt darin, daß die Frage nach der Verstrickung in die damaligen Verhältnisse nicht gestellt zu werden braucht. Ein Es-Widerstand mag in einer Geschichtsschreibung Ausdruck finden, in der – vielleicht mit telefonbuchartiger Akribie – chronologische Zeitabläufe festgehalten wurden, Jahr um Jahr dokumentierend (schlägt sich nicht gerade die Wiederholungsneigung des Es-Widerstandes in dem Zugrundelegen eines gleichförmigen Zeitschemas nieder?). Die sich der Analyse besonders leicht entziehenden Überich-Widerstände sind gerade in der Geschichte, die den Nationalsozialismus thematisiert, kaum von einer angemessenen, realitätsgerechten, humanfühlenden Reaktion zu unterscheiden, da sich die Deutschen in hohem Ausmaß schuldig gemacht haben.

Während die Ich-Widerstände und der Es-Widerstand für die Geschichtsschreibung von besonderer Bedeutung sein werden, wird sich der Überich-Widerstand vor allem einer Analyse der Tradition widersetzen.

Erinnern unter den Bedingungen der (Gegen-)Übertragung
Die Analyse des Übertragungswiderstandes bietet die Grundlage dieser besonderen Form des Erinnerns, die der um historische Zusammenhänge Bemühte vornehmen muß. In dieser Form des Erinnerns geht es allerdings nicht um ein »scharfes Nachdenken«, wie der Laie »Erinnern« verstehen könnte – um die freie Assoziation, die im psychoanalytischen Prozeß die Quelle des übertragenden Erinnerns darstellt, oder schließlich um ein mechanisches Zusammenstellen von Dokumenten, zu dem der Historiker neigen könnte, sondern um das Zulassen der Vielfältigkeit vergangener Wirklichkeit, so wie sie in Quellen und zeitgenössischen Berichten erkennbar wird.

Historische Darstellungen, die diese Vielfältigkeit durch lineare Interpretationsmuster zu beschneiden versuchen, wiederholen in der Übertragung totalitäre Machtverhältnisse, die ja in ihrer Ideologie die Geschlossenheit eines Weltbildes suggerieren. Der Geschichtsforscher, der versucht, ein homogenes Bild historischer Verhältnisse abzubilden, wird unbewußt zum Apologeten der Macht, die er selbst meint, »neutral« darstellen zu können, die ihn aber unmerklich unterwirft und mit Hilfe seines Übertragungswiderstandes ihm die Raster ihrer linearen Interpretationsschemata aufzwingt. Der Angst, die es bereitet, vielfältig zu argumentieren, liegt wohl die Angst zugrunde, sich in ähnlichen Situationen nicht abgrenzen zu können – keinen Standpunkt zu haben. Abgesichert scheint nur jemand zu sein, der die Frage des Standpunktes in die Vergangenheit katapultiert.

Um eine »interessante« historische Arbeit zu schreiben, muß man etwas finden, das auch als »vergessen« oder besser noch als »verdrängt«, als »dunkles Kapitel« anerkannt ist. Die Wahl der Thematik selber ist damit schon Teil einer Übertragung, mit der es sich auseinanderzusetzen gilt. Gerade in den letzten Jahren scheint ein modischer Trend zu bestehen, sich mit dem Nationalsozialismus zu befassen, ihn als unverarbeitetes Trauma deutscher Geschichte zu definieren; sicher mit einer gewissen Berechtigung. Aber schon das Schreiben über diese Thematik, in die man ja als »Kind der Nachkriegsgeneration« glücklicherweise nicht unmittelbar beteiligt verwoben ist, sondern der gegenüber man eine Position außerhalb einnehmen kann, könnte zur selbstgerechten Überzeugung persönlicher Integrität verführen und der trügerischen Hoffnung, sich selber, schon allein durch diese Auseinandersetzung, gegen die Erschütterung der eigenen Integrität wappnen zu können.

Über die Analyse der Gegenübertragung können wir also einerseits mehr über die innere Dynamik der dargestellten Verhältnisse erfahren, andererseits über das Selbstverständnis des Schreibenden. Damit wird der Schreibende in seiner Gegenübertragung zu einem Teil des historischen Prozesses selbst. Die Geschichte, die er meint authentisch, seinem Verantwortungsgefühl folgend, schreiben zu können, gewinnt Macht über ihn.

Übertragung in der Interviewsituation
Die Geschichtsschreibung der jüngsten Geschichte zeichnet sich in besonderer Weise durch einen Umstand aus, der eine spezifische Übertragungsdynamik mit sich bringt: Es gibt noch einige Menschen, die die damalige Zeit bewußt und verantwortungsvoll miterlebt haben und darüber berichten können. Die Informationen aus Gesprächen mit Zeitzeugen sind zum einen abhängig von der Verflechtung des Interviewpartners mit den damaligen Verhältnissen, zum anderen von der Beziehung zum Interviewer. Welches Moment überwiegt, zeigt sich meistens schon in den das Gespräch vorbereitenden Kontakten: Hier stößt man oft bereits auf starke gefühlsmäßige Reaktionen, die ein breites Spektrum von heftiger Ablehnung, über zögernde, mißtrauische Zustimmung, neutrale Unverbindlichkeit bis hin zum herzlichen Entgegenkommen und erleichterten Sich-öffnen aufweisen. Demgegenüber ist die Beziehungsdynamik, die durch die Person des Interviewers lebendig wird, als relativ unwichtig zu beurteilen. Entweder ein Gesprächspartner ist bereit, sich auf ein Gespräch über diese vorgegebene Thematik auch inhaltlich einzulassen, oder er hat bereits vorher die Entscheidung gefällt, sich zu verschließen – relativ unabhängig davon, wie geschickt oder ungeschickt der Interviewer auftritt. Das Ausmaß schuldhafter Verflechtung des befragten Partners zu beurteilen, ist meistens im Gespräch kaum möglich. Die Vermutung liegt nahe, daß es gerade die noch besonders involvierten Interviewpartner sind, die ein Gespräch nicht riskieren – andere, die sich darauf einlassen, haben vielleicht für sich eine Version ihres Engagements entstehen lassen, mit der sie leben können, ohne ihre Selbstachtung zu verlieren. Manche mögen sich ihre persönliche Schuld selber eingestehen können.

Die Scheu, sie einem anderen Menschen anzuvertrauen, entspringt wohl aus dem Gefühl, daß Schuld etwas sehr Intimes ist. Besonders für diejenigen, die unter dem Nationalsozialismus gelitten haben, ist es kaum möglich – oder fällt doch unendlich schwer –, einen so intimen Vorgang, wie persönliches Leiden, einem fremden Menschen anzuvertrauen. Spontaneität scheint mir in solchen Gesprächen, wenn sie überhaupt zustande kommt, eher gering zu sein. Stellt sich allerdings doch einmal eine etwas freiere Assoziation ein, werden einem häufig Anekdoten, kleine Klatschgeschichten über persönliche Beziehungen oder Details angeboten. Hier könnten oft Deckerinnerungen vorliegen, deren Verdichtungen in einem solchen Gespräch nicht aufzulösen sind. Zum Beispiel wurde mir erzählt, daß ein Institutsmitglied des Deutschen Instituts für psychologische Forschung und Psychotherapie einen Orden für besondere Verdienste bekommen habe und dieser Orden aus Spaß einem Hund angeheftet worden sei. Gerade in diesem Moment sei Prof. M. H. Göring (Leiter des Instituts) dazugekommen, und man habe gezittert, ob er diesen Spaß billigen könne. Glücklicherweise habe er es übergangen. Gern würde man nun erfahren, wofür hier ein Institutsmitglied geehrt wurde – waren es politische Verdienste? Sachliche Leistungen? Oder ein besonderer persönlicher Einsatz? Die Anekdote mit dem Hund weist auf etwas hin und verdeckt es zugleich.

Auch der Umgang mit Quellenmaterial aus dieser Zeit unterliegt der Übertragungsdynamik. Unterlagen, deren Erwerb besonders schwierig war, erscheinen einem wichtiger als leichter zugängliches Material. Akten aus dieser Zeit – selbst wenn sie nicht besonders spektakulär sind –, sind oft mit dem Schleier von Geheimnis, Intrige und Tabu umgeben. Ihre Verwahrung schwankt zwischen nachlässiger Nichtbeachtung und geheimnisvollem Verschluß. Hierin könnte man einen Ausdruck der Ambivalenz erkennen, die mit der Nazizeit oft verbunden ist. Der eine könnte den Wunsch hegen, nun endlich, durch das Aufdecken von Feigheit, Opportunismus und Lüge, die »Eltern« zu überführen, der andere sich auch nachträglich der Liebe der Eltern zu vergewissern, indem er ihnen ein schönes Denkmal setzt.

Der Verdrängungswiderstand
Der Verdrängungswiderstand übernimmt am stärksten die synthetisierende Funktion des Ich. Er könnte den am historischen Prozeß Arbeitenden dazu verleiten, die libidinösen Kräfte der Arterhaltung und die aggressiven zu ihrer Vernichtung in ein angemessenes, ausgewogenes Verhältnis zu bringen. Mächtige libidinöse Bewegungen, wie der Rausch einer agitierten Masse oder kriegerische Aggressivität, versucht er in einen Sinnzusammenhang einzubetten, der um so schlüssiger, um so akribischer gegeben sein muß, je heftiger diese Triebe hervorgebrochen waren.

Auf Kosten der oft genug chaotischen, unübersichtlichen Realität wird so ein scheinbarer Sinnzusammenhang rationalisierend gestiftet; Unpassendes muß verdrängt werden. Freud (1910/1973) nimmt »eine Kindheitserinnerung des Leonardo da Vinci« zum Anlaß, einiges Grundsätzliche über die Parallele zwischen individueller, persönlicher Erinnerung des Volkes und seiner Geschichtsschreibung zu erörtern; dabei zeigt er charakteristische Veränderungen geschichtlicher Abläufe durch Umdeutungen im Sinne der Gegenwart oder Rechtfertigung herrschender Politik auf, so daß ein Wohlgefühl des »mächtigen«, »unverletzten«, mit sich im Einklang befindlichen Ichs entstehen kann.

Dieses Gepräge der Umdeutung tragen auch die Darstellungen der Geschichte der Psychoanalyse im Nationalsozialismus. Die DPG rechtfertigte mit ihrer Version der »Rettung der Psychoanalyse« die Fortsetzung der Struktur des Deutschen Instituts. Die DPV begründete mit ihrer Fassung der »Liquidierung der Psychoanalyse« die Neugründung nach dem Krieg; keine der beiden Formen der Geschichtsschreibung sagt damit umfassend etwas über die tatsächlichen Verhältnisse aus. Als Folge der Bemühung um Begradigung der Verhältnisse und dem Bemühen darum, eine schlüssige Version entstehen zu lassen, ist es nötig, den oder die »Schuldigen« herauszufinden, anzuprangern, die anderen damit zu entlasten und die Illusion entstehen zu lassen, daß alles anders gekommen wäre, wenn der eine oder der andere – nun genau Bestimmte – Widerstand geleistet hätte. In der Sekundärliteratur kann man so das Wechselspiel von persönlicher Anklage, Kritik und Rechtfertigung verfolgen. Hier werden wir darauf hingewiesen, daß die (Mit)Macher des Nationalsozialismus auch unter den Psychoanalytikern gesucht wurden. War es der »große Mann«, der durch sein Verhalten bewirkt hat, daß die Psychoanalyse sich im Nationalsozialismus etablieren konnte (Freud und/oder Jung) – oder war es der »kleine Mann«, der »Spießer« unter den Analytikern, der, der nicht prominent genug gewesen ist, um einen Ruf an ein ausländisches Institut zu bekommen, und nun, zurückgeblieben, von Minderwertigkeitsgefühlen geplagt, die Gunst der nationalsozialistischen Stunde zu nutzen wußte?

Fragen, deren Beantwortung fragmentarisch bleiben müssen – wenn darauf überhaupt eine Antwort gegeben werden könnte.

Aber was geschieht mit dem Verdrängten? Mit der Feststellung, daß Freud sich politisch weitgehend abstinent verhalten hat. Nicht zum Widerstand aufrief? (Ein Anspruch, der heute an ihn gestellt wird.) Was bedeutet es, daß Jung durch sein Engagement wesentlich zur Etablierung der Psychotherapie im nationalsozialistischen Deutschland beigetragen hat und durch seine Schriften den Eindruck erweckt hat, die nationalsozialistische Rassenkunde zu stützen? Was folgt daraus, wenn man erkennt, daß die deutschen, nicht-jüdischen Psychoanalytiker (mit Ausnahme von B. Kamm) sich nicht mit ihren jüdischen Kollegen solidarisierten und Deutschland verließen, sondern blieben und sich den politischen Bedingungen anpaßten? (Mit Ausnahme von J. Rittmeister.)

Bei der Erörterung des Verhältnisses von Geschichtsschreibung und Tradition ist deutlich geworden, daß das Verdrängte über den Prozeß der Reaktionsbildung Über-ich-bildend wirkt. Die Folge eines solchen Verdrängungsprozesses wäre also: jederzeit bereit zu sein, Widerstand zu leisten, sich auf die herrschenden politischen Verhältnisse weder ideologisch noch institutionell einzulassen und sich mit den Ausgestoßenen zu solidarisieren. Solange diese moralisch-ethischen Verhaltensweisen Reaktionen auf einen tatsächlichen geschichtlichen Prozeß sind, ist dagegen sicher nichts einzuwenden. Zu Tyrannen werden sie, wenn sie abstrakt, verselbständigt, stereotyp einsetzen, ohne Bezug zur gesellschaftlichen Wirklichkeit zu haben.

Das Ineinandergreifen von Verdrängungs- und Übertragungswiderstand

Verdrängt werden also all die Regungen, die nicht in das Bild, das sich der historisch Arbeitende gemacht hat, passen. Dieses Bild besteht ja bereits vorher als Erwartung, als Hoffnung (oder Befürchtung) – als Übertragung.

Die Frage nach den Determinanten persönlicher, ethischer Haltung könnte dem Wunsch entstammen – und hier setzt eine deutliche Übertragungserwartung ein –, Psychoanalytiker mögen allwissend, allvorausschauend, ideal sein – kraft ihrer beruflichen Identität. Persönliche Ethik und berufliche Identität scheinen miteinander verschmolzen. Aber muß ein guter Analytiker auch über diese persönliche Qualität verfügen? Welchen Einfluß kann eine eigene Analyse auf den Charakter haben? Die Psychoanalyse kann Menschen dazu verhelfen, angstfreier zu handeln; aber werden sie dadurch auch mutiger? Eine eigene Analyse gelingt nur, wenn der Betreffende aufrichtig zu sich selber ist – aber inwieweit verkommt dieser Charakterzug zum professionellen Habitus, der wohl in der beruflichen Identität erhaltengeblieben sein mag, der aber keinen Einfluß auf die persönliche Integrität nehmen kann?

Nationalsozialistische Machtherrschaft scheint, wie jede andere totalitäre Herrschaft auch, zur Regression in längst überwundene Komplexkonstellationen zu verlocken. Jemand, der als Kind gern an der Feuerspritze gestanden hätte (wie es von Boehm überliefert wird), diesen Wunsch innerlich dem Realitätsprinzip geopfert hatte, erhält jetzt plötzlich die Möglichkeit, das im übertragenen Sinne zu tun – und zwar staatlich abgesegnet; einem anderen (Müller-Braunschweig), der in langer realer Abhängigkeit vom eigenen Vater gelebt hatte, wird nun die Fortsetzung der Abhängigkeit – staatlich gefördert sogar – geboten, die ihn in der Realität, in der es mehrere »Väter« gab, schließlich zerbrechen läßt. Persönlichkeitszüge, die unter normalen Lebensbedingungen kleine Eigenarten sind, die der Persönlichkeit ihr.»Gesicht« geben, können unter totalitären Herrschaftsbedingungen sowohl zum Mitläufertum, zur Kollaboration als auch zum Widerstand motivieren. Ich denke, daß es nicht angemessen wäre, daraus nun zu folgern, daß Boehm und Müller-Braunschweig tatsächlich Freunde der Nazis oder auch Antisemiten[7] gewesen sind – sie machen es den Leser (vor allem in ihrem gemeinsamen, 1933 verfaßten Memorandum[8]) glauben, und das ist wohl auch in erster Linie Zweck der Darstellung. Man würde sich ein zweites Mal nationalsozialistischer Herrschaftsstrategie beugen, wenn man das, was damals geschrieben wurde, für die Meinung des Verfassers hielte – eine unverantwortliche Naivität. Offen bleibt sicher die Frage, warum jemand damals unbedingt als Nazifreund und Antisemit gelten wollte. Die Motive können vielfältig sein: Feigheit, Anbiederei, Geltungsbedürfnis und Machtstreben, Angst oder Opferbereitschaft – oder aber tatsächliches Engagement für die Nationalsozialisten.

Über die Person des Analytikers hinaus – als eines Menschen, der zufällig mit einer bestimmten Individualität ausgestattet ist (wenn er »anders« gewesen wäre, hätte er sicher Widerstand geleistet ...) – geht die Dynamik der Übertragung mit ihren Fragen weiter, wendet sich an das »System Psychoanalyse«, an die Theorie, von der erhofft wird, daß sie als die »richtige« Theorie die zufällige, unglückselige Praxis transzendiere und damit eine Garantie für persönliche Integrität böte. Verloren zu gehen scheint hier das Wissen darum, daß die Psychoanalyse eine Abstraktion ist und eine Identifikation mit ihr nicht zur Identität als Analytiker verhilft, der auch in überaus bedrohlichen politischen Situationen seine Integrität bewahrt.

Der hier dargestellte Widerstand, der mit der Formel charakterisiert werden könnte: Analytiker sind auch ›nur Menschen‹, denen die ›richtige Theorie‹ (die den Nationalsozialismus entlarvende Theorie, aus der Handlungsanweisungen zum Widerstand abzuleiten sind) fehlt, enthüllt seinen eigentlichen Charakter als Widerstand, wenn die Konfrontation mit dem geschichtlichen Material vorurteilsfrei gewagt wird. Das Wagnis scheint darin zu bestehen, daß die Erwartung, in dem historischen Material entfesselte Aggressivität, Sadismus, Feigheit oder Heldenmut zu finden, schon der Übertragungserwartung entspricht und nicht eintrifft – vielmehr sieht sich der in dieser Weise »enttäuschte« Geschichtsforscher einer Kette mehr oder minder banaler Verhandlungen und Absprachen gegenüber, die ihn dazu verleiten, auf der Jagd nach dem Spektakulären diesen Alltag, diese Wahrheit, zu übergehen. Übertragung kann also in der krampfhaften Suche nach Heldenmut, Intriganz, Destruktivität in der Geschichte bestehen, die sich der freien Assoziation vergangener Verhältnisse zu einem organischen Geflecht – manchmal sicher auch einer tragischen Verflechtung – widersetzt; verdrängt wird die Banalität, die mit jedem Lebensprozeß verbunden ist.

Der Krankheitsgewinn
Die Erörterung des Krankheitsgewinns setzt voraus, daß eine Krankheit festgestellt, eine Diagnose ermittelt wird. Aus den Darstellungen der Sekundärliteratur können wir den Kränkungsprozeß der Psychoanalytiker während der Nazizeit verfolgen: Einschränkungen, Repressionen, Bedrohungen und Schikanierung werden in den Darstellungen in den Vordergrund geschoben; der mögliche Gewinn, der aus der Situation gezogen wurde, wird vernachlässigt. Es soll hier nicht darum gehen, ob die Repressionen im Verhältnis zum Gewinn überwogen – das wäre eine realhistorische Fragestellung, die später erörtert werden soll. Wie aus Nachkriegsdokumenten ersichtlich ist, erleichterte die Version, als Opfer des Nationalsozialismus zu gelten, die Wiederetablierung noch vor der Aufspaltung in zwei psychoanalytische Vereine.[9]

In der gegenwärtigen Sekundärliteratur hat sich der Tenor allerdings geändert: Der Vorwurf, kollaboriert zu haben, die Forderung nach aktivem Widerstand, scheint durch die Darstellungen hindurchzuklingen. Der Wunsch nach Identifizierung mit den »Vätern« ist wohl einer, wenn auch etwas melancholischen Abgrenzung gewichen. Entspricht dieser Abgrenzung nicht eine Verschärfung der Forderung des Über-Ich, ein Aufruf zur Verhaltenskorrektur? Der daraus erwachsende Krankheitsgewinn mag darin bestehen, daß eine Phantasie über die damaligen Verhältnisse entstanden ist, die sie als beeinflußbar erscheinen läßt. Nach dem Motto: »So etwas darf nie wieder geschehen« wächst die Überzeugung, Vergleichbares verhindern zu können.

Es-Widerstand
Welches sind die unbewußten Vorbilder, die eine solche Anziehungskraft ausüben, daß dadurch eine sich wiederholende Verzerrung der Realität zustande kommt? Das innere, unbewußte Modell läßt eine Form der Geschichtsschreibung entstehen, deren gestaltendes Prinzip als Tenor erkennbar wird. Dieser Tenor verdichtet sich in besonders kritischen Passagen zu Fehlern, z. B. zu falschen Datierungen. Da in der Sekundärliteratur auch die entsprechenden fehlerhaften Passagen zitierend wiederholt werden, versteht es das unbewußte Vorbild, sich immer wieder zu thematisieren. Es gibt unterschiedliche unbewußte Vorbilder, die diese Form der Herrschaft ausüben. Die Geschichtsschreibung der Geschichte der Rettung der Psychoanalyse ist notwendigerweise eine andere als die Geschichtsschreibung der Zerstörung.

In der ersteren herrscht, vor allem bei Boehms Bericht, ein Tenor vor, in dem nachdrücklich darauf hingewiesen wird, daß nichts ohne Freuds oder Anna Freuds ausdrückliche Zustimmung bzw. Billigung geschah. Diese Beteuerung geht sogar so weit, daß er den Hinweis Lampl de Groots, die DPG habe sich ebenso verhalten können wie die holländische Psychoanalytische Gesellschaft, nämlich sich aufzulösen, Anna Freud zuschreibt (Boehm, 1978, S. 305). Gemessen an dem Ausmaß Boehms beteuernder Rechtfertigung scheint die Beschuldigung, der er von außen real ausgesetzt war, und die Ablehnung, die er empfand[10], immens gewesen zu sein. Sicher hatte er in der internationalen Öffentlichkeit auch eine überaus schwierige Position zu vertreten – denn: Wie kann es den aus Deutschland Vertriebenen vermittelt werden, daß die Psychoanalyse gerettet werden konnte, wenn doch so viele Menschen umgebracht wurden. Vielleicht kam der verständliche Wunsch hinzu, jemanden, der offensichtlich keinen Widerstand geleistet hatte und innerhalb des Regimes eine wichtige Position bekleidet hatte, für vieles mehr verantwortlich zu machen. Es ist auch anzunehmen, daß Boehm selbst vielleicht niemals die Chance gehabt hätte, eine bedeutende Rolle einzunehmen, wenn die berühmten jüdischen Analytiker am Institut geblieben wären. So kam der Nationalsozialismus einem gewissen Geltungsdrang Boehms entgegen und führte zu einer Verflechtung mit dem Nationalsozialismus, für die er sich auch vor sich selber verantworten mußte bzw. eher die Verantwortung abwehrte.

Tragisch wird dieses Selbstverständnis (Retter der Psychoanalyse zu sein), wenn die Rettung in der internationalen Öffentlichkeit nicht anerkannt wird und der »Retter« der Psychoanalyse feststellen muß, daß er die Neoanalyse gerettet hat. Das Motiv der Rechtfertigung, der Verteidigung, die Version der Rettung der Psychoanalyse wiederholt sich in Baumeyers Ausführungen, die Boehms Argumentation aufnehmen. Die Arbeit ist unter anderem als Replik auf Thomaes Arbeit(1963/64), die die Version der Zerstörung der Psychoanalyse vertritt, zu verstehen. Baumeyer (1971) weist sich im Gegensatz zu Thomae als Augenzeuge aus, dessen Darstellung, im Vergleich zu der von Thomae, schon allein dadurch schwerer wiegen könnte. Unter den DPG-Mitgliedern, zu Beginn der 30er Jahre[11], liest man auch seinen Namen (obgleich er erst 1936 außerordentliches und 1937 ordentliches Mitglied wurde). Loyal Boehm gegenüber zitiert er auch die Passagen bei Boehm, die falsch sind, obgleich die tatsächlichen Verhältnisse in öffentlich zugänglichen Dokumenten leicht zu rekonstruieren wären (z. B. der A. Freud zugeschriebene Vorwurf, die Deutschen hätten sich wie die Holländer verhalten sollen; S. 207). Noch andere Fehler, auf die hier nicht weiter eingegangen werden soll, werden unkorrigiert reproduziert.

Anders liest sich die Geschichtsschreibung der Zerstörung, als deren »Urheber« wohl Jones (1962) anzusehen ist. Von Liquidierung im engeren Sinne kann man wohl nur bei den Wiener psychoanalytischen Institutionen sprechen; hier bezeichnet Jones bereits Müller-Braunschweig, der zunächst die Wiener Einrichtungen dem Deutschen Institut angliedern wollte, um sie zu erhalten (mit Einschränkungen natürlich), als jemanden, der in Begleitung eines Nazikommisars kam, in der Absicht, die psychoanalytischen Organisationen zu liquidieren (Bd. III, S. 262). Durch Jones' Bericht klingt eine scharfe Kritik an dem Verhalten der deutschen Gruppe (insbesondere Boehms) heraus; verwundert fragt man sich, wieso seine Kritik so scharf sein kann, wenn er doch selber der Sitzung im Dezember 1935, auf der die jüdischen Mitglieder der DPG ausgeschlossen wurden, präsidierte. Fehlerhaft datiert Jones diese Sitzung auf Dezember 1933 (ebenso wie den Besuch der beiden nationalsozialistischen Psychotherapeuten, die diesen Ausschluß angeblich veranlaßt hatten; er fand nicht im November 1933, sondern im November 1935 statt). Könnten sich in dieser Fehlleistung nicht auch Zweifel an seiner eigenen Rolle ausdrücken?

Die Wahrnehmung dieser Art Fehlleistungen mag einen zunächst ärgerlich reagieren lassen – sie stören den Wunsch, ein zumindest chronologisch lückenloses Bild entstehen zu lassen. Inzwischen weiß die Verfasserin, wie leicht sich Fehler und Fehlleistungen einstellen, sich unbewußte Leitbilder äußern. Vielleicht gelingt es, aus diesen kleinen Ärgernissen Impulse für Fragestellungen zu gewinnen, die weit über die Rekonstruktion des chronologischen Hintergrundes hinausgehen.

Der Über-Ich-Widerstand
Der Über-Ich-Widerstand ist besonders schwer zu identifizieren. Die Deutschen, die den Nationalsozialismus unterstützt hatten, haben ja tatsächlich eine schwere Schuld auf sich genommen. Aber auch hier können unterwürfige Schuldbekenntnisse, selbstquälerische Anklagen und masochistisches Strafbedürfnis eine konkrete und differenzierte Beschäftigung mit der deutschen Geschichte verhindern. Aus echtem, anteilnehmendem Engagement wird pathetische Selbstaufgabe und Unterwerfung. Die Wirksamkeit dieses Widerstandes scheint gerade in bezug auf die Geschichte der psychoanalytischen Bewegung eine besondere Rolle zu spielen: Der Über-Ich-Widerstand paart sich mit der Vorstellung eines idealen Analytikers und verhindert damit die Übernahme persönlicher Verantwortung. Die Über-ich-bildende Tradition der Internationalen Psychoanalytischen Vereinigung läßt sich besonders eindrucksvoll aus dem Studium der Nachrufe auf die Mitglieder der Internationalen Psychoanalytischen Vereinigung zwischen 1933 und 1979 aufzeigen.

Zwischen 1933 und 1979 wurden in der Internationalen Zeitschrift für Psychoanalyse (ab 1940 International Journal of Psychoanalysis) 112 Nachrufe verfaßt. Damit wurden die bedeutendsten Analytiker und Analytikerinnen gewürdigt. Aus der Darstellung der Lebensgeschichte läßt sich bei 52 ehemaligen Mitgliedern der IPV ein entscheidender Einschnitt in ihrem Leben feststellen, der durch den Nationalsozialismus verursacht wurde. Das sind also fast die Hälfte. Dabei konnten nur die Nachrufe berücksichtigt werden, in denen dieser Einschnitt erwähnt wurde; bei vier weiteren muß diese Frage offenbleiben. Von diesen 112 prominenten Mitgliedern haben sich 43 irgendwann einmal im Laufe ihrer psychoanalytischen Ausbildung oder Lehrtätigkeit am Berliner Psychoanalytischen Institut befunden. Bei 28 Personen kamen beide Faktoren zusammen: Sie hatten unter dem Nationalsozialismus gelitten und hatten eine Ausbildung gemacht oder am Berliner Institut gelehrt. Der Nationalsozialismus wird in den Nachrufen sehr häufig metaphorisch beschrieben: Da ist von »dunklen Wolken des Faschismus und Antisemitismus« und der »Nazihölle« die Rede. In manchen Nachrufen wird unmittelbar zum Schicksal der Psychoanalyse in Deutschland Stellung genommen. So schreibt Gumbel (1962) zum Tod von Frau Smeliansky, daß Hitlers Machtergreifung der Psychoanalyse in Deutschland ein Ende setzte, oder auch Simmel zum Tod von Fenichel, daß er Berlin 1933 verließ, als das Hitlerregime psychoanalytisches Arbeiten unmöglich machte (1946). Oft dienen Kommentare über den Nationalsozialismus auch der Akzentuierung des besonders integren Charakters des Verstorbenen: Demnach sei Eitingon zu sensibel gewesen, um den Nazis gewachsen zu sein (Jones, 1943), und Simmels Furchtlosigkeit habe sich selbst gezeigt, als er in den »Klauen der Nazis« gewesen sei (Lewy, 1947); Bibring habe die Interessen der Psychoanalyse unter dem Einsatz seiner eigenen Sicherheit zu schützen gewußt (Valenstein, 1960). Aus den Nachrufen läßt sich aber auch einiges über das persönliche Schicksal des Verstorbenen erfahren: So geht aus dem Nachruf von Friedmann (Winnicott, 1959) hervor, daß er als Leiter einer Anstalt delinquenter Jungen in Wolzig in der Nähe von Berlin mit seinen Jungen den Weg in ein Konzentrationslager wählte, das für seine Grausamkeit bekannt war. Von dem Konzentrationslager aus wurde er ins Gefängnis verlegt und schließlich wieder entlassen. Durch Mißhandlungen im Lager war ein Tick zurückgeblieben und eine Ohrverletzung. 1938 schickten ihn deutsch-jüdische Behörden mit einer großen Gruppe jüdischer Kinder nach England. Nur enge Freunde konnten ihn davon abbringen, nach Deutschland zurückzukehren. Sein Leiden im Konzentrationslager versuchte er in einer Analyse bei Ada Müller-Braunschweig zu verarbeiten. Sowohl August Aichhorn als auch Paul Federn bangten um das Schicksal ihrer Söhne, die in Konzentrationslagern waren.

In keinem einzigen Nachruf ist von der Rettung der Psychoanalyse die Rede. Bereits aus dieser beispielhaften Auswahl wird deutlich, daß aus der Sicht derer, die unter dem Nationalsozialismus gelitten hatten und Deutschland verlassen mußten, verständlicherweise klar war, daß man in dieser »Hölle« nicht psychoanalytisch arbeiten konnte. Die Alternative schien nur zwischen einem radikalen Bruch mit dem NS-Regime gleichbedeutend mit Auswandern, und der Anpassung zu bestehen. Jede Zwischenlösung – wie sie die Möglichkeit einer »inneren Emigration« geboten hätte – scheint nicht in Betracht zu kommen.

Ein solches Über-Ich der International Psychoanalytical Association kann nur denen, die sich als Opfer des Nationalsozialismus sehen, eine Existenz im Rahmen der Internationalen gestatten. Für die Geschichtsschreiber der Geschichte der Psychoanalyse im Nationalsozialismus bedeutet es eine große Verlockung, sich einfach dieser Version anzuschließen und damit der Anerkennung der Internationalen Vereinigung sicher sein zu können – oder aber eine scharfe Abgrenzung von den »Opfern« (die es so schlecht gar nicht gehabt haben mögen ...) vorzunehmen, um auf diese Weise wieder »dazugehören« zu können.

Das Durcharbeiten

Von der Geschichtsschreibung wird uns also ein großes Aufgebot an Abwehrmechanismen entgegenstehen, die besonders schwer wiegen und nur mühsam überwunden werden können, da sie dem eigenen Selbstgefühl so schmeicheln. Die Verarbeitung der Ereignisse, die die Psychoanalyse im Nationalsozialismus gestalteten, vollzieht sich also in drei Schüben, die jeweils durch charakteristische Abwehrmechanismen gekennzeichnet werden können. Leider hat die historische Wahrheit, entsprechend der Kürze der zurückliegenden Zeit, nicht weniger Entstellungen und Mißverständnisse erfahren. Meist setzt eine »Legendenbildung« bereits in authentischen, originalen Dokumenten ein und ist häufig als solche nur schwer erkennbar. Allgemein gilt, daß das Ausmaß an Verfälschungen der Wirklichkeit in dem Maße zunimmt, in dem die Wirklichkeit unerträglich und vielleicht sogar lebensbedrohlich wird. Das gilt sowohl für Originaldokumente als auch für Geschichtsschreibung, die ja immer in einem realen, gesellschaftlich-politischen Kontext vollzogen wird und nie »interessenlos« ist. Nicht nur die Bedrohungen der realen Wirklichkeit entstellen die historische Wahrheit, sondern auch das innerseelische Milieu.

Je weiter zurückliegend ein Ereignis ist, desto neutraler erscheint es: Würde sich heute noch jemand ernstlich über die Massenmorde im Zuge der französischen Revolution empören oder davon betroffen fühlen? Generationen trennen uns von diesen Ereignissen, Generationen, die an dem Prozeß der Neutralisierung gearbeitet haben. Aus der Psychoanalyse ist uns dieses Phänomen wohlbekannt: Ein das innerseelische Gleichgewicht bedrohendes Trauma wird durch charakteristische Abwehrmechanismen weitgehend abgekapselt und zeigt sich als neurotisches Symptom. Dieses Symptom kann sich nur in einem langwierigen psychoanalytischen Prozeß auflösen, der in geduldigem Erinnern, Wiederholen, Durcharbeiten besteht. Dieser Prozeß läßt sich sicherlich nicht auf die Geschichtsschreibung einfach übertragen; hier gibt es weder eine neurotische Erkrankung noch ein Symptom.

Die einzigen Hinweise auf eine traumatische Erfahrung sind in nachträglich verfaßten Berichten von Zeitzeugen zu finden. Diese Berichte sind nie neutral: Entweder sind sie als engagierte Rechtfertigungsberichte verfaßt, häufig mit einem etwas glorifizierenden Unterton (1. Schub) oder als nachdenkliche Kommentare, in denen die Widersprüchlichkeit der damaligen Verhältnisse staunend, ja vielleicht etwas ratlos wiedergegeben wird (3. Schub), oder aber als aktuelle standespolitische Legitimierung irgendeines Anspruchs (2. Schub). Während die erste und dritte Darstellungsweise am ehesten als Schritte zu einer Verarbeitung zu verstehen sind, scheint die zweite Kategorie der Geschichtsschreibung mit ihrer realpolitischen Funktion wenig Erklärungswert für die tatsächlichen historischen Begebenheiten zu haben. Für die beiden anderen Kategorien gibt es traditionelle Muster: Auch im Märchen wird das Gute und das Böse voneinander getrennt, meist durch entsprechende Personen charakterisiert (die Guten und die Bösen), wobei von den Guten ein starker Aufforderungscharakter zur Identifikation ausgeht. Die innere Notwendigkeit, sich mit dem Guten zu identifizieren, wird gerade dann besonders beherrschend, wenn die Unsicherheit über das Fortbestehen des Guten am größten ist. So kann man als Reaktion auf den Nationalsozialismus und das Bekanntwerden seiner entsetzlichen Verbrechen eine vermehrte Tendenz verstehen, sich des Guten in einem selber zu vergewissern oder aber die Zugehörigkeit des Standes zu den »Guten« besonders hervorzuheben. Da die unterdrückten, aggressiven, »bösen« Anteile sich nur eine begrenzte Zeit abspalten lassen und bei einem tatsächlichen Verarbeitungsprozeß zur Reintegration drängen, entsteht eine neue Form der Geschichtsschreibung, die am ehesten vergleichbar ist mit der Struktur von Mythen. Das Charakteristische des Mythos besteht darin, daß er sich der formenden Kraft des harmonisierenden Ichs, das bestrebt ist, auch in der Geschichte eine schlüssige, logische Kette zu konstruieren, entzieht, um, gemäß den denkerischen Gesetzen des Es, Widersprüchliches nebeneinander und miteinander bestehen zu lassen. Ich-Anteile, Märchenstrukturen und Es-Anteile, Mythenbildungen sind die Strukturen, die sich in ihren Positionen zueinander verändern mit dem Ziel der Schaffung einer Identität, in der sowohl libidinöse als auch aggressive Anteile repräsentiert sind. Damit ist engagierte Geschichtsschreibung als Verarbeitungsprozeß zu verstehen. Es geht also nicht nur darum, Vergangenes authentisch so zu beleben, daß gewisse formale Abläufe bekannt werden oder sich ein naives Verstehen der menschlichen Haltungen daraus ergibt, sondern darum, die Auseinandersetzung mit Geschichte zum einen als Prozeß der persönlich-ethischen und beruflich-fachlichen Standortbestimmung werden zu lassen, zum anderen als Notwendigkeit denen gegenüber zu begreifen, die unter dem Nationalsozialismus gelitten haben und, wenn überhaupt, nur dann verzeihen können, wenn sich ein verstehender Partner anbietet, der – wenn auch nur eine schwache – Ahnung von dem Ausmaß ihrer Unterdrückung und ihres Leidens hat.

Nach der Erörterung der Widerstände, die ein Durcharbeiten sowohl erschweren als auch immer wieder neu provozieren, sollte man nun erwarten, aus den Quellen Genaueres über die strittigen Punkte zu erfahren. Könnte nicht die psychische Bearbeitung durch das Material, das für sich selbst spricht und damit unabhängig von den Tendenzen der zukünftigen Bearbeitung zu sein scheint, ersetzt werden?

Auf der Suche nach aufklärenden Fakten muß man betroffen innehalten. Das Verhältnis der Psychoanalytiker zu den Nazis, zu den Kollegen am Institut oder auch zu ihrem möglichen eigenen Engagement ist nicht oder nur z. B. durch ein markantes Ausrufezeichen Görings in einem von Müller-Braunschweig verfaßten Ausbildungsmemorandum dokumentiert. Sicher muß man annehmen, daß nicht alle Unterlagen erhalten sind – aber dennoch könnte man erwarten, vor allem nach den engagierten Berichten über die Psychoanalytiker in dieser Zeit, daß die institutionelle Präsenz der Psychoanalytiker einen schriftlichen Niederschlag gefunden hat. Tatsächlich sind die Unterlagen über die Zeit vor dem Nationalsozialismus, die Anfragen zur Ausbildung etc. dokumentieren, bis 1933 erhalten, dann bricht die Korrespondenz ab.

Aus den vorliegenden Dokumenten könnte man also nur eine Geschichtsschreibung der damals Herrschenden verfassen; diejenigen, die unterdrückt wurden und sich duckend anpaßten, hinterließen kaum Spuren. Das Ausmaß der Naziherrschaft wird eigentlich vor allem in diesem Phänomen deutlich. Der Drang, nach dem Nationalsozialismus eine Geschichtsschreibung derjenigen zu verfassen, die sich im Nationalsozialismus nur sehr eingeschränkt bzw. gar nicht äußern durften, wird damit verständlich und besonders groß.

Während in der Sekundärliteratur unbewußte Bilder den Tenor der jeweiligen Fassung bestimmen, gehorcht die Diktion der Quellen der herrschenden Ideologie, die die Macht verkörpert. Damit entstehen zwei Typen von Geschichtsschreibung: eine primäre, den Quellen entstammende, die ganz im Dienste der herrschenden Macht und der Lebenssicherung steht und im übrigen ziemlich banal erscheint; und eine andere, die sekundäre, die die Prägung der aktuellen politischen Auseinandersetzung und die eigene Übertragungshaltung/Verdrängungshaltung der nichtdokumentierten Geschichte gegenüber zum Ausdruck bringt. Dokumentiert wird so in der ersten Phase der NS-Machtergreifung die Reaktion auf die Macht. Cimbal z. B. begrüßt die neue Ära enthusiastisch; die in seinem Briefwechsel anklingenden Zweifel lassen in diesem Kontext lediglich darauf schließen, daß die Macht sich noch nicht absolut etabliert hatte und das Äußern von Zweifeln gerade noch möglich war. Später, mit der Etablierung der politischen Macht, die auch der Psychotherapie ihren gesicherten Rahmen zuwies, werden Zweifel nicht mehr geäußert, und inhaltliche Überlegungen erscheinen überflüssig, da sie ja durch die nationalsozialistische Ideologie ersetzt wurden. Im Vordergrund stehen Absprachen zur Lebenssicherung. Im zweiten Typ der Geschichtsschreibung weist schon die Unterschiedlichkeit der unbewußten Vorbilder auf den Spielraum hin, der eine solche Kontroverse überhaupt ermöglicht.

Einem flüchtigen Beobachter würde die Geschichte der Quellen und die durch die Sekundärliteratur beschriebene Geschichte als die Darstellung zweier unterschiedlicher Epochen erscheinen müssen; dennoch kann man gerade aus dieser Diskrepanz ein wesentliches Charakteristikum des Nationalsozialismus erkennen: Lebendige, emotionalisierte Auseinandersetzungen, wie sie in der Sekundärliteratur ihren Niederschlag finden, waren unter NS-Herrschaft undenkbar. Die Emotionalisierung der Sekundärliteratur deckt nur die Gefühle auf, die sich der NS-Herrschaft so lange Jahre beugen mußten. Sie vernachlässigt allerdings weitgehend die Ebene der strukturellen machtpolitischen Verhältnisse (die erst in der dritten Bearbeitungsphase, die ihre Impulse durch die Arbeit von Cocks, also aus dem Ausland bekam, bekannt wurden), die in den zeitgenössischen Dokumenten die Korrespondenz im wesentlichen ausmacht. Damit wird deutlich, in welchem Ausmaß die Quellen und die Sekundärliteratur mit ihren Übertragungshaltungen zusammengelesen werden müssen, um ein vollständigeres Bild der Geschichte der Psychoanalyse im Nationalsozialismus zu gewinnen.[12]

Aber auch im Nationalsozialismus gibt es Dokumente, die Zeugnis von der Vielschichtigkeit der damaligen Realität ablegen, in denen Banales und Ungeheuerliches sich zu einem absurden Gemisch verdichtet hat. Gemeint sind die Tagebuchaufzeichnungen der Heerespsychiater, die ihre Berichte vierteljährlich zum Stab der in Berlin sitzenden beratenden Psychiater schicken mußten. Diese Dokumente waren geheim – während es sich bei der Institutskorrespondenz um die offiziellen Dokumente handelt. Die Akribie und die unbeteiligte Sachlichkeit, der Mangel an Empathie bezeugen, daß es kaum möglich ist, sich in die damaligen Verhältnisse hineinzuversetzen. Was man heute mit Entsetzen liest, gehörte damals dem Alltag an. Die hier vorgelegte Dokumentation scheint mir ein eindrucksvolles Bild der Abhängigkeiten der Psychotherapeuten und Psychoanalytiker von Partei- und Staatsstellen sowie Standesverbänden und verschiedenen anderen gesellschaftlichen Einrichtungen zu bieten. Nur mühsam lassen sich einige »rote Fäden« herausarbeiten. Um wieviel schwieriger muß es für die Betroffenen gewesen sein, zwischen Wichtigem und Unwichtigem unterscheiden zu können und die Implikationen ihres Verhaltens abzusehen.

3. Die psychotherapeutischen Organisationen vor 1933

3.1. Die Deutsche Psychoanalytische Gesellschaft

Nachdem Freud in den ersten Jahren nach der Entwicklung seiner die Psychoanalyse begründenden Gedanken kein Interesse bei Ärzten und dem Publikum hatte finden können, erregten sie zu Beginn des Jahrhunderts breite Aufmerksamkeit. Bereits 1908 fand die erste Zusammenkunft der Anhänger der Psychoanalyse aus verschiedenen Ländern statt. 1909 wurden Freud und Jung von Stanley Hall nach Amerika eingeladen, um an der Clark-University (Mass.) Vorlesungen über Psychoanalyse zu halten.

In Europa zeigten sich vor allem Psychiater fasziniert und beunruhigt durch die neuen Entdeckungen. »Den Psychiaterverein haben wir. Die Konkurrenz, der Neurologenverein ist ein Schutz- und Trutzbündnis Monakow-Dubois. Das Programm (das ungeschriebene) beider Vereine wird sein: Freud und anti-Freud. Jetzt kommt Deutschland an die Reihe«, verkündete C. G. Jung am 22.11.1909 von der schweizerischen Psychiaterversammlung kommend (McGuire, 1974). Und Freud, der Empfänger des Briefes nahm diese Aufforderung entgegen:

»Also jetzt kommt Deutschland dran! Sind wir nicht (mit Recht) kindisch, daß wir über jedes Stückchen Anerkennung uns so sehr freuen, wo es doch so gleichgültig ist und nebstbei so sicher, daß die endgültige Eroberung der Welt noch so unbestimmt weit vor uns liegt?« (2.12.1909; McGuire, 1974).

Im Anschluß an den 2. Internationalen Psychoanalytischen Kongreß vom 30. und 31. März 1910 (Nürnberg) wurde die Internationale Psychoanalytische Vereinigung gegründet. Jung war ihr Präsident. Am 27.8.1908 hatte Abraham[1] das Berliner psychoanalytische Institut gegründet. 1910 wurde es erweitert zur Deutschen Psychoanalytischen Gesellschaft und Mitglied der Internationalen Psychoanalytischen Vereinigung. Während der ersten Jahre des Bestehens trafen sich die Mitglieder der Gesellschaft alle zwei bis drei Wochen in Abrahams Wohnung.

In dem Maße, in dem das Interesse an der Psychoanalyse in Europa wuchs, äußerten sich auch energische Stimmen gegen sie.[2] Mediziner kritisierten ihre Betonung des psychischen Moments, Philosophen ihre Vorstellung von der unbewußten Seelentätigkeit, und allgemein wurde

> **Berliner Psychoanalytische Vereinigung.**
>
> Unterzeichneter verpflichtet sich vor Beendigung der Gesamtausbildung ohne Genehmigung des Unterrichtsausschusses selbständige- psychoanalytische Praxis nicht zu betreiben und sich nicht als ausübenden Psychoanalytiker zu bezeichnen.
>
> Berlin, ... *Dr. A. Slotopolsky*

Abb. 1 Vordruck der Berliner Psychoanalytischen Vereinigung vor 1933. Der Unterzeichnende, Dr. Slotopolsky, meldete sich im Aug. 1928 bei Dr. K. Landauer zur analytischen Ausbildung an (Landauer/Eitingon 13.8.1928)

die Bedeutung, die Freud dem Sexualleben einräumte, abgelehnt. Auf den Aufschwung folgte der Abfall früherer Anhänger (1911–1913). Stekel, Adler und Jung gingen ihre eigenen Wege (Freud, S. 305/306, 1926/1972).

Nachdem Jung sich von der Psychoanalyse abgewandt hatte, hoffte Freud, daß ihm die »Berliner Schule« Ersatz sein könne (Freud/Abraham, 13.5.1913; Abraham, 1965). Abraham antwortete: »Von alldem, was in Zürich vorgeht, bekomme ich hier nur dunkle Kunde, aber ungefähr kann ich mir's ja denken. Ich weiß nicht, ob, wie Sie andeuten, der Bruch unvermeidlich ist. Was an mir liegt, soll Berlin Ersatz bieten« (23.5.1913, Abraham, 1965).

Die psychoanalytische Bewegung erlitt einen empfindlichen Rückschlag, so daß Freud vorschlug, den Internationalen Verein für Psychoanalyse aufzulösen, um seine Position klar gegen die Jungsche abzugrenzen. Abraham zögerte: »An Berlin liegt vielleicht in Zukunft sehr viel, und es wäre schade, wenn es in unserem Kreise, der sich eben zu entwikkeln beginnt, gerade jetzt politische Differenzen gäbe!« (4.11.1913, Abraham, 1965).

Der Verein wurde nicht aufgelöst. Freud begann die Geschichte der psychoanalytischen Bewegung zu schreiben, um die Zäsur deutlich zu machen. Der Erste Weltkrieg unterbrach eine kontinuierliche Entwicklung der Deutschen Psychoanalytischen Gesellschaft, obwohl die Internationale Psychoanalytische Vereinigung (IPV) bestehenblieb. Besonderes Ansehen gewann die Psychoanalyse durch die erfolgreiche Behandlung von Kriegsneurotikern im Ersten Weltkrieg (Neiser, 1978, S. 17). 1925 gab es Ortsgruppen in Berlin, Wien, Budapest, London, der Schweiz, Holland, Moskau, Kalkutta und den USA. Die psychoanalytische Bewegung gewann an Profil: Nach außen hin formte sie sich durch ständige Auseinandersetzungen, nach innen durch eine fortschreitende Formalisierung der psychoanalytischen Ausbildung. Obwohl Freud immer wieder darunter litt, daß sich Schüler von ihm abwandten, blieb er seinen theoretischen Überlegungen unnachgiebig treu: »Daß sich aber in diesen Jahren, als ich allein die Psychoanalyse vertrat, ein besonderer Respekt vor dem Urteil der Welt oder ein Hang zur intellektuellen Nachgiebigkeit bei mir entwickelt habe, wird wohl niemand erwarten dürfen« (Freud, 1915/1973, S. 62).

Manche Schüler grenzten sich ab und gründeten neue therapeutische Richtungen, und so entstand ein breiter werdender Strom psychotherapeutischer Aktivitäten mit internationalen Verbindungen. 1920 stiftete Eitingon[3] in Berlin die erste öffentliche psychoanalytische Poliklinik und Lehranstalt. Damit fielen dem Berliner Psychoanalytischen Institut drei bedeutsame Funktionen zu:

»1. ... unsere Therapie jener großen Menge von Menschen zugänglich zu machen, die unter ihren Neurosen nicht weniger leiden als die Reichen, aber nicht imstande sind, die Kosten ihrer Behandlung aufzubringen,
2. eine Stätte herzustellen, an der die Analyse theoretisch gelehrt und die Erfahrungen älterer Analytiker auf lernbegierige Schüler übertragen werden können, und endlich unsere Kenntnis der neurotischen Erkrankungen und unsere therapeutische Technik durch Anwendung und Erprobung unter neuen Verhältnissen zu vervollkommnen« (Freud, 1930/1972, S. 572).

Max Eitingon finanzierte die Poliklinik mit 16 000 Reichsmark jährlich, Ernst Simmel[4] steckte den sozialen Rahmen ab. In seiner Ansprache »Zur Geschichte und sozialen Bedeutung des Berliner Psychoanalytischen Instituts« (1930) berief er sich auf Freud, der sich im September 1918 auf dem 5. Internationalen Psychoanalytischen Kongreß in Budapest dafür eingesetzt hatte, daß »das neurotische Elend der breiten Bevölkerungsschichten« unentgeltlich psychoanalytisch behandelt werden solle. Die psychoanalytische Poliklinik entstand also unmittelbar nach dem Krieg in einer Zeit der wirtschaftlichen Not, in der »gerade arme Leute infolge ihrer neurotischen Gehemmtheit ganz besonders der materiellen Verelendung preisgegeben waren« oder aber von einer Poliklinik zur anderen geschickt wurden. Manchmal gelangten sie zufällig auch in die psychoanalytische Poliklinik.

»Es war eine verkümmerte Frau, die, ganz ungewohnt der Tatsache, zum Arzt eingehend über sich sprechen zu können, auf alle Fragen nach der Art ihres Leidens immer nur zu erwidern wußte: ›Ja, die Ärzte sagen – ich hab's mit die Nerven.‹ Und als es mir doch noch gelang, etwas mehr über ihren Zustand zu erfahren, und ich mir daraufhin Mühe gab, ihr auseinanderzusetzen, was die psychoanalytische Poliklinik ihr gegebenenfalls leisten könnte, ging sie schließlich doch enttäuscht von dannen, nachdem ich ihr ihre bange Frage: ›Höhensonne haben Sie wohl keine?‹ abschlägig bescheiden mußte« (Simmel, 1930, S. 10).

Simmel setzte sich nachdrücklich dafür ein, daß die Krankenversicherungen die Finanzierung einer psychoanalytischen Behandlung übernehmen.

»Denn die Erkenntnis von der Notwendigkeit dieser Behandlung ist so sinnfällig, daß die Versicherten, die ja ihre eigenen Vertreter in den Krankenkassenausschüssen haben, die Psychoanalyse in absehbarer Zeit fordern werden; und zwar über die Köpfe jener Vertrauensärzte hinweg, die immer noch behaupten, eine psychoanalytische Behandlung könnte zumindest aus fiskalischen Gründen nicht Gegenstand einer Krankenkassenleistung sein« (Simmel, 1930, S. 8).

Die Wirtschaftliche Ärztliche Vereinigung setzte der Finanzierung der psychotherapeutischen Behandlung massiven Widerstand entgegen und strich die von Ersatzkassenpatienten in Rechnung gestellten Beträge.

»Es dürfte Sie interessieren, daß 1927 der durch keine Sachkenntnis getrübte Vorstand der Wirtschaftlichen Ärzte-Vereinigung (Honorarprüfungskommission) dekretierte: ›Tägliche psychotherapeutische Behandlung ist verboten, weil dem Patienten unzuträglich. Sitzungen dürfen höchstens jeden dritten bis fünften Tag, also etwa sechs- bis zehnmal im Monat stattfinden. Höchste Behandlungsdauer sechs Monate‹« (Z.f.P., 1930, S. 519).[5]

Der hier im Interesse der Patienten formulierte Widerstand ist als Ausdruck des Mißtrauens zu bewerten, mit dem die Ärzteschaft die Versuche des neuen Berufsstandes beobachtete, der darum bemüht war, sich einen Platz in der gesellschaftlichen Infrastruktur zu schaffen.
  Nach achtjähriger Tätigkeit des Instituts zog Eitingon Bilanz: 1600 Hilfesuchende hatten die Poliklinik aufgesucht; 640 konnten in eine

psychoanalytische Therapie vermittelt werden (mit wöchentlich 4 Stunden). 100 gleichzeitig laufende Analysen wurden im September 1928 gezählt. An der Poliklinik waren fünf erfahrene Assistenten angestellt. Die »Hausanalytikerin«, Frau Smeliansky, versorgte allein zehn bis zwölf poliklinische Patienten (Maetze, 1976, S. 1159).

Seit dem 9. Mai 1920 war die psychoanalytische Ausbildung systematisiert worden. 1922 wurde die Lehranalyse zum obligatorischen Bestandteil der Ausbildung (Maetze, 1976, S. 1158). 1928 hatte das Interesse an der psychoanalytischen Ausbildung so zugenommen, daß das Institut aus der Potsdamer Straße 29 in die Wichmannstraße 10 umzog (30. 9. 1928).[6] Der Architekt Ernst Freud, S. Freuds Sohn, hatte die Ausgestaltung der Räume übernommen.

In der ersten Gründungszeit therapierten die Ausbildungskandidaten ohne Entgelt. Eitingon ging davon aus, daß ein Mensch, der einen Anspruch auf den Beruf des Psychoanalytikers anmelden wolle, selbst Opfer bringen müsse. Dafür konnten die Ausbildungskandidaten kostenlose Lehranalysen erhalten. Da sich diese Regelung im Laufe der Zeit als undurchführbar erwies, wurden sowohl für Lehranalysen als auch für poliklinische Analysen, die von Kandidaten durchgeführt wurden, Honorare eingeführt. Trotzdem mußte jeder Kandidat einen Patienten umsonst behandeln. 1929 waren am Berliner Psychoanalytischen Institut 60 Therapeuten tätig, von denen 34 Mitglieder der Internationalen Psychoanalytischen Vereinigung waren (Gesamtmitgliedzahl der I.P.V. ca. 400). 1930 hatten insgesamt 94 Therapeuten Behandlungen am Institut durchgeführt und 60 von ihnen die Mitgliedschaft der IPV erworben (Maetze, 1976, S. 1161).

Obwohl die Psychoanalyse begann, sich im Rahmen der Krankenversorgung zu etablieren, behielt sie ihre Offenheit zu anderen gesellschaftlichen Bereichen, repräsentiert durch führende Mitglieder des Berliner Psychoanalytischen Instituts wie Sachs (Staatsanwalt), Bernfeld (Pädagoge), Müller-Braunschweig (Philosoph) und Reich, Simmel, Jacobson und Fenichel mit ihren politischen Interessen. So existierte neben der Internationalen Zeitschrift für Psychoanalyse (seit 1913) die Zeitschrift »Imago« (seit 1912), die sich die Anwendung der Psychoanalyse auf die Geisteswissenschaften zum Ziel gesetzt hatte.

Die große Bedeutung, die dem Berliner Psychoanalytischen Institut zukam, wurde durch die gesundheitspolitische Situation und die Lebensbedingungen in Deutschland für Ausländer begünstigt: Auch nicht-ärztliche Psychotherapeuten durften therapeutisch tätig sein (es bestand Kurierfreiheit), und die Lebenshaltungskosten waren besonders niedrig. Auf Arbeitstagungen der deutschen Psychoanalytiker, die mit internationaler Beteiligung regelmäßig seit 1924 stattfanden, wurden Fragen der Ausbildung und der Lehranalyse diskutiert. Anfragen (März 1928–Juli

1933) kamen aus der Schweiz, Österreich, Norwegen, Ungarn, Frankreich, Dänemark, der Tschechoslowakei, Ägypten, Kuba und den USA.[7]

Die Minimalzeit einer psychoanalytischen Ausbildung betrug zwei Jahre. Die Lehranalyse wurde über mindestens ein Jahr, meistens länger geführt. Durch sie entstanden die meisten Kosten. Je nach Vermögenslage des Kandidaten wurden 200 bis 300 Mark monatlich berechnet (Eitingon/Kjustad, 22.10.32). Eine Honorarermäßigung wurde nach sorgfältiger Prüfung der finanziellen Situation durch Müller-Braunschweig, den Verwalter des Stipendienfonds, ermöglicht.[8]

Die in Deutschland noch bestehende Kurierfreiheit lockte Psychoanalytiker, deren ärztlicher Werdegang in anderen Ländern unterbrochen worden war, oder Nichtärzte, sich in Deutschland niederzulassen. Eitingon antwortete einem Anfragenden aus Siebenbürgen:

»In größerer Verlegenheit bin ich bezüglich der Frage, wo Sie sich am besten niederlassen würden. Es ist da nicht leicht für mich, Ihnen einen Rat zu geben. Praktisch besteht in Deutschland, solange die Kurierfreiheit noch währt, die Möglichkeit des Praktizierens auch ohne Approbation; doch weiß ich nicht, ob es ratsam für einen jüngeren Menschen ist, seine Existenz auf die Tatsache der noch bestehenden Kurierfreiheit in Deutschland zu gründen, die ja keine ewige zu sein braucht. Wenn es Ihnen möglich wäre, in Ungarn oder in Rumänien Ihr Examen zu ›nostrifizieren‹, so wäre es ebenso zweckmäßig für Sie wie schließlich auch für die Analyse. In Rumänien z. B. sind noch immer zu wenig Analytiker und hätte ein analytischer Pionier eventuell viel Aussichten. Ich verhehle mir natürlich dabei gar nicht, daß Rumänien eventuell ein Land ist, in dem es sich nicht leicht atmet« (Eitingon/ Brummer, 6.5.1930).

Berlin galt in den 20er Jahren als Zentrum der psychoanalytischen Bewegung und konkurrierte lebhaft mit dem Wiener Institut (Bernfeld, 1984). Psychoanalytiker der ersten Generation ließen sich in Berlin nieder – von Freud nachdrücklich unterstützt (Huber, 1977, S. 6) oder pendelten zwischen Wien und Berlin.

Siegfried Bernfeld[9] teilte Eitingon seinen Entschluß mit,
»bis auf weiteres in Wien zu bleiben. Die Nähe Freuds und die interessanten Arbeitsaufgaben, die sich in Wien bieten, lassen es mir wünschenswert erscheinen, mindestens noch einige Monate in Wien zu bleiben. An einen dauernden Aufenthalt in Wien denke ich nicht, möchte aber auch diese Möglichkeit nicht ausschalten. Jedenfalls will ich bemüht sein, den Kontakt mit der Berliner Arbeit so intensiv wie möglich aufrechtzuerhalten, nicht nur wegen der wahrscheinlichen Rückkehr nach Berlin, sondern weil durch meine langjährige Mitarbeit in der Berliner Vereinigung

mich starkes Interesse an die Berliner Kollegen und ihr Institut bindet. Ich möchte insbesondere nicht, daß die Arbeit des Instituts durch ein langes Provisorium behindert wird und bitte Sie daher, wenn Sie es für richtig halten, meinen Platz im Unterrichtsausschuß zu besetzen. Es wird sich sicherlich eine Möglichkeit finden, nach meiner Rückkehr mir trotzdem eine Tätigkeit im Unterrichtsausschuß zu gewähren. Für die Neuordnung der Pädagogenarbeit schlage ich Ihnen aufgrund mehrfacher Besprechungen, die ich mit den Beteiligten zu Weihnachten in Berlin hatte, vor: Das Anfängerseminar behält Fräulein Bornstein, die sich zu aller Zufriedenheit darin bewährt hat; das Vorgeschrittenenseminar sollte von Fräulein Bornstein in Verbindung mit Frau Dr. Lampl geleitet werden; die Arbeitsgemeinschaft wäre am besten Herrn Dr. Müller-Braunschweig anzuvertrauen und mit dessen Seminar für Technik der Kinderanalyse zu verbinden, und zwar vielleicht in der Weise, daß diese beiden Gruppen sich wöchentlich treffen und im wesentlichen Kinderanalysen oder analyseartige schwierige pädagogische Fälle besprechen und nur gelegentlich Referate und Diskussionen nach der Art der alten Arbeitsgemeinschaft eingeschaltet würden. Selbstverständlich möchte ich diese Vorschläge Ihnen und dem Unterrichtsausschuß nur als unverbindliches Beratungsmaterial unterbreiten, das freilich gut überlegt ist und die mir wohl bekannten Berliner Personalverhältnisse berücksichtigt. Ich bitte, diesen Brief der Gesellschaft zur Kenntnis zu bringen und hoffe, sehr bald Gelegenheit zu haben, an einer Sitzung teilnehmen zu können« (11. 1. 33).

Neben dem Berliner Ausbildungszentrum hatte die Deutsche Psychoanalytische Gesellschaft Arbeitsgruppen in Leipzig und Frankfurt. Die Leipziger Arbeitsgruppe (Benedek, Ekmann, Weigel und Ranft) unterhielt guten Kontakt zu dem Psychologieprofessor Krüger[10] und seiner »Leipziger Schule« (I.Z.P., 1929, S. 272f). Das Frankfurter Psychoanalytische Institut der südwestdeutschen psychoanalytischen Arbeitsgemeinschaft (Landauer[11] und Meng) arbeitete besonders eng mit dem Institut für Sozialforschung (Horkheimer, Adorno) zusammen. »Nicht Ausbildung von Therapeuten, denn dazu wäre eine größere Anzahl von Mitarbeitern nötig, sondern Durchdringung des Wissens der Ärzte, Pädagogen, Juristen, Soziologen, auch bei ihrem Studium mit den Funden Freuds sei Zweck der Einrichtung« (I.Z.P., 1933, S. 276).

Entsprechend der geisteswissenschaftlichen Orientierung des Instituts wurden hier Intellektuelle (meist Akademiker) zwischen 20 und 30 Jahren behandelt. »Bei denen es sich nie um eine unkomplizierte Neurose, vielmehr wesentlich um unbewältigte Lebenskonflikte, Charakterstörungen, Arbeitshemmungen drehte. Die Behandlung fand 5mal wöchentlich statt (à 45 Minuten)« (I.Z.P., 1933, S. 276).

Als Vorsitzender des Unterrichtsausschusses berichtete Landauer

Eitingon: »Über meine seitherigen Lehranalysen ist folgendes zu sagen: Dr. Horkheimer wird nach den Ferien bei mir seine Kontrollanalysen beginnen, und zwar sind wir zunächst übereingekommen, als erstes Thema das Geldproblem in Angriff zu nehmen. Er wird zu diesem Zweck zunächst die Literatur, und zwar die psychoanalytische und soziologische zusammenstellen. Sehen wir einmal, was herauskommt« (13.8.1928).

Von Landauer hört man am 15.9.1930 weiter, daß das Frankfurter Institut »im groben« gesichert sei.

»Meng hat von einem Gönner ein paar tausend Mark als Grundstock bekommen, der durch die Kursgelder uns erhalten geblieben ist. Allerdings hatten wir bisher für das Lokal ziemlich zu zahlen, da wir auf den Propagandanamen der Universität verzichten wollten. Jetzt ist mein früherer Lehranalysand Horkheimer zum Ordinarius und Direktor des Instituts für Sozialwissenschaften ernannt worden. Da er sich sehr energisch für die Psychoanalyse öffentlich einsetzt und eine enge Zusammenarbeit seines Instituts mit uns wünscht (über die Details mündlich in Dresden [Anm. d. Verf.: in Dresden fand v. 27.–29.9.1930 die 2. Tagung der Deutschen Psychoanalytischen Gesellschaft statt.]), so werden wir voraussichtlich dorthin umziehen und auch Platz für ein Therapeutikum bekommen, und zwar alles bedeutend billiger. Wir können also hoffen, ein einigermaßen ausgeglichenes Etat zu haben« (an Eitingon).

Zwei Jahre später mußte allerdings das gerade eröffnete »Therapeutikum« aus wirtschaftlichen Gründen geschlossen werden. Die Wirtschaftskrise, die durch den Zusammenbruch der New Yorker Börse im Oktober 1929 ausgelöst worden war, stürzte auch Deutschland in eine schwere Krise, deren Dauer und Auswirkungen nicht zu ermessen waren. Auch am Berliner Psychoanalytischen Institut war man darum bemüht, die pekuniären Verhältnisse zu sanieren. Dazu wurden folgende Richtlinien entwickelt:
1. Das Honorar für eine Stunde Lehranalyse pro Monat mußte ans Institut abgeführt werden.
2. Erweiterung des Kreises der Freunde des Instituts.
3. Wenn Poliklinik-Patienten die Analyse selber bezahlen konnten, mußte ein gewisser Prozentsatz des Honorars an das Institut abgeführt werden.
4. Vorlesungshonorare waren ans Institut zu überweisen.
5. Die Einschränkung des Stipendienfonds ließ keine Unterstützung von Lehranalysen mehr zu.
6. Öffentliche Vorträge sollten zugunsten des Instituts verrechnet werden.

7. Der Antrag, eine deutsche Tagung einzuberufen, sollte verschoben werden (I.Z.P., 1932, S. 139).

Auf dem Wiesbadener Kongreß vom 4. bis 7. 9. 1932 betonte Eitingon noch voller Entschlossenheit, daß trotz der radikalen Ablehnung, die die Psychoanalyse gerade in letzter Zeit erfahre, es gelte, sie »kompromißlos in Zeiten herüberzutragen«, die ihr »offener und zugänglicher« sind. Nachdem die erste Emigrationswelle Alexander, Harnick, Klein, Schmideberg, Radó, Horney und Sachs mit sich genommen hatte, sammelte die Deutsche Psychoanalytische Gesellschaft noch einmal alle Kräfte: »Nicht ohne Stolz fühlen wir uns ärmer werden, entschlossen, den wertvollen und immer schwieriger werdenden Boden des ›klassischen Landes des Widerstandes gegen die Psychoanalyse‹ auch mit unserer kleiner gewordenen Schar zu behaupten« (I.Z.P., 1933, S. 259).

Das Berliner Psychoanalytische Institut setzte Maßstäbe und diente allen in der Folge entstehenden Ausbildungsstätten als Vorbild.

Mit der nationalsozialistischen Machtergreifung wird es still um das Berliner Psychoanalytische Institut. Nur auf internationalen Kongressen erfährt man etwas über die erhebliche Bedrohung, der die Psychoanalytiker in Deutschland durch das antisemitische, totalitäre nationalsozialistische Regime ausgesetzt waren. Die jüdischen Psychoanalytiker bangten um ihre Existenz, die psychoanalytischen Schriften wurden verbrannt und die Psychoanalyse als »jüdische Wissenschaft« gebrandmarkt. In diesem Klima der Angst und existentiellen Bedrohung erschien eine erfolgreiche psychoanalytische Behandlung, deren unverzichtbare Voraussetzung in Angstfreiheit und persönlicher Integrität begründet ist, nicht mehr möglich. Mußten die Mitglieder des Berliner Psychoanalytischen Instituts, die im engagierten Schwung der Pioniere, unter großen materiellen Opfern und ideellem Einsatz diese Einrichtung aufgebaut hatten, auf die sie mit Recht stolz waren, sie tatsächlich aufgeben? Freud war es längst klar, daß psychoanalytisches Arbeiten nicht mehr möglich sein würde (Boehm, 1978, S. 206). Diesen kühnen Abgrenzungsschritt von dem überaus narzißtisch besetzten Objekt ihres ursprünglichen Engagements konnten die in Berlin verbleibenden nichtjüdischen Psychoanalytiker nicht tun; sie machten im Bestreben, der Regierung keinen Vorwand für ein Verbot der Psychoanalyse zu liefern, Konzessionen. Der Bruch in einer kontinuierlichen Entwicklung der Psychoanalyse in Berlin und damit in Deutschland war offensichtlich.

Nach 1933 emigrierten Bernfeld, Eitingon, Fenichel, Landauer, Reich, Reik und Simmel (um nur die bekanntesten zu nennen). Die Motive für die Emigration waren unterschiedlich: Jones weist in seinem Bericht auf dem Luzerner Kongreß von 1934 (Korrespondenzblatt, I.Z.P., 1934, S. 135) darauf hin, daß die Emigrierten nur zum geringsten Teil deutscher Nationalität seien und in günstigeren Tagen selbst in Deutschland eingewandert waren.»Deutscher Nationalität waren, wie ich glaube, nur 3 von den eben erwähnten 14 hervorragenden Namen.« Während für manche das Berliner Institut sicher nur eine Durchgangsstation ihrer wissenschaftlichen Laufbahn gewesen ist und ein Ortswechsel bereits von Anfang an vorgesehen war, gab es andere, die bereits ahnten, was für eine Katastrophe über Deutschland hereinbrechen würde (Sachs). Wieder andere fühlten sich durch die größere Aufgeschlossenheit Amerikas der Psychoanalyse gegenüber besonders angezogen (Horney).

3.2. Die Gesellschaft für Individualpsychologie

Von 1902 bis 1911 gehörte Alfred Adler dem psychoanalytischen Kreis um Freud an. Obwohl sich bereits Unterschiede in ihren Auffassungen bemerkbar machten, empfahl Freud Adler als Präsidenten der Wiener Psychoanalytischen Gesellschaft. Außerdem sollten Adler und Stekel zusammen das neu gegründete Zentralblatt herausgeben. Anfang 1911 trat Adler nach lebhafter Diskussion aus der Psychoanalytischen Gesellschaft aus und gründete mit sechs ebenfalls austretenden Mitgliedern die »Gesellschaft für freie Psychoanalyse«, die bald darauf in »Gesellschaft für Individualpsychologie«[1] umbenannt wurde. Nach dem Ersten Weltkrieg und der Niederlage Österreichs kamen in Wien die Sozialdemokraten an die Macht und gestalteten die sozialen Umwälzungen nach demokratischen Grundsätzen, bei denen vor allem den individuellen Bedürfnissen der Kinder in dem neugeschaffenen Schulsystem Rechnung getragen wurde. Diese Tendenz kam Adlers Bestrebungen sehr entgegen. 1920 begann er mit der Gründung und Entwicklung pädagogisch-therapeutischer Institutionen (Beratungsstunden für Lehrer, ärztlich-pädagogische Beratung, Kindergärten und Versuchsschulen).

Anfang der 30er Jahre ahnte Adler die Katastrophe, die über Europa hereinbrechen würde und siedelte ganz nach Amerika über[2], zumal er der Auffassung war, daß die Zukunft für Individualpsychologie in Amerika liege. Hier gründete er das »Journal for Individual Psychology« (Ellenberger, 1973, S. 766–878). 1924 verfolgten Adlers Schüler mit »freudigem Interesse« die Verbreitung ihrer Theorie. Die praktische Philosophie Adlers sehe als Hauptforderungen des Lebens, ein seelisches Gleichgewicht zwischen Liebe, Arbeit und Mitmenschlichkeit herzustellen. Bei dem Neurotiker sei dieses Gleichgewicht durch seine Minderwertigkeitsgefühle zerstört (IZIP, 1923/24, V, S. 35).

Der erste internationale Kongreß für Individualpsychologie fand im Dezember 1923 in München statt. Neben Wien war München das Zentrum der Individualpsychologie. Die Münchner Ortsgruppe hatte sich im Sommer 1919 als »Gesellschaft für Angewandte Seelenkunde« unter Leitung von Seif[3] konstituiert. Auch Psychoanalytiker waren in ihr organisiert, traten aber im Herbst 1920 aus. Von dem Zeitpunkt an nannte sich die Gesellschaft »Gesellschaft für Vergleichende Individualpsychologie« und erklärte ihren Beitritt zur Internationalen Gesellschaft für Vergleichende Individualpsychologie (Wien). 1920 wurde die Fürsorgegemeinschaft (Gesellschaft für gerichtliche Jugendfürsorge) von dem Amtsrichter Otto Naegele gegründet. Die Arbeit wurde vor allem von dem Städtischen Jugendamt München und Universitätsstudenten, die sich als freiwillige Helfer zur Verfügung stellten, getragen. Ärzte, Lehrer, Heimleiter und Erzieher, Beamte des Jugendamtes, Beamte von Fürsorgevereinen und Juristen nahmen an den Veranstaltungen teil, in denen juristische und pädagogische Fragen erörtert wurden (IZIP, 1923/24, Jg. V, S. 35). Seit Oktober 1922 gab es eine erste Erziehungsberatungsstelle, an die sich seit Mai 1923 eine Arbeitsgemeinschaft für Erziehung anschloß (IZIP, 1923, Jg. V, S. 44). Der »Internationale Arbeitskreis für die Erneuerung der Erziehung« (gegr. im Februar 1926) führte zu einem Erfahrungsaustausch aller an einer Umgestaltung der Erziehung arbeitenden Vereinigungen (IZIP, 1926, Jg. IV, S. 401).

Die Berliner Sektion des Internationalen Vereins für Individualpsychologie wurde im April 1923 gegründet. Dr. med. F. Künkel war sein Vorsitzender.[4] Die Schriftführung hatte der Pädagoge Groeger inne, die Kasse verwaltete Otto Klaus, Valentine Adler die Bibliothek. Die Einrichtung einer Beratungsstelle für schwererziehbare Kinder wurde in Angriff genommen (IZIP, 1924, Jg. V, S. 36). Das Ehepaar Künkel eröffnete am 1.7.1924 eine zunächst private Beratungsstelle für schwererziehbare Kinder (IZIP, 1925, Jg. III, S. 44). Die Beratung erfolgte kostenlos (IZIP, 1925, Jg. III, S. 143). Der 2. Internationale Kongreß für Individualpsychologie fand am 5., 6. und 7.9.1925 in Berlin statt (IZIP, 1925, Jg. III, S. 266). Der Berliner Gesellschaft für Individualpsychologie e. V. schloß ihre verschiedenen Ausbildungs- und Beratungseinrichtungen 1928 zu einem individualpsychologischen Institut zusammen, von dem aus Seminare, Kurse, öffentliche Beratungen vor allem von Erziehungsberatern und Pädagogen organisiert wurden (IZIP, 1928, Jg. VI, S. XIX).

Im Frühjahr 1929 spaltete sich die Berliner Arbeitsgruppe. Die verbleibende Gruppe (die »Berliner Gesellschaft für Individualpsychologie«), die von M. Sperber geleitet wurde, wollte die Individualpsychologie zu einer materialistischen Wissenschaft machen, deren Gebäude dialektisch-marxistisch entwickelt werden müsse und damit ihre Nähe zum soziologischen System des Marxismus ausdrücke. Die Gesellschaft stelle sich nun die Aufgabe, im engsten Kontakt mit der »Berliner Gesellschaft organisierter Lehrer« Schulprobleme auf sozial-individualpsychologischer Grundlage zu bearbeiten. Ferner müßten die Erziehungsberater lernen, ihr Erfahrungsmaterial methodisch-marxistisch besser durchzubilden und auszutauschen. Die Bearbeitung der Frage der sozialen Therapie werde einen großen Raum in der Zukunft der Gesellschaft einnehmen. Die unter F. Künkel austretende Gruppe, die den »Neuen Verein Berliner Individualpsychologen« gründete, lehnte diese Position ab und suchte mit Hilfe der Individualpsychologie eine Fundierung einer sinndeutenden Psychologie zu schaffen (IZIP, 1930, Jg. VIII, S. 197; ZfP, 1930, S. 351–355). Die Lehrveranstaltungen des Instituts wurden von beiden Gruppen getragen. Der beide Gruppen umfassende Spitzenverband wurde von Kronfeld geleitet (IZIP, 1930, Jg. VIII, S. VI). Zunächst wurde dieser Zusammenschluß als Ausdruck einer Wiederannäherung in methodischer und sachlicher Hinsicht verstanden, aber schon 1931 fiel der Spitzenverband auseinander.

1926 hatte die Gesellschaft bereits acht Sektionen. Die Internationale Psychoanalytische Gesellschaft hatte, im Vergleich dazu, zehn Sektionen. Mitgliederlisten wurden nur von zwei Ortsgruppen und nur für das Jahr 1926 angelegt. Wien, als Zentrum der Individualpsychologischen Bewegung, hatte 74 Mitglieder; die Wiener Psychoanalytische Gesellschaft im Vergleich dazu nur 50. Auch München, als Hochburg der Individualpsychologischen Bewegung, hatte 74 Mitglieder. Eine psychoanalytische Gruppe gab es in München nicht. Die Deutsche Psychoanalytische Gesellschaft, deren Mitglieder mit elf Ausnahmen alle in Berlin saßen, zählte 50 Mitglieder. In München lebte nur der Psychoanalytiker W. Wittenberg. 1933 war die Gesellschaft für Individualpsychologie schon zu einem wirklich internationalen Verein geworden. Mit ihren 36 Arbeitsgruppen[5] übertraf sie die 14 Untergruppen der Internationalen Psychoanalytischen Gesellschaft mengenmäßig bei weitem.

Die Individualpsychologische Gesellschaft hatte eine sehr viel breiter gestreute Mitgliedschaft als die Psychoanalytische. Sie zog vor allem im pädagogisch-sozialen Bereich tätige Ärzte, Lehrer, Heimleiter, Erzieher, Beamte des Jugendamtes, Beamte von Fürsorgevereinen und Juristen an. Auch ehemalige Patienten wurden, z. B. als freiwillige Helfer, beteiligt.

3.3. Die C.G.-Jung-Gesellschaft

C. G. Jung begann seine Laufbahn als Psychiater 1900 im Burghölzli als Assistenzarzt von Bleuler; nachdem er 1902/1903 bei Janet studiert hatte, kehrte er zum Burghölzli zurück und wurde 1905 Bleulers Oberarzt und Leiter der Ambulanz. Als Privatdozent an der Universität winkte ihm eine brillante Universitätslaufbahn. Über die Beschäftigung mit dem Wortassoziationstest wuchs sein Interesse für Psychoanalyse, und er nahm 1906 Kontakt zu Freud auf. 1908 ließ Jung sich in seinem schönen großen Haus am Zürichsee in Küsnacht nieder und erwarb zunehmend internationale Anerkennung. Mit Freud verband ihn ein, wenn auch spannungsreiches, Schüler-Lehrer-Verhältnis, so daß Freud in ihm bereits seinen »Kronprinzen« sah. Jung seinerseits meinte zunächst die Vaterfigur, die er suchte, gefunden zu haben, konnte aber die Eckpfeiler der Freudschen Psychoanalyse (die Theorie vom Ödipus-Komplex und von der Libido) nicht akzeptieren. 1911 wurden die Divergenzen zwischen Freud und Jung an Jungs Veröffentlichung »Wandlungen und Symbole der Libido« deutlich. 1913 verschärfte sich der Konflikt zwischen Jung und den Psychoanalytikern.

1913 trat Jung aus der Psychoanalytischen Vereinigung aus und gab die Funktion des Herausgebers des Jahrbuches auf. Jung zog sich auch von der Universität zurück und widmete sich ganz seiner Privatpraxis. 1913 begann Jung seine Selbstanalyse, indem er unbewußte Bilder aufsteigen ließ, sich zwang, sie durch Aufschreiben und Malen zu verlängern und durch die Suggestion unterirdische Gänge zu durchwandern, schließlich seinen Archetypen »begegnete«. Da die Welt der Archetypen ihn zu überfluten drohte, war er darauf bedacht, die Bindung an die Realität aufrechtzuerhalten, die unbewußten Bilder in die Sprache des Bewußtseins zu übersetzen und sie ins tägliche Leben zu integrieren. Diese Periode der ›schöpferischen Krankheit‹ ging von 1913 bis 1919, und Jung erlebte sie in relativer Isolation.

1916 fand sich eine kleine Jungianer-Gruppe zum »Psychologischen Club«[1] zusammen, der aufs großzügigste von Edith Rockefeller-McCromick mit einem Stammkapital von 360000 Schweizer Franken ausgestattet wurde (Stern, 1977, S. 160). Anfang der 20er Jahre nahm Jungs Ruhm zu. Als prominenter analytischer Psychologe hielt er 1929 auf dem 4. Kongreß der allgemeinen ärztlichen Gesellschaft für Psychotherapie das erste Hauptreferat und wurde 1930, nach Sommers Ausscheiden, zum 2. Vorsitzenden der Gesellschaft gewählt (Ellenberger, 1973, S. 879–995).

Am 24. 12. 1931 wurde die C. G. Jung-Gesellschaft in Berlin gegründet (Registr.-Nr. 95 VR 7.874, Amtsgericht Charlottenburg). Frau Moritz war die Vorsitzende des Vereins. Außerdem gehörten Frau Kümmerlé, geb. Richter, und Herr Kranefeldt zum Vorstand. Mitglieder des Vereins waren: L. Boehm, H. Wertmann, A. Weizsäcker, L. Weizsäcker, M. Geitel, H. Kranefeldt und eine weitere Person, deren Unterschrift nicht zu entziffern war. H. Stein und G. Gampert kamen später (15. 3. 35) hinzu. Bei der Generalversammlung der Jung-Gesellschaft am 19. 11. 1939 waren folgende Mitglieder anwesend: der Vorstand mit Moritz, Kümmerlé, Weizsäcker und Brüning und die Mitglieder Du Bois Reymond, Delius, Grell, Hübner, Jungmann-Hermann, von König-Fachsenfeld, von Kujawa, Lindner, Lübbeke, May, von Prosch, Stackmann, von Staehr und Wünsche. In diesen amtlichen Dokumenten vermißt man Käthe Bügler. Käthe Bügler war Halbjüdin und hatte sich sehr zurückgezogen.

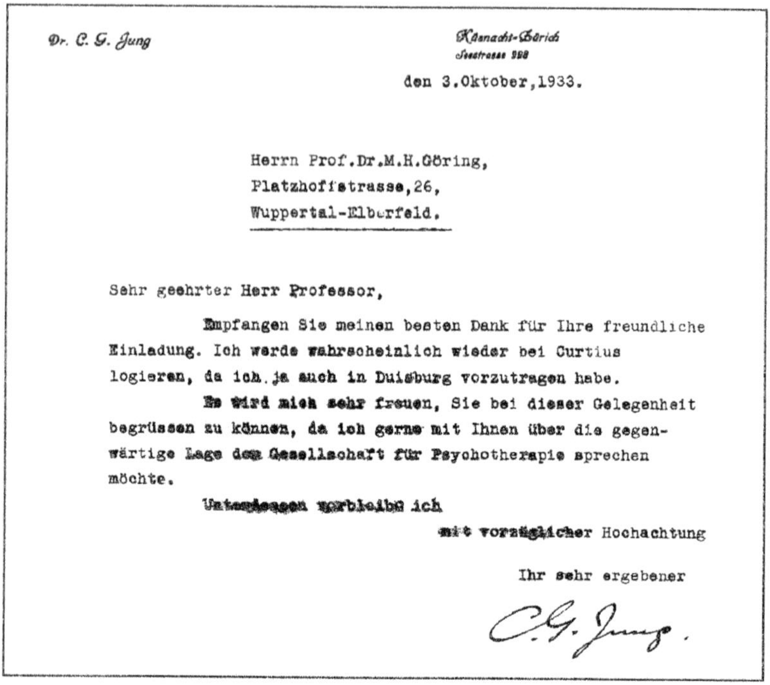

```
Dr. C. G. Jung                    Küsnacht-Zürich
                                  Seestrasse 228
                            den 3.Oktober,1933.


              Herrn Prof.Dr.M.H.Göring,
              Platzhoffstrasse,26,
              Wuppertal-Elberfeld.
              ─────────────────────

     Sehr geehrter Herr Professor,
              Empfangen Sie meinen besten Dank für Ihre freundliche
     Einladung. Ich werde wahrscheinlich wieder bei Curtius
     logieren, da ich ja auch in Duisburg vorzutragen habe.
              Es wird mich sehr freuen, Sie bei dieser Gelegenheit
     begrüssen zu können, da ich gerne mit Ihnen über die gegen-
     wärtige Lage der Gesellschaft für Psychotherapie sprechen
     möchte.
              Unterdessen verbleibe ich
                             mit vorzüglicher Hochachtung
                                       Ihr sehr ergebener
                                        C.G. Jung.
```

Abb. 2 Brief von Jung an Göring vom 3.10.1933

Zur Gründung des Deutschen Instituts war die Initiative, sich unter Görings Schirmherrschaft mit den Jungianern zusammenzuschließen, von den Psychoanalytikern ausgegangen. Nur im Zusammenschluß mit den anderen psychotherapeutischen Richtungen wurde ihnen eine Lehrkonzession vom Reichsministerium des Inneren erteilt. Sie wandten sich an E. Moritz (Jung/Gauger, 14.5.36; Cocks, 1975, S. 150). Zunächst habe Jung einen solchen Schritt als sehr heikel verworfen, da eine Identifikation mit der verfemten Freudianischen Psychoanalyse auch aus persönlicher Feindschaft Freud gegenüber nicht in seinem Interesse sein konnte (siehe Kap. 5.2.).

4. Die Formierung der psychotherapeutischen Bewegung

Die psychotherapeutische Dachorganisation erhielt ihre wesentlichsten Impulse aus der Mental Health- (oder Mental Hygiene-) Bewegung. Die Mental Health-Bewegung entstand 1908 in den Vereinigten Staaten. Ihr Gründer, C. W. Beers[1], hatte sich die Beseitigung der Mißstände in psychiatrischen Anstalten Nordamerikas zum Ziel gesetzt. Beers selber hatte die Kliniken als Patient kennengelernt und einen ungeheuren missionarischen Eifer entwickelt, führende Psychiater und Psychologen – zunächst in den USA – für seine Reform-Ideen zu gewinnen. Schon zu Anfang der Bewegung erweiterte sich ihr Programm in Richtung auf Psycho-Prophylaxe:

1917 begann sich Beers für die globale Verbreitung des Mental Hygiene Movement einzusetzen. Seine Resonanz war bemerkenswert. In den meisten Ländern der Neuen und Alten Welt entstanden nationale Vereinigungen: 1917 in Finnland, 1918 in Kanada, 1919 in der Südafrikanischen Union, 1920 in Frankreich, 1921 in Australien und Belgien, 1922 in England, 1923 in Brasilien und Bulgarien, 1924 in Dänemark, Italien, der Tschechoslowakei und Ungarn, 1925 in Deutschland und 1927 in Österreich und der Schweiz. Beers' Bemühungen fielen in Europa auf fruchtbaren Boden: In Frankreich engagierten sich Genil-Perrin und Toulouse, in Belgien Ley und Vervaeck, in England Craig und Thompson, in Deutschland Sommer[2], Weygandt, Roemer, Kolb und Simon, in Österreich Stransky, Kauders und Kogerer.[3]

Der Gedanke der psychischen Hygiene hatte in Europa eine tief verwurzelte Tradition. Seit dem 18. Jahrhundert setzten sich Psychiater für eine humanere Behandlung von psychisch Kranken ein und für prophylaktische Maßnahmen (Dörner, 1969). So wurde die Initiative des Begründers der Mental Health-Bewegung (sie hieß bis 1940 Mental Hygiene-Bewegung) besonders willkommen geheißen (Reimann, 1967, S. 84).

Die meisten europäischen Gesellschaften waren nicht nur inhaltlich an dem amerikanischen Vorbild orientiert, sondern auch in ihrer Organisation. Der »Deutsche Verband für Psychische Hygiene« gründete 1928 die »Zeitschrift für Psychische Hygiene« (die Zeitschrift für Psychische Hygiene erschien von 1928 bis 1944 als Beilage zur Allgemeinen Zeitschrift für Psychiatrie) und beteiligte sich 1930 an der Internationalen Hygiene-Ausstellung in Dresden (Reimann, 1967, S. 84).

Es fällt auf, daß der Deutsche Verband für Psychische Hygiene, gemessen am internationalen Maßstab, relativ spät gegründet wurde. In Deutschland gab es damals bereits erfolgreich wirkende soziale psychiatrische Einrichtungen, so daß kein rechtes Bedürfnis bestand; auch war den deutschen Psychiatriereformern nicht unmittelbar klar, daß sich hinter der Bezeichnung »Mental Hygiene« Bestrebungen verbargen, die auf die »karitative, erzieherische, literarische und wissenschaftliche Betätigung zur Förderung und Erhaltung der geistigen Gesundheit und Wohlfahrt der Menschheit sowie zum Studium, zur Pflege und zur Verhütung nervöser und geistiger Störungen und geistiger Minderwertigkeit« abzielten[4] (Bumke, 1931, S. 304).

Die Reform der deutschen Psychiatrie war bisher darauf ausgerichtet gewesen, neben der eigentlichen Anstaltspsychiatrie eine erweiterte Psychiatrie auf das soziale Leben zu übertragen. So hatte auch Sommer zunächst an Fragen der psychischen Hygiene in psychiatrischen und allgemeinmedizinischen Anstalten im Anschluß an Griesingers Reformbemühungen gearbeitet (Gartenanlagen, Beleuchtung, fahrbare Betten). Anfang des 20. Jahrhunderts wandte sich sein Interesse der psychischen Hygiene im eigentlichen Sinne zu, d. h. der öffentlichen Organisation, der Ruhe, z. B. durch öffentliche Schlaf- und Ruhehallen. Der Gedanke der psychischen Hygiene entwickelte sich zu einer selbständigen Bewegung, die allerdings von den bestehenden Organisationen nicht unterstützt wurde (AäZP, 1928, S. 132). Ebenso wurden die Methoden der medizinpsychologischen Untersuchung weit über die Gruppen der Anstaltsinsassen auf die psychisch-nervösen Zustände angewandt.

Die Verbindung zwischen psychischer Hygiene und der psychotherapeutischen Bewegung fand in der Versammlung des Deutschen Vereins für Psychiatrie in Kassel von 1925 ihr institutionelles Forum (AäZP, 1928, S. 134). Hier schlossen sich die Psychotherapeuten, die sich als »jüngere Generation« verstanden, zusammen, um eine Alternative zu den »stark überalterten« Verbänden (Neurologie und Psychiatrie) zu schaffen. Diese Verbände bestünden nur aus »Direktoren und Geheimräten, die jenseits der fünfziger Jahre sind«.

»Die jüngere Generation löste sich damals mit uns vom Psychiaterkongreß ab, weil ihr die materialistische Denkart der Hirnanatomen zu unfruchtbar schien. Die große Diskussion auf dem Kassler Kongreß, die alle aktive seelische Heilung ablehnte und sich ganz auf die Vererbungslehre und die Anatomie stützte, war damals das innerste Motiv zur Gründung unserer Gesellschaft in Baden-Baden« (Cimbal [Ci][5] / Göring [Gö][6], 2.10.33).

Aus diesem Selbstverständnis heraus wurde 1928 die »allgemeine ärztliche Gesellschaft für Psychotherapie« gegründet, und es erschien dieser sich als Avantgarde verstehenden Psychiatergeneration undenkbar, jemals wieder in die alte Gesellschaft zurückzukehren (Ci/Gö, 2.10.33).

Den Beruf des Psychotherapeuten gab es ungefähr seit 1900. Die Ärzteschaft öffnete sich psychotherapeutischen Gedankengängen zunächst zögernd und erst nach der Massenerfahrung des Krieges vermehrt. Eine erste Expansion des neuen Standes erreichte auf dem ersten allgemeinen Kongreß für ärztliche Psychotherapie (Baden-Baden, 1926) ihren Höhepunkt (Prinzhorn, 1929, S. 23).

Nachdem Sommer sich bereits seit dem Frühjahr 1923 auf Anregung von Beers für die Begründung eines Verbandes für psychische Hygiene eingesetzt hatte und über seine Bemühungen auf dem Psychiatriekongreß referiert hatte, wurde er bei dem ersten Kongreß für Psychotherapie – er begriff das als Folge seines Vortrages in Baden-Baden im April 1926 – zum Vorsitzenden des Kongresses gewählt. »Psychotherapie und psychische Hygiene waren für mich von vornherein aufs engste verknüpft, und in diesem Sinne habe ich nunmehr zwei Jahre mit der sich immer enger zusammenschließenden großen Gruppe der Psychotherapeuten zusammengewirkt« (AäZP, 1928, S. 134).

Sommer führte den ungeheuren Erfolg der ersten Kongresse (der zweite fand 1927 in Bad Nauheim statt) mit fünf- bis sechshundert teilnehmenden Ärzten auf die Verbindung zwischen Psychotherapie, Psychiatrie und psychischer Hygiene zurück:

Es »ist ... ersichtlich, daß die Bewegung der psychischen Hygiene in der Wurzel mit der Psychotherapie eng zusammenhängt. Beide sind Teile einer erweiterten Psychiatrie, die sich über das Gebiet des Anstaltswesens hinaus in der Richtung einer Heilung und Vorbeugung nicht nur der eigentlichen Geisteskrankheiten, sondern auch der psychisch-nervösen Zustände entwickelt hat« (Sommer, AäZP, 1928, S. 9/10).

Der erste allgemeine ärztliche Kongreß für Psychotherapie hatte auch bei K. Horney, der Berichterstatterin für die Internationale Zeitschrift für Psychoanalyse, den Eindruck hinterlassen, daß Psychoanalyse jetzt auch Anerkennung und Verständnis bei den Psychiatern und Neurologen finde. »Kleine Psychotherapie« sei bereits zum selbstverständlichen Bestandteil verschiedener ärztlicher Disziplinen geworden (Gynäkologie, Dermatologie und Innere Medizin). Allerdings dürfe man sich keinen Illusionen über die Tiefe dieses Verständnisses hingeben: »Nicht nur die Lehre von den prägenitalen Organisationen der Libidotheorie, sondern auch nahezu das ganze Gebiet der Übertragung und des Widerstandes begegneten auch bei grundsätzlich wohlwollender Einstellung einem völligen Unverständnis.«[7]

Psychotherapie als heilendes Verfahren müsse im ärztlichen Können allgemein verwurzelt sein – eine psychologisch-philosophisch-psychiatrische Vorbildung werde abgelehnt. Besonders engagiert habe J. H. Schultz Einigungsbestrebungen der psychotherapeutischen Richtungen nachdrücklich vertreten. Ihre Resonanz fanden sie in einem allgemeinen guten Willen zur Verständigung (I.Z.I.P., 1926, Bd. 12, S. 578f.).

Sommer hatte ursprünglich geplant, eine Zeitschrift als gemeinsames Organ einer psychotherapeutischen Bewegung und des Deutschen Verbandes für psychische Hygiene zu gründen. Da im Verband für psychische Hygiene gegen eine Zusammenarbeit mit den Psychotherapeuten unüberwindliche Vorurteile bestanden, koppelte sich der Verband für psychische Hygiene an die, vor allem von Anstaltspsychiatern gelesene, Allgemeine Zeitschrift für Psychiatrie an. Während die Beiträge zur psychischen Hygiene, die in der Zeitschrift für Psychiatrie erschienen, kaum von Forderungen nach Reform der Psychiatrie unterscheidbar waren, faßte Sommer den Begriff »psychische Hygiene« in der »Zeitschrift für Psychotherapie und psychische Hygiene« enger, indem er sie auf verschiedene Gebiete des sozialen Lebens übertrug[8] (AäZP, 1928, S. 155ff.).

»Zum Geleit« der »Zeitschrift für Ärztliche Psychotherapie und Psychische Hygiene« äußerten die Herausgeber der Zeitschrift, daß Psychotherapie nötig sei, um die Ganzheitsbetrachtung in der modernen Medizin verwirklichen zu können, da der moderne Mensch an qualvoller Angst leide und das Bedürfnis nach Aussprache und Erlösung, z. B. in der Kleinen Psychotherapie, habe. »Wenn die Psychotherapie ihren Kampf gegen die Volksseuche der Neurose wirksam durchführen will, muß sie ... ihre Anerkennung bei den Krankenkassen durchsetzen.«

Als Prophylaxe und Hygiene der geistigen Gesundheit sei besondere Aufmerksamkeit auf die abhängige Arbeit in der arbeitsteiligen Gesellschaft zu richten, die Leistungsfähigkeit des abhängigen Menschen zu steigern und sich für Sozialreformen zu engagieren (Herausgeber, Schriftleitung, Fachbeiräte, Verlag; ZÄPPH, 1928, S. 1–5).

Eine berufliche psychotherapeutische Identität wurde, nach Prinzhorns Auffassung, erst durch die psychoanalytische Lehre begründbar, da allen anderen psychotherapeutischen Richtungen eine theoretische Fundierung fehlte. Die Vereinigung der Psychotherapeuten aller Richtungen auf den drei allgemeinen ärztlichen Kongressen für Psychotherapie zwischen 1926 und 1928 hatte die Funktion, die psychoanalytische Bewegung zu verallgemeinern und, unabhängig von ihrem Theoriegebäude, selektiv nutzbar zu machen und einen allgemeingültigen Ausbildungsweg zum Psychotherapeuten zu finden. So entstand ein Psychotherapeut der »mittleren Linie«, der den verschiedenen anderen therapeutischen Richtungen ihr Recht zukommen ließ, sich undoktrinär zu äußern. Stillschweigend werde allerdings von jedem eine allgemeine psychoanalytische Orientierung erwartet (Prinzhorn, 1929, S. 22–43).

Sommer zog sich zunehmend aus der allgemeinen ärztlichen Gesellschaft für Psychotherapie zurück. 1929 wurde er zum 2. Vorsitzenden gewählt und trat 1930 aus gesundheitlichen Gründen aus dem Vorstand der Gesellschaft zurück, um ihr weiter als Ehrenvorsitzender anzugehören. 1931 waren Kretschmer und Jung die Vorsitzenden der Gesellschaft; Cimbal wirkte als ihr Geschäftsführer.[9] Weiter gehörten zum Vorstand: Boumann, Friedländer, Goldstein, Kronfeld, Mauz, Schilder, Schultz, Seif und Weizsäcker. Simmel, Goldstein, Hahn und Trömner, die ihm in den vergangenen Jahren angehört hatten, waren ausgeschieden. Mit 334 Mitgliedern war die Deutsche Gruppe die stärkste; es folgten die Schweiz (18), Österreich (16), Holland (15), die Tschechoslowakei (5), Ungarn (4), Schweden (3), Frankreich (2), Polen (1) und Spanien (1) (Cocks, 1975, S. 70ff).

Auf dem 3. allgemeinen ärztlichen Kongreß für Psychotherapie (20.–22. 4. 1928) zeigte sich, was für ein mühsamer Prozeß der Annäherung der verschiedenen Richtungen untereinander sich anbahnte. Erschwert wurde die Diskussion, indem theoretische und praktische Fragen nicht konkret erörtert wurden, sondern sich auf eine schwer faßbare weltanschauliche Ebene verlagert hatten. Künkel und Schultz-Hencke versuchten zu einer Annäherung zwischen Individualpsychologie und Psychoanalyse zu gelangen; Proteste erhoben sich dagegen von psychoanalytischer Seite her von Schilder, von individualpsychologischer von Allers. Entgegen der Tendenz zur Ankoppelung der Psychotherapie an den Arztstand, kamen auf diesem Kongreß auch Nichtmediziner zu Worte (Klages, Haeberlin [Basel], Lewin), so daß der klinische Gesichtspunkt allzusehr im Hintergrund blieb (I.Z.P., 1928, Bd. 14, S. 281, Gerö).

Der 5. allgemeine ärztliche Kongreß für Psychotherapie in Baden-Baden (26.–29. 4. 1930) spiegelte die Heterogenität der sich zusammenfindenden Gruppen wider: »Stekel[10] sagte in seiner ›launigen‹ Tischrede, daß er befürchtet habe, die Vertreter der verschiedenen Schulen würden wie die Raubtiere aufeinander losgehen, und der Vorsitzende, Prof. Kretschmer, würde die Rolle des Löwenbändigers spielen müssen. Er sei erstaunt gewesen, daß der Kongreß so friedlich verlaufen sei.« Die erfreuliche Annäherung der verschiedenen Richtungen der Psychotherapie sei darauf zurückzuführen, daß die Psychoanalyse in Stekel einen so konzilianten Referenten hatte. Er habe die Psychoanalyse aus orthodoxer Erstarrung in einen elastischen, verjüngten Zustand überführt (A.ä.Z.P., 1930, S. 325). Andererseits sei die Ablenkung der Aufmerksamkeit vom Kampf der verschiedenen Lehrmeinungen untereinander auf den gemeinsamen Kampf gegen den Störenfried der menschlichen Gemeinschaft und seelischen Gesundheit, die Zwangsneurose, gerichtet gewesen.

Trotz der Widersprüche bildete eine gemeinsame zentrale Erfahrung einen wesentlichen emotionalen Hintergrund der führenden Köpfe der psychotherapeutischen Bewegung: sie hatten als junge Männer am Ersten Weltkrieg teilgenommen[11] und anschließend ihr Medizinstudium mit der Approbation abgeschlossen.

Obwohl die wirtschaftliche Lage in Deutschland katastrophal war, so daß z. B. auch der 12. Internationale Psychoanalytische Kongreß um ein Jahr verschoben werden mußte (von September 1931 auf das folgende Jahr), klang der Bericht der Psychoanalytikerin E. Vowinckel über den 6. allgemeinen ärztlichen Kongreß für Psychotherapie in Dresden (14.-17. 5. 1931) sehr selbstbewußt, in der sicheren Überzeugung der Überlegenheit der Psychoanalyse anderen Therapieformen gegenüber. Die beiden Hauptthemen des Kongresses,

1. die Beziehung zwischen Somato- und Psychotherapie;
2. die Psychologie des Traumes,

wurden mit einem stark somatisierenden Akzent diskutiert, so als sei bereits zu lang und einseitig Psychotherapie getrieben worden. Dabei konnte die volle Tragweite des Begriffs »Übertragung« bisher immer noch nicht erfaßt werden und Behandlungsmethoden wie Gymnastik, Massage, Bäder usw. ließen die Diskussion gelegentlich banal werden (z. B. Heyer, München). Cimbal machte die »Ausmergelung« für die Entstehung von Neurosen verantwortlich, Hattingberg beschrieb das »Atemkorsett«, eine Zwerchfellneurose, in der psychische Widerstände durch verkrampfte Atmung zum Ausdruck kämen, J. H. Schultz, vertreten mit seinem »Organtraining«, demonstrierte die dadurch gegebenen Möglichkeiten der psychischen Beeinflussung und die beiden Psychoanalytiker Meng und Simmel zeigten sowohl die Grenzen der Beherrschung psychosomatischer Zusammenhänge als auch Möglichkeiten der kathartisch heilenden Konfliktlösung von z. B. Kreislaufkranken. Jungs Auseinandersetzung mit Freud beherrschte das zweite Hauptthema der Tagung:

»Jung behauptete, daß der Freud-Schüler dem Patienten das Unbewußte als ein ›Monstrum‹ darstelle, vor dem das Gewissen des Kranken erschrecken müsse, während die konstruktiven Spekulationen der Jungschen Symbollehre, die sublimen und allgemeingültigen Abstraktionen seiner ›Archetypen‹, alle Schrecken verloren haben, die der Freudschen Lehre vom Unbewußten anhaften sollen.«

Jung habe wohl vergessen, daß Freud die Auffassung vertrete, daß »nicht nur der normale Mensch viel unmoralischer ist, als er glaubt, sondern auch viel moralischer als er weiß«. Im Gegensatz zu den ärztlichen Psychotherapeuten, die die Psychoanalyse lediglich als eine therapeutische Maßnahme neben anderen auffaßten, seien die zu Wort kommenden

Theologen viel besser dazu in der Lage gewesen, die Wirkung der Psychoanalyse auf die weltanschauliche Situation des modernen Menschen zu ermessen (Vowinckel; I.Z.P., 1931, H.3, S. 417/418).

Die Kongreßatmosphäre wurde beherrscht von deutschen Referenten (abgesehen von Jung) und zentral durch die Auseinandersetzung mit der Psychoanalyse bestimmt.

Nach der nationalsozialistischen Machtergreifung stand die Existenz der allgemeinen ärztlichen Gesellschaft für Psychotherapie auf dem Spiel. Die nationalsozialistische Regierung hatte Rüdin[12] dazu beauftragt, sie aufzulösen. Der hatte es abgelehnt (Göring/Cimbal, 1.10.33). Kretschmer hingegen, ihr ehemaliger Vorsitzender plante die Gründung einer Sektion für Psychotherapie im Deutschen Verein für Psychiatrie. Während Göring Rüdin gegenüber diesen Plan begrüßte (9.10.33) und sich eine Unterstützung der psychotherapeutischen Bewegung bei Regierungsstellen (durch Conti beim Reichsinnenministerium) davon versprach, fürchtete Cimbal Kretschmers Konkurrenz und hoffte darauf, daß die Regierung eine solche Sektion nicht zulassen würde, da sie ja die Einheitlichkeit wissenschaftlicher Verbände anstrebte (Ci/Gö, 13.10.33). Cimbal und Göring waren sich einig darüber, sich von den »alten verknöcherten Psychiatern« nicht ins »Schlepptau« nehmen zu lassen (Göring/Cimbal, 7.10.33; ebenso Heyer/Göring, 18.10.33). »... wenn wir nicht sicher sind, daß die anderen umgelernt haben... verlieren wir die Jugend, die uns bisher gefolgt ist und die jetzt nach der Gleichschaltung uns noch viel begeisterter folgen wird« (Ci/Gö, 2.10.33).

Vor allem kam es nun darauf an, die Existenzberechtigung der Deutschen Gesellschaft für Psychotherapie so rasch wie möglich nachzuweisen, »ehe eine Parallelgruppe des Deutschen Vereins für Psychiatrie geschaffen werden kann« (Göring/Cimbal, 13.10.33). Göring setzte sich, von Cimbal beraten, mit den führenden Funktionären der Gesellschaft und Repräsentanten verschiedener therapeutischer Richtungen in Verbindung, um die allgemeine ärztliche Gesellschaft für Psychotherapie in eine »Deutsche« umzuwandeln. Psychotherapeuten aller Richtungen wurde nahegelegt, Mitglied dieser Gesellschaft zu werden. So drängte M.H. Göring, selber Mitglied der Gesellschaft für Individualpsychologie[13] (I.P.) seinen ehemaligen Lehranalytiker Dr. L. Seif, sich der Gesellschaft anzuschließen, da man sonst »zu sehr in der Luft schweben« würde und »alles Internationale zur Zeit verpönt ist« (Göring/Seif, 26.5.33). Individualpsychologische Ortsgruppen und Arbeitsgemeinschaften gab es bereits in mehreren deutschen Städten. Als Leiter der Wuppertaler Arbeitsgruppe war Göring daran interessiert, ihr Weiterbestehen zu gewährleisten. Er bot an, daß er oder Künkel, »versehen mit maßgebenden Empfehlungen«, mit dem Kultusminister (Schemm) oder seinem Referenten sprechen, »vorausgesetzt, daß Sie mit dem Kommissar, Kollegen

Wagner[14] nicht fertig geworden sind« (Göring/Seif, 26.5.33). Auf einer kleinen Tagung (hochtrabend »Führertagung« genannt) sollte die wissenschaftliche Linie der nationalen Gesellschaft festgelegt werden. Hinzugezogen wurden nur die Mitglieder des vorläufigen vorstandsführenden Ausschusses, »für deren Zuverlässigkeit jeder einzelne Einladende eintreten würde« (Cimbal/Göring, 7.8.33).

Da keine Juden im Vorstand von Vereinen oder Gesellschaften sein durften, war der Vorstand der alten Gesellschaft, ohne Widerspruch, aufgelöst worden. Ebenso wie Kronfeld trat auch Eliasberg aus der Gesellschaft aus. »Im übrigen sind neuerdings nur einige Eintritte, nicht Austritte erfolgt« (30.7.33, Ci/Gö). Interne Machtkämpfe innerhalb der Gesellschaft (vor allem zwischen Schultz[15] und Hattingberg[16]) schienen durch die Übernahme des Vorsitzes durch Göring, den aus politischen Gründen günstigen Kompromißkandidaten, überwunden worden zu sein (Cimbal/Haeberlin[17], 3.8.33; Haeberlin/Cimbal, 5.8.33). Göring meinte, sich »im Interesse des Nationalsozialismus« nicht weigern zu dürfen, den Vorsitz zu übernehmen. Da die Regierung forderte, daß die Geschäftsführung und der Vorsitz der Gesellschaft sowie die Leitung von Kongressen von einem Mitglied der NSDAP übernommen werden müßten (Ci/Rundschreiben, 7.8.33), stellte sich auch hier die Frage der Parteizugehörigkeit, und Cimbal ging davon aus, daß auch Göring »alter Kämpfer« sei. Von Göring erfährt man, daß er »als ganz alter Stahlhelmer« auch noch nicht Mitglied mit »roter Karte« sei (Gö/Ci, 25.8.33). Nun wolle er sich einen Termin bei seinem Vetter geben lassen, um diesen Mangel zu beheben. Bis dahin müsse er auch wissen, ob er bei der Umgestaltung der Gesellschaft eine führende Rolle innehaben würde, da er sich sonst natürlich bei seinem Vetter nicht für die Psychotherapie einsetzen könne. Sehr weitschweifig nahm auch Cimbal zu der Frage der Parteizugehörigkeit Stellung (Ci/Gö, 15.8.33). Da er seit einer Reihe von Jahren »in der Führung tätige und gefährdete Mitglieder der Partei unter starken eigenen Opfern und Gefahren« gedeckt habe und seine schriftstellerischen Arbeiten seit Jahren von Amtswaltern der Partei in Anspruch genommen worden seien, habe er es bisher nicht für nötig gehalten, direkt in die Partei einzutreten. Außerdem sei seine Frau in führender politischer Stellung in der Volkspartei und sei Parteivertretern der NSDAP gegenüber nicht sehr freundlich gesinnt. Als Zeugen seiner Parteifreundlichkeit zitierte er einen Dr. Stein, der in München zum Braunen Haus gehörte, außerdem seinen »Bundesbruder Lammers[18], der in der Reichskanzlei Staatssekretär ist«. Da er sich nicht als »Parteimensch« sehe, sei er formal, seiner Frau zuliebe, bei der DVP (Deutsche Volkspartei) eingeschrieben. Im übrigen könne die Parteizugehörigkeit ihm weder nutzen noch schaden, da er als Beamter seit fast 30 Jahren im Dienst sei und meint, für die Stadt unentbehrlich zu sein, da er jährlich, ohne Assistenten, zwei- bis dreitausend entscheidende neurologisch-psychiatrische Gutachten verfertige. Seine Rechtfertigung schließt ab mit

»Ich habe seit 1909 im Kampf um die Rassenreinheit gestanden (war aktives Mitglied des Hammerbundes[19]) und habe ein ganzes Leben lang ... für Straffung der seelischen Schulung und für Reinheit der Rasse gekämpft. Trotzdem bin ich der Meinung, daß wir alten Menschen eigentlich nicht mehr in diese junge Partei gehören« (Ci/Gö, 15.8.33).

Am 3.9.1933 teilte Cimbal Göring mit, daß Jung nun seine offizielle Einwilligung zur Übernahme des Vorsitzes durch Göring gegeben habe. Zu der Kommission, die die Politik der deutschen allgemeinen ärztlichen Gesellschaft für Psychotherapie bestimmen sollte, wurden Schultz, Hattingberg, Haeberlin, Künkel, Schultz-Hencke, Seif und natürlich Göring von Cimbal eingeladen (12.9.33). »Die Einordnung der psychotherapeutischen Bewegung in den nationalen Staat« mache, wie Cimbal berichtete, ihre Umgestaltungen »notwendig«:
– Der 7. allgemeine ärztliche Kongreß für Psychotherapie in Wien vom 6.–9.4.1933 wurde abgesagt.
– Am 6.4.1933 legte Herr Prof. Kretschmer, der bisher erster Vorsitzender der allgemeinen ärztlichen Gesellschaft für Psychotherapie gewesen war, sein Amt nieder. »Der Vorstand der Gesellschaft bat den 2. Vorsitzenden, Herrn Dr. C. G. Jung, Zürich, Küßnacht, das Amt des 1. Vorsitzenden zu übernehmen.« Die Übernahme erfolgte am 21.6.1933.
– Die alte allgemeine ärztliche Gesellschaft für Psychotherapie solle als überstaatlicher Verband fortgeführt werden.
– Eine neue, die »Deutsche allgemeine ärztliche Gesellschaft für Psychotherapie« wurde gegründet, um »dem Leitgedanken der nationalen Regierung genau entsprechen zu können«.
– Prof. Dr. med. et jur. M. H. Göring wurde nach Beratung der Vorstandsmitglieder gebeten, »als Führer« die Deutsche Gesellschaft zu übernehmen.
– Die Deutsche Gesellschaft solle gleichzeitig als Ländergruppe in die überstaatliche allgemeine ärztliche Gesellschaft für Psychotherapie eingeordnet sein.
– Die Deutsche Gesellschaft sei »nach dem von der deutschen Regierung angeordneten Führerprinzip« organisiert; die Mitglieder sollten sich zu Länder- und Ortsgruppen zusammenschließen.
– Der 1. Kongreß der deutschen Gruppe war für Anfang April 1934 in Bad Nauheim geplant.
– In Zusammenarbeit von deutscher und überstaatlicher Gesellschaft soll eine deutschstämmige (germanische) Seelenkunde und Seelenheilkunst entwickelt werden, die im Sinne der nationalsozialistischen Weltanschauung auch dem Anspruch des Herausgebers des Zentralblattes,

Dr. C. G. Jung, gerecht werde, nun endlich die »tatsächlich bestehenden und einsichtigen Leuten schon längst bekannten Verschiedenheiten der germanischen und jüdischen Psychologie« nicht mehr zu verwischen (Z.f.P., Dez. 1933, S. 139-144).

Zur Vorbereitung der Gründung der neuen deutschen Gesellschaft verhandelte Göring mit Minister Rust[20] und Kultusminister Schemm[21]. Nachdem das Kultusministerium keine Einwände gegen eine Neugründung der Deutschen Gesellschaft äußerte, setzte sich Göring, Rüdins Rat folgend, bestätigt durch Conti[22], mit dem Ministerialrat im Reichsinnenministeriums, Gütt[23], in Verbindung, um auch dessen Zustimmung zu gewinnen (Gö/Conti, 7.10.33). Durch Vermittlung Hermann Görings öffneten sich ihm die Türen der Ministerien (Gö/Ci, 6.8.33; Gö/Ci, 6.9.33; Gö/Ci, 1.10.33). Auch Ministerialdirektor Schultze[24], der sich zunächst abfällig über Individualpsychologie und Psychotherapie geäußert hatte, wurde durch die Erwähnung des mächtigen Vetters freundlicher gestimmt.

Am 15.9.1933 wurde die Deutsche allgemeine ärztliche Gesellschaft für Psychotherapie gegründet. In der Gründungserklärung heißt es: »Diese Gesellschaft hat den Willen und die Aufgabe, unter bedingungsloser Treue zu dem Führer des deutschen Volkes, Adolf Hitler, diejenigen deutschen Ärzte zusammenzufassen, die willig sind, im Sinne der nationalsozialistischen Weltanschauung eine seelenärztliche Heilkunst auszubilden und auszuüben oder dieser Heilkunst wohlwollend gegenüberzustehen.«

Im folgenden Passus wird Hitlers Buch »Mein Kampf« als wissenschaftliches Lehrbuch zur ernsthaften Durcharbeitung empfohlen. Weiter heißt es: »Die ›Deutsche allgemeine ärztliche Gesellschaft für Psychotherapie‹ hofft, auf diesem Wege eine besondere deutsche Seelenheilkunde schaffen zu können, die nach den Gedanken des Volkskanzlers auf eine heroische und opferwillige Gesinnung hinzielt.« Im übrigen werde die Gesellschaft ihre Arbeit als Ländergruppe der »Überstaatlichen allgemeinen ärztlichen Gesellschaft für Psychotherapie« fortsetzen, deren Vorsitzender Dr. C. G. Jung ist.

Schultz-Hencke gehörte mit zu den Gründungsmitgliedern. Er galt als der Analytiker, der noch am ehesten für die Schaffung einer neuen deutschen Seelenheilkunde zu gewinnen war.

Die Satzung der Deutschen Gesellschaft für Psychotherapie entstand nach dem Vorbild der Deutschen Gesellschaft für Rassenhygiene. Abweichungen wurden in folgenden Punkten vorgenommen:

1. Die Juden sind von der Mitgliedschaft nicht ausgeschlossen, »da wir ja einen anderen Zweck verfolgen als die Gesellschaft für Rassenhygiene; es ist aber zu erwägen, ob wir von den leitenden Stellen Juden ausschließen«.

2. Der Ausschuß wurde nicht aus den Unterführern gebildet, sondern aus Repräsentanten der verschiedenen psychotherapeutischen Richtungen und außerdem einem Kollegen aus der Allgemeinpraxis und aus der Inneren Medizin.
3. Da auch kassenärztliche Interessen durch die Gesellschaft vertreten werden sollten, erschien es sinnvoll, die Gesellschaft in Landes- und Provinzialgruppen zu teilen, um mit den Vertretern der kassenärztlichen Vereinigung regional Kontakt aufnehmen zu können (Göring an Rudtke [auch Ruttke geschrieben], 25.11.33) (s. Gütt, 1934).

Jung als Präsident der Überstaatlichen allgemeinen ärztlichen Gesellschaft für Psychotherapie hatte ebenfalls einige Änderungsvorschläge, auf die Göring anscheinend bereitwillig einging (Gö/Jung, 5.11.33). Demnach habe er Bedenken dagegen geäußert, daß als Sitz der Überstaatlichen Gesellschaft Marburg (als Kretschmers Wohnort) und nicht Zürich angegeben sei, und es wurde erwogen, den Ort ganz wegzulassen (Gö/Ci, 29.10.33). Ferner habe er sich besonders für die Mitgliedschaft von Nichtärzten eingesetzt.

Göring galt als Sprachrohr der Regierung, insbesondere seines Vetters Hermann und Contis. Die Regierung stehe der Weiterführung der Gesellschaft freundlich gegenüber, erwarte aber, daß die Führung »besonders straff gehandhabt« werde, »weil der psychische Einfluß der Gesellschaft ein besonders bedeutsamer sei«. Im Protokoll der Gründungssitzung wurde festgelegt, daß in der Gesellschaft alle psychotherapeutischen Gruppen »einheitlich unter verantwortlicher Führung des Vorsitzenden zusammengeschlossen« seien; es dürfe daneben keine Untergruppen geben. Die Ortsgruppenleiter müßten dem ersten Vorsitzenden Rechenschaft über abzuhaltende Vorträge und Kurse ablegen und ihm Mitteilung über die Einrichtung von Beratungs- und Erziehungsstellen, die von Ärzten geleitet werden müßten, geben. In der »Aussprache« der Gründungssitzung wurde betont, daß auch Juden Mitglieder der Gesellschaft sein dürften, aber weder im Vorstand sein noch als Ortsgruppenleiter in Frage kämen. Zu Vorträgen würden Juden nicht zugelassen, sie dürften sich aber an der Diskussion beteiligen. Das »Zentralblatt« solle Eigentum der Internationalen allgemeinen ärztlichen Gesellschaft für Psychotherapie bleiben mit Jung als Herausgeber, unter Mitarbeit von Allers[25]. Auch Nicht-Ärzte könnten als außerordentliche Mitglieder an den Kongressen der Deutschen allgemeinen ärztlichen Gesellschaft für Psychotherapie teilnehmen, »wenn sie von einem ordentlichen Mitglied eingeführt und von dem Vorsitzenden zugelassen werden«. Göring wurden folgende Leitungsfunktionen übertragen:
– Sonderausgaben des Zentralblattes (gemeint ist eine Sondernummer, die die »Deutsche Psychotherapie« einführen sollte).

- Amtliche Führung der Kongresse (Ernennung der Vortragenden, Zensur der Diskussionsredner, »denen er das Wort zu entziehen hat, falls unzulässige Bemerkungen fallen«).
- Ernennung von Ortsgruppenleitern (Bewilligung von Kursen, Vorträgen und Beratungsstellen).

Die Gesellschaft sei »eine rein wissenschaftliche« und habe »abgesehen von etwa eingeforderten Gutachten, keine standesrechtlichen Aufgaben«.

Neben dieser vom Reichsinnenministerium gegründeten Gesellschaft (von Cimbal als »Psychotherapeutischer Forschungskreis« bezeichnet [Ci/Gö, 28.12.33]), die in erster Linie Ärzte erfassen sollte, war eine weitere Gesellschaft geplant, in der auch Laien Mitglieder werden könnten. Die von Cimbal als »Psychotherapeutische Gruppe der biologischen Ärzte« oder auch »seelenärztlich-biologische Gesellschaft« bezeichnete Gruppe solle von der NSDAP, genauer vom Reichsärzteführer Wagner gegründet werden (Ci/Gö, 16.12.33; Ci/Gö, 28.12.33). Beide Gruppen sollten nicht in Konkurrenz zueinander stehen, sondern sich ergänzen:

»Ich denke mir nämlich, daß alles das, was wir an Außenorganisationen ausbauen wollen, am besten in die seelenärztlich-biologische Gesellschaft eingebaut wird und nicht in den Forscherkreis, und zwar deshalb, weil die Ernennung von Ortsgruppenführern aus dem Kreise nationalsozialistischen und SA-Ärzte wie geschaffen ist, um unter der Flagge der seelenärztlich-biologischen Denkweise die Gedanken des Führers und der Partei durchzuführen, während unser Forscherkreis durch eine Überorganisation parteipolitischen Charakters in seiner Weltgeltung eher beeinträchtigt wird« (Ci/Gö, 28.12.33).

Das Ineinandergreifen beider Gesellschaften, die unter Görings Führung stehen sollten, stellte sich Cimbal folgendermaßen vor:
»1. Sie selbst in Personalunion beider Ämter als Reichsführer,
2. für die deutsche Forschergruppe den Reichsausschuß,
3. für die seelenärztlich-biologischen Ärzte die Ortsgruppenvorsitzenden,
4. die geistige Führerschicht der deutschen Forscher, die sich in Denkschriften, Aufsätzen, Rundschreiben und Kongreßvorträgen verständigen, und aus deren Arbeit eine einheitliche deutsche Psychotherapie hervorgehen soll,
5. die Mitglieder der biologisch-seelenärztlichen Gruppe, die möglichst groß und unbelastet sein soll, die den Kern der gesamten biologischen Ärzteschaft bilden kann und unter Ortsgruppenführern steht, Vorträge veranstaltet und hört« (Ci/Gö, 28.12.33).

Cimbal versuchte also, die Organisation der psychotherapeutischen Bewegung auf den verschiedensten Ebenen abzusichern: Der deutsche Forscherkreis, der der Deutschen Gesellschaft für Psychotherapie entsprach, war einerseits die Brücke zur überstaatlichen allgemeinen ärztlichen Gesellschaft für Psychotherapie und stand andererseits unter dem Schutz des Reichsinnenministeriums. Dagegen sollte die seelenärztlich-biologische Gesellschaft, also das »Fußvolk« der psychotherapeutischen Bewegung, parteipolitisch ausgerichtet sein.

Die Organisation der gesamten psychotherapeutischen Gruppe nach dem nationalsozialistischen Führungsprinzip bereitete einige Schwierigkeiten: Gauger[26], der zum »Führer« der Berliner Gruppe vorgesehen war, begann, »eigenmächtig« Leitsätze zur Durchführung der psychotherapeutischen Arbeit auszuarbeiten. Dieses Verfahren, das der nationalsozialistischen Ortsgruppenführung entspreche, könne nicht auf wissenschaftliche Gesellschaften angewandt werden, da Göring verbindliche Leitsätze für alle Ortsgruppenführer entwickeln solle (Ci/Gö, 16.12.33). Daß das Führerprinzip eher Chaos statt Ordnung schuf, wird auch aus Görings Antwort deutlich, bei der er, die Animositäten der einzelnen führenden Psychotherapeuten abwägend, schließlich in bezug auf Gauger schreibt:

»Ich rege mich über diese Dinge gar nicht mehr auf ... Im übrigen bin ich ganz Ihrer Ansicht, daß die Ortsgruppenführer nicht auf eigene Faust Leitsätze ausgeben können; wenn sie Lust haben, solche auszuarbeiten, so müssen sie uns vorgelegt werden« (Gö/Ci, 17.12.1933).

Plastisch schreibt Cimbal über den Gegensatz zwischen politischen Funktionären und Psychotherapeuten:

»Ich habe ja unendlich viele Parteiversammlungen der NSDAP mitgemacht und sitze stumm und geduldig meine drei Stunden in irgendeinem kleinen Sturmlokal im Altonaer Vergnügungsviertel mit Rauch und Biertrinkerei ab, während irgendein kleiner Krämer stundenlang seine Auffassung von der Welt vorträgt. Man muß diese Opfer bringen der großen Idee zuliebe, aber wir können diese Vereinstechnik unmöglich auf die wissenschaftlichen Gesellschaften übertragen, sonst gibt es nur Zerstörungen, keinen neuen Aufbau. Ich glaube auch nicht, daß die führenden Forscher, mit denen wir arbeiten sollen, sich geduldig solches Geführtwerden, durch einen ganz Ungeschulten einfach gefallen lassen werden. – Mir sind diese Bedenken sogleich aufgetaucht, als ich von der Ernennung der Ortsgruppenführer aus den Kreisen der alten Parteimitglieder hörte« (Ci/Gö, 16.12.33).

Die Ortsgruppenführer sollten zu verantwortlichen Geschäftsführern der Ortsgruppen werden und nicht die geistige Führung übernehmen. Aus Ortsgruppenführern und örtlichen Organisationen sollen Kampftruppen werden statt Aufsichtsbehörden.

»Wenn die Ortsgruppenführer Aufsichtsbehörden sind, werden sie in kurzer Frist zu parteipolitischer Staatsanwaltschaft, die naturnotwendig mit Denunziationen arbeiten muß. Sie werden dann unfruchtbar sein und vielleicht zerstörend wirken. Wenn wir aber dieselbe Organisation, die ja in Berlin zum Beispiel im Werden ist, ausgestalten zur Kampforganisation der biologischen Idee des Führers, dann gewinnen wir eine außerordentliche Reichweite, sowohl innerhalb der Ärzteschaft wie auch andererseits dem Reichsführer der Ärzteschaft gegenüber, dessen wahrscheinlich beste Kerntruppe innerhalb der Ärzteschaft wir dann sein werden ... Wenn das nämlich glückt, dann bekommen wir auf einmal den geistigen Zusammenhang der gesamten Bewegung, der mir zur Zeit ein klein wenig gefährdet scheint« (Ci/Gö, 28.12.33).

Sein Ziel war, »psychotherapeutische Sturmführer« zu schaffen, »die gegen das Bonzentum, den Standesdünkel und dergleichen Angelegenheiten im Namen des Führers Attacke reiten« sollten. Gleich nach den Ortsgruppenführern, diesen Vorreitern, sollten dann die Forscher kommen, die »zur biologisch-seelenärztlichen Außenorganisation« so stehen, »wie die Hochschule zur Ärzteschaft«. Cimbals ambitionierte Pläne sahen also vor, daß »die deutsche Forschergruppe den geistigen Führerkreis darstellt, die biologisch-seelenärztliche Gruppe den weltanschaulichen, verwaltungsmäßigen und parteipolitisch kämpfenden Teil«. Die Kampftruppe sollte auch keine Mitgliedsbeiträge zahlen müssen – von dem engeren Forscherkreis könne man jährlich 3,– DM verlangen (Ci/Gö, 28.12.33).
    Da Göring sich offenbar bisher mit der Politik der Gesellschaft wenig befaßt hatte und folglich ihre Funktionäre nur ungenügend kannte, schien Cimbal der geeignete Ratgeber. In den engeren Kreis um Göring sollten zunächst die Gründungsmitglieder der Deutschen Gesellschaft aufgenommen werden: Cimbal, Haeberlin, von Hattingberg, Heyer, Künkel, J. H. Schultz, Schultz-Hencke, Seif und auch von Weizsäcker.
    Mit großem Eifer begann Göring, Landes- und Provinzialführer für Psychotherapie zu ernennen, um auf diese Weise ganz Deutschland »erfassen« zu können. »Diese Führer müßten auch Unterführer der Reichsarbeitsgemeinschaft sein, aber auch nur in Personalunion, sich also auch um Kassenfragen kümmern.« Zur Besetzung dieser Posten unterbreitete Göring Cimbal entsprechende Vorschläge. In 18 Landesstellen sollten »Führer« eingesetzt werden. Göring konnte nur für sechs Stellen Vorschläge machen. In seiner Auffassung über die Funktion von Ortsgruppenführern ging er mit Cimbal konform: »Der Hauptgrundsatz für die Ortsgruppenführer wird sein, daß sie sich nicht in wissenschaftliche Dinge einmischen, daß sie lediglich die Aufsicht darüber haben, daß unserem Arbeiten die nationalsozialistische Idee zugrundegelegt wird« (Gö/Ci, 17.12.33).

Da die beiden deutschen psychotherapeutischen Organisationen unter Görings Leitung stünden, ergebe sich eine Gefahr, die Cimbal in erstaunlicher Freimütigkeit ausspricht. Diese Offenheit empfiehlt er auch Göring der Reichsleitung der NSDAP gegenüber.

»Sie wissen, daß der nationale Staat eine Neigung hat, seine Führer zu wechseln. Irgendeine Umstellung in der Reichsleitung führt ohne weitere Begründung dazu, daß man einen Führer absetzt und einen anderen benennt. Dieser Gefahr darf sich die Deutsche Gesellschaft nicht aussetzen. Für die Deutsche Gesellschaft sind Sie gewählter Führer, für die psychotherapeutische Gruppe der biologischen Ärzte werden Sie von der Reichsleitung zum Führer ernannt. Wenn die Reichsleitung Sie nun etwa irgendwann einmal absetzt, weil eine andere Gruppierung erwünscht wird, müssen Sie der Deutschen Gesellschaft als gewählter Führer verbleiben dürfen. Ich möchte ausdrücklich selbst in diesem vertraulichen Brief nicht mehr sagen; weise aber darauf hin, daß sich in meinem allernächsten Freundeskreis Männer aus der unmittelbaren Umgebung des Reichskanzlers befinden, die in Führerstellungen waren und ohne jede Schuld, nur aus Staatsinteresse, plötzlich wieder in der Versenkung verschwanden. Dem dürfen Sie nicht ausgesetzt werden, deshalb liegt eine Gefahr in der Verbindung der beiden Ämter.... Ich betrachte die vorstehenden Zeilen als vertraulich...« (Ci/Gö, 16.12.33).

Griesbeck, der dem Kreis um Wagner angehörte, forderte Göring auf, der Arbeitsgemeinschaft Biologisch Arbeitender Ärzte beizutreten. Zwar rieten Rüdin und Gütt ab, da aber eine Anzahl von Psychotherapeuten bereits der Gruppe beigetreten war, wurde Göring durch Griesbecks Vermittlung nach Rücksprache mit Wagner die Führung dieser Gruppe angeboten. Münchner Freunde ermutigten ihn zur Übernahme. Für Göring bedeutete das einen erneuten Machtzuwachs, da er sich davon versprach, auch die älteren Ärzte mit einbeziehen zu können (Göring/Gütt, 10.1.34).

Entschieden wandte sich Cimbal gegen die diktatorische Organisationsform von Wagner, wollte sich allerdings nicht direkt gegen ihn stellen und ihn in dem Glauben lassen, seine Ideen »gehorsam« durchzuführen. Machtpolitisch wollte er von Wagners Position profitieren, da die Reichsleitung der NSDAP Göring nur den »Reichsführertitel« anzubieten habe. Wagner solle die Sicherung geben, daß auch die anderen Repräsentanten der psychotherapeutischen Bewegung zu »beauftragten Amtswaltern oder politischen Leitern« ernannt werden, um damit zu demonstrieren, »in welchem Umfang der Auftrag der Partei hinter uns steht« (Ci/Gö, 4.1.34). Neben kämpferischen Tönen von Cimbal ist auch der politische Taktiker zu erkennen, der sich nicht auf die diktatorische Führerschaft von Wagner und seinem Kreis in München einlassen wollte, eine Konfrontation mit ihm aber nicht riskierte. Wagners Einfluß war bereits massiv spürbar: Von seiner Regierungsstelle ging eine Verfügung aus, die bestimmte, daß der Ausdruck »Reichsführer« und »Führer« an gesetzliche Vorschriften gebunden sei, die für die psychotherapeutische Gruppe nicht unbedingt zutreffen (Ci/Gö, 21.1.34). Göring hatte das Gefühl, von der Regierung nicht genug unterstützt zu werden. Als Indiz dafür beurteilte er die verzögerte Bestätigung der Satzung der Gesellschaft. Nach Gaugers Aussagen seien »die Herren Ministerialräte eben schon ›Ministerialräte!‹« (Gö/Ci, 23.1.34). Als schließlich die Zustimmung des Innenministeriums zur Satzung eintraf, meinte Cimbal optimistisch daraus entnehmen zu können, daß die Deutsche psychotherapeutische Gesellschaft nun das »Privileg« habe, ein Organ der nationalen Regierung zu sein (Ci/Gö, 10.3.34).

Anfang 1934 schien noch nicht eindeutig klar zu sein, ob Jung tatsächlich bereit wäre, die Leitung des Überstaatlichen Verbandes auch nach der immer deutlicher werdenden politischen Entwicklung in Deutschland weiter zu behalten. Cimbal fürchtete Jungs Amtsniederlegung. Um jedenfalls innenpolitisch abgesichert zu sein, empfahl er, eine engere Verbindung mit der Partei zu suchen.

»In diesem Falle müßten Sie und vielleicht auch ich die Parteileitung bitten, uns den Charakter als Amtswalter zu verleihen, wie es zum Beispiel bei dem N.S.L.B. und bei den N.S.B.O.-Leitern der großen Fabriken geschieht. Dort wird den politischen Leitern der Firma, auch wenn er erst eben in die Partei eingetreten ist, sofort die rote Karte und der Amtswaltercharakter verliehen, damit er die Gesinnung in seinem Arbeitsfeld als Repräsentant der Bewegung vertreten kann. Diesen Antrag können wir natürlich erst nach dem Erscheinen des ›Deutschen Heftes‹ stellen.« (Ci/Gö, 11.3.34).

Vor Jung und den Ausländern wollte er diese Form der Absicherung verheimlichen und in ihrer Gegenwart kein Parteiabzeichen tragen (Ci/Gö, 11.3.34). Cimbal bemühte sich weiterhin vor allem um Anerkennung durch Parteistellen. So wertete er z.B. auch den Prozeß Strünckmann, einem naturheilkundlich ausgerichteten Arzt, der zum Kreis um Hitler und Strasser gehört hatte, und seinen Freispruch mit Hilfe eines von Cimbal erstellten Gutachtens[27], als Sieg der »biologischen und psychotherapeutischen Bewegung« gegen Funktionäre der Ärztekammer Braunschweig. Es hatte sich nämlich herumgesprochen, daß Göring »Reichsleiter der Bewegung« sei (21.5.34). Die Suche nach Anerkennung durch die Partei schien erheblich erschwert durch die Politik des nationalsozialistischen Ärztebundes[28], der »nicht nur die Unterschicht der deutschen Persönlichkeiten, sondern auch die Oberschicht rasieren will. Die Unterschicht durch das Sterilisierungsgesetz der Erbbelasteten, die Oberschicht durch den Kampf gegen die Persönlichkeitsschulung, die analytische Freiheit der führenden Persönlichkeit« (Ci/Gö, 22.7.34).

Cimbal fühlte sich eher mit den Vorstellungen von Rudolf Heß[29] und seiner biologischen Heilweise verbunden; obwohl Heß auch unter Wagners Einfluß stand, der nicht nur die Sterilisation von Juden, sondern auch von Behinderten befürwortete (Wistrich, 1984, S. 285). Als eigentlicher »Gegner« der psychotherapeutischen Bewegung wurde Rüdin verstanden, der nach Cimbals Auffassung in seiner Erblehre von entscheidenden wissenschaftlichen Irrtümern ausgehe (Verwechslung des Mendelschen Begriffes der Erbeigenschaften mit dem naturwissenschaftlichen Begriff der Grundeigenschaften). Rüdin habe sowohl auf Heß als auch auf Hitler einen entscheidenden Einfluß und wurde auch vom nationalsozialistischen Ärztebund unterstützt. Trotz dieser Einschätzung war Cimbal auch Mitglied des erweiterten Vorstandes des Deutschen Verbandes für psychische Hygiene und Rassenhygiene, deren Vorsitzender ja Rüdin war. Cimbal ließ diesen Posten dann auf Göring übertragen (Ci/Gö, 25.5.1934).

So verkörperte Rüdin also zum einen die ideologische Ausrichtung der neuen Machthaber und war zusätzlich Vorsitzender der Gesellschaft für Neurologie und Psychiatrie, des klassischen Gegenpols zu den »modernen« Psychotherapeuten. Er war also ein vielfältiger und mächtiger Feind, mit dem man das Wagnis einer Konfrontation nicht eingehen durfte.

Die praktische Umsetzung des Cimbalschen Planes, eine psychotherapeutische Großorganisation aufzuziehen, schien neben den offiziellen Schwierigkeiten doch mühsamer zu sein als vermutet. Auf ein Mitgliederrundschreiben, das für die »Deutsche Gesellschaft« warb und eine größere Mitgliederreserve schaffen sollte, reagierten »nur« 50 Personen (Ci/Gö, 26.8.34).

Dabei hatte Göring die Bedingungen für die Ortsgruppenbildung vereinfacht, um möglichst viele Interessenten zu Mitgliedern der Ortsgruppe oder Arbeitsgemeinschaft anzuwerben. Zielgruppen waren neben Nervenärzten auch Pfarrer, Lehrerinnen, Kindergärtnerinnen und Patienten. Die Mehrzahl der Mitglieder waren keine Akademiker. Obwohl Juden Mitglieder der Deutschen Gesellschaft werden konnten, heißt es in Görings Schreiben vom 27.7.34 an Happich[30]: »Wassermeyer wird als Jude keinen großen Wert auf den Eintritt in die Ortsgruppe legen (Lenzberg in Düsseldorf, den ich gut kenne, hält sich auch sehr zurück; er war aber auf unserem Kongreß).« Göring wollte vor allem Parteimitglieder zur Mitarbeit heranziehen und sich mit ihnen gut stellen. »Wir müssen möglichst viele Kreise, besonders innerhalb der Partei, für unsere Arbeit interessieren.« (Gö/Happich, 27.7.34).

In der ersten Phase der nationalsozialistischen Machtübernahme ist das Verhalten der führenden Psychotherapeuten also in erster Linie ein machtpolitisches Taktieren. Auf der Basis einer möglichst breiten Gefolgschaft, deren professionelle Identität diffus bleibt und die nur als Machtfaktor mobilisiert wird, gehen auch in die weitere politische Perspektive der Gesellschaft lediglich machtpolitisch-strategische Überlegungen ein. Je nach politischer Opportunität erwägt Cimbal:
a) eine feste Ankoppelung an die Partei (z. B. in der Funktion des »Amtswalters« wie beim NSLB und bei den NSBO-Leitern der großen Fabriken);
b) oder die enge Verbindung zur Überstaatlichen Gesellschaft (Ci/Gö, 11.3.1934).

5. Der Prozeß der »Selbstgleichschaltung«

In seiner Eröffnungsansprache anläßlich des 7. allgemeinen ärztlichen Kongresses für Psychotherapie in Bad Nauheim von 1934 betonte Göring, daß der Staat an der psychotherapeutischen Gesellschaft ein größeres Interesse habe als an anderen medizinischen Gesellschaften, da der Einfluß der Psychotherapeuten sich ebenfalls nach dem Totalitätsprinzip, wie der nationalsozialistische Staat, auf »Leib und Seele« des Menschen beziehe und darauf wirke. Die vom Staat geforderte Loyalitätserklärung, die darin zum Ausdruck komme, daß, ebenso wie bei der Gesellschaft für Rassenhygiene, ein verantwortlicher Reichsleiter eingesetzt worden sei, beweise ihre Bedeutung. Diese Nachbarschaft zur Gesellschaft für Rassenhygiene führte Göring weiter aus: Ihre Satzung sei von der Gesellschaft für Psychotherapie übernommen worden mit dem einzigen Unterschied, daß auch Nichtarier aufgenommen werden könnten mit der Einschränkung, daß sie keine leitenden Stellen bekleiden dürften. Im übrigen stehe die Gesellschaft für Psychotherapie auf dem Standpunkt des Leiters der Abteilung für Rassenhygiene bei der Reichsleitung Dr. Gross: »Wir verurteilen keine Rasse; wir wollen auch keine andere Rasse minderbewerten; wir stellen nur die Verschiedenheit fest und warnen vor einer Verschmelzung.« Es gäbe allerdings Parteigenossen, die die Notwendigkeit der Psychotherapie verneinten, da sie der Auffassung seien, daß es ausschließlich auf die Erbmasse ankomme und Erziehung unnötig sei. Den »Führer« zitierend, den Göring als Autorität neben Jung heranzog, meinte er, daß der Charakter entwicklungsfähig sei und daß es nicht nur um die Heilung kranker Menschen, sondern »um die Brauchbarmachung gesunder Menschen, denen die rechte Lebenseinstellung fehlt« gehe. »Die Scheu vor dem Suchen und Auffinden der Ursachen steckt tief im Blut, besonders dann, wenn sein verdorbenes Ich aus dem plötzlichen Aufdecken bestimmter Ursachen unangenehme, weil verpflichtende Ursachen wittert.«

Während Kinder seit Generationen zur Unehrlichkeit erzogen worden seien, fordere die nationalsozialistische Idee unbedingte Ehrlichkeit. Es gehe nicht nur um äußeren Drill, sondern aus den »Lernschulen« müßten »Charakterschulen« werden. Gerade junge Ärzte seien eine wichtige Zielgruppe, die wieder zu echten Hausärzten werden sollten, die durch »feines Verstehen« – nicht gewaltsam – »den rechten Weg zur Gesundheit weisen« und nicht nur die Brust beklopfen, sondern auch die Seele über dem Leib nicht vergessen. Ebenso sollten auch die Lehrer die Seelen ihrer Kinder kennen und sich in sie einfühlen können. »Wollen wir eine durch Leiden nicht zu beugende, stahlharte, arbeitsfreudige Gemeinschaft formen, so müssen wir feinfühlend die Kinder dorthin führen.«

Rassenmythologie steht hier unvermittelt neben den bemühten Ausführungen eines um das Wohl seiner Kinder und Patienten besorgten pädagogisch-psychotherapeutisch wirkenden Arztes, der sich noch etwas ungelenk in der ihm zugefallenen Rolle bewegt.

Als Psychotherapeut der vornationalsozialistischen Ära, der die Tradition der allgemeinen ärztlichen Gesellschaft an die Deutsche Gesellschaft für Psychotherapie anpaßte, drückte Cimbal die Schwierigkeiten aus, die viele »Durchschnittspsychotherapeuten« durch die Machtübernahme in ihrer sozialhygienisch-psychotherapeutischen Identität erschütterten. Ihre Kritik richtete sich vor allem gegen das Sterilisierungsgesetz, das Psychotiker betreffe, aber Syphilitiker vernachlässigte. Eine psychotherapeutische Aufgabe der Rassenpflege sah Cimbal darin, Menschen, die an einer Erbsyphilis litten, die Notwendigkeit bewußt zu machen, nicht weiter Kinder zu zeugen. Psychotherapeutischen Beistand wollte er auch »den von der nationalen Revolution Betroffenen, insbesondere den Frauen«, bieten, die unter den politischen Auseinandersetzungen innerhalb der Familie besonders zu leiden hätten. Besonders brennend war für ihn das Problem der zunehmenden Selbstmorde[1]; (Ci/Häberlin/Gö, 3. 8. 33), ein Thema, das auch in der Denkschrift von Künkel als »besorgniserregende, schwere Depression« anklingt, Cimbal wägt in seinem Brief vom 3. 9. 1933 an Göring ab: »Wieviel wir von dem, was uns wesentlich ist, öffentlich sagen dürfen«. Wen er allerdings fürchtete, ist unklar: Waren es seine psychotherapeutischen Fachkollegen, denen er zu nationalsozialistisch argumentierte? Oder waren es die nationalsozialistischen Behörden, für die er seine psychotherapeutischen Aufgaben zu massiv in den Vordergrund stellte? Jedenfalls unterschied er zwei Arbeitsfelder im nationalen Deutschland:

»1. die Schulung der Jugend und der Leistungswilligen in der Richtung des Nationalsozialismus,

2. die innere Schulung zur Ertragsfähigkeit derjenigen, die dem Nationalsozialismus gegenüber ferngeblieben sind und sich durch ihre halbe Protesthaltung innerseelisch und außerwirtschaftlich gefährden« (Ci/Gö, 3.9.33).

Während er die erste Aufgabe vor allem der SA und der Nationalen Presse zuschrieb, meinte er, daß die Psychotherapeuten durch die zweite Aufgabe sehr gefährdet seien, da »ja schließlich aus den geistig und seelisch Schwächeren und Schwächsten, den Verwöhnten und Lebensabgewandten« Menschen gemacht werden sollen, die sich innerlich bejahend auf die Umwälzung einstellten. Die Aufgabe der Psychotherapeuten sah er darin, die »vom Volksschicksal Getroffenen« eine neue Einstellung finden zu lassen, die sie die neuen Bedingungen bewältigen ließ.

»1918 waren es die jetzt sieghaften Kreise, jetzt sind es die 1918 sieghaften Kreise. 1913/14 war es die Generation, die 1900 sieghaft gewesen war und mit dem Krieg ihren Boden verloren hat. 1901/03 war es die Generation des älteren Bürgertums, die mit der Jahrhundertwende ratlos geworden war...« (Ci/Gö, 3.9.33).

Sich den herrschenden politischen Forderungen anpassend, versuchte Cimbal den Kurs des Parteitages, der »den Untergang all derer, die nicht stark genug sind, um die neue Zeit zu ertragen«, »wünscht«, in seine Argumentationskette einzuweben und sich damit einen gewissen Spielraum zu verschaffen.[2]

»Ich glaube, daß dieser Untergang schicksalsmäßig kommen wird, aber wir wären nicht Ärzte, wenn wir nicht wenigstens den Versuch machen wollten, das Aussterben der Empfindsamen, der Aufwühlbaren und der innerseelisch Kämpfenden ertragbar zu machen, so, daß sie nicht nur einfach gezwungen werden, sich am laufenden Band der Zeit zu töten« (Ci/Gö, 3.9.33).

Machtpolitisch verfolgt Cimbal eine klare Strategie: viele Bücher schreiben, Lehrämter besetzen und nichts erzwingen wollen. Noch in seinem Schreiben vom 21.5.34 an Göring schien nicht sicher zu sein, ob sich der Nationalsozialismus wirklich halten würde oder nicht, vielmehr eine »Verinnerlichung der Bewegung, die uns dann unbedingt brauchen wird, weil nur wir die Lebenskraft und die Kultur der Enge zu lehren und zu beherrschen vermögen«, zu erwarten sei (Ci/Gö, 21.5.34).

Der Versuch der ideologisch-pragmatischen Einordnung der psychotherapeutischen »Bewegung« in die nationalsozialistische, die zunächst freiwillige Gefolgschaft und aktive Mitarbeit forderte, fand seinen konkreten Ausdruck im Verhalten der Repräsentanten der allgemeinen deutschen ärztlichen Gesellschaft für Psychotherapie: Kretschmer zog sich zurück, Göring nahm, als Vertreter des Regimes, seinen Platz ein. Da Kretschmer vor allem der wissenschaftliche Repräsentant einer Gesellschaft war, die sich, ohne politischen Druck gewachsen, ihre Machtstruktur geschaffen hatte, wirkte Görings Position wie eine Überformung eines sozialen Gebildes, das dadurch jedoch nicht seine alte Dynamik verlor. Dementsprechend blieb Kretschmer, obwohl er politisch »fallengelassen« worden war, immer noch, während der ganzen NS-Ära umworbener Partner Görings. Während Görings und Kretschmers Positionen eindeutig sind, ist Jungs Rolle nach allen Seiten hin zwiespältig: einerseits repräsentiert er die überkommenen Machtstrukturen, andererseits hat er sich mit dem Regime arrangiert.

5.1. Die Repräsentanten der allgemeinen ärztlichen Gesellschaft für Psychotherapie

Prof. E. Kretschmer[1]

Kretschmers Einfluß auf die Psychiatergeneration der 20er Jahre war prägend. Seine Lehre, die, ausgehend von dem Körperbau, Aufschlüsse über psychische Charaktereigenschaften und Erkrankungen zu geben versprach, faszinierte viele Psychiater, die in ihrer Hilflosigkeit dem anarchischen und oft beunruhigenden Verhalten von Geisteskranken sich gern einer Systematik (wie der Kraepelinschen) und eines Denksystems (wie des Kretschmerschen) bedienten. Kretschmers Lehre fügte sich keineswegs, wie Güse/Schmacke behaupten (1976, S. 396), nahtlos in die Konzeption der nationalsozialistischen Rassentheoretiker. Vielmehr ließ Goebbels eine Neuauflage seines »Der geniale Mensch« verbieten.[2] Der Psychiater H. Weitbrecht beschreibt ihn als einen Mensch, der »die Fülle menschlicher Wirklichkeit und seine Liebe zum seelischen Detail« vorbildlich in den Dienst seiner psychotherapeutischen Studien in »ihrem lebensnahen Arzttum« stellte (Pongratz, 1977, S. 423).

Kretschmer war am 8.10.1888 als Sohn eines Pfarrers bei Heilbronn geboren worden. Nach dem Studium der Philosophie und Medizin in Tübingen, München und Hamburg wurde er Assistent in der Tübinger Universitätsnervenklinik unter Gaupp. Im Ersten Weltkrieg wurde er ordinierender Arzt der Kriegsnervenstation Bad Mergentheim. 1918 habilitierte er sich in Tübingen und wurde nach einer Assistenzzeit an der Tübinger Universitätsnervenklinik dort Oberarzt, Privatdozent und außerplanmäßiger Professor. Von 1926–1946 war er als ordentlicher Professor Leiter der Universitätsnervenklinik in Marburg, dann bis 1959 in Tübingen.

In seinen ersten Jahren in Marburg engagierte sich Kretschmer für die Organisation und Lenkung der psychotherapeutischen Bewegung als Präsident der allgemeinen ärztlichen Gesellschaft für Psychotherapie. Diesem Engagement stand die klassische klinische Psychiatrie meist verständnislos und ablehnend gegenüber. Anlaß zu billiger Kritik und ironischer Ablehnung habe es auch dadurch gegeben, daß die verschiedenen psychotherapeutischen Gruppierungen ein heterogenes, rivalisierendes Bild boten (Kretschmer, 1963, S. 134).

Kretschmer galt bereits bei Beginn der nationalsozialistischen Herrschaft als politisch verdächtig. Sein Kollege Bumke erinnerte sich an Kretschmers Bemerkung (1933): »Es ist merkwürdig mit den Psychopathen. In normalen Zeiten geben wir Expertenurteile über sie ab; in Zeiten von politischer Unruhe beherrschen sie uns.« (nach Cocks, 1985, S. 101). Einer seiner Assistenten hatte für ihn bereits einen Fluchtweg vorbereitet. Studenten verdankte er es auch, daß er unangefochten blieb (Kretschmer, 1963, S. 154). Am 6.4.1933 legte er sein Amt als erster Vorsitzender der allgemeinen ärztlichen Gesellschaft für Psychotherapie nieder. Jung, der bisher zweiter Vorsitzender gewesen war, übernahm das Amt des ersten Vorsitzenden am 21.6.1933. »Da die Gesellschaft sich nicht auflöst, so fällt auch der Rücktritt des Vorstandes in globo dahin. Da Herr Prof. Kretschmer vom Präsidium zurückgetreten ist, so ist nun die Reihe an mir.« (Jung/Schultz, 9.6.33; Jaffé, 1974, S. 164).

In einer persönlichen Mitteilung äußerte sich Kretschmer Thomae gegenüber zu seinem damaligen Rücktritt: »Der Grund war für mich ganz klar und einfach, da ich der Überzeugung war, daß besonders eine so komplizierte Sache wie die psychotherapeutische Bewegung nur auf einer freien internationalen Basis außerhalb aller politischen Einflüsse geführt werden könnte.« (Thomae, 1963, S. 63). Nach Cimbals Mitteilung (Ci/Gö, 3.9.33) (die nach pers. Mitteilung vom 29.11.83 von Dr. W. Kretschmer nicht bestätigt werden konnte) hatte sich Kretschmer zu Beginn der nationalsozialistischen Ära in Sanatoriumsbehandlung zurückgezogen und ließ seinen Assistenten Mauz[3] für sich verhandeln. Vielleicht, um den politischen Charakter dieses Rücktritts zu verschleiern, wurde Kretschmer der Ehrenvorsitz der Deutschen oder der Überstaatlichen Gesellschaft (darüber bestand zunächst noch Unklarheit) angeboten (Ci/Gö, 3.9.33). In seinem Bericht vom 12.9.1933 äußerte Cimbal sogar, daß er davon ausgehe, daß Kretschmer, ebenso wie Sommer, die Ernennung zum Ehrenvorsitzenden dankend annehmen würde. Rüdin vertrat die Auffassung, daß Kretschmer wohl bereit wäre, den Vorsitz der Deutschen Gesellschaft überhaupt zu übernehmen – Göring, der wohl Kretschmers skeptische Haltung kannte, hielt diese Ansicht für »irrig« (Gö/Ci, 1.10.33). Cimbal schloß sich Görings Einschätzung an (Ci/Gö, 2.10.33). Kretschmer selbst definierte seinen Rücktritt in seinem Schreiben an Göring am 6.10.1933 als völlig unpolitischen Akt:

»Mein Interesse für die Psychotherapie als Wissenschaft und ärztliche Kunst ist ganz unvermindert. Meine Ablehnung, an der Psychotherapeutischen Gesellschaft in ihrer bisherigen Form weiter zu wirken, bezog sich in erster Linie auf die seitherige Organisation derselben, die eine straffe, einheitliche Führung unmöglich machte und m. E. viel zu ungleichförmige geistige Strömungen und Sondergruppen zu umfassen sich bemühte.

Was die jetzige Situation betrifft, so habe ich auf Wunsch von Rüdin und der ihm nahestehenden psychiatrischen Gruppen die Organisation einer psychotherapeutischen Sektion beim Deutschen Verein für Psychiatrie übernommen und hoffe, auf diese Weise der Psychotherapie eine große Hörerschaft neu zuführen zu können, die ihr seither fernstand. Es würde mir nicht möglich sein, daneben noch die jetzt von Ihnen reorganisierte deutsche Gruppe der Psychotherapeutischen Gesellschaft zu führen, die ja bei Ihnen in guten Händen ist. – Wohl aber werden wir uns gelegentlich in mündlicher Besprechung verständigen müssen, wie die beiden Gruppen am besten das gemeinsame Ziel fördern können ...

Wenn Ihnen aber an meiner Beteiligung um der Sache willen gelegen ist, so könnte mein Name in der Leitung der internationalen Gesellschaft in einer noch zu besprechenden Form neben den von Jung treten, wenn dieser und die Gesellschaft es wünscht. Es würde so die geistige Verbundenheit, mit der Jung und ich seither als erster und zweiter Vorsitzender gearbeitet haben, erhalten bleiben und programmatisch betont werden. Jedenfalls möchte ich mit Rücksicht auf meine sonstigen Organisationsaufgaben hier nur á la suite stehen und auch mit dem Zentralblatt nichts zu tun haben.«

Bei der Erörterung der Frage, ob Kretschmer der Ehrenvorsitz der Überstaatlichen Gesellschaft oder der der Deutschen angeboten werden solle, betonte Göring Cimbal gegenüber seinen Machtanspruch: »Ich hatte auch nicht vor, ihm (Kretschmer) den Vorsitz in unserer Deutschen Gesellschaft zu überlassen; denn ich bin von den in Berlin anwesenden Herren zum Vorsitzenden bestimmt worden und kann dieses Amt natürlich nicht weitergeben. Wenn er nicht antwortet (Kretschmers Schreiben vom 6.10.33 an Göring war offenbar noch nicht angekommen), wollen wir nicht auf ihn warten, sondern voranmachen.« (Gö/Ci, 7.10.33). Cimbal, der Kretschmers Motive der Zurückhaltung wohl ahnte, empfahl, ihn »vorläufig in Ruhe zu lassen«, weil er nicht von sich aus den Wunsch einer Fühlungnahme hat«. Er fuhr fort: »Den Titel des Ehrenvorsitzenden werden wir ihm für die Überstaatliche Gesellschaft verschaffen. Schließlich war er Vorsitzender der Überstaatlichen Gesellschaft und kann den Ehrenvorsitz besser dort haben als in der Deutschen Gesellschaft, was nebenher gesagt, weltanschauungsmäßig vielleicht auch besser ist.« (Ci/Gö, 8.10.33).

Göring teilte Cimbal seine Entscheidung mit: »Ich stehe nunmehr auf dem Standpunkt, daß Kretschmer und ich sowohl in den Vorstand des Deutschen Vereins für Psychiatrie als auch in den Vorstand des Internationalen Vereins für Psychotherapie hinein müssen« (9.10.33). Göring ist es inzwischen wohl klargeworden, daß Kretschmer immer noch einen nicht zu übersehenden Einfluß hatte. So versuchte er also, seine Position an die Machtstrukturen, die er vorfand, zu koppeln. Cimbal formulierte Görings Befürchtungen: Die beabsichtigte Gründung einer psychotherapeutischen Gruppe im Deutschen Verein für Psychiatrie durch Kretschmer könne »eine ernste Gefährdung für die Deutsche Allgemeine Gesellschaft für Psychiatrie« bedeuten. Kretschmer schien sich von einer psychotherapeutischen Gruppe im Verein für Psychiatrie eine homogenere Ausrichtung und strukturiertere Führungsmöglichkeiten zu versprechen. Er hoffte, die Frage der Struktur, der Homogenität und der Führung einer Gruppe nicht als politisches Problem, sondern als wissenschaftlich inhaltliche Frage definieren zu können. Dagegen vertrat Cimbal die Auffassung, daß die »Vielseitigkeit der älteren Allgemein-ärztlichen Gesellschaft für Psychotherapie« sich zwangsläufig daraus ergeben habe, »daß sie ein überstaatlicher Dachverband sein sollte, der eine Verständigung der wissenschaftlichen Richtungen untereinander ermöglichen sollte und daß sie zu diesem Zweck ursprünglich gegründet war« (Ci/Gö, 13. 10. 33). Das Werben um Kretschmers Mitarbeit wurde, von höherer Stelle diktiert, eingestellt: »Die Unterredung mit Ministerialrat Dr. med. Gütt und Prof. Rüdin, der gerade dort war, hat ergeben, daß Prof. Kretschmer ganz fallengelassen wird. Ich habe es ihm schon im Auftrag von Gütt geschrieben« (Gö/Heyer, 19. 11. 33).

Im Dozentenführer der Universität Tübingen des Nationalsozialistischen Deutschen Dozentenbundes wurde deutlich vermerkt, daß Kretschmer sich nicht zu den Idealen des Nationalsozialismus bekannte (Cocks, 1975, S. 117).

Die Deutsche Gesellschaft für Psychotherapie wurde im Anschluß an den Breslauer Kongreß 1935 von Rüdin dazu aufgefordert, sich der Gesellschaft Deutscher Neurologen und Psychiater anzuschließen. Göring konnte die Unabhängigkeit der Gesellschaft dieses Mal noch behaupten. So verwehrt er sich z. B. energisch dagegen, daß ohne seine Zustimmung Redner der Deutschen allgemeinen ärztlichen Gesellschaft für Psychotherapie von Rüdin zum Frankfurter Neurologen- und Psychiaterkongreß von 1936 aufgefordert wurden. Schließlich wurde deutlich, daß diese Aufforderung nicht von Rüdin, sondern vielmehr von Kretschmer ausgegangen war.

»Ich habe, wie Sie wissen, stets den engen Kontakt zwischen Psychiatrie und Psychotherapie vertreten und befürwortet und werde ihn deshalb auch weiter fördern. ... Das einzige Hauptreferat, soweit psychotherapeutische Gegenstände in Frage kommen, wird Herr Kollege I. H. Schultz erstatten über das Thema: ›Übung und Schulung als biologische Grundprinzipien der Psychotherapie‹« (Kretschmer [Kr]/Gö, 8. 1. 36).

In der »Aussprache« der 3. Sitzung der psychiatrischen Abteilung vom 25. 8. 1936 dankte Göring »Herrn Kretschmer« für die Begrüßung, die er der allgemeinen ärztlichen Gesellschaft für Psychotherapie hatte zukommen lassen. (Zeitschrift für die gesamte Neurologie und Psychiatrie 1937,

6 Bd. 158, S. 419f.). In dieser Zeitschrift, dem Organ der Deutschen Gesellschaft für Neurologie und Psychiatrie, wurde im allgemeinen äußerst sorgfältig auf Titel und Ehrenbezeichnungen geachtet, so daß es als Affront zu werten ist, wenn es hier nur schlicht »Herr Kretschmer« heißt.

Kretschmer informierte Curtius darüber, daß die allgemeine ärztliche Gesellschaft für Psychotherapie noch von früher her im Vereinsregister des Amtsgerichts Marburg auf seinen Namen laufe. »Wir hatten im Laufe des Jahres 33 das hiesige Amtsgericht schon mündlich verständigt, das aber damals wegen der komplizierten Verhältnisse noch keine formelle Änderung der Eintragung vornehmen wollte« (Kr/Curtius [Cu], 25.2.37).[4] Curtius[5] wurde nun aufgefordert, die Veränderung der Eintragung zu veranlassen. Auch Cimbal schien vom Amtsgericht Marburg benachrichtigt worden zu sein, die Eintragung zu revidieren. Erstaunt teilte er Göring mit:

»Soweit ich verstehen kann, handelt es sich um die ältere Form der psychotherapeutischen Gesellschaft, die mit der Gründung der ›Deutschen Gesellschaft für Psychotherapie‹ praktisch sowieso erloschen war. Überraschend war mir an der Mitteilung lediglich, daß die ›Allgemeine Deutsche Gesellschaft‹ 1933 von der Regierung aufgelöst worden sein soll« (Ci/Gö, 12.6.37).

In einem Brief von Göring an Cimbal (30.6.37) wird deutlich, daß die Beziehung zwischen Kretschmer und Göring nicht gerade sehr eng gewesen sein kann: »Der Beschluß des Amtsgerichts Marburg bezieht sich auf die alte Gesellschaft. Warum die Auflösung jetzt erst erfolgt, weiß ich nicht. Wahrscheinlich ist sie von Kretschmer beantragt worden, ohne daß er uns davon Mitteilung gemacht hat.« Unklar bleibt auch, ob Kretschmer vielleicht die Auflösung der Gesellschaft absichtlich herausgezögert hatte.

Obwohl bereits klar war, daß Kretschmer nicht als »linientreu« galt, schien die Hoffnung, Kretschmer doch wieder einzubeziehen, nicht vollständig begraben: Göring hatte ihn offensichtlich dazu aufgefordert, auf dem Deutschen Kongreß für Psychotherapie am 28. und 29.9.1938 in Düsseldorf zu sprechen. »Prof. Kretschmer hat abgesagt! Prof. Mauz hat noch nicht geantwortet; er scheint nicht zu wissen, was er machen soll« (Gö/Wirz, 18.7.38).

1½ Jahre später schien Kretschmer wieder rehabilitiert. Göring hatte ihn dazu aufgefordert, den Vorsitz der Internationalen allgemeinen ärztlichen Gesellschaft für Psychotherapie wieder zu übernehmen. Kretschmer zögerte. Seine Gegengründe stellte er folgendermaßen dar:

»Sie wissen, wie sehr mir der Vorsitz früher entleidet war durch die ständigen Quertreibereien der einander befehdenden Sonderschulen durch den vielfach zu Tage tretenden Mangel an wissenschaftlichem Ernst und Gründlichkeit und an wirklichem Willen zur Zusammenarbeit, wie er unter einem Teil der Mitglieder herrschte. Aus ähnlichen Gründen hat sich seinerzeit Sommer und, wie ich vermute, jetzt auch Jung, zurückgezogen. Mein Bestreben, bedeutende Köpfe aus verschiedenen Fachgebieten als Vortragende und ständige Teilnehmer heranzuziehen und vor allem in psychiatrischen und neurologischen Kreisen für unsere Bestrebungen zu werben, konnte nur sehr teilweise Erfolg haben, weil der Mangel an disziplinierter geistiger Haltung und Kritik vielfach verstimmte« (Kr/Gö, 29.7.40).

Kretschmer hat den Vorsitz damals nicht übernommen – Anfang 44 hatte sich die Situation so zugespitzt, daß der Gauleiter in aggressiver Rede in einer Versammlung erklärte, daß mit Leuten wie Kretschmer jetzt Schluß gemacht würde. Dabei habe die Frage der Parteimitgliedschaft eine immer geringere Rolle gespielt. Kretschmer war kein Parteimitglied. In Kretschmers Umkreis habe es eine ganze Reihe von Parteimitgliedern gegeben, die fest entschlossen gewesen seien, Unrecht, Gewalt und moralischen Verfall zu bekämpfen (Kretschmer, 1963, S. 155).

Kretschmer lehnte die Vernichtung Geisteskranker ab, ohne allerdings öffentlich dagegen Stellung zu beziehen. Nach 1945 begann er sofort mit dem Wiederaufbau der medizinischen Fakultät in Marburg und dann in Tübingen. Unter seiner Regie entstanden verschiedene Gesellschaften neu: die Dachorganisation der Gesellschaft Deutscher Neurologen und Psychiater, die allgemeine ärztliche Gesellschaft für Psychotherapie, die Gesellschaft für Konstitutionsforschung und schließlich die Gesellschaft für Kriminalbiologie.

Der Wiederaufbau der Gesellschaft für Psychotherapie bot die gleichen Probleme, die bereits früher bestanden hatten: verschiedene psychotherapeutische Richtungen rivalisierten feindselig miteinander und neigten zu dogmatischer Erstarrung; andere hatten sich allzu wildwüchsig entwickelt und mußten einer größeren geistigen Disziplin nähergebracht werden. All diesen heterogenen Bestrebungen versuchte Kretschmer einen geistigen Mittelpunkt zu schaffen und meinte in seinen biographischen Anmerkungen zufrieden, daß das wohl gelungen sei (Kretschmer, 1963, S. 201–204).

Prof. Matthias Heinrich Göring[6]
Prof. Matthias Heinrich Göring wurde am 5.4.1879 in Düsseldorf geboren. 1900 promovierte er in Rechtswissenschaften. Verschiedene Reisen führten ihn nach Palästina, Ceylon und Indien. 1907 promovierte er in Bonn in Medizin, und 1908 wurde er als Arzt bestallt. Nach einem Praktikum in Bonn bei Prof. Westphal nahm er zwischen 1909 und 1910 eine Volontärstelle bei Kraepelin[7] an. In dieser Zeit lag der Schwerpunkt seiner Arbeit im Bereich der Forensischen Psychiatrie.

Nachdem er als Assistenzarzt in Merzig, dann als Anstaltsarzt in Bedburg und schließlich in Gießen unter Sommer gearbeitet hatte, nahm er am Ersten Weltkrieg teil und kehrte anschließend nach Gießen zurück. Zum »Facharzt für Nerven- und Gemütsleiden« wurde er 1922. In dieser Zeit begann er, sich auch für Psychotherapie zu interessieren, angeregt durch Frau Lüps, eine Psychotherapeutin, die mit der Familie verwandt war. 1923 eröffnete Göring seine neurologische Praxis in Wuppertal-Elberfeld. 1927 nahm er zum erstenmal an einem Kongreß der allgemeinen ärztlichen Gesellschaft für Psychotherapie teil und wurde im folgenden Jahr Mitglied der Gesellschaft. Nach einer Adlerianisch ausgerichteten Lehranalyse bei Leonhard Seif in München gründete Göring 1929 die erste Erziehungsberatungsstelle in Wuppertal. Gleichzeitig rief er die Wuppertaler Studiengruppe für Psychotherapie ins Leben.

Ausgeprägtes politisches Interesse schien er nicht gehabt zu haben, abgesehen davon, daß er dem »Stahlhelm« angehörte und eine pietistisch-religiöse Grundhaltung für ihn vorrangig war. Erst am 1.5.33 trat er der NSDAP bei und wurde, in Verbindung mit der Macht seines Familiennamens, dem Vorschlag Hattingbergs folgend, zum Vorsitzenden der neugegründeten Deutschen allgemeinen ärztlichen Gesellschaft für Psychotherapie (Gründung der neuen Gesellschaft 15.9.33). 1936 siedelte Göring nach Berlin über, um das »Deutsche Institut für psychologische Forschung und Psychotherapie« zu gründen, als integrative Figur den verschiedenen psychotherapeutischen Richtungen gegenüber zu leiten und als »Vertrauensmann« der Regierung auftreten zu können.

Göring war ein hochgewachsener Mann mit weißem Bart und trug während des Krieges Luftwaffenuniform. Er gestattete sich das Privileg, seinen Bart zu behalten, obwohl das verboten war, da es die Benutzung von Gasmasken erheblich behinderte. Die Görings wohnten in der Budapester Straße, zwei Häuser vom »Institut« entfernt, und führten einen großbürgerlichen Haushalt. Die Görings hatten drei Kinder: Peter, Ernst und eine Tochter. Während Peter Kinderarzt und HNO-Spezialist wurde, begann Ernst bereits mit 17 Jahren, 1927, eine Analyse bei Seif. In seiner Assistentenzeit in Berlin, 1939/1940, setzte er es bei seinem Vater durch, bei dem ›Freudianer‹ Müller-Braunschweig eine Analyse zu machen. Da Müller-Braunschweig aus politischen Gründen keine Lehranalysen durchführen durfte, wurde erklärt, daß

Abb. 3 (*siehe rechte Seite*) Prof. M. H. Göring, Dr. jur. et med.; zum 60. Geburtstag (ZfP, Bd 11, H.4, 1939)

Ernst Göring ja bereits bei Seif seine Lehranalyse abgeschlossen habe und die zweite nicht als Lehranalyse gelte. Göring ließ auch in solchen heiklen Fragen mit sich reden.

»Wenn wir mit der Tiefenpsychologie schon zu Beginn unserer Ehe in Berührung gekommen wären, hätten wir unseren Kindern mehr mitgeben können. Aber wir sind auch so dankbar« (Gö/Ci, 7.10.33), schrieb er an Cimbal, und man spürt dahinter eine bescheidene Ernsthaftigkeit und Achtung der Tiefenpsychologie gegenüber. Erna Göring, seine Frau, die bei Kemper in Lehranalyse war, war im Institut nicht sehr beliebt. Unberechenbar und sprunghaft konnte sie sich in einem Moment intensiv begeistern, im nächsten das Objekt ihrer Begeisterung fallenlassen, entwerten. Die Angestellten im Institut für psychologische Forschung und Psychotherapie litten manchmal unter ihr: ungefähr 1 ½ Jahre vor Kriegsende fing sie plötzlich an zu fordern, daß man sich mit »Heil Hitler« zu grüßen habe – tat man es, so entgegnete sie wie selbstverständlich »guten Morgen«. Göring sagte von sich selber, daß er der Individualpsychologie sehr nahe stehe, wenn er auch nebenher Hypnose und Suggestivtherapie betreibe; 1933 begann er, sich für die analytische Psychologie Jungs zu interessieren; außerdem bezeichnete er sich als Freund Künkels und seines »alten Lehrers Leonhard Seif« (Gö/Ci, 6.8.33). Göring selbst war fest davon überzeugt, daß gerade die Individualpsychologie wertvoll für die nationalsozialistische Idee sei und hoffte, daß »unser Meister Alfred Adler den deutschen Verhältnissen Rechnung tragen wird und seine Lehre und seine Schüler dem deutschen Volk so, wie es jetzt ist, zur Verfügung stellen wird« (Gö/Seif, 26.5.33). Seine Wahl zum Vorsitzenden der Gesellschaft wurde nicht nur durch seine verwandtschaftliche Beziehung zum preußischen Ministerpräsidenten, Hermann Göring, als günstig beurteilt (Rundschreiben Ci, 7.8.33), sondern auch aus den Reihen der Psychotherapeuten begrüßt. Cimbal hoffte zum Beispiel, daß nun endlich der Machtkampf in der Gesellschaft beendet sein würde. Dieser Machtkampf um den Vorsitz spielte sich vor allem zwischen Hattingberg und I. H. Schultz ab. Gegen beide bestanden aus den Reihen der Gesellschaft massive Bedenken.

»Herr Dr. von Hattingberg, der dies alles weiß und selbst immer zurückgetreten ist, hat nun den Vorschlag gemacht, man solle Herrn Prof. Göring, gegen den von keiner Seite irgendwelche Einstellungen bestehen, bitten, den Vorsitz für Deutschland zu übernehmen, und zwar unter der Firma, daß der Vorsitz der Gesellschaft von einem Nationalsozialisten geleitet werden müßte« (Ci/Haeberlin, 3.8.33).

Künkel erwartete höchstens, daß I. H. Schultz dagegen sein könnte und einige seiner nächsten Freunde; er meinte zwar nicht, daß er aus Protest aus der Gesellschaft austreten werde, wollte aber auch das schlimmstenfalls in Kauf nehmen (Künkel/Gö, 9.8.33).

»Von Herzen Nationalsozialist« und allen psychotherapeutischen Richtungen gegenüber offen, präsentierte sich Göring vor allem als *der* politische Kompromißkandidat: nach oben als Vetter des späteren Reichsmarschalls abgesichert und nach unten hin den untereinander zerstrittenen psychotherapeutischen Funktionären gegenüber integrierend (Gö/Ci, 6.8.33). Selbst die Freudsche Psychoanalyse wollte er nicht gleich »abhalftern« und Schultz-Hencke als ihrem Vertreter die Gelegenheit dazu geben, sich dazu zu äußern, »was sie dem neuen Staat bringen könnte«. In einer sogenannten »Führertagung« sollten fünf ausgewählte Psychotherapeuten (Hattingberg, Künkel, I. H. Schultz, Seif und Schultz-Hencke) sich dazu äußern, ob sie dazu in der Lage seien, auf einem Kongreß einen Vortrag zu halten, »der eine Verbindung darstellt zwischen den Ideen Hitlers und seiner jeweiligen psychotherapeutischen Richtung« (Gö/Ci, 6.9.33).

Die politische Atmosphäre, in der Göring den Vorsitz der Deutschen Gesellschaft übernahm, wurde in einem Brief von Cimbal an Jung (26.8.33) folgendermaßen charakterisiert:

»Die Situation in Deutschland ist so, daß bei den Kongressen und Tagungen die Leitung von einem Nationalsozialisten geführt werden muß, der für die nationale Zuverlässigkeit der Verhandlungen bürgt. Deutschland steht gewissermaßen auch heute noch in einer Art Ausnahmezustand, in dem Kongresse und Versammlungen nur zulässig sind, wenn sie genauestens den Gedankengängen der Regierung entsprechen. Das würde ich selbst zum Beispiel nicht zu verantworten wagen, obwohl ich Nationalsozialist bin, selbst dann nicht, wenn Sie mir die Vollmacht gäben, gefährliche Diskussionsbemerkungen kurzerhand abzubrechen. Herr Prof. Göring kann diese Verantwortung, glaube ich, übernehmen, da er durch seine lange politische Schulung und durch die nahe Verwandtschaft mit einem bedeutenden Führer der Bewegung viel sicherer in der Entscheidung sein wird, als einer von uns anderen.«

Kraft seines Namens bekam Göring nun eine bedeutende Position, der er weder von seiner Persönlichkeit her – Cimbal übertreibt hier wohl – noch seinen wissenschaftlichen Leistungen entsprechend gewachsen war. Die Tagung in Bad Nauheim im Mai 1934 wollte er nur dann leiten, wenn er sich auf die Unterstützung von Haeberlin und Cimbal verlassen könnte und auch Seif und Curtius hinter ihm stünden (Gö/Ci, 6.8.33). Wissenschaftlich versuchte er, seine Position, die aus weltanschaulichen Gründen ins Wanken geraten war – als Schüler Alfred Adlers geriet er in den Verdacht, daß sein »rassisches Empfinden« nicht »echt« sein könnte – durch Interesse an Jungs analytischer Psychologie zu stabilisieren. Das nationalsozialistische Dogma, demzufolge die arische Erbmasse sich auch noch nach einer germanischen Weltanschauung und damit einer deutschen Psychotherapie sehne, wurde für Göring zum dürftigen Theorieersatz (Z.f.P., H. 5, 1936, S. 290–296). Aus späteren Arbeiten geht deutlich hervor, daß Göring trotz seines nationalsozialistischen Selbstverständnisses vor allem Pietist blieb (Evangelischer Religionsunterricht, 50, 1939, S. 144–156). Auch soll er ständig eine Bibel mit sich herumgetragen haben (Cocks, 1985, S. 103).

Bei Beginn der nationalsozialistischen Ära wirkte allein der Name Göring auch ohne besondere Verdienste oder Qualifikationen seines Trägers. Cimbal meinte sogar, daß der positive Ausgang des Prozesses um Strünckmann, einen alten Mitstreiter von Strasser (Ermordung Juni 34) und Hitler, dem Umstand zu verdanken sei, daß er, Cimbal, als Gutachter gewirkt habe und von den Richtern mit Göring in Zusammenhang gebracht worden sei; es sei bekannt geworden,

»daß Sie (Göring) der Reichsleiter der Bewegung seien und die Ankläger wurden auf einmal sehr vorsichtig und freuten sich offensichtlich selbst über die Freisprechung« (Ci/Gö, 21.5.34). In dem gleichen Schreiben betonte Cimbal in überschwenglicher Dankbarkeit die Bedeutung, »die die Übernahme der Reichsleitung durch Sie für unser Denken, für unser Weltbild und für die ganze Bewegung gewonnen hat. Glauben Sie mir doch, daß wir längst verloren wären, wenn Sie nicht an der Spitze stünden und uns geschützt hätten, und glauben Sie mir weiter, daß wir jetzt für die Gestaltung des neuen Menschen mit Ihrer Hilfe eine Aufgabe von solcher Tiefe und Kraft gewinnen werden, wie vielleicht niemals eine Bewegung in den letzten Jahrzehnten gewonnen hat...«

Trotz seines Namens mußte selbst Göring sich den gängigen Formalien, zum Beispiel bei Kongreßbesuchen, unterwerfen. In seinem Brief vom 8.9.1937 an Curtius bat er förmlich darum, seine Frau mitnehmen zu dürfen, und zwar nicht nur, um ihr Gelegenheit zu geben, den Kongreß zu besuchen, sondern auch »weil es mir mit meinem Kreislauf immer noch nicht recht gut geht und ich meine Frau gern dabei habe«. Auch ihm wurden nicht mehr Devisen zur Verfügung gestellt als anderen Teilnehmern. Für Prof. Matthias Heinrich Göring ging es zunächst darum, machtpolitisch eine sichere Position zu schaffen. Ihre Rechtfertigung wurde »nachgeliefert«. Dementsprechend standen inhaltliche Fragen der Psychotherapie in seiner Korrespondenz an zweiter Stelle. So wog er zunächst ab, ob seine und Künkels persönliche Verknüpfungen mit führenden Nationalsozialisten die Hypothek, die auf der Psychotherapie und ihren Begründern lastete – zum Beispiel auf Alfred Adler als Juden und Begründer der Individualpsychologie – ausgleichen könnte (Gö/Seif, 26.5.33).

Auch scheint mir die Vermutung nicht von der Hand zu weisen zu sein, daß Göring die Psychotherapie bedeutend machen wollte, um als ihr Vertreter an politischem Gewicht und Macht zu gewinnen (Gö/Ci, 6.8.33).

Göring repräsentierte das Institut:
- Gab Interviews (zum Beispiel dem Völkischen Beobachter am 14.5.39);
- War tätig als Gutachter (zum Beispiel bei dem Erbgesundheitsgericht in Gera zur Entscheidung über Sterilisierung) (Ba, Ko) (R 18, Nr. 5585/30-34);
- Pflegte die Verbindung zu Hermann Göring als geehrter Teilnehmer des jährlich stattfindenden Familienbanketts, als Gast bei der Hochzeit von Hermann Göring mit Emmy Sonnemann (Cocks, 1975, S. 134), und indem Hermann Göring Taufpate des »ersten Stammhalters der jüngsten Generation« wurde (Gö/Ci, 2.2.39).
- Als Funktionär im Reichsluftwaffenministerium, von dem ihm ein zweites Büro in der Knesebeckstraße eingerichtet worden war.

Göring war im Institut im allgemeinen ganz beliebt. Die meisten Mitarbeiter schienen sehr erleichtert darüber gewesen zu sein, daß er sich als »Schutzschild« zur Verfügung stellte und im übrigen alle gewähren ließ.[8] Dieses Bild wurde durchgehend von allen entworfen, die Göring gekannt haben. Selbst Jones, der ihn im Juli 1936 auf einer Zusammenkunft mit Müller-Braunschweig, Boehm und Brill kennenlernte, schilderte ihn in seiner Freud-Biographie als liebenswürdig und zugänglich (Jones, 1962, S. 224). Auseinandersetzungen schien er lieber aus dem Weg zu gehen und überhörte auch manchmal kritische Äußerungen dem Regime gegenüber. In seinen Veröffentlichungen ließ er nie Zweifel darüber, daß alles Jüdische »andersrassig« und von daher »verwirrend« und »verwischend« sei.

»Es ist auch bekannt, daß die Erfolge der tiefenpsychologischen Behandlung ungünstig sind, wenn die Rasse des Patienten nicht mit der des Psychotherapeuten übereinstimmt[9] ... Vor einigen Tagen war eine jüdische Patientin in unserer Poliklinik; sie erzählte, sie habe vor acht Jahren bei einem hiesigen arischen Psychoanalytiker eine Behandlung durchgemacht; diese habe leider keinen Erfolg gehabt; sie habe damals schon dem Psychoanalytiker mehrfach gesagt, daß er sie nicht verstehe, weil sie Jüdin sei. Ich habe sie einem jüdischen Psychotherapeuten überwiesen« (Z.f.P., Bd. 9, H. 5, 1936, S. 293).

In einem Seminar wurde Göring einmal gefragt, was man machen könne, wenn ein Patient in der Analyse sagt, daß er im Begriff sei, eine Halbjüdin zu heiraten. Göring habe daraufhin geantwortet:
»Was wird schon dabei herauskommen: sie werden einige Kinderchen haben und wenn die Liebe zum Führer nur groß genug ist, machen ein paar Tropfen jüdischen Blutes auch nichts aus.«[10] Göring überging es

auch, daß die Psychotherapeuten A. Vetter und L. Ziese mit jüdischen Frauen verheiratet waren. Auch K. Bügler[11] und F. Schottländer, die Halbjuden waren, durften weiterarbeiten (Cocks, 1985, S. 106).

Wie wesentlich die Existenz des Deutschen Instituts an die Person Görings geknüpft war, läßt sich ablesen an der Beurteilung von Ministerialrat Klingelhöfer[12] vom 23. 6. 42, der eine Stellungnahme über die Eingliederung des Instituts in die Kaiser-Wilhelm-Gesellschaft abgab:

»Ich muß allerdings vertraulich hinzufügen, daß das Institut meines Erachtens nur unter der Leitung Prof. Görings lebensfähig ist und eine Zukunft hat. Ich fürchte nur, daß nach Abgang Görings – Göring ist über 60 Jahre alt – sein Schülerkreis weder die von Göring aufgestellte Richtung noch den von ihm vertretenen wissenschaftlichen Ernst beibehalten können wird. Ich wäre daher nur für eine finanzielle Förderung des Instituts, solange es Göring leitet« (BDC).

Diese Stellungnahme wurde verfaßt kurz bevor Rittmeister[13], Oberarzt der Poliklinik des Instituts, als Mitglied der »Roten Kapelle« festgenommen wurde (am 26. 9. 42). Wie weitgehend Göring mit der nationalsozialistischen Idee identifiziert war, wurde in seinem Verhalten Rittmeister gegenüber deutlich: Göring war überzeugt von Rittmeisters »Schuld«, also davon überzeugt, daß die Anklage, Landesverrat verübt zu haben, zu Recht erhoben wurde. Deshalb setzte er sich auch nicht, entgegen den im Institut flottierenden Gerüchten, für ihn ein.[14] Rittmeister hatte am 14. 3. 42 ein Referat »Über die Entwicklungskrise des jungen Descartes« gehalten, das Göring suspekt war. Im Gegensatz dazu genoß ein anderes Mitglied der »Roten Kapelle«, Prof. Helmut Roloff, sein Vertrauen. Roloff hatte als Junge ein Jahr im Hause Göring verbracht und war mit der Familie gut bekannt. In seinem Flügel (Roloff ist Pianist) wurde der Sender gefunden, mit dem geheimdienstliche Nachrichten an die Rote Armee durchgegeben worden waren. Damit war Roloff in höchstem Maße gefährdet. Er rechnete kaum damit, diese Verhaftung zu überleben. Roloff, der Rittmeisters Zellennachbar war, hatte den Eindruck, daß Rittmeister die Gefahr der Lage nicht richtig einschätzte und allzu optimistisch war.

Göring setzte sich bei seinem Vetter Hermann für Roloff ein, da er von dessen »Unschuld« überzeugt war und meinte, daß Rittmeister dem »armen jungen Studenten Roloff« den Sender hinterrücks in den Flügel geschmuggelt hatte.[15] Hier wird sehr deutlich, in welcher Naivität und Kurzsichtigkeit Göring Nationalsozialist war. Göring wurde von allen »Pappi« genannt – ob »sich der arme Pappi in Wildungen gut erholt«, taucht als Frage sogar in einem Schreiben von Curtius an das Sekretariat auf (17. 9. 40). Eine Mischung aus liebevoller Freundlichkeit und Spott kennzeichnete das Verhältnis zu Göring wohl am besten. Gutmütig ist er auch in den letzten Kriegstagen den SS-Angehörigen gegenüber gewesen, denen er im Institut Unterschlupf gewährte. Selbst Anfang 1945 glaubte Göring noch daran, daß Hitler bald in Berlin das Kommando übernehmen und damit eine Wendung der katastrophalen Kriegssituation herbeiführen würde. Der Raum Berlin werde dann in Nord und Süd aufgeteilt; während er, Göring, »unser Fach« in einem Teil vertreten wollte, erwartete er von J. H. Schultz, daß er den anderen übernehmen solle (J. H. Schultz, 1964, S. 138). Als die Russen in das Institut eindrangen, wurden sie von oben beschossen. Das führte dazu, daß Göring festgenommen wurde. Man weiß, daß einige Sekretärinnen, Görings Frau und noch einige andere Institutsmitglieder anwesend waren. Sie alle wurden in den Keller geschickt; von dort aus führte zum Glück ein Ausgang durch ein anderes Haus heraus – denn die Russen setzten das Haus in Brand (Schultz-Hencke, Protokoll v. 25.5.1945). Göring wurde interniert und starb nur wenige Wochen später an Typhus.

Nach dem Krieg wurde Müller-Braunschweig zu einer gutachterlichen Stellungnahme über Erna Göring aufgefordert. Aus der Sicht seiner psychoanalytischen Gruppe schreibt er über Matthias Heinrich Göring:

»Ich habe allerdings nicht den Eindruck, daß alle Gesten gegenüber dem Regime[16] aus einer ursprünglichen Begeisterung für den Nationalsozialismus stammten, als vielmehr der Angst vor der argwöhnischen Einstellung des Regimes. Prof. Göring darf das Verdienst nicht geschmälert werden, daß er als ein der Psychotherapie ergebener Arzt für die Erhaltung der Psychotherapie überhaupt eingetreten ist, für eine Psychologie und ärztliche Kunst, die ohne sein Vorhandensein wahrscheinlich en bloc vom Regime verboten worden wäre. Ich persönlich habe ihm vorzuwerfen, daß, als ich wegen meiner Bemühung um die Erhaltung des vom Regime verfolgten Wiener Psychoanalytischen Instituts von der Gestapo gemaßregelt wurde, er nicht in dem Grade für mich eingetreten ist, als man es hätte erwarten können. Doch ist auch hier wohl die Angst vor dem Regime sein und seiner Frau Hauptgrund gewesen.«

Trotz dieser ganz wohlwollenden Stellungnahme wollten die Psychoanalytiker nach dem Krieg nichts mehr mit den Görings zu tun haben: Kemper wies die mit ihren beiden Enkelkindern um seine Hilfe bittende, fast blinde Frau Göring, deren Wohnung zerstört war, ab. Müller-Braunschweig verweigerte Ernst Göring seine Unterstützung.

Prof. C. G. Jung
Curtius charakterisiert Jung anläßlich seines 60. Geburtstages (1935):
»Jung hat als Nervenarzt und Psychologe internationalen Ruf, und es ist kein Zufall, daß gerade in den angelsächsischen Ländern Amerika und England sein Name diesen großen Klang hat. Seine väterlichen Vorfahren

saßen am Rhein südlich der Mainmündung. Ein Ahne wanderte im 18. Jahrhundert nach der Schweiz aus und wurde dort der Stammherr eines alten Pastorengeschlechts. Auch Jung wurde 1875 als Sohn eines Pastors im Baseler Land geboren. Die alte Tradition der Seelsorge führte ihn jedoch neue Wege, indem er sich der Medizin und dem Studium der Geisteskrankheiten zuwandte ... Die tiefe Schichtung nordisch-wissenschaftlicher Tradition, vornehmlich auf dem Gebiet der Erkenntnislehre, stellt die geistige Sphäre dar, in der Jung seine grundlegenden Ideen konzipierte und das Gebäude seiner wissenschaftlichen Lehre errichtete. ... Jung gehört zu den wenigen lebenden Persönlichkeiten des Abendlandes, die wie Leuchttürme in dem Dunkel unserer chaotischen, geistigen Entwicklung aufragen, deren Licht in der Wirrnis den Weg in die Zukunft erhellt.«

Diese bombastische Einführung mag wohl auch dem Zweck gedient haben, das Vakuum, das durch das Verbot der Freudschen und der Adlerschen Schriften entstanden war, zu füllen. Das gleiche Ziel verfolgte auch ein Aufsatz der Berliner Börsenzeitung vom 14. 5. 1933 mit der Überschrift »Wider die Psychoanalyse«. Nach einer Polemik gegen Adler und Freud wurde Jung als der Reformer der Tiefenpsychologie gefeiert. Schon aus der »grundsätzlich anderen Artung seines Denkens« (als echter Deutsch-Schweizer, konservativ von Natur) habe er Freud und Adler endgültig überwunden. Er sei ein ebenso vorsichtiger Seelenarzt wie ein umfassender undoktrinärer gründlicher deutscher Denker. Jungs geistige Entwicklung wurde an dem Grad seiner Abgrenzung von Freud gemessen: »Die Sexualtheorie (Freud) ist unästhetisch und intellektuell wenig befriedigend, die Machttheorie (Adler) ist entschieden giftig.« Im Gegensatz zur »elegischen Altersweisheit« Freuds stehe Jungs Lebensbejahung, in der Individuation und kollektive Kräfte kreativ miteinander verknüpft seien. Im Februar 1933 hielt Jung Vorträge in Köln und Essen, in denen er über das Verhältnis des Führers zur Masse sprach und von dem »wahren« Führer forderte, daß er das Individuum nicht »ersticke«. Dieser wahre Führer solle nicht nur »in der Welt des Äußeren, sondern auch in der des Inneren stehen« (Muralt, 1946/47, S. 692). Der »Führer« bekam also seinen Platz zugewiesen.

Jung entschloß sich nach Kretschmers Rücktritt und nachdem sich die allgemeine ärztliche Gesellschaft für Psychotherapie nicht aufgelöst hatte, die Präsidentschaft zu übernehmen, obwohl er ein gewisses Problem darin sah, daß er das als Ausländer tat. Hannah führt diesen Schritt auf O. Curtius' Einfluß zurück (1982, S. 261). Jung erklärte in seinem Schreiben an Schultz: »Ich habe mich darum bereit erklärt, den Vorsitz

Abb. 4 (*siehe rechte Seite*) Prof. Dr. C. G. Jung

bis auf weiteres, das heißt, bis zur Zeit der definitiven Regelung des entstandenen Problemknäuels zu übernehmen. Als Vertreter habe ich Herrn Dr. Heyer bezeichnet« (9.6.33, Jaffé, 1974, S. 164). Jung stellte sich nur zögernd dieser heiklen Aufgabe, um die »damals stark bedrohte Psychotherapie in ihrem Existenzkampf zu stützen und gleichzeitig ihren internationalen wissenschaftlichen Zusammenhang nach Möglichkeit zu wahren« (Z.f.P., H. 1, 1935).

In dem Radiointerview vom 26.6.33 wurde Jung von A. Weizsäcker[17] dem deutschen Publikum vorgestellt. Der Ansager setzte den Akzent: »In dem nun folgenden Zwiegespräch hören Sie Herrn Dr. C. G. Jung, den bekannten Züricher Psychologen, der der zersetzenden Psychoanalyse Sigmund Freuds seine aufbauende Seelenlehre entgegengestellt hat« (Manuskriptmitschrift vom 26.7.33, S. 166).

Im Gegensatz zu Freud wurde Jung von Weizsäcker als derjenige dargestellt, der »das Unmittelbare, Schöpferische nicht antastet, nicht in Stücke zerreißt und zersetzt, sondern ... aus einer tiefen Ehrfurcht heraus ihm gegenübersteht, und es nicht entwertet ... Seine Psychologie ist also nicht intellektuell ... sie will die positiven Kräfte im Menschen fördern und nicht sich nur dabei aufhalten, daß sie das Negative triumphierend aufdeckt ...« (ibid., S. 167).

Befragt nach der Seelenlage des reichsdeutschen Menschen und des westeuropäischen Menschen antwortete Jung, daß der Westeuropäer den Nationalismus immer als Chauvinismus sehe und deshalb die Jugendlichkeit und Begeisterung des deutschen Volkes nicht verstehen könne (ibid., S. 167). Das »Generationsproblem« sehe er nicht nur auf der Ebene der Jugendlichkeit des deutschen Volkes gegenüber den gesetzteren westeuropäischen Menschen, sondern auch innerhalb Deutschlands als Generationenkluft. Jung meinte, daß es etwas ganz Natürliches sei, daß die Jugend die Führung übernehme, da es ja schließlich um ihre Zukunft gehe. Die ältere Generation solle sich aus Lebensweisheit im Hintergrund halten. Sie habe den Fehler gemacht, »den wirklichen Menschen zu übersehen zugunsten einer abstrakten Idee vom Menschen. Dieser Irrtum hängt zusammen mit dem falschen Intellektualismus ...« (ibid., S. 169). Jung meinte, daß die Aufgabe, die die Psychologie übernehmen könnte, darin bestehe, dem »instinktiven Bedürfnis« zu folgen und der allgemeinen Konfusion eine Weltanschauung entgegenzusetzen, die es uns erlaubt, alles zusammenzuschauen und dadurch den inneren Sinn der ganzen Bewegung zu erkennen. Dabei warnte er vor Massensuggestion, die den Einzelnen überwältigen und unbewußt machen könnte. »Es ist darum gerade für Massenbewegungen von höchstem Wert, Anhänger zu besitzen, die nicht aus unbewußtem Zwang, sondern aus bewußter Überzeugung folgen. Diese bewußte Überzeugung kann aber immer nur basiert sein auf einer Weltanschauung« (ibid., S. 170). Die Grundlage der Weltanschauung sei die Selbstentwicklung des Individuums, das auf diese Weise zu einem »verantwortungsbewußten Träger und Führer der kollektiven Bewegung« werde. »Wie Hitler kürzlich gesagt hat, muß der Führer einsam sein können und den Mut zum Alleinvorangehen besitzen. Wenn er aber sich selbst nicht kennt, wie will er andere führen? Deshalb ist der wahre Führer gleich der, der den Mut zu sich selber hat und nicht nur dem anderen, sondern vor allem sich selbst ins Auge blicken darf« (ibid., S. 171). Den Unterschied zwischen Freud und Adler sah Jung in »dem schönsten Vorrechte des germanischen Geistes, voraussetzungslos das Ganze der Schöpfung in seiner unerschöpflichen Mannigfaltigkeit auf sich wirken zu lassen« (ibid., S. 171). Sowohl bei Freud als auch bei Adler kritisierte er, daß ein einzelner individueller Gesichtspunkt (wie z. B. Sexualität oder Machtstreben) »der Erscheinungswelt« kritisch gegenübergestellt werde. Dadurch werde der »im Ganzen waltende Sinn bis zum Unsinn und die nur dem ganzen eigene Schönheit bis zur Lächerlichkeit entstellt« (ibid., S. 171). Das »persönliche Führertum« und den »Führeradel« leitete Jung aus der Gegenwart ab, die er als »Zeit der Völkerwanderung«, die sich »innerlich in der Seele des Volkes« vollziehe, bezeichnete.

»Zeiten der Massenbewegungen sind immer Zeiten des Führertums. Jede Bewegung gipfelt organisch im Führer, welcher durch sein ganzes Wesen Sinn und Ziel der Volksbewegung verkörpert. Er ist eine Inkarnation der Volksseele und ihr Sprachrohr. Er ist die Spitze der Phalanx des bewegten Volksganzen. Die Not des Ganzen ruft immer einen Führer auf, unbekümmert um die jeweilige Staatsform« (ibid., S. 172).

In seinen Antworten paßte sich Jung vollkommen den Sentenzen des Fragers an und erweckte den Eindruck, sich selbst als »Seelenführer«, dessen Psychologie dazu verhelfen sollte, das Individuum zum Führer seiner Selbst zu machen, einzuführen. Wie auch in den folgenden Äußerungen Jungs wird jeder den Eindruck haben, daß Jung die eigene Auffassung unterstützte. Die nationalsozialistisch Engagierten werden zwischen den Zeilen seine Sympathie für Hitler lesen, die Regimegegner erfreut Jungs Plädoyer für die eigenverantwortliche Führerschaft heraushören. Aber wie war Jungs Verhalten? Die Deutschen waren Jungs Unterstützung noch nicht sicher. Cimbal bezweifelte zum Beispiel, ob Jung dazu in der Lage sei, die für Oktober geplante Tagung in Bad Nauheim zu leiten. »Ich habe ein wenig Sorge, ob man Jung solchen Belastungen (gemeint sind Störungen, die von Juden ausgehen könnten) aussetzen darf und ob Heyer als Vertreter wendig und zurückhaltend genug ist, um gegebenenfalls Verstimmungen zu überwinden« (Ci/Gö, 21.7.33).

Jung war inzwischen vorsichtiger geworden; er riet dazu, alle Maßnahmen der Gesellschaft, »die sich im größeren Kreis der Gesellschaft auswirken sollen, nach Möglichkeit zum Winter oder bis zum Frühjahr zu verschieben« (Ci/Gö, 30.7.33). Die Verschiebung der Tagung begründete Jung vordergründig mit Vorlesungsverpflichtungen, von denen er sich nicht freimachen könne (Ci, Rundschreiben, 7.8.33).

Tatsächlich rät er »alle Maßnahmen der Gesellschaft, die sich im größeren Kreis auswirken, nach Möglichkeit bis zum Winter oder bis zum Frühjahr zu verschieben. Die Befreiung der Gesellschaft von den jüdischen Einflüssen sei gerade in der Psychotherapie von entscheidender Bedeutung und gleichzeitig von größter Schwierigkeit. Es erscheint als zweckmäßig, daß man das Beispiel der anderen deutschen Gesellschaften abwarte und die Wirkung beobachte, die sich bei deren Verhalten den jüdischen Mitgliedern und Vorstandsmitgliedern gegenüber ergeben würde. Eine längere Verzögerung aller entscheidender Schritte könne für die Zukunft der Gesellschaft also nur günstig sein«, (Ci/Go 30.7.1933).

Jung machte seine ersten unmittelbaren Erfahrungen mit dem nationalsozialistischen Regime auf einer Vortragsreise vom Juli 1933 nach Berlin. Er wurde dazu aufgefordert, im Propagandaministerium bei Goebbels vorzusprechen. Die Einladung erwies sich als Finte, und es wurde verkündet, daß Jung Goebbels habe sprechen wollen. Hannah vermutet, daß Curtius diese Begegnung inszeniert habe, um Jung die Möglichkeit zu geben, Goebbels zu beeinflussen (Hannah, 1982, S. 262).

Cimbal warb sehr darum, Jung zum Vorsitzenden der überstaatlichen allgemeinen ärztlichen Gesellschaft für Psychotherapie zu gewinnen. Er sicherte ihm zu, daß wissenschaftliche Auseinandersetzungen natürlich fortgesetzt würden, und niemand im geringsten daran dächte, »Ihre wissenschaftliche Fähigkeit begrenzen zu wollen. Im Gegenteil, wir glauben, daß wir Ihr wissenschaftliches Führertum um so reiner und stärker empfangen werden, wenn die politisch-geschäftsordnungsmäßige Führung in der angegebenen Form gesichert ist« (Ci/Jung, 26.8.33).

Göring gegenüber äußerte sich Cimbal optimistisch: »Er (Jung) wird gegen Ihre nationalsozialistische Führung der Kongresse keine Bedenken haben, da er ja sonst diese technische Leitung mir überlassen würde ... Herr Dr. Jung hat die Gedankengänge und wahrscheinlich auch die Literatur des Nationalsozialismus sehr genau durchgearbeitet und durchaus bejaht« (Ci/Gö, 3.9.33).

Wissenschaftlich sollte Jung freie Hand gelassen werden, da Cimbal meinte, daß es nötig sei, Rücksicht auf ihn zu nehmen, »weil er in der arisch-angelsächsischen Welt als der entscheidende germanische Forscher der Tiefenpsychologie gelten darf, während alle übrigen großen Meister unserer Wissenschaft ja leider nicht Arier sind« (Ci/Gö, 26.8.33).

Im gleichen Schreiben versicherte er, daß Göring mit Zustimmung des gesamten Vorstandes bei der Umgestaltung der Gesellschaft die politisch führende Rolle haben würde.

Jungs offizielle Einwilligung mit Görings Führungsposition wurde folgendermaßen begründet: »Es ist für unsere Bewegung von größtem Vorteil, wenn die Tagungen von einem akkreditierten Nationalsozialisten geführt werden« (Ci/Gö, 3.9.33). Weiter führte Cimbal aus, daß Jung seinen Standpunkt vollkommen begreife und auch der Auffassung sei, daß die herrschenden politischen Zustände als etwas Gegebenes hinzunehmen seien.

»Er verfahre in solchen Dingen stets in analytischer Weise, indem er das objektiv Gegebene als Tatsache hinnehme und seine Maßnahmen danach einrichte. Es sei für ihn ganz selbstverständlich, daß eine herrschende politische Richtung alles in ihren Bannkreis ziehe. Es sei ganz sinnlos, wenn der Einzelne sich gegen diese gewissermaßen meteorologischen Bedingungen wehre. Wie die Psychotherapie sich den allverschiedensten Patienten gegenüber bewähren müsse, so müsse sie auch allen äußeren Gegebenheiten gewachsen sein. Er werde allen Widerstrebenden das Herrenwort zu bedenken geben: Gebe dem Kaiser, was des Kaisers ist und Gott, was Gottes ist« (Ci/Gö, 3.9.33).

Hattingberg und Curtius galten als Schüler Jungs (Ci/Gö, 3.9.33 und Ci/Cu, 27.9.33). Sie bekamen ein neues Gewicht in der veränderten politischen Szenerie, und es wurde ihnen empfohlen, »in Fühlung mit uns« zu bleiben. Seine Entscheidung, den Vorsitz zu übernehmen, begründete Jung Allers gegenüber damit, daß die Psychotherapie darauf achten müsse, »innerhalb des deutschen Reiches ihren Standort behaupten zu können« und »sich nicht außerhalb des Reiches ansiedelt, unbekümmert darum, wie schwierig ihre Lebensbedingungen dort sein werden.« Von Göring, den er als liebenswürdig und vernünftig schilderte, erhoffte er das Beste für eine Zusammenarbeit (Jung/Allers, 23.11.33; Jaffé, 1974, S. 173).

Die Hoffnung auf eine gute Zusammenarbeit wurde bereits im Dezember 33 erheblich erschüttert, als Göring in eine reguläre Nummer des Zentralblattes, das ja als überstaatliches Organ konzipiert war, die Gründungserklärung der Deutschen allgemeinen ärztlichen Gesellschaft für Psychotherapie abdrucken ließ (15.9.33). Darin wurde mitgeteilt, daß ihre Mitglieder Adolf Hitlers »grundlegendes Buch ›Mein Kampf‹ mit allem wissenschaftlichen Ernst durchgearbeitet haben sollten und als Grundlage anerkannten. Diese Erklärung sollte in einer Ausgabe des Zentralblattes erscheinen, die ausschließlich in Deutschland vertrieben werden sollte, zur Ausformulierung der »Deutschen Seelenheilkunde« (Jaffé, 1974, S. 175). Das »Göringsche Manifest«, wie Jung es in seiner

Korrespondenz nannte, ist von einem, nun zur »Orientierungshilfe« werdenden Geleitwort des Herausgebers, C. G. Jung begleitet, der der »Verwirrung der Köpfe« eine »Gesamtschau« gegenüberstellte, »welche den Grundtatsachen der menschlichen Seele in höherem Maße gerecht wird, als es bisher der Fall war. Die tatsächlich bestehenden und einsichtigen Leuten schon längst bekannten Verschiedenheiten der germanischen und der jüdischen Psychologie sollen nicht mehr verwischt werden, was der Wissenschaft nur förderlich sein kann« (Z.f.P. Dezember 1933, S. 139). Eine weitere Arbeit von C. G. Jung »Zur gegenwärtigen Lage der Psychotherapie«, die im Zentralblatt, Heft 1/2, 1934, erschien, war der Auslöser für eine öffentliche Kontroverse mit G. Bally.[18]

Jungs Beitrag ähnelt allerdings eher einer massiven Polemik als einer wissenschaftlichen Erörterung. Ziel seiner Angriffe ist vor allem die Freudsche Psychoanalyse, die der Analytiker als Technik mißbrauche, um sich damit auf Kosten des Patienten zu stabilisieren und sich dahinter zu verstecken. Die Psychoanalyse begründe sich mit »fanatischer Einseitigkeit auf die Sexualität, die Begehrlichkeit, auf das Lustprinzip«, und erkläre den Kranken als minderwertig und seinen primitiv-infantil-naiven Impulsen ausgeliefert. Der Anpassungswille und die schöpferische Potenz des Infantilen werde von der Psychoanalyse vernachlässigt. Der Arzt müsse seine »persönliche Gleichung« kennen, um den Kranken nicht zu vergewaltigen.

Eine Untersuchung der »subjektiven Voraussetzungen« des Arztes führte Jung zu weiteren Kritikpunkten der Freudschen Auffassung: Er habe eine »materialistische Voreingenommenheit in Bezug auf die religiöse Funktion der Seele« (ibid., S. 7) und beziehe seine Weltanschauung kritiklos in die Neurosenauffassung ein.

»Freud und Adler haben den Schatten, der alle begleitet, sehr deutlich gesehen. Die Juden haben diese Eigentümlichkeit mit den Frauen gemein; als die physisch Schwächeren müssen sie auf die Lücken in der Rüstung des Gegners zielen und wegen dieser, durch jahrhundertelange Geschichte aufgezwungenen Technik sind die Juden selbst dort, wo andere am verwundbarsten sind, am besten gedeckt« (ibid., S. 8).

Während die Juden in »duldsamer Nachbarschaft ihrer eigenen Untugenden« zu leben gelernt hätten, sei die arische Rasse noch zu jung, um keine Illusionen zu haben. Als Angehörige einer etwa 3000jährigen Kulturrasse fänden es die Juden weniger gefährlich, das Unbewußte negativ zu bewerten, dagegen enthalte das »arische Unbewußte« »Spannkräfte und schöpferische Keime von noch zu erfüllender Zukunft, die man nicht ohne seelische Gefährdung als Kinderstubenromantik entwerten darf.« Der Jude, als relativer Nomade, habe sich nie eine eigene Kulturform geschaffen, da all seine Instinkte und Begabungen ein mehr oder weniger zivilisiertes Wirtsvolk zu ihrer Entfaltung voraussetzten. »Das arische

Unbewußte hat ein höheres Potential als das jüdische; das ist der Vorteil und der Nachteil einer dem Barbarischen noch nicht völlig entfremdeten Jugendlichkeit.« (ibid., S. 9). Deshalb dürften jüdische Kategorien, »die nicht einmal für alle Juden verbindlich sind«, nicht auf christliche Germanen oder Slawen angewandt werden. Damit werde »das kostbare Geheimnis des germanischen Menschen, sein schöpferisch ahnungsvoller Seelengrund als kindlich banaler Sumpf erklärt«. Freud habe Jung Antisemitismus vorgeworfen, da er und »seine germanischen Nachbeter« »die germanische Seele« nicht kannten.

»Hat Sie die gewaltige Erscheinung des Nationalsozialismus, auf den eine ganze Welt mit erstaunten Augen blickt, eines Besseren belehrt? Wo war die unerhörte Spannung und Wucht, als es noch keinen Nationalsozialismus gab? Sie lag verborgen in der germanischen Seele, in jenem tiefen Grunde, der alles andere ist als der Kehrichtkübel unerfüllbarer Kinderwünsche und unerledigter Familienressentiments. Eine Bewegung, die ein ganzes Volk ergreift ...« (ibid., S. 9).

Jung sah in der Freudschen Betrachtung der Neurose »die schmutzige Adoleszenzphantasie des Erklärers« (ibid., S. 10). Die Entwertung zum »infantilen perversen Sumpf« führte dazu, daß der Kranke seelisch veröde und diese Verödung durch »einen heillosen Intellektualismus« kompensiere (ibid., S. 11). Der Mißbrauch von Idealen komme bei kranken Menschen vor. Es sei aber nötig zu erkennen, daß diese Menschen keine Betrüger seien, sondern sich als minderwertige Persönlichkeiten fühlten, die Ideale und Werte zur Ausschmückung ihrer Persönlichkeiten mißbrauchten.

Neurose bestehe aus einer »infantilen Unwilligkeit und einem Anpassungswillen. Da in der Neurose unser bester Freund oder Feind stecke, gehe es letztlich darum, nicht die Neurose loszuwerden, sondern zu lernen sie zu ertragen. Die Neurose sei keine sinnlose Last, sondern »sie ist er (der Kranke) selber« (ibid., S. 12). Diesem gefürchteten eigenen Anderen gelte die »entwertende zerfasernde Unterminierungstechnik der Psychoanalyse«, welche stets hofft, den Gegner damit dauernd zu lähmen. Nicht der Mensch heile die Neurose, sondern die Neurose heile den Menschen, indem sie sein falsch eingestelltes Ich erledige. Psychoanalytische Deutungen argumentierten mit der Formel »nichts als«. Das sei wie ein Händler, der ein Stück gerne billig kaufen wolle. In diesem Fall sei es die Seele eines Menschen, die ihm mit seiner Neurose abgekauft werde. Der Neurotiker verhalte sich so wie ein Mensch, der versuchte, die Existenz seiner linken Hand zu leugnen. »Die infantil perverse »nichts-als-Phantastik« ist der Versuch des Kranken, seine linke Hand zu leugnen« (ibid., S. 13). Diesem Versuch gehe Freud auf den Leim, indem er sein

»nichts-als-System« den infantilen Sexualtraumata gegenüberstelle. Entscheidend sei es, die menschliche Seele nicht von der universalen religiösen Grundlage abzutrennen.

Als schicksalhaftes Unglück der ärztlichen Psychotherapie bezeichnete Jung die Tatsache, daß sie in einer Zeit der Aufklärung unzugänglich würde«. Anerkennend meinte Jung, daß man Freud dankbar dafür sein müsse, daß er eine gewisse Orientierung geschaffen und dem Arzt Mut gemacht habe, z. B. einen Hysterieanfall als wissenschaftliche Proposition ernstzunehmen. Es sei leicht, nachträglich zu kritisieren, aber schließlich tauge es nichts, wenn eine ganze Generation von Ärzten auf den Lorbeeren Freuds schlafen gehe (ibid., S. 16).

Die Ausführungen Jungs lassen sich nur auf dem Hintergrund der politischen Szenerie angemessen beurteilen. Bereits am 10. Mai 1933 waren Freuds Bücher öffentlich verbrannt worden mit den Worten »gegen die seelenzerstörende Überschätzung des Sexuallebens – und für den Adel der menschlichen Seele – übergebe ich den Flammen die Schriften eines gewissen Sigmund Freud« (Clark, 1981, S. 550). In der Zeitschrift »Deutsche Volksgesundheit«, die sich als Organ des »Kampfbundes für deutsche Gesundheits- und Rassenpflege« auswies, ist in den Nummern von September und November 1933 eine groteske Kampagne gegen »die Rolle des Juden in der Medizin« von ihrem Herausgeber H. Will in Gang gesetzt worden.

»Die Psychoanalyse des Juden Sigmund Freud« wird als Heilmethode für gewisse Nervenleiden eingeführt, die durch innere Konflikte des Trieblebens entstanden seien. Zwischen Gut und Böse, zwischen Fortpflanzungs- und Selbsterhaltungstrieb einerseits und dem göttlichen, blutgebundenen Ich andererseits, finde ein ständiger Kampf statt, bei dem es dem rassisch hochstehenden Menschen selbstverständlich gelinge, die Triebe zu zügeln und das Ich siegen zu lassen. Der Schwache könne nicht Herr seiner Triebe werden und müsse an diesem Konflikt nervenkrank werden. Seit Jahrhunderten sei bekannt, daß durch diätetische Ratschläge und seelischen Zuspruch die Neurose geheilt werden könne. Die moderne »sachliche« Medizin, die keine Seele und keinen Gott kenne, habe es dem »Juden Freud« möglich gemacht, »die Tatsachen zu verdunkeln, zu verdrehen, umzudeuten und der, um die Beherrschung des Trieblebens kämpfenden Patientenseele den letzten ethischen Halt endgültig zu nehmen. Der Auftrag Freuds sei es, den Kranken in die asiatische Weltanschauung, »genieße, denn morgen bist Du tot!« hinabzustoßen. Damit sei »die nordische Rasse an ihrem empfindlichsten Punkt, dem Geschlechtsleben, getroffen. Die schmutzige Phantasie Freuds sehe alles vom Geschlechtlichen aus – Ekel, Scham, Moral, aber auch Ästhetik, Autorität, Gewissen und Religion, selbst Wissensdurst, Kunstsinn, und das nicht nur bei kranken Menschen, sondern selbst »in die Kinderseele wird die Sexualität hineingedeutet«. Krank würde man, wenn die

Triebe keine Erfüllung finden, in der Jugend durch Onanie, im Erwachsenenalter im Geschlechtsverkehr (gleich, ob ehelich oder außerehelich). Um die »Stimme des Gewissens«, die sich bei nordischen Menschen angesichts dieser Amoral vernehmen ließe, zu töten, habe Freud das »Es«, eine unbewußte Macht konstruiert, »die mich zu etwas veranlaßt, für das ich nicht verantwortlich bin«. Eine Neurose entstehe dadurch, daß dieses »Es« den Trieb ins Unbewußte hineindränge, und Heilung sei nur durch Bewußtmachung verdrängter Triebe möglich.

Diese Argumentationsweise ähnelt der Jungschen ganz offensichtlich, und man könnte sogar vermuten, daß die Autoren Jungs Beitrag zum Vorbild genommen haben – wenn er später verfaßt worden wäre. Eine tatsächlich wissenschaftliche Auseinandersetzung ist nur unter politischen Bedingungen möglich, unter denen sich die Exponenten jeder Richtung äußern können, ohne politischer Verfolgung ausgesetzt zu werden. Jung hat sich hier den Verfolgern als Sympathisant angeschlossen, um mit ihren totalitären Methoden die »Verwirrung der Köpfe« zu ordnen.

G. Bally, der Deutschland »wegen Staatsfeindlichkeit« habe verlassen müssen (Gö/Griesbeck, 28.3.34), bezog Stellung gegen Jungs Position (Neue Züricher Zeitung, 27.2.34):

Empört schrieb er, daß ein Schweizer das offizielle Organ einer Gesellschaft ediere, die gleichgeschaltet sei und die auf der Grundlage nationalsozialistischer Idee publiziere. Bally räumte ein, daß Jung möglicherweise eingegriffen habe, um der Verblendung arischen Solipsismus' vorzubeugen, um den Zusammenhang der gesamten Leistung der Psychotherapie, die sowohl von Juden als auch Nichtjuden, Germanen als auch Romanen in gemeinsamer Arbeit entstanden sei, zu erhalten. Von dem Gegenversuch Jungs, Germanisches und Jüdisches voneinander zu unterscheiden, sei kein wissenschaftlicher Nutzen zu erwarten; die Methode der Unterscheidung sei unklar und die Inhalte, worin nun eigentlich der Unterschied bestehe, nicht ausgewiesen. »Wer sich mit der Rassenfrage als Herausgeber einer gleichgeschalteten Zeitschrift vorstellt, muß wissen, daß sich seine Forderung vor einem Hintergrund organisierter Leidenschaft erhebt, der ihr schon die Deutung geben wird, die in seinen Worten implizit enthalten enthalten ist« (N.Z.Z., 27.2.34).

Jungs Unterscheidung diene dem Zweck, eine »deutschstämmige« (germanische) Seelenkunde und Seelenheilkunde zu entwickeln. In einer Vorbemerkung distanzierte sich die Redaktion von Jungs »vereinfachenden Abschweifungen in die Geistesgeschichte«, mit denen er Ballys Ausführungen erwiderte (Neue Züricher Zeitung, 13.3.34). Jung betonte, daß er nicht den Vorsitz der deutschen, sondern internationalen Gesellschaft übernommen habe, um sich nicht egoistischem Wohlbefinden als Neutraler hinzugeben, sondern im Interesse der Wissenschaft Kollegialität und

Freundschaft, den »lebendigen Zusammenhang der Geisteskultur« deutscher Sprache aufrechtzuerhalten. Die Misere des deutschen Mittelstandes und des deutschen Arztes sowie ihre geistige Not fordere seine Menschenpflicht: »mit dem Gewicht meines Namens und meiner unabhängigen Stellung, für meine Freunde einzustehen«. Um die Psychotherapie zu retten, sei es notwendig gewesen, die deutsche Gruppe gleichschalten zu lassen und das damit verbundene Treuegelöbnis der polnischen Gesinnungsreinheit zu vollziehen. Der Staat werde Herr dieser Welt: »mehr als die Hälfte von Europa ist bereits verschlungen.« Nach sieben fetten Jahren kämen nun sieben magere, und man müsse es lernen, sich anzupassen – »protestieren ist lächerlich – man protestiere gegen eine Lawine!« Jung bedauerte, daß das »Göringsche Manifest« in der fortlaufenden Nummer des Zentralblattes abgedruckt worden sei, und meinte, daß es innenpolitische Gründe habe und sein Name quasi aus Versehen über ein nationalsozialistisches Manifest geraten sei. Das alles tue er aus Hilfeleistung und Freundschaftsdienst, der schließlich etwas koste. Alles, was in Deutschland am Leben bleiben wolle, müsse »deutsch« sein – das beziehe sich auch auf die Heilkunst, die »aus dem gärenden Chaos einer beispiellosen Umwälzung« gerettet werden müsse. »Die Heilkunst hat mit der Politik nichts zu tun (oh hätte sie doch!), darum kann und soll sie zum Wohle der leidenden Menschen unter allen Regierungen ausgeübt werden.« Jung versicherte, daß er auch Ärzten aus Petersburg und Moskau seine Hilfe nicht verwehrt hätte, da es ja schließlich auch um Menschen gehe »und nicht um die Bolschewisten«. Es hätte ihn nicht gekümmert, als Bolschewist gebrandmarkt zu werden. Im Kriegsfalle würde man schließlich auch nicht den Arzt, der einem Verwundeten der Gegenseite helfe, als Landesverräter auffassen. Jung versuchte nun zu rechtfertigen, warum er ausgerechnet die Judenfrage »auf den Tisch des Nazihauses« gelegt habe. Als Psychotherapeut sei es sein erster Grundsatz, das Kitzeligste und Mißverständlichste als erster anzusprechen. Da für Jung jede psychologische Theorie zunächst als subjektives Bekenntnis zu kritisieren sei, sei es wissenschaftliche Pflicht, die subjektiven Voraussetzungen zu untersuchen. Diese psychischen Eigenarten seien erstens individuell, zweitens familiär, drittens durch Nation, Rasse, Klima und Geschichte bedingt. Das Anerkennen des Juden als Juden bedeute vielmehr, daß man ihn nicht als eine »inhaltlose Null« ansehen, dessen Gehirn erst heute »dem Meer der Geschichtslosigkeit enttaucht« sei. »Ich gestehe mein gänzliches Unvermögen ein zu begreifen, was es für ein Verbrechen ist, von »jüdischer Psychologie« zu sprechen. Vielmehr sei alle »gleichmacherische Psychologie« zu bekämpfen, wenn sie »Anspruch auf Allgemeingültigkeit« erhebe, wie z. B. die Freudsche und die Adlerianische. Es sei lächerliche Empfindlichkeit, wenn daran Anstoß genommen werde, daß seelische Unterschiede zwischen Juden und Christen hervorgehoben würden. Diese Unterscheidung sei wertneutral. Die Bestimmung der Unterschiede sei noch nicht recht möglich, und Jung kündigte an, einige Gesichtspunkte zu dieser Frage zu publizieren. Daß er gerade jetzt, »seit der Revolution« diese Frage anspreche, sei unrichtig, da er sich bereits seit 1913 mit der Kritik »der subjektiven psychologischen Voraussetzungen als notwendige Reform der Psychologie« befasse. Mit der deutschen Staatsform habe das nichts zu tun (Neue Züricher Zeitung, 23.12.34)

Ballys öffentliche Kritik an Jung führte dazu, daß Göring Gauger damit beauftragte, sich nach der Satzung und der Finanzierung des Berliner Psychoanalytischen Instituts zu erkundigen (Gö/Griesbeck, 28.3.34). Während Jung in seinen ausführenden Erklärungen Bally gegenüber seine rassistische Position zu relativieren versuchte, wird in seinem Schreiben an Kranefeldt (Februar 1934) deutlich, daß er nicht wertneutral jüdische und arische Wissenschaft und Wissenschaftler voneinander abgrenzte.

»Gegen die Dummheit kann man bekanntlich nichts tun, aber in diesem Falle können die arischen Leute darauf hinweisen, daß mit Freud und Adler spezifisch jüdische Gesichtspunkte öffentlich gepredigt werden, und zwar wie man ebenfalls nachweisen kann, Gesichtspunkte, welche einen wesentlich zersetzenden Charakter haben. Wenn die Verkündigung dieses jüdischen Evangeliums der Regierung angenehm ist, so ist es halt eben so. Anderenfalls ist ja auch die Möglichkeit vorhanden, daß dies der Regierung nicht angenehm wäre...« (Clark, 1980, S. 555).

Jung half nicht nur seinen deutschen Freunden, sondern schadete auch seinen deutschen Feinden, indem er hoffte, daß die Regierung die Psychoanalyse verbieten würde.

Göring nahm nur widerwillig Rücksicht auf Jung (Gö/Ci, 7.10.33) und äußerte Cimbal gegenüber, daß man einen Aufsatz von ihm (Jung) wohl an erste Stelle setzen müsse, obwohl er selber seinen nationalsozialistischen für wirkungsvoller halte (Gö/Ci, 23.1.34). Jung betonte Cimbal gegenüber, daß er am »Deutschen Heft«[19] keinen Anteil haben wolle, weder als Herausgeber noch durch einen Aufsatz (Ci/Gö, 20.2.34). Auf Cimbals Frage, ob sein Aufsatz nicht doch im »Deutschen Heft« erscheinen könne, habe Jung einen sehr scharf ablehnenden Brief geschrieben. Er sei wegen seiner Deutschfreundlichkeit in eine »wüste Hetze in Zürich« geraten und verbitte sich auf das schärfste, daß im Zentralblatt irgend etwas erscheine, was irgendwie als Parteinahme der Herausgeber zugunsten der nationalsozialistischen Regierung gedeutet werden könne. Er wolle auch mit dem »Deutschen Heft« und der »Deutschen Seelenheilkunde« nichts weiter zu tun haben. Das deutsche Sonderheft müsse ganz unabhängig vom Zentralblatt von Göring und Cimbal herausgegeben werden. Es dürfe nichts Innenpolitisches im Zentralblatt auch nur erwähnt werden, und er müsse darauf bestehen, daß er als Herausgeber die Linie des Zentralblattes für das Ausland bestimme – also unpolitisch und rein wissenschaftlich.

Einerseits zweifelte Cimbal an Jungs Neutralität: wenn Jung seine Erklärung ernst meine, seien schon die Aufsätze von Hattingberg und Kranefeldt gefährlich, da in ihnen bereits Angriffspunkte für die »internationale jüdische Kritik« liegen könnten. »Er (Jung) muß ja schließlich seine eigene Position sichern, da er hauptsächlich vom Auslandspublikum der verschiedensten Länder lebt«. Natürlich habe er (Cimbal) sich den Forderungen Jungs fügen müssen, und die drei streng nationalsozialistischen Aufsätze von Göring, Seif und ihm selbst nicht in das Zentralblatt, sondern lediglich in das »Deutsche Heft«, das Göring als Herausgeber zeichnete, gesetzt. Andererseits betrachtete Cimbal die Situation als sehr ernst; die Briefe von Jung hätten ihm tatsächlich zwei schlaflose Nächte bereitet. Er fürchtete: »wir Deutsche müssen uns ganz auf unsere eigenen Kräfte verlassen« ... »die Sympathiegrundlagen, die wir durch Jung in der Schweiz gewonnen hatten, sind mindestens zum Teil wieder verloren« (Ci/Gö, 10.3.34).

Ob Jung zum Nauheimer Kongreß kommen würde, war noch unklar, Cimbal hoffte, Jung dahingehend beeinflussen zu können, daß er sein Wohlwollen Deutschland gegenüber aufrechterhielte und trotz der »offenbar sehr schwierigen Propaganda gegen Deutschland« nach Nauheim komme (Ci/Gö, 10.3.34). Jung wäre es angenehm, wenn Heyer auch nach Nauheim käme, da er das Gefühl hatte, »auf einem Boden zu stehen, dessen Natur ich ganz ungenügend kenne; und ich muß jemanden in der Nähe haben, der mir die nötigen Informationen gibt. Auf Cimbal und die anderen kann ich mich unmöglich verlassen, da die Interessen und Motive dermaßen undurchsichtig sind, daß ein Außenstehender wie ich unmöglich klar sehen kann« (Jung/Heyer, 20.4.34; Jaffé, 1974, S. 205).

Jungs Mißtrauen Cimbal gegenüber beruhte auf Gegenseitigkeit. In seinem Schreiben an Göring monierte Cimbal »das schwankende Verhalten von Dr. Jung«, das es ihm unmöglich zu machen scheint, »die Sympathie der Ausländer für den Nationalsozialismus zu gewinnen«. Cimbal fürchtete sogar die Amtsniederlegung Jungs im Überstaatlichen Verband, »entweder so, daß er an meiner Stelle einen ausländischen Geschäftsführer und Schriftleiter wünscht oder so, daß Jung die Beziehungen zum deutschen Verband auf lange Frist unterläßt, also auch in Nauheim nicht erscheint oder daß der ganze Überstaatliche Verband einschließlich der Zeitung aufgelöst wird und die Zeitung an Sie geht. Ich war ein wenig erstaunt über die geringe Widerstandskraft, die die großen Forscher in ihren persönlichen Dingen zeigen« (Ci/Gö, 11.3.34).

Cimbal wagte es nicht, Jung und den ausländischen Therapeuten mit

Parteiabzeichen entgegenzutreten, falls sie kommen sollten, »sonst verlassen sie unter Umständen den Kongreß, weil der Kongreß dann parteilichen Charakter haben würde« (Ci/Gö, 11.3.34). Göring reagierte auf Cimbals Bedenken sofort mit einem werbenden Schreiben an Jung, in dem er Verständnis für Jungs Mitteilung äußerte, daß er keine nationalsozialistischen Aufsätze ins Zentralblatt aufnehmen und zum Deutschen Heft auch keinen Aufsatz liefern wolle.

»Wir kennen die Schwierigkeiten, die Ausländer, die mit uns sympathisieren, haben. Wir wissen aber auch, daß wir in einer Übergangszeit leben, daß die nationalsozialistischen Grundgedanken, die Abkehr vom individualistisch-kapitalistischen System auch in unseren Nachbarstaaten immer mehr Fuß fassen werden, daß wir aber unter Berücksichtigung der beidseitigen Schwierigkeiten Hand in Hand arbeiten müssen. Deswegen bitten wir Sie, dem Nauheimer Kongreß nicht fernzubleiben: ob Sie auf ihm sprechen werden, überlassen wir ganz Ihnen. Ferner würden wir es sehr begrüßen, wenn Sie – natürlich ohne Kommentar – das Datum des deutschen Kongresses in Nauheim bekanntgeben würden im Zentralblatt; es werden sicher unter den ausländischen Psychotherapeuten eine ganze Anzahl sein, die sich für unsere Einstellung zur Psychotherapie interessieren werden« (Gö/Jung, 12.3.34).

Jung kam nach Bad Nauheim. Das war ein propagandistischer Erfolg für Göring. Auch Jung kehrte zufrieden von dem Kongreß zurück, da er seine Konzeption der Überstaatlichen allgemeinen ärztlichen Gesellschaft für Psychotherapie hatte durchsetzen können, ohne daß ihm widersprochen worden war (Hannah, 1982, S. 272).

Jung wurde immer wieder zur Stellungnahme zu seinen Äußerungen im Zentralblatt aufgefordert. In seinem Schreiben an Cohen (der in einem Artikel für das Israelische Wochenblatt für die Schweiz »Ist C. G. Jung gleichgeschaltet?« anscheinend Jungs Partei ergriffen hatte) vom 26.3.34 betonte er, kein Gegner der Juden zu sein, aber ein Gegner Freuds. Sein Engagement für die deutschen Psychotherapeuten beruhe auf »blödsinnigem Altruismus, aber keineswegs auf politischer Gesinnung« (Jaffé, 1974, S. 101). In gleicher Weise antwortete er Guggenheim (28.3.34, Jaffé, 1974, S. 202f.). Hier erwähnte er ausdrücklich die Judenverfolgung in Deutschland, empfahl allerdings davon abzusehen, da es darum gehe, die Zukunft der ärztlichen Wissenschaft zu sichern. Jung vertrat die Auffassung (Freud zitierend), daß das Schicksal der Psychotherapie in Deutschland entschieden werde. Damals sei sie allerdings dem Untergang geweiht gewesen, »weil sie als gänzlich jüdisch galt. Dieses Vorurteil habe ich durch meine Einmischung unterbrochen und damit nicht nur für die sogenannten arischen Psychotherapeuten, sondern auch für die jüdischen die Existenz ermöglicht.« Jung zog also eine Parallele zu seiner damaligen Position als »Präsentierarier«.[20] Außerdem seien die meisten Psychotherapeuten in Deutschland Juden, und er habe sich persönlich für gewisse jüdische Psychotherapeuten bei der Regierung eingesetzt. Es sei also kurzsichtig, wenn Juden anfingen, über ihn zu schimpfen. Zusätzlich habe er dafür gesorgt, daß jüdische Ärzte im Verein für Psychotherapie Mitglieder bleiben könnten. In einem Beiblatt der Dezemberausgabe des Zentralblattes hatte Jung die Möglichkeit der direkten Mitgliedschaft in der Überstaatlichen Gesellschaft eingeführt.[21] (Siehe auch von Speyer, 13.4.34; Jaffé, S. 204; Cohen, 28.4.34; Jaffé, S. 207; Kirsch, 26.5.34; Jaffé, 1974, S. 209).

Auch habe er weder im Rundfunk noch sonst irgendwie Hitler angesprochen oder irgend etwas in politischer Hinsicht gesagt. Vielmehr habe er, um die Nationalsozialisten zu ärgern und alle diejenigen Juden, die ihn als Antisemiten verschrien hätten, in seinem neuen Buch »Wirklichkeit der Seele« einen jüdischen Autor aufgenommen, der über alttestamentliche Psychologie schreibe (Jaffé, 1974, S. 211). Besonders massiv stellte er sein Verhältnis zu Freud und dessen »typisch jüdischer« Haltung in seinem Schreiben an G. Adler[22] dar (9.6.34; Jaffé, 1974, S. 213): das typisch Jüdische an Freuds Haltung bestehe darin, daß er seine Wurzeln vergesse und damit doppelt und dreifach »der Gefahr der Mechanisierung und Intellektualisierung« verfalle. »Wenn ich also das Jüdische an Freud kritisiere, so kritisiere ich nicht *den Juden,* sondern jene bei Freud zutage tretende verdammenswerte Möglichkeit des Juden, seine eigene Art leugnen zu können«. Die religiösen Juden sollten den Mut dazu haben, sich von Freud deutlich zu unterscheiden und damit zu beweisen, »daß der Geist stärker ist als das Blut«. Aber mit dem Vorurteil, wer Freud kritisiere, kritisiere den Juden überhaupt, beweist man uns immer, daß »Blut mehr heißt als Geist«, und in dieser Hinsicht ist der Antisemitismus »wahrhaftig beim jüdischen Vorurteil in die Schule gegangen«; bei der sprichwörtlichen Intelligenz der Juden sei es unbegreiflich, daß sie die einfachsten Wahrheiten nicht mehr sehen könnten, da sie von Empfindsamkeit verblendet seien. »Blut ist zweifellos dicker als Geist, aber für den Juden ist es, wie Sie sehr richtig sagen, eine ungeheure Gefahr, sich in das Dicke, das bloß Materielle, zu verlieren« (Jaffé, S. 214; siehe auch Benda, 19.6.34; Jaffé, 1974, S. 216, 223).

Auf die Gestaltung des Zentralblattes nahm Jung aktiv Einfluß. Cimbal forderte er dazu auf, eine Einleitung für das skandinavische Heft (Heft 5, 1934) zu schreiben mit dem Titel: »Psychotherapie und Rasse« (Ci/Gö, 22.7.34, siehe auch Ci/Gö, 4.8.34). Cimbals Beitrag erschien tatsächlich in dem skandinavischen Heft – aber mit dem Titel »Gedanken zu einer vergleichenden Psychotherapie von W. Cimbal«. Es wirkte wie eine Versöhnungsgeste an Jung, da sich Cimbal vor allem auf Jungs Schriften bezog, und zwar auf die Schriften, die vor 1933 erschienen waren. Andererseits versuchte Cimbal, die skandinavischen Psychotherapeuten durch seine »neutralen« Ausführungen zu gewinnen, indem er sie in dem Glauben hielt, daß die Rassenfrage rein akademisch zu behandeln sei. Damit täuschte Cimbal die skandinavischen Psychotherapeuten über die deutsche Realität.

1936 erschien Jungs Studie »Wotan«, in der er versuchte, im Nationalsozialismus eine religiöse Bewegung zu sehen. Muralt[23] kritisierte, daß Jung, der sich angeblich um die Klärung der Psychologie des Nationalsozialismus bemühte, zu ihrer Bewertung nicht etwa die Person Hitlers, die Aussage seiner Reden und Schriften oder das Programm seiner Bewegung hinzuzog, sondern lediglich von Nietzsche, Nietzsches Zarathustra, von Wagner, von Dionysos, von Bruno Götz und Hauer schrieb. Frau L. Heyer-Grote dagegen empfahl den »Wotan« als subversive Lektüre.[24] Muralt hielt es für unmöglich, in dieser Arbeit eine Warnung vor Hitler zu sehen, und meinte, daß sie es auch objektiv nicht war, da die bereits »Verführten« sie als eine solche nicht verstehen konnten und von denen, die gegen Hitler kämpften, »als ein Schweizerischer Rückenschuß empfunden wurde« (Muralt, 1946/47, S. 192 und 194). Roback[25] gegenüber erläuterte Jung seine Haltung (29.9.36):

»Ich bin kein Nazi, im Grunde bin ich ganz unpolitisch. Deutsche Psychotherapeuten baten mich um Hilfe bei der Aufrechterhaltung ihrer Berufsorganisation, weil eine unmittelbare Gefahr bestand, daß die Psychotherapie in Deutschland von der Bildfläche verschwindet. Sie wurde als »jüdische Wissenschaft« betrachtet und war als solche höchst suspekt. Jene deutschen Ärzte waren meine Freunde und nur ein Feigling würde seine Freunde im Stich lassen, wenn sie dringend Hilfe brauchen. Ich stellte nicht nur ihre Organisation wieder auf die Beine, sondern erklärte ausdrücklich, daß die Psychotherapie ein grundehrlicher Versuch sei; außerdem ermöglichte ich es den von allen Berufsorganisationen ausgeschlossenen jüdisch-deutschen Ärzten, wenigstens direkte Mitglieder der internationalen Gesellschaft zu werden. Aber niemand erwähnt diese Tatsache, wie auch niemand ein Wort darüber verliert, daß so viele gänzlich unschuldige Existenzen vollständig hätten zerschlagen werden können, wenn ich nicht eingeschritten wäre« (Jaffé, 1974, S. 208f.).

Brüel[26] gegenüber bedauerte Jung, daß das Thema »nationale Bedingtheit der Psychotherapie« allzu heikel sei, da die verschiedensten politischen Überzeugungen auf den Plan gerufen werden könnten. »Es käme ganz bestimmt zu einem nationalsozialistischen Ausbruch von verheerender Sterilität« (12.12.36, Jaffé, 1974, S. 283).

Curtius erkundigte sich bei Göring, ob er nicht Jung, mit dem er zusammentreffen wollte, fragen sollte, ob er über das Thema: »Rasse und Tiefenpsychologie« im nächsten Jahr in Nauheim sprechen wolle (Cu/Gö,

17.2.37). Auch in seinem Schreiben vom 3.3.1937 unterstrich Curtius, daß er versuchen wolle, ihn für so einen Vortrag in Nauheim zu gewinnen, befürchtete aber, daß Jung sich nicht gerne in dieser Frage exponiere, »da er ja schon einmal eine Pressepolemik durchgefochten hat« (Cu/Gö, 3.3.37).

Inzwischen ist es Jung offenbar klargeworden, daß das Thema »Rasse und Tiefenpsychologie« keineswegs politisch wertneutral diskutiert werden konnte. An Göring schrieb er am 4.3.1937: »Ist der sanfte Dr. Bjerre[27] eigentlich vom Teufel gestochen, daß er über ein solches Thema (Rasse und Tiefenpsychologie) in Kopenhagen (Kongreß Frühjahr 1938) sprechen möchte? Ein solches Thema kann zur Zeit nur in Deutschland diskutiert werden. Außerhalb der Grenzen ist die Atmosphäre dazu viel zu erhitzt.«

Muralt vermutet, daß Jung sein »entscheidendes negatives Erlebnis« im Jahre 1937 gehabt habe. Er kritisierte nicht, daß Jung diese Erkenntnis so spät gekommen sei – lediglich, daß er daraus keine unmittelbaren Konsequenzen gezogen hatte. Leider führte Muralt nicht aus, was für negative Erlebnisse Jung gehabt haben könnte. Noch im Mai 1937 schreibt Curtius an Göring: »Es sieht so aus, als ob Jung das »Berliner Modell« der Verbindung der vier verschiedenen psychotherapeutischen Richtungen (Freud, Adler, Jung und die phänomenologische Schule) gefallen würde« (Cu/Gö, 31.5.37).

Die Leiterin des Harnack-Hauses hatte auf einer Abendgesellschaft bemerkt, daß Jung sich negativ über Deutschland geäußert habe. (Der Psychologische Club, die C. G.-Jung-Gesellschaft, lud Jung seit 1923 zu Seminaren ins Harnack-Haus ein). Dieses Gerücht beunruhigte Göring außerordentlich. Schließlich beruhigte er sich mit der Überlegung, daß es sich um die »Zeitungspolemik« von 1934 gehandelt haben könnte. Eine Vorahnung von Jungs Abwendung von der Deutschen Gesellschaft scheint in Görings Mißtrauen anzuklingen. Noch bestand allerdings kein Grund zur Beunruhigung: Am 28. und 29.9.1937 wollte Jung nach Berlin kommen, um über Archetypen zu sprechen. Die Veranstaltungen versprachen, gut besucht zu werden, da bereits am 9.9.37 sehr viele Anmeldungen vorlagen. Allerdings sollten die Vorträge in der Technischen Hochschule stattfinden, da Göring sich nicht möglichen Schwierigkeiten vom Harnack-Haus her aussetzen sollte (Gö/Cu, 9.9.37).[28] Jungs Besuch in Berlin überschnitt sich mit dem Treffen von Hitler und Mussolini in Berlin. Während seiner Vorlesung formierten sich auf der Straße die Aufmärsche. Daraufhin habe Jung geäußert, »da draußen laufen ja die Archetypen schon auf der Straße herum«.[29] Vom 29.7.–2.8.1938 fand in Oxford der 10. Internationale Kongreß für Psychotherapie statt. Die Vorbereitung des Oxforder Kongresses fiel gerade in die Zeit der Annexion Österreichs. Die englische Kommission hatte bei Jung angefragt, wie sich die deutsche Delegation jüdischen Vortragenden gegenüber verhalten würde; Jung antwortete gemäß den Statuten, daß nichtarische Mitglieder und Gäste die gleichen Rechte genössen wie arische. Bei Anspielungen auf die politische Situation würde er dem Redner sofort das Wort entziehen. Jung forderte die deutsche Delegation dazu auf, sich jeder politischen Reaktion zu enthalten. Vermittelnd fügte er hinzu, daß die englische Kommission ängstlich darum bemüht sei, alles zu vermeiden, was der deutschen Kommission unangenehm sein könnte. »Man ging sogar so weit, nichtarische Mitteilungen von der Vortragsliste abzusetzen.« ... und weiter heißt es: »Nach meiner Auffassung ist die Rassenfrage eine innenpolitische Angelegenheit Deutschlands, welche nur innerhalb der deutschen Grenze respektiert werden muß« (Ju/Gö, 26.3.38).

An Curtius teilte Göring mit, daß Jung sich sehr anerkennend über seine Haltung in Oxford geäußert habe, und hoffte außerdem, daß Strauss[30] als Leiter der englischen Ortsgruppe nun endlich »abgesägt« werde (Strauss war Jude) (Gö/Cu, 14.10.38).

Etwas beunruhigt erkundigte sich Göring bei Curtius nach einem Auszug des Jungschen Interviews (31.3.39) mit einem amerikanischen Journalisten; Curtius übersandte es Göring und fügte die »gestrichenen Sätze« bei (Cu/Gö, 16.4.39). Dieses Interview fand Ende 1938 statt. Es erschien in der amerikanischen Zeitschrift ›Cosmopolitain‹ und erst im Dezember 1941 in der westschweizerischen Zeitschrift ›Traits‹. Jung äußerte hier die Sorge wegen des deutschen Expansionsdranges und meinte, es müsse ein Ventil gefunden werden, um diesen »überhitzten Kessel« nicht explodieren zu lassen. Als Ventil empfahl er Rußland. Dieser »Ausweg« wurde von Muralt sehr bitter kommentiert: dieser Krieg werde zwar einigen Millionen blonder Germanen und Mujiks das Leben kosten, aber das habe wenig zu bedeuten, wenn nur die westliche Demokratie gerettet würde (1946/47, S. 699). Auch in diesem Interview spreche er noch von Hitler als Verkörperung *der* deutschen Kollektivseele, ohne dabei zu berücksichtigen, daß in dieser »Seele« auch andere als nur mit dem Nationalsozialismus identifizierbare Traditionen beherbergt seien. Er scheine der Goebbelsschen Propagandathese von »Hitler ist Deutschland« aufzusitzen (ibid., S. 699).

Jung hatte in der Schweiz »Schwierigkeiten« wegen seiner kaum verhohlenen Sympathie für die Deutschen; deshalb erwog van der Hoop[31], einen neuen Präsidenten zu wählen. Bei dieser Gelegenheit teilte Göring Crichton-Miller[32] seine Auffassung über Jung mit:

»Ich persönlich stehe auf dem Standpunkt, daß Jung unser Präsident bleiben soll und wir uns um die internen Angelegenheiten der Schweiz nicht kümmern sollen. Jung ist eine überzeugende Persönlichkeit und hat in der ganzen Welt eine Anerkennung wie sonst niemand außer Freud. Ich glaube daher, daß wir unserer Internationalen Gesellschaft keinen

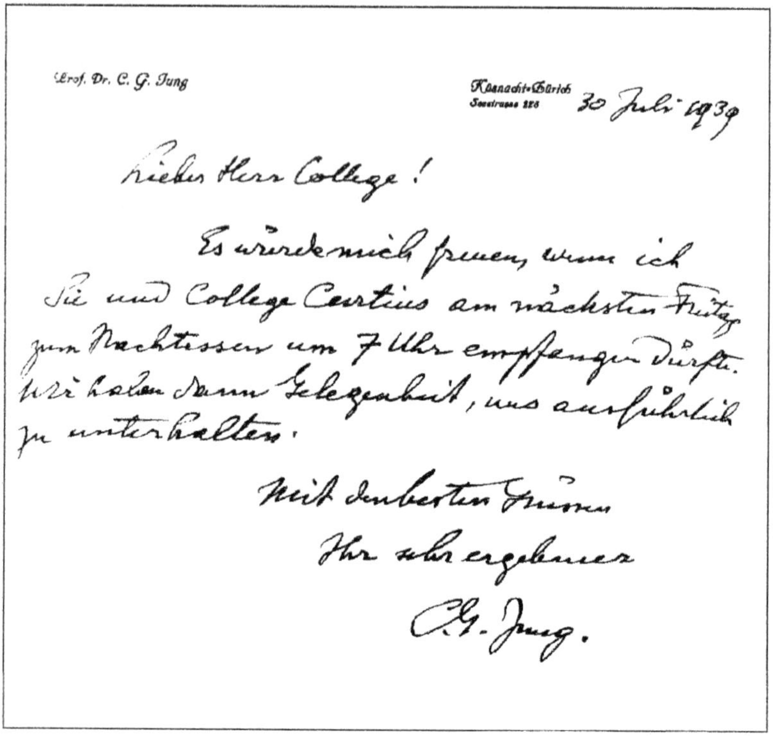
Prof. Dr. C. G. Jung

Küsnacht-Zürich
Seestrasse 228
30 Juli 1939

Lieber Herr College!

Es würde mich freuen, wenn ich Sie und College Curtius am nächsten Freitag zum Nachtessen um 7 Uhr empfangen dürfte. Wir haben dann Gelegenheit, uns ausführlich zu unterhalten.

Mit den besten Grüssen
Ihr sehr ergebener
C. G. Jung.

Abb. 5 Handschriftl. Brief von Jung an Göring vom 30.7.1939

Dienst erweisen, wenn wir Jung fallenlassen. Er hat es auch nicht verdient, denn er hat in den schwierigsten politischen Zeiten unserer Gesellschaft stets die besten Dienste geleistet« (14.10.38).

Die Delegiertenversammlung der Überstaatlichen Gesellschaft für Psychotherapie vom 5.8.1939 hob die Sonderstellung Deutschlands in besonderer Weise hervor. Jungs Rolle wurde auf dieser Tagung den Deutschen endgültig suspekt. Die Vorzeichen schienen noch günstig für die Deutschen, denn Jung lud Göring und Curtius in seinem handschriftlichen Schreiben vom 30.7.1939 zum Nachtessen ein. In dem Bericht von Curtius über die Delegiertenversammlung hieß es, daß keine Präsidentenwahl vorgenommen worden sei und alle Geschäfte der Internationalen

Gesellschaft treuhänderisch von Berlin aus wahrgenommen würden. Eine Neuwahl des Präsidenten fand nicht statt. Göring habe Amtsverlängerung von Jung bis zum Ablauf des nächsten Kongresses beantragt. Jung habe auf die dreijährige Amtsperiode des Präsidenten nach den Statuten hingewiesen. Er habe erklärt, daß sein Rücktritt unwiderruflich sei, lasse es aber offen, ob der neue Präsident sofort gewählt werden solle. Einstimmig angenommen wurde die Wahl Jungs zum Ehrenpräsidenten. Ein Interregnum Jungs bis zum nächsten Kongreß in Utrecht sei abgelehnt worden. Nach der Beratung am nächsten Tag habe Jung verkündet, daß folgender einstimmiger Beschluß vom Vorstand gefaßt worden sei:
»Jung als Ehrenpräsident wird über die Zulassung der Landesgruppen Italien, Japan, Ungarn bestimmen. Ebenso wird er die Wahl des Präsidenten allein bestimmen. Die Zulassung der Landesgruppen und die Präsidentenwahl sind miteinander gekoppelt, da der zukünftige Präsident auch das Vertrauen der neu aufzunehmenden Landesgruppen haben müsse« (Cu/Gö, 18.8.39).

Curtius äußerte Göring gegenüber, daß er den Eindruck habe, daß Jung vor allem in der Sitzung vom 5.8. eine sehr zweideutige Rolle gespielt habe. »Als Präsident, Psychologe und Gastgeber hätte er anders handeln müssen. Das Unglaublichste war die Behandlung von Prof. Banissoni[33] als Gast. Wie anders hat er den Amerikaner Wile in Oxford hofiert. Ich bin sowohl tief enttäuscht wie traurig, meinen alten Lehrer so verurteilen zu müssen.«
Zweideutig finde er Jungs Rolle vor allem insofern, als Jung es allein in der Hand habe, die Landesgruppen, die die Position Deutschlands unterstützen sollten, aufzunehmen oder abzulehnen. Im Vorstand ergebe sich dann eine Situation, bei der »die Westmächte« mit ihren »Neutralen« Göring im Vorstand überstimmen würden.
Inwieweit Jung »doppeltes Spiel« gespielt hatte, klang in seiner Korrespondenz mit Crichton-Miller an: In seinem Schreiben vom 28.6.1939 bedrängte er ihn, unbedingt zur Delegiertentagung zu kommen, da er, Jung, immer noch im Verdacht stehe, »ein geheimer Naziagent zu sein, trotz allem, was ich sage und tue. Darum sollte jemand im Vorstand sein, der über dem Vorstand steht« (Jaffé, 1974, S. 342). Noch deutlicher wurde seine Wendung in seinem Schreiben am 2.9.1939, in dem er ausdrücklich Göring abwertete und bei ihm lächerliche Prestigemotive vermutete. Er beendete sein Schreiben vom 2.9.1939 mit: »Hitler ist im Begriff, seinen Höhepunkt zu erreichen und mit ihm die deutsche Psychose« (Jaffé, 1974, S. 347).
Tatsächlich war Jung im Herbst 1939 von einem von Hitlers Ärzten angerufen worden mit der Bitte, nach Berchtesgaden zu kommen, um

ein psychiatrisches Gutachten über den Führer zu verfassen.[34] (Cocks, 1985, S. 198).

Jung trat erst im Sommer 1940 vom Vorstand der Gesellschaft zurück und teilte Göring am 12.7.1940 mit:

»Ich hoffe sehr, daß mein Rücktritt nach sieben nicht allzu leichten Jahren dem Gesamtverein den Weg in die Neuorientierung der Zukunft erleichtern möge. Ich habe die Genugtuung, mich für meine deutschen Freunde in einem Augenblick der Schwierigkeit eingesetzt zu haben. Ich kann daher auch zur Seite treten, wenn andere Umstände neue und unverbrauchte Kräfte erfordern.«

Und Göring erwiderte am 11.9.1940:

»Ich danke Ihnen nochmals sehr für die große Mühe, die Sie sich in den 6 Jahren Ihrer Präsidentschaft gegeben haben und auch dafür, daß Sie Sorge getragen haben, daß die Internationale Gesellschaft trotz der politischen Schwierigkeiten nicht aufgeflogen ist.«

Auf der von Göring eigenmächtig einberufenen Delegiertenversammlung in Wien war der Bruch in der Überstaatlichen Gesellschaft offensichtlich. Die Deutschen versuchten, sich der Gesellschaft zu bemächtigen (siehe auch Kap. 6.5.).

Jetzt erst, drei Jahre später, wurden die an der Yale Universität gehaltenen Vorträge (vom Sommer 1937) bekannt. Obwohl sie nur eine indirekte Kritik enthielten[35], erregten sie Anstoß und Jung kam auf die »Schwarze Liste«.

Göring wandte sich an Meier[36] (9.10.40): »Ich weiß, daß Prof. Jung uns nicht versteht. (Vergleich Psychologie und Religion etwa, S. 85). In seinem Alter kann man das auch nicht mehr verlangen. Sie sind aber noch jung und elastisch. Also bejahen Sie das jetzige Geschehen! Überlassen Sie uns die Geschäftsführung, weil es sein muß. Sie werden dies selbst auch spüren.«

In seinem im Juli 1941 in Zürich auf der Tagung der Schweizer Psychotherapeuten gehaltenen Vortrag mit dem Thema »Psychotherapie der Gegenwart«, der erst im April 1945 veröffentlicht wurde, wies Jung auf die bedrückende Lage der Psychotherapie im totalitären Staat hin, die dort zu einem Instrument zur Erzeugung einer staatlich genützten Hilfskraft degradiert werde. Ziel der Behandlung sei die totale Eingliederung in das staatliche Gefüge und damit die Entseelung des Menschen (Muralt, 1946/47, S. 695). Axel von Muralt kommentierte diesen Vortrag für die Neue Züricher Zeitung vom 25.7.41. In einem Auszug aus diesem Kommentar (der von Dr. Morgenthaler[37] an das Institut übersandt worden war) heißt es:

»Er (Jung) schloß mit einem gediegenen polemischen Hinweis auf die

Degradation, welche die Psychotherapie innerhalb der totalitären Staaten notwendigerweise erleide, indem sie dort den Patienten zu einer vom Staat vorbezeichneten Haltung hinführen muß. Eine Ansicht, zu der sich C. G. Jung nun durchgerungen hat ...«

Dieser Kommentar führte zu einer Anfrage von Linden (2. 9. 41) bei Göring. Am 8. 10. 41 teilte Göring Linden mit, daß diese Unterlagen seiner Ansicht nach nicht genügten, um gegen Jung etwas zu unternehmen (Aktennotiz vom 8. 10. 41).

Im Juni 1945, in seinem Aufsatz »Nach der Katastrophe« formulierte Jung in einer überaus scharfen Abrechnung mit dem Nationalsozialismus wohl als einer der ersten die These von der Kollektivschuld der Deutschen. Jung sprach von einer psychologischen Schuld und verquickte so psychologisches Erkennen und juristische Maßstäbe. Auch Hitler wurde mit einer psychiatrischen Terminologie charakterisiert, und die Diagnose für das deutsche Volk hieß »Psychopathische Minderwertigkeit« (Muralt, 1946/47, S. 695).

Erich Kästner reagierte in einem kurzen Artikel mit der Überschrift »Splitter und Balken« am 8. 2. 1946 (der Name der Zeitschrift ist nicht bekannt[38]) mit Entsetzen auf Jungs Umschwung und seine These von der Kollektivschuld. Außerdem habe Jung in einem Interview mitgeteilt, daß er gerade zwei kranke deutsche Antifaschisten behandele und meine, daß hinter der Anständigkeit seiner beiden Patienten »die ausgesprochene Nazipsychologie lebendig sei mit all ihren Gewalttätigkeiten und Grausamkeiten«. Die Unterscheidung in anständige und unanständige Deutsche sei, laut Jung, naiv – »alle Deutschen seien bewußt oder unbewußt, aktiv oder passiv an den Greueln beteiligt. ... Man wußte nichts von den Dingen und wußte sie doch, gleichsam in einem geheimen contrat génial«. Auf dieses Interview Jungs habe auch der frühere Herausgeber des Zentralblattes, W. Eliasberg, der inzwischen in die USA emigriert war, reagiert. Eliasberg habe einen geharnischten Kommentar zu Jungs Äußerungen geschrieben und ihnen Passagen aus Jungs Aufsatz im Zentralblatt von 1934 gegenübergestellt. Sehr bitter meinte Kästner, daß er ihm gerne ein paar Sätze seines großen Kollegen, des Seelenforschers, Prof. Dr. C. G. Jung, aus dessen Interview aus dem Jahre 1945 ins Poesiealbum schreiben wolle:

1. »Die einzige Erlösung liegt ... in der restlosen Anerkennung der Schuld. Mea culpa, mea maxima culpa!«
2. »Wir lieben den Verbrecher und interessieren uns brennend für ihn, weil der Teufel uns, in der Betrachtung des Splitters, den Balken im eigenen Auge vergessen läßt.« Kästner bedauerte, »daß Jung seinen Balken nicht in einem Sondergüterzug nach Deutschland geschickt hat. Der Balken hätte in diesem Winter vielen Gegnern des Regimes und ihren frö-

stelnden Familien auf Monate zu einem warmen Ofen verholfen. Aber leider gehört Jung ja zu denen, die zwischen den Gegnern und den Nazis nicht jenen beliebigen, gesinnungsmäßigen Unterschied machen. Und so hat er uns seinen Balken nicht gegönnt.«

5.2. Die Auflösung der Deutschen Psychoanalytischen Gesellschaft im Spiegel ihrer leitenden Mitglieder

Die nationalsozialistische Machtergreifung setzte einer weiteren Entfaltung des Berliner Psychoanalytischen Instituts ein jähes Ende. Die Hörerzahlen gingen drastisch zurück (Dezember 1931 = 222; Dezember 1933 = 39). Die Anzahl der Ausbildungskandidaten fiel (Herbst 1932 = 34; Juli 1934 = 18). Der einzige Bereich, der konstant blieb, war die Poliklinik und die Nachfrage nach therapeutisch-psychoanalytischer Behandlung. Dieses kaum veränderte Interesse, trotz wesentlicher Veränderungen der äußeren Verhältnisse, wurde als »erfreuliches Zeichen« dafür gewertet, »wie sehr bereits das Vertrauen des Publikums in die therapeutische Wirksamkeit der Psychoanalyse Wurzeln gefaßt hat« (I.Z.P., 1935).

Am 27.1.1933, also unmittelbar vor der nationalsozialistischen Machtergreifung, suchte Eitingon Freud auf, um mit ihm die sich verschärfende politische Situation zu besprechen. Freud ermutigte Eitingon, solange wie möglich das Berliner Psychoanalytische Institut aufrecht zu erhalten, zumal er nicht wußte, wer dazu in der Lage sein würde, das Institut in dem bisherigen Geist unter den sich verändernden politischen Bedingungen zu leiten (Eitingon/Freud, 19.3.1933; nach Neiser, 1978, S. 56).

Eitingon, der die politische Katastrophe kommen sah, bat Freud um Rat. Freud erörterte drei Möglichkeiten, wie einem politischen Umschwung zu begegnen sei:

»1. Die Psychoanalyse wird verboten, das Institut von Amtsgewaltigen geschlossen. Dazu ist am wenigsten zu sagen oder zu tun, Sie haben dann bis zum letzten Moment ausgehalten, ehe das Schiff versenkt ist.

2. Dem Institut geschieht nichts, aber Sie werden als Ausländer usw. von der Leitung entfernt, Sie bleiben aber in Berlin und können Ihren Einfluß inoffiziell weiter ausüben. In diesem Fall meine ich, können Sie das Institut nicht sperren. Sie haben es zwar begründet und die längste Zeit erhalten, aber dann haben Sie es dem Berliner Verein überlassen, dem es jetzt gehört.[1] Sie können es rechtlich nicht, es ist aber auch im allgemeinen Interesse, daß es erhalten bleibt, um die ungünstigen Zeiten zu überstehen. Im Intervall kann ein Indifferen-

ter wie Boehm es weiterführen. Es dürfte weder von Einheimischen noch von Fremden viel aufgesucht werden, solange die Beschränkung andauert.
3. Wiederum geschieht dem Institut nichts, aber Sie verlassen freiwillig oder gezwungen Berlin. Dieser Fall läßt dieselben Betrachtungen wie der Vorige, nur daß Ihr Einfluß ganz wegfällt und die Gefahr wächst, daß innere Gegner wie Schultz-Hencke sich des Instituts bemächtigen und ihren Absichten dienstbar machen. Dagegen gibt es kein anderes Mittel, als daß der Vorstand der I.P.V. das so mißbrauchte Institut disqualifiziert und gewissermaßen ausschließt, bis es entsühnt werden kann. Natürlich zuerst die Warnung davor. Eine traurige Diskussion!« (Freud/Eitingon, 21.3.1933; nach Neiser, 1978, S. 56f.).

Die nationalsozialistische Verordnung, derzufolge keine Ausländer mehr im Vorstand von ärztlichen Gesellschaften sein durften, veranlaßte Boehm dazu, sich während Eitingons Abwesenheit (11.4.–4.5.1933) bei der Berliner Ärztekammer zu erkundigen, ob dieser Erlaß auch für psychoanalytische Gesellschaften gelte. Eitingon kannte diesen Erlaß bereits und war mit Fenichel und Müller-Braunschweig der Auffassung, daß er nicht auf psychoanalytische Einrichtungen angewandt werden könne. Durch Boehms unnötige Nachfrage wurden offizielle Stelle nun in besonderer Weise auf die Deutsche Psychoanalytische Gesellschaft aufmerksam. Es wurde ihm bestätigt, daß die DPG keine Ausnahme darstellte. Boehm suchte Freud auf, um ihn dazu zu veranlassen, Eitingon den Rücktritt nahezulegen. Freud hielt es für unwahrscheinlich, daß dem Berliner Psychoanalytischen Institut Sanktionen auferlegt würden, wenn Eitingon nicht zurückträte – der Deutschen Psychoanalytischen Gesellschaft drohe aber der Ausschluß aus der Internationalen Psychoanalytischen Vereinigung, falls die Psychoanalyse und ihre Methoden in irgendeiner Weise verändert würden.

Boehm vertrat die Auffassung, daß Eitingon nach seiner Rückkehr von der Generalversammlung abgewählt werden müsse, daß man aber an den Grundsätzen der Psychoanalyse festhalten wolle. Freud schien einen anderen Eindruck von dem Gespräch gewonnen zu haben: In einem Schreiben an Eitingon äußerte er, daß er meine, daß Boehm es nur darauf abgesehen habe, in den Vorstand der Berliner Vereinigung zu kommen. Eitingon war der Auffassung: »Boehm als Vorsitzender unserer deutschen Institutionen ist natürlich ein Unglück, das der Moment so mit sich bringt und das man immer kleiner machen kann, solange jemand von uns noch in Berlin ist« (Eitingon/Freud, 21.4.1933; nach Neiser, 1978). In der Generalversammlung vom 4.5.1933 legte Eitingon den Vorsitz nieder. Eine große Anzahl von Mitgliedern der Gesellschaft emigrierte wie er. Als hilfreich erwies sich hierbei das von Eitingon geschaffene Emigrationsbüro, mit dessen Hilfe er bekannte Persönlichkeiten im Ausland dafür gewinnen konnte, für deutsche Psychoanalytiker zu bürgen, so daß ihnen eine schnelle Einreise ermöglicht werden konnte.

Voller Sorge schrieb Freud an Pfister (28. 5. 33):

»Unser Horizont ist durch die Vorgänge in Deutschland sehr verdüstert. Drei meiner Familien, zwei Söhne und ein Schwiegersohn, suchen ein neues Heim und haben noch keines gefunden. ... Mein Urteil über die Menschennatur, speziell die christlich-arische, zu ändern, war wenig Anlaß« (Freud, 1960, S. 432).

Im Sommer 1933 wurde ein Gesetzentwurf eingebracht, in dem jede Art von Psychotherapie als »jüdischer Gelderwerb an erblich Minderwertigen« verboten werden sollte (Schultz, 1964, S. 131). Es muß offen bleiben, durch welche Umstände dieses Verbot verhindert werden konnte.

Auch in den Jahren vorher hatte es bereits von einzelnen DPG-Mitgliedern Bestrebungen gegeben, sich stärker mit der allgemeinen ärztlichen Gesellschaft auseinanderzusetzen oder auch sich mit ihr stärker zu verbinden. Andererseits hatten sich auch eine ganze Reihe »wilder Psychoanalytiker« (z. B. Hattingberg und Schultz) in der allgemeinen ärztlichen Gesellschaft versammelt, so daß die Psychoanalytiker wohl um ihren Ruf bangen mußten. Diese Situation veranlaßte Simmel, eine Resolution einzubringen, in der eine klare Position vertreten wurde:

»Die Arbeitsrichtung der allgemeinen ärztlichen Gesellschaft für Psychotherapie ist, soweit sie sich mit den Problemen der Psychoanalyse befaßt, noch so ungeklärt, daß die DPG den Anschein zu vermeiden wünscht, als ob sie oder ihre Mitglieder irgendeine Verantwortung für das auf dem Betätigungsfeld der »allgemeinen ärztlichen Gesellschaft für Psychotherapie« Geschehende übernehmen könnte. Die DPG erklärt sich daher nicht damit einverstanden, daß ihre Mitglieder innerhalb der »allgemeinen ärztlichen Gesellschaft für Psychotherapie« einen Funktionsposten bekleiden« (I.Z.P., 1930, S. 536).

Die Psychoanalytiker, für die diese Resolution bindend war, verstanden die Ankoppelung an die Deutsche Gesellschaft für Psychotherapie als eine Art Mimikry, die dazu beitragen sollte, unauffällig von Görings Schatten getarnt, weiterzuarbeiten; Ungewünschtes zu verbergen, Gefordertes zu betonen und von der gesamten vorläufigen Etablierung der Psychotherapie zu profitieren. Insofern sie die Diskussion am Institut verfolgten, konnten die Psychoanalytiker eigentlich nicht »überrascht« vom Einbruch des Nationalsozialismus sein (Dräger, 1971, S. 43; Kemper, 1973, S. 270). Davon legt Boehms Bericht über Reichs weitsichtige Äußerungen Zeugnis ab.

»Massenpsychologische Probleme innerhalb der Wirtschaftskrise. – An der Hand der nationalsozialistischen Bewegung wird gezeigt, daß die familiäre Situation des Kleinbürgertums seine Radikalisierung im Sinne der politischen Reaktion statt in dem der Revolution abbiegt. Der Nationalsozialismus erfüllt die Rebellion der Mittelschichten mit reaktionären Inhalten, zu deren Annahme die frühere soziale und familiäre Lage besonders disponierte. Die Analyse des effektiven Gehaltes der Rassentheorie ergibt, daß ›nordisch-rassisch‹ gleich rein, d. h. asexuell setzt, ›fremdrassig‹ dagegen das Sinnliche, Niedrige, Tierische meint. – Diskussion: Staub, Schultz-Hencke, Fenichel, Simmel, Bernfeld« (I.Z.P., Vortrag vom 28. 6. 1932, S. 559f.).

Dr. Felix Boehm[2]

... »als das weltberühmte Berliner Psychoanalytische Institut, dessen Dozent Boehm lange Jahre hindurch war, in den Stürmen der Politik unterging, blieb er unbeirrbar bei seinen Patienten an seinem Platz in Berlin. Der harte baltische Humor, der seine Persönlichkeit würzte, muß seinen Teil dazu beigetragen haben, Boehms Wesen so unbeirrbar und fest gemacht zu haben ...« heißt es in einem Nachruf auf Felix Boehm von Dr. P. Kühne im »Tagesspiegel« vom 28. 9. 1958.

Die Kartei der Reichsärztekammer sagt aus, daß er einmal in Berlin umgezogen sei, am 1. 8. 1914 »bestallt« wurde, verheiratet sei, drei Kinder habe, keiner Konfession angehörte und deutschblütiger Abstammung sei; daß er der NSDAP nicht angehörte und auch nicht dem NS-Ärztebund; daß er Kriegsteilnehmer war, aber nicht »beschädigt« wurde und seit Juni 1919 seine fachärztliche Anerkennung als Neurologe und Psychiater hatte. Nebenamtlich leite er die psychoanalytische Poliklinik und sei Dozent am Berliner Psychoanalytischen Institut. Am 25. 8. 1941 wurde er zum Heeresdienst berufen.

Boehm war untersetzt, etwas stämmig, trug meist kurzgeschnittenes Haar, in jüngeren Jahren dunkel, hatte einen großen, intelligent wirkenden Kopf und wunderschöne blaue Augen – so wurde er liebevoll von seiner langjährigen Sekretärin beschrieben. (Eine andere meinte etwas prosaischer, daß er »so einen Basedowblick« hatte). Boehm kam aus Riga und das war nicht zu überhören. Irgendwie schien er geradezu dazu herauszufordern, daß man ihn nachäffte. Im Umgang mit Menschen war er wohl etwas ungeschickt, und sein Talent, andere Leute zu verärgern, veranlaßte seine Sekretärinnen (im Deutschen Institut für psychologische Forschung und Psychotherapie) dazu, über ihn zu witzeln »Fettnapf für Felix Boehm gesucht.«[3] Sie vermieden es, bei ihm zu arbeiten, bis eine gefunden war, zu sich ein gegenseitiges positives Verhältnis entwickelte. Ein gewisses Geltungsbedürfnis Boehms äußert sich in folgender Anekdote: er soll einmal berichtet haben, daß es sein größter Wunsch als

Kind gewesen sei, als Feuerwehrmann ganz vorne an der Spritze zu stehen. Voller Bewunderung wurde seine Fähigkeit hervorgehoben, bei poliklinischen Demonstrationen mit einigen gezielten Fragen die Problematik des Patienten klar zu umreißen; dafür habe er sich die Analysen auch besonders hoch bezahlen lassen. Bei seinen Kollegen war er zum Teil als »gescheit«, »geschäftig« und »solider Arbeiter« geschätzt; andere mißbilligten, daß er auch während der NS-Zeit recht stolz darauf war, als Repräsentant des Instituts auftreten zu können (z. B. bei Radiointerviews). Ein Handicap für die damalige Zeit war wohl seine Impulsivität und seine Neigung zu Wutanfällen. Ohne darauf zu achten, wer gerade anwesend war, schimpfte er manchmal so auf das System, daß seine Sekretärin ihn darauf aufmerksam machte, daß in der Poliklinik so viele verschiedene Leute ein- und ausgingen, daß man sich lieber nicht so unbefangen äußern sollte.

Boehm wird als ehrgeizig geschildert, ein Mann, für den militärische Haltung wichtig war. Im Krieg, als Heeresgutachter, (er trug dabei natürlich Uniform) mußte er immer wieder Stellungnahmen abgeben zu Suizidanten, zu Soldaten, die sich verstümmelt hatten und damit als fahnenflüchtig behandelt und vor ein Kriegsgericht gestellt wurden und Homosexuellen – also Verhandlungen führen, bei denen es oft um Leben und Tod ging. Sein Gegner war der für seine Todesplädoyers gefürchtete Müller-Hess, und manchmal konnte Boehm erleichtert sagen, daß er »wieder ein Leben gerettet« habe.

Trotz aller liebenswürdiger, zum Teil etwas schrulliger Züge fällt bei manchen Darstellungen ein Schatten auf sein Bild – da heißt es: er sei in undurchsichtige Geldgeschäfte verwickelt gewesen, habe es nicht erwarten können, daß Eitingon gehen mußte und er den Vorsitz übernehmen konnte und schließlich er sei weniger »sauber« gewesen als zum Beispiel Müller-Braunschweig. Aus seinem Antisemitismus machte Boehm keinen Hehl: So äußerte er in der Sitzung der psychoanalytischen Gruppe vom 7. 8. 1945, daß er unter dem Übergewicht der Juden am alten Institut immer gelitten habe (Sitzungsprotokoll, unveröffentlicht).

Für ihn selber ist wohl die Erfahrung am schmerzlichsten gewesen, daß sein Verhalten in der NS-Zeit auf internationaler Ebene keinen Beifall fand – vielmehr daß er sich dem Vorwurf zu stellen hatte, die Auflösung der DPG nicht betrieben zu haben, so wie die holländische Gruppe, und ein Bündnis mit den Nazis eingegangen zu sein – ein Vorwurf, den er in seinen Erinnerungen Anna Freud zuschreibt, der aber von Lampl de Groot kam. (Boehm, 1978, S. 305. Vergleiche mit I.J.P. 1949, XXX, Part 3, S. 10). Aus all seinen Äußerungen klingt immer wieder der gleiche Tenor »ich habe doch nur mit eurem Einverständnis gehandelt und jetzt laßt ihr mich die Konsequenzen alleine tragen und schließt mich aus der International Psychoanalytical Association (IPA) aus – und zwar mich persönlich, weil ihr mich nicht mögt«. Das Gefühl, abgelehnt zu werden, muß so stark gewesen sein, daß er es sogar auf dem Amsterdamer Kongreß (1951) äußerte – Anna Freud widerspricht ihm, wie ich meine, nicht sehr überzeugend (I.J.P. 1952, XXXIII, Part 3, S. 254).

Das kollegiale Verhältnis zwischen Boehm und Müller-Braunschweig, das sich zum Teil aus gewissen lebensgeschichtlichen Parallelen, zum Teil unter dem Druck des Außenfeindes, des Regimes, entwickelt hatte, zerbrach nach Müller-Braunschweigs Austritt aus der Deutschen Psychoanalytischen Gesellschaft (DPG) und der Gründung der Deutschen Psychoanalytischen Vereinigung (DPV), die 1951 Mitglied der IPA wurde. Boehm blieb bei der DPG und kritisierte, daß Müller-Braunschweig sich erst so spät mit den Schriften Schultz-Henckes (Analysand von Boehm) auseinandergesetzt habe. Aus Boehms Schilderung (1978) klingt trotz des dokumentierenden Tons, in dem sie gehalten ist, viel Bitterkeit und Enttäuschung.

Boehm wurde am 25.6.1881 als Sohn einer deutsch-baltischen Kaufmannsfamilie geboren – studierte nach Abschluß der Realschule in Riga am Polytechnikum Maschinenbau, da er eigentlich die Maschinenfabrik seines Vaters hätte übernehmen sollen. Als Mitglied der Burschenschaft »Rubonia«, einer schlagenden Verbindung, bei der mit freiem Oberkörper gefochten wurde, kannte er Rosenberg[4], zu dem Göring ihn im Oktober 1938 mit einem Grußtelegramm Hitlers (als besonderer Empfehlung) schickte, um Berichte über das Deutsche Institut im »Völkischen Beobachter« unterzubringen. Boehms Einsatz war erfolgreich (Gö/Cu, 11.10.1938; Gö/Cu, 8.12.1938).

Zwei Brüder Boehms und zwei seiner Onkel (Brüder der Mutter) waren ebenfalls Mitglieder der Rubonia. Als er gefragt wurde, wie seine Vereinsbrüder auf seine Berufswahl zum Psychoanalytiker reagiert hätten, habe er sie zitiert: »Ach der kleine versoffene Boehm ...«

In München begann er seine ärztliche Tätigkeit in der Klinik von F. von Müller, war Assistent bei Kraepelin und Cassierer. 1906/7 lernte er die »Züricher Methode«, die Psychoanalyse, kennen – auf dem Münchner Kongreß von 1913 begegnete ihm Freud zum erstenmal. Boehm schloß sich der Münchner Ortsgruppe an und begann seine Analyse. Sie befriedigte ihn nicht und er suchte im Frühjahr 1914 Freud auf, um bei ihm eine Analyse zu machen; Freud sei dazu auch bereit gewesen und habe gesagt: »Neulich ging ich an einer Schusterwerkstatt vorbei, an welcher ein Schild hing: ›Ich mache neue Schuhe und repariere alte‹« (Boehm, 1956). Frau Sokolnicka, eine Schülerin Freuds, ließ sich in München nieder und so fand Boehm in ihr seine erste Lehrerin. Im August 1914 heiratete Boehm M.E. Welsch. Der Erste Weltkrieg, an dem Boehm als kriegsfreiwilliger Arzt teilnahm, brachte eine Unterbrechung. 1916 besuchte Boehm Freud, der ihn nach der Münchner Gruppe und nach seiner eigenen Analyse fragte. Boehm berichtete ihm, daß man sich über einen »älteren Hofrat«, der der Münchner Gruppe angehörte, lustig mache, und berichtete begeistert von seiner Analyse, die täglich 28 Stunden geführt würde. Freud, der damals selbst bereits 60 Jahre alt war, hatte wohl verstanden, daß Boehms Spott unbewußt ihm galt und der Idealisierung seiner Analytikerin diente und hat nur schmunzelnd gemeint, daß die Übertragung wohl in Ordnung sei (Boehm, 1956). Die Begeisterung für die Psychoanalyse war so groß, daß er, wie es in Analytikerkreisen üblich gewesen sei, seine Tochter Hilda »prophylaktisch« zu Melanie Klein in Analyse geschickt hatte. 1919 siedelte er nach Berlin über, setzte seine psychoanalytische Ausbildung bei Karl Abraham fort und wurde 1920 Mitarbeiter an der neugegründeten psychoanalytischen Poliklinik. Seine Promotion absolvierte er in Kiel mit dem Thema »Zwei Fälle von arteriosklerosischem Irresein«. Von 1923 an war er Dozent am Berliner Institut.

Als Eitingon spürte, daß das Weiterbestehen des Berliner Psychoanalytischen Instituts gefährdet war, wandte er sich ratsuchend an Freud. Freud nannte drei Möglichkeiten, wie man sich verhalten könne (Kap. 5.2.). Eine der drei sah vor, daß ein »indifferenter, wie Boehm« das Institut leiten könne, um ungünstige Zeiten zu überbrücken. Nach Freuds und Eitingons Auffassung drängte Boehm durch vorschnellen Kontakt mit nationalsozialistischen Dienststellen Eitingon aus dem Vorstand, um ihn selbst zu übernehmen und diesen Schritt möglichst von Freud befürworten zu lassen (Neiser, 1978, S. 57f.).

1933, wohl im Sommer, fand noch ein Abschiedstee für die Psychoanalytiker, die Deutschland verlassen mußten, bei Boehm statt. Hilda Neumüller-Boehm erinnert sich an Bernfeld, Sachs, Lantos-Schneider und weiß, daß noch viele andere anwesend waren. Dann übernahm Boehm die Institutsleitung unter der Voraussetzung, daß er einstimmig gewählt würde. Es folgten Repressionen des Regimes, der Entschluß, den jüdischen Mitgliedern den Austritt aus der Vereinigung nahezulegen, damit sie nicht aufgelöst werden mußte, ständige Unterredungen mit Freud, in denen Boehm versuchte, sich Rat zu holen, beziehungsweise darum bemüht war, sein Verhalten von Freud billigen zu lassen -- eine unerfüllbare Hoffnung - vor allem wenn man bedenkt, daß zwei Söhne Freuds und sein Schwiegersohn im Mai 1933 Deutschland verlassen mußten, um »ein neues Heim« zu suchen (Brief an Pfister vom 28. 5. 33, Freud, 1960) und der Einmarsch der Deutschen in Österreich nicht auszuschließen war.

Das Berliner Institut wurde 1936 von dem Deutschen Institut »geschluckt«, und Boehm fiel es zunehmend schwerer, die Verantwortung auch dafür tragen zu müssen – noch dazu mit der Aussicht, in absehbarer Zeit keine Lehranalysen durchführen zu dürfen. Zumindest war er wohl fest entschlossen, es »denen nicht leicht« zu machen. Im Januar 1938 legte Boehm die Berliner Situation Freud, Anna Freud, Federn, Lampl de

Groot und Martin Freud in einem 3½stündigen Vortrag dar. Nach Boehms Bericht habe Freud abgewinkt und, indem er den Sitzungssaal verlassen habe, gesagt, daß die Juden jahrhundertelang wegen ihrer Überzeugung gelitten hätten und daß sich jetzt die christlichen Kollegen daran gewöhnen müßten; er lege keinen Wert darauf, daß sein Name in Deutschland genannt werde, wenn nur sein Werk weiter richtig vertreten werde (Boehm, 1978, S. 304). In Jones' Bericht wird Freuds Reaktion sehr viel heftiger dargestellt (Jones, 1962, Bd. III, S. 224). Anna Freud erinnerte sich:

»Es stimmt auch, daß ich ein Gespräch mit Dr. Boehm bei seinem Aufenthalt in Wien gehabt habe, in dem er mir auseinandergesetzt hat, daß man die jüdischen Mitglieder zum Austritt aus der Vereinigung auffordern muß, was ich schlecht aufgenommen habe. Ich habe ihn gefragt, ob er denn bereit wäre, auch meinen Vater zum Austritt zu veranlassen, was er bejahend beantwortet hat. Ich könnte noch hinzusetzen, daß mein Vater nichts tun wollte, um es den Berlinern schwerer zu machen, aber einverstanden waren wir mit deren Handlungsweise natürlich nicht« (A. Freud/Lockot, 24.9.79).

Nach der »Annexion« Österreichs und den gescheiterten Verhandlungen um die Übernahme des Wiener Instituts durften Boehm und Müller-Braunschweig nichts mehr veröffentlichen. Da Freud – wenn überhaupt – nur kritisch zitiert werden durfte, half sich Boehm mit der Wendung »wie ein Freund von mir einmal sagte ...« In den letzten Kriegsjahren konnte Boehm vermutlich einen tieferen Einblick in die Praktiken nationalsozialistischer Gewaltherrschaft gewinnen. Der Gefängnispfarrer H. Poelchau, der führende Mitglieder der Widerstandsgruppe vom 20. Juli 1944 in ihren Gefängniszellen betreute, ging zu Boehm in Analyse.

Nach dem Krieg wurde die Familie Boehm mit vielen Carepaketen unterstützt. Ein Angebot, nach Rio zu gehen, wie Kemper, lockte Boehm allerdings nicht. Boehm konnte kein Englisch und damit erübrigte sich auch die Frage nach einer Übersiedlung in ein englischsprachiges Land. Hanna Ries, eine jüdische Analysandin Boehms, die Deutschland verlassen mußte, war ihm sehr dankbar, da er Geld, das sie nicht mehr ausführen durfte, für sie in Gewahrsam nahm. In ihr hatte er eine warme Fürsprecherin.[5]

Nach dem Austritt der DPV aus der DPG (1950) blieb Boehm bis 1958 Präsident der DPG. Solange es noch irgend möglich war, machte er auch Analysen mit Analysanden aus der sowjetisch-besetzten Zone, da sein Häuschen im besetzten Gebiet lag. Seine Stadtwohnung, in der Kulmer Straße, war in den Nachkriegsjahren Treffpunkt von Ausbildungskandidaten, die ihr Honorar mit einigen Stücken Kohle, etwas Tee oder einigen Mark entrichteten (Maetze, 1971, S. 52).

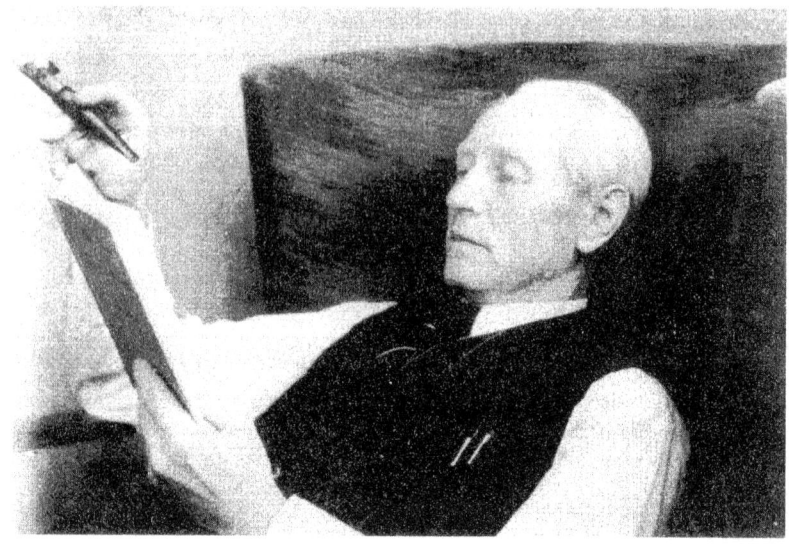

Abb. 6 C. Müller-Braunschweig liest Freuds »Unbehagen in der Kultur«, etwa 1938

Dr. C. Müller-Braunschweig[6]
Sein Name findet sich in Kürschners Deutschem Literaturkalender von 1922–1932, in Kürschners Gelehrtenkalender von 1931 und schließlich im Schriftstellerverzeichnis der Reichsschrifttumskammer von 1942 mit einem Sternchen versehen, das besagt, daß er ihr nicht angehörte.

Am Deutschen Institut für psychologische Forschung und Psychotherapie tauchte er außerhalb seiner Lehrverpflichtungen kaum auf. Außenstehende nahmen ihn als »norddeutschen bäuerlichen Typ« wahr, »semmelblond und etwas dröge«. Rubins, der Biograph von Karen Horney, schildert ihn dagegen als großen, blonden, gutaussehenden Mann, mit leiser tiefer Stimme, der vor allem mit Oskar Horney befreundet war und mit Karen Horney lebendige philosophisch-religiöse Gespräche führte. Auch soll er erwogen haben, sie zu heiraten, wenn ihm nicht Oskar Horney zuvorgekommen wäre (Rubins, 1980, S. 43).

Seine langjährige Sekretärin, Frau Köhler, beschreibt ihn als »ausgesprochen differenzierten und überdurchschnittlich begabten und klugen Menschen«.[7] Seine enge Verbundenheit mit der psychoanalytischen Forschung und Lehre wirkte manchmal schwerfällig. Sein Gegenspieler war auch in früheren Jahren der um elf Jahre jüngere Schultz-Hencke. »Seine Leichtigkeit, die Kunst, den Moment zu erkennen und zu nutzen, in dem der andere in einer schwächeren Position ist, und der Mut, etwas Neues zu probieren«, waren Züge, die auch bei Müller-Braunschweig angelegt waren, die sich aber nur rudimentär entwickelt hatten und nicht verwirklicht werden konnten. Bei einem spielerischen Ringkampf z. B., den beide in den 20er Jahren veranstalteten, legte Schultz-Hencke Müller-Braunschweig mit einem gezielten Griff aufs Kreuz. Diese spielerische Kraftprobe wurde nach dem Krieg zu einer realen, aufreibenden Auseinandersetzung. Dazu hatte sicher die unterschiedliche Behandlung beider am ›Deutschen Institut‹ beigetragen. Während Schultz-Hencke sich während der Nazizeit hatte äußern dürfen, wurde Müller-Braunschweig Vorlesungs- und Ausbildungstätigkeit[8] verboten. Vor allem lastete es schwer auf ihm, daß er keinen Schülerkreis um sich bilden konnte und auf jegliche wissenschaftliche Auseinandersetzung verzichten mußte. Er fühlte sich wie ein »Herrenreiter« ohne Pferd, der zu Fuß gehen mußte (Müller-Braunschweig/Schultz-Hencke, 1.6.1945 und 6.6.1945). Müller-Braunschweig durchlitt tiefe depressive Phasen.

Über Müller-Braunschweig heißt es fast übereinstimmend, daß er einen »lauteren Charakter« gehabt habe, »anständig« und »sauber« gewesen sei. Sein faires Engagement für die Wiener Psychoanalytische Gesellschaft war das »Startkapital«, das er nach dem Krieg bei der Wiederaufnahme in die International Psychoanalytical Association einbringen konnte. Treue und Beständigkeit waren tief verwurzelte Wesensmerkmale Müller-Braunschweigs, die auch einen negativen Aspekt hatten. Sein starkes Festhalten an Bekanntem und Althergebrachtem behinderten seine Selbstverwirklichung. Seine Begegnung mit Schultz-Hencke, der als faszinierender Lehrer gefeiert wurde, muß »eine Wiederholung von oft gemachten Erfahrungen im Leben Müller-Braunschweigs gewesen sein: seine Treue, der aber die Elastizität fehlte, erfuhr wieder eine Kränkung: die verwässerte Neo-Analyse wurde dem Freudschen Werk vorgezogen« (M. Köhler).

Aber Müller-Braunschweig war nicht nur ernst, er konnte sehr witzig sein; er konnte herzhaft lachen und sich in distanzierender Weise über etwas lustig machen. Er hatte, wie auch seine Frau Ada, ein geradezu herzliches Verhältnis zu Katzen, sah in ihnen jewoils eine Persönlichkeit und eine Einmaligkeit (M. Köhler).

Carl und Ada Müller-Braunschweig waren sehr unterschiedlich. Im Gegensatz zu ihm war sie eine sehr zierliche Frau mit dunklen Haaren. Sie wirkte sympathisch und offen; so wurden z. B. Sekretärinnen, die ab und zu Schreibarbeiten für Müller-Braunschweig verrichteten, selbstverständlich an den Mittagstisch gebeten. Wenn Carl Müller-Braunschweig krank war, vertrat ihn seine Frau manchmal bei den Kontrollanalysen. Ausbildungskandidaten schätzten sie besonders, weil sie ab und zu wenigstens mal »Tips« gab. Sie stand der Jungschen Richtung zeitweilig nahe.[9] Ada Müller-Braunschweig war als Hausfrau wohl etwas zu großzügig, um kleinbürgerliche Tugenden wie Sparsamkeit und Ordnung allzu ernst zu nehmen. Die politischen Verhältnisse übersah sie von Anfang besser als er. Das zeigt wohl auch die Tatsache, daß Analysanden wie Friedmann, der im KZ gelitten hatte und dann nach England fliehen konnte, zu ihr in Analyse gingen. Da sie mit Hanna Ries und Eva Rosenfeld befreundet war, die beide Jüdinnen waren, nahm sie das Schicksal der Juden in Deutschland unmittelbar wahr. Bereits zu Beginn des Krieges stand für sie fest, daß dieser Krieg mit dem Zusammenbruch des Nationalsozialismus enden müsse.

In seinem 1950 verfaßten Lebenslauf[10] schreibt Müller-Braunschweig, daß er am 8.4.1881 in Braunschweig geboren wurde. Sein Vater betrieb eine Bautischlerei und konnte seinem Sohn ein ausgedehntes Studium (vom Wintersemester 1901/2 bis Wintersemester 1908) ermöglichen. In den naturwissenschaftlichen Disziplinen waren seine Fächer Physik, Biologie und Anthropologie und in den geisteswissenschaftlichen Psychologie, Geschichte und Nationalökonomie. Sein besonderes Interesse galt dem Studium der Kantschen Schriften. Als Müller-Braunschweig 1909 die »Freudsche Psychoanalyse« kennenlernte, entschloß er sich, zur Verwunderung seines Lehrers Riehl, der seine philosophische Arbeit schätzte, und zur Enttäuschung seiner anderen Lehrer und Freunde, auf die Universitätslaufbahn und damit auf die bevorstehende Habilitation zu verzichten und sich der neu entstehenden Wissenschaft zuzuwenden, die damals als noch nicht »universitätsfähig« galt. Es zeugt von der außerordentlichen Gründlichkeit Müller-Braunschweigs, daß er noch zusätzlich 1912 bis 1914 einige Semester Medizin, vor allem Psychiatrie, bei Bonhoeffer studierte. Eigentlich hatte er bei Freud in Wien eine Analyse machen wollen – ebenso wie Boehm und auch Schultz-Hencke – sie war ihm aber zu teuer gewesen, was man sich nach einem so langen Universitätsstudium gut vorstellen kann. Seine erste Analyse bei Karl Abraham brach er ab und setzte sie bei H. Sachs fort. In dieser Zeit könnte er auch seine erste Frau Josine Müller kennengelernt haben. Sie starb 1930. Josine Müller war eine der ersten Kinderanalytikerinnen. Nach ihrer ersten Analyse bei Abraham (1912–13) ging auch sie zu Sachs (1923–26). Sachs fand in seinem Nachruf besonders warme Worte für sie und hob vor allem ihr »unbeirrbares Urteil« und existentielles Streben nach »Wahrheit« hervor:

»Da ihr die Mutter früh gestorben war, wurde die Fixierung an den Vater besonders innig, und die Enttäuschung war fast unerträglich, als sie seiner Unaufrichtigkeit inne wurde und sich von ihm abwenden mußte. In einem ernstgemeinten Selbstmordversuch gipfelte die Ablösung und von da an war sie das, als was wir sie kannten, ein Mensch, ein Schatten, erfüllt vom Drang zur Wahrheit und voll der Fähigkeit, an der Zweideutigkeit und der Verlogenheit der Weltdinge zu leiden« (IZP, 1931, Bd. 17, S. 293).

Carl Müller-Braunschweigs Ehe wurde 1925 geschieden; sie war kinderlos geblieben. Im gleichen Jahr heiratet er Ada Schott, die eine Ausbildung als Kinderanalytikerin bei Hermine Hug-Hellmuth in Wien gemacht hatte. Aus dieser Ehe gingen zwei Kinder hervor. 1931 gab Carl Müller-Braunschweig eine Schrift »Josine Müller zum Gedächtnis« heraus. Ein Bild von ihr hing auch in späteren Jahren immer neben seinem Schreibtisch.

Rückblickend schreibt Müller-Braunschweig: »In den ersten Jahren des Hitler-Regimes ab 1933, in denen Boehm und ich die »Deutsche Analytische Gesellschaft« und das »Berliner Psychoanalytische Institut« leiteten, waren wir in unserer Forschungs- und Ausbildungstätigkeit noch kaum beeinträchtigt. Ich konnte z. B. bei der 15-Jahr-Feier des Berliner Psychoanalytischen Instituts einen Vortrag halten (6.2.35) »Die erste Objektbesetzung des Mädchens in ihrer Bedeutung für Penisneid und Weiblichkeit«[11], der mir bereits zwei Jahre später als Zeichen meiner »Verjudung« und »sexuellen Verworfenheit« ausgelegt wurde« (Müller-Braunschweig, 1951).

Sowohl für Müller-Braunschweig persönlich als auch für das Schicksal des Berliner Psychoanalytischen Instituts war Müller-Braunschweigs Versuch, als Vertreter der Deutschen Psychoanalytischen Gesellschaft und damit auch des Deutschen Instituts für psychologische Forschung und Psychotherapie die Wiener psychoanalytischen Institutionen treuhänderisch zu übernehmen, der entscheidendste Einschnitt. Während Müller-Braunschweig vorher in relativem Einvernehmen mit Göring gestanden hatte, fühlte er sich jetzt von Göring im Stich gelassen, da er sich nicht so für die Wiener einsetzte, wie Müller-Braunschweig es erwartet hatte, und es zuließ, daß die Verlagsbestände größtenteils abtransportiert wurden und die Vereinigung sich auflösen mußte. Erst zu diesem Zeitpunkt ist ihm wohl richtig bewußt geworden, daß man sich nicht mit den Nazis arrangieren konnte.

Nach der Beobachtung von M. Köhler war Müller-Braunschweig gelegentlich realitätsblind; auch ließ er sich relativ leicht hinters Licht führen. Er konnte »wohl das Gefährdetsein eines Menschen gut erkennen, nicht aber ggf. seine Gefährlichkeit. Es war ihm fremd und uneinfühlbar, einen anderen Menschen zu täuschen« (M. Köhler).

Sein mißglückter Versuch, die Wiener psychoanalytischen Einrichtungen treuhänderisch zu übernehmen, diente Göring zum Vorwand, um ihn aus der Arbeit des Ausbildungsausschusses auszuschließen. Konflikte zwischen Göring und Müller-Braunschweig hatte es gegeben, da Göring allzu weitmaschig Ausbildungskandidaten zulassen wollte (Mü-Br/ Schultz-Hencke, 1.6.1945).

Müller-Braunschweig durfte das Institut nicht mehr betreten – selbst das Vorlesungsverzeichnis mußte er zu Hause schreiben lassen –, durfte keine Lehranalysen mehr durchführen und keine Lehrveranstaltungen abhalten. Es wurde ihm vorgeworfen, daß er Anna Freud, die bei einem letzten Gang durch das Wiener Psychoanalytische Institut in Tränen ausgebrochen war, in einem persönlich gehaltenen Brief versucht hatte zu trösten (siehe auch Kap. 6.6.). Als Anna Freud von der Gestapo verhört wurde, wies sie diesen Brief vor, um sich zu schützen. Auch Müller-Braunschweig wurde von der Gestapo verhört und lebte in großer Angst vor Hausdurchsuchungen, weiteren Verhören und vor allem Praxisverbot. Ein Angebot, in die Partei einzutreten, um damit diese »Wiener Affaire« aus der Welt zu schaffen, lehnte er ab.[12] Müller-Braunschweig durchlebte eine seelische Krise, von der er sich nie ganz erholte. »Vater Staat« war unzufrieden mit ihm, »Vater Freud« mußte er enteignen und »Pappi Göring« war ihm, wie es in seinen handschriftlichen Aufzeichnungen sogar mehrfach heißt, »in den Rücken gefallen«.

Nach dem Krieg ging es für die Familie Müller-Braunschweig zunächst ums materielle Überleben. Carepakete trugen entscheidend dazu bei. Von den erschwerten Lebensbedingungen in Deutschland erfährt man aus einem Schreiben von Müller-Braunschweig an Bally (6.4.46)[13]:

»Wir sind bis jetzt trotz des chronischen und ehrlichen Hungers vor schweren Erkrankungen bewahrt geblieben. Ich lag allerdings infolge der schlechten Beheizung der Wohnung im letzten Herbst und Winter 11 Wochen lang an einer Pleuritis zu Bett, habe mich aber wieder aufgerafft. Allerdings die Unterernährung macht sich bei uns allen in sehr gesteigerter Ermüdbarkeit und stark verminderter Leistungsfähigkeit sehr bemerkbar. Neben dem Verlangen nach den fehlenden Vitaminen steht – insbesondere bei mir – das starke Verlangen nach Kaffee, mit dem ich erfahrungsgemäß mein altersinsuffizientes Herz etwas aufzumuntern und meiner ständigen Müdigkeit zu begegnen vermag. Man verliert in solcher chronischen Not eine anständige Portion seines bisher gewohnten Schamgefühls und läßt direkt oder indirekt eindringlich durchmerken, wie sehr man hofft, von seinen Freunden im Ausland etwas von dem Fehlenden und Entbehrten zugesandt zu bekommen. – Das einzige, was bisher ständig verteilt wurde, war Brot, das zweite bedeutsame Nahrungsmittel, die Kartoffel, war mehrfach wochenlang nicht zu haben, der karg bemessene Vorrat an Kartoffeln, der für den Winter einmalig geliefert worden war, war bei den meisten frühzeitig zu Ende gegangen. Ich persönlich leide auch sehr unter dem Entbehren von Marmelade.«

Wenn Müller-Braunschweig später von diesen ›Bettelbriefen‹ sprach, schwang auch nachträglich immer noch Scham mit und Erstaunen darüber, wohin ihn diese Ausnahmesituation gebracht hatte. Dieser Brief wirkt wie eine Dokumentation von Regression und Infantilismen; aus ihm scheint nicht nur der reale Hunger ablesbar, sondern darüber hinaus die Frage: »Womit haben wir das verdient? Was müssen wir armen Deutschen leiden?« Der Appell an den Empfänger könnte sein: »Wenn Du mir ein Paket schickst, anerkennst Du mich als Opfer der NS-Zeit« (M. Köhler, 18. 9. 1984).

Es ging aber nicht nur darum, eine materielle Existenzgrundlage zu schaffen, sondern endlich schien der Entfaltung der Psychoanalyse in Deutschland kein Hindernis mehr entgegen zu stehen. In dem von Schultz-Hencke und Kemper nach dem Krieg neugegründeten Institut fühlte sich Müller-Braunschweig zu einer Randexistenz verurteilt. Schultz-Hencke warf er vor, daß er ihn nicht seinen Fähigkeiten entsprechend einbezog[14] und ihn nicht nicht als ebenbürtigen Partner akzeptierte, sondern zum »Orthodoxen« abstempelte.

»Jedenfalls bin ich nie nur ein einseitiger Verfechter eines wissenschaftlichen Systems, sondern immer auch ein selbständiger Forscher gewesen ...– Ich bin überzeugt, Sie sind darin meiner Meinung, daß die zeitgebundene hilflose Idee des verflossenen Leiters, eine unisene deutsche Psychotherapie zu schaffen, nunmehr begraben ist und daß jetzt ein der Forschung einzig angemessener Zustand wieder herzustellen ist, bei dem sich der Fortschritt der Wissenschaft auf der Grundlage der natürlichen Auseinandersetzung einzelner selbständiger Köpfe vollzieht. Ich bin seinerzeit, als Sie es schwer hatten, sich durchzusetzen, für Sie eingetreten – wenn auch nicht immer mit Erfolg –, trotzdem ich theoretisch wissenschaftlich, wie Sie ja wissen, in manchen Punkten immer anderer Meinung war als Sie. Ich bin für Sie eingetreten aus dem einfachen Grunde, weil ich in Ihnen einen selbständigen Kopf sah – abgesehen von der menschlichen Sympathie, die ich Ihnen immer entgegengebracht habe« (Mü-Br/Sch-He, 1. 6. 1945).

Am 16. 10. 1945 wurde die Deutsche Psychoanalytische Gesellschaft offiziell neu konstituiert (Müller-Braunschweig Vorsitzender, Boehm und Kemper 2. und 3. Vorstandsmitglied). Gerade in der ersten Nachkriegszeit bemüht sich Müller-Braunschweig um die Wiederaufnahme der alten internationalen Beziehungen. In seinem Bericht vom 17. 4. 1948 schreibt er:
»Ich gestehe, daß ich zuerst mit einigem Zagen an die Wiederanknüpfung der Beziehungen zu der Internationalen Psychoanalytischen Vereinigung herangegangen bin. Trotzdem mich ein starkes Verlangen beseelte, unsere Gesellschaft wieder mit den alten Freunden und Kollegen

in Verbindung zu bringen, wußte ich doch nicht, wie weit die Auswirkungen des Hitlerschen Regimes und der Krieg im Ausland sich auswirkt und auch die alten freundschaftlichen und kollegialen Beziehungen getrübt und in ihren Bann gezogen hatten. Ich wußte nicht abzuschätzen, wie weit die begreifliche Erbitterung gegen Deutschland auch auf diejenigen unter uns irradiierte, die unter diesen unheimlichen Gewalten hier in unserem Land kaum weniger zu leiden hatten als das Ausland, dazu aber keine Macht und Möglichkeit besaßen, sich ihrer zu wehren. Unter diesen Umständen bedeutete die Reaktion der Londoner freudige Erleichterung.«

Noch in seinem Schreiben vom 16. 5. 1946 an Anna Freud schreibt Müller-Braunschweig, daß er mehrfach versucht hatte, Kontakt zu Jones aufzunehmen und ihm das nicht gelungen sei. Nun habe er zufällig erfahren, daß er auf dem Lande lebe und deshalb möglicherweise die Post, die an seine alte Londoner Adresse gerichtet gewesen sei, nicht erhalten habe. Müller-Braunschweig setzt hinzu
»denn bei der gleichmäßigen Freundlichkeit unserer alten Beziehungen kann – so nahe es liegen mag – ich es mir doch nicht vorstellen, daß etwas von der begreiflichen Empörung der ganzen Welt gegen unser Land und Volk auch die Beziehungen zu denen getrübt haben könnten, mit denen man solange wissenschaftlich und menschlich im Dienste der gleichen Sache zusammengearbeitet hat und die nicht weniger zu den ohnmächtig leidenden Opfern einer tragischen geschichtlichen Phase gehören, wie die Leidenden außerhalb Deutschlands.« Weiter schreibt er, »ich möchte nicht – jedenfalls jetzt noch nicht – Eingehenderes schreiben über die äußeren und inneren Nöte, durch die wir gegangen sind und noch gehen, da ich weder weiß, ob Sie etwas davon hören wollen, noch mich persönlich – immer noch nicht – recht in der Lage weiß, über diese Dinge vor mir und anderen Rechenschaft abzulegen. Es geht wohl den meisten Deutschen so, daß die Zeit des Hitlerregimes und des Krieges mit allen ihren Furchtbarkeiten noch wie ein Alpdruck auf ihnen liegt. Daß die gesunde freie Beweglichkeit und Unbekümmertheit des Gemüts noch lange nicht wieder erreicht sind.«

Müller-Braunschweig berichtet davon, daß trotz Verbots während des Krieges sich die psychoanalytische Gruppe in seiner Wohnung zu regelmäßigen Arbeitssitzungen getroffen habe und bedauert, seit 1939 keine psychoanalytische Publikation mehr zu Gesicht bekommen zu haben. Anna Freud antwortet am 31. 5. 1946 sehr herzlich und betont noch einmal, daß es ihr immer sehr leid getan habe, daß Müller-Braunschweigs Besuch in Wien und seine Beziehung zu ihr so schlimme Folgen für ihn gehabt habe. Sie informiert ihn in großen Zügen über die Entwicklung der International Psychoanalytical Association. Weiter schreibt sie »ich kann Ihnen offiziell nicht sagen, wie sich die einzelnen Zweigvereinigungen, besonders in den Ländern, die viel unter Deutschland gelitten haben, bei einer Zusammenkunft zu den Mitgliedern der deutschen Gruppen stellen werden. Man kann annehmen, daß bis dahin viele Gefühle, die jetzt noch erregt sind, sich beruhigt haben werden. Jones und ich, die die Verhältnisse in Deutschland gekannt haben, wissen, wie sehr jeder dort Lebende Opfer der Verhältnisse war und daß es unsinnig wäre, daraus Schwierigkeiten für die weitere Arbeit entstehen zu lassen« (A. F./MüBr., 31.5.46).

Von dem ersten europäischen psychoanalytischen Kongreß in Amsterdam [15], zu dem die Deutschen etwas zögernd eingeladen worden waren und schließlich einen Tag zu spät ankamen, kam Müller-Braunschweig schwerkrank zurück. In der internationalen Öffentlichkeit genoß Müller-Braunschweig ein gewisses Ansehen, da man sein Verhalten bei der Wiener Aktion als sehr fair empfunden hatte. Wie froh er gewesen sein muß, nichts mehr mit dem »Deutschen Institut« zu tun zu haben müssen, mußte allerdings Ernst Göring schmerzlich erfahren: Müller-Braunschweig, der einzige, der hätte bezeugen können, daß er im Krieg östlich der Elbe eine Praxis gehabt hatte, verweigerte diese Auskunft. Die Amerikaner verhafteten Ernst Göring, weil sie annahmen, daß er aus französischer Kriegsgefangenschaft geflohen war, und wollten ihn an die Franzosen ausliefern, die ihn unweigerlich zum Minensuchen geschickt hätten. Da Ernst Göring viermal Müller-Braunschweig in Berlin besucht hatte und ihm auch Nahrungsmittel mitgebracht hatte, wäre damit der Beweis erbracht, daß er eben nicht im französisch-besetzten Teil gelebt hatte. Müller-Braunschweig schrieb, daß er sich an nichts erinnern könne, da er krank gewesen sei.[16]

Nach der Schilderung von M. Köhler müssen in den letzten Jahren seines siebten Lebensjahrzehnts noch einmal starke innere Kräfte und ein lebendiger Schwung aufgebrochen sein, aus dem heraus die Gründung der DPV und des Berliner Psychoanalytischen Instituts realisiert werden konnten. Beflügelnd wirkte unter Umständen auch der Wunsch nach Wiedergutmachung für die schuldhafte Verstrickung mit dem Nationalsozialismus, der sich auch Müller-Braunschweig nicht hatte entziehen können. Mit der Gründung der »Zeitschrift für Psychoanalyse« (Oktober 1949), ein langgehegter Wunsch von Müller-Braunschweig, hatte er eigentlich beabsichtigt, eine Bestandsaufnahme psychoanalytischer Forschung zu machen. Das Erscheinen der Zeitschrift mußte jedoch nach zwei Nummern eingestellt werden. Müller-Braunschweig mußte viele Patienten behandeln und konnte sich nicht in dem Ausmaß um einen besseren Start der Zeitschrift kümmern, wie es notwendig gewesen wäre.

Als Vorsitzender der Deutschen Psychoanalytischen Gesellschaft trat er mit einer kleinen Gruppe von Psychoanalytikern, die sich ebenfalls nicht mit Schultz-Henckes Lehre identifizieren konnten, aus und grün-

Abb. 7 C. Müller-Braunschweig mit Marie Bonaparte 1953 während des 18. Internationalen Psychoanalytischen Kongresses in London

dete die Deutsche Psychoanalytische Vereinigung. 1951 wurde seine Gruppe in die International Psychoanalytical Association aufgenommen, und noch heute befindet sich das Berliner Psychoanalytische Institut in seiner ehemaligen Wohnung, in der Sulzaer Straße 3.

Dr. H. Schultz-Hencke[17]
Die Kartei der Reichsärztekammer sagt aus, daß Harald Schultz-Hencke (geb. 18. 8. 1892) konfessionslos war, seiner Abstammung nach deutschblütig, kein Mitglied der NSDAP und des NS-Ärztebundes war, am Ersten Weltkrieg teilgenommen hatte, nicht kriegsbeschädigt war und am 25. 1. 1917 bestallt wurde. Als niedergelassener Allgemeinpraktiker war er seit Februar 1922 tätig. Nebenamtlich lehrte er als Dozent am Deutschen Institut für psychologische Forschung und Psychotherapie. Stichwortartig sind seine beruflichen Stationen von dem Bevollmächtigten für

das Sanitäts- und Gesundheitswesen festgehalten: Weltkriegsteilnahme; 1921 Volontärassistent an der Psychiatrischen Klinik Würzburg; in der Charité Ergänzung seines Wissens auf neurologischem Gebiet; 1927 und 1928 beauftragt mit der Abhaltung von Vorlesungen und Seminaren am Berliner Psychoanalytischen Institut. 1942 bis 1943 Oberarzt an einem Lazarett. Dann u.k.-gestellt für die Poliklinik des Reichsinstituts für psychologische Forschung und Psychotherapie. Am 31.5.1944 richtete Göring ein Schreiben an den Direktor der Chirurgischen Klinik, Prof. Dr. Rostock, in dem er, neben Heyer, Schultz-Hencke für eine Professur vorschlug. Es war ein langgehegter Wunsch Schultz-Henckes, Professor zu werden. Er übersandte am 4.7.1944 einen Lebenslauf und eine Liste seiner Veröffentlichungen zur Bewerbung an den Beauftragten für das Sanitäts- und Gesundheitswesen. Seine Unterlagen wurden dann an De Crinis[18] weitergeleitet.

»*Lebenslauf*: – Ich bin Berliner von Geburt und werde jetzt 52 Jahre alt. Mein Vater war Physiker und Chemiker, Schüler von Prof. Vogel an der Technischen Hochschule Charlottenburg. Er bekam im Jahre 1891 den Auftrag zur Gründung der photographischen Lehranstalt im Lette-Verein Berlin. Ich wurde von ihm und besonders auch von meinem Großvater frühzeitig mit den Naturwissenschaften bekannt gemacht. Mein Großvater, ehemaliger 48iger, hatte nicht studieren können, weil das vorhandene Geld nur für seinen Bruder ausreichte, der Arzt wurde. Er hing mit großer Verehrung an seinem Schwiegervater, Karl-Ludwig Hencke, der in Driesen (Neumark) als dortiges Oberhaupt der Post in den Nachtstunden Astronomie trieb. Dieser erhielt später für seine Entdeckung der Planetoiden Astrua und Hebe die Goldene Medaille für Kunst und Wissenschaft im Jahre 1845 und Erlaubnis für seine Schwiegersöhne, da er ohne Sohn starb, den Doppelnamen Schultz-Hencke zu tragen. Meine Mutter war eine der ersten Graphologinnen hier in Berlin in den 90er Jahren. Von ihr erhielt ich die ersten Anregungen in psychologisch-geisteswissenschaftlicher Richtung.

Ich entwickelte früh ein besonderes Interesse für die Tierwelt und dann für biologische Fragen, gleichzeitig aber auch für menschliche, insbesondere Philosophie. 1911 machte ich mein Abitur an der Goethe-Schule in Berlin-Wilmersdorf. Außer meinen naturwissenschaftlichen Interessen entwickelte ich dort ein besonderes für Geschichte.

Auf der Universität Freiburg/Breisgau studierte ich Medizin. Bei allem Interesse für allgemeine Fragen, insbesondere für biologische und philosophische, schien mir Anatomie und Pathologie als unerläßliches Fundament. Ich hatte das Glück, bei Aschoff eine Zeitlang zu famulieren; nebenher besuchte ich die Vorlesungen und Seminare beim Philosophen Rickert, später bei Husserl und Heidegger. Weiterhin bemühte ich mich um Soziologie, Ethnologie und auch Nationalökonomie. In der Jugendbewegung fand ich mir gleichgesinnte Kameraden. Ich meldete mich 1914 als Kriegsfreiwilliger und machte u. a. die Winterschlacht am Hartmannsweilerkopf 1915/1916 mit. Von jeher war ich kränklich und körperlichen Strapazen nur wenig gewachsen. So wandte ich mich vorwiegend der wissenschaftlichen und übrigen Literatur zu.

1913 im 6. Semester hörte ich zum erstenmal Psychiatrie bei Hoche in Freiburg. Dessen gradlinige Skepsis, besonders in psychologischer Hinsicht, enttäuschte mich nicht, sondern wurde für mich zu einer wertvollen Anregung, nun desto schärfer hinzusehen. Im Seminar bei Kehrer kam ich in erste Berührung mit seelisch Abartigen, u. a. der Schizophrenie. Zufällig gab mir ein älterer Kollege ein Buch von Freud über Angsthysterie in die Hand. Ich erhielt den bleibenden Eindruck, daß hier im ersten Ansatz ein Weg beschritten war, der – wenn überhaupt einer, zum Ziele führen könnte –, einmal zur Aufhellung rätselhafter psychologischer Tatbestände und Zusammenhänge beizutragen vermöchte. Ich erkannte nicht nur die geniale Bedeutung dieses Ansatzes, wie Gauger sie z. B. neuerdings hervorhebt, sondern war entschlossen, die gebotene Spur zu verfolgen und zu überprüfen. Im Jahre 1921 hatte ich in der Psychiatrischen Klinik in Würzburg als Volontärassistent Gelegenheit dazu. Ich hatte das Glück, in einigen Fällen unter Vermeidung jeder Suggestion die Bestätigung einer Reihe von Kernthesen der psychoanalytischen Schule in unmittelbarer Form vor Augen zu bekommen. Es handelte sich um dramatisch-kathartische Erlebnisse der Patienten. In der Charité in Berlin ergänzte ich mein Wissen nach der neurologischen Seite hin. Gleichzeitig begann ich 1922 eine Lehrbehandlung, wie sie heute allgemein als notwendig anerkannt ist. Nach 3jähriger Arbeit mit Patienten begann ich unter aller Anerkennung bestimmter Tatbestände Kritik an einer ganzen Reihe von spekulativen Folgerungen und besonders an der Sexualtheorie zu üben. Seither bemühte ich mich ausdrücklich um die Herausarbeitung exakter Methodik. Dabei leitete mich bald ein ausgesprochenes Interesse an der Form der Arbeitsgemeinschaft im Sinne der Peripatetiker, der platonischen Akademie und der sokratischen Methode. Die Standpunkte der Individualpsychologie und der Jungschen Lehre erschienen mir bald als notwendige Ergänzung der psychoanalytischen Lehrmeinung. Hinzu kam ein ausgesprochenes Interesse für die Aufgaben der Therapie. Ich erstrebte wenn möglich eine Aktivierung der üblichen abwartenden Methode. Mein Hauptinteresse galt der Lehre vom Traum. 1927 veröffentlichte ich eine »Einführung in die Psychoanalyse« bei Gustav Fischer, Jena, mit der ausdrücklichen Absicht, unter Verzicht auf eine kritische Auseinandersetzung das bleibend Positive darzustellen. Die libido-theoretische Auffassung wurde nicht übernommen. Im gleichen Jahre habe ich im neugegründeten Zentralblatt für Psychotherapie einen grundlegenden Aufsatz über

»Die heutigen Aufgaben der Psychotherapie als Wissenschaft« veröffentlicht.

Während ich im Jahre 1927 und 1928 im damaligen Institut für Psychoanalyse als Dozent Vorlesungen und Seminare abzuhalten beauftragt wurde, erregte meine Stellungnahme für die »gegensätzliche« Individualpsychologie und Jungsche Lehre steigendes Mißfallen. Mein Sicheinsetzen für therapeutische Ziele wurde als unzulässige, vorschnelle Aktivität empfunden. Meine Kritik an der Sexualtheorie führte dann zur Aufhebung meines Lehrauftrages. Ich war dennoch überzeugt, der Sache dadurch zu dienen, daß ich unbekümmert an der Weiterentwicklung eines richtiggesehenen Kernes von Auffassungen mitarbeitete. Mir lag nunmehr steigend am Problem der Verifizierung tiefenpsychologischer Theorie. Ich veröffentlichte 1931 ein Buch »Schicksal und Neurose«, das nunmehr eine kritische Auseinandersetzung mit der Psychoanalyse enthielt. War mein erstes Buch bereits erst nach eineinhalb Jahren besprochen worden, so ging es mit dem zweiten noch schlechter. Ich hatte mich darin getäuscht, als ich glaubte, eine Erörterung der fragwürdigen spekulativen Seiten der Psychoanalyse in Gang setzen zu können. Eine Arbeit über »Das Wertproblem in der Psychoanalyse« sollte der Verbindungsaufnahme zur Philosophie dienen. Der Umbruch des Jahres 1933 ergab den Zusammenschluß der verschiedenen Richtungen im Reichsinstitut für psychologische Forschung und Psychotherapie. Nun begann ich im Gegensatz zu den beiden früheren Büchern, die der Darstellung und Kritik des Tradierten galten, meinen eigenen Standpunkt zu entwickeln. Nach 7 Jahren schloß ich mein drittes Buch »Der gehemmte Mensch« als Ausdruck dieser Zielsetzung ab (1940 bei Thieme, Leipzig).
In meiner Tätigkeit als praktischer Psychotherapeut habe ich in nahezu 25 Jahren jetzt etwa 40 000 Träume analysiert – von etwa 200 Patienten. Als Dozent im nunmehrigen Reichsinstitut ließ ich die Beschäftigung mit biologischen Problemen nicht außer acht. Halb als Liebhaber züchtete ich die Fischgruppe der Cichliden, die neuerlich auch von Lorenz, Königsberg, im Interesse der Instinktforschung bearbeitet wird. Durch meine Frau gelangte ich in künstlerische Kreise, die mich ihrerseits im Sinne einer Ergänzung der naturwissenschaftlichen Aspekte anregten und förderten. Durch die Anthropologie von Arnold Gehlen eröffnete sich mir seit 1940 eine Verbindung zur allgemeinen Biologie und Psychologie des Menschen überhaupt, nicht nur des abartigen. In den Jahren 1942 und 1943 erlebte ich als Oberarzt im Lazarett dankbar die Wiederbelebung chirurgischer und internistischer Erfahrungen und Kenntnisse, obgleich die verständliche und wohl auch notwendige Einseitigkeit meiner Entwicklung ein fundamentiertes praktisches Arbeiten auf diesen Gebieten nicht zuließ. So wurde ich schließlich in verständnisvoller Weise für den

Bedarf der Poliklinik des neugegründeten Reichsinstituts für psychologische Forschung und Psychotherapie u.k. gestellt.«

Zur letzten Entscheidung über seine Bewerbung, die De Crinis zu fällen gehabt hätte, kam es nicht mehr.

Schultz-Hencke wurde von seinen Zeitgenossen als ein sehr intelligenter faszinierender Lehrer beschrieben, der umfassend gebildet war. Freunde hoben seine übergroße Sensibilität hervor, die er hinter einer schroffen und distanzierenden Fassade verbarg. So haßte er auch konventionelle Plauderei und wirkte deshalb auf manche Menschen kalt und unheimlich. In seinen Freundschaften war er beständig und intensiv – vorausgesetzt, daß ihm Interesse für seine vielfältigen Gedanken entgegengebracht wurde. Schultz-Hencke wirkte in seiner Haltung und auch in seinem Gesichtsausdruck meistens sehr angespannt. Eine ehemalige Mitarbeiterin kommentierte: als habe er einen Gewehrlauf im Rücken.

Schultz-Hencke kam aus einer ungewöhnlichen Familie: Seine Mutter soll die natürliche Tochter des englischen Königs Eduard VII. (1901 bis 1910) und einer Hofdame, die dann nach Deutschland heiratete, gewesen sein. Die Mutter war eine sehr schöne, aber leidende Frau (wahrscheinlich Lungentuberkulose) und der Arzt hatte ihr jeden zärtlichen Umgang mit ihren beiden Kindern (Schultz-Hencke hatte noch eine Schwester) verboten. Auch der englische König Georg von Hannover befand sich unter Schultz-Henckes Vorfahren. Schultz-Henckes Vater war ein strenger, tüchtiger Mann, der Prototyp des pflichtbewußten, preußischen Beamten, der keine Zärtlichkeit kannte. Im Elternhaus Schultz-Henckes fehlte es an Wärme und Herzlichkeit; deshalb mieden es selbst seine Schulkameraden. Schultz-Henckes Mutter starb, und der Vater heiratete ein zweites Mal. Eine Halbschwester wurde geboren, der die Liebe und Aufmerksamkeit der Stiefmutter galt. Ob sein Bruder Walter, zu dem er ein sehr liebevolles Verhältnis hatte (er fiel im Krieg), aus erster oder zweiter Ehe des Vaters hervorgegangen war, ist nicht bekannt.

In erster Ehe heiratete Schultz-Hencke eine Halbjüdin. Sie starb. Ursprünglich wollte Schultz-Hencke eine Analyse bei Freud selbst machen. Nachdem Freud ihn nicht angenommen hatte (die Gründe sind nicht bekannt), ging er zu Radó. Ihn empfand er als »Rationalisten« in seiner Analyse habe er gelernt, seinen Gefühlen zu mißtrauen.

Am Berliner Psychoanalytischen Institut hatte Schultz-Hencke, zusammen mit Fenichel, das »Kinderseminar« ins Leben gerufen; es hatte sich als Forum der jüngeren Psychoanalytiker konstituiert, die das, was die »Alten« sagten, kritisch hinterfragten. Schultz-Hencke teilte Freud seine Gedanken, die entscheidend von den Freudschen abwichen, mit. Darauf reagierte Freud sehr negativ.[19] Außerdem hielt er Schultz-Hencke für antisemitisch. Diese Kritik konnte Schultz-Hencke natürlich nicht annehmen, zumal er Abraham sehr schätzte. Schultz-Hencke schloß seine Lehranalyse bei Boehm ab. Ebenso wie sein Lehranalytiker Radó heiratete auch Schultz-Hencke, nun in zweiter Ehe, eine seiner Analysandinnen. Seine zweite Frau war ursprünglich mit Bally verheiratet gewesen und hatte mit ihm zwei Söhne. Als sich unter dem Einfluß Ballys eigener Analyse Schwierigkeiten in der Ehe einstellten, riet er ihr, »den besten Analytiker Deutschlands«, Schultz-Hencke, aufzusuchen. Während ihrer Analyse wurde die Ehe mit Bally geschieden. Die spätere Frau Schultz-Hencke hatte ursprünglich vor, ihre Analyse zu beenden, um in Wien ein Fotoatelier einzurichten. Diesen Plan konnte sie nicht verwirklichen, da sie von Schultz-Henckes Heiratsplänen überrascht wurde und ihn, wenn auch zögernd, heiratete. Nach dem Krieg wurde die Ehe geschieden.

Als Eitingon sich nach der nationalsozialistischen Machtübernahme mit Freud über das Schicksal der Deutschen Psychoanalytischen Gesellschaft beriet, erwog Freud, daß sich ein »innerer Gegner« wie Schultz-Hencke des Instituts bemächtigen und seinen Absichten dienstbar machen könnte (Neiser, 1978, S. 57). Tatsächlich schätzten Göring und einige seiner Mitarbeiter Schultz-Hencke als aufstrebenden, ehrgeizigen jungen Wissenschaftler (Ci/Gö, 21.10.34; Ci/Gö, 26.8.34; Ci/Gö, 31.5.37; Gö/Rostock, 31.5.44). Schultz-Hencke wurde als Vertreter für die psychoanalytische Gruppe zum Gründungsmitglied der Deutschen allgemeinen ärztlichen Gesellschaft für Psychotherapie von Göring herangezogen. Längst hatte er sich allerdings von seiner ursprünglich Freudianischen Position entfernt und seine eigene Lehre entwickelt, in der er die Libidotheorie und die Metapsychologie fallen ließ. Das Verbot der psychoanalytischen Terminologie durch die Nazis kam Schultz-Henckes theoretischer Entwicklung entgegen, und er konnte uneingeschränkt an seiner Theorie weiterarbeiten. Die Einschränkungen, die den Vertretern der klassischen Psychoanalyse auferlegt wurden (Müller-Braunschweig und Boehm) betrafen damit Schultz-Hencke (ebenso wie Kemper u. a.) nicht. Deshalb kam Schultz-Hencke später in den Ruf, sich opportunistisch an die herrschenden Dogmen angepaßt zu haben. Dagegen berichtete Kemper davon, daß er in einer Sitzung des Verwaltungsrates des Deutschen Instituts für psychologische Forschung und Psychotherapie in Görings Anwesenheit öffentlich gesagt habe, »Sie alle wissen, daß ich kein Nationalsozialist bin und niemals einer sein werde. Tun Sie (an Göring gewandt), was Sie zu tun für richtig halten« (Kemper, 1973, S. 318), eine Äußerung, die nicht nur Schultz-Henckes antinationalsozialistische Haltung bezeugt, sondern auch für viel persönlichen Mut spricht[20]. Im übrigen hatte Schultz-Hencke wenig Kontakt zu seinen Kollegen. Vor allem Heyer sei ein »rotes Tuch« für ihn gewesen; von Heyer seinerseits ist überliefert, daß er lieber eine Schachtel Streichhölzer essen wolle als 10 Seiten von Schultz-Hencke lesen (Kemper, 1973, S. 285).

Nach dem Krieg, am 5.6.45, gründeten Kemper und Schultz-Hencke das Institut für Psychotherapie, dessen Mittelpunkt die Auffassung der »Kerngruppe« bildete. Ihre Position umriß er in seinem Vorwort zum »Lehrbuch der analytischen Psychologie« (1951): »In erster Linie meint der Verfasser, ist die psychotherapeutische Wissenschaft im Gegensatz zu 1933 auf dem Punkt angelangt, die Positionen Freuds, Adlers und Jungs zwanglos und gegenstandsgerecht amalgamieren zu können.«

Da Schultz-Hencke der Meinung war, daß die gesamte psychotherapeutische Entwicklung auch im anglo-amerikanischen Raum parallel der Entwicklung in Deutschland verlaufen war, fand er es nur selbstverständlich, seinen Beitrag öffentlich auf dem ersten internationalen Kongreß in Zürich 1949 darzustellen, obwohl eine Absprache bestand, sich in der internationalen Öffentlichkeit zunächst zurückzuhalten.

Müller-Braunschweig setzte ihm seine Position entgegen – auch um damit zu demonstrieren, daß Schultz-Henckes Auffassung nur einen Teil – wenn auch den größeren Teil (denn von den rund 30 Mitgliedern der DPG gehörten nur 9 der Gruppe um Müller-Braunschweig an) – der Position der Deutschen Psychoanalytischen Gesellschaft repräsentierte. Sicher spielte für Müller-Braunschweig auch eine persönliche Enttäuschung eine wesentliche Rolle: im Gegensatz zu seiner gründlichen, vielleicht auch etwas umständlichen Art, die klassische psychoanalytische Position darzustellen und dabei wenig Anerkennung zu bekommen, galt Schultz-Hencke als brillanter Lehrer, bei dessen Veranstaltungen die Hörsäle immer voll besetzt waren. Während Müller-Braunschweig in Schultz-Hencke seinen Gegenspieler sah, überging Schultz-Hencke Müller-Braunschweig sowohl als Partner für eine persönliche Konfrontation als auch als Wissenschaftler (Mü-Br/Sch-H. 1.6.1945; Sch-H/Mü-Br. 4.6.1945; Mü-Br/Sch-H. 6.6.1945). Für Schultz-Hencke gab es nur eine hierarchisch strukturierte Zusammenarbeit. Müller-Braunschweigs Angebot kollegialer Beratung lehnte er ab. (Kemper, Protokoll vom 24.7.1945). Vielleicht fehlte es Schultz-Hencke auch an wirklichem Verständnis dafür, wie schmerzhaft vor allem Müller-Braunschweig die Einschränkung seiner Lehrfreiheit und sein Publikationsverbot empfunden hatte.

Wie weitgehend Schultz-Hencke von der richtungweisenden Bedeutung seiner Lehre überzeugt war und wie wenig optimistisch er die Chancen einer Weiterentwicklung der klassischen Psychoanalyse beurteilte, ist aus Kempers protokollarischen Aufzeichnungen ersichtlich (vom 8.5.1945). Es sei abzusehen, daß auch der deutsche Staat, wie das auf der ganzen Welt geschehe, die ausdrücklichen Vertreter der psychoanalytischen Sexualtheorie und Metapsychologie ablehnen werde, auch wenn sie weiterhin betraut würden, Psychotherapie praktisch auszuüben. Ebenso werde der deutsche Staat es ablehnen, die Psychotherapie in die

Hand »einer weitgehend nichtärztlichen, zumindest wissenschaftlich-skeptischen Gruppe zu legen, die es vermieden hat, sich der fundierten Empirie der übrigen einzuordnen« (gemeint ist die Jung-Gruppe). Die Kerngruppe alleine repräsentiere »trotz oder gerade wegen ihrer lebendigen inneren Differenziertheit den heute erreichten Stand tiefenpsychologischer und psychotherapeutischer Forschung«. Zur Bekräftigung seiner internationalen Perspektive zitiert Schultz-Hencke den Oxforder Kongreß von 1938, auf dem vor allem die Vertreter der Tawistoke-Klinik, London, in ihren kasuistischen Beiträgen ganz den Vorstellungen der Kernauffassung entsprochen hätten; weiter nennt er die Psychoanalytikerin Frau Horney in New York, die in ausgesprochenen Gegensatz zur Psychoanalyse getreten sei und eine Gruppe gebildet habe, die dem Gros der amerikanischen Ärzte nahestehe (unter weitgehendem Verzicht auf Sexualtheorie und Meta-Psychologie), und die psychotherapeutische Arbeit des russischen Charkow-Instituts für Nervenleiden.

Die Internationale Psychoanalytische Vereinigung, deren überwiegender Teil unmittelbar oder mittelbar unter der nationalsozialistischen Gewaltherrschaft gelitten hatte, mußte sich nun mit zwei überaus brisanten Fragen auseinandersetzen:
1. inwieweit die Vertreter der Psychoanalyse durch den Nationalsozialismus korrumpiert worden waren;
2. ob Schultz-Henckes Position noch als Psychoanalyse gelten konnte.

In der öffentlichen Diskussion gelang es nicht, beide Fragen klar voneinander zu unterscheiden. Unversehens wurde Schultz-Hencke mit dem Nationalsozialismus identifiziert. Während sich an der Person Boehms wohl die Kritik an der Haltung der deutschen Psychoanalytiker festmachte, galt der Theorie Schultz-Henckes die ideologische »Abrechnung« mit den »Kollaborateuren«; denn die Diskussion spitzte sich so weit zu, daß deutlich wurde, daß die gesamte deutsche Gruppe nur dann in die IPV aufgenommen werden würde, wenn Schultz-Hencke ausgeschlossen würde. Da Schultz-Hencke nicht zum Austritt bereit war, trat Müller-Braunschweig mit einer kleinen Gruppe von Psychoanalytikern aus der DPG aus. Der größere Teil blieb bei Schultz-Hencke. Die Motive sind sicher unterschiedlich: während ein Teil der Psychoanalytiker Schultz-Henckes Position als für sich verbindlich anerkennen konnte, spekulierten andere sicher auf bessere Lebensbedingungen, die sie sich von der Ankoppelung des Schultz-Henckeschen Instituts und vor allem seiner Poliklinik an die Versicherungsanstalt Berlin versprachen. Dieser gesamte Vorgang muß Schultz-Hencke sehr belastet haben, denn er hat ihn nicht einmal seinen engsten Freunden anvertraut.

Für den Wiederaufbau eines psychotherapeutischen Lehr-Forschungs- und Behandlungsinstituts, von dem sich Schultz-Hencke eine systematische Vorgehensweise versprach und in dem alle drei Schulen wie im alten

»Deutschen Institut« miteinander verbunden sein sollten, setzten sich Schultz-Hencke und Kemper sehr engagiert ein. Ihre Bemühungen protokollierten sie überaus sorgfältig (pro Tag fanden oft drei bis vier Sitzungen statt). Als sowohl Schultz-Hencke als auch Kemper sich um eine an der Humboldt-Universität ausgeschriebene Professur bemühten, überschattete eine gewisse Rivalität ihre konstruktive Zusammenarbeit. Schultz-Hencke wurde für die Stelle empfohlen. Da damit allerdings eine Übersiedlung in den Ostteil der Stadt verbunden gewesen wäre, verzichtete er.

Schultz-Hencke ist bereits mit 60 Jahren gestorben. Nach einer Blinddarmoperation kam es zu immer neuen Embolien; von mehreren ehemaligen Kollegen wurde die Vermutung geäußert, daß er die Enttäuschung darüber, daß er selbst von der neo-analytischen Richtung in den USA (z. B. Horney, mit der er lange befreundet gewesen war) nicht in der Weise akzeptiert wurde, wie er es sich erhofft hatte, nicht verwinden konnte.

5.3. Die Deutsche allgemeine ärztliche Gesellschaft für Psychotherapie

Carl Haeberlin, Arzt in Bad Nauheim und Mitherausgeber der allgemeinen ärztlichen Zeitschrift für Psychotherapie, Parteimitglied, ergriff als erster die Initiative und richtete ein Schreiben an die Regierung, in dem er die Notwendigkeit darlegte, daß die Gesellschaft einen nationalsozialistischen Vorsitzenden – zumindest während der Tagungen – haben solle oder der gesamte Vorstand gleichzuschalten sei (Ci/Haeberlin, 3.8.33). Der Hamburger Arzt, Cimbal, Geschäftsführer der allgemeinen ärztlichen Gesellschaft und mit deren Struktur und Personen bestens vertraut, berichtete Haeberlin und Göring, der als nationalsozialistischer Leiter der Gruppe ausersehen worden war, über die persönlichen Machtkämpfe zwischen den verschiedenen psychotherapeutischen Funktionären. (Ci/Hae, 3.8.33; Ci/Gö, 3.9.33). Cimbals Informant über die Situation in Berlin war von Hattingberg, der selber, ebenso wie J. H. Schultz, den Vorsitz der Gesellschaft beanspruchte. Außerdem bestanden Divergenzen zwischen Hattingberg und Heyer. Auch Heyer stellte einen gewissen Machtanspruch, den man ihm als Vertreter Jungs auch zugebilligt hätte, wenn er sich nicht mit einer »großen Anzahl der maßgebenden Herren der Regierung, z. B. mit Hess, ärztlich verfeindet hätte, so daß sie in offenem Konflikt auseinandergegangen sind«; deshalb sei es nicht opportun, ihm die Leitung zu überlassen (Ci/Hae/Gö, 3.8.33; Ci/Gö, 10.3.34). Gegen Schultz und Hattingberg bestünden innerhalb der Gesellschaft ebenfalls Widerstände, die nicht nur durch die beiderseitige Eifersucht begründbar seien. Hattingberg, der selbst immer zurückgetreten sei, habe den Vorschlag gemacht, Göring, gegen den von keiner Seite irgendwelche »Einstellungen« bestünden, zu bitten, den Vorsitz der Deutschen Gesellschaft zu übernehmen. Schultz habe versucht, bei Kretschmer und dessen Assistenten Mauz Unterstützung zu finden. Kretschmer sei ihm weitgehend entgegengekommen, denn Mauz habe von Kretschmer offenbar den Auftrag erhalten, nach seiner Amtsniederlegung die Macht der Gesellschaft in seine Hand zu spielen. Gegen Schultz bestünden einerseits starke Abneigungen; andererseits habe er in Berlin eine sichere Machtposition, und das könne dazu führen, daß, falls er den Vorsitz übernähme, die ganze Gesellschaft in »das Berliner Fahrwasser« gelangen würde. Cimbal betonte, daß er das für verhängnisvoll halte, da es sich hier nicht um echte Heilkunst und Erkenntnis, sondern um einen »Wissenschaftsbetrieb« handele. Auch halte er das »Organtraining« von Schultz für unheilvoll und meinte, daß es in einem ihm bekannten Fall dadurch zum Ausbruch einer Psychose gekommen sei (Ci/Hae/Gö, 3.8.33).

Auf der Suche nach Orientierung schien Göring, der ja als Leiter des individualpsychologischen Arbeitskreises in Wuppertal-Elberfeld mit der Politik der allgemeinen ärztlichen Gesellschaft für Psychotherapie nur am Rande vertraut gewesen sein dürfte, sich an Cimbals Vorschläge zu halten. Ihre gemeinsame Basis war die Ablehnung der herkömmlichen Psychiatrie und die Überzeugung, sich nicht von den »alten, verknöcherten Psychiatern« »ins Schlepptau nehmen zu lassen«, und ihr nationalsozialistisches Selbst- und Weltverständnis. In der ersten Zeit fühlte sich Göring, trotz des Gewichts seines Namens noch keineswegs sicher. Leiter einer Adlerianischen Arbeitsgruppe mit ihrem jüdischen Hintergrund gewesen zu sein, haftete ihm als »Makel« an. Rechtfertigend äußerte er Cimbal gegenüber: Adler sei mit der Ablehnung der Vererbung zu weit gegangen; es gebe zwei Komponenten, die von ausschlaggebender Bedeutung seien: die Erbmasse und das Milieu (Gö/Ci, 7.10.33). Sehr herzlich, aber kritisch reagierte Seif, Leiter des Münchner Individualpsychologischen Kreises und ehemaliger Lehranalytiker Görings, auf diesen Umschwung: er (Göring) sei eben doch ein guter Individualpsychologe, da er selber darüber reflektieren könne, daß Seif hier anderer Ansicht sei und er meine, daß Göring der Erbmasse eine allzugroße Bedeutung beimesse. Das würde die Freiheit des Willens, die schöpferische verantwortliche Persönlichkeit, die Voraussetzung für das Entstehen von Moral, Ethik, Religion und Kultur sei, in Frage stellen. Diese Art von »Materialismus« sei lediglich der Versuch, den Teufel durch den Beelzebub zu ersetzen (Seif/Gö, 8.1.34).

Die Mitglieder des Reichsausschusses der Deutschen Gesellschaft für Psychotherapie waren: Haeberlin, Heyer, Künkel, Hattingberg, Schultz, Schultz-Hencke, Seif, Weizsäcker und Störring. Vor allem Schultz sollte

»schärfer herangezogen werden« (zum Beispiel, indem er ein Referat auf dem Nauheimer Kongreß übernehmen sollte). »Seine Berliner Gefährdung[1] wird inzwischen abgelaufen sein« (Ci/Gö, 10.3.34).

Dr. Kurt Gauger war bei den Psychotherapeuten zunächst noch nicht bekannt. Conti versprach Göring, Erkundigungen über ihn einzuholen. (7.11.33). Gauger trat sehr schnell in Erscheinung: bereits am 16.12.33 schrieb Cimbal an Göring, daß »eines der Berliner Mitglieder des Reichsausschusses« (für Psychotherapie) ihm geschrieben habe, daß er mit dem zukünftigen Führer der Berliner Gruppe über die Durchführung der psychotherapeutischen Arbeit gesprochen habe und dieser Führer habe ihm mitgeteilt, daß er demnächst Leitsätze ausarbeiten und veröffentlichen wolle, um die Mitglieder danach zur Meldung bei ihm aufzufordern. Cimbal hielt diese Taktik, die »der nationalsozialistischen Ortsgruppenführung entspricht, für wissenschaftliche Gesellschaften nicht ohne weiteres für anwendbar«. (Gö, 16.12.1933). Göring reagierte ungehalten über diese Eigenmächtigkeit, denn schließlich beanspruchte er die Führungsposition. Das hier genannte Berliner Mitglied ist wahrscheinlich von Hattingberg gewesen; denn Gauger, der sich bereits als Führer der Berliner Gruppe verstand, beklagte sich über von Hattingberg, der angeblich unangenehm davon berührt sei, daß nicht er selbst zum Führer ausersehen worden sei. Auch Heyer in München hatte darauf gehofft, Führer der Münchner Arbeitsgruppe zu werden und schien enttäuscht zu sein, daß er nicht in besonderer Weise hervorgehoben wurde (Gö/Ci, 17.12.33).

Eine inhaltliche Abstimmung der verschiedenen psychotherapeutischen Richtungen sollte sich auf der sogenannten »Führerzusammenkunft« am 30.9. und 1.10.1933 in Berlin vollziehen. Eingeladen waren: I. H. Schultz, als Begründer des »Organtrainings«, Künkel, der die »Angewandte Charakterkunde« vertrat, Schultz-Hencke, als Repräsentant der Psychoanalyse, Haeberlin und Seif. Göring und Cimbal waren die Einladenden. Zentrale Themen der Tagung sollten sein:

»Eine Vertiefung der psychotherapeutischen Heilkunst, insbesondere in der Richtung der Jungschen psychologischen Analyse, des Organtrainings von I. H. Schultz, der Angewandten Charakterkunde (etwa im Sinne der Individualpsychologie, aber umgewandelt auf die Lebensziele der nationalen Denkweise) und schließlich der Menschseinsproblematik (Haeberlin, Klages, Prinzhorn)«.

Bei der 1. Skizzierung dieser Themen fiel auch der Terminus »Psychoanalyse« (Ci/Gö, 21.7.33). Da Freuds Werke bereits Ende Mai 1933 verbrannt worden waren, verlangte Göring, daß der Terminus »Psychoanalyse« wegfallen müsse und »Individualpsychologie« durch »Angewandte Charakterkunde« zu ersetzen sei, da beide Begriffe »anstößig« seien (Gö/Ci, 6.8.1933).

Künkel, der ausgehend von Adler seine eigene Schule begründet hatte, nahm seine Einladung zur »Führertagung« gern an, hielt es aber für eine heikle Frage, wer dazukommen solle und wer nicht. In der Einladung an Seif sah er eine Stärkung seiner Position und drückte dazu seine besondere Dankbarkeit aus. Weiter regte er an, bereits vorher schriftlich eine Art »Verhandlungsbasis« zu entwickeln und nicht mit einzelnen Denkschriften[2] die Regierung auf die Streitigkeiten zwischen den Psychotherapeuten aufmerksam zu machen.

»Wir sollten im Gegenteil darauf dringen, daß nur die Gesellschaft als Ganzes (die doch als Standesorganisation aufzutreten hat) sich mit den Behörden in Verbindung setzt. Wenn wir der Regierung jetzt mit unserem »Mönchsgezänk« und den Gegensätzen zwischen Jung und Adler oder zwischen Klages und Schultz noch auf die Nerven fallen, verlieren wir – mit Recht – unsere sonst doch wohl recht günstigen Aussichten. Wir sollten als Bedingung der Mitgliedschaft aufstellen: keine Sonderaktionen zugunsten irgendeiner Schule, sondern nur Wahrnehmung des Gesamtinteresses der gesamten Psychotherapie« (an Gö, 9.8.33).

Künkel schien Schwierigkeiten mit der Ärztekammer gehabt zu haben, bei denen nicht klar ist, was für Vorwürfe gegen ihn erhoben wurden[3]. Conti hatte ihm empfohlen, sich nicht an den Hartmannbund in Leipzig zu wenden, sondern an den »hiesigen Provinzialverein, d. h. an den Großberliner Ärztebund«, und zwar an einen Herrn Dr. Claus, den Vorsitzenden des Großberliner Ärztebundes (Conti/Göring, 13.10.33). Da der Großberliner Ärztebund zu Contis Einflußsphäre gehörte, bot er hier einem Psychotherapeuten, der nicht einmal Parteimitglied war, Schutz an. Das Schreiben war an Göring gerichtet; daraus kann man schließen, daß er Göring eine Gefälligkeit erweisen wollte. Auf diesem Hintergrund wird Künkels besonderes Engagement für eine »Deutsche Psychotherapie«, das er in einer Denkschrift (11.12.33) zum Ausdruck brachte, verständlich.

Die »Führertagung« wurde abgesagt, da man der Auffassung war, daß schriftliche Korrespondenz ausreiche (Ci/Curtius, 27.9.33). Künkel schlug als »Verhandlungsbasis« zur Vereinheitlichung der verschiedenen psychotherapeutischen Richtungen die Bearbeitung dreier Aufgabenbereiche vor:
1. Regelung der Schulung des Nachwuchses;
2. eine »Einheitsarbeit oberhalb der Schulen«;
3. eine systematische Weiterarbeit innerhalb der Schulen.

Künkel plädierte nachdrücklich für eine Ermutigung der individuellen Leistungen der Forscher ohne behördliche Reglementierung. Die Forscher sollten sich einerseits ihrer eigenen Schule widmen, andererseits offen für die Zusammenarbeit mit anderen Richtungen sein, um die Arbeit nicht zu »sinnloser Geheimniskrämerei entarten« zu lassen. Er schlug ein Modell der Kooperation vor, das zunächst schulimmanent sein sollte, z. B. Kontakt der Jungianer in Berlin unter Leitung Kranefeldts mit der Jungianischen Ortsgruppe München von Heyer, und zwar als Kontakt direkt zwischen Kranefeldt und Heyer. Innerhalb der Ortsgruppe sollte jeder Psychotherapeut sich unmittelbar dem Ortsgruppenleiter für sein praktisches und theoretisches Arbeiten verantworten müssen. Vorsteher der Forschungskreise sollten die Verbindungen zwischen Landes- und Reichsleiter herstellen. Als »vornehmste« Aufgabe der neuen Organisation sah Künkel die Forderung von »Reichsleiter Prof. Göring« vom 15.9.1933, der betont habe, daß die bisherige Spaltung der bekannten psychotherapeutischen Schulen (Freud, Jung, Adler und Klages) aufzuheben sei zugunsten einer »Deutschen Psychotherapie« als inhaltliche, wissenschaftliche und systematische Einheit. Als besonderes Problem sah er die Heranbildung des Nachwuchses und meinte, daß die »Meister« meist toleranter seien als ihre Schüler.

»Überall, wo Führer und Gefolgschaft ist, wird sich bei der letzteren die Intoleranz gegen die Gefolgschaft anderer Führer bemerkbar machen. – Die Aufgabe heißt hier: wie lernen wir die Psychotherapie so, daß die Treue zum eigenen Standpunkt gewahrt bleiben kann und daß doch die Intoleranz gegen fremde Standpunkte vermieden wird?« (Künkel, Denkschrift, undatiert).

Zwischen der Jungschen Gruppe (Kranefeldt), der Gruppe »Angewandte Charakterkunde (Künkel) und der Gruppe »Autogenes Training« (Schultz) werde es wohl kaum irgendwelche Schwierigkeiten geben.

»Das eigentliche »Sorgenkind« ist und bleibt die Psychoanalyse«. Es müsse eine Regelung gefunden werden – Künkel bezeichnete diesen Gesichtspunkt als »Erweichung der Schulkruste« – die die Psychoanalytiker aus ihrer »splendid isolation« heraushole. Ausdrücklich plädierte er für eine Selbständigkeit der »Forschungskreise« am Beispiel seiner eigenen Lehre: er habe Mitarbeiter in allen Erdteilen von Shanghai bis New York und San Francisco, und diese Arbeit hänge an ganz persönlichen Beziehungen und könne nicht auf eine Organisation übertragen werden. Für eine Ausbildung regte er an, daß den Schülern Gelegenheit geboten werden müsse, alle Richtungen kennenzulernen, um dann die eigene Wahl des Lehrers zu treffen. Der letzte Vorschlag sei aus einem Gespräch mit Jung entstanden. (Künkel/Göring, 12.12.33).

Die Psychoanalytiker wurden massiv angegriffen[4]: die Angriffe gingen nicht nur vom »Kampfbund für deutsche Kultur«, von der Charité und

Die Rolle des Juden in der Medizin.

Unter dieser Rubrik bringen wir laufend eindrucksvolles Material über die zersetzende, verbrecherische Tätigkeit des Juden in der Medizin. Er hat für als Instrument benutzt, um unerkannt Deutsche krank zu machen, zu töten, kranke an der Heilung zu hindern, jede naturgemäße Gesundheitspflege zu unterbinden und als Arzt seine atlantische Sinnlichkeit an blonden Frauen und Kindern auszutoben. Wir führen über diese Gebiete ein Archiv und bitten unsere Leser uns ihre diesbezüglichen Beobachtungen zu berichten, damit wir nicht nur auch den seltenen jüdischen Ärzten das Handwerk legen, sondern besonders auch: den Judengeist und das Judenwort aus der deutschen Medizin hinauskämpfen können.

"Ach, Herr Doktor, ich habe so fürchterliche Kopfschmerzen."

"So, bitte, dann legen Sie sich mal auf den Diwan und sprechen jeden Gedanken aus, der Ihnen gerade einfällt."

"Praten — Keitaurelle — Elichblatt — Laimentuch — Pala — —"

"Halt! Delch! Jetzt haben wirs. Der Gesunde Dutz zeigt Ihre sexuellen Wünsche. Ihre Kopfschmerzen kommen also daher, daß Sie in Ihrer Ehe keine Befriedigung finden. Daraus ergibt sich von selbst, wie Sie geheilt werden können — —"

1.
Die Psychoanalyse des Juden Sigmund Freud.

Die Psychoanalyse bietet ein eindrucksvolles Beispiel dafür, daß von einem Juden, selbst wenn er "wissenschaftliche Lösungen" vollbringt, für uns Deutsche nie etwas Gutes kommen kann. Bringt er wirklich mit 5% Reues und anscheinend Gutes, so ist seine Lehre zu 95%, zersetzend und vernichtend für uns. Seine eigenen Rassequellen und andere Rassen mögen von jüdischen Geistesgutvorteile haben. Uns Deutschen und allen Völkern nordischen Blutes schlägt es stets zum Unglück aus, wenn wir irgend etwas aus der Hand des Juden fressen. Mag dies schicksalsmäßig im Judenblut und Judengeist liegen und die besseren Juden selbst über die Auswirkungen ihrer Rasseprodukte erschrecken. Mag sein: Es kann aber auch anders sein, und das halten wir für das wahrscheinliche: der Jude bedient sich in seinem bösartigen Streben nach der Weltherrschaft die Medizin, um dir ihm im Wege stehenden nordischen Völker zu entarten und zu dezimieren. Die Tatsachen sprechen für das Letztere.

Die Psychoanalyse will eine Heilmethode für gewisse Nervenleiden (Neurosen) sein, die durch innere Konflikte auf Grund des Trieblebens entstanden sind. In der Seele des Menschen findet, manchmal bis ins hohe Alter hinein, ein ständiger Kampf zwischen "Gut" und "Böse", zwischen dem Fortpflanzungs- und dem Selbsterhaltungstrieb einerseits und dem göttlichen, blutgebundenen "Ich" andererseits statt. Beim rassisch hochwertigen Menschen endet dieser Kampf und selbstverständlich mit dem Sieg des "Ich", mit der Bewältigung und Zügelung der Triebe. Denn beim hochstehenden Menschen wacht das Gewissen über jedem Fehltritt, sei er geschlechtlicher oder gemeinschädlicher Natur. Es zeigt ihm an: hast du falsch gehandelt, und der Charakter läßt es sich für ein zweites Mal zur Warnung dienen. Der Schwache dagegen, der nicht Herr seiner Triebe wird, wird über dem Konflikt nervenkrank! Aber nicht unheilbar krank! Einem lebenserfahrenen Helfer — es braucht nicht einmal ein Arzt zu sein — wird es gelingen, dem Konflikt zu lösen und dem Kranken durch diätetischer Ratschläge und seelischen Zuspruch einen neuen Halt zu geben, ihm zu erklären, daß das Leben eine Schule ist, in der wir die Überwindung der Triebe zu lernen haben. Diese Aufklärung gibt dem Kranken neue Kraft, und hat der Frust bei der Krankheit wird und den Kampf mit dem Teufel wieder aufnehmen. Die "Neurose" ist geheilt.

Dieser Tatbestand ist klar und seit Jahrhunderten bekannt. Höchstens die moderne "sadische" Medizin, die keine Seele und keinen Gott kennt, konnte ihn vergessen. So wurde es dem Juden Freud, Professor der Medizin in Wien, möglich, in echt jüdischer Kabulistik die Tatsachen zu verdunkeln, zu verdrehen, umzudeuten, sodaß eine neue Lehre, die Freudsche Neurosenlehre, und eine neue Heilweise dieser Zustände, die Psychoanalyse, entstand, deren letztes Ergebnis ist, daß bei uns die Beherrschung des Trieblebens kämpfenden Patientenseele der letzte ethische Halt endgültig genommen und sie in die jüdische Weltanschauung "Genieße, denn morgen bist du tot!" hinabgezogen wird. Und das war wohl auch der Zweck, vielleicht der Auftrag Freuds, denn er reiht sich würdig an die anderen jüdischen Bestrebungen an, die nordische Rasse an ihrem empfindlichsten Punkt, dem Geschlechtsleben, zu treffen.

Betrachten wir in aller Kürze einige Punkte der Freudschen Lehre:

1. Nach Freud ist der Geschlechtstrieb der Grundtrieb der Seele, auf den der ganze Lebensinhalt zurückgeführt werden muß. Ehre, Scham, Moral, Ästhetik, Autorität, Gewissen, in Religion, Wissensdurst, Kunstsinn entstehen nur aus der Sexualität. Aber nicht nur beim bewußten Menschen sieht die immunsche Fantasie Freuds alles vom Geschlechtlichen aus, nein, schon in der Kinderseele wird die Sexualität hineingedeutet: das Saugen an der Mutterbrust, oder einem Ersatz derselben, das Daumlutschen, den Exampeln, das Zum-Mund-führen der Hände und Füßchen werden als Geschlechtslust bezeichnet. Dieser dauernde Trieb müßte Erfüllung finden, in der Jugend durch Onanie (Selbstbefriedigung), später durch Geschlechtsverkehr (gleich ob ehelich oder außerehelich), sonst würde man krank.

2. Um die Stimme des Gewissens, die bei der Onanie und außerehelichen Verkehr im nordischen Menschen rege zu werden, kontrastiert Freud eine unheimliche Macht in uns, das "Es", die das eigentliche Sexrliche sei. Es ist also nicht meine Leidenschaft, die mich zu der von anderen Blut als böse gekennzeichneten Handlung treibt, sondern etwas mir ähnlich Unbewußtes, für das ich nichts kann und wofür ich nicht verantwortlich bin. Eine Neurose soll nach Freud dadurch entstehen, daß dieses "Es" den Trieb ins Unbewußte hineindrange. Der Trieb wird also erient durch Verwurzelungen; deren Bedeutung dem Kranken nicht bewußt ist. Die Heilung soll dadurch herbeigeführt werden, daß durch Psychoanalyse (Seelenzergliederung) dem Kranken des ins Unbewußte verdrängte Trieb wieder bewußt gemacht wird.

Die Wirklichkeit lehrt in der Tat, daß Neurosen durch ein Zusammenstoß mit den niederen Trieben vorkommen können.

Zeitschrift für "Deutsche Volksgesundheit aus Blut und Boden", August/September 1933

Abb. 8 Die Rolle des Juden in der Medizin und Psychoanalyse (Streicher/Will)

von der von Streicher und Will herausgegebenen Zeitung »Deutsche Volksgesundheit aus Blut und Boden« (zit. S. 96) aus, sondern auch von der Berliner Börsen-Zeitung (14. 5. 1933, Nr. 20), in der das »Zersetzende« der Psychoanalyse angeprangert und sie zur weiteren Diffamierung dem Marxismus zur Seite gestellt wurde. Die Jungsche Analytische Psychologie wurde als Überwinderin der Psychoanalyse gefeiert. Göring wollte den Psychoanalytikern dennoch eine »Chance« geben: »Schließlich möchte ich gern noch einen Vertreter der Freudschen Psychoanalyse dabei haben; sonst sieht es so aus, als ob wir sie gleich abhalftern wollen. Was meinen Sie zu Schultz-Hencke? Wir müssen auch den alten Psychoanalytikern unbedingt Gelegenheit geben, sich dazu zu äußern, ob sie dem neuen Staat etwas bringen können« (Gö/ Ci, 6. 9. 33).

Göring zweifelte nicht daran, daß v. Hattingberg, Künkel, Seif und wohl auch I. H. Schultz dazu in der Lage sein würden, eine Verbindung zwischen den Ideen »des Führers« und ihren Konzeptionen herzustellen. »Für Schultz-Hencke wird es am schwersten sein«, meinte Göring (an Cimbal, 6. 9. 1933). Schultz-Hencke legte seine Gedanken in seinem Beitrag »Die Tüchtigkeit als psychotherapeutisches Ziel« dar (Z. f. P., Bd. 7, H. 1/2, 1934).

Schultz-Hencke hebt hervor, daß die Psychoanalyse keine *reine* Wissenschaft sei, sondern auch praktisches, wertgerichtetes Eingreifen. »In der Psychotherapie bestimmen Wertgefühl, Wille, Blut Leben das Ziel und nicht die Wissenschaft« (S. 85). Die »Tüchtigkeit« wird in den Mittelpunkt psychotherapeutischer Zielsetzung gestellt, da es Psychotherapeuten in der Regel mit »ungenialen Untüchtigen« (S. 87) zu tun hätten.

Schultz-Hencke sieht in der Psychoanalyse die Lehre vom gehemmten Menschen. Um sie von den »orthodoxen Anhängern der Psychoanalyse« als »verifiziert« abzugrenzen, nennt er sie »Desmologie« und »Desmolyse« (in Anlehnung an griech. »Fessel«). So kann es unter dem Einfluß einer Therapie auch zu einer vorübergehenden Hemmungslosigkeit kommen – die aber nicht mit dem »Pansexualismus« Freundscher Prägung zu verwechseln sei. Es sei unangemessen, der Sexualität eine so große Bedeutung beizumessen, wie Freud und seine Schüler es täten. Bei der Entstehung der Neurose seien vor allem Aggression und Besitzstreben entscheidend (S. 93). Die Libidotheorie sei überflüssig. Schultz-Hencke wirft der Psychoanalyse vor, daß sie Übergriffe »auf fremdes Gebiet« wage. Demnach verhelfe die Psychoanalyse dem Kriminellen dazu, exkulpiert zu werden, behaupte, daß die Religion aus dem Ödipuskomplex stamme, und schließlich, daß es eine psychoanalytische Pädagogik gebe. Es sei erkennbar, daß hier die persönliche Weltanschauung des Forschers in die Wissenschaft einbreche und er eigentlich Stellung gegen die Religion nehme und sich für die Kriminellen einsetze.

Es liege in der Standesehre, die Grenzen seines Fachs zu respektieren (Schultz-Hencke, 1934).

Auch wenn in Schultz-Henckes Beitrag kaum eine nationalsozialistische Diktion zum Ausdruck kommt (abgesehen von einer rassistischen Sentenz, die aber nur am Anfang des Beitrages anklingt, vielleicht auch als Reverenz an die Machthaber gedacht), fühlten sich die »orthodoxen« Psychoanalytiker durch diese Angriffe aus den eigenen Reihen, gegen die sie sich ja nicht zur Wehr setzen konnten, empfindlich getroffen.

Sie waren bereits Görings Aufforderung, ihre »Verhandlungsbasis« einzubringen, in Form eines von Müller-Braunschweig verfaßten und Boehm gezeichneten Memorandums nachgekommen (29. 9. 1933). Ausgehend von der zeitlichen Übereinstimmung könnte man annehmen, daß Boehm dieses Memorandum Jones im September 1933 bei seinem Treffen in Holland vorgelegt oder seinen inhaltlichen Tenor zumindest dargelegt hatte. Genaueres ist darüber nicht bekannt.

Offensichtlich ging auch Müller-Braunschweig davon aus, daß man sich die Lebens- und Arbeitsbedingungen durch politische Kompromisse erhalten können würde.

In dem Memorandum wurde die Psychoanalyse als Verfahren eingeführt, das sich vor allem in der Behandlung der Kriegsneurotiker des Ersten Weltkrieges bewährt und sich nun ganz der Aufgabe verschrieben habe, die psychoanalytische Therapie auch »unbemittelten Schichten« zugänglich zu machen. So sei die Poliklinik in steigendem Maße von der mittellosen Bevölkerung in Anspruch genommen worden, die diese Einrichtung entweder ganz gratis oder je nach Einkommensverhältnissen mit einem geringen Honorar in Anspruch genommen hätten. Das Institut habe folgende Aufgaben:

»1. Durch seine Poliklinik es auch den unbemittelten Kreisen der Bevölkerung zu ermöglichen, sich wegen neurotischer Leiden einer psychoanalytischen Kur zu unterziehen, was bis dahin nur dem Mittelstand und den vermögenden Schichten erreichbar war;
2. durch Vorlesungen, Seminare und Übungen, ausgeführt und geleitet von den älteren und erfahrenen Mitgliedern der Gesellschaft, Kandidaten in einem etwa vierjährigen Lehrgang theoretisch und praktisch in der psychoanalytischen Theorie zu unterrichten und auszubilden;
3. dem Kandidaten, nachdem er eine gründliche Einführung in die Psychoanalyse erhalten hat, und zwar sowohl durch eine unter Leitung eines Lehranalytikers an dem Kandidaten selbst ausgeführte »Lehranalyse«, als auch durch die Teilnahme an den Vorlesungen, Seminaren und Übungen – poliklinische Fälle zu überweisen, an denen er die praktische Analyse erstmalig unter ständiger Kontrolle eines älteren Mitgliedes (des »Kontrollanalytikers«) ausüben lernt;
4. den Mitgliedern und den Ausbildungskandidaten durch die Schaf-

fung einer umfangreichen und psychoanalytischen, psychotherapeutischen, psychiatrischen und ethnologischen Bibliothek weitere Möglichkeiten zur Fortbildung im Berufe und für die psychoanalytische Forschung zu geben.«

Voraussetzung zur Zulassung zur Ausbildung sei ein abgeschlossenes medizinisches Studium oder ein anderes Hochschulstudium; Nichtakademiker würden nur in Ausnahmefällen zur Ausbildung zugelassen. An dem Unterricht nähmen Ausbildungskandidaten mit dem Berufsziel, Psychoanalytiker zu werden, teil, Angehörige außertherapeutischer Berufe (Pädagogen, Juristen, Seelsorger, Sozialbeamte) und ein weiter Kreis von Interessenten, denen die Teilnahme an der klinisch-therapeutischen Unterweisung allerdings verwehrt sei. Die Zulassung zur Ausbildung werde nach strengen menschlichen, fachlichen und gesundheitlichen Gesichtspunkten vorgenommen. Die Finanzierung des Instituts sei nur in geringem Ausmaße durch die Einkünfte aus der Poliklinik und die zur Verfügung gestellten Honorare der Dozenten möglich gewesen. Jahrelang habe der Gründer und Leiter des Instituts, Dr. M. Eitingon, den größten Teil der Ausgaben aus eigenen Mitteln bestritten. In den letzten Jahren seien die notwendigen Zuschüsse aus erhöhten Mitgliedsbeiträgen aufgebracht worden. Das Berliner Psychoanalytische Institut sei die meist besuchte psychoanalytische Ausbildungsstätte der Welt. Kandidaten seien aus Norwegen, Schweden, der Schweiz, England, Frankreich und Spanien und vor allem aus Amerika gekommen. Eine Reihe der besten Dozenten seien nach Amerika berufen worden. Auch durch die politischen Ereignisse habe sich eine weitere Veränderung in der Mitgliedschaft vollzogen, so daß eine Reihe von Mitgliedern ins Ausland gegangen sei. Glücklicherweise sei die deutsche Gesellschaft dazu in der Lage, die entstandene Lücke durch einen »arbeitsfreudigen Nachwuchs« ausfüllen zu können. Nach dieser Beschreibung folgt der eigentliche politische Passus[5]:

»Es liegt uns daran, Auffassungen entgegenzutreten, nach denen die Psychoanalyse als Forschung und Therapie zersetzend und undeutsch sei. Sie ist, als Wissenschaft, wie jede Wissenschaft, auseinanderlegend, analysierend. Aber das ist nicht gleichbedeutend auflösend und zersetzend. Die Psychoanalyse will als Wissenschaft wie als Therapie, die unbewußten Anteile der Persönlichkeit, die den neurotisch kranken Menschen in der Betätigung eines ungebrochenen, aufbauenden, schöpferischen Wollens und Schaffens einengen und behindern, seiner bewußten Verfügung und Verantwortung wieder zuführen. Dadurch wirkt sie nicht auflösend, sondern erlösend, befreiend und aufbauend. Es ist zugegeben, daß sie ein gefährliches Instrument in der Hand eines destruktiven Geistes ist, und daß es darum entscheidend ist, wessen Hand dieses Instrument führt. Leider ist die Psychoanalyse zum Teil dadurch in Mißkredit geraten, daß sie von Personen ausgeübt worden ist, die es nicht für nötig gehalten haben, sich unserer strengen Schulung zu unterziehen. Die Psychoanalyse bemüht sich nicht allein – auf körperlichem Gebiet – sexuell unfähige Menschen zu sexuell fähigen zu machen, sondern überhaupt auf allen Gebieten des Menschen unfähige Weichlinge zu lebenstüchtigen Menschen, instinktgehemmte zu instinktsicheren, lebensfremde Phantasten zu Menschen, die der Wirklichkeit ins Auge zu sehen vermögen, ihren Triebimpulsen ausgelieferte zu solchen, die ihre Triebe zu beherrschen vermögen, liebesunfähige und egoistische Menschen zu liebes- und opferfähigen, am Ganzen des Lebens interessierte zu Dienern am Ganzen umzuformen. Dadurch leistet sie eine hervorragende Erziehungsarbeit und vermag den gerade jetzt neu herausgestellten Linien einer heroischen, realitätszugewandten, aufbauenden Lebens- und Weltauffassung wertvoll zu dienen. Wir geben zu, daß nicht bei allen Veröffentlichungen des psychoanalytischen Schrifttums diese positive und konstruktive Grundhaltung deutlich genug hervortritt. Ebenso, daß es angesichts der oft verwickelten Problematik der wissenschaftlichen Psychoanalyse für den Nichtfachmann nicht leicht ist, sich ein zutreffendes Urteil zu bilden. Man muß auch immer daran denken, daß die Psychoanalyse, indem sie sich mit so heiklen Themen, wie dem konfliktbeladenen Thema des Verhältnisses des Menschen zu seinem Triebleben, befaßt, niemals erwarten darf, daß die Menschen von vornherein freudig nach ihr greifen, sondern daß sie ihr zunächst immer mit einer Scheu gegenüberstehen werden, die normalerweise erst dann weichen kann, nachdem eine sehr entsagungsreiche und intensive Auseinandersetzung mit ihr stattgefunden hat.«

Dieses Memorandum bezeugt, wie sehr die Psychoanalytiker darum bemüht waren, um jeden Preis ihre Arbeits- und Lebensbedingungen zu sichern. Trotzdem gelang es ihnen nicht, den Verdacht, sie verträten eine »jüdische Wissenschaft«, auszuräumen.

Empört teilte Cimbal Göring mit, daß das Berliner Psychoanalytische Institut[6] weiterhin im Zentralblatt (»bei uns«) inserieren wolle. Jung habe ihm eine Anzeige des Berliner Psychoanalytischen Instituts, die in das Zentralblatt aufgenommen werden sollte, geschickt. Die Anzeige müsse an Gauger nach Berlin weitergegeben werden, damit die Vorträge dort überwacht würden, da das Programm die Grenze des Zulässigen streifen würde. (Diese Passage ist von Göring dick unterstrichen).

»Es ist sehr bedauerlich, daß ich nicht früher von den Vorträgen gehört habe. Ich habe das Gefühl, daß die Regierung von Ihnen die Verhinderung solcher Vortragsserien erwartet. Wir müssen also mindestens jetzt, wo wir sie erfahren haben, so rasch wie möglich handeln. Ich rate deshalb, Ihre Anweisungen unmittelbar an Herrn Dr. Gauger gehen zu lassen und mich nur durch einen Durchschlag wissen zu lassen, wie Sie verfügt haben« (Ci/Gö, 21.1.34).

Göring antwortete prompt am 23.1.1934 und berichtete von einem Gespräch mit Gauger, den er bereits wegen der Ausbildung am Berliner Psychoanalytischen Institut angesprochen hätte.

»Müller-Braunschweig weiß schon durch Gauger, daß wir ihn vom Sommersemester an nicht mehr frei schalten und walten lassen werden. Diese Sache wird auch ausgiebig in München besprochen werden. Wenn mich Griesbeck[7] empfängt, kommt alles in Fluß. Natürlich können wir keine Annonce von Müller-Braunschweig aufnehmen« (Gö/Ci, 23.1.34).

Auf diesen Vorgang bezog sich wohl auch das Schreiben von Jung an Kranefeldt vom Februar 1934, in dem Jung auf den »zersetzenden Charakter spezifischer jüdischer Gesichtspunkte« (gemeint sind die Lehren Freuds und Adlers) hinweisen zu müssen meinte. »Wenn die Verkündigung dieses jüdischen Evangeliums der Regierung angenehm ist, so ist es halt eben so. Andererseits ist ja auch die Möglichkeit vorhanden, daß dies der Regierung nicht angenehm wäre ...« (Clark, 1981, S. 555).

Die Kontroverse um Jungs Engagement bei der Internationalen allgemeinen ärztlichen Gesellschaft für Psychotherapie, die ihr öffentliches Forum in der Neuen Züricher Zeitung gefunden hatte, wurde auch in Deutschland bekannt. Griesbeck hatte bei Göring angefragt, wer gegen Jung Stellung genommen habe. Göring antwortet:

»Kollege Cimbal schreibt, es sei ein Mitglied des Psychoanalytischen Instituts in Berlin, namens Dr. Bally; er habe wegen Staatsfeindlichkeit Deutschland verlassen müssen. – Wegen des gleichen Instituts habe ich Kollegen Gauger, den ich mit meiner Vertretung in Berlin beauftragt habe, angewiesen, sich nach den Satzungen und der Finanzierung zu erkundigen (Gö/Griesbeck, 28.3.34).

Von der Internationalen Psychoanalytischen Vereinigung (IPV) wurde die Entwicklung in Deutschland überaus sorgenvoll kommentiert: Auf seiner Begrüßungsansprache des 13. Kongresses der Internationalen Psychoanalytischen Vereinigung (26.–31. August 1934, Luzern) widmete Jones, Präsident der Gesellschaft, ungefähr die Hälfte seiner Eröffnungsansprache den Vorgängen in Deutschland. Er erörterte hier vor allem prinzipielle Fragen der »politischen Umwälzungen« und der »zersetzenden Wirkung«, die sie auf die Arbeitsbedingungen ausübe:

»es wäre ein leichtes, einen empörten Protest einzulegen gegen die Art, in der diese politischen Geschehnisse unsere Arbeit gehindert und das

Leben unserer Kollegen gestört haben. Ein solches Vorgehen wäre jedoch sicherlich nutzlos und vielleicht schädlich. Es hieße übrigens, von unserem eigenen Niveau herabzusteigen und an dem Gefühlsaufruhr unserer Gegner teilnehmen. Es wird würdiger und auch von größerem Nutzen sein, diese Art Polemik mit der Einstellung der Wissenschaft in Gegensatz zu bringen. Wenn die Wissenschaft angegriffen wird, ist ihre beste Antwort, einfach ihre Prinzipien noch einmal festzustellen«.

Er wandte sich entschieden gegen eine »Pseudo-Ethnologie« und betonte wie unerschütterlich die psychoanalytische Bewegung äußeren Traumata gegenüber sei: »wir sehen wieder einmal, daß Politik und Wissenschaft sich nicht besser vermischen als Öl und Wasser« (I.Z.P., 1935, S. 113f.).

In dem Jahresbericht des Zentralvorstandes, der ebenfalls von Jones vorgetragen wurde (29.8.1934) wird die Situation der hier ebenfalls als »Sorgenkind« bezeichneten Deutschen Gesellschaft dargestellt; schon damals erschwerten »verschiedene Gefühlshaltungen« die »objektive Ansicht« der Situation. Jones bat um »mitfühlende Hilfe« für beide Gruppen: sowohl für die in Deutschland Gebliebenen, als auch für die, die Deutschland verlassen mußten. Denn schließlich habe die DPG »fast die Hälfte ihrer früheren Mitgliederzahl durch Emigration verloren«. Jones kommentierte die Auswanderungswelle:

»Dieser Verlust ist ebenso qualitativer wie quantitativer Art, nachdem in ihm jene Mitglieder inbegriffen sind, deren Arbeiten der Gesellschaft einen hervorragenden Namen in der Welt verschafft haben. Die Emigration erstreckt sich auf zwei Perioden: auf die Zeit vor und nach dem Antritt des gegenwärtigen politischen Regimes in Deutschland. Der früheren Periode gehören die Namen Alexander, Harnick, Horney, Melanie Klein, Radó, Sachs und Melitta Schmiedeberg; der späteren Bernfeld, Eitingon, Fenichel, Landauer, Reich, Reick und Simmel an. Die bloße Erwähnung dieser Namen genügt, um zu zeigen, welchen Verlust die Deutsche Gesellschaft erlitten hat. Man wird aber auch bemerken, daß die Weggewanderten nur zum geringsten Teil deutscher Nationalität und in günstigeren Tagen selbst in Deutschland eingewandert waren; deutscher Nationalität waren, wie ich glaube, nur drei von den eben erwähnten 14 hervorragenden Namen. Nichtsdestoweniger ist die Haltung der Zurückgebliebenen Gegenstand einer, zuweilen recht scharfen Kritik gewesen, die sich vor allem um die Person des gegenwärtigen Vorsitzenden, Dr. Boehm, konzentriert« (I.Z.P., 1935, S. 135).

Jones führte aus, daß man über manche Schritte tatsächlich geteilter Meinung sein könne, daß Boehm sich jedoch schon im April 1933 mit Freud besprochen und Jones rechtzeitig informiert habe. Dieser Zusatz klingt so, als seien Jones und Freud mit Boehms Verhalten einverstanden.

Gauger tauchte immer wieder in der Korrespondenz auf. Von ihm war ein Brief an die Regierung gegangen, den Cimbal für »gut verwendbar« hielt, obwohl er einige wissenschaftliche Einwände dagegen hatte, von denen er hoffte, daß sie von der Regierung nicht bemerkt würden. »Inzwischen müssen wir so tun, als ob die anderen anerkannt hätten, was wir wissen, und deshalb rate ich, den Gaugerschen Aufsatz zu verwerten, obwohl er in einem Teil irrtümlich ist« (Ci/Gö, 4. 8. 34). Cimbal wollte also der Regierung gegenüber den Eindruck erwecken, als stünden hinter Gauger, Göring und ihm eine geschlossene Front nationalsozialistisch engagierter Psychotherapeuten. Hirzel, der Verleger des Zentralblattes, fand Gaugers propagandistisches Engagement noch zu schwach und forderte, daß er schärfere Agitationsarbeit für die Zeitung leisten sollte. Cimbal empfahl Göring, Gauger stärker unter Druck zu setzen, um »wirksame Arbeitsleistungen« zu sichern. Wenn Gauger nicht ohne weiteres heranzuziehen wäre, böte sich eine Alternative: »Zunächst einmal haben wir einen sehr tüchtigen jungen Mann in Berlin, der Beziehungen zu allen Kreisen hat und glaube ich der einzige ist, der noch nicht in Boykott steht, das ist Schultz-Hencke. Vielleicht läßt er sich mit oder neben Gauger zu organisatorischen Arbeiten in Berlin gewinnen« (Ci/Gö, 21. 10. 34).

Cimbal meinte, daß Gauger wohl eine höhere Position verlange, zweifelte aber daran, ob er dann auch mehr arbeiten würde. Cimbal stellte die Schriftleitertätigkeit des Zentralblattes, die er bisher innehatte, zur Verfügung. Er habe sie Jung wiederholt angeboten, sogar mit dem Anerbieten, anonym weiterzuarbeiten und nur den Titel an Gauger abzutreten. Jung habe das bisher immer mehr oder weniger scharf abgelehnt und zwar mit der Begründung, daß Cimbal diese Verpflichtung übernommen hätte und sich deshalb nicht zurückziehen dürfe. Cimbal erwog weiter, Gauger die »Reichsgeschäftsführung« zu übertragen und selber anonym mitzuarbeiten. Er fürchtete aber, daß auch das nichts nützen werde, »da diese jungen Charaktere zu viel für sich selber wollen und sich überall mit gewissen Vorbehalten nur insoweit anschließen, als sie dadurch aufsteigen können, ohne sich wirklich herzugeben.« (Ci/Gö, 21. 10. 34).

Göring plante schließlich (17. 9. 35 an Wirz), durch Gauger in der Studentenschaft innerhalb der Medizinischen Fachschaft eine Arbeitsgemeinschaft für Psychotherapie (»so wie es in München bereits gehandhabt wird«) einrichten zu lassen.

Der Kongreß in Bad Nauheim diente Göring dazu, den Vertretern der Psychotherapie ein besonders deutsches Gepräge zu geben; so beabsichtige er, zu dem gemeinsamen Essen in SA-Uniform zu erscheinen, und erklärte Wirz gegenüber, »... daß ein Parteigenosse, wenn er das Recht hat, das Braunhemd zu tragen, keinen Smoking anziehen sollte.« Auch weist er darauf hin, daß Gauger immer Uniform trage und das auch schon im letzten Jahr getan habe (Gö/Wirz, 24. 3. 35).

Ein Wechsel in der Spitze der psychotherapeutischen Funktionäre fand statt: der Reichs- und Preußische Minister des Inneren bestätigte zunächst die Vorstandsmitglieder der Deutschen allgemeinen ärztlichen Gesellschaft für Psychotherapie. (Cimbal, Künkel, Schultz, Schultz-Hencke, Göring, Haeberlin, Hattingberg und Seif). Rückfragen kamen dann bei Künkel und Cimbal. (Frey/Gö, 27.4.35). Während Künkel bestätigt wurde, lagen bei Cimbal[8] offenbar Bedenken vor – denn er wurde gegen Curtius ausgetauscht. (Frey[9]/Gö, 9.9.35).

Im November 1935 wurden Boehm und Müller-Braunschweig von zwei Berliner Psychotherapeuten, die als Parteimitglieder beauftragt worden waren, dazu aufgefordert, die jüdischen Mitglieder der DPG auszuschließen, um das Bestehen der Gesellschaft zu ermöglichen. Wahrscheinlich ist der eine Gauger gewesen, der andere könnte sein Freund Achelis gewesen sein – oder aber J. H. Schultz (der allerdings kein Parteimitglied war, später aber dafür gehalten wurde, da er erheblichen Einfluß hatte). Denn im gleichen Monat schrieb Göring an Curtius: »Ich habe auch noch einige Kleinigkeiten zu besprechen. Die Sache Boehm/Schultz liegt mir noch im Magen« (Gö/Cu, 2.11.35). Schultz berichtete später in seinem »Lebensbilderbuch« davon, daß Boehm ihn oft daran erinnert habe, daß er, Schultz, sich für die Psychoanalyse, die er zwar nicht für ausreichend aber für unentbehrlich halte, eingesetzt habe. (Schultz, 1964, S. 131). Schultz war auch in früheren Jahren schon als »wilder Psychoanalytiker« bezeichnet worden und stand der Psychoanalyse überaus wohlwollend gegenüber; man könnte sich also vorstellen, daß er die Rolle eines vermittelnden Beraters übernommen hatte.

Auf der Generalversammlung vom 1.12.1935[10] wurde unter Vorsitz von Jones den jüdischen Mitgliedern der Deutschen Psychoanalytischen Gesellschaft der Austritt nahegelegt. Von dieser Maßnahme waren 17 Mitglieder betroffen. René Spitz trat bereits im Juni 1935 aus und Ernst Simmel im Okt. 1935. Auch Kalau vom Hofe und Mette traten im Oktober 1935 aus. Die Motive für ihren Austritt sind nicht bekannt; beide waren keine Juden und wurden nicht ausgeschlossen. Im Mitgliederverzeichnis der DPG vom 1.12.1937 erscheinen sie allerdings wieder als Mitglieder, außerdem werden sie beim Deutschen Institut als Mitglieder geführt.[11] M. Grotjahn, der Boehm bei der poliklinischen Arbeit unterstützte und die Kinderabteilung der Charité leitete, schildert die Atmosphäre folgendermaßen: »Alle jüdischen Kollegen, unabhängig davon, wie lange sie am Institut gearbeitet hatten, verschwanden einer nach dem anderen. Jeden Morgen, wenn wir uns umsahen, bemerkten wir, daß das Team geschrumpft war. Niemand war dazu in der Lage, einem anderen eine schützende Hand anzubieten; einige verstanden nicht, was um sie herum geschah, und sie mußten mit ihrem Leben bezahlen; andere versteckten sich und benutzen die erste Gelegenheit, um zu fliehen. Das war keine Frage der Entscheidung; auch fanden keine Abschiedsparties statt. Die Leute verschwanden einfach – so als ob jemand unter ihren Füßen eine Falltür aufgezogen hätte. Auch ich erzählte niemandem von meinen Plänen zu emigrieren. Ein Freund von mir (Bernhard Kamm) und ich erfuhren lediglich durch unsere Korrespondenz mit den USA, daß wir beide nach Topeka auswandern wollten, obwohl wir in Berlin Nachbarn waren. Es war eine große Kunst zu schweigen und eine der wenigen sicheren Möglichkeiten, mit deren Hilfe wir uns schützen konnten. Alles war ein Geheimnis. Ich konnte meine Stellung bis zur letzten Minute halten, und zwar indem ich einfach nie einen Fragebogen beantwortete. Ich brachte die Fragebögen in einem besonderen Schubfach in meinem Schreibtisch unter, und da blieben sie, und es wurden immer mehr. Ich wußte sehr genau, daß eines Tages die Faschisten alle finden würden und ich dafür bezahlen mußte. Es ist ein Wunder, daß meine kleine Familie, meine Frau, das Baby und ich, unbehelligt fliehen konnten. Ich mußte mich nie an jemanden anders mit der Bitte um Hilfe oder Schutz wenden. Auch wußte ich nur allzugut, daß sie nicht einmal ihren besten Freunden helfen konnten« (persönl. Mitteilung v. Dr. M. Grotjahn, 30.12.1984).

Sieben Mitglieder der DPG wurden 1936 zum letztenmal als Mitglieder geführt. Der Grund ihres Austritts ist unbekannt. Nur über einzelne Fälle kann berichtet werden. Frau Dr. Lässig z. B. trat zwar aus der DPG aus, weil sie sich stärker der Jung-Gruppe verbunden fühlte, Karen Horney war Mitglied geblieben, obwohl sie seit 1932 in den USA lebte. In Deutschland blieben 26 DPG-Mitglieder. Ein Mitglied, Ursula Arnold, findet sich in den Listen des Deutschen Instituts nicht. Es ist unbekannt, ob sie Deutschland verlassen hat, gestorben ist oder sich einer anderen Tätigkeit zugewandt hat. Georg Groddeck und Elisabeth Naef starben 1934.

Bis 1932 war die Anzahl der Mitglieder der DPG auf 56 gewachsen. In Amerika hatten sich die Mental-Health-Bewegung und das Child Guidance Movement zu einer vielversprechenden sozialen Bewegung entwikkelt, die sich der Psychoanalyse gegenüber sehr aufgeschlossen zeigte.[11] Dieser Verlockung folgte z. B. Karen Horney. Sachs dagegen, der Deutschland bereits 1932 verließ, ging aus politischen Gründen, da er sehr weitsichtig die Katastrophe über Deutschland hereinbrechen sah. Nach der nationalsozialistischen Machtübernahme setzte eine zweite Emigrationswelle ein. Die Judenverfolgung begann. Jüdische Psychoanalytiker, die als Ärzte tätig waren, wurden von der Rechnungserstattung ausgeschlossen (Kilian Bluhm, Alfred Gross, Irene Haenel, Paula Heimann, Edith Jacobsohn, Lotte Liebeck-Kirschner, Erich Simmenauer[12], Ernst Simmel). (Ring-Blätter, Februar 1934, 3. Jahrgang, Nr. 1). Bis 1934 hatten 32 Mitglieder Deutschland verlassen. In der Hoffnung, daß die Judenverfolgung und -diskriminierung im Sande verlaufen könnte, zogen sich noch verbleibende jüdische Psychoanalytiker zurück, um in der Stille abzuwarten. Ihre Analysanden konnten sie nur heimlich empfangen. Auch sie waren erheblichen Schikanen ausgesetzt, wenn ihre regelmäßigen Besuche bekannt wurden.[13] Man kann sich kaum vorstellen, daß unter diesen Bedingungen, in denen Analytiker und Analysand in einer Art Zwangsgemeinschaft miteinander verbunden waren, aggressive Übertragungsgefühle geäußert werden konnten. Tatsächliche analytische Arbeit war somit kaum möglich. Der folgende Überblick versucht ein Bild davon zu entwerfen, wieviele Mitglieder die DPG in den 30er Jahren hatte, wer seit 1930 Mitglied war (die früheren Jahre der Mitgliedschaft wurden nicht berücksichtigt und kein Unterschied zwischen ordentlichen und außerordentlichen Mitgliedern gemacht), in welchem Jahr der Betref-

Deutsche Psychoanalytische Gesellschaft [15]

Name (mit * versehene Namen, Mitglieder des Deutschen Instituts)	Nation	Mitglied seit 1930 oder später	zuletzt als Mitglied geführt (bis 1937)	Emigration, Ausreise bzw. Verbleib in Deutschland
Alexander, Franz	Ungarn	1930	1932	Chicago, USA
Arnold, Ursula		1937	1937	
Bally, Gustav	Schweiz	1930	1932	Zürich, Schweiz
*Baumeyer, Franz		1936	1937	Deutsches Institut (D.I.)
Benedek, Therese		1930	Dez. 1935	Chicago, USA (März 1936)
Bernfeld, Siegfried	Österreich	1930	1932	Wien, Südfrankreich, Topeka, USA
*Boehm, Felix	Baltikum	1930	1937	D.I.
Bornstein, Berta	Österreich	1930	1933	New York
Bornstein, Steff	Österreich	1930	1933	Wien, Prag
Bluhm, Kilian		1934	1934	USA, New York
*Buder-Schenk, Hildegard		1936	1937	D.I.
*Cellarius, Julie		1937	1937	D.I.
Cohn, Franz		1930	1932	New York
*Dräger, Käthe		1937	1937	D.I.
Eitingon, Max	Österreich	1930	1933	Jerusalem (Sept. 1933)
*Ekmann, Tore	Schweden	1936	1937	März 1937 aus Schweden, D.I.
Fenichel, Otto	Österreich	1930	1933	Oslo, Prag, Topeka (1933)
Fliess, Robert		1934	1934	New York
Fromm, Erich		1930	Dez. 1935	USA 1934
Fromm-Reichmann, Frieda		1930	1934	Schweiz, Topeka, Washington
Fuchs, Else		1935	1935	Wien
Garma, Angel	Spanien	1932	1936	Spanien
Gerö, Georg	Ungarn	1934	1934	Skandinavien
*Goebel, Gertrud		1936	1937	D.I.
*Graber, Gustav Hans	Schweiz	1932	1937	D.I.
*Graf, Ursula (verh. Lässig)		1936	1936	D.I.

Name	Nation	Mitglied seit 1930 oder später	zuletzt als Mitglied geführt (bis 1937)	Emigration, Ausreise bzw. Verbleib in Deutschland
Groddeck, Georg		1930	1934 (gest.)	
Gross, Alfred		1930	Dez. 1935	Italien, England, Topeka
Grotjahn, Martin		1936	1936	Topeka, Los Angeles (1949)
*Gundert, Hermann		1937	1937	D. I.
Haas, Erich		1930	Dez. 1935	England
Haenel-Guttmann, Irene		1935	Dez. 1935	Topeka
Happel, Clara		1933	1933	Israel, Detroit
Harnik, Jenö	Ungarn	1930	1933	USA
Herold, Karl-Maria		1930	1936	New York
Hoffmann, Jakob		1931	Dez. 1935	New York
Horney, Karen		1930	1936	Chicago, New York 1932
Jacobsohn, Edith	Tschechoslowakei	1930	Dez. 1935	USA, New York 1934
*Kalau vom Hofe, Maria		1935	Okt. 1935	D. I.
Kamm, Bernd	Tschechoslowakei	1935	Dez. 1935	Chicago, Topeka 1935
*Kemper, Werner		1936	1937	D. I.
Kempner, Salomea	Polen	1930	Dez. 1935	im Warschauer Ghetto umgekommen
Kluge, Walter		1932	Dez. 1935	Tel Aviv
Kraft, Erich		1930	Dez. 1935	New York
Lampl, Hans	Österreich	1930	1933	Wien, Amsterdam 1933/38
Lampl de Groot, Jeanne	Holland/Österreich	1930	1933	Wien, Amsterdam 1933/38
Landauer, Karl		1930	1932	Amsterdam; in Theresienstadt umgekommen
Landmark, Johannes	Norwegen	1932	1934	Norwegen
Lantos-Schneider, Barbara		1930	Dez. 1935	England
Liebeck-Kirschner, Lotte		1930	Dez. 1935	Skandinavien
Lowtzky, F.		1930	Dez. 1935	Paris
*March, Hans		1934	1937	D. I.
Meng, Heinrich	Schweiz	1930	1934	Schweiz
*Mette, Alexander		1932	Okt. 1934	D. I.
*Müller-Braunschweig, Carl		1930	1937	D. I.
*Müller-Braunschweig, Ada		1930	1937	D. I.
*Muthmann, Arthur		1937	1937	D. I.
Naef, Elisabeth		1930	1934 (gest.)	
Radó, Sándor	Ungarn	1930	1932	USA 1931
Raknes, Olaf	Norwegen	1930	1934	Norwegen
*Ranft, Hermann		1937	1937	D. I.
Reich, Anni	Österreich	1932	1934	Prag, New York 1933
Reich, Wilhelm	Österreich	1931	1933	Oslo, USA
Reik, Theodor	Österreich	1930	1934	Wien, Amsterdam, USA 1931
*Riemann, Fritz		1937	1937	D. I.

Name	Nation	Mitglied seit 1930 oder später	zuletzt als Mitglied geführt (bis 1937)	Emigration, Ausreise bzw. Verbleib in Deutschland
*Roellenbleck, Ewald		1936	1937	D. I.
Sachs, Hans	Österreich	1930	1932	Boston 1932
Schalit, Ilja	Baltikum	1930	1932	Haifa 1933
*Scheunert, Gerhard		1936	1937	D. I.
Schmideberg, Melitta		1930	1930	England 1932
Schmideberg, Walter	Österreich	1930	1930	England
*Schottländer, Felix		1934	1937	D. I.
*Schultz-Hencke, Harald		1930	1937	D. I.
*Seiff, Margarethe		1936	1937	D. I.
Simmel, Ernst		1930	Okt. 1935	Topeka, Los Angeles 1934
Simson, Emil		1930	Dez. 1935	Israel
Smeliansky, Anna	Rußland	1930	1932	Tel Aviv
Spitz, René	Schweiz	1930	Juni 1935	Paris, New York
Staub, Hugo		1930	Dez. 1935	England, Frankreich
Stegmann, Margarethe		1930	1936	gest.
*Sydow, Eckhard von		1936	1937	D. I.
Vollrath, Ulrich		1930	1934	D. I.
Watermann, August		1930	1932	Holland 1934; im KZ umgekommen
Weigel, Herbert		1937	1937	D. I.
Weigert-Vowinckel, Edith		1930	1937	USA
*Werner, Marie-Luise		1937	1937	D. I.
*Wimmersberg, Franziska von		1937	1937	D. I.
Witt, Gerhard		1936	1936	England
Wulff, Mosche	Rußland	1930	1932	Tel Aviv 1933

Das Schicksal von Ursula Arnold nach 1937 konnte nicht geklärt werden

fende als Mitglied noch geführt wurde oder das Datum des Austritts und ob er bis 1937 in Deutschland blieb, ausreiste oder aber emigrieren mußte. Die 89 hier aufgeführten Mitglieder waren also nicht alle gleichzeitig am Institut.[14]

Das Deutsche Institut für psychologische Forschung und Psychotherapie, das den konkreten Arbeitsrahmen zur Entwicklung einer nationalen »Deutschen Seelenheilkunde« abgeben sollte, wurde geplant. Ein Kräftespiel hinter den Kulissen begann: Göring wurde von Wagners Sachverständigenbeirat für Volksgesundheit dazu aufgefordert, ein Gutachten über das Berliner Psychoanalytische Institut abzugeben.[16] Der Anlaß dafür ist nicht bekannt, und auch das Gutachten liegt nicht mehr vor. Man könnte aber die Vermutung anstellen, daß das Berliner Psychoanalytische Institut Wagners nationalsozialistischen Bestrebungen einer Vereinheitlichung des Gesundheitswesen zum Opfer fallen sollte. Zwischen Wagners Gesundheitsfront und der Gesundheitsabteilung des Reichsministeriums des Inneren bestand eine ständige Rivalität. So war die Gründung des Sachverständigenbeirates für Volksgesundheit vom RMdI mit der Gründung des »Reichsausschusses für Volksgesundheitsdienst e.V.« (20.11.1933) beantwortet worden (Cocks, 1975, S. 138f.).

Am 18. 2. 1936 wandte sich F. Boehm an den Referenten der Medizinalabteilung des Reichsinnenministeriums, Linden[17], um eine Lehrkonzession zu erhalten. Die Medizinialabteilung vertrat die Auffassung, daß die Psychoanalyse eine nützliche Therapie sei und empfahl Boehm, sich mit den anderen psychotherapeutischen Gruppen in Berlin in Verbindung zu setzen. Boehm fragte bei Eva Moritz, der Präsidentin der Jung-Gesellschaft, nach der Möglichkeit der Zusammenarbeit. Sie leitete die Frage an Jung weiter. Jung habe einen solchen Schritt als sehr heikel verworfen, da eine Identifikation mit der verfemten Freudianischen Psychoanalyse auch aus persönlicher Feindschaft Freud gegenüber nicht in seinem Interesse sein konnte (Jung/Gauger, 14. 3. 1936; nach Cocks, 1975, S. 150). Auch Göring, der das Institut zunächst hoffte von Parteistellen finanzieren lassen zu können, mußte seine Pläne aus ökonomischen Gründen aufgeben (Cocks, 1985, S. 130f.).

Die Anregung, sich der Ausstattung des Berliner Psychoanalytischen Instituts zur Gründung des Deutschen Instituts zu bedienen, kam von der Medizinalabteilung des Reichsministerium des Inneren. Hier fürchtete man die Psychoanalyse offenbar weniger, als die anderen therapeutischen Richtungen es taten.

Am 18. 3. 1936 teilte Boehm der Medizinalabteilung die Zustimmung zu diesen Plänen mit. Daraufhin wurde Göring der Vorschlag gemacht, ein Institut zusammen mit der Deutschen Psychoanalytischen Gesellschaft, der C. G. Jung-Gesellschaft und Künkels Arbeitskreis für angewandte Charakterkunde zu bilden. Göring zögerte zunächst, mit den Psychoanalytikern zusammen ein Institut zu gründen. Ohne sie war es ihm aber aus finanziellen Erwägungen heraus nicht möglich. Schließlich überredete ihn Hochschuldezernent Wirz[18] auf der Sitzung vom 26. 4. 1936 dazu, die Psychoanalytiker einzubeziehen, die durch ihre internationalen Kontakte ein gewisses Prestige besaßen (Müller-Braunschweig, 1948). Das Deutsche Institut für psychologische Forschung und Psychotherapie wurde im Mai/Juni 1936 gegründet. Göring, Wirz, ein Repräsentant des Reichsinnenministeriums und 2 Universitätspsychiater entwarfen die Konzeption (ibid.). Inwieweit ein geschicktes Ausspielen von Parteirepräsentanten gegen die Vertreter der Gesundheitsabteilung des RMdI zur Gründung und Konzeptualisierung des Instituts fruchtbar gemacht werden konnte, muß hier als Frage offen bleiben.

Das Institut etablierte sich in den Räumen des alten Berliner Psychoanalytischen Instituts (Wichmannstr. 10) und übernahm leihweise dessen Bibliothek und Inventar.[19] Das Deutsche Institut, das besonderen Wert darauf legte, unabhängig von der Überstaatlichen Gesellschaft zu sein, hatte auch der psychoanalytischen Gruppe die Auflage gemacht, aus der Internationalen Vereinigung auszutreten. Am 13.5.1936 entschied sich die Gesellschaft zu diesem Schritt, der unmittelbar danach, offenbar auf Druck einer übergeordneten konkurrierenden Dienststelle, offiziell wieder rückgängig gemacht werden sollte. Aus propagandistischen Gründen (z. B. in Zusammenhang mit der Olympiade) war es den Nazis wohl opportuner, das Ausland nicht zu brüskieren. Die DPG trat wieder in die IPV ein. Ihr endgültiger Austritt erfolgte nach Müller-Braunschweigs mißglücktem Versuch, die Wiener psychoanalytischen Institutionen treuhänderisch zu übernehmen. Da dieser Austritt ebenfalls auf politischen Druck hin erfolgte, schien es ein stilles Einvernehmen zwischen Jones und den Deutschen zu geben, die Mitgliedschaft informell weiterlaufen zu lassen (Jones, 1962, Bd. III, S. 224). Ob die Deutschen tatsächlich Mitglieder der Internationalen Vereinigung blieben oder nicht, erwies sich nach dem Krieg als überaus strittiger Punkt.

Bis Oktober 1936 konnte das Psychoanalytische Institut eine Ausbildung im alten Sinne fortsetzen, regelmäßige wissenschaftliche Sitzungen der Gesellschaft wurden bis zum Sommersemester 1937 abgehalten (Dräger, 1971, S. 44).

Die anderen in dem Deutschen Institut aufgehenden therapeutischen Richtungen schienen sich relativ unproblematisch miteinander arrangiert zu haben. Von den Jungianern wurde allerdings erwartet, daß sie sich in besonderer Weise am Aufbau einer Deutschen Seelenheilkunde beteiligten. Das Verbot der Lehren von Adler und Freud hatte ein Vakuum hinterlassen, so daß der Jungschen analytischen Psychotherapie eine wesentliche politische Funktion zufiel.

Jung gegenüber beklagte sich Göring, daß die Jungianer das Ausbildungsprogramm des Instituts für psychologische Forschung und Psychotherapie nicht in erwarteter Weise mit tragen halfen. An Frau Moritz, Kranefeldt und Weizsäcker wolle er sich noch einmal extra wenden, um ihnen freundlich zuzusprechen. »Es sind zur Zeit vor allem wirtschaftliche Fragen, die sie bedrücken. Wir müssen einerseits das Institut finanzieren, andererseits dürfen wir weniger gut gestellte Mitglieder nicht zu sehr belasten« (Gö/Jung, 15.10.36).

Jung antwortete offensichtlich verstimmt über dieses »Versagen«: »daß Sie mit den Vertretern meiner Psychologie ... Schwierigkeiten haben, wundert mich eigentlich nicht. Ich bin ja in Deutschland eigentlich erst seit ganz kurzer Zeit bekannt, indem der deutsche Buchhandel schon dafür gesorgt hat, daß neben der Freudschen und Adlerschen Psychologie keine andere aufkommt. Die allgemeine Gesinnungsänderung in Deutschland genügt aber nicht, um sofort Leute hervorzubringen, die imstande wären, meine Psychologie zu lehren. Dazu gehört wohl einiges Wissen, was ja bei der Freudschen und Adlerschen Psychologie nicht vor-

PSYCHOANALYTISCHES INSTITUT
(Ambulatorium und Lehranstalt) der Deutschen Psychoanalytischen Gesellschaft e.V.
BERLIN W62, WICHMANNSTRASSE 10 / Tel.: Barbarossa B 3, 6126

Studienplan für Therapeuten.
1. Lehranalyse.
2. Theoretischer Lehrgang (Obligatorische Kurse*).

	Erstes Jahr	Zweites Jahr
I. Quartal Okt.-Dez.	1. Systematische Darstellung der analytischen Psychologie, I. Teil. (Das kindliche Triebleben und seine Entwicklung u. a.) 2. Seminar über Schrifttum zur analytischen Sexualtheorie.	1. Spez. Neurosenlehre, I. Teil Übertragungsneurosen (Hysterie, Phobie, Zwangsneurose und Aktualneurose) 2. Verhältnis der Psychoanalyse zur Kultur (zu den Wissenschaften, zur Philosophie, Kunst, Religion u. Erziehung) 3. Seminar über theoretisches Schrifttum, I. Teil.
II. Quartal Jan.-März	1. Systematische Darstellung der analytischen Psychologie, II. Teil. (Die Bedeutung der Familie, Oedipus- u. Kastrationskomplex, Trieblehre u.a.) 2. Seminar über Schrifttum zur analytischen Sexualtheorie (Fortsetzung). 3. Seminar über Schrifttum von Krankengeschichten, I. Teil.	1. Spez. Neurosenlehre, II. Teil (Perversionen, Charakterstörungen, narzißtische Neurosen, Psychosen, Süchte) 2. Geschichte u. Darstellung der psychotherapeutischen Systeme (Jung, Adler, Künkel u. a.) 3. Technik der analytischen Therapie.
III. Quartal April-Juni	1. Systematische Darstellung der analytischen Psychologie, III. Teil. (Traumlehre, allgemeine Neurosenlehre, die Angst u. a.) 2. Entwicklung, Bau und Funktion des Sexualapparates. 3. Seminar über Schrifttum von Krankengeschichten, II. Teil.	1. Seminaristische Übungen zur Deutungskunst und Symbolik. 2. Seminar über theoretisches Schrifttum, II. Teil. 3. Seminar über Schrifttum zur Technik. 4. Geschichte u. Darstellung der psychotherapeutischen Systeme (Jung, Adler, Künkel u. a.)

3. Praktischer Lehrgang.
a) Technisches Seminar, b) Praktisch-therapeutische Übungen (Kontrollanalysen).

Studienplan für Nicht-Therapeuten.

Für Nicht-Therapeuten werden nach Rücksprache mit dem Leiter des Lehrwesens die Studienpläne dem jeweiligen Berufe oder Ziele des Kandidaten entsprechend variiert.

* Diese Kurse können nach Wahl durch andere ergänzt werden, soweit keine Einschränkungen (siehe Zulassung) für die Teilnehmer vorliegen.

Abb. 9 Studienplan des Psychoanalytischen Institutes vom Januar 1936

Bedingungen.

1. Zulassung: A. Es werden Hörer und Ausbildungskandidaten unterschieden. Unter Ausbildungskandidaten werden diejenigen verstanden, die zum vollen, auch praktischen Ausbildungsgange zugelassen sind. Dieser kann absolviert werden zum Zwecke der Ausbildung zum analytischen Therapeuten, er kann aber auch absolviert werden von Angehörigen bestimmter Berufskategorien, die analytische Kenntnisse im Rahmen und für die Zwecke ihrer bisherigen Berufstätigkeit zu erwerben wünschen.

Über die Zulassung zum vollen, auch praktischen Ausbildungsgange entscheidet im einzelnen Falle der Unterrichtsausschuß der Deutschen Psychoanalytischen Gesellschaft nach Maßgabe der im Institut erhältlichen „Richtlinien für die Ausbildungs- und Unterrichtstätigkeit". (Neue Fassung 1929). Die Ausbildungskandidaten können ohne weiteres an allen Kursen teilnehmen.

B. Unter Hörern werden diejenigen verstanden, die keinen vollen Ausbildungsgang absolvieren. Für die Zulassung als Hörer ist erforderlich entweder ein schriftlicher Antrag an das Institut mit Angabe der Personalien und des Bildungsganges oder eine mündliche Rücksprache mit dem Leiter des Ambulatoriums (Boehm) Mittwoch abends 7—7½ oder mit dem Leiter des Lehrwesens (Müller-Braunschweig) Donnerstag abends 7—8. Das Institut bzw. die genannten Personen stellen dem Zugelassenen eine Karte aus, die beim Belegen der Kurse vorzuweisen ist. Für die Hörer ist die Teilnahme an den Kursen einigen Beschränkungen unterworfen: a) bei einzelnen Kursen ist die Teilnahme auf die Ausbildungskandidaten bzw. auf ausübende Analytiker beschränkt, b) bei einzelnen Kursen entscheidet der betr. Dozent über die Zulassung persönlich, c) das Belegen der Seminare ist für die Hörer an die schriftliche Empfehlung eines Mitgliedes der „Deutschen Psychoanalytischen Gesellschaft" gebunden.

2. Eintrittskarten: Nur für volle Kurse und nach Erfüllung der Zulassungsbedingungen (siehe Zulassung) erhältlich vor Beginn des ersten und zweiten Abends eines jeden Kursus ab 7½ Uhr. Studenten zahlen die Hälfte der Kurshonorare. Für Mitglieder der „Deutschen Psychoanalytischen Gesellschaft" ist der Eintritt frei. Die einmalige Einschreibegebühr von RM 1,— wird von jedem Teilnehmer erhoben.

Berlin, im Januar 1936.

Für den Unterrichtsausschuß

Boehm   Müller-Braunschweig

Deutsches Institut für Psychologische Forschung u. Psychotherapie, e.V.
(Leiter: Prof. Dr. Dr. M. H. Göring)
Berlin W 62, Budapester Straße 29; Telephon: 25 81 26

Studienplan.

1. **Lehr-Behandlung.**
2. **Theoretischer Lehrgang.**

1. Semester (S.S.)

I. Einführende Vorlesungen über:
Geschichte der Psychotherapie, Psychologie, Ausdruckskunde u. a.

II. Vorlesungen der drei Arbeitsgruppen über:
Psychologie des Normalen, I. Teil.

2. Semester (W.S.)

I. Allgemeine Vorlesungen über:
Leib/Seele-Problem, Erb- und Rassenlehre, Endokrinologie, Biologie, Psychische und organische Störungen, Hypnose und Autogenes Training, Praktikum über Aufnahme einer Anamnese u. a.

II. Vorlesungen oder Seminare der drei Arbeitsgruppen über:
 a) Psychologie des Normalen, II. Teil.
 b) Allgemeine Neurosenlehre.
 c) Besondere Neurosenlehre, I. Teil.
 d) Schrifttum oder Darlegungen von Krankengeschichten, I. Teil.
 e) Traumtheorie und Traumanalyse.

3. Semester (S.S.)

I. a) Allgemeine Vorlesungen über:
Völker-, Religions-, Erziehungs-Psychologie u. a.
 b) Praktikum über das autogene Training.

II. Vorlesungen oder Seminare der drei Arbeitsgruppen über:
 a) Besondere Neurosenlehre, II. Teil.
 b) Schrifttum oder Darlegungen von Krankengeschichten, II. Teil.
 c) Therapie, I. allg. Teil: Die Theorie des Heilungsvorganges.
 d) Theoretisches Schrifttum, I. Teil.

4. Semester (W.S.)

I. a) Allgemeine Vorlesungen über:
Gesetzliche Bestimmungen.
Das Verhältnis der psychotherapeutischen Psychologie zu kulturellen Fragen. Wissenschaftslehre der psychotherapeutischen Psychologie u. a.
 b) Praktikum über Hypnose.

II. Vorlesungen oder Seminare der drei Arbeitsgruppen über:
 a) Therapie, II. Teil: Methodik der Therapie.
 b) Übungen zur Traumanalyse und zur Symbol- und Deutungskunde.
 c) Schrifttum zur Therapie.
 d) Theoretisches Schrifttum, II. Teil.

3. Praktischer Lehrgang.

a) Technisches Seminar (Darstellung und Besprechung der von den Praktikanten übernommenen poliklinischen Fälle vor einem Seminar von Praktikanten unter Leitung eines Dozenten).
b) Behandlungskontrolle (Kontrolle der an poliklinischen Fällen durchgeführten Behandlungen durch Einzelbesprechung des Praktikanten mit seinem kontrollierenden Lehrer).
c) Poliklinische Abende (Referate von Praktikanten und Mitgliedern des Instituts über poliklinische Fälle vor dem Plenum der Praktikanten und Mitglieder mit nachfolgender Diskussion.

Abb. 10 Studienplan des Deutschen Instituts für Psychologische Forschung und Psychotherapie, undatiert, wahrscheinlich Ende 1936

Anmerkungen zum Studienplan.

1. Lehrbehandlung, theoretischer Lehrgang und praktischer Lehrgang folgen im Idealfall so aufeinander, daß die Lehranalyse zum entscheidenden Teil abgeschlossen ist, ehe die theoretischen Studien begonnen werden. Zumindest ist es wünschenswert, daß der theoretische Lehrgang erst begonnen wird, nachdem wenigstens ½ Jahr Lehranalyse absolviert worden ist. Der praktische Lehrgang, insbesondere die Kontrollbehandlung poliklinischer Fälle sollte idealerweise nicht vor Beendigung des theoretischen Lehrgangs, zumindest nicht vor Beginn des 4. Semesters, begonnen werden.

2. Der theoretische Lehrgang innerhalb des Studienplans ist didaktisch aufgebaut. Er umfaßt sowohl die Themen, über die regelmäßig wiederkehrend in jedem Lehrgang gelesen wird, als auch diejenigen Themen, über die möglicherweise, aber nicht regelmäßig in jedem Lehrgang gelesen wird.
Regelmäßig werden in jedem Lehrgang gelesen: Geschichte der Psychotherapie, Psychologie des Normalen, allgemeine und spezielle Neurosenlehre, Krankengeschichten und Therapie (einschließlich Hypnose und autogenes Training) u. a.

3. Der Studienplan umfaßt diejenigen Themen, aus denen die für die Ausbildungskandidaten **obligatorischen** Seminare und Vorlesungen für das jeweilige Vorlesungsverzeichnis zusammengestellt werden. Der Ausbildungskandidat kann das Hören der obligatorischen Kurse durch das Hören der fakultativen und Sonder-Kurse nach Belieben ergänzen.

4. Die medizinisch-naturwissenschaftlich vorgebildeten Kandidaten haben während ihrer Ausbildung am Institut ergänzende geisteswissenschaftliche Vorlesungen zu hören, die geisteswissenschaftlich vorgebildeten entsprechend medizinisch-naturwissenschaftliche. Die betreffenden Vorlesungen werden den Kandidaten durch das Sekretariat aufgewiesen.

5. Die Vorlesungen und Seminare des theoretischen Lehrgangs finden in der Regel Montags bis Freitags von 20,00—22,30 Uhr statt, mit Ausnahme des Mittwochs, an dem die Zeit ab 20,30 für die Sitzungen der Mitglieder freigehalten bleibt und die Vorlesungen auf 19,30—20,30 vorverlegt sind.

6. Der theoretische Lehrgang dauert 4 Semester und beginnt jeweils mit einem Sommersemester, so daß in jedem Sommer nebeneinander ein 1. und ein 3. Semester, in jedem Winter nebeneinander ein 2. und 4. Semester gelesen werden.

7. Weiteres über den Studiengang bei voller Ausbildung ist aus den Anmerkungen zu den jeweiligen Vorlesungsverzeichnissen der einzelnen Semester und aus den „Vorläufigen Bestimmungen zur Ausbildung zum Psychotherapeuten" zu ersehen, die vom Institut kostenlos angefordert werden können.

ausgesetzt wird. Dieser Umstand ist einer der Gründe, warum es so wenig Leute gibt, die meine Psychologie auch lehren können« (Ju/Gö, 26.10.36).

Jungs Kritik an seinen Schülern nutzte Göring für die Bitte, dem Institut je ein Exemplar von Jungs Veröffentlichungen zur Verfügung zu stellen. (Bilz im Auftrag von Göring/Jung, 4.12.36). Der einzige Jungianer, über den Curtius sich Göring gegenüber zufrieden äußerte, ist Schmaltz, ebenfalls Parteimitglied, ehemaliger Analytiker von Emma Jung (C. G. Jungs Frau) und Leiter der Düsseldorfer Arbeitsgruppe (Cu/Gö, 31.5.37).

Immer weniger traten die einzelnen psychotherapeutischen Richtungen als eigenständige Formationen in Erscheinung; der Verschmelzungsprozeß setzte ein. Die Korrespondenz der folgenden Jahre (vor allem die zwischen Göring und Curtius) ist sehr viel pragmatischer. Es geht vor allem um Management, Absprachen und Organisatorisches. Die richtungweisenden Machtkämpfe sind beendet, eine interne und auch externe Konsolidierung, bei der inhaltliche Probleme nicht mehr diskutiert zu werden brauchen, beginnt.

Von der psychotherapeutischen Tagung in Bern zurückkommend (es handelte sich um die zweite Tagung der Schweizer Psychotherapeutischen Gesellschaft), berichtete Curtius, daß das Auftreten Schultz-Henckes in jeder Beziehung positiv gewesen sei. »Ich hörte von allen Seiten, daß seine klaren Ausführungen einen guten Eindruck auf die Versammlung gemacht haben« (Cu/Gö, 31.5.37). Wirz hob hervor (nachdem er sich bei Göring für den Kopenhagener Kongreßbericht bedankt hatte), daß die psychoanalytische Richtung von Freud auf dieser Tagung verhältnismäßig wenig stark hervorgetreten sei. (Wirz/Gö, 13.10.37). Kemper und Frau nahmen zusammen mit Göring an gemeinsamen Seminaren teil, die von Seif abgehalten wurden (Gö/Cu, 29.4.38).

Je mehr sich der nationalsozialistische Alltag einstellte, desto deutlicher wurde das Vakuum, das vor allem durch das Verbot der Psychoanalyse entstanden war, spürbar. Wie man aus der Entwicklung des Instituts in den folgenden Jahren ersehen kann, wurde sie nun »durch die Hintertür« wieder eingeführt.[20] Vermutlich war diese Entwicklung nur möglich geworden, nachdem sich die Deutsche Psychoanalytische Gesellschaft hatte auflösen müssen und nur als Arbeitsgruppe »A« weiterbestehen durfte (als Folge von Müller-Braunschweigs Versuch, die Wiener psychoanalytischen Einrichtungen treuhänderisch zu übernehmen). Die »Machtfrage« war nun eindeutig zugunsten der Unterwerfung unter die nationalsozialistische Führung beantwortet worden.

Das Mißlingen Müller-Braunschweigs Unternehmung führte nicht nur zum Verbot der DPG. Auch die Jung-Gruppe sollte genötigt werden, »ihren e.V.« aufzugeben. Aus einer Besprechung mit Wirz, Linden und SS-Führern vom SD kommend[21], schreibt Göring an Curtius: »Alle sind der Ansicht, daß die Junggesellschaft ihren »e.V.« genausogut auflösen könnte[22] wie die Psychoanalytische Gesellschaft; man will ihnen aber nicht so schroff entgegentreten; sie sollen alles Erforderliche einreichen; wie endgültig entschieden wird, weiß ich natürlich nicht« (Gö/Cu, 8.5.38).

Ein neuer Geschäftsführer wurde gesucht. Curtius wollte seine bisherige Stellung aufgeben, da er sich nicht dafür geeignet und vorgebildet fühle und auch nicht in Berlin lebe. Er empfahl Meyer-Mark als den geeigneten Mann, den er als »extravertiert, geschäftig und spät psychologisch durchgearbeitet« beschrieb. Er könne gut mit Menschen umgehen und sei für einen solchen diplomatischen Posten sehr geeignet. Entschieden lehnte Göring ab: »Herr Meyer-Mark kommt nicht in Frage, da er kein Arzt ist und zudem noch Halbjude. Unser Geschäftsführer kann nur ein Arzt sein, außerdem möchte ich, daß er Parteigenosse ist« (Gö/Cu, 2.2.39). Weiter waren im Gespräch Körner[23] und Schmaltz (Cu/Gö, 8.2.39). Göring versuchte, Curtius dazu zu überreden, nach Berlin überzusiedeln, um sein unmittelbarer Mitarbeiter zu werden. Er meinte, daß es Jungs wegen wichtig sei, daß er diesen Posten übernehme. »Sie wissen, wie unglücklich ich über die hiesigen Jungianer bin, möchte aber ausdrücklich betonen, daß ich Kranefeldt durchaus als Forscher anerkenne.« Als Geschäftsführer könne er ihn aber nicht gebrauchen. Göring klagte darüber, daß die Jungianer in Berlin noch stärker ins Hintertreffen geraten würden, wenn Curtius sie nicht unterstützen würde. Er müsse dann die Psychoanalytiker, Scheunert und Rittmeister (für Geschäftsführung und Poliklinik), bevorzugen. Die Abteilung für Forschung solle I. H. Schultz bekommen. Künkel würde die Abteilung Erziehung und Seelsorge übernehmen. »Können wir es wirklich verantworten, daß kein Jungianer zu meinen engeren Mitarbeitern gehört?« (Gö/Cu, 2.2.39). Auch Curtius bedauerte es, daß kein Schüler Jungs sich zum Geschäftsführer, also zum engeren Mitarbeiter Görings, eignete. Er meinte, daß die Jungsche Psychologie viel zur nationalsozialistischen Weltanschauung, zu ihrem Ausbau und ihrer Fundierung beitragen könne. Allerdings zweifelte er, ob die Zeit reif dafür sei, da die Entwicklung im Augenblick nach außen dränge und der Nationalsozialist seine Weltanschauung »leben« wolle und die Reflexion darüber mit Recht ablehne.

»Ich könnte mir aber vorstellen, daß der Führer selbst uns verstehen würde. – Ich sehe heute nur noch nicht den Weg, wie man auf der Jungschen Seite in der Praxis und in dem von Ihnen geplanten Institut vorgehen könnte. Leider hat diese Psychologie so wenig mit einer intellektuellen Einstellung und Methodik zu tun. Es fehlt ihr noch die praktische

DEUTSCHE PSYCHOANALYTISCHE GESELLSCHAFT

(Gegr. 1908)

Dr. FELIX BOEHM, 1. Vorsitzender
Berlin NW 87, Händelallee 26
Tel.: Tiergarten, 39, 7038

Dr. CARL MÜLLER-BRAUNSCHWEIG
Stellvertr. Vorsitzender – Schriftführer
Berlin-Schmargendorf, Sulzaer Str. 3
Tel.: Schmargendorf, 89, 1292

Dr. WERNER KEMPER
Kassenwart
Berlin-Charlottenburg 9
Sensburger Allee 6
Tel.: 99, 3030

BEANTWORTUNG DIESES SCHREIBENS ERBETEN AN DIE ADRESSE:

Bankkonto:
Deutsche Bank und Disconto-Gesellschaft
Depositen-Kasse Schmargendorf,
Hundekehlestr. 3-4
Konto:
Deutsche Psychoanalytische Gesellschaft
Postscheckkonto: Berlin 73103

Sitzungsräume:
Berlin W 62, Budapester Str. 20
„Deutsches Institut für Psychologische Forschung und Psychotherapie"

Sehr geehrte Frau Kollegin!

Sehr geehrter Herr Kollege!

BERLIN, 18. Nov. 1938

Am Sonnabend, d. 19. Nov.1938 abends 8 Uhr findet in der Wohnung von Kollegen Böhm, NW 87, Händelallee 26, eine ausserordentliche Generalversammlung statt.

Tagesordnung: 1. Satzungsänderung (§ 13 Absatz 2).
2. Auflösung der Gesellschaft infolge ihrer Ueberführung in das Deutsche Institut für Psychologische Forschung und Psychotherapie als dessen Arbeitsgruppe A.
3. Wissenschaftliche Sitzung (Redner und Thema vorbehaltlich).

Aus juristischen Gründen genügt für die Beschlussfassung über Nr. 1 und 2 die dem Vorstand seinerzeit erteilte Ermächtigung, zum gegebenen Zeitpunkt die Auflösung durchzuführen, nicht. Es ist vielmehr eine ausserordentliche Generalversammlung dazu nötig. Damit diese gültige Beschlüsse fassen kann, ist die Anwesenheit aller Mitglieder, besonders der beschlussfassenden ordentlichen Mitglieder dringend erforderlich. Wir bitten, dass diejenigen, insbesondere die auswärtigen ordentlichen Mitglieder, die aus zwingenden Gründen verhindert sein sollten, persönlich zu erscheinen, umgehend ihre schriftliche Zustimmung zu den Beschlüssen in der Anlage an den Unterzeichneten einsenden.

Heil Hitler!

gez. Müller-Braunschweig

Abb. 11 Einladung zur Auflösung der DPG. Die Deutsche Psychoanalytische Gesellschaft mußte sich nach Müller-Braunschweigs mißglücktem Versuch, die Wiener Psychoanalytische Vereinigung dem Deutschen Institut anzugliedern, auflösen.

Lehrform. Es ist immer nur eine Ausdrucksform in Gleichnissen, was für eine Predigt sehr geeignet ist, aber für eine Vorlesung vor einem intellektuellen Gremium sich nicht eignet. ... das Wesentliche liegt zwischen den Zeilen. Daher ist eine solche Darstellung einer Kritik gegenüber, die der Freudianer so liebt, im Hintertreffen. Ein Bildvortrag wie der von Schmaltz, das ist der richtige Weg. Das Seminar in einem kleinen, schon vorbereiteten Kreis, die Aussprache zu zweit, das ist auch mit ein Grund, warum die sogenannten Jungianer solche Querköpfe und schlecht organisierbar sind« (Cu/Gö, 8.2.39).

Görings Bemühungen die auswärtigen Jungianer Körner, Schmaltz, Curtius[24] und Heyer[25] auf Institutsposten nach Berlin zu berufen, führten zu einer Mitgliederversammlung der C. G.-Jung-Gesellschaft, auf der der bestehende Vorstand (mit Moritz, Kranefeldt und Kümmerlé) wiedergewählt wurde, erweitert durch Brüning und Gampert (Moritz/A. Ch., 13.3.39).

Jungs Abwendung von Deutschland und der Internationalen Gesellschaft für Psychotherapie im Herbst 1940 bewirkte, daß nun auch die Jungianer gewissen Repressionen ausgesetzt wurden:
»Die Gestapo hatte unserer Gesellschaft am 20.11.40 auferlegt, in den Vorstand zwei Parteimitglieder aufzunehmen. In der Mitgliederversammlung vom 30.11.40, zu der alle Mitglieder unter Angabe der Tagesordnung eingeladen worden waren, wurde zum zweiten Vorsitzenden gewählt: Prof. Schmaltz, Parteimitglied, und Prof. Körner, ebenfalls Parteimitglied. Die bisherigen Vorstandsmitglieder Kümmerlé und Weizsäcker sind ausgeschieden« (Moritz/A. Ch., 8.1.41).

Deutlich klingt in Moritz' Schreiben der Ärger über diese Maßnahme heraus. Es bezeugt, daß die Berliner Jungianer den politischen Vorteil, der ihnen durch Jungs Rolle zugekommen war, nicht nur nicht nutzen wollten, sondern sich dadurch in einer Weise in die nationalsozialistische Ecke gedrängt fühlten, gegen die sie sich, wenn auch verhalten, wehrten.

Heyer, offizieller Repräsentant Jungs, engagierte sich nicht für die Jung-Gesellschaft. Sein Interesse galt seiner persönlichen Selbstverwirklichung. Der Nationalsozialismus schien ihm dafür die Chance zu bieten.

Dr. G. R. Heyer – ein Outsider wird Insider[26]
Gustav Richard Heyer stand dem Kreis um Stefan George nahe und war persönlich mit Gundolf befreundet. Obwohl er einerseits ein starkes Bedürfnis nach Eingliederung in organisierte Kameradschaft hatte, ging er doch schon in seiner Assistenzzeit eigene Wege[27], wandte sich ab von dem traditionellen organmedizinisch ausgerichteten Stil der II. Medizinischen Klinik Friederich von Müllers[28] in München, um sich mit Jungs und

Freuds Schriften zu befassen. Als Internist suchte Heyer im menschlichen Körper verborgenes seelisches Geschehen und veröffentlichte bereits 1913/14 eine psychosomatische Arbeit über den neurotischen Ursprung des Zwölffingerdarmgeschwürs. 1930 begann er seine Lehranalyse bei Jung, mit dem er bald freundschaftlich verbunden war; so war Heyer einer der wenigen Briefpartner, mit denen Jung sich duzte. Obwohl Jung Heyer zu seinem Vertreter in Deutschland während des Nationalsozialismus ernannt hatte, (Jung/Schultz, 9.6.1933; Jaffé, 1974, S. 164), verstand sich Heyer nicht eigentlich als Jungianer, und Jung soll gesagt haben: »Wenn ich nicht Jung wäre, möchte ich Heyer sein« (Kindler, 1977, S. 822).

In München sammelte er einen eigenen Kreis um sich; »die Amazonen«, wie sie etwas scherzhaft genannt wurden. Auch in seinem psychotherapeutischen Arbeitskreis überwogen die Frauen. Er galt als Mann mit »viel Anima«. Anfang der 30er Jahre war auch R. Hess Heyers Patient. Offenbar war es zwischen beiden zum Konflikt gekommen, so, daß M. H. Göring zunächst zögerte, Heyer stärker in die Etablierungsbestrebungen der Deutschen allgemeinen ärztlichen Gesellschaft für Psychotherapie einzubeziehen. (Cimbal/Göring, 10.3.1934). (Obwohl Heyer zu den Gründungsmitgliedern, also zum engsten Kreis um Göring gehörte).

In den ersten Hitlerjahren war Heyer ein überzeugter Gegner der Nationalsozialisten. Er erwog sogar, Deutschland zu verlassen. Er fragte Jung um Rat. Jung ermutigte ihn zum Bleiben und bestärkte ihn in seiner Hoffnung, den Nationalsozialismus »von Innen« revolutionieren zu können. »Geh in Dein Land, da mußt Du wirken.« In München pflegte Heyer seinen Kreis, wenn auch in einer gewissen Rivalität zu dem Seifschen. Die Rolle des originellen, künstlerischen Wirrkopfes scheint ihn mit der Zeit nicht befriedigt zu haben. Am 1.5.1937 trat er in die Nationalsozialistische Partei ein. Seine Ablehnung der Nationalsozialisten wich einer zunehmenden Identifizierung. Fasziniert war er vor allem von der mystischen Blut- und Bodenideologie der Nazis. Der Weg schien nun frei für eine etablierte wissenschaftliche Karriere. 1939 wurde er von Göring an das Deutsche Institut für psychologische Forschung und Psychotherapie als Leiter der Ausbildungsabteilung berufen, um ein Jungianisches Gegengewicht zu dem weiterhin starken Freudianischen Einfluß im Institut zu schaffen. Heyer selber verstand sich als Pionier. So schilderte er dann auch seine Übersiedlung von München nach Berlin und das psychotherapeutische Klima, das er dort vorfand, in seinem Brief vom 14.10.1939 an seine geschiedene Frau Lucy Heyer-Grote:

»Ich habe in meinem Leben, jedenfalls seit den Studentenjahren, noch nicht so faul gelebt, wie seit meiner »Berufung« hierher. Ab und zu sind Sitzungen im Institut, mitunter habe ich eine Unterredung mit dem oder jenem. Aber Arbeit kann man das wirklich nicht nennen! Das, was ich bisher von der Institutsorganisation sah, ist gekennzeichnet durch eben das, was man organisieren nennt. Das heißt: Ordnen, sammeln, einteilen und auch gschaftelhubern, also alles Arbeiten zweiter und dritter Hand. In einem Bilde zu sprechen, das ich der amerikanischen Geschichte entnehme: *Wir* sind gewissermaßen die Pilgerväter, die nach dem Westen zogen, in der einen Hand das Gesangbuch, in der anderen bald die Axt, bald die Büchse, Eroberer von Neuland und Kolonisatoren, denen ihr Tun eine vitale und Herzensangelegenheit war. Ihnen nach folgen spätere Generationen, die sich in dem gewonnenen Bereich breitmachen, dort ausbauen und genießen wollen. Sie haben kein Gesangbuch mehr in der Hand und statt der Axt das Scheckbuch. Das ist wohl der Lauf der Welt; seit dem Kaiser Titus, würde Freund Hörschelmann sagen. Die speziellen Freudianer sind schon eine ganze Zeit in diesem Sinne zweite Generation, sie kennen überhaupt nur den Ausbau, die erfreuliche Bestätigung ihres Systems; aber auch was hier »jungt«, ist herzlich wenig mehr Kolonisator und Neulandforscher ... Man könnte versucht sein, die Frage zu stellen, wo nun das Neue (das es seit Kaiser Titus doch auch immer wieder gibt) stecken mag? Selbstverständlich ist man solipsistisch genug und denkt, es stecke in *unseren* besonderen Interessen, den leib-seelischen Fragen verborgen. Das zu denken, befriedigt das Selbstgefühl natürlich ungemein und regt die Tätigkeit an – aber soviel ich sehe, sind meine Institutsgenossen dieser Ansicht nicht. Ich will versuchen, am Mittwoch, wo ich meinen Antrittsvortrag halten soll – darauf zu sprechen zu kommen. Ich erwarte mir aber keinen rauschenden Beifall und mänadische Gefolgschaft ... Sehr ulkig verliefen einige Treffen mit »prominenten« Kollegen, die ich hatte, zwecks gegenseitiger Beschnupperung. Bisher interviewte ich mich gegenseitig mit Weizsäcker, Achelis, Hattingberg. Jeder, das ist das Ulkige, begrüßte in mir den endlich gekommenen Genossen und Helfer für seine eigenen speziellen Ab- und Ansichten. W. erwartet meine Unterstützung im Kampf gegen die Freudianer und für die Jung-Richtung –: wozu ich keinerlei Veranlassung habe; das ist gar keine Einstellung, darauf kommt's nicht an, und für diese alten Jungfern, die da jungeln, einzutreten, hieße überhaupt wahnsinnig sein. Achelis möchte Rat und Tat bei seiner Aufgabe: Bearbeitung der Presse und der Öffentlichkeit – was auch wieder nicht geht, da er davon keine blasse Ahnung hat. So haben sie z. B. eine ehemalige Analysandin eingestellt, die Artikel für Zeitungen verfassen soll – aber Zeitungen nehmen keine Aufsätze (selbst wenn sie gut sind), die irgendwer schickt, sondern von Leuten, die sie schon kennen und die ihnen passen. ... (der folgende Passus ist gestrichen) ... So gehöre ich eigentlich nirgendwo hin. Und muß fürchten, auf längere Sicht gesehen, daß die so unbegründete Freude mancher über den endlich gekommenen Bundesgenossen in absehbarer Zeit in Enttäuschung umschlägt!

Soviel ich bisher sehe, wird mein Weg sein müssen, mich freundlich überall anzulehnen und das zu schätzen, was man in einem solchen Betrieb tatsächlich schätzen kann, die saubere Ordnungsarbeit, das Nägelpolieren an den Begriffshänden (wie das Schultz besonders vertritt) – aber im übrigen zuzuschauen, daß ich genügend Freiheit behalte, um meine eigenen Eier in aller Stille bebrüten zu können. Ich habe das auch Meyer-Mark erklärt, ... (der von mir Haupttätigkeit in den Wirtschaftlerkreisen verlangte – ausgerechnet von mir!) Und fand immerhin wohlwollendes Verständnis, so gewissermaßen unter der Idee, daß man offenbar in mir ein eigenartiges Huhn engagiert habe, fraß er diese meine Vorschläge. »Pappi« Göring strahlt mich vor Liebenswürdigkeit an. Er scheint *so* substanzlos zu sein, daß er mir nicht mal seinen Niederbox in Düsseldorf nachträgt...«

Heyers Brief klingt erfrischend und sympathisch. Aber am Institut war Heyer von manchen gefürchtet. Er trug stets sein Parteiabzeichen und verhinderte Diskussionen, indem er zu wissen vorgab, was für eine Psychologie oder Psychotherapie der »Führer« wünsche. Cocks weist darauf hin, daß Heyers Umschwung sich in dem Vergleich der beiden Ausgaben des »Organismus der Seele« von 1932 und 1937 niederschlägt: während er 1932 noch den Zionismus als romantisch-regressiv kritisiere, spreche aus der Ausgabe von 1937 radikaler Rassismus. Auch eine frühere hohe Achtung vor dem Genie Freuds fiel seiner nun vertretenen rassistischen Position zum Opfer. Auch in Heyers persönlichem Leben gingen wesentliche Veränderungen vor sich: 1933 hatte er sich von seiner ersten Frau, Lucy Heyer-Grote, scheiden lassen, um eine andere zu heiraten. Er blieb seiner ersten Frau weiterhin freundschaftlich verbunden.

Obwohl er sich nun mit dem Establishment verbündet hatte, blieb Heyer keine unangefochtene Figur: in seinem Brief am 28.3.1940 heißt es, daß er den Versuch, ausgeschaltet zu werden, durchschaue und abwenden konnte.

Heyer wirkte nicht nur als Therapeut, sondern hatte sich offenbar auf Meyer-Marks Forderung eingelassen, regelrechte psychologische Auftragsarbeit für die Deutsche Arbeitsfront durchzuführen: So hatte er am 13.6.1942 einen Bericht über die Möglichkeit der Unfallverhütung im Betrieb verfaßt.

Während der Bombenangriffe auf Berlin brannte Heyers Haus an der Heerstraße völlig aus. Kemper beschreibt in seinen biographischen Anmerkungen zu Heyer, daß er ihn in einer Bombennacht fasziniert, im Garten seines brennenden Hauses, in die Flammen starrend, aufgefunden habe und er ihn wie einen Schlafwandler habe in die Wirklichkeit zurückholen müssen. Kemper habe Heyer aufgenommen und ihn nun ohne seine »großspurige schnoddrige Maske« genauer kennengelernt, als ewig Jugendbewegten (Kemper, 1973, S. 285).

Später während des Krieges leitete Heyer die Innere Abteilung eines Lazaretts und hatte außerdem Musterungen und andere Sonderaufgaben zu übernehmen. In seinem Schreiben an Oberstabsarzt Dr. von Hasselbach beschwerte er sich über dieses Eingespanntsein, da er dadurch gezwungen sei, eine Lebensweise zu führen (sich vorwiegend von Stullen zu ernähren), die sein Magengeschwür verschlimmerte. Besonders aufreibend empfinde er allerdings den Stumpfsinn, »von früh 8 bis mittags um 2 oder später Augen und Ohren zu prüfen«. Auch habe er eine Tätigkeit auszuüben, die sonst nur sehr jungen Kollegen zukomme und er wegen der ungünstigen Beförderungsbestimmungen noch unabsehbar weit »von der oberstärztlichen Würde weg (welche einen wahrscheinlich von solchen Kleine-Leute-Arbeiten bewahren könnte)« sei. »Wenn sich nichts dagegen machen läßt ... nun so werde ich, wie so viele andere heute, stramm stehen und mitmachen, so lange es geht.« Eindringlich bat er darum, sich seiner eigentlichen Aufgabe, der Entwicklung der Psychotherapie, wieder zuwenden zu dürfen, da dem Staat ja schwerlich gedient sein könne, wenn er sich in dieser Weise verschleiße (29. 12. 43). Auch Prof. Göring setzte sich für Heyer ein. In seinem Schreiben vom 18. 2. 44, das an den Generalkommissar für Gesundheitswesen, Prof. Dr. Brandt, in der Reichskanzlei gerichtet ist, lobte er Heyer als einen seiner besten Mitarbeiter, der sowohl als Praktiker als auch als Wissenschaftler weit über dem Durchschnitt liege. Nachdem sowohl von Hattingberg als auch Schultz bereits den Professorentitel erhalten hätten, würde er es sehr begrüßen, wenn auch Heyer, nachdem ihm eine Hauptabteilung im Reichsinstitut übertragen worden sei, den Professorentitel erhalten würde.

An Prof. Rostock, den Bevollmächtigten für das Sanitäts- und Gesundheitswesen (Wissenschaft und Forschung) schrieb Göring (18. 3. 1944):

»G. R. Heyer ist eine der bedeutendsten Erscheinungen im Kreise der von uns gepflegten Neuen Deutschen Seelenkunde ... die grundsätzlich jede schulmäßig einseitige Bindung ablehnt und den Menschen als ganzes naturhaft gebundenes und geistbeseeltes Wesen einheitlich zu erfassen sucht ... Auf dem soliden Fundament naturwissenschaftlich-klinischer Forschung und im Hinblick auf die Ganzheitserfassung des lebendigen Menschen wurde H. durch hypnotische und tiefenpsychologische Studien immer tiefer in das »Reich der Seele« geführt, dem er mit seinen Mitarbeitern ein zweibändiges Werk widmete. In warmherzig ärztlicher Beleuchtung und künstlerisch lebendiger Darstellung steuerte H. eine große Anzahl von Einzelbeiträgen auf diesem Gebiet bei, in denen das gesamte Gebiet der Psychotherapie und der Neurosenlehre anregend und fruchtbar behandelt wurde.«

Die Angelegenheit »Heyer« wurde zur Begutachtung von Rostock an Prof. de Crinis weitergeleitet (23. 3. 44). De Crinis sollte sich weiter zu der Frage äußern, ob, im zustimmenden Fall Heyer eine Honorarprofessur an der Universität oder eine Titularprofessur im Innenministerium verliehen werden soll. Ohne de Crinis, den Direktor der Universitätsnervenklinik, der Charité, war keine Berufung auf einen medizinischen Lehrstuhl möglich. In seiner Stellungnahme spiegelt sich die ständige Auseinandersetzung zwischen Schulpsychiatrie und Psychotherapie wider. So wird an erster Stelle die Einschätzung des Instituts genannt und erst an zweiter folgt Heyers Beurteilung.

»Die Tätigkeit des Instituts für psychologische Forschung und Psychotherapie hat mich weder wissenschaftlich noch politisch befriedigt. *Vertraulich* möchte ich hinzufügen, daß vor einem Jahr einer der eifrigsten Mitglieder (Dr. Rittmeister) wegen Spionage hingerichtet wurde. Selbstverständlich kann dafür Prof. Göring nicht verantwortlich gemacht werden, und ich betone ausdrücklich, daß ich zu Prof. Göring in jeder Beziehung größtes Vertrauen habe. Herr Heyer ist jedoch wissenschaftlich nicht so bedeutend, wie er von Prof. Göring geschildert wird, und ich habe bei meinem Referat über das letzte Buch von Heyer (Praktische Seelenkunde) auf die inkonsequente und unnaturwissenschaftliche Stellungnahme des Herrn H. zum Leib-Seele-Problem hingewiesen. Leider hat das Reichsinstitut für psychologische Forschung und Psychotherapie die jüdische Richtung der Freudschen Psychoanalyse nicht aufgegeben, und die deutsche Psychiatrie wird in der nächsten Zeit wohl auch genötigt sein, gegen diese Entartungserscheinungen, die ein nationalsozialistisches Mäntelchen tragen, vorzugehen« (de Crinis/Rostock, 3. 4. 44).

Nach dem Krieg war Heyer sehr betroffen über sein eigenes nationalsozialistisches Engagement; er sah darin nicht nur einen »Ausrutscher«, wie Jung. Sein Kontakt zu Jung brach nach dem Krieg ab. Curtius und er wurden aus dem Jung-Club in Zürich wegen ihrer ehemaligen nationalsozialistischen Parteimitgliedschaft ausgeschlossen.
Trotz allem gehörte Heyer neben Freud und I. H. Schultz in den ersten beiden Jahrzehnten nach dem Zweiten Weltkrieg zu den meistgelesenen Autoren von psychotherapeutisch wirkenden Ärzten (Kindler, 1977, S. 825).
Bei Heyers Bewerbungsunterlagen um die Professorenstelle fand sich folgender Lebenslauf. Er wurde im Hause Kempers verfaßt.

Lebenslauf jetzt: Sensburger Allee 18
(bei Dr. W. Kemper)

»Als ältester Sohn des damaligen Amtsrichters Karl Heyer und seiner Ehefrau Erna, geb. Harnier, wurde ich am 29. 4. 1890 in Kreuznach a. d. Nahe geboren. Meine beiden Rufnamen *Gustav* und *Richard* erhielt ich nach meinen beiden Großvätern.

Die väterliche Sippe stammte aus der Gegend von Gießen und Darmstadt, also dem Hessischen. Als erster Heyer ist nach dem Dreißigjährigen Krieg ein Schmied bekannt; bis auf meinen Vater waren dann sämtliche Vorfahren Forstleute. Mein Urgroßvater Wilhelm Jakob Heyer gründete bei Darmstadt, in dem Bessunger Forsthaus, die erste Forstschule in Deutschland. Sein Sohn Carl H. wurde, als Universitätsprofessor in Gießen, der Begründer der Waldwertrechnung, d. h. einer nach wissenschaftlichen Gesetzen arbeitenden Methode des Waldbaues. Dessen Sohn Gustav, mein Großvater, setzte das Werk seines Vaters fort; er war Professor in Gießen, dann richtete er die neugegründete preußische Forstakademie in Hann. Münden ein und starb als Professor der Forstwirtschaft in München. Dem Andenken Carls und Gustavs dienen Denkmäler und Büsten in Gießen, Hann. Münden und München; sie waren s. Z. weit über die Grenzen hinaus berühmte Männer ihres Fachs.

Die mütterliche Linie stammt teils einer französischen Emigrantenfamilie, teils aus der Gegend von Hannover. Sie weist Beamten und Kaufleute auf. Mein Großvater mütterlicherseits war Direktor der Landeskreditkasse in Kassel und Reichstagsabgeordneter, ein politisch sehr tätiger Mann. Im Gegensatz zu den Heyers haben die Harniers es gut verstanden, auch wirtschaftlich es zu etwas zu bringen. Während die Heyers überwiegend geistigen Interessen lebten – es finden sich auch Pfarrer, Buchhändler usw. in der weiteren Familie –, ist das Harniersche Blut mehr dieser praktischen Welt zugewandt.

Ich selber wuchs auf zuerst in Kreuznach, dann – ab 6. Jahr – in Köln. Von dort wurde mein Vater, als ich 8 Jahre alt war, nach Neuwied a. Rh. versetzt. Dort verlebte ich besonders schöne und entscheidende Entwicklungsjahre; indem der am Gymnasium bestehende Turn-Ruder-Verein die Jugend eng mit jeder Form der Leibesertüchtigung verband und in die freie Natur herausführte. Ich bin seitdem ein leidenschaftlicher und in meinen jungen Jahren auch erfolgreicher Sportsmann gewesen. Im Jahre 1906 wurde mein Vater als Landgerichtsdirektor – später wurde er Ministerialrat am Rechnungshof des Deutschen Reiches ebendort – nach Potsdam versetzt. Hier begann ich mich erstmalig für wissenschaftliche Fragen zu interessieren, vor allem für mit den Sprachen zusammenhängende Dinge.

Nach der Reifeprüfung gab es für mich jedoch keine Berufswahl außer dem Forstfach. So lag es in der Tradition der Familie, es war der lebhafte Wunsch meiner Eltern und entsprach meiner großen Passion für die Jagd, für alles Leben in der Natur. Ich absolvierte ein halbes praktisches Jahr auf einer Lehroberförsterei (Colpin in der Mark) und diente einjährig-freiwillig beim Brand. Jäger-Bataillon Nr. 3 (Lübben). In Hann. Münden, wo ich 2 Semester Forstfach studierte, erwachte dann ein so lebhaftes Interesse für alle Naturwissenschaften, daß ich – wie ich damals dachte: meine forstliche Ausbildung nur unterbrechend bzw. erweiternd – nach München ging. Ich belegte auf der Forsthochschule und der Universität Vorlesungen. Hierbei kam ich auch mit der Heilkunde in Beziehung; und indem ich mich allmählich immer mehr für diese interessierte, aber auch auf die Bedeutung geisteswissenschaftlicher Gebiete aufmerksam wurde, verschob sich die Rückkehr nach Münden mehr und mehr. Schließlich sattelte ich um und studierte Medizin und Philosophie. Mir stand damals ein – freilich noch recht unklares! – Bild vor Augen, das ich s. Z. wohl als Versöhnung der Natur- mit den Geisteswissenschaften bezeichnet haben würde. Wenn ich heute nach 30 Jahren meine wissenschaftliche Entwicklung und meine Arbeiten überblicke, so ist das tatsächlich eine Leitlinie gewesen, so wenig ich später bewußt noch an diese Idee gedacht habe, wenn die speziellen Fragestellungen auftauchten und bearbeitet wurden.

Nach Erledigung der ärztlichen Vorprüfung studierte ich in Heidelberg, als der Erste Weltkrieg ausbrach. Nachdem ich beim Jäg. Btl. 3 Vizefeldwebel und Offiziersanwärter war, meldete ich mich unter Nichtbeachtung meiner Mobilmachungsorder – die eine Verwendung als Krankenträger vorsah – beim Bataillon und rückte mit diesem ins Feld. Ich wurde dort bald mit dem EK. II ausgezeichnet und zum Offizier ernannt; so daß, als Nachfragen aus Heidelberg eintrafen, meine Frontverwendung als Offizier sichergestellt war. Für ein Stoßtruppunternehmen im November 14 an der Aisne erhielt ich das EK. I. Im Verlauf des Feldzugs dreimal schwer verwundet, trage ich außerdem das Verwundetenabzeichen in Mattsilber. Durch die verschiedenen Heimataufenthalte infolge meiner Verwundungen hatte ich Gelegenheit, das mir noch fehlende letzte Studiensemester nachzuholen und auch das Praktische Jahr durch eine Kommandierung an ein Lazarett nachzuholen. Ich promovierte 1918 in Heidelberg mit einer im Mil. Genesungsheim Spa hergestellten Arbeit über Paratyphus. Nach dem Kriege – in dem mein einziger Bruder Wolfgang als Res. Offizier vor dem Feinde blieb – wurde ich Assistent an der II. med. Univ. Klinik in München bei F. von Müller. Hier schrieb ich anfangs, dem Stil der Klinik gemäß, experimentelle Stoffwechselarbeiten. Ich habe dabei wissenschaftlich zu arbeiten gelernt; das danke ich meinem alten Lehrer. Dann aber begann ich selbständige Themen zu bearbeiten. Ich entwickelte mich hierdurch allmählich von der nur somatischen und chemisch-physikalischen Denkweise des Chefs allmählich immer mehr weg. Denn er stand gerade denjenigen Fragen der Heilkunde fern, die nun mein Arbeitsgebiet wurden. Dies hatte die bei organischen Abläufen mitwirkenden psychischen Faktoren zum Gegenstand. Die erste derartige große – experimentelle – Arbeit untersuchte – vermittels einer Methode, die dann vielfach angewandt worden ist – die psychische Beeinflussung der Motilität und Sekretion von Magen und Darm. Sie erregte s. Z. Aufsehen und bildet heute eine Hauptstütze der Lehre von der Leib-Seele-Einheit. Durch weitere solche Studien geriet ich aber in zunehmenden Gegensatz zu dem Stil der Klinik. F. von Müller ließ mich zwar 5 Jahre als Assistent arbeiten, verweigerte mir aber die Anerkennung meiner Arbeiten durch Habilitation.

Ich kündigte daher die Stellung und ließ mich als Facharzt für Innere Krankheiten und Nervenkrankheiten in München nieder. Die experimentellen Arbeiten mußten mit meinem Ausscheiden aus der Klinik zu meinem Bedauern wegfallen bzw. blieben unvollendet in der Schublade liegen. Aber ich fand neben der bald umfangreichen Praxis die Möglichkeit, auf medizinisch-psychologisch-psychotherapeutischem Gebiet zu arbeiten und zu veröffentlichen. Außerdem begründete ich Vorlesungen für Ärzte und Studierende, die anfangs in meiner Privatwohnung, später in den Hörsälen von Sauerbruch und F. von Müller stattfanden. Diese fanden 10 Jahre lang, gelegentlich auch unter Mitwirkung anderer Münchener Kollegen, statt. Meine (bei Lehmann/München erschienenen) Bücher »Organismus der Seele« und »Praktische Seelenheilkunde« sind aus diesen Kursen hervorgegangen (nachdem ich zuvor, auf Veranlassung des zu früh verstorbenen Prinzhorn, für dessen Sammlung »Das Weltbild« einen Band »Seelenführung« geschrieben hatte – bei Müller und Kiepenheuer in Potsdam). Damals erschienen außerdem in der von meinem Freund von Hattingberg herausgegebenen Sammlung »Der nervöse Mensch« (N. Kampmann Verlag) zwei Broschüren über nervöse Herz- und über nervöse Magen-Darmerkrankungen. Ferner bearbeitete ich zwei große Monographien für Sammelwerke, über Hypnose und über seelisch bedingte Störungen des Magen-Darmtraktes.

Ich bedaure, weder von diesen Büchern und Monographien noch von den einzelnen Aufsätzen, die inzwischen erschienen sind – es werden über 150 sein –, keine Abzüge beifügen zu können. Alle meine Unterlagen usw. sind beim Abbrennen meines Hauses am 16.12.43 verloren gegangen.

Mit Kriegsende 1918 heiratete ich meine erste Frau Lucy, geb. Grote. Der Ehe ist ein jetzt als Leutnant bei der Geb. Artillerie stehender Sohn Anselm entsprossen. Meine erste Frau war Gymnastiklehrerin gewesen; in unserem Austausch entwickelte sich mein therapeutisches System zunehmend dahin, daß ich außer der gewissermaßen reinen Psychologie und Psychotherapie die Behandlung des Neurotikers *auch* von der körperlichen Seite aus in Angriff nahm. Der Gedanke erwies sich praktisch bald in der Therapie ungemein erfolgreich. Frau Heyer hat diesen Zweig unserer gemeinsamen Arbeit seitdem auch selbständig weiter ausgebaut und ist, wie man wohl sagen kann, gründend und führend hierfür geworden. Ein größeres Werk von ihr befindet sich in Vorbereitung.

Während unsere Ehe dann später geschieden wurde – sie war mehr und mehr Kameradschaft geworden –, besteht diese enge und fruchtbare berufliche Verbindung von uns fort. So hat sie einen Anhang zu meiner »Praktischen Seelenheilkunde« geschrieben; noch jüngst veröffentlichten wir gemeinsam einen Aufsatz über die kombiniert psychotherapeutisch-gymnastische Behandlung des Asthma bronchiale.

Ich verheiratete mich dann wieder mit Friederike, geb. Zobel. Wir haben eine Tochter Viviane.

Im Sommer 1939 erhielt ich die Aufforderung, an dem durch den verstorbenen Reichsärzteführer Dr. Wagner ins Leben gerufenen »Institut für psychologische Forschung und Psychotherapie« in Berlin als Dozent mitzuarbeiten. Ich trennte mich schwer von München und Süddeutschland. Aber meine große, wahrscheinlich ererbte Passion zum Forschen und Lehren veranlaßten mich anzunehmen. Welche schöne Möglichkeit, so sagte ich mir, an entscheidender Stelle wirken zu können am Ausbau einer neuen deutschen Seelen- und Seelenheilkunde!

War doch meine psychologische Entwicklung im Laufe der Jahre – und lange vor dem Umbruch – dahin gegangen, die alten Systeme der jüdischen Analytiker abzulehnen: worüber ich in meinen Arbeiten keinen Zweifel gelassen hatte und auf unseren, s. Z. verjudeten Kongressen manchen heftigen Strauß ausfocht. Ich hatte meine Lehrbehandlung auch aus diesem Grunde bei C. G. Jung absolviert, in dessen Lehre damals der Durchbruch aus dem artfremden Gebäude erfolgte. Ich kann freilich heute nicht mehr alles unterschreiben, was er veröffentlicht. Uns unterscheidet manches; so z. B. daß er mehr Forscher ist als Arzt, daß er meine oben erwähnte Einbeziehung auch des Leiblichen in die Psychotherapie nicht gelten läßt; und neben solchen mehr wissenschaftlichen Differenzen neuerdings auch unsere verschiedene Einstellung zu politischen Angelegenheiten. Ich kann aber nicht umhin zu betonen, daß ich dem zweifellosen Genie Jungs sehr viel verdanke und ihn für einen ganzen Kerl und bedeutenden Mann halte. Hier in Berlin veröffentlichte ich außer Beiträgen für Zeitschriften das im Hippokratesverlag erschienene Buch »Menschen in Not; Briefe aus der psychotherapeutischen Praxis«. Während die zweiten Auflagen der oben genannten Bücher vergriffen sind, wird eine solche dieses Werkes derzeit hergestellt. Beim Hippokratesverlag liegt ferner druckfertig eine weitere Publikation »Vom Kraftfeld der Seele«, die in einem Hauptteil den Versuch bringt, die heutige Physik mit der Tiefenpsychologie in Vergleich zu bringen – wie ich erkenne, abermals ein

Versuch, die unheilvolle Spaltung in hie Geistes – hie Naturwissenschaft zu überwinden und einer fruchtbaren Synthese zuzuführen. Also die Jugendidee aus den Münchener Jahren, nur nicht mehr, wie damals gedacht, von der Philosophie her gelöst, sondern von der Tiefenpsychologie aus, die m. E. die zeitgemäße Mittlerin zwischen den Disziplinen darstellt.

Die Tätigkeit am – jetzt zum Reichsinstitut gewordenen – Berliner Institut bedeutet mir in jeder Hinsicht sehr viel. Ich brauche nicht mehr, wie all die Jahre zuvor, in der Frohn einer *über*großen Praxis zu arbeiten; was zuvor, da wir in der Inflation unser Geld verloren hatten, unvermeidlich gewesen war und mich zwang, meine Arbeiten in Nachtschichten und an Feiertagen schreiben zu müssen; wobei ich meine Gesundheit langsam aber sicher angriff. Ich behandele jetzt nur so viele Kranke, wie ich es im Gesamtrahmen für wünschenswert halte und es für den steten Kontakt mit der Wirklichkeit nötig ist. Ich habe das Forschen und Lehren nun einmal im Blute; dieser Passion kann ich am Institut folgen, voll des schönen Bewußtseins, an der Ausbildung der heute mehr als je und morgen mehr noch als heute nötigen Psychotherapeuten leitend beteiligt zu sein. Als ich von der sog. »exakten«, d. h. nur chemisch-physikalisch ausgerichteten Medizin Müllers in *die* Heilkunde überschwenkte, wie sie ein E. Lieck vertritt, mich zunehmend für naturheilkundliche und besonders psychologische Fragen interessierte, waren es oberbewußt zwar in erster Linie die Einzelbeobachtungen des leidenschaftlich interessierten Arztes und der Wunsch, zu helfen, zu heilen; dieser konnte sich das Versagen so mancher klinischer Untersuchungen, so zahlreicher klinischer Behandlungen, die lege artis ausgeführt waren, nicht erklären: bis er auf den psychischen Faktor stieß und dessen Bedeutung in systematischer Forschung zu verstehen lernte. Tiefer gelegen aber waren es die Empfindungen, daß es eine undeutsche Medizin darstellt, die hinter dem Labor und dem Sektionstisch, den Retorten und Tabellen den Menschen vergißt – den Mensch, der mehr ist, als Chemie und Physik (bei all ihrer Bedeutung) erklären und behandeln können. Zu der Genugtuung, daß diese natur- und blutsverbundene Seelenheilkunde an unserem Institut ausgebaut wird, habe ich selber viel dazu gelernt. Ganz besonders habe ich die Bedeutung der der tiefenpsychologisch eingestellten Sehweise für die Breitenfragen der Volksgesundheit hier noch gründlicher als früher erkannt. Es ist mir daher eine besondere Genugtuung, daß in der sozialen Arbeit an Krankenhäusern und in Industrieunternehmen heute schon aus meiner Ausbildung hervorgegangene Therapeuten anerkannt und segensreich tätig sind. So könnte ich es nie bedauern, daß ich meine, wie man zu sagen pflegt, akademische »Karriere« darangab, als ich mich bei Müller eigenständig entwickelte, um nur noch meiner psychotherapeutischen Praxis und der tiefenpsychologischen Wissenschaft zu leben! Ich weiß, daß die Zukunft uns Psychotherapeuten braucht; und dafür habe ich mich seit etwa 25 Jahren eingesetzt.

Nach dem Krieg würde ich am liebsten entweder nach Süddeutschland gehen – etwa nach Wien –, als Leiter einer der Zweigstellen des Instituts; oder aufs Land, um dort ein »Heilheim« zu begründen, in welchem eine Ausbildungsstätte für junge Psychotherapeuten sein müßte und wo ich meine Ideen über Behandlung Kranker aller Schichten mit (tiefenpsychologisch gezielter) Bestätigung der Patienten ausarbeiten würde. Bis es einmal so weit ist, arbeite ich jedoch voller Befriedigung am Berliner Institut; wo ich Hauptabteilungsleiter bin und die Ausbildung des Nachwuchses zu leiten habe, dazu meine Vorlesungen und Seminare, den so ungemein anregenden Austausch mit den Kollegen.

Seit 2 Jahren bin ich eingezogen und Stabsarzt d. Res. Konfessionell bin ich gottgläubig; aus der protestantischen Landeskirche trat ich schon als Student aus. In die Partei bin ich am 1.5.1937 eingetreten.«

5.4. Anmerkungen zur »Arierfrage«

Bei der Einführung der sogenannten »Ariergesetzgebung« gab es in Deutschland 50000 Ärzte. 6488, also 13%, waren Juden. Wissenschaftler, Universitätslehrer, Krankenhausleiter, Oberärzte, Assistenzärzte und ärztliche Beamte waren in dieser Aufstellung nicht mitenthalten. 1933 waren von 6558 Berliner Ärzten 3423 (also 52,2%) Juden (Leibfried, 1980, S.74). In anderen deutschen Großstädten waren es 2500 und 1000 in Kleinstädten. Die Juden hatten sich vor allem in Großstädten niedergelassen, da man in ländlichen Gegenden im allgemeinen unduldsamer ihnen gegenüber war. Besonders die liberale Atmosphäre im Berlin der Weimarer Zeit, mit seinen feinsinnigen Strömungen in der Stadtverwaltung, bot den Juden günstige Arbeitschancen. Auch war ⅛ der Bevölkerung jüdisch. Sowohl in der Ärztekammer als auch in den Gewerkschaften hatten Juden leitende Stellungen inne und guten Kontakt zu Kassen. Jüdische Ärzte der älteren Generation waren wesentlich am Aufbau und der Entwicklung der Sozialversicherung beteiligt. Mehr als 50% aller dirigierenden Krankenhausärzte waren Juden. Daneben gab es Berliner Privatkliniken mit ausgezeichneten Spezialisten. Jüdische Ärzte genossen großes Ansehen, auch in der nichtjüdischen Bevölkerung, und dieses Vertrauensverhältnis zwischen jüdischen Ärzten und nichtjüdischen Patienten trug wohl auch dazu bei, daß gewisse nichtjüdische Ärztegruppen ihrer schon lange schwelenden Ablehnung organisiert Ausdruck gaben. Bereits im Juni 1933 begann eine Kampagne zur »Entjudung« des ärztlichen Personals (Ostrowski, 1963, S.314). Vor allem die Freudsche Psychoanalyse wurde mit dem Judentum identifiziert. Göring als Nationalsozialist und Adlerianer[1] versuchte, die Individualpsychologie in den Dienst der nationalsozialistischen Bewegung zu stellen.

»Wir müssen aber auch andererseits daran denken, welchen Einfluß Juden und Marxisten bei uns gehabt haben und diese Tatsache die NSDAP kopfscheu gemacht hat. Ich hoffe sehr, daß unser Meister Alfred Adler den deutschen Verhältnissen Rechnung tragen wird und seine Lehre und seine Schüler dem deutschen Volk, so wie es jetzt ist, zur Verfügung stellen wird« (Göring/Seif, 26.5.33).

Die jüdischen Mitglieder des Vorstandes der allgemeinen ärztlichen Gesellschaft für Psychotherapie mußten ihr Amt niederlegen. Alle Mitglieder des provisorischen Vorstandes billigten das. Um »Schwierigkeiten« zu vermeiden, plädierte Cimbal dafür, die jüdischen Mitglieder der Gesellschaft nicht auszuschließen: »Gerade weil unter unseren Mitgliedern ziemlich viele jüdische Menschen mit stark gehobenem Selbstgefühl vorhanden sind, die möglicherweise bei den Kongressen eine Störung verursachen würden, die zu einer besonders straffen Führung der Geschäftsordnung zwingen könnte« (Ci/Gö, 21.7.33).

Dieser Belastung wolle er Jung nicht aussetzen. Auf Künkels[2] Rat hin wurde die Nauheimer Zusammenkunft verschoben, um den jüdischen Mitgliedern und dem Vorstand der Gesellschaft die Möglichkeit des Protestes zu nehmen. Auch Jung riet dazu abzuwarten, wie andere deutsche Gesellschaften sich den jüdischen Mitgliedern und Vorstandsmitgliedern gegenüber verhalten würden. »Die Befreiung der Gesellschaft von den jüdischen Einflüssen sei gerade in der Psychotherapie von entscheidender Bedeutung und gleichzeitig von größter Schwierigkeit«, zitierte Cimbal Jungs Position (Ci/Gö, 30.7.33). Bereits im August 1933 war abzusehen, daß die Juden sich zurückzogen und kaum noch Kongresse besuchten.

»Kronfeld und Eliasberg sind ja auch schon demonstrativ ausgetreten«. (Gö/Ci, 6.8.33). Ein Jahr später konnte Cimbal ›beruhigt‹ feststellen, daß sich für den Nauheimer Kongreß von 1934 fast keine jüdischen Teilnehmer angemeldet hatten. (Rundschreiben v. 4.8.34). Bei der Neugründung der Deutschen Gesellschaft für Psychotherapie, deren Satzung identisch war mit der der Gesellschaft für Rassenhygiene, war nur der »Arierparagraph« ausgespart. Die Juden konnten zunächst noch Mitglieder der Deutschen Gesellschaft für Psychotherapie bleiben[3] (Göring/Ruttke, 25.11.33).

»Den Arierparagraphen hat die Gesellschaft *nicht*. Herr Prof. Göring hat ausdrücklich die Zulassung nicht-arischer Mitglieder erkämpft. Ob er sie heute noch zulassen will, kann nur Herr Prof. Göring selbst entscheiden«, ... schrieb Cimbal zwei Jahre später an Curtius (7.9.35). Auf der Vorstandssitzung vom 27.9.1938 wurde schließlich satzungsmäßig festgelegt, daß nur Arier Mitglieder der Gesellschaft sein durften. (Gö/Cu, 17.8.38).

Bormann forderte die »Bereinigung des Ärztestandes« von Juden, die Hitler für wichtig hielt als die des Beamtenkörpers, da die Aufgabe des Arztes eine »volkführende« sei. (B. A., 14.6.37, Vortrag von Bormann in Gegenwart von Hitler, R 18/5.516 Blatt 1–61, Rep. 320 Nr. 516). Da man zunächst nicht sicher war, ob die Lücke, die ein Verbot jüdischer Ärzte hinterlassen würde, gefüllt werden könne, wurden zunächst jüdische Krankenhäuser ausgenommen (B. A., 18.12.37, R 18/5.516).[4]

In der 4. Verordnung zum »Reichsbürgergesetz« vom 25.7.1938 wurde jüdischen Ärzten zum 30.9.1938 die Approbation entzogen. Sie durften nur mit Sondergenehmigung Juden behandeln (Ostrowski, 1963, S. 334). Innenpolitisch waren die Weichen gestellt. Der Umgang mit Juden war nun, nachdem sich die nationalsozialistische Herrschaft etabliert hatte, kein Thema mehr. Die »Arierfrage der Mitgliedschaft« wurde möglichst nicht berührt (Haeberlin/Göring, 19.3.37). Erst am 11.12.1939 wurde in einem institutsinternen Rundschreiben darauf hingewiesen, daß die Behandlung oder Ausbildung von Juden nach den vom Reichsgesundheitsführer herausgegebenen Richtlinien nicht erlaubt sei, »Ärzte dürfen nur dann Juden behandeln, wenn kein anderer Arzt zur Stelle ist und Gefahr droht.«

Die Psychotherapeuten, die Görings Aufforderung, »Mein Kampf« mit wissenschaftlichem Ernst durchzuarbeiten, tatsächlich nachgekommen waren, wußten von der Judenvernichtung.[5] Soweit sie nicht persönlich damit konfrontiert waren (z. B. im Freundes- und Bekanntenkreis), erfuhren sie manchmal Einzelheiten von Patienten, die selber an der Judenvernichtung beteiligt waren. Ein katholischer Polizeiarzt aus Breslau, der eingezogen war, um in einer Zweigstelle eines KZ's zu arbeiten, sprach sich bei einer Psychotherapeutin über seine Erlebnisse aus.

Es ist schwer, die tatsächliche Situation am Deutschen Institut zu rekonstruieren, da »Juden« in der offiziellen Korrespondenz kaum noch in Erscheinung traten.

Man ist also auf die Berichte der Nachkriegszeit angewiesen. Diejenigen, die als Nichtjuden sich nach dem Krieg das Ausmaß der Brutalität und Vernichtung der Juden eingestehen mußten, werden sich mit schwersten Schuldgefühlen auseinanderzusetzen haben. Es ist nur allzu menschlich, daß diese Auseinandersetzung oft nicht gelingt und man sich ängstlich an den einen oder anderen jüdischen Bekannten oder Kollegen erinnert, dem vielleicht eine Geste der Zuwendung gegolten hat – und andere, die man mißachtet hat, lieber aus der Erinnerung verbannt.

Man ist also vorwiegend auf Äußerungen der Betroffenen angewiesen – die aber nicht direkt befragt werden können, da ja ihre Identität über lange Jahre hin getarnt sein mußte. Nach dem Krieg tauchen nur Frag-

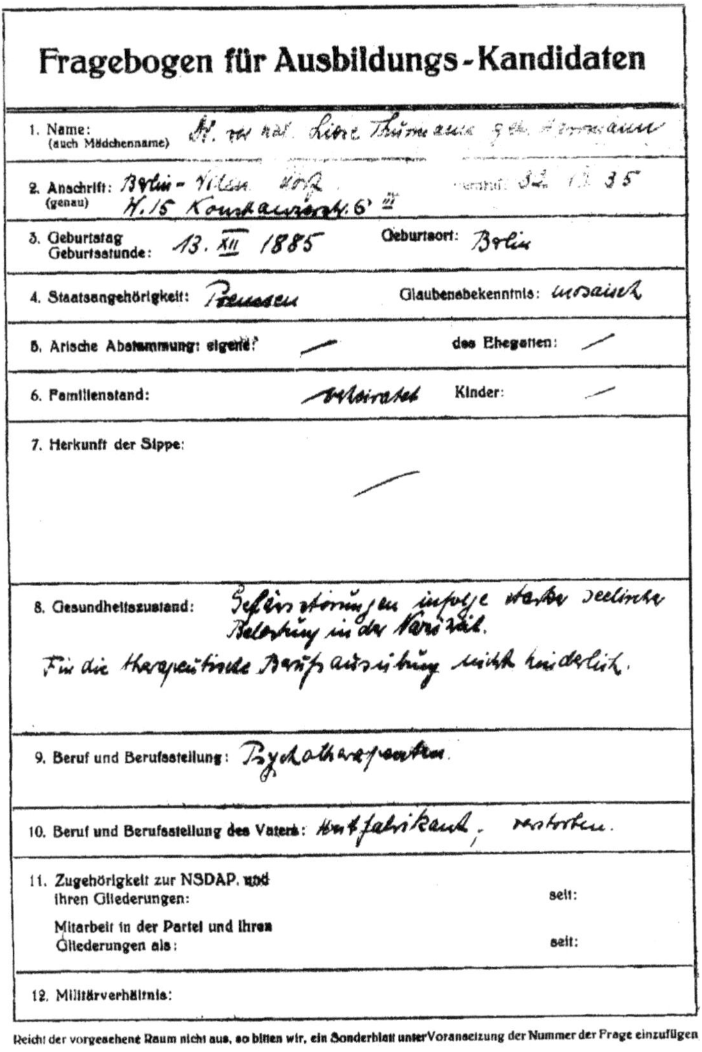

Fragebogen für Ausbildungs-Kandidaten

1. Name: (auch Mädchenname) *[handschriftlich]*
2. Anschrift: (genau) Berlin-Wilm... W.15 Konstanzerstr. 6'
3. Geburtstag/Geburtsstunde: 13. XII 1885   Geburtsort: Berlin
4. Staatsangehörigkeit: Preussen   Glaubensbekenntnis: mosaisch
5. Arische Abstammung: eigene? —   des Ehegatten: —
6. Familienstand: verheiratet   Kinder: —
7. Herkunft der Sippe:
8. Gesundheitszustand: Gefäßstörungen infolge starker seelischer Belastung in der Nazizeit. Für die therapeutische Berufsausbildung nicht hinderlich.
9. Beruf und Berufsstellung: Psychotherapeutin.
10. Beruf und Berufsstellung des Vaters: Konf.fabrikant, verstorben.
11. Zugehörigkeit zur NSDAP. und ihren Gliederungen: seit:
    Mitarbeit in der Partei und ihren Gliederungen als: seit:
12. Militärverhältnis:

Reicht der vorgesehene Raum nicht aus, so bitten wir, ein Sonderblatt unter Voransetzung der Nummer der Frage einzufügen

Abb. 12 Fragebogen für Ausbildungskandidaten; ausgefüllt von einer jüdischen Kandidatin unmittelbar nach dem Krieg; unter 8. heißt es: »Gefäßstörungen infolge starker seelischer Belastung in der Nazizeit. Für die therapeutische Berufsausbildung nicht hinderlich.«

mente ihrer Existenz auf – und manchmal auch ihres Leidens. Aus Dokumenten der nach 1947 aufgenommenen Mitglieder des Instituts für Psychotherapie e. V. geht hervor, daß Johanna Schmoeckel nicht Mitglied des Deutschen Instituts für psychologische Forschung und Psychotherapie werden konnte, da sie Halbjüdin war. Ihre Ausbildung hatte sie allerdings in der Deutschen Psychoanalytischen Gesellschaft der Arbeitsgruppe ›A‹ absolviert.

Weiter erfährt man von einem Dr. Bernhard, der wohl der Jung-Gruppe angehörte und, obwohl er Jude war, weiter Analysen machte. Seine Analysandin, Frau Ilse Heintze hatte auch bei Frau Jung gearbeitet und Kontakt zu Kranefeldt gehabt. Ihr wurde die Mitgliedschaft am Institut für Psychotherapie 1949 verliehen. Aus den Ausbildungsunterlagen von Frau Dr. re. pol. Liese Thurmann, geb. Herrmann, geht hervor, daß sie Jüdin war. Ihre Lehranalyse absolvierte sie von 1938 bis 1942 bei J. Schirren, der inoffiziell der Jung-Gruppe zugerechnet wurde. Nach der Nazizeit bemühte sie sich um die Anerkennung als Therapeutin. In ihrem Lebenslauf heißt es:

»Seit 1933 privates wissenschaftliches Arbeiten, erschwert durch starke seelische Belastungen infolge der Naziherrschaft. Als mein Mann 1938 als ›politisch unzuverlässig‹ und ›staatsfeindlich‹ seine Stellung wegen seiner jüdischen Ehefrau verliert, entschließe ich mich zur Ausbildung als Psychotherapeutin.«

Am Klinikum Westend soll es einen jüdischen Psychotherapeuten gegeben haben, zu dem jüdische Patienten geschickt wurden.[6] Carl Müller-Braunschweig führte eine Lehranalyse bei dem jüdischen Internisten Dr. Ernst Schweitzer durch. In seinem Empfehlungsbrief vom 17. 4. 1939 an Jones heißt es, daß Schweitzer vom 4. 1. 1938 bis zum 17. 4. 1939 viermal wöchentlich (insgesamt 205 Stunden) zu den Analysestunden kam und während des Wintersemesters 1937/1938 und des Sommersemesters 1938 alle von der Arbeitsgruppe ›A‹ geforderten Veranstaltungen besucht habe. Während des Wintersemesters 1938/1939 sei er lediglich in der Veranstaltung von Roellenbleck zur theoretischen Literatur gewesen. Es kann mit Sicherheit davon ausgegangen werden, daß Müller-Braunschweig von der jüdischen Abstammung Schweitzers wußte, da er nicht in den offiziellen Listen des Instituts erscheint. Auch war es Müller-Braunschweig verboten, Lehranalysen durchzuführen (seit April 1938), so daß ihn diese Bescheinigung an Jones in größte Schwierigkeiten hätte bringen können.[7] Möglicherweise gab es auch noch andere Psychotherapeuten, die jüdische Patienten behandelt und jüdische Kandidaten ausgebildet haben. Bezahlt wurde mit Sachwerten, da die Bankkonten der Juden genau kontrolliert wurden. Von Ada Müller-Braunschweig ist bekannt, daß sie mit verschiedenen Ausbildungskandidatinnen, die Jüdinnen waren, befreundet war.[8] Hanna Ries war noch bis 1938 bei Boehm in Analyse gewesen. Er war ihr auch dabei behilflich, einen Teil ihres Vermögens nach England zu schaffen. Bekanntlich machte Boehm aus seinen antisemitischen Tendenzen keinen Hehl (siehe Kap. 5.2.). Das führte dazu, daß er in Emigrantenkreisen hart angegriffen wurde. In H. Ries fand er eine warme Fürsprecherin.[9]

Im Kontakt zum Ausland konnten Stellungnahmen zu Juden nicht immer umgangen werden. In der Schweiz schienen massive antisemitische Strömungen Görings Kommentar möglich zu machen: »Die Deutsche Gesellschaft wird das Rückgrat der Internationalen Gesellschaft bleiben, nicht nur weil wir die stärkste Gruppe sind, sondern auch weil wir gerade durch unsere nationalsozialistische Haltung auch wieder neue Ideen bringen und weil wir ein Bollwerk gegen jüdische Einflüsse sind« (Gö/Meier, 30.3.36).

Von M. H. Göring stammt ein handschriftlicher Bericht über die Zusammenkunft der Schweizer Psychotherapeuten in Bern vom 27.5.1937. Keiner der Vortragenden vor den etwa 100 Teilnehmern (z. T. aus dem Ausland) sei Jude gewesen und keiner Emigrant. Die Darstellung der Arbeit des Deutschen Instituts sei als vorbildlich für die Zusammenarbeit der Schulen gefeiert worden – in der Schweiz werde etwas Ähnliches angestrebt.

Zur Vorbereitung des Oxforder Kongresses von 1938 fragte die englische Kongreßkommission bei Jung an, wie sich die deutsche Delegation wohl bei nicht-arischen Vortragenden verhalten würde. Jung hatte unter Hinweis auf die Statuten des Gesamtvereins geantwortet:

»..., daß im Prinzip nichtarische Gäste zuzulassen seien, unter der Bedingung, daß jede Anspielung auf politische Dinge vermieden wird. Ich würde, falls politische Anspielungen fallen sollten, jedem Redner sofort das Wort entziehen. Ich möchte Sie nun bitten, mir zu Händen der englischen Kommission mitteilen zu wollen, ob sich die deutsche Delegation auf obige Bedingungen verpflichtet und sich jeder politischen Reaktion enthalten wird. Um Mißverständnisse zu vermeiden, möchte ich Ihnen zugleich mitteilen, daß auf der englischen Seite alle Kommissionsmitglieder sozusagen ängstlich bemüht sind alles zu vermeiden, was der deutschen Delegation unangenehm sein könnte. Man ging sogar so weit, nichtarische Mitteilungen von der Vortragsliste abzusetzen. Wenn auch ein solches Entgegenkommen an die deutsche Delegation überaus höflich ist, so muß ich doch, gestützt auf Art. 2-4 der Statuten, dagegen Einspruch erheben. Nach meiner Auffassung ist die Rassenfrage eine innerpolitische Angelegenheit Deutschlands, welche nur innerhalb der deutschen Grenzen respektiert werden muß« (Jung/Göring, 26.3.1938).

Eilfertig versicherte Göring (an Jung, 31.3.38), daß selbstverständlich, ebenso wie in Kopenhagen, auch in Oxford Juden Vorträge halten könnten, »nur würden wir Deutschen an den Vorträgen derjenigen Juden, die bei uns in Deutschland ein Redeverbot erhalten haben, nicht teilnehmen, was aber bei Kongressen internationaler Art gar nicht auffallen würde. Unsere Vortragenden werden sich genau nach den von Ihnen gestellten Themen richten, vor allem wird kein Vortrag über die Rassenfrage gehalten werden.«

Jung seinerseits bemühte sich zu beteuern, daß er persönlich gar keine Angst habe, daß die Deutschen sich irgendeine Inkorrektheit zuschulden kommen lassen könnten, daß er aber nur im Auftrag des englischen Komitees Göring »eine Sicherheit entlocken« sollte, »daß von deutscher Seite keine Gegengründe gegen eventuelle jüdische Referenten erhoben würden. In England hat man davor Angst, nicht hier.« (Jung/Gö 2.5.1938). Für die deutsche Delegation hatte die Forderung, daß Juden am Kongreß teilnehmen durften, folgende Konsequenzen: Ministerialrat Linden und Göring lehnten die Einladung der Engländer für freie Verpflegung und Unterkunft ab. Das bedeutet für die deutsche Delegation eine kritische Einschränkung, da jeder Teilnehmer nur über 75 RM Devisen verfügen konnte, und der Satz nicht erhöht wurde. Juden wurden zu dem Kongreß natürlich nicht eingeladen (Gö/Cu, 2.9.38). Nach dem Kongreß lobte Jung Göring (6.10.38) für die Haltung der deutschen Delegation. Sie habe bei dem englischen Vizepräsidenten, Dr. Crichton-Miller, einen ausgezeichneten Eindruck hinterlassen.

»Es handelt sich um eine sehr fest zugreifende Stellungnahme (von Crichton-Miller) gegenüber gewissen jüdischen Umtrieben. Die Stelle lautet folgendermaßen: ›Wir haben die Erfahrungen gemacht, daß jene, die im Verdacht der politischen Sabotage standen, sich völlig korrekt, ja sogar höflich benommen haben. Wir müssen annehmen, daß diese Haltung weiter andauern wird, und infolgedessen dürfen wir nicht dulden, daß paranoide und subjektive Gefühle mit uns davonlaufen und wir damit unsere Zeit verschwenden.‹«

Aber nicht nur Jung signalisierte der deutschen Gruppe seine Anerkennung, sondern auch der Generalsekretär der Schweizer psychotherapeutischen Gruppe, Meier. Am 21.7.1939 lud er die Deutschen zu der Züricher Delegiertenversammlung mit folgender Bemerkung ein: »Ich hoffe nicht, daß Sie durch die Anregungen der englischen Landesgruppe, welche vom präjudizierten Juden Strauss diktiert sind, unwillig gestimmt werden. Es wird sicher nicht so scharf geschossen, denn wir sind größtenteils scharf dagegen.«

Als es 1941 zur Auseinandersetzung zwischen Meier und Göring kam, da Göring nicht damit einverstanden war, daß Jung Meier mit der Geschäftsführung bis zur Wahl eines neuen Präsidenten der internationalen

Gesellschaft betraut hatte, rechnete Göring mit Meier ab: Unter anderem warf er ihm vor, daß er auf dieser Delegiertentagung es angeblich nicht verstanden habe, »die Gefühle der deutschen Delegation zu achten. Bei dem kleinen Abendessen in Zürich haben Sie meiner Frau als Tischherrn Herrn Strauss[10] gegeben, ich selbst hatte überhaupt keinen Platz« (Göring/Meier, 11. 12. 1940).

Erwin Stransky[11] war dazu aufgefordert worden, vor der österreichischen Landesgruppe der allgemeinen ärztlichen Gesellschaft für Psychotherapie über das Thema Rasse und Psychotherapie zu sprechen (Z. f. P., 1937, Bd. 10, H. 1, S. 9–28) und befand sich offensichtlich in dem Dilemma, als Jude zu diesem politischen Thema wissenschaftlich Stellung beziehen zu müssen. Dementsprechend referierte er im wesentlichen Jungs Position und ergänzte sie durch vage Allgemeinplätze, die die bestehenden Verhältnisse begründeten: Drei Jahre später richtete er ein flehentliches Bittgesuch an Göring:

»Sehr verehrter Herr Kollege!

Seien Sie nicht ungehalten, wenn ich aus meiner stillen Zurückgezogenheit heraus nach längerer Zeit noch einmal mit einem Ersuchen an Sie herantrete; ob Sie ihm entsprechen wollen oder können, weiß ich natürlich nicht; es ist aber wohl überflüssig hinzuzufügen, daß auch eine Ablehnung Ihrerseits meiner Wertschätzung für Sie keinen Eintrag täte.

Vorerst, ich habe selbstredend die mir in Ansehung meiner Abstammung heute bekanntlich obliegende moralische Verpflichtung, mich nach Kräften um Auswanderungsmöglichkeiten umzusehen, in keiner Weise vernachlässigt. Da jedoch meine Frau im Oktober 38 ein Gesuch eingebracht hat, darin sie meine Befreiung von den Nürnberger Gesetzen erbat, und da dieses Gesuch, wie ihr mitgeteilt worden ist, die Befürwortung des damaligen Reichsstatthalters (jetzt Reichsministers), Seyss-Inquart, gefunden hat, werden Sie es bei meiner, Ihnen bekannten Einstellung verstehen können, daß ich damals zwei gute Chancen nach Übersee, darunter eine recht ehrenvolle, vergeben habe. Das Gesuch meiner Frau blieb aber unbeantwortet, und da ein früheres, von mir selbst eingereichtes, allerdings nicht auf dem Dienstwege befördertes und ungenügend belegtes Immediatgesuch keinen Erfolg hatte, begann ich, mich nun vom Frühjahr 1939 an aufs ernstlichste um ein Arbeitsfeld in der Fremde umzusehen. Ich will Sie nicht mit der Erzählung langweilen, auf welche Schwierigkeiten nicht lange darauf bzw. seit Kriegsausbruch unsere Überseepost dank der britischen Zensur gestoßen ist: nicht zu reden von den auch der deutschen Behörde nicht mehr unbekannten Erschwernissen, auf denen evangelische Nicht-Arier *meines* Schlages auswärts begegnen, denn die gewisse spezifische Emigrantenwelt und ihren Hintermannschaften steht *gegen* unseresgleichen, ihre Sorge konzentriert sich auf

Nationalsozialistische Deutsche Arbeiterpartei

Der Stellvertreter des Führers
Stab
Hochschulkommission
Prof. Wirz

München, den 13. Oktober 1937.
Braunes Haus
Prof. Wz/Mz.

Herrn

Prof. Dr. jur. Dr. med. G ö r i n g

B e r l i n W 62
Budapesterstr. 19

Sehr geehrter Parteigenosse Göring!

Haben Sie vielen Dank für Ihren Bericht über den Kongress in Kopenhagen. Vor allem hat mich Ihre Feststellung interessiert, daß die psycho-analytische Richtung von Freud verhältnismäßig wenig stark hervorgetreten ist. Haben Sie als Delegationsführer von irgendeiner deutschen Dienstesstelle vor Ihrer Abreise Kenntnis erhalten, daß der Berliner Jude Dr. N e u - g a r t e n einen Vortrag in Kopenhagen halten soll ? Ich schrieb deswegen auch an die Kongresszentrale.

Ihr Vorschlag, als Hauptthema für die nächste Tagung "Tiefenpsychologie und Rasse" zu nehmen, hat mich offengesagt leicht erschüttert. Soweit sind wir doch noch lange nicht ! Die Dinge müssen von selbst reifen, genau so wie das auf den internationalen eugenischen Kongressen vor sich gegangen ist. Es hat doch gar keinen Zweck, von uns aus die Gegner mit einem derartigen Thema zu provozieren, besonders zumal das Thema "Tiefenpsychologie und Rasse" bei uns doch selbst noch nicht genügend unterbaut ist, um vor einem internationalen Forum absolut hieb- und stichfest zu sein. War es nicht möglich gewesen, bevor Sie offiziell als nächsten Tagungsort Nauheim vorschlugen, um dann schlie

- 2 -

Abb. 13 Brief von Wirz an Göring vom 13.10.1937[12]

»spezifische« Persönlichkeiten, gegen unsereinen aber wird, wenn schon nicht aktiv, so doch passiv gearbeitet. (Am Rand ist, kaum leserlich vermerkt: »indem die Emigranten und ihre Gönner ihren Einfluß nutzen, um vor allem ihre Leute einzuschieben (z. B. in meinem Fach *psychoanalytisch* orientiert, was ich *nicht* bin)«. Gleichwohl kam eine höchst ehrenvolle und dringliche Einladung auf dem Flugpostwege an mich auf dem diesjährigen Jahresmeeting der American Psychiatric Association, deren Ehrenmitglied ich bin, eine »Adresse« zu halten und eine Rundtischkonferenz über ein von mir zu wählendes Thema zu leiten; aber bei den obwaltenden Verhältnissen, und weil der britische *Zensor* das Poststück fast zwei Monate lang (!) aufgehalten hat, war es mir nicht möglich, dieser Einladung nachzukommen.

Genug davon. Bei meiner Einstellung wird es Sie nicht überraschen, daß ich, seit Kriegsausbruch, das alles in die *zweite* Linie stellend, mich wiederholt darum beworben habe, trotz meiner nun bald vollendeten 63 dem Vaterland wenigstens jetzt dienen zu dürfen. War ich doch 1914 bis 1918 eingerückt, auch an der Front, ich habe damals eine Reihe von Auszeichnungen erhalten, darunter auch expressis verbis für Tapferkeit vor dem Feinde, seit kurzem besitze ich zudem auch das Deutsche Ehrenkreuz für Frontkämpfer im Weltkriege. Vor einiger Zeit begann sich übrigens eine höhere militärärztliche Instanz für meinen Antrag zu interessieren. Ob es etwas nützen wird?? Nun zur Hauptsache: Von wohlmeinender Seite ward ich vor kurzem animiert, *erneut* ein Gesuch um *Teilbefreiung* von den Nürnberger Bestimmungen (Zubilligung der Rechtsstellung eines Mischlings ersten Grades) bei der Wiener Reichsstatthalterei einzubringen, da jetzt wieder *ab und zu* derlei Gesuche Erfolg hätten. Mit reichem Beweismaterial für meine Haltung in einst schweren nationalen Notzeiten in der Ostmark (und Hinweisen auf einen *möglichen* arischen Einschlag), belegt habe ich ein solches nun neuerlich eingereicht, und am 10. Juni, also zu *Beginn voriger Woche* ist es von hier an das Reichsinnenministerium nach Berlin weitergeleitet worden. Manch einen Gönner im Gau Wien, derer ich hier welche habe (wie weit freilich ihr Einfluß bis in die Nähe der Gau*spitze* reicht, weiß ich *nicht*) *sollen* sich auch jetzt wieder für mich eingesetzt haben. Und nun bitte ich Sie: Wäre es Ihnen möglich, an zuständiger Stelle in *Berlin* diplomatische Erkundigungen (am Rand vermerkt »solches Erkunden hoffe ich (oder doch?) kann dem Rufe (?) wohl nicht schaden?? Das werden Sie selber beurteilen können!!«) einzuziehen, ob ich diesmal Chancen habe? Ob ich wagen darf, *mehr* zu erbitten, weiß ich nicht! Die Aktenziffer: Staatliche Verwaltung des Reichsgaues Wien, 1–7, *13.184/40*. Von meiner Frau viele Empfehlungen, auch sie »wartet« noch, wie wohl ihr erst zu Jahresbeginn wieder Hoffnungen gemacht wurden. Ihretwegen muß ich Sie bitten, Ihren Bescheid an mich in einem *unbedruckten* Briefumschlag zu senden, damit ich ihn, falls er ungünstig lautet, vor ihr zwecks Hintanhaltung eines Schocks – die Arme leidet genug – geheimzuhalten in der Lage bin. Mit vielem Dank und vorerst unverzüglicher Hochachtung bin ich Ihr ergebener E. Stransky« (19.6.1940).

Göring übersandte am 22.6.1940 eine Abschrift des Briefes von Stransky an das Reichsministerium des Inneren »mit der Bitte, mich zu informieren, falls es zweckmäßig sein sollte«. Die Antwort lautete (10.7.40): »Ein Gesuch des Prof. Stransky vom 8. August 1938 ist trotz der zugunsten des Antragstellers sprechenden Umstände aus grundsätzlichen Erwägungen bereits mit Erlaß vom 27. Februar 1939 abschlägig beschieden worden. Ein neues Gesuch hätte keine Aussicht auf Erfolg.« Göring antwortete am 16.7.1940 Stransky ohne weiteren Kommentar mit der oben zitierten Antwort des Reichsinnenministeriums.

Die Judenverfolgung griff auch auf internationaler Ebene tief in das Schicksal der psychoanalytischen Bewegung ein. Vor allem die Ungarische Psychoanalytische Gesellschaft war schlimmen behördlichen Repressionen ausgesetzt: Die Psychoanalyse stand nicht nur als »jüdische Wissenschaft« in Verruf, sondern die meisten Mitglieder der Gesellschaft waren Juden und zusätzlich oft Sozialisten. An den Veranstaltungen des Instituts nahmen vor allem junge Leute teil, die in politischen Untergrundbewegungen aktiv waren. Bereits Jahre vor Kriegsausbruch wurden die Veranstaltungen durch Polizeispitzel überwacht. Die Gesellschaft wollte der Polizei unter keinen Umständen einen Vorwand zur Unterbrechung der wissenschaftlichen Arbeit, der Ausbildung, der Kontinuität der Gesellschaft und der poliklinischen Arbeit liefern. Seit 1942 fanden nur noch selten öffentliche Veranstaltungen statt, um der Polizei keine Kontrollmöglichkeit darüber zu geben, welche Leute sich versammelten. Die Aktivitäten wurden zunehmend in die privaten Wohnungen verlagert. Selbst 1943 konnte Hermann noch ein, wenn auch stark zensiertes Buch veröffentlichen. Während die Passagen über Militarismus und Antisemitismus unkorrigiert passieren konnten, wurde Anstoß bei Themen, wie Masturbation und sexueller Aktivität von Frauen genommen, die die öffentliche Moral angeblich gefährdeten. 1941 wurden die antisemitischen Maßnahmen so repressiv, daß der Vorstand arisiert werden mußte. Almásy und Révész wurden der Regierung als arisch präsentiert. Darüber hinaus konnte Almásy durch diplomatisches Geschick und persönliche Kontakte zu politisch einflußreichen Personen die Gesellschaft schützen. Selbst als im März 1944 die Deutschen Ungarn besetzten, wurde die Gesellschaft nicht offiziell aufgelöst, wenn auch die öffentlichen Veranstaltungen der Gesellschaft beendet werden mußten. Nun durften arische Patienten keine jüdischen Ärzte mehr aufsuchen und jüdische Patienten keine arischen Ärzte mehr. Trotzdem gab es arische Patienten, die ihren jüdischen Ärzten treu blieben und jüdische Patienten, die, ohne den ›gelben Stern‹ zu tragen, außerhalb der offiziellen Zeiten zu ihren arischen Ärzten kamen. Die Juden wurden bereits deportiert, und jeden Tag mußte mit ihrem Abtransport gerechnet werden. Viele jüdische Patienten begannen rechtzeitig, ein illegales Leben mit falschen Dokumenten zu führen, andere suchten andere Wege, um ihr Leben zu retten. Rat und Hilfe wurde von Analytikern erwartet. Die Bedingungen zur Ausübung der Analyse waren äußerst ungünstig – trotzdem konnten bei einigen Patienten Fortschritte erzielt werden. Als am 15.10.1944 Szalasi die Macht ergriff, wurden diejenigen, die sich so lange hatten retten können, in Arbeitslager verschleppt und deportiert. Es war ein Kampf auf Leben und Tod. Manche kämpften umsonst. Einige, wie Hollos, konnten im letzten Augenblick dem Tod entkommen. Obwohl Budapest bereits von den russischen Truppen eingeschlossen war, wurde in der Stadt weitergekämpft und die Deportationen und Ermordungen von Juden fortgesetzt. Einige der Analytiker führten ein illegales Leben, andere lebten unter schwedischem Schutz, manche fanden Zuflucht in einem Heim des Roten Kreuzes, in dem Hermann, bereits in Lebensgefahr schwebend, den pädagogischen Mitarbeitern noch zwei Vorträge hielt. Als Mitte Januar der Pest-Distrikt befreit wurde, versuchten die Analytiker, ihr normales Leben wieder aufzunehmen. Die ungarische Gruppe hatte sechs Mitglieder und zwei Kandidaten verloren. Sie starben in deutschen Konzentrationslagern oder waren von Szalasis faschistischen Banden ermordet worden (I. J. P., 1946, S. 87–92).

6. Die Etablierung der psychotherapeutischen Bewegung

Die totalitäre nationalsozialistische Herrschaft griff weiter in die gesellschaftliche Infrastruktur ein. Als Vorläufer direkter Kriegsvorbereitungen ist der Zwang zur Vereinheitlichung aller gesellschaftlichen Gruppierungen zu sehen. Auch auf die Deutsche Gesellschaft für Psychotherapie wurde dieser Zwang ausgeübt. Alle Gruppen, die sich im weitesten Sinne mit dem Heilen befaßten, mußten sich großen Gesellschaften anschließen. Neben der Aufforderung zum Zusammenschluß mit der rassenpsychologischen Arbeitsgruppe (Gö/Ci, 24. 5. 35) waren der Anschluß an die Reichsarbeitsgemeinschaft für eine neue deutsche Heilkunde [1], der an die Reichsarbeitsgemeinschaft biologisch arbeitender Ärzte (Griesbeck) und schließlich, als Dauerthema, die Ankoppelung an den Verein für Neurologie und Psychiatrie im Gespräch. Selbst das Erziehungsministerum begann, sich für die Psychotherapie zu interessieren. Ministerialrat Jansen [2], der mit der Fertigstellung des »Hauses der Gesundheit« betraut war, (es sollte 1938 fertiggestellt werden) plante, dort eine Abteilung für Psychotherapie einzurichten.

»Jansen vertrat die Auffassung, daß ärztliche Fragen ›in erster Linie Erziehungsfragen‹ seien, und sie daher vom Erziehungsministerium zu bearbeiten seien; er wolle auch alle Krankenhäuser dem Erziehungsministerium unterordnen; alle jungen Mediziner müßten ... zu Soldaten der Bewegung erzogen werden; deshalb müßten vom Erziehungsministerium aus die leitenden Stellen der Krankenhäuser besetzt werden. Von Dr. Wagner, Prof. Wirz und Dr. Bartels sprach Professor Jansen, als ob diese nicht genügend von der Sache verstünden« (Aktennotiz, Göring 12. 8. 35).

Wirz war empört über diese Strategie und wollte die Aussage von Jansen schriftlich. »Ich erwiderte, ich hätte nicht petzen wollen, worauf er etwa sagte: »Sie wollen doch nicht, daß ich drohe« (Aktennotiz, Göring 16. 8. 35).
Die Deutsche Gesellschaft für Psychotherapie konnte sich vor dem »Geschlucktwerden« durch die Gesellschaft für Psychiatrie retten und eine nur lockere Ankoppelung unter dem Dachverband der Gesellschaft für Innere Medizin erreichen. »Ich habe dem Präsidenten des Reichsgesundheitsamtes ausdrücklich gesagt und möchte es Ihnen gegenüber

wiederholen, daß darin keine Spitze gegen die Gesellschaft für Neurologie und Psychiatrie liegt, daß wir vielmehr bereit sind, uns auch dieser Gesellschaft locker anzuschließen, falls diese es wünscht, daß wir ferner mit der Gesellschaft für Neurologie und Psychiatrie weiter zusammenarbeiten wollen« (Gö/Kretschmer, 26.2.37).

Offensichtlich wollte Göring es sich nicht mit Kretschmer verderben, zumal er im allgemeinen keinen Hehl aus seiner Ablehnung der Gesellschaft für Neurologie und Psychiatrie machte (z. B. Gö/Curtius, 18.12.37).

Inzwischen lag die Gründung der allgemeinen ärztlichen Gesellschaft für Psychotherapie 10 Jahre zurück. Ihr ursprünglicher Elan, der neuen Aufwind durch die nationalsozialistische Machtergreifung erhalten hatte, schien sich inzwischen verbraucht zu haben. Die innenpolitische Formierung war, zunächst durch das Zögern der Basis, weiter durch die ständig notwendig werdende Behauptung gegenüber der Gesellschaft für Neurologie und Psychiatrie erschwert. Nach einem wohl ziemlich zermürbenden Hin- und Herlavieren zwischen Parteiorganisationen und Reichsinnenministerium, wandte sich Göring nun wieder der Internationalen Gesellschaft zu, indem er Bilanz zog:

»1. Durch den Anschluß an die Reichsarbeitsgemeinschaft für eine neue deutsche Heilweise leidet unsere wissenschaftliche Arbeit.
2. Durch einen in Aussicht stehenden Anschluß an die Gesellschaft für Psychiatrie und Neurologie besteht die Gefahr, daß wir zu stark ins naturwissenschaftliche Fahrwasser hineingezogen werden.
3. Die Deutsche Gesellschaft für Psychotherapie braucht daher für ihre wissenschaftliche Arbeit einen Halt in der internationalen Gesellschaft; sie braucht entsprechende Kongresse und eine wissenschaftlich hochstehende Zeitschrift.
4. Die Internationale Gesellschaft kann ohne die deutsche Gruppe nicht leben; die deutsche Gruppe wird das Rückgrat der internationalen Gesellschaft bleiben, nicht nur weil wir die stärkste Gruppe sind, sondern auch weil wir gerade durch unsere nationalsozialistische Haltung auch wieder neue Ideen bringen und weil wir ein Bollwerk gegen jüdische Einflüsse sind« (Gö/Meier, 30.3.36).

Offensichtlich fehlte es der Deutschen Gesellschaft für Psychotherapie an wissenschaftlicher Substanz – ein Vakuum war entstanden, das von der internationalen Gesellschaft gefüllt werden sollte. Als dürftige Gegengabe bot Göring die nationalsozialistische Idee. Im Mai 1936 gründete er das Deutsche Institut für psychologische Forschung und Psychotherapie auf Kosten des Berliner Psychoanalytischen Instituts, das neben seinem Inventar auch seine erfahrenen Mitarbeiter mehr oder weniger freiwillig »beschlagnahmen« lassen mußte.

Die Etablierung des Instituts wurde nicht nur als nationales Gegengewicht zur internationalen Gesellschaft angestrebt – parteipolitisch im Rahmen der Arbeitsfront verankert –, sondern auch standespolitisch. So bemühte sich Göring beim Reichsführer der kassenärztlichen Vereinigung Deutschlands, Grote[3], um die Berufung eines Psychotherapeuten in die Reichsärztekammer. Im Gegensatz zu den »alten Psychiatern«, die noch »zu stark an den einzelnen Organen hängenbleiben«, erfaßten die Psychotherapeuten die Ganzheit des Menschen und könnten von daher nicht nur der Reichsärztekammer ihre psychotherapeutischen Dienste bieten, sondern auch im Bereich von Erbbiologie und Rassenforschung wesentliche Gesichtspunkte einbringen (Göring/Grote, 1.3.36). Umgehend, am 5.3.1936, lehnte Grote Görings Gesuch aus formalen Gründen ab.[4] Grote verwies Göring an Väth, der mit Vorarbeiten für die Berücksichtigung der neuen Heilweise betraut sei. Göring vermutete, daß die Ablehnung Grotes darauf zurückzuführen sei, daß keine »alten Kämpfer« die Gesellschaft repräsentierten. Deshalb empfahl er den Jungianer Köster, einen Inhaber des Goldenen Parteiabzeichens (Göring/Gauger, 10.3.36) und blieb mit seiner Bitte hartnäckig (Göring/Grote, 15.3.36). Entschuldigend fügte Göring hinzu, daß er selbst »kein alter Kämpfer« sei, da »wir Akademiker« uns vor 1933 bereits ideell mit dem Nationalsozialismus verbunden fühlten. Außerdem versuchte er damit zu beeindrucken, daß sein Vorschlag, die Gesellschaft der Deutschen Neurologen und Psychiater in eine »Gesellschaft Deutscher Nervenärzte« umzubenennen, falls die Psychotherapeutische Gesellschaft ihr angegliedert werde, vom Präsidenten des Reichsgesundheitsamtes genehmigt worden sei. Dementsprechend müsse jeder Nervenarzt über 3 Facharzttitel verfügen – wenn Rüdin zustimme. Grote erklärte zwar, daß sich die Reichsärztekammer um diese Fragen kümmern müsse, daß aber vorläufig die Grundlage zur Umstellung der Organisation vorrangig sei. (19.3.36). Göring schien sehr viel daran gelegen zu sein, in die Reichsärztekammer aufgenommen zu werden. So zitierte er ausdrücklich seinen Vetter Hermann, der sich für die Lage der Psychotherapie einsetze und ihm angeblich gesagt habe, daß er nicht verstehe, daß kein Psychotherapeut in den preußischen Gesundheitsrat berufen worden sei und das nachgeholt werden müsse. Später sei das nicht geschehen, da der Gesundheitsrat bedeutungslos geworden war. Auch Väth gegenüber präsentierte er den »alten Kämpfer« Köster als Mitglied der Reichsärztekammer. Am 11.5.36 ergänzte er die Reihe der geeigneten »alten Kämpfer« durch Gauger, Curtius (Duisburg), Heyer (falls Dr. Hörmann ihn für geeignet hält und ihn wünscht) und sich selber (Göring/Väth, 8.4.36). Die Ärzteschaft nahm vor allem Anstoß daran, daß psychotherapeutische Laienbehandler vollwertige Institutsmitglieder sein sollten. Die Berliner Ärztekammer hätte sie lieber den Hebammen und Masseuren gleichgesetzt. Der Mangel an psychotherapeutisch interessierten und die Entbehrungen einer Ausbildung auf sich nehmenden Ärzten ließ es zunächst illusorisch erscheinen, ohne die »Laien« auskommen zu können (Gö/Wirz, 28.5.38).

Ein wichtiger Schritt zur Etablierung der Psychotherapie wäre zum einen die Möglichkeit gewesen, den Facharzttitel für Psychotherapie einzuführen, zum anderen der Versuch, Psychotherapie im Zuge der Hochschulreform in die medizinische Ausbildung an den Universitäten zu integrieren. Dazu bat Wirz Göring, daß er seine Forderungen, möglichst nach Stunden aufgeschlüsselt, bekanntgeben solle. Am 1.2.1939 stellte Curtius enttäuscht fest (an Göring), daß die Reform des Medizinstudiums bereits abgeschlossen sei und die Psychologie nicht berücksichtigt wurde. Curtius meinte, daß dieses Versagen Wirz anzulasten sei.

»Ich glaube, daß jetzt nur der Weg über den Vetter bleibt, der ein Machtwort nach Rücksprache mit dem Führer sprechen muß – denn, ist eine Reform einmal festgelegt, läßt sich später schwer etwas Neues einführen. – Der Führer müßte, wenn man ihn über die bewußte Seite der psychischen Phänomene richtig orientiert, dies mit seiner unabsehbaren Tragweite verbundene Wissen und die Methode als eine der wichtigsten Erziehungsfaktoren der Nation aufgreifen. Aber ich fürchte, daß das Ihr Vetter deshalb nicht kann, weil er nicht in dem Metier drin steht – der Führer aber mit seiner großen Intuition würde es schon verstehen –.«

Wirz sei eben nicht die Persönlichkeit, die so etwas durchsetzen könne, obwohl man ihm einen guten Willen nicht absprechen könne. Nachdem das Erziehungsministerium, auf das Göring nur geringe Einflußmöglichkeiten hatte, das Institut bei der Reform des Medizinstudiums übergangen hatte, wandte er sich nun entschieden dem Vierjahresplan und der DAF zu. Er versuchte zunächst, keinem Ministerium unterstellt zu sein und hoffte, innerhalb von fünf Jahren jeder Universität einen Dozenten zur Verfügung stellen zu können, – wenn Parteiorganisationen, wie er es vorsah, dem Institut jährlich 40 Ärzte zur Ausbildung zuschickten. »Ich bin immer dagegen, daß von oben her Machtworte gesprochen werden; ich bin der Ansicht, daß wir auf die Dauer unentbehrlich sind und daß die Behörden sich freuen müssen, wenn wir kommen« (Gö/Cu, 2.2.39).

Diese Art der Selbstüberschätzung könnte darauf hinweisen, wie enttäuscht Göring eigentlich darüber war, nicht die universitäre Anerkennung des Fachs zu erlangen – und zwar ebensowenig die von der Reichsärztekammer als auch die von den außeruniversitären wissenschaftlichen Standesvereinigungen.

Vor allem die Mißerfolge der Etablierungsbemühungen sind dokumentiert; erfolgreiche Verhandlungen fanden keinen Niederschlag in der Korrespondenz; sie drückten sich lediglich in den überaus günstigen

Existenzbedingungen des Deutschen Instituts aus: in der hohen Subventionierung durch den Reichsforschungsrat, finanziellen Zuwendungen durch die Stadt Berlin und das Luftfahrtministerium.

Im Deutschen Institut schien eine tatsächliche Integration in gesellschaftlich relevante Einrichtungen durch materiellen Aufwand kompensiert zu werden. Dieses Verhältnis wurde vor allem nach dem Krieg deutlich, da nun dem Institut sein materieller Rahmen genommen war. Sein Wiederaufbau kam vor allem auf die Initiative der ehemaligen Institutsmitglieder Schultz-Hencke und Kemper hin zustande, die die neuen Existenzbedingungen für Psychotherapeuten erst erkämpfen mußten.

6.1. Das Deutsche Institut für psychologische Forschung und Psychotherapie [1]

Das Deutsche Institut für psychologische Forschung und Psychotherapie wurde im Mai 1936 auf Veranlassung des Reichsärzteführers und des Reichsministeriums des Inneren mit dem offiziellen Ziel gegründet, eine »Neue Deutsche Seelenheilkunde« aus einer Verbindung aller drei am Institut vertretenen Hauptströmungen (Freudianer, Jungianer, Adlerianer) und verschiedener einzelner Forschungsrichtungen herauszuarbeiten, zu lehren und eine Poliklinik zu unterhalten. Sowohl der Jung-Gruppe als auch der psychoanalytischen Gruppe war nachweislich Autonomie innerhalb des Instituts zugesichert worden. Die »maßgebende Meinung« der Berliner Psychoanalytiker war, »daß die psychoanalytische Tätigkeit sich als der wesentliche Kern der neuen Organisation erweisen wird« (Glover, 1937, I.Z.P., S.453). Diese Selbsteinschätzung der Psychoanalytiker zeigt, daß sie in ungebrochenem Selbstbewußtsein von der Qualität ihrer Arbeit überzeugt waren. Während man den Prozeß der Selbstgleichschaltung der DPG in den ersten Jahren der nationalsozialistischen Machtergreifung als defensive Reaktion auf Bedrohung, Verfolgung und Unterdrückung interpretieren kann, scheint ihre Haltung nun einen ausgesprochen offensiven Charakter zu bekommen.

Als das Deutsche Institut am 30.9.1939 von der Deutschen Arbeitsfront übernommen wurde, blieb der Verein, der bisher Träger des Instituts gewesen war, zur Verwaltung eines kleinen Vermögens noch bestehen. Der Jahresbericht des Deutschen Instituts von 1940 (Z.f.P., Bd.14, H.1/2, 1942) zeigt in beeindruckender Weise, daß die Psychotherapie nicht etwa eine stille, gerade noch geduldete Existenz führte, sondern sich einen wohlsituierten Rahmen geschaffen hatte.

Im Deutschen Institut konnte, im Gegensatz zur Deutschen allgemeinen ärztlichen Gesellschaft für Psychotherapie, in der nur Ärzte als ordentliche Mitglieder geführt wurden und Nichtärzte außerordentliche

Abb. 14 Deutsches Institut für psychologische Forschung und Psychotherapie in Berlin, Budapesterstr. 29, Anfang 1941

Abb. 15 Sekretariat des Deutschen Instituts für psychologische Forschung und Psychotherapie in Berlin, Budapester Straße

Mitglieder waren, jeder Mitglied sein, vorausgesetzt, daß er voll ausgebildeter Psychotherapeut war. Die meisten ärztlichen Psychotherapeuten waren Fachärzte, meist Nervenärzte – es waren aber auch Fachärzte für Inneres, Frauen- und Kinderkrankheiten sowie praktische Ärzte unter ihnen. Für behandelnde Psychologen[2] war ein akademisches Studium Voraussetzung zur Mitgliedschaft. Ausnahmen mußten vom Reichsinnenministerium bestätigt werden. Am 1.10.1940 hatte das Institut 204 Mitglieder:

Mitglieder	Anzahl	männl.	weibl.
Ärzte	88	71	17
Akademiker anderer Fakultäten	39	27	12
Nichtakademiker	61	9	52
	188	107	81
Fördernde Mitglieder	16	12	4
zusammen:	204[3]	119	85

Zweigstellen des Instituts[4] waren in Bayern, der »Ostmark«[5], im Rheinland und in Württemberg/Baden. Der Berliner Hauptstelle gehör-

Abb. 16 Küche des Deutschen Instituts für psychologische Forschung und Psychotherapie in Berlin, Budapester Straße

ten 97 ordentliche Mitglieder (43 männliche, 54 weibliche) an, den Zweigstellen im Reich 91 (64 männliche, 27 weibliche). Zum Heeresdienst wurden 26 Mitglieder einberufen – die Zahl der Ausbildungskandidaten betrug 59 (24 davon waren Praktikanten). Von den 59 Ausbildungskandidaten waren 25 Ärzte, 16 andere Akademiker und 18 Nichtakademiker (vor allem Angehörige anderer Berufsgruppen, die an psychologischen Kenntnissen interessiert waren).

Das alte Berliner Psychoanalytische Institut, das bis 1928 in der Potsdamer Straße 29 (von Ernst Freud eingerichtet) seinen Sitz hatte und dann in die Wichmannstraße 10 umzog, wurde vom Deutschen Institut übernommen (siehe Kap. 5.3.). Am 1. 10. 1936 zog das Deutsche Institut zunächst in die Budapester Straße 19[6] ein und war seit dem 10. 5. 1939 in der Budapester Straße 29 untergebracht. Anfang April 1940 zogen alle Abteilungen außer der Poliklinik, der Abteilung Erziehungshilfe, der Kriminalpsychologischen Abteilung, sowie der Abteilung Begutachtung und Katamnesen in die Keithstraße 41. Die zunächst verbleibenden Abteilungen folgten im Jahre 1941. Während das Institut früher über nur 2 Angestellte verfügt hatte, beschäftigte es nun 14 und außerdem zwei Hausangestellte.

Erst durch die Unterstützung durch die DAF konnten Sekretärinnen und weiteres Personal im Institut eingestellt werden.[7]

»Deutsche Seelenheilkunde«

Die Grundzüge der neuen Seelenheilkunde wurden von von Hattingberg am 26.1.1943 der Kaiser-Wilhelm-Gesellschaft vorgetragen.[8] Hattingberg beginnt seine Ausführungen mit einem Widerspruch: Einerseits litten 20 bis 30% der Kranken, die einen Praktiker oder Internisten aufsuchten, an seelisch bedingten Störungen, andererseits sei Psychotherapie an den Universitäten kaum vertreten. Zudem gehöre es zum Wesen der ärztlichen Psychotherapie, daß die Kliniker, die sie besonders wirkungsvoll einsetzen könnten, ihr ablehnend oder sogar mißtrauisch gegenüberstehen. Von Hattingberg stellt zudeckende Verfahren der Hypnose und Suggestion den aufdeckenden, analytischen gegenüber. Die kathartische Methode sei von Breuer und Freud entwickelt und ausgebaut worden. Die Psychoanalyse beschränke sich nicht nur darauf, seelische Gleichgewichtsstörungen, die durch Traumata entstanden waren, zu beheben, sondern sie habe die Lehre vom Unbewußten entwickelt und eine systematisch ausgebaute Auffassung vom Bau und der Funktion des Seelenlebens überhaupt; dann habe sie sich allerdings immer einseitiger zu einer Sexualtheorie der Neurose entwickelt, die als überwunden angesehen werden könne, obwohl sie in hohem Maße anregend gewesen sei. Es genüge nun allerdings nicht, die Sexualität als »jüdische Lehre« abzutun, der richtige Kern der Analyse sei vielmehr herauszuschälen: dazu gehöre die Trieblehre und der Entwicklungsgedanke der Neurosen. Neurosen-Entstehung könne nur nachvollzogen werden, wenn das Unbewußte des Kranken zum Reden gebracht werden könne. Damit werde alles Bewußte in Frage gestellt und die »Lebenslüge« des Menschen angegriffen. Diese »analytische Erschütterung« vertiefe in der Regel die Probleme, könne dann aber durch das Deuten von Träumen den innerseelischen Zusammenhang herstellen. Die verschiedenen von der Psychoanalyse ausgehenden Schulen hätten andere Vorstellungen dieses Deutungsprozesses entwickelt: Während die individualpsychologische Lehre Minderwertigkeitsgefühle und überreiztes Macht- und Geltungsstreben hervorgehoben habe, sei für Jung die Lehre vom kollektiven Unbewußtsein und den Archetypen das zentrale Deutungsmuster. Der Unterschied zwischen moderner Tiefenpsychotherapie und der alten psychoanalytischen Auffassung bestehe darin, daß die alten Analytiker sich als reine Wissenschaftler, genauer, Naturwissenschaftler, verstanden, die unversehens in die Philosophie hineingeraten seien, die ja nichts weiter sei als eine Form der Theologie, so, daß die vermeintlich rein empirisch begründete Lehre zum Bekenntnis bestimmter weltanschaulicher Haltungen geworden sei. Sowohl die Adlerianerische Individualpsychologie, die offen einen platten Rationalismus vertreten habe, als auch die Freudsche Psychoanalyse seien nicht mehr als eine Art von Seelenhygiene: Die Individualpsychologie für das Machtstreben, die Psychoanalyse für das Sexualleben. Mit dem Umbruch in Deutschland und der Begründung des Deutschen Instituts stehe man endlich auf einer gemeinsamen weltanschaulichen Basis, von der aus die verschiedenen Schulen als verschiedene sich ergänzende Gesichtspunkte zu verstehen seien. Der Arzt müsse dem Menschen den Glauben an den Sinn des Lebens und die Verbindung zu der höheren Welt der Werte vermitteln. Nur so könne die individualistische alte Psychotherapie durch eine Psychotherapie ersetzt werden, die dem Kranken das Bewußtsein vermittle, eingegliedert und gebunden in die große Schicksalsgemeinschaft des deutschen Volkes zu sein (von Hattingberg, 1943).

Worin das Neue der hier vorgetragenen Seelenheilkunde bestehen mag, bleibt offen. Der Mangel an eigener Substanz wird durch die vorgetragene Mischung aus Psychoanalyse, gesundem Menschenverstand und dem Hinweis auf den gemeinsamen politischen Standpunkt kaum kompensiert.

Die Abteilungen und ihre Aufgaben.
Das Institut hatte folgende Abteilungen:
Leitung (Göring)
Geschäftsführung (Scherke)
Forschung mit Bibliothek (Hattingberg)
Betriebspsychologie
Literarische Abteilung (Achelis)
Weltanschauung (Achelis)
Ausbildungsabteilung für Psychologen (Heyer); für Ärzte (I. H. Schultz)
Poliklinische Abteilung (I. H. Schultz)
Erziehungshilfe (König-Fachsenfeld)
Kriminalpsychologische Abteilung (Kalau vom Hofe)
Abteilung für Begutachtung und Katamnesen (Boehm).
Bewegung, Atmung, Ton

Die Verwaltungsstruktur des Instituts gliederte sich in: Leiter, Schriftführer, Kassenwart und Verwaltungsrat. Die Mitglieder des Verwaltungsrates waren: Linden als Vertreter des Reichsinnenministeriums, Göring und Vertreter jeder namhaften Richtung: Künkel, Herzog (Adler), Moritz, Kranefeldt, Weizsäcker (Jung), Boehm, Müller-Braunschweig (bis 1938), Schultz-Hencke (Freud). An den Sitzungen nahmen Achelis und Curtius als Schriftführer der Deutschen allgemeinen ärztlichen Gesellschaft teil, Gauger als stellvertretender Leiter und Hattingberg und I. H. Schultz; auch andere Institutsmitglieder (wie Bilz, Rittmeister und Herzog-Dürk) waren bei den Sitzungen gelegentlich anwesend.

Abb. 17 Die wichtigsten Mitglieder des Deutschen Instituts für psychologische Forschung und Psychotherapie (das Bild entstand wahrscheinlich beim Einzug in die Keithstr. 41, ca. 1940). Von links: Heyer, Kemper, Schultz-Hencke, von König-Fachsenfeld, Achelis, Rittmeister, Herzog-Dürck, von Hattingberg, Göring, J. H. Schultz, Scherke, Boehm, Bilz, Müller-Braunschweig.

Die wichtigsten Mitarbeiter des Instituts hatten Spitzengehälter. Göring bekam 1500,- RM (zum Vergleich: ein Reichsleiter bekam 1200,- RM, ein Gauleiter 1500,- RM). Die Abteilungsleiter des Instituts bekamen 1000,- RM und die Direktoren der acht Unterabteilungen je 500,- RM. Ganztagsangestellte hatten 500,- RM und die Mitarbeiter in besonderen Studiengruppen bekamen ebenfalls 500,- RM (zum Vergleich: die Gehälter der Bezirksleiter rangierten zwischen 400,- und 800,- RM). Vergleichbare Gehälter von Nichtparteifunktionären waren erheblich niedriger: Während Ministerialbeamte, wie Linden, ein Spitzengehalt von 978,- RM bekamen, lag der Durchschnitt um 750,- RM herum (Baumeyer, 1971, S. 218; Cocks, 1975, S. 160f.). Die Sekretärinnen wurden nach der sogenannten Tarifordnung A mit 370,- bis 380,- Mark pro Monat bezahlt.[9] Reichlich war das Institut mit Material, das sonst knapp war, ausgestattet. Göring selber trat eher bescheiden auf. Den ihm angebotenen Dienstwagen mit Chauffeur schlug er aus.[10]

Zu zahlreichen offiziellen Stellen waren Beziehungen angeknüpft worden: zum Amt für Berufserziehung und Betriebsführung der DAF, zum Amt für Gesundheit und Volksschutz der DAF, der Reichsgesundheitsführung, der Abteilung Gesundheitswesen im Reichsinnenministerium (durch die der e. V. am 1. 10. 36 gegründet worden war), zum Reichsführer und Reichsarzt SS, der Reichsjugendführung, dem Reichsinnenministerium, dem Reichskriminalpolizeiamt, dem Reichsministerium für Erziehungswissenschaft und Volksbildung, dem Reichsministerium für Volksaufklärung und Propaganda, der NSV, der Stadt Berlin und diversen Jugendämtern (Z.f.P. Bd. 14 H 1/2, 1942, S. 3).

Die drei am Institut vertretenen Gruppen (Freudianer, Jungianer, Adlerianer) hielten regelmäßig gemeinsame wissenschaftliche Sitzungen ab, bei denen jeweils Vertreter der anderen Richtungen anwesend waren. Die Berichte über die Fraktionen sind unterschiedlich: während Müller-Hegemann (damals Ausbildungskandidat am Institut) mitteilte, daß die Adlersche Individualpsychologie am schärfsten abgelehnt worden sei und die Freudsche Psychoanalyse geduldet wurde, vertritt Cocks die Auffassung, daß Adler in die Konzeption des Deutschen Instituts eingebunden gewesen sei, während Freud demonstrativ abgelehnt wurde (Cocks, 1975, S. 167). Möglicherweise gab es hier zu unterschiedlichen Zeiten auch unterschiedliche Tendenzen. Über die Bedeutung der Jungschen analytischen Psychologie hingegen bestanden keine unterschiedlichen Einschätzungen: seine Lehre wurde am meisten gefördert. Wiederholt wurde zum Ausdruck gebracht, daß die Lehre Jungs dem Geist des Nationalsozialismus am nächsten stehe.[11] Nach der Auffassung von Frau Prof. A. Dührssen, die Ausbildungskandidatin am Institut war, wurde dieser Vorteil nicht machtmäßig ausgenutzt (8. 5. 1980). Vor allem die Psychoanalytiker verfügten über einen informellen Zusammenhalt. Seiff, Cellarius-Schwager, Boehm, Müller-Braunschweig, Rittmeister, Kemper und andere, der psychoanalytischen Gruppe Nahestehende, trafen sich alle vier Wochen im kleinen Kreis.[12]

Schultz-Hencke war damals längst eigene Wege gegangen, galt aber als der Sprecher und inoffizielle Repräsentant der Psychoanalytiker. Während der persönliche Umgang untereinander als recht angenehm beschrieben wurde[13], traten Kontroversen und feindliche Spannungssituationen vor allem bei fachlichen Fragen zwischen Freudianern (Boehm, Müller-Braunschweig, Kemper) und Adlerianern (Künkel) einerseits und Jungianern (Heyer) andererseits auf.[14]

Noch heute gibt es ehemalige Mitglieder des Instituts, die sich an keine Sprachregelung erinnern konnten. Für sie hatten psychoanalytische Termini sowieso nur eine technisch-abstrakte und von daher unbrauchbare Bedeutung. In den Seminaren war die Kommunikation allerdings dadurch erschwert, daß für die unterschiedlichen Gruppen das gleiche

Wort, z. B. Libido, unterschiedliche Bedeutung hatte. Während man sich in Diskussionen und allen mündlichen Äußerungen großzügig einigen konnte (siehe Baumeyer, 1971, S. 216), mußten Publikationen stärker »gereinigt« werden. Aichhorn z. B. erstellte eine Liste mit den verschiedensten psychoanalytischen Termini und übersandte sie Kemper mit der Bitte, sie entsprechend zu korrigieren. Kemper antwortet darauf (1.12.1944), daß es nicht um den Ersatz einzelner »anstößiger« Termini gehe, sondern daß Aichhorns libido-theoretische Voraussetzungen bereits verfänglich wären, und riet Aichhorn, neue Termini sprachschöpferisch zu erfinden (Huber, 1977, S. 66).

Anläßlich der Mitgliederversammlung vom 28.3.1942 wurde der Jahresbericht von 1941 verlesen, das Institut macht hier einen wohlsituierten Eindruck: inzwischen beschäftigte es 19 Angestellte; weitere Kontakte hatten sich ergeben: zum Beispiel zu den deutschen Psychologen, für die es inzwischen eine »Ordnung der Staatsprüfung für Fachpsychologen« gab und ein erstes medizinpsychologisches Institut an der Universität Straßburg, das unter Leitung von Dr. phil. et med. Bender entstanden war. Auch waren die Beziehungen zur Reichsanstalt für Film und Bild enger gestaltet worden, so daß wissenschaftliche Filme hergestellt, geliehen und gekauft werden konnten. In einem Rundschreiben an Mitglieder und Ausbildungskandidaten vom 22.11.1941 wurde z. B. zu einer geschlossenen Veranstaltung des »jüdischen Filmschauspielers Charly Chaplin« (»Modern Times«) eingeladen und dem sowjetrussischen Propagandafilm »Der neue Gulliver«.

»An beiden Filmen ist in besonders ausdrucksvoller Weise die Technik seelischer Zersetzungsarbeit aus jüdischem Geist zu studieren. Da unsere Disziplin immer noch mit der Auseinandersetzung mit diesem Geist zu tun hat und gerade der Psychotherapeut ein aufs beste entwickeltes Gefühl für diese Zusammenhänge haben muß, weisen wir nachdrücklich auf diese einmalige Veranstaltung hin.«

Gauger, Präsident der Reichsanstalt (Mitglied des Instituts) sollte das Referat dazu halten.

Im Jahr 1941 kamen sechs Mitglieder dazu (210 Mitglieder). Die Zahl der Ausbildungskandidaten war so erheblich gestiegen, daß auch die Anzahl der Lehrbehandler vergrößert wurde: im Dezember 1940 waren es 49 Kandidaten (Jahresbericht 1940 = 59?), im Dezember 1941 = 110. Im Heeresdienst waren 7 Ausbildungskandidaten, fünf hatten die Ausbildung wegen Arbeitsüberlastung unterbrochen.

Hattingberg berichtete über die Forschungsabteilung; ihr Ziel sei es, eine allgemein vertretbare Fassung der Neurosenlehre sowie die wichtigsten Grundsätze der Therapie zu schaffen, um eine »deutsche Seelenheilkunde« »auf dem Boden der weltanschaulichen Haltung des neuen Deutschland zu schaffen«. In einem Rundschreiben warb Hattingberg um Unterstützung seiner Forschungsvorhaben, zur Klärung psychotherapeutischer Grundbegriffe wie Projektion, Übertragung und Widerstand. Auch Träume und Fehlhandlungen, die sich in keine der Lehrmeinungen einordnen ließen und den bekannten Theorien widersprächen, versuchte er – ohne allerdings Erfolg zu haben – zu sammeln. Inzwischen sei er dazu übergegangen, statt Fragen zu sammeln, Thesen aufzustellen, in denen das Gemeinsame der verschiedenen Schulen in Kurzform zusammengefaßt ist.

Im folgenden Jahr, 1941, wurde der Forschungsschwerpunkt auf das Thesenwerk eingeschränkt. In Rundschreiben versuchte Hattingberg, immer wieder erfolglos »Mitforscher und Mitforscherinnen« für seine Fragestellungen zu interessieren. Die zahlenmäßig geringe Ergiebigkeit des ersten Appells sei wohl auf verschiedene Gründe zurückzuführen: »Äußere: Kältelähmung etwa wichtiger Bezirke des Zentralnervensystems, reaktive Kriegsdepression in forscherisch unentbehrlichen Seelenteilen; innere: allzugroße Unsicherheit und Wortschau mancher Mitglieder usw.«

In diesem Rundschreiben wollte er vor allem »Reifungsträume« sammeln. Außerdem erwog er das Einrichten eines »Fragekastens« für psychotherapeutisch arbeitende Mitglieder, die sich nicht trauten, direkt zu fragen. Daraus könne eine Art periodischen Korrespondenzblattes entstehen. Hattingbergs Appell, Beiträge zum Thema »Übertragung im engeren Sinne« einzubringen, war vor allem an die »entwicklungspsychologisch orientierten Mitglieder« (gemeint sind die Freudianer) gerichtet, welche »die Bedeutung der fast mechanischen Wiederholung« so hoch einschätzten (im Gegegensatz zu der Schule C. G. Jungs).

Ausgehend von der Forschungsabteilung wurden verschiedene Fragestellungen an Gruppen oder einzelne delegiert. Die Frage der Homosexualität wurde in einem kleinen Arbeitsausschuß, bestehend aus Kalau vom Hofe, Boehm, Heyer, Rittmeister, Schultz und Schultz-Hencke, Vetter und Hattingberg bearbeitet. Für methodische Fragen (der Menschenkunde, Charakterologie, Testverfahren, Graphologie usw.) war Vetter zuständig. Weizsäcker untersuchte Fragen der Heilerziehung praktisch, indem er private Heilerziehungsheime aufgesucht hatte, und theoretisch durch seine Beschäftigung mit Problemen des introvertierten Kindes.[15] Kranefeldt befaßte sich mit der therapeutischen Psychologie und religiösem Erleben, Schirren verarbeitete das deutsche Märchen als »Sinnbild eines Seelenheilsweges« und Kemper hatte einen Forschungsauftrag zur Untersuchung von Frigidität. Auch auswärtige Institutsmitglieder erhielten Forschungsaufträge. So wurde z. B. Frau von Grävenitz (Stuttgart) damit beauftragt, unter dem Titel »Kind und Tod« darüber zu berichten, wie Kinder die Bombenangriffe verarbeiteten.[16] Frau Laiblin sollte »abgeflogene« Flieger (also Flieger, die abgeschossen worden waren), die als besonders selbstmordgefährdet galten, betreuen.[17] Es soll auch eine Anfrage über die Psychologie von Kamikaze-Fliegern gegeben haben.[18] Im Berichtsjahr 1940 wurden von folgenden Institutsmitgliedern Bücher veröffentlicht: Bilz, Schultz, Schultz-Hencke, Seif, Achelis, Herzog, Weizsäcker und von Staabs. (Genaue Angaben siehe Z.f.P., Bd. 14, H.1/2, 1942, S. 7f.).

Die Bibliothek des Instituts verfügte über 707 Bände (November 39). 93 Bände wurden im folgenden Jahr gestiftet und gespendet, und 438 Bände konnten gekauft werden, so daß der Bestand nun 1238 Bände umfaßte. Die Ausweitung der Bibliothek weist darauf hin, daß das Institut finanziell recht gut gestellt gewesen sein mußte. Die Bibliothek unterstand der Forschungsabteilung mit Hattingberg als Leiter, Spändel als wissenschaftlichem Assistenten und der Bibliothekarin, Frau Nasse.

Im Rahmen der Abteilung »Betriebspsychologie« wurden von der Deutschen Arbeitsfront Aufträge vergeben: So verfaßte Heyer auf Veranlassung von Prof. Arnold (DAF) einen Bericht zur »Unfallverhütung am Arbeitsplatz« (13.6.42).

Der Geschäftsführer des Instituts, Scherke, kam vom Institut für Konsumforschung (W. Vershofen) und hatte im Auftrag von IG-Farben getarnte Massenbefragungen durchgeführt, um die Wirkung einer bestimmten Reklameform zu testen. In diesem Zusammenhang hatte er auch das Arzt/Hausarzt-Patienten-Verhältnis exploriert, das von I.H. Schultz ausgewertet wurde[19] (Schultz, 1964, S.134).

Außer Scherke waren auch Vetter (IG-Farben), Hantel (Arado-Flugwerke) und Meyer-Mark für die Industrie tätig und etablierten mit Hilfe von Görings bedeutendem Namen lukrative Arbeitsbeziehungen. Schmaltz, Leiter der Düsseldorfer Arbeitsgruppe, besaß selber eine Maschinenfabrik (Cocks, 1975, S. 159f.). In der von Achelis geleiteten literarischen Abteilung war ein Pressearchiv angelegt worden, in dem die »latenten Auswirkungen der modernen Seelenforschung im gesamten Öffentlichen Leben« untersucht werden sollten.

»Auch Proben für besonders auffälliges und demonstrierbares Versagen seitens der Öffentlichkeit in psychologischer Beurteilung von Sachverhalten sind für uns von Wichtigkeit. Ganz besonders aber legen wir Wert auf Kenntnis aller Pressestimmen, deren Tendenz dahingeht, unseren Berufsstand anzugreifen oder unsere Berufsarbeit herabzusetzen« (Rundschreiben, undatiert).

Dieses Rundschreiben forderte die Institutsmitglieder dazu auf, entsprechende Zeitungsnotizen an die Abteilung zu übersenden, so daß das Institut in seinen vielfältigen Kontakten mit Behörden und Instanzen über die jeweiligen Tendenzen in der Öffentlichkeit bestens informiert sein konnte. Regelmäßig wurden bereits Tageszeitungen bearbeitet: BZ am Mittag, Berliner Lokalanzeiger, Berliner Nachtausgabe, Deutsche Allgemeine Zeitung, Frankfurter Zeitung, Kölnische Zeitung, Schwarzes Korps und der Völkische Beobachter.

Achelis analysierte in seinem kurzen Bericht »über Weltanschauung« die in der Öffentlichkeit laut werdenden Pressestimmen dem Institut gegenüber: Mit der Gründung des Instituts sei eine problematische geistige Erbschaft übernommen worden, die immer noch den Ruf des Instituts belaste. Es sei noch nicht gelungen, dem eine umfassende schrifttumsmäßige Basis entgegenzusetzen. Andererseits wachse die »Psychologiebedürftigkeit« in der Öffentlichkeit. Damit seien größere Einflußmöglichkeiten gegeben. Während noch vor zwei bis drei Jahren der Argwohn der Schrifttumsstelle dem Institut gegenüber groß gewesen sei, werde nunmehr erklärt, daß zu wenig Reklame für das Institut gemacht würde. Denn »eine ausgesprochene psychologische Flutbewegung« habe die Öffentlichkeit erfaßt, »wie sie nur mit derjenigen der Jahre nach 1918 zu vergleichen ist.« Eine nationalsozialistische Fundierung der Psychotherapie fehle:

»was für die Manifestationen primitiver seelischer Regungen aus der Instinktsphäre gilt, (ist) grundsätzlich auch für das, was wir das höhere Geistesleben nennen und womit wir den Namen Weltanschauung vornehmlich verbinden (gültig). Uns ist zwar durchaus die These vertraut, daß Weltanschauung Ausdruck rassischer Gegebenheit ist, aber von seiten gerade unserer tiefenpsychologischen Forschung fehlt bisher so gut wie völlig ein brauchbarer wissenschaftlicher Ansatz« (Z.f.P., 1942, Bd. 14, S. 49).

Im Institut hatte es auch wenig Neigung gegeben, diesen Fragen wissenschaftliches Interesse zuzuwenden: so mußte Göring extra ein Rundschreiben verfassen, um Teilnehmer für Achelis' Vorlesung »Bedeutung der weltanschaulichen Grundeinstellung für Theorie und Praxis der Psychotherapie« zu werben. Hier habe man auf die Ausübung eines Zwangs zur Teilnahme an derartigen Vorlesungen verzichtet, da man davon ausgehe, daß die grundlegende Wichtigkeit des Themas Mitglieder, Praktikanten und Ausbildungskandidaten zum Kommen veranlasse. Deshalb werde die Veranstaltung an zwei Terminen noch einmal angeboten (Kontrolle durch Anwesenheitsliste).

Heyer war für Ausbildungs- und Berufsfragen zuständig. Die volle Ausbildung umfaßte die Lehrbehandlung, die schon vor Beginn der theoretischen Ausbildung angefangen werden sollte, Besuch der Vorlesungen und den Besuch der Seminare, der erst bei Beginn der Tätigkeit als »Praktikant«[20] gestattet war. Die Meldung zum »Praktikanten« ging vom Lehrbehandler aus, der auch selbst die Kontrolle über die Behandlung des ersten Patienten des Praktikanten übernahm. Für »Behandelnde Psychologen«[21] galt, daß sie vor der Ausbildung am Institut ihr Fachstudium mit Schlußexamen absolviert haben sollten.[22]

Die Ausbildung, die im allgemeinen neben dem Beruf durchgeführt werden konnte, erfolgte über mindestens zwei Jahre.[23] Ihre Kosten betrugen 3000 bis 3500 RM, da eine Lehranalyse zur Ausbildung gehörte. Ausnahmen wurden z. B. bei Assistenten an Universitätsnervenkliniken gemacht. So brauchte z. B. Müller-Hegemann seine Ausbildung nicht selber zu bezahlen (persönliche Mitteilung, 28.7.80). Lehranalysen fanden pro Woche meistens zwei- bis dreimal im Liegen statt.[24] Vor dem Krieg betrug das Stundenhonorar 5 RM; während des Krieges lag es bei 10 RM (Bräutigam, 1984; S. 908). Angehörige anderer Berufszweige (z. B. Lehrer, Erzieher, Fürsorger usw.) konnten sich zum »Beratenden Psychologen« in einem einjährigen Lehrgang, der ausschließlich vom Deutschen Institut angeboten wurde, ausbilden lassen. Die Ausbildung wurde mit der Lehrbehandlung abgeschlossen. Sie berechtigte nicht zur Behandlung eigener Patienten (Z.f.P., Bd. 14, H. 1/2, 1942, S. 10ff.).

Müller-Braunschweig hatte den Auftrag erhalten, ein Memorandum über den Aufbau der Veranstaltungen des »theoretischen Lehrgangs« zu verfassen. Dieses Memorandum sollte auch außerhalb des Instituts als »Tätigkeitsbericht über das Vorlesungswesen« dienen. (Mü-Br/Gö, 20.12.42). Er schlug vor, den Bericht durch einen Rückblick auf die Veränderungen innerhalb des Vorlesungswesens zu ergänzen, um die Integration im Sinne einer »deutschen Seelenheilkunde« aufzuzeigen.

»Es ergibt sich nämlich erfreulicherweise bei näherem Zusehen, daß die Mannigfaltigkeit der Aspekte, denen der Besucher der Vorlesungen begegnet, keineswegs als ein unorganisches Auseinanderstreben erscheinen bzw. eingewertet zu werden brauchen, sondern daß sie sich in glücklicher Weise als sinnvolle polare Komponenten zu einem Ganzen zusammenschließen. Es wäre wohl wichtig, das näher auszuführen« (Mü-Br/Gö, 20.12.42).

Warum Müller-Braunschweig sich hier so ganz besonders integrationsfreudig zeigte, könnte man zwischen den Zeilen seines, das Memorandum begleitenden, Schreibens lesen: hier bat er darum, die Psychoanalytikerin Fräulein Dräger[25], die im Osten als Lehrerin eingesetzt sei, zurück nach Berlin zu holen, da nicht genügend Dozenten zur Verfügung stehen. Da das Institut »kriegswichtig« geworden sei, könne ihre Anforderung erfolgreich sein.[26] Das Memorandum selbst ist ein überaus umfangreicher,

14 Seiten langer Bericht, dem eine systematische Gliederung nach den 4 Semestern entspricht. Das Studium sollte mit psychotherapeutischer Propädeutik, der Geschichte der Psychotherapie, Ausdruckskunde und biologisch-medizinischen Kursen für Nichtmediziner beginnen, weiterführen über psychotherapeutische Psychologie (tiefenpsychologische Anthropologie), Entwicklungspsychologie, Biologie und Psychologie des Liebes- und Geschlechtslebens und das erste Semester mit allgemeiner Neurosenlehre abschließen. Außerdem wurden Hilfsmethoden wie die Atemschulung, Bewegung und Musik und Kurse über Psychotherapie des Kindes und der Jugendlichen angeboten. Besonderen Wert legte Müller-Braunschweig auf die »geschichtliche Darstellung« der Disziplin. Selbst wenn die »Lebens- und Weltschau« der Psychoanalyse »unserem innersten Wesen nicht entspricht«, gelte es, sie aus ihrem »alten systematischen Zusammenhang zu befreien«, um ihr in einer neuen Zusammenschau gleichsam einen neuen seelischen und geistigen Stellenwert zu geben. Diese Passagen sind in dem Memorandum von Göring unterstrichen. Man kann wohl vermuten, daß Müller-Braunschweig besonderes Gewicht auf die historische Dimension legte, um schließlich doch unter einem historisierenden Deckmäntelchen Psychoanalyse lehren zu können. Der Preis dafür war ein Ausmaß an Anpassung an die nationalsozialistische Ideologie, das auch an seiner vom Nationalsozialismus und dem Ziel der »Deutschen Seelenheilkunde« unbeeinflußten Haltung zweifeln lassen könnte. Obwohl dieser Eindruck erweckt werden sollte, läßt sich heute nicht mehr sagen, ob Müller-Braunschweig nicht doch mit seinen Ausführungen identifiziert war.

Für das zweite Semester waren Vorlesungen vorgesehen, in denen das Leib-Seele-Problem, Erb- und Rassenlehre wie biologisch-medizinische und psychiatrische Themen gelehrt werden sollten.

Eine zweite Vorlesung setzte eine tiefenpsychologische Anthropologie fort, enthielt Traumtheorie, Neurosenlehre, Theorie der Hypnose und des autogenen Trainings, Seminar über Krankengeschichten (aus dem Schrifttum und der Erfahrung), Hilfsmethoden wie Atemschulung, Bewegung und Musik, Erziehungspsychologie und Psychotherapie.[27] Im dritten Semester sollte es um tiefenpsychologische Gehalte von Märchen, Mythen, Sagen von Völkern gehen, außerdem um Philosophie, Literatur und Kunst. Vorlesungen über die besondere Neurosenlehre wurden abgerundet durch Seminare, in denen Krankengeschichten aus dem Schrifttum und der Erfahrung diskutiert werden sollten. Die Traumanalyse und theoretisch-therapeutische Schriften bereiteten das »Praktikantenseminar« vor, in dem Behandlungsfälle besprochen wurden. Technische Fragen, Diagnosenstellung und weitere Vorbereitungen sowie poliklinische Demonstrationen und Kurse über Psychotherapie und Erziehung schlossen das dritte Semester ab. Im vierten Semester seien gesetzliche Bestimmungen tiefenpsychologischer Anthropologie, Wissenschaftslehre, philosophische Anthropologie und die weltanschauliche Grundentscheidung Thema. Die im dritten Semester begonnenen Vorlesungen über Charakterkunde, Archetypologie und Neurosenlehre sollen fortgesetzt werden. Therapie und Prophylaxe begleiteten die Praktikanten in ihrer therapeutischen Arbeit. Auch der Abschluß des vierten Semesters stellte eine Vertiefung des dritten dar mit Übungen zur Traumanalyse, therapeutischen und theoretischen Fragen sowie praktischen Anleitungen zur Abfassung von Krankengeschichten und Gutachten, ergänzt durch poliklinische Demonstrationen psychotherapeutischer Hilfsmethoden und schließlich wieder Psychotherapie und Erziehung.

I. H. Schultz stellte die poliklinischen Aufgaben und Pflichten dar. Die vier großen Aufgabenkreise der Poliklinik seien:
1. als Anstalt für mittellose Volksgenossen zu wirken
2. Sammeln von Erfahrung über Grenzen und Möglichkeiten bestimmter Methoden
3. Fortbildung der Lernenden unter kontrollierter Beobachtung (zusammen mit poliklinischen Demonstrationen)
4. Auswertung der poliklinischen Erfahrungen zu rein wissenschaftlichen Zwecken (Z. f. P., Bd. 14, H. 1/2, 1942).

Die Mitarbeiter der Poliklinik verfolgten immer ideale, niemals ökonomische Motive, und so sei das Institut jahrelang durch große Opfer an Geld, Zeit und Gesundheit von führenden Ärzten aufrechterhalten worden. »So ist es auch heute eine gemeinsame, ideengebundene Leistungs- und Opferaufgabe für Schaffende, nicht eine Versorgung für Notleidende.« Gesucht wurden neue Wege der therapeutischen Behandlung bisher noch »unzugänglicher, erbminderwertiger Psychopathen« (Z. f. P., Bd. 14, H. 1/2, 1942, S. 12ff.).

I. H. Schultz erörterte im folgenden die Beziehung zwischen Arzt und Kranken nach drei Richtungen, einer menschlich-ärztlichen, einer therapeutischen und einer juristischen. Die Poliklinik sei nur eine Durchgangsstation, die die Patienten an Psychotherapeuten oder aber an Fachärzte vermittelte, nachdem sowohl eine psychologische als auch eine medizinische Untersuchung vorgenommen worden sei. Bei der Erörterung der juristischen Beziehung ging I. H. Schultz vor allem auf die Zusammenarbeit zwischen Ärzten und Behandelnden Psychologen ein. Er illustrierte die Gefahren, denen gerade der Behandelnde Psychologe ausgesetzt sei mit seinen Erfahrungen als Gutachter bei Prozessen:
»So verklagte ein Kaufmann eine Tiefenpsychologin, weil seine 20jährige Tochter im Verlauf der Arbeit eine erste Liebesbeziehung eingegangen war, auf 40 000 RM Schadenersatz wegen Herabsetzung der Verehe-

lichungsaussichten: in einem anderen Falle verklagte die Frau eines Beamten mit drei Kindern eine Tiefenpsychologin, in deren Behandlung der Ehemann sich seinem ›eigentlichen Beruf‹, dem Dichten, gewidmet und Beruf und Versorgung aufgegeben hatte.«

Es sei der Psychotherapeut auch straf- und zivilrechtlich der fahrlässigen Tötung anklagbar, wenn er einen Selbstmord, der sich vorher angekündigt hätte, nicht zu verhindern versuchte. Nur engste Zusammenarbeit mit dem Leiter der Poliklinik und dem Behandler könnten die Gefahren vermeiden helfen (ibid.).

Der Poliklinik angeschlossen war eine Abteilung für Erziehungshilfe und eine Abteilung für Kriminalpsychologie. Die Abteilung Erziehungshilfe unter Olga von König-Fachsenfeld hatte am 1.11.39 ihre Arbeit aufgenommen. Da die Kinderpsychotherapie als Fach bisher wenig ausgeformt war, hatte diese Abteilung ziemliche Schwierigkeiten, sich den anderen gegenüber zu profilieren. Unter Frau König-Fachsenfeld arbeiteten Frau Seif, Frau Künkel, Frau Fuchs-Kamp, Frau Grell und Frau Stark. Erst in der Keithstraße wurde der Abteilung ein Behandlungsraum für Kinder zugewiesen. Während Frau Bilz (bereits seit 1930 Parteimitglied) die Aufnahme machte, führte Herr Vetter mit den Kindern Tests durch. Frau von Staabs erarbeitete ein Verfahren, bei dem Spieltherapie und Diagnostik verbunden waren. Der von ihr entwickelte Szenotest gehört auch heute noch zum selbstverständlichen Instrumentarium einer kindertherapeutischen Praxis. Kamen Eltern mit schwerbehinderten Kindern in die Poliklinik, wurde ihnen immer davon abgeraten, sich an einen niedergelassenen Arzt oder eine andere Institution zu wenden, um nicht Opfer des Euthanasieprogramms zu werden.[28] Eine große Anzahl von Institutsmitgliedern führte Beratungen und Behandlungen kostenlos durch. Ebenso wie die Poliklinik war die Abteilung Erziehungshilfe zugleich Sichtungs- und Verteilungsstelle.[29]

Vom 1.11.1939 bis 1.2.1941 konnten 116 Fälle in Beratungen und Behandlungen vermittelt werden. Als Erfahrungswert wurde von Aichele[30] angeführt, daß Kinder unter 10 Jahren in der Regel durchschnittlich eine Behandlungsdauer von 6 Monaten benötigten, während bei Kindern über 10 Jahren die Behandlungszeit durchschnittlich mindestens ein Jahr betrug. Die Altersgrenze der behandelten Kinder lag bei 15 Jahren. Das heißt also, daß bei rechtzeitiger therapeutischer Behandlung mit relativ geringem Aufwand gute Erfolgsaussichten bestanden.

Anfang der 40er Jahre wurde die Abteilung zur Behandlung von Kindern erheblich ausgebaut.[31] Auch Kinder von Wohlfahrtsempfängern wurden therapeutisch behandelt.

»Die von der Stadt zur Verfügung gestellte Summe kann ausgegeben werden für Untersuchungen, Begutachtungen und Behandlungen. Sie erstreckt sich nur auf die Kinder, die von Wohlfahrtsempfängern sind und deren Vormundschaft die Stadt übernommen hat. Andere Kinder, auch wenn sie von städtischen Ämtern überwiesen sind, müssen selbst oder durch Kassen bezahlen. Bemerkung: Sobald der Vertrag mit den Ersatzkassen perfekt ist, können diese in Anspruch genommen werden« (Aktennotiz eines Telefongespräches zwischen Göring und Stadtdirektor Dr. Breitenfeld am 10.4.42).

Die kriminalpsychologische Abteilung, geleitet von Kalau vom Hofe, war entstanden, als ein Wachsen der Jugendkriminalität beobachtet wurde. Sie hatte vor allem die Aufgabe, bei Justizbehörden psychologisches Verständnis zu wecken, um die Urteilsfindung in Fällen zu erleichtern, in denen psychotherapeutische Behandlung Aussicht auf Erfolg bot. Zunächst seien der Abteilung mehrere jugendliche Kriminelle zugewiesen worden, nun seien eine ganze Reihe Erwachsener hinzugekommen, und zwar ausschließlich Kriminelle mit »Sexualdelikten« (Homosexualität und Exhibitionismus). Für die Kriminalabteilung sei die Therapeutenfrage besonders schwierig, da es sich meistens um Klienten handele, die nicht behandelt werden wollten, um gesund zu werden, sondern möglichst, um straffrei ausgehen zu können. Das sei gerade bei Homosexuellen häufig beobachtet worden. Andererseits erscheine die Exploration in den Augen des Kriminellen häufig als Vernehmung. Die vorgeschlagene Behandlung werde, wenn nicht als Strafe, so doch als »eine unnütze Hinauszögerung des Schlußstriches, den man sobald als möglich unter die peinliche Angelegenheit ziehen möchte«, verstanden. Unter diesen Bedingungen sei das Entstehen eines Vertrauensverhältnisses besonders schwierig. Um den Ruf der Kriminalabteilung nicht durch Versagen zu schädigen, sei eine möglichst fehlerfreie Siebung eine der Hauptaufgaben (Z.f.P., 1942, Bd. 14, H. 1/2, S. 37, 40f.).[32]

Obwohl Göring in einem Rundschreiben vom 7.11.1941 nachdrücklich darauf hinwies, daß das Berufsgeheimnis streng zu hüten sei (Angaben oder Daten sowie Eigennamen von Patienten durften niemals auf offener Karte an das Institut oder zwischen den Mitgliedern verschickt werden), bezeugen persönliche Mitteilungen, daß die Auffassungen darüber auseinandergingen: Göring hatte dazu aufgefordert, daß staatsfeindliche Äußerungen ihm mitzuteilen seien; und tatsächlich vertrat ein Mitglied des Instituts auch heute noch die Auffassung, daß die Schweigepflicht dann gebrochen werden müsse, wenn der Staat in Gefahr sei. Für andere Psychotherapeuten war klar, daß das Arztgeheimnis unter allen Bedingungen zu hüten ist:

»Sie fragen, ob das ›Ärztegeheimnis‹ für uns Psychotherapeuten unter den Nazis nicht ständig bedroht gewesen sei. Ob ich Akten geführt habe damals usw. Ja, das habe ich, wie gewohnt, und als sonst unauffällige

Staatsbürgerin brauchte ich keine Beschlagnahme zu fürchten. Dies gilt für München, wie es etwa in Berlin war, weiß ich nicht. Nur in einem Punkt hatte ich für Geheimhaltung zu sorgen: In den ersten Jahren, als die jüdischen Mitbürger noch nicht auswanderten oder weggeholt wurden, hatte ich auch einige jüdische Analysanden. Diese Akten mußte ich verstecken, schon um meinetwillen, denn es war verboten, daß ›Arier‹ Juden behandelten. Das Versteck war – Sie werden lachen – mein Eßtisch; unter einem dicken Schutzmolton und der schweren Tischdecke lagerten die jüdischen Träume und meine Notizen dazu! Bei einer eventuellen Haussuchung wurden natürlich alle Schränke und Geheimfächer untersucht. Darauf mußte man sich schon gefaßt machen« (Heyer-Grote/ Lockot, 12.2.1982).

Immer mehr Ärzte gewannen eine positive Einstellung zur Psychotherapie. Diesem Wandel in der Ärzteschaft müsse dadurch Rechnung getragen werden, daß abfällige Urteile über andere ärztliche Berufsgruppen vermieden würden. Der Kampf der deutschen Psychotherapie solle durch seinen wissenschaftlichen und sachlichen Stil, der Berufsarbeit entsprechend, sich von anderen Kämpfen abheben und auszeichnen. (Göring, Rundschreiben, undatiert). Zahlreiche Anfragen aus dem ganzen Reich »bezüglich der Nachweisung von Psychotherapeuten zwecks Behandlung« gingen ein. Die Institutsmitglieder wurden dazu aufgefordert, ihnen bekannte Kolleginnen und Kollegen außerhalb Berlins zu nennen, die an »nervösen Störungen leidende Patienten« einigermaßen sachverständig beraten könnten (Rundschreiben, 17.1.42).

Gebührenregelung
In Deutschland wurde bereits 1925 die psychoanalytische Behandlung in die neue Preußische Gebührenordnung (PREUGO) und die Allgemeine Deutsche Gebührenordnung für Ärzte (ADGO) aufgenommen. Für eine Behandlungsstunde eines poliklinischen Patienten bekamen Psychologen 3 RM und Ärzte 5 RM.[33] Die Patienten selber mußten je nach Einkommen ihre Behandlung bezahlen. Das, was über diesen festgelegten Satz hinausging, kam dem Institut zugute. Minderbemittelte konnten kostenlos behandelt werden.[34] Minderbemittelte waren ungefähr ⅔ der Patienten.
Die Kassenregelung[35] sah folgenden Modus vor:

»Der Heilbehandler ist verpflichtet, in jedem Falle für die einzelne Behandlung mindestens RM 10 vom Patienten zu erheben.« Mindestens 20 Sitzungen sollten genehmigt werden, und falls eine längere Behandlung erforderlich sei, könnten 20 weitere Sitzungen von dem Versicherten beantragt werden. Eine Bescheinigung des Behandlers müsse dem Antrag beigelegt werden, »aus der ersichtlich ist, ob Heilungsaussichten bestehen, wie lange der Fall voraussichtlich bis zur endgültigen Heilung behandelt werden muß und wie viele Sitzungen dafür erforderlich sind.«

Falls die Heilungsaussichten gering seien, bestehe für das Unternehmen keinerlei Verpflichtung, weitere Sitzungen zu genehmigen. Die oberste Behandlungsgrenze war 100 Stunden. 90 Prozent der für die Behandlung vorgeschlagenen Patienten konnten innerhalb von 100 Stunden geheilt werden. 10 Prozent überschritten die Behandlungsdauer, 20 Prozent unterschritten sie (Schultz-Hencke, 1945).

Ein Rundschreiben vom 29.1.43 wies auf ein spezielles Abkommen zwischen dem Institut und der »Wirtschaftsgruppe Lebens- und Krankenversicherung« hin. Dabei handele es sich um die Bezahlung der tiefenpsychologischen Behandlung bei Patienten, die einer Privatkrankenkasse angehörten. Die Wirtschaftsgruppe sollte gebeten werden, die Namen der Krankenversicherungen mitzuteilen, die dem Vertrag beigetreten waren. Gerade in diesem Zusammenhang wurden die Behandelnden Psychologen dazu aufgefordert, besonders genau auf die Zusammenarbeit mit den Ärzten zu achten. In dem Vertrag sind die Vergütungssätze für jede psychotherapeutische Sitzung festgelegt:

a) bei unverheirateten, privat Krankenversicherten RM 4
b) bei verheirateten, privat Krankenversicherten mit bis zu drei Kindern RM 6
c) bei verheirateten, privat Krankenversicherten mit mehr als drei Kindern RM 8.

Der Empfehlungsvertrag beziehe sich nur auf tiefenpsychologische Einzelsitzungen, also keine Entspannungsgymnastik, autogenes Training und Hypnose.

»Der Empfehlungsvertrag tritt mit dem 1. Januar 43 in Kraft und gilt bis zum 31.12.43 und verlängert sich stillschweigend von Jahr zu Jahr weiter, wenn er nicht 6 Monate vorher von einer der Parteien schriftlich gekündigt wird.« (Gez. Göring als Vertreter des Instituts und einem Vertreter der Wirtschaftsgruppe Lebens- und Krankenversicherung (Name unleserlich).

In den Ausführungsbestimmungen zum Vertrag zwischen dem Deutschen Institut und dem Verband der Angestelltenkrankenkassen e. V. sei zu beachten, daß nur ärztliche Institutsmitglieder Gutachten abgeben können, daß der Schriftverkehr mit den Kassen »behördlichen Charakter« habe und die 6-Wochen-Berichte rechtzeitig einzureichen seien; daß »nur sozial und biologisch wertvolle Kranke, bei denen sichere Heilungsaussichten in begrenztem Zeitraum bestehen«, behandelt werden dürften, daß es sich hier um einen ersten Versuch von grundsätzlichem Gewicht handele, der vor allem für die Stellung der Behandelnden Psychologen von wesentlicher Bedeutung sein könne.

»Es sei noch einmal besonders darauf hingewiesen, daß aufgrund dieses Vertrages die Kassen nur für Behandlungen durch Behandelnde Psychologen die Kosten übernehmen, nicht für Behandlungen durch Ärzte« (Gez. von Göring, nicht datiert).

Die den Psychologen hier eingeräumte direkte Abrechnungsmöglichkeit mit den Krankenkassen ist bis heute unerreicht. Einschränkend heißt es allerdings in einem anderen Rundschreiben (auch nicht datiert), daß ohne Görings Wissen keine offiziellen Verhandlungen von einzelnen Mitgliedern oder Abteilungsleitern mit Behörden, Parteistellen, der Wissenschaft und den Organisationen in bezug auf die Psychotherapie und den Berufsstand der Psychotherapeuten geführt werden dürften.

Für Behandelnde Psychologen wurde von der Allianzversicherungsaktiengesellschaft ein Versicherungsschutz angeboten, dessen Jahresprämie 50 RM, zuzüglich 50 Prozent Versicherungssteuer, betrug. Gedeckt wurden 200 000 RM für Personenschäden und 10 000 RM für Sachschäden. (Nicht datiertes Rundschreiben.)

Kontrolle durch die DAF und Übernahme in den Reichsforschungsrat
Die DAF kontrollierte die Effektivität des Instituts. Ihr Hauptkriterium war Leistungssteigerung als Erfolg einer psychotherapeutischen Behandlung. Diese Kontrolle mißfiel einer ganzen Reihe von Institutsmitgliedern, die sich dadurch genötigt gefühlt hatten, ihre Berichte entsprechend zu präparieren.[36] Da die DAF dem Institut nur ein auf vier Jahre befristetes Finanzierungsangebot gemacht hatte, mußte sich Göring nach dem Auslaufen des Vertrages mit der DAF (1943) nach neuen Geldquellen umsehen. Ein Antrag auf Aufnahme in die Kaiser-Wilhelm-Gesellschaft ist wohl abschlägig beschieden worden (Cocks, 1975, S. 320).

Am 15. 1. 1944 gab Göring in einem Rundschreiben bekannt, daß der Reichsmarschall mit Wirkung vom 1. 1. 1944 die Gründung des Reichsinstituts für psychologische Forschung und Psychotherapie im Reichsforschungsrat[37] angeordnet habe, als dessen Leiter er, Göring, fungiere. Als Direktor habe er eine Anzahl von Damen und Herren in den Forschungs- und Lehrkörper des Reichsinstituts aus dem Kreis des Deutschen Instituts nach »rein sachlichen« Gesichtspunkten berufen. Finanzielle Unterstützung hatte das Institut allerdings schon seit Januar

1943 vom Reichsforschungsrat bekommen. Heyer schrieb an seine geschiedene Frau, Leiterin der Münchner Arbeitsgruppe:
»Heute wurde die Überführung des bisherigen Instituts in ein dem Reichsforschungsrat angegliedertes ›Reichsinstitut für ...‹ offiziell im Senat (so fein heißt jetzt der bisherige ›kleine Ausschuß‹!) bekanntgegeben. Dabei wurden die neuen Mitglieder des R. I.'s bestimmt. Ich freue mich, Dir – unter uns – mitteilen zu können, daß Du, l. L., (neben Frau Göring) ... als einzige der nichtakademischen Frauen aufgenommen bist (alles andere bleibt, wie bisher, in dem weiterbestehenden e. V.). U. zw. widerspruchslos, ob Deiner großen Verdienste willen. ... Und dann vergiß bitte nicht, wie schon geschrieben, Deine finanziellen Forderungen *jetzt* und *unverzögert* in die Aufstellung[38] des neuen (hohen) Etats anzumelden. z. Zt. hat man Spendierhosen an!« (13. 1. 44)

Görings Anträge auf Finanzierung des Deutschen Instituts waren an Prof. Blome, den stellvertretenden Reichsgesundheitsführer und Leiter dieser neugeschaffenen Ämter, gerichtet. Blome, bei dem Göring im Januar 1943 176400,– Mark für Aufgaben aus dem Gebiet der seelischen Gesundheitspflege beantragt hatte, übersandte den Antrag an Mentzel, den Präsidenten der Deutschen Forschungsgemeinschaft. Ein weiterer von Göring gestellter Antrag vom 25. 2. 1943 forderte die Summe von 14 700,– RM. Am 28. 9. 1943 richtete Göring eine Anfrage an Breuer, der das Referat Medizin der Deutschen Forschungsgemeinschaft von 1938 bis 1945 innehatte. Über ihn liefen auch die Verhandlungen um die Angliederung des Deutschen Instituts an den Reichsforschungsrat (2. 10. 43). Nachdem der Direktor der Universität Berlin am 21. 10. 1943 eine befürwortende Stellungnahme zur Angliederung des Instituts an den Reichsforschungsrat abgegeben hatte, wurden 318 000,– Mark für 1943/44 bewilligt und 880 000,– Mark für 1944/45. (B. D. C.)

Es konnte nicht geklärt werden, ob die Überlegung eines, den Zusammenbruch realistisch antizipierenden, entscheidenden Ministers eine so umfassende Subventionierung der Psychotherapie bewirkte, um das absehbare Elend zumindest von der psychischen Seite her etwas zu lindern. A. Speer wußte nichts von einer besonderen finanziellen Zuwendung an das Institut.[39] Sauerbruch, der der Psychotherapie im allgemeinen, der Psychoanalyse im besonderen, ablehnend gegenüberstand[40], wird sich vermutlich auch nicht für eine finanzielle Unterstützung eingesetzt haben. Ob H. Göring, von dem im Institut gemunkelt wurde, daß er seine Morphiumabhängigkeit von seinem Vetter behandeln lasse, aus Gründen der familiären Verbundenheit M. H. Göring diese hohen Beträge zukommen ließ, konnte nicht belegt werden (persönliche Mitteilung von E. Göring, 4. 8. 80).

Das Institut erhielt nicht nur weiter Unterstützung von der DAF und nun vom Reichsforschungsrat, sondern auch von der Stadt Berlin und dem Reichsluftfahrtministerium.

Das Institut während des Krieges
Während des Krieges wurde dem Institut der besondere Status der »Kriegswichtigkeit« zuerkannt. In den letzten beiden Kriegsjahren war sein Etat immens aufgestockt worden. Wie läßt sich diese bemerkenswerte Förderung in einer Zeit, in der sich alle nationalen Kräfte in äußerst angespannter Weise auf die totale Kriegsführung konzentrierten, erklären. Cocks (1985) unterscheidet drei Bereiche, in denen das Deutsche Institut für psychologische Forschung und Psychotherapie am Krieg beteiligt war:
1. in der psychologischen Kriegsführung;
2. bei der Ausbildung von Militärpsychologen;
3. bei der Behandlung von Kriegsneurotikern (siehe Kap. 6.2).

Im Auftrag des Kriegsministeriums wurden völkerpsychologische Untersuchungen über die Sowjetunion, die USA, England, Frankreich und die Tschechoslowakei vorgenommen, um die »schwachen Punkte« des Feindes zu erkennen (Cocks, 1985, S. 202). Die theoretische Grundlage der psychologischen Kriegsführung geht aus der von F. Scherke erstellten Bibliographie hervor. In ihr waren Werke von Ortega y Gasset (»Der Aufstand der Massen«), Le Bon (»Psychologie der Masse«) und Freud (»Gruppenpsychologie und Ich-Analyse«) aufgeführt (ibid.).

In den folgenden Ausführungen war ein Franzose zu Wort gekommen[41]: »Die Franzosen messen Verträgen und schriftlichen Abkommen eine entscheidende Bedeutung bei. Für die Deutschen haben solche Verträge nur im Augenblick und unter den gegenwärtigen Verhältnissen Gültigkeit. Daher kommt es, daß die Franzosen die Deutschen beschuldigen, sie hielten ihr Wort nicht, während die Deutschen den Franzosen vorwerfen, daß sie die Realitäten mißverstanden. Die Franzosen brauchen verstandesmäßige Erläuterungen, damit sie sich einem Zwang fügen. Die Deutschen dagegen appellieren häufig an die Gemütskräfte. Daraus entsteht die sentimentale deutsche Handlungsweise, die auf das ›verstandesmäßige‹ Mißtrauen der Franzosen trifft.«

Durch mangelhafte politische Führung sei der Franzose zum Individualisten geworden und bewundere die deutsche Ordnung, Disziplin, Organisation und Methodik; der Deutsche schätze die Leichtigkeit und Ungezwungenheit des Franzosen etc. Nach diesen allgemeinen Vorbemerkungen wird empfohlen, nicht allgemeine Sanktionen, die nur verbitterten, einzuführen, sondern begründete Einzelmaßnahmen, von denen nur einzelne betroffen werden. Der bestehende Modus wird nachdrücklich kritisiert[42], und der Autor empfiehlt folgende Strategie: »... daß Ausdrücke wie ›das Ringen gegen den Bolschewismus‹, das ›neue Europa‹, ›die Rassenfrage‹ vermieden werden. Der französische Arbeiter findet in Deutschland Arbeit, die ihn und seine Familie ernährt und ihn eine schwierige Krise der Weltwirtschaft überstehen läßt. Er muß die tatsächlichen wirtschaftlichen Probleme kennenlernen, er muß die deutschen Neueinrichtungen auf sozialem Gebiet selbst beobachten und beurteilen dürfen. Er muß wissen, daß seine augenblickliche Lebensweise eine Übergangsform ist und daß das Reich nicht beabsichtigt, die französische Wirtschaft zu unterdrücken.«

Der bulgarische Major Dr. med. G. Ekimoff äußerte besonderes Interesse an Fragen der Anwendung der Tiefenpsychologie innerhalb der Wehrpsychologie. Offenbar war Schultz-Hencke damit beauftragt worden, einen entsprechenden Bericht zu verfassen. Schultz-Hencke erläuterte sehr sachlich die Arbeit am Deutschen Institut, deren Grundlage in der Lehrbehandlung zu sehen sei. Nach einer Schilderung der verschiedenen Abteilungen am Deutschen Institut, stellte er zum Schluß die seit Beginn des Krieges neu entstandene Abteilung »Luftwaffe« dar. In dieser Abteilung gehe es, in ähnlicher Weise wie bei der Aufgabenstellung der Deutschen Arbeitsfront, um Fragen der Einsatzbereitschaft und Führung (Aufrechterhaltung der Disziplin): »So ist zu erwarten, daß die Wehrmacht und die Wirtschaft in gleicher Weise zunehmend bei der Erfüllung ihrer erzieherischen Aufgaben durch die tiefenpsychologische Forschung Unterstützung finden.«

Im Vordergrund des Interesses stünden Selbstmorde (die allerdings nicht das normale Mittel überschritten), unerlaubte Entfernungen von der Truppe, Auflehnung gegen Vorgesetzte und weiteres mehr. Das Material werde von den Luftgauen zur Verfügung gestellt, von den Abteilungen der Luftwaffe gesichtet und geordnet und dann auf dem Wege der Einzelexploration des Betreffenden selbst, seiner Kameraden, seiner Vorgesetzten und seiner Familie bearbeitet.

Vor allem I. H. Schultz und Göring arbeiteten für die Luftwaffe. Ihnen war sogar ein eigenes Büro in der Knesebeckstraße, in Berlin zur Verfügung gestellt worden. Sie hielten Lehrgänge für Luftwaffenoffiziere ab, in denen sie in Menschenführung und Kurzzeittherapie unterrichteten. So verfaßte I. H. Schultz eine ausführliche Schrift mit »Anweisungen für Truppenärzte über Erkennung und Behandlung von abnormen seelischen Reaktionen (Neurosen)«[43] (M. A. RHD 43/54). Forschungsaufgaben, in denen die Auswirkung der Luftangriffe auf die Moral der Bevölkerung untersucht werden sollte, wurden von mehreren Institutsmitgliedern durchgeführt. So sollte Frau Dr. von Grävenitz vor allem über die Auswirkung der Angriffe auf Kinder berichten.

Mit einer speziellen Gruppe von Soldaten waren Mitglieder des Instituts konfrontiert: So gab es bei den Luftwaffenlazaretten häufig eine psychotherapeutische Abteilung, in der Flugzeugführer, die »abgeflogen« waren (d. h. die abgeschossen waren), behandelt wurden. Bei ihnen traten schwere Angstzustände vor dem Fliegen auf, und sie entwickelten starke psychosomatische Beschwerden (Brechreiz, Magenbeschwerden, Herzbeschwerden usw.)[44]

Das Ende des Instituts
Das Ereignis, das viele Institutsmitglieder schwer erschütterte – die Inhaftierung und Hinrichtung Rittmeisters[45] – fand seinen Niederschlag nur in der Einladung zu einer als sehr wichtig bezeichneten Mitgliederversammlung. Die Aufforderung zur Teilnahme, die am 13. 2. 1943 verschickt wurde, wurde für Mitglieder, die verhindert waren, für eine Veranstaltung am 10. 4. 1943 wiederholt.

Von verschiedenen ehemaligen Institutsangehörigen wurde Rittmeister einerseits als besonders sensibel, andererseits als hochneurotisch geschildert. Obwohl betont wurde, daß Göring sich für seine Freilassung eingesetzt habe, schwingt heute noch bei manchen Berichten über seine Inhaftierung die Überzeugung mit, daß seine Hinrichtung zwar bedauerlich und persönlich tragisch war, aber im Grunde angesichts seines »Landesverrats« »gerecht«. Als Folge von Rittmeisters Verhaftung und Hinrichtung mußte sich die DPG, die als »Arbeitsgruppe A« bezeichnet wurde, umbenennen in »Arbeitskreis für Kasuistik und Psychotherapie«.

Während der Luftangriffe auf Berlin wurden verschiedene Bereiche des Instituts ausgelagert. So die Geschäftsführung, die betriebspsychologische Abteilung und die Abteilung Presse. Die Leitung des Instituts blieb in Berlin. Die Poliklinik, die Abteilung Kriminalpsychologie und die Testabteilung arbeiteten weiter. Von der Abteilung Erziehungshilfe wurde ein Notbetrieb in Frankfurt/Oder eröffnet. Der Vorlesungsbetrieb ging in eingeschränktem Umfang weiter. Obwohl das Deutsche Institut mitten im Krieg seine Blütezeit hatte, machte es den Eindruck einer wohlorganisierten Einrichtung, deren Abteilungen sorgfältig aufeinander abgestimmt waren und therapeutische Grundsätze umsichtig einbezogen wurden.

Bis zuletzt hielt Göring an dem Glauben fest, daß doch noch die Westarmee käme, um die Russen zu vertreiben. Als die Russen bereits in Berlin einmarschierten, nahm er verschiedene SS-Angehörige in das Institut auf, obwohl es mit einer Lazarettfahne versehen war. Als ein russischer Offizier die Räume besichtigen wollte, wurde er von der SS beschossen. Daraufhin wurden alle Hausinsassen in den Keller geschickt und das Haus angezündet. Göring wurde abgeführt. Die Hausinsassen konnten sich durch einen Mauerdurchbruch, der zum Nachbarhaus führte, retten (Schultz-Hencke, 1945).

Dieses Ende des Instituts hat fast symbolisches Gepräge: ebenso wie es seine Gründung und Entfaltung der Verbindung mit dem Nationalsozialismus verdankte, wurde es nun zerstört, weil diese Ankoppelung auch weiter gesucht wurde – denn wenn Göring die SS nicht in das Institut aufgenommen hätte, wäre es wahrscheinlich nicht zerstört worden.

6.2. Patienten im Nationalsozialismus

Die nationalsozialistische Machtergreifung war für die seelische Gesundheit von einschneidender Bedeutung: vielen Menschen bot sich eine Identifikationsmöglichkeit mit einem sich als potent gebärdenden politischen System und vor allem mit einem Führer, der es verstand, auf Massenveranstaltungen ein rauschhaftes Gemeinschaftsgefühl entstehen zu lassen. Im Gegensatz zu dieser scheinbar stabilisierenden Wirkung des Nationalsozialismus stehen Gumperts Ausführungen (1940).

M. Gumpert erklärt in dem Vorwort zu seiner »Gesundheitsbilanz« im Nationalsozialismus: Diktatur sei eine Krankheit, die alle von ihr Betroffenen in den unvermeidlichen körperlichen Zusammenbruch treibe; Freiheit sei die erste Bedingung für den biologischen Fortbestand eines Individuums und einer sozialen Gruppe. Aber Gumperts Darstellung bezieht sich nicht nur auf Krankheiten im medizinischen Sinne wie Rachitis, Tuberkulose, diverse Epidemien, Lebensmittelvergiftungen und Kindbettfieber, die alle zugenommen hatten, sondern auch die seelischen Beeinträchtigungen und Störungen sind aus seiner statistischen Zusammenstellung ablesbar:

Im nationalsozialistischen Deutschland ging nach einem kurzen Anstieg die Geburtenziffer zurück, es wurde ein Abfall der Fruchtbarkeit festgestellt, Alkoholismus verbreitete sich, die Selbstmordquote erhöhte sich, und es wurden doppelt soviel psychische Störungen festgestellt wie vorher. Den inneren Zusammenbruch des sozialen Gefüges skizzierte Gumpert durch Zahlen, nach denen ein Anstieg der Kriminalität erkennbar war, die Arbeitskapazität zurückging und die Arbeitslosigkeit erneut zunahm. Die Probleme der landwirtschaftlichen Bevölkerung, der Ruin der Wissenschaft und ein Zunehmen der Todesrate runden das Bild des Elends und der Verzweiflung ab, das sich tatsächlich unter den »Heilrufen« verbarg (Gumpert, 1940, S. 117). Seinen erschreckenden und eindrucksvollen Ausführungen legte Gumpert ausschließlich Quellen zugrunde, die im nationalsozialistischen Deutschland jedem zugänglich waren.

Verfolgt man die Berichte der Poliklinik des Deutschen Instituts, so erscheinen sie als überaus harmlos und lassen sich kaum von heute verfaßten Berichten unterscheiden. Um das Ausmaß der zum Teil organisierten seelischen Katastrophe des deutschen Volkes annähernd ermessen zu können, muß diese Arbeit auf dem Hintergrund der Rassengesetzgebung, des Euthanasieprogramms und schließlich des Krieges gesehen werden.

Psychotherapeuten befanden sich damals in einem besonderen Dilemma: Von ihren Patienten erfuhren sie das, was sie bedrückte. Wenn zum Beispiel ein naher Angehöriger verhaftet worden war, ein Schizophrener Opfer des Euthanasieprogramms wurde oder aber der Betreffende selbst an Massenmorden beteiligt war, so wußten seine Familienmitglieder oder Freunde meistens nichts davon – aber oft genug mußte er es seinem Therapeuten mitteilen. Auch wenn ein Patient in einer Widerstandsgruppe engagiert war, blieb das dem Therapeuten meistens nicht verborgen.[1] Bereits im September 1933 schrieb Cimbal an Göring:

»Wenn wir in der Führertagung den Dingen ernsthaft zuleibe gehen wollen, dann müssen wir, glaube ich, Sicherungen finden, wie der Psychotherapeut dieses Aufgabenfeld angreifen kann, ohne sich selbst zu gefährden. Wenn ich aus meiner eigenen Praxis schließen soll, so bin ich in jeder Sprechstunde im Konflikt, wieviel ich von den antinationalen Komplexen der Kranken laufen lassen darf, wieviel ich einfach verbieten muß. Ich glaube nicht, daß wir hier einfach mit Technik auskommen, wie Herr von Hattingberg es vorschlägt, obwohl die Beschränkung auf die Technik für uns selber natürlich das sicherste wäre, aber es läßt sich nicht leugnen, daß die psychotherapeutische Praxis von je her aus den Protestierenden des Lebens bestanden hat und daß der Psychotherapeut die Christusrolle übernehmen muß, die Einbrüche des Schicksals vor dem inneren Gerichtshof des Kranken zu entsühnen und dadurch den Frieden mit dem ewigen Prinzip wieder herzustellen. Ich selber habe die Erfahrung gemacht, daß das fast immer gelingt, wenn man das Schicksal selbst (der Arzt in seinem eigenen seelischen Aufbau) bejaht« (Ci/Gö, 3.9.1933).

Einerseits fürchtete Cimbal, daß seine Patienten ihren politischen Protest in der Behandlung thematisieren könnten und damit ihn selber gefährdeten, andererseits meint er sich dadurch absichern zu können, daß er dem seine nationalsozialistische Identität entgegensetzt und nicht nur die therapeutische Technik.

Mit einem überdurchschnittlichen Ausmaß an Wissen waren Therapeuten oft genug selber in größter Gefahr, und manch einer versuchte sich zu schützen, indem er den Patienten bat, seine Geheimnisse lieber für sich zu behalten, da das Wissen um sie den Therapeuten, der hier als gefährdeter Mensch in Erscheinung trat, zu sehr belastete. Unter diesen Bedingungen sind die Grenzen von möglichem Vertrauen nur allzu offensichtlich. Übereinstimmend wird allerdings berichtet, daß zwischenmenschliche Probleme immer als wichtiger empfunden wurden als die politische Situation. Während einerseits zwischen Therapeuten und Patienten oft ein heimliches Einvernehmen über eine kritische Einstellung zum Regime bestand, tauchte andererseits Hitler als wohlwollende, starke Vaterfigur immer wieder in Träumen und Phantasien auf. Die wenigen Analytiker, die in Deutschland geblieben waren, konnten nur einen Teil der vielen Patienten, die die jüdischen und ausländischen Psychoanalytiker zurückgelassen hatten, übernehmen. Inwieweit tatsächlich eine psychoanalytische Behandlung unter den damaligen politischen Bedingungen möglich gewesen ist oder ob nicht eine einfache Betreuung, ein Spenden von Trost und Mut, die große Analyse ersetzen mußte, wird in prägnanter Weise in folgendem Brief von B. Kamm[2] problematisiert. Er hatte Deutschland verlassen, obwohl er weder Jude noch Ausländer war, weil er seine Identität als Psychoanalytiker für gefährdet hielt.

»... Sie berühren ... die ursprüngliche Fragestellung der Psychoanalyse: Welche ›Leib und Seele‹ bedrohenden Erlebnisse führen von frühester Kindheit an zu dauernder Verdrängung all dessen, was von höchster Autorität als nicht existierend erklärt worden ist. (›Weil nicht sein kann, was nicht sein darf!‹) Unbewußt existiert es weiter, darf aber nicht durchdacht, nicht besprochen, nicht getan werden. In der Übertragung der ursprünglichen Autorität auf einen geeigneten Analytiker entdeckt der Analysand, daß die verkrüppelte Erlebnis- und Schaffensfähigkeit nicht für immer so bleiben muß, weil in einer ›normalen‹ Umwelt die ursprünglichen Drohungen entwertet sind und nur im Unbewußten des ›fehlerhaft erzogenen Analysanden‹ fortbestehen – bewacht und immer erneuter Verdrängung ausgesetzt. Wenn nun die Umwelt, in der die Analyse unternommen werden soll, allzusehr der Strenge der ursprünglich drohenden Umwelt nahekommt – oder sie sogar übertrifft – dann ist es für den armen Analysanden unmöglich, die befreiende Entdeckung zu machen, daß die ursprünglichen Drohungen ihre Macht verloren haben – ungültig geworden sind – gelten sie doch noch immer in alter, das Leben bedrohender Strenge. Ein Analytiker würde sich selbst und seinen Analysanden täuschen und gefährden, wenn er so tun würde, als ob jetzt alles frei durchdacht und frei erörtert werden könnte. Beide, Analytiker und Analysand, müssen sich dessen bewußt bleiben, daß nichts geheim bleiben darf in einer solchen von Paranoia dominierten Umwelt, und daß jederzeit eine Anzeige erfolgen kann aufgrund des bloßen Verdachts eines ›crimen laesae majestatis‹ – wäre es auch nur ›in statu nascendi‹. Wer kann in einer solchen Umwelt beweisen, daß Gedanken nicht zu Taten führen? Der ›stinkende‹ uneheliche Bruder Karamasow wirft dem allzufrei philosophierenden Ivan vor, ihm beigebracht zu haben, daß ›alles ist gestattet‹ – und Mord, sogar Vatermord und Selbstmord sind die Folgen!« (Kamm/Lockot, 3. 6. 1980).

1936, bevor der durch den Vier-Jahres-Plan ausgeübte Arbeitszwang und die schlimmsten Verfolgungsexzesse einsetzten, nahmen sich 21 984 Personen das Leben. Im Vergleich dazu wurden im Jahr 1923, in einem Jahr des größten politischen und ökonomischen Chaos, nur 13 149 Selbstmorde gezählt. 1938 entsprach die Selbstmordquote in Deutschland mit 30 201 ungefähr derjenigen im gesamten übrigen Europa. Die Anzahl derjenigen, die durch Selbstmord starben (4,1%), entsprach ungefähr der, die an Arteriosklerose starben (4,2%). Wahrscheinlich läßt sich aus der offiziellen Selbstmordstatistik jedoch nicht die tatsächliche Selbstmordquote ablesen; denn eine der statistischen Rubriken ist überschrieben mit »plötzlicher Tod und nicht oder ungenau angegebene Ursachen«. Die Zahl der unter dieser Rubrik aufgeführten Selbstmorde hatte sich mehr als verdoppelt. 1923 betrug sie 6914; 1936 14461 (Gumpert, 1940, S. 41–45).

Die Darstellung des Rahmens, in dem Therapie praktiziert wurde, die Aufstellung von Diagnose- und Heilungsstatistiken wirkt angesichts dieser Realität ernüchternd – ja fast unangemessen. Hinter diesen Statistiken verbarg sich allerdings ein vorsichtiges Taktieren mit Diagnosen[3], das sich offiziell gut mit der sich neu entwickelnden Deutschen Seelenheilkunde begründen ließ und der Versuch, durch die phänomenologische Ausrichtung, die Schwere der Erkrankung zu kaschieren. Die Stellungnahmen zu den statistischen Tabellen sind in ihrem Umfang, ihrer Gründlichkeit und ihren Erläuterungen ebenfalls nicht vergleichbar. Das wenige an zusätzlichen Erklärungen, das publiziert wurde, soll zumindest helfen, sich die Akzente der Arbeit zu vergegenwärtigen.

Am umfassendsten und genauesten ist das Bild, das Fenichel in seinem Bericht über 10 Jahre therapeutischer Tätigkeit (1920–1930) entwarf. Er wies darauf hin, daß gleich von Beginn der Poliklinik an der Andrang hilfesuchender, aber unbemittelter Patienten weit größer war als die mögliche Analysenzahl. Darum konnten längst nicht alle Behandlungsbedürftigen aufgenommen werden. Das Mißverhältnis zwischen Konsultationen und Behandlungen ergab sich, da eine Auswahl von Patienten, die sich überhaupt für eine analytische Behandlung eigneten, getroffen werden mußte. Ausschlaggebend für die Zulassung oder Nichtzulassung zur Behandlung waren zum einen die Weiterentwicklung der wissenschaftlichen Forschung, zum anderen die Eignung für den Unterricht. Zur psychoanalytischen Forschung wurden häufig auch Fälle angenommen, denen auf andere Weise nicht zu helfen war. Sie gehörten nicht zu den »klassischen Analyseindikationen« (leichte Psychosen, Psychopathien, Kriminelle und die verschiedensten Charakteranomalien). Die für Unterrichtsinteressen bedeutenden klassischen Neuroseformen (Hysterie, Angsthysterie, Zwangsneurose) nähmen allerdings nach übereinstimmenden Erfahrungen progressiv ab. Die hohe Abbruchquote erklärte sich daraus, daß nach einer Probeanalyse der Versuch durch den Analytiker abgebrochen wurde. Abbrüche, die aus anderen, inneren oder äußeren Gründen des Analysanden vorgenommen wurden, gebe es viel weniger. Zu beachten sei weiterhin, daß praktische Interessen – z. B. Beschwerdefreiheit und Berufstüchtigkeit – dazu geführt hatten, daß nach einem Teilerfolg die Behandlung beendet wurde.

Da es noch an einem psychoanalytisch anerkannten »System der Neurosen« fehle, folgte eine kurze Erläuterung der Diagnosen. Wesentliche psychoanalytische Leitmotive (Triebschicksal, Objektbeziehungen, Sexualität) prägen die Darstellung.

Unter Behandlung wurde ausschließlich psychoanalytische Behandlung verstanden. Einige Patienten, die hypnotisch behandelt worden waren, galten nur als Konsultationen. Als »geheilt« wurden lediglich die Analysanden bezeichnet, bei denen nicht nur ein Symptomschwund festgestellt werden konnte, sondern eine verständliche Wesensänderung vorgegangen war, die möglichst durch die Katamnesen bestätigt wurde. In diesen 10 Jahren führten 94 Therapeuten Analysen am Institut durch (60 waren Mitglieder der IPV). Von den 60 Psychoanalytikern, die 1929 am Institut tätig waren, waren 34 Mitglieder der I. P. V. – die restlichen waren Ausbildungskandidaten. Jeder Mitarbeiter der Poliklinik war dazu verpflichtet, mindestens einen Patienten umsonst zu behandeln. Schon damals suchten mehr Frauen Rat oder Behandlung als Männer (w = 1365; m = 1311), die meisten Anfragen wurden zwischen 21 Jahren und 35 Jahren gestellt. Berufslose, Büroangestellte, Studenten, Handwerker und Kaufleute nahmen am häufigsten die Konsultation in Anspruch, und die meisten Behandlungen dauerten ein Jahr (O. Fenichel, 1930, S. 15–18). Während die Zahl der durchschnittlich gleichzeitig laufenden Fälle zwischen 1920 und 1930 72 betragen haben, seien für den Juli 1934 65 gleichzeitig laufende Fälle zu verzeichnen. Diese kaum veränderte Nachfrage nach analytischer Behandlung sei ein Zeichen für das Vertrauen des Publikums in die therapeutische Wirksamkeit der Psychoanalyse (Müller-Braunschweig, I. Z. P., 1935). Zwischen dem 1. 10. 1935 und dem 15. 10. 1936 konnten nur 10 Analysen abgeschlossen werden. Die hohe Quote der als abgebrochen bezeichneten Fälle sei darauf zurückzuführen, daß

»eine große Anzahl von Mitgliedern ausgetreten ist und die von ihnen durchgeführten Behandlungen infolgedessen abgebrochen werden mußten. Zum Teil haben wir über diese Fälle keine Abschlußberichte mehr erhalten können, so daß wir über diese Fälle auch nicht aussagen können, ob und inwieweit dieselben gebessert oder geheilt worden sind« (Generalversammlung der DPG, 27. 2. 1937 (Boehm); I. Z. P., 1937, S. 454).

Die 17 noch in Berlin verbliebenen Mitglieder führten 42 Analysen gleichzeitig durch. Die Anzahl der »erledigten Konsultationen« sei deshalb so hoch, da man bei der Überführung des Psychoanalytischen Instituts in das Deutsche Institut für psychologische Forschung und Psychotherapie das neue Institut nicht mit allzuvielen Vormerkungen habe belasten wollen (Bericht des Berliner Ambulatoriums, I. Z. P., 1937). Unter diesen formalen Kommentaren, die als rein sachdienliche Hinweise verkleidet sind, verbirgt sich der Austritt der jüdischen Analytiker aus der DPG, es klingt ihre – zum Teil hastige Flucht – aus Deutschland an, und die Zwangsmitgliedschaft bei dem Deutschen Institut erscheint in rein pragmatischem Licht. In dieser Interimszeit sind die Mitteilungen auf ein formales Minimum beschränkt, inhaltliche Fragestellungen und Zielsetzungen wurden nicht thematisiert.

Aus dem Jahre 1936/37 waren 52 poliklinische Fälle übernommen worden – 10 Fälle waren in Privatbehandlung. Ein Jahr später (1. 10. 1937 bis 30. 9. 1938) hatte sich die Anzahl der in poliklinischer Behandlung befindlichen Patienten etwas erhöht (58) – dagegen war die Anzahl der Patienten, die sich in Privatbehandlung begeben hatten, sprunghaft in die Höhe geschnellt (43). Vielleicht ist der Ansturm auf private Behandlungen auf verbesserte Finanzierungsmöglichkeiten durch die Kassen und Versicherungen zu erklären; zumindest wurden in diesem Jahr Verbindungen mit der »Fachschaft Privatversicherungen« aufgenommen (Z. f. P., 1940, Bd. 12, H. 1, S. 4ff.).

Während Fenichel den Abbruch der Behandlung durch eine gewisse neu errrungene Berufstüchtigkeit als Teilerfolg der Behandlung wertete und das tatsächliche Heilungskriterium in einer tiefgreifenden Wesensveränderung sah, wurde in den späteren Jahren lediglich berufliche Tüchtigkeit, das von der Deutschen Arbeitsfront diktierte Kriterium, angelegt (Behandlungsbericht 1. 11. 1939 bis 31. 12. 1940). Von 170 Fällen, die von 75 Therapeuten betreut wurden, seien 159 nach durchschnittlich 1 ½ Jahren wieder arbeitsfähig gewesen. Nur Patienten mit Arbeitsunfähigkeit oder erheblichen Arbeitsbeschränkungen waren in die Statistik eingegangen. Nicht verwertet wurden die Ergebnisse der zahlenmäßig größeren Gruppe der Patienten, deren Arbeitsunfähigkeit abzusehen gewesen sei und die rechtzeitig durch die psychotherapeutische Behandlung von ihrer Neurose befreit werden konnten. Bei allen diesen Fällen sei eine Leistungssteigerung erzielt worden, die zu einer Anhebung des Lebensstandards geführt hatte. Obwohl es sich manchmal ergeben habe, daß als geheilt angegebene Patienten Rückfälle erlitten hätten, habe die Behandlung doch oft den Anstoß für eine glücklich verlaufende Entwicklung geben können. Auch bei Behandlungen, deren Erfolg nicht offensichtlich gewesen sei, könnten nachträglich, katamnestisch, meistens positive Auswirkungen festgestellt werden. Nach welcher »Methode« Patienten

Jahr	Konsultationen	Behandlungen			Ergebnisse der Behandlungen								
		abgeschlossen	laufend		vorgemerkt	verstorben usw.	nicht mehr gemeldet	unbehandelbar	unbeeinflußt	(etw./gut/wesentl.) gebessert	geheilt	noch laufend	abgebrochen
1920	193			73									
1921	171			69									
1922	129			76									
1923	133			75									
1924	194			84				47		205	111	117	24
1925	184			72									
1926	252			78									
1927	213			70									
1928	235			67									
1929[1]	251			57									
1930													
1931													
1932													
1933[2]				Sept. 65									
1934[3]	120			Juli									
1935[4]	172	45	7	10						9	1	42	31
1936[5]	412			45	86	1	58	49	3	26		174	15
1937[6]	259				48	1	26	27	9	30	8	149	9
1938													
1939[7]				144	4			15	17	98	10		
1940[8]	464			181	2			16	39	118	6		
1941													
1936–1939[9]				275	15			26	34	182	18		

[1] Fenichel 1930
[2] I.Z.P. 1935 Berliner Psychoan. Inst.
[3] I.Z.P. 1937 Müller-Braunschweig
[4] I.Z.P. 1937 Müller-Braunschweig
[5] Z.f.P., Bd. 10, H. 4/5, 1938 Boehm
[6] Z.f.P., Bd. 12, H. 2/3, 1940 Boehm
[7] Z.f.P., Bd. 14, H. 1/2, 1942 Boehm
[8] Z.f.P., Bd. 14, H. 1/2, 1942 Boehm
[9] I.Z.P., Bd. 14, H. 1/2, 1941 Boehm

geheilt worden wären, sei irrelevant. Boehm hielt das Wissen darum sogar für schädlich, für die Vertretung der Belange der Psychotherapie der Außenwelt gegenüber (Boehm, 1978, S. 191, 197).

Empfohlen wurde die Verwendung eines rein phänomenologischen Diagnoseschemas, das von einer Kommission erarbeitet worden war, der Achelis, Boehm, von Hattingberg, Herzog, Heyer, Kemper, Kranefeldt, Müller-Braunschweig, Rittmeister, J. H. Schultz und Schultz-Hencke unter Leitung von Göring angehörten. Im Vordergrund stand das Hauptsymptom (z. B. Asthma), die Struktur im aktuellen Querschnitt wurde als

Aufstellung über die in den einzelnen Jahren vergebenen Diagnosen *

	1920–30	1936/37	1937/38	1940/41	1936–40
Aktualneurose					×
Allergien			×		
Anfälle (nicht epilept.)			×		
Angsthysterie	×				
Angstneurose	×	×	×	×	×
Asthma bronchiale	×				
Arterienverkalkung			×		
Charakterstörungen	×	×	×	×	
Dibilität				×	
Depression, endogene					×
–, neurotische	×	×			
–, reaktive			×		×
Enuresis	×				
Epilepsie	×	×	×	×	×
Erziehungsschwierigkeiten					×
Hemmung, Entwicklungsh.		×			×
–, neurotische	×		×	×	×
Homosexualität	×				
Hypochondrie	×	×	×		
Hysterie	×	×	×		×
Imbezilität (Schwachsinn)	×	×	×		×
Infantilismus	×	×	×		
Innersekret. Störungen	×		×		
klimakt. Störungen	×				
Lebenskrise					×
Manisch-depressive Erkrankungen	×		×	×	×
Neurasthenie	×				
Neurose, Konflikt					×
–, traumatische			×		×
–, Unfall-				×	
–, vegetative					×
Organische Nervenleiden	×	×	×	×	
Organische Erkrankungen	×				
Organneurosen	×	×	×	×	×
Otosklerose			×		
Paranoia	×				
Parkinsonismus					×
Persönlichkeit, allg. neurotische					×
–, hysterische					×
–, infantile					×

	1920–30	1936/37	1937/38	1940/41	1936–40
–, pseudologische					×
–, schizoide					×
–, zwanghafte					×
Phobie, Erythro-					×
–, reaktive				×	×
–, Raum-					×
Psychopatien, hysterische					×
–, paranoide	×		×	×	×
–, schizoide			×		
Perversionen	×	×	×	×	
–, Exhibitionismus			×		
–, (Homosexualität)			×		
–, Masochismus			×		
–, Onanie			×		×
–, Transvestitismus			×		×
Psychosen		×	×		×
Schizophrenie	×	×	×	×	×
Schreibkrampf					×
Schwierigkeiten, Beruf		×	×		
–, Erziehung			×		×
Senilität	×				
Sexualneurosen		×	×		
–, Ejakulation praecox			×		
–, Frigidität			×		×
–, Impotenz			×		×
Sprachstörungen				×	×
–, Stottern	×	×		×	×
Süchtigkeit	×	×	×		
Tic	×				×
Zwangsneurose	×	×	×	×	×

* Zahlen konnten nicht angegeben werden, da für verschiedene Jahre nur katamnestisch bearbeitete Angaben vorliegen, für andere laufende Behandlungen angegeben sind.

Konfliktneurose bezeichnet und der eigentliche Aufbau der Neurose als Schichtneurose. Der Begriff Kernneurose sollte Aufschluß darüber geben, inwieweit der Kern der Persönlichkeit in Mitleidenschaft gezogen war. Mit Hilfe dieses Diagnoseschemas könne die Psychotherapie als relativ junge Wissenschaft den Nachweis ihrer Effektivität antreten. Die Diagnose entschied über Leben und Tod des Patienten. Indem ein phänomenologisches Diagnoseschema empfohlen wurde, versuchten wohl Psychotherapeuten, die Diagnosen so zu stellen, daß die Patienten von dem

Euthanasieprogramm verschont blieben. Im Gegensatz dazu hob J. H. Schultz sein »selbstverständliches Engagement« für Hoches[4] Empfehlungen hervor: er hoffe, daß durch die »Vernichtung von lebensunwertem Leben« sich bald die »Idiotenanstalten ... in diesem Sinne umgestalten und leeren werden« (Z. f. P., 1940, S. 113). Es wird hier ganz deutlich, daß Schultz von der Ermordung von Geisteskranken gewußt hatte und sie öffentlich im Institut befürwortete.

Der Ausgangspunkt zur Vernichtung der Geisteskranken wurde bereits 1933 durch das »Gesetz zur Verhütung erbkranken Nachwuchses« (mit dem im März 1934 von Gütt/Rüdin/Ruttke vorgelegten Kommentar) geschaffen (Mitscherlich, 1960).

1935 äußerte Hitler dem Reichsärzteführer Wagner gegenüber, daß er im Kriegsfalle »lebensunwertes« Leben vernichten werde. 1936 ließ Goebbels einen Roman schreiben (»Sendung und Gewissen« von Helmut Unger – einem Augenarzt, der seit 1933 Pressechef von Reichsärzteführer Wagner war), in dem »Sterbehilfe« verherrlicht wurde.

Am 23.5.1939 wurde auf Anfrage des Kinderarztes Catel die Ermordung eines kranken Kindes der Familie Knauer angeordnet. Hitler ermächtigte seinen Leibarzt Brandt und den Chefarzt der Kanzlei des Führers, Bouhler, in ähnlichen Fällen ebenso zu verfahren. Alle Gesuche dieser Art sollten über das Reichsinnenministerium oder die Privatkanzlei laufen. Damit wurde Linden als Contis Unterabteilungsleiter in das als »geheime Reichssache« behandelte Vorhaben eingeweiht. Brandt erteilte Hefelmann[5] den Auftrag, ein Gremium für die von Hitler angeordnete Tötung von Kindern zu berufen. Zunächst wurde nur Linden hinzugezogen; andere Ärzte folgten nach persönlicher Empfehlung. Als Tarnname dieser Kommission wurde »Reichsausschuß zur wissenschaftlichen Erfassung von erb- und anlagebedingten schweren Leiden« gewählt. Am 18.8.1939 (14 Tage vor Ausbruch des Krieges) verfügte ein Runderlaß des Reichsinnenministeriums, daß alle Kinder, die mit Idiotie sowie Morbus down, Mikroenzyphalie, Hydroenzyphalie und Mißbildungen und Lähmungen jeglicher Art behaftet waren, »zur Klärung wissenschaftlicher Fragen auf dem Gebiet der angeborenen Mißbildungen und der geistigen Unterentwicklung« beim örtlich zuständigen Amtsarzt zu melden seien. Brack[6] und Hefelmann sortierten die Meldungen und gaben sie an ein Gutachterteam, das über das Leben mit Minus und den Tod mit Plus der Kinder zu entscheiden hatte – ohne die Kinder je zu Gesicht bekommen zu haben – weiter. Reichsleiter Bouhler und Brandt wurde der Auftrag erteilt, psychisch Kranke ermorden zu lassen (Oktober 1939). Als politisch zuverlässiger Psychiater, der bereits vor der nationalsozialistischen Machtergreifung in der SS war und Himmler einen Dienst erwiesen hatte, wurde Heyde[7] hinzugezogen. Mit Unterstützung Lindens suchte Heyde »politisch zuverlässige Psychiater«. Von den acht Angesprochenen[8] war nur de Crinis nicht dazu bereit, aktiv an der Tötungsaktion teilzunehmen, versicherte aber, daß er theoretisch voll und ganz die Pläne des Führers bejahe. Es wurde wiederum eine Scheinorganisation »Reichsarbeitsgemeinschaft Heil- und Pflegeanstalten« unter der Leitung des Juristen Bohne errichtet, um die Ermordung Geisteskranker zu organisieren.

An alle Pflege- und Heilanstalten wurden vom RMdI Meldebögen ausgegeben. Folgende Diagnosen mußten angegeben werden: Schizophrenie, Epilepsie, senile Erkrankungen, Paralyse und andere Lueserkrankungen, Schwachsinn jeder Ursache, Enzephalitis, Huntingtonsche Chorea und neurologische Endzustände. Außerdem mußten Angaben über sämtliche Patienten, die seit mindestens fünf Jahren hospitalisiert waren, kriminelle Geisteskranke sowie alle Patienten, die nicht die deutsche Staatsangehörigkeit besaßen oder »nicht deutschen oder artverwandten Blutes sind unter Angabe von Rasse und Staatsangehörigkeit« gemacht werden (Kaul, 1973, S. 63 ff.). Weigerten sich die Anstaltsdirektoren, dieser Weisung nachzukommen, wurde die Arbeit von einer Ärztekommission übernommen, die die ausgefüllten Meldebögen nach Berlin zurückschickte.

Acht Anstalten wurden zu Tötungseinrichtungen. Die Meldungen gingen, ohne Kenntnis des wahren Zwecks der Erhebung, an Linden, der die Unterlagen an die 21 Ärzte, die im Laufe des Jahres 1940 gutachterlich entschieden, übersandt. Der Transport zu den Tötungsanstalten wurde von der Tarnorganisation »Gemeinnützige Stiftung für Anstaltspflege« (GEKAT) übernommen. Im Gegensatz zu der Ermordung von Juden, Sintis und politisch Verfolgten, wurde das Schicksal der Geisteskranken durch zahlreiche Anfragen aus der Bevölkerung bekannt und einzelne Pfarrer (Schlosser, Braune) versuchten, durch persönliche Fühlungnahme mit Medizinern und Behörden, von denen sie sich Unterstützung erhofften, darauf hinzuwirken, daß die Vernichtungen eingestellt würden. Unter anderem wandte sich Pastor Braune auch an M. H. Göring, der hier vor allem in seiner Funktion im Luftwaffenministerium genannt wird, um über ihn Einfluß auf Hermann Göring nehmen zu können. Nachdem diese Bemühungen nichts gefruchtet hatten, und auch eine Denkschrift erfolglos geblieben war, wandte sich Pfarrer Braune, der nach 3monatiger Inhaftierung entlassen worden war, an Bodelschwingh, den Pfarrer in Bethel.

Die Proteste aus Kreisen der Kirche und auch der Justiz mehrten sich so, daß Hitler die sofortige Einstellung der Massentötungen anordnete (24.8.1942). Am 9.12.1942 kam erneut eine Aufforderung von Linden; der inzwischen Brandt (jetzt Reichskommissar des Führers für das Sanitäts- und Gesundheitswesen) untergeordnet war, in der auf die statistische Erfassung der Kranken gedrungen wurde. Die Kindertötungen, die von dem sich als vorläufig erweisenden Hitler-Erlaß nicht betroffen worden waren, waren die ganze Zeit weitergegangen. Das Alter der Kinder wurde sogar auf 17 Jahre heraufgesetzt. Die Morde an Erwachsenen wurden inzwischen besser getarnt, d. h., daß die Kranken weiterhin medikamentös durch eine Überdosis oder durch langsames Aushungern ermordet wurden. Mehr als die Hälfte waren Schizophrene, ein Viertel Schwachsinnige, ein Zehntel Epileptiker; weiterhin befanden sich unter mehr als zweitausend Ermordeten 23 Taubstumme und 25 sogenannte Psychopathen (Güse/Schmacke, S. 419–423). In makabrer Weise wurde Bilanz gezogen: 70273 ermordete Menschen hatten eine Ersparnis von 88543980,– RM gebracht, 33733003,40 Kilo Lebensmittel sowie 2124568 Eier (Kaul, 1973, S. 173).

Einzelne Mitglieder des Deutschen Instituts für psychologische Forschung und Psychotherapie waren als Psychiater in Kliniken tätig. Eine Psychoanalytikerin, die Assistenzärztin in Buch bei Berlin war, berichtete davon, daß auch sie die Meldebögen des RMdI auszufüllen hatte. Da sie ahnte, welchem Zweck sie dienen sollten, habe sie möglichst keine »tödlichen« Diagnosen gestellt.[9] Im Deutschen Institut mußten regelmäßig Aufzeichnungen über den Krankheitsverlauf der Patienten gemacht werden, um die häufigen Anfragen von Behörden und anderen Stellen über ehemalige Patienten beantworten zu können. Welche Arten von Auskunft sie bekommen wollten – bzw. bekamen –, läßt sich nicht mehr rekonstruieren. Zumindest wurde ausdrücklich darauf hingewiesen, daß alle unter Berufsgeheimnis Stehende testamentarisch verfügen mußten, was mit ihrem Nachlaß geschehen soll (also Vernichtung oder bei Praxisübernahme auch Übernahme der Krankengeschichten unter Wahrung des Berufsgeheimnisses durch einen Kollegen) (Z. f. P., 1942, Bd. 14, H. 1/2, S. 66).

Auch die Sterilisierung, ein die Existenz in höchstem Maße bedrohender Eingriff, wurde durch das »Gesetz zur Verhütung erbkranken Nachwuchses« möglich. Für Alkoholiker zum Beispiel wurde empfohlen, mit der Unfruchtbarmachung nicht länger als unbedingt nötig zu zögern (Gütt, Rüdin, Ruttke, 1934, S. 127). Zur Frage der Entmannung hieß es, daß sie sich bei Exhibitionisten bewährt habe – Homosexuelle dadurch allerdings nicht von »ihrer perversen Triebrichtung« geheilt worden seien (ibid., S. 193). Zur Anzeige kamen: »Angeborener Schwachsinn, Schizophrenie, manisch depressives Irresein, erbliche Fallsucht, erblicher Veitstanz, erbliche Blindheit, erbliche Taubheit, schwerere erbliche körperliche Mißbildungen und schwerer Alkoholismus.«

Die Kosten der Sterilisierung mußten von dem Betroffenen oder dessen Verwandten übernommen werden. Nur im Notfalle wurden sie von der Fürsorge finanziert (Gütt, Rüdin, Ruttke, 1934). J. H. Schultz (hier im Zusammenhang mit Epilepsie) kommentierte: »Es gibt eine erbliche

Form, die in Deutschland zum Segen unseres Volkes den Erbgesetzen unterliegt, genauso wie der erbliche Schwachsinn« (J. H. Schultz, Z. f. P., 1940, S. 123). Als Gutachter hatte auch Göring über die Sterilisierung zu entscheiden. Der Amtsarzt als Vertreter des staatlichen Gesundheitsamts des zuständigen Stadtkreises hatte die Unfruchtbarmachung bei dem hier überlieferten Fall empfohlen.

Bei dem 25jährigen Holzarbeiter H. schienen erblich bedingte Mängel vom Amtsarzt festgestellt worden zu sein: Ebenso wie sein Bruder sei H. dreimal »sitzengeblieben«; auch in der Hilfsschule sei er einmal nicht versetzt worden. Während sich bei allen intellektuellen Anforderungen (Rechnen, Schreiben, etc.) erhebliche Mängel zeigten, könne H. seine Arbeit in einer Holzwarenfabrik, in der er seit zehn Jahren beschäftigt sei, anschaulich schildern. Deshalb habe das Erbgesundheitsgericht den Antrag des Amtsarztes abgelehnt. Es handele sich um einen ausgesprochenen Grenzfall, da die Intelligenzmängel als nicht so erheblich beurteilt wurden, daß man ohne weiteres auf angeborenen Schwachsinn schließen könne. Nun sollte einwandfrei festgestellt werden, »ob sich's nur um Dummheit handelt, die sich auf das Gebiet des Intellekts beschränkt, oder um Schwachsinn, der als eine die ganze Persönlichkeit erfassende Störung auch in der Lebensführung zum Ausdruck kommt.«

»Die Frage der Lebensbewältigung war also genau zu prüfen, denn sie mußte den Ausschlag geben und hier genügte das bisher Festgestellte nicht, wonach H. seit zehn Jahren an einer Arbeitsstelle arbeitete und seine Arbeit anschaulich und vernünftig schildern kann. Es kam vielmehr darauf an, dem Senat selbst einen unmittelbaren Eindruck von dieser Arbeit zu vermitteln und ihm dadurch ein eigenes Urteil zu ermöglichen. Allgemein ist es Pflicht aller an der Erbgesundheitsgerichtsbarkeit Beteiligten, sich die Arbeit der Handwerker, Landarbeiter und Fabrikarbeiter der wesentlichen Betriebe ihres Bezirks an Ort und Stelle anzusehen. Denn nur dann können sie die außerordentlich wichtige Frage beantworten, ob sich's im Einzelfall um eine rein mechanische Arbeit handelt oder um selbständige Leistungen, die ein gewisses eigenes Urteilsvermögen voraussetzen. Da der Senat in diesem Falle die besondere Arbeit in einer Kehlleistenfabrik nicht aus eigener Anschauung kannte, ließ er durch eines seiner Mitglieder als beauftragten Richter die nötigen Feststellungen treffen. Dieses Verfahren hat sich auch sonst in der Praxis des Senats bewährt. Denn eine Prüfung des wegen angeborenen Schwachsinns Gemeldeten an Ort und Stelle in den gewohnten häuslichen oder Arbeitsverhältnissen gewährt einen viel besseren Einblick in ihre Geistesbeschaffenheit, ihre Leistungen und die ganze Umwelt, als die Prüfung in Amtsstuben und Gerichten, bei der viele auch geistig vollwertige Menschen befangen sind. Auch hier hat dieses Verfahren zur vollen Klärung geführt.

Prof. Dr. K. hat als beauftragter Richter unangemeldet H. an seiner Arbeitsstelle aufgesucht. Der Inhaber des Betriebes und H.s Meister haben überzeugend versichert, daß H. ein vollwertiger und vielseitig verwendbarer Arbeiter ist, der in seinen Leistungen in keiner Weise hinter seinen Kameraden zurücksteht. Im Betrieb sind verschiedene Holzverarbeitungsmaschinen. Der beauftragte Richter hat fünf verschiedene Maschinen ausgewählt und H. an ihnen arbeiten lassen (Kreissäge, Dampfsäge, Holzfräse, Holzschleifmaschine, Holzpoliermaschine). Obwohl er eigentlich zur Zeit nur an einer Kreissäge zu arbeiten hatte, bediente H. auch die anderen Maschinen spielend leicht und umsichtig. Wie aus der Niederschrift des beauftragten Richters hervorgeht, handelt sich's dabei um Arbeiten, die ohne eigenes Urteilsvermögen nicht ordentlich ausgeführt werden können. Der Senat ist nach diesem Ergebnis davon überzeugt, daß H. trotz seines Versagens in der Schule und Hilfsschule und trotz der Intelligenzausfälle bei den Prüfungen nicht an angeborenem Schwachsinn leidet. Denn er bewährt sich bei praktisch intelligenter Betätigung und hat die Lebensprobe bestanden. Die Beschwerde des Amtsarztes ist unbegründet. Ausgefertigt, Jena, den 19. 8. 1937, Erbgesundheitsbericht« (B. A.; R 18, Nr. 5585, S. 30–34).

Die Kritiklosigkeit und Akribie dieses Berichtes, der ganz auf die vorgegebene Entscheidung abgestimmt ist, erschreckt – fragt man sich nicht, wie das Urteil ausgesehen hätte, wenn H. zum Beispiel die Fräsmaschine nicht hätte bedienen können?

Auf Anregung des Luftwaffenministeriums wurden im »Deutschen Institut« umfangreiche Forschungen zum Thema Homosexualität vorgenommen (Cocks, 1985, S. 204). Von einer zu dieser Fragestellung gegründeten Kommission gingen Anfragen an alle Institutsmitglieder, die dazu aufgefordert wurden, Erkenntnisse bei der Behandlung Homosexueller mitzuteilen und darüber Auskunft zu geben, was sie über die sogenannte »angeborene Homosexualität« dachten. Das Projekt wurde von Boehm und Hattingberg vertreten (6. 12. 1939). Vor allem Frau Kalau vom Hofe in ihrer kriminalpsychologischen Abteilung hatte häufiger Homosexuelle zu betreuen. Sie bemühte sich darum, sie vor der Verschleppung in ein KZ zu bewahren (z. B. durch Überweisung zur stationären Behandlung in ein Krankenhaus).[10] J. H. Schultz gelang es, einen Homosexuellen zu retten, indem dieser Patient in Gegenwart einer Kommission nachweisen mußte, daß er behandlungsfähig sei. Dieser Nachweis wurde dadurch erbracht, daß er aufgefordert wurde, mit einer Prostituierten unter Zeugen sexuell zu verkehren.[11] Diese entsetzliche Erniedrigung und die Empörung darüber muß wohl auch heute noch der Erkenntnis weichen, daß dieser Patient auf andere Weise wohl kaum dem KZ entgangen wäre. Ähnliche »Rehabilitationsprogramme« empfahl Himmler (Himmler, 1974, S. 93f.). Trotz dieser überlieferten Hilfestellungen für Homosexuelle gab es im Institut auch ein der herrschenden Ideologie konformes Verhalten: der Koch des Instituts mußte gehen, als seine Homosexualität bekannt wurde.

Ebenso bezeugt der Bericht von der Psychotherapeutin Frau M. Stark, daß für Göring die Loyalität gegenüber dem Regime – aus welchen Gründen auch immer – im Vordergrund stand. Sie hatte einen Jugendlichen mit einer Verwahrlosungssymptomatik in Behandlung. Während des Krieges begann der Junge Gewehre zu sammeln. Frau Stark gelang es, ihn dazu zu bewegen, sie ihr anzuvertrauen. Sie versprach ihm, sie ihm wiederzugeben, sobald er 18 Jahre alt sein werde. Da sie selber in ihrem Haus Juden versteckt hielt, wollte sie es nicht riskieren, die Gewehrsammlung bei sich zu behalten. Sie übergab die Gewehre Göring. Wegen eines relativ harmlosen Deliktes wurde der Jugendliche vor Gericht gestellt. Zu der Gerichtsverhandlung brachte Göring, der zu dem Fall angehört wurde, die gesamte Gewehrsammlung des Jungen mit. Damit war das mühsam entstandene therapeutische Bündnis zwischen dem Jungen und seiner Therapeutin zerstört. Frau Kalau vom Hofe, die ihn begutachten mußte, stellte eine so schwerwiegende Diagnose, daß der Junge zu einer langjährigen Strafe verurteilt wurde. Durch eine Revision konnte das Strafmaß auf ein Jahr reduziert werden. Der Junge kam schließlich nach Hadamar. Frau Stark gelang es nur mit Hilfe aus Diplomatenkreisen, den Jungen vor der Vernichtung zu bewahren und ihn da herauszuholen; er war aber bereits mit Tuberkelbakterien infiziert und starb 1947.[12]

Von einigen Prominenten ist bekannt, daß sie psychotherapeutische Hilfe aufsuchten. (Von vielen wußte man, daß sie es nötig gehabt hätten – Hitler war in den letzten Kriegsjahren amphetaminabhängig; von H. Göring wurde gesagt, daß er Morphium benötige; Ley war schwerer Alkoholiker usw.) Hess war Anfang der 30er Jahre Heyers Patient gewesen. Nach Unstimmigkeiten brach er die Behandlung ab. Frau Hantel hatte im Sanatorium von Zabel bei Berchtesgaden mit Martin Bormann einige Gespräche geführt (von denen sie den Eindruck hatte, daß sie abgehört wurden). (Cocks, 1975, S. 290). Cocks' Hinweis, daß auch A. Speer in Behandlung gewesen sei, wurde von Speer selbst nicht bestätigt.[13] Im Herbst 1944 wurde im Institut angefragt, ob jemand bereit sei, die Frau von R. Freisler[14], die unter Depressionen litt, zu behandeln. Keiner der Therapeuten wollte sich auf dieses schwierige Unternehmen einlassen; die Frage erübrigte sich, da Freisler und seine Frau bei einem Bombenangriff getötet wurden (Cocks, 1975, S. 291f.). Zur Behandlung kam auch mal eine Sekretärin vom »Braunen Haus«, verschiedene Frauen von SS-Leuten und Soldaten, die mit Magengeschwüren auf den Fronteinsatz reagierten, oder Soldaten, die an Massenerschießungen teilgenommen hatten und sich weigerten, wieder zu ›funktionieren‹

(z. B. zu sprechen oder weiter Erschießungen vorzunehmen). Einer habe sich, trotz therapeutischer Bemühungen, schließlich doch das Leben genommen.

Sowohl Frau Erna Göring als auch M. H. Görings Sohn Ernst gingen zu Psychoanalytikern in Analyse. Unter dem Einfluß einer Lehranalyse bei Kemper soll Frau Göring sich zunehmend beeindruckt durch die Analyse gezeigt haben und sei sogar zu ihrer Fürsprecherin geworden. Ernst Göring wollte nach seiner Lehranalyse bei Seif in München Erfahrungen mit der klassischen Psychoanalyse machen und ging zu Müller-Braunschweig. Zunächst sei sein Vater nicht damit einverstanden gewesen, da Müller-Braunschweig ja keine Lehranalysen durchführen durfte. Da Ernst Göring darauf hinweisen konnte, daß er seine Lehranalyse bereits hinter sich hatte, wurde es toleriert.[15]

Während des Krieges wuchs die Angst und veränderte das Bild der psychischen Störungen in spezifischer Weise. Präzisen Aufschluß über die Situation an der Front geben die tagebuchartig abgefaßten Vierteljahresberichte der Heerespsychiater an die Abteilung der Beratenden Psychiater der Militärärztlichen Akademie in Berlin. Die Behandlung von Kriegszitterern (meist durch Elektroschocks), Unterscheidung von Simulation (die mit dem Tode bestraft wurde) und Kriegstauglichkeit, Fälle von »Wehrkraftzersetzung«, psychische Dämmerzustände in Verbindung mit Infektionskrankheiten, das Auftreten von Depressionen und Psychosen sowie die Abklärung der verschiedensten neurologischen Symptomatik füllen ihre akribischen und so erschütternden Berichte.

Die Front war in rund 20 Wehrkreise eingeteilt. Auf diese Wehrkreise verteilten sich 231 Psychiater. Sie hatten die »Kriegsbrauchbarkeit« zu beurteilen (siehe Übersicht vom 1. 4. 1944; M. A., H. 20/490).

Bei Beginn des Krieges schienen somatisierte psychische Beschwerden im Vordergrund gestanden zu haben. Psychisch labile Menschen, »die irgendwelche körperliche Beschwerden stark übertreiben und überwerten, um ein seelisches Versagen mit angeblicher körperlicher Erkrankung zu tarnen«, sollten möglichst kurz in Lazaretten behalten werden, da psychogene körperliche Beschwerden sich verankern könnten und nicht selten zum völligen Versagen des Mannes führten und für die Kranken der Umgebung einen bedenklichen »Infektionsherd« bilden könnten (Hamann, Heeressanitätsinspekteur, 5. 5. 1939; M. A., H. 20/501). Aus Empfehlungen zur »seelischen Gesunderhaltung der Truppe« (geheim!) vom 18. 4. 1942 erfährt man, daß die Wartezeiten vor dem Gefecht als besonders belastend empfunden wurden. Obwohl es nicht immer ganz leicht sei, einen Schwerkranken von einem Simulanten zu unterscheiden und eine Abklärung darüber nur aus enger Zusammenarbeit zwischen Kompaniechef und Kameraden möglich sei, solle der Truppenarzt einerseits die Beschwerden des Betreffenden nicht versuchen abzustreiten, ihm andererseits aber »unter Appell an sein Ehrgefühl und seine Kameradschaftlichkeit und unter Hinweis auf den höheren Sinn seiner Pflichten« dazu veranlassen, seine Beschwerden zu ertragen. Auf keinen Fall solle ein Abtransport in die Heimat in Aussicht gestellt werden. Dem Arzt wurde eine väterliche Rolle empfohlen: auf der Grundlage von Vertrauen zu seinem Kranken habe er ihn nicht nur gemäß seiner wissenschaftlichen Kenntnisse zu behandeln, sondern müsse ihn zur »Erhaltung des kämpferischen Geistes« erziehen. So sollten Simulanten ernsthaft auf das »Verwerfliche« ihrer Handlungsweise aufmerksam gemacht werden und nur Schwachsinnige und Psychopathen, die eine besonders schwere Belastung für die Kampftruppe bildeten, da sie doch in entscheidenden Situationen versagten, entfernt werden (M. A., H. 20/500).

Ende 1943 wurde allgemein eine Zunahme psychogener Erkrankungen an der Front festgestellt. Sie machten in Kottbus (Reservelazarett Neubabelsberg) die Einrichtung einer eigenen Station erforderlich, in der vor allem Elektroschocktherapie betrieben wurde (M. A., 1.7.43, Stabsarzt Thiele, H. 20/500).

Die Truppenärzte waren im 2. Weltkrieg gut über psychogene und hysterische Störungen informiert. Daher könnten sie mit »erforderlicher Sicherheit und Bestimmtheit, und wenn nötig, mit der angebrachten Härte« reagieren. Das wäre immer noch das beste Mittel, »um dem Aufkommen solcher unerwünschten Störungen von vornehrein wirksam zu begegnen und eine Atmosphäre zu schaffen, die ihre Ausbreitung verhindert« (M. A., 1.7.43, Stabsarzt Thiele, H. 20/500).

Auch Prof. Dr. von Kogerer (der die Wiener Zweigstelle des Deutschen Instituts leitete) berichtete, hier als Oberstabsarzt (Krakau, 20.1.44), daß in seinem Wehrkreis die »sogenannten psychogenen Reaktionen« sich häuften und, obwohl sie im Verhältnis zu »asthenischen Reaktionen nach Erschöpfungen, Schreckerlebnissen, schweren körperlichen Erkrankungen und dergleichen« noch seltener vorkommen, die Frage ihrer Behandlung immer mehr an Bedeutung gewinne. Seine ausführlichen Erörterungen der Freudschen Psychoanalyse zeigen, welche große Bedeutung ihr trotz der verschwindend kleinen Zahl der Analytiker beigemessen wurde:

»Ich habe die psychoanalytische Therapie der Freudschen Schule immer hartnäckig und unerbittlich bekämpft, und zwar aus äußeren und inneren Gründen. Unter den äußeren Gründen verstehe ich den ungeheuren Aufwand an Zeit und Arbeit, der dort nicht gerechtfertigt erscheint, wo ein einfacheres kürzeres Verfahren zum Ziel führen kann. Zu den inneren Gründen gehört vor allem, daß die psychoanalytische Therapie fast immer auf für uns unzutreffende Voraussetzungen aufgebaut ist. Wenn aber wirklich einmal unbefriedigte kindliche Sexualwünsche als Ursache einer seelischen Entwicklungsstörung gefunden werden, so ist es völlig abwegig, von einer nachträglichen, wenn auch nur sublimierten Befriedigung dieser Wünsche, eine Behebung der Störung zu erwarten. Daß die psychoanalytische Therapie für uns auch heute noch eine, wenn auch nur historische Bedeutung hat, geht daraus hervor, daß alle sogenannten tiefenpsychologischen Behandlungsmethoden sich von ihr herleiten. Diese Feststellung steht keineswegs im Widerspruch mit der von M. H. Göring vertretenen Anschauung, daß die Tiefenpsychologie als Geisteswissenschaft keine Neuschöpfung Freuds ist, sondern auf frühere Forscher wie Leibniz, Nietzsche u. a. zurückgeht. Auch in der heute geübten Form kann jedoch die tiefenpsychologische Therapie nicht Methode der Wahl sein, sondern ist in ihrer Anwendung an eine besonders sorgfältige Indikationsstellung geknüpft. Für kriegsärztliche Zwecke kommt sie überhaupt kaum in Betracht, einerseits wegen des noch immer erforderlichen Zeitaufwandes, andererseits wegen der geringeren Zahl der über eine entsprechende Ausbildung verfügenden Sanitätsoffiziere. Es sind vielmehr die psychogenen Reaktionen bei Kriegsteilnehmern in erster Linie Anwendungsgebiet für eine Kombination aus suggestiven und psychologischen Methoden, die ich ja, wie aus meinen einschlägigen Arbeiten hervorgeht, überhaupt immer bevorzugt habe. Psychotherapie vermag niemals Krankheiten zu heilen, sondern nur fehlerhafte Haltungen zu korrigieren, sowohl bei Gesunden als auch bei Kranken. Bei letzteren ist sie daher nötigenfalls mit einer entsprechenden somatischen Behandlung zu kombinieren. Für diesen Zweck erweist sich die von mir vertretene Hypothese von der primären Suggestibilität der vegetativen Zentren des Zwischenhirns als fruchtbar. Suggestion ist aber immer nur Symptombehandlung. Aus diesem Grundsatz ergeben sich sowohl die Gesichtspunkte für ihre Anwendung als auch ihre Grenzen. Die Notwendigkeit, diese Suggestion mit erzieherischer Beeinflussung zu verbinden, ergibt sich um so mehr, je stärker der psychogene Mechanismus im Vordergrund steht. Das ist bei jeder suggestiven Behandlung zu beherzigen. Ob die von der Klinik Pohlisch und dem Reservelazarett Ensen empfohlene Behandlung mit starken galvanischen Strömen dieser Forderung gerecht wird, ist mir ebensowenig genau bekannt wie, ob sie im Rahmen der oben gezeigten Grenzen symptomatisch mehr zu leisten vermag als andere suggestive Methoden. ... Wenn überhaupt, so sind solche Methoden am ehesten noch bei den hysterischen Reaktionen unwilliger Störer am Platze, wobei freilich von vornherein auf die seelische Umstimmung des Mannes verzichtet wird. Bei den psychogenen Reaktionen asthenischer Versager sowie Gesunder, deren Toleranzgrenze durch Überbelastung überschritten wurde, erweisen sich zweifelsohne solche Behandlungsverfahren als besser, die dem jeweiligen körperlichen und seelischen Zustand des Mannes sorgfältig angepaßt sind, und dort, wo Suggestion angezeigt ist, diese dem Kranken gegenüber offen eingestanden und begründet wird. Daß sich hierfür die Wachsuggestionsübungen nach J. H. Schultz (auch autosuggestives Training genannt) am besten eignen, ist feststehende Erfahrung. ...« (M. A., H. 20/501).

»Kriegszitterer« psychotherapeutisch zu behandeln, wurde von den Heerespsychiatern in der Regel abgelehnt. Besonders katastrophal sei es, sie psychoanalytisch »anzugehen« (Wuth/Bumke, 23.2.42, Bumke/Wuth, 27.2.42; Wuth/Bumke, 3.3.42; M. A., H. 20/480). Am ehesten wurde noch erwogen, sie mit Suggestion oder Hypnose von »der psychotherapeutischen Gruppe J. H. Schultz usw.« behandeln zu lassen.

».... von denen ich aber nicht weiß, ob sie nicht solche Fälle auch analytisch angehen, was, wie Sie richtig sagen, katastrophal wäre, zumal sie auch noch mit den ›Psychologen‹ zusammenarbeiten. Als Beispiel darf ich erwähnen, daß die ›Psychologen‹ die Selbstmorde beim Militär als ihre Domäne betrachten und sagen, daß sie früher psychiatrisches Gebiet gewesen ist. Sie behaupten, früher habe man diese alle als Melancholie bezeichnet und jetzt hätten Bumke und Kraepelin den milderen Ausdruck der Depression gewählt –, ›den Selbstmorden unter Soldaten liegen meist Kindheitserlebnisse zugrunde‹ und ähnlichen Unsinn mehr« (Wuth/Bumke; 3.3.42, M. A., H. 20/480).

Suggestivbehandlung erwies sich nicht immer als wirksam, deshalb wurde »Faradisation und Galvanisation« durchgeführt. »Es brauchten nur in einem Teil der Fälle wirklich hohe und dann schmerzhafte Ströme angewandt zu werden. Die Behandlung führte in allen Fällen ohne jede Ausnahme zum vollen Erfolg, da die Fälle vorher kritisch ausgewählt waren« (Reservelazarett Ensen an Abteilung Beratende Psychiater, 11.4.42; M. A., H. 20/480).

Aus dem Kriegstagebuch von Oberstabsarzt Dr. von Baeyer, Beratender Psychiater bei Armeearzt 16, liest sich die Kasuistik eines »Kriegsschüttelers« folgendermaßen:

»Ein 39jähriger Oberschlesier wird gebracht, vor sich hinstarrend, kaum ansprechbar, mit den Armen heftig schüttelnd, gelegentlich auch mit dem Kopf und mit dem ganzen Körper wackelnd. In theatralischer Weise erklärt er immer wieder stereotyp, daß seine Frau ermordet worden sei und daß er den Mörder suchen wollte. Wenn der Arzt laut spricht, legt er den Finger an den Mund und sagt: ›Pst, die Mörder hören es!‹ Ich lasse ihn eine Nacht auf der zur Zeit ausschließlich mit Letten belegten Irrenabteilung. Aber der Anblick der Katatonen bleibt ohne Einfluß. Am nächsten Tag verabfolge ich ihm einige kräftige faradische Stromstöße in die Armplexusgegend und quer durch den Kopf. Der Mann hört in wenigen Minuten das Zittern auf, sieht verdutzt um sich, fragt, wo er sei, und benimmt sich von Stund an vollkommen korrekt und geordnet, entpuppt sich als freundlicher, gar nicht psychopathisch wirkender Mensch, Bahnbeamter, der nie etwas Ähnliches gehabt hat. Er erzählt von einem Granateinschlag in der Nähe. Danach habe er noch die Erde von sich abgeschüttelt und einen Splitter aufgehoben, dann das Bewußtsein bis zu seinem jetzigen Erwachen verloren. ...« (Von einer Ermordung der Frau war keine Rede mehr) (20.–30. 9. 44, M. A., H. 20/500).

Es gab noch brutalere Methoden der »Heilung«. »Hysteriker« sollten dadurch mit Erfolg geheilt worden sein, daß sie nackt ausgezogen wurden und von dem Arzt mit einem nassen Handtuch solange geschlagen wurden, bis sie ihre hysterosomatischen Störungen aufgegeben hätten (Wilke/Wuth, 11. 4. u. 23. 9. 43; M. A., H. 20/500).

»Prügelmethoden stellen eine Mißhandlung dar und werden kriegsgerichtlich verfolgt. Es ist auch nicht zweckmäßig, im übertragenen Sinne das Wort zu gebrauchen, wenn es sich darum handeln soll, ärztliche Maßnahmen zu bezeichnen. Wir wollen es unter allen Umständen vermeiden, bei der Behandlung von psychogenen und hysterischen Störungen disziplinare und moralisierende Tendenzen hineinzumengen. Durch den Gebrauch derartiger Bezeichnungen, wie es Oberarzt W. tut, können wir nur bei den anderen Disziplinen und, was das schlimmste ist, bei den Patienten in schwersten Mißkredit kommen. Das würde der Sache aber sehr abträglich sein« (Wuth/Wilke; M. A., H. 20/500).

Liest man den Passus genau, so muß man feststellen, daß Wuth sich lediglich gegen die Bezeichnung »Prügelmethode«, mit der Wilke die brutale Tortur bezeichnet hatte, wandte und offenließ, wie er selbst zu dieser Art der »Behandlung« stand.

Eine »seelische Seuche« stellten Selbstmordversuche durch Schnittverletzungen dar. Wuth entwickelte Vorschläge zu ihrer Bekämpfung. Besonders bedauerte er, keine Bestrafung dieser Täter – die in England »als dem sittlichen Volksempfinden widersprechend und als staatsfeindliche Handlung unter Strafe« gestellt seien – straffrei ausgehen sollten. Denn schließlich habe der Staat auf ihre Wehrfähigkeit Anspruch, und deshalb sei es widersinnig, die Beschädigung von Dienstgegenständen zu bestrafen – nicht aber eine Selbstbeschädigung der eigenen Person (M. A., H. 20/492). Einer Diskussionsbemerkung entnimmt man allerdings von Oberfeldarzt Prof. Dr. Villinger, daß reine Simulation selten nachweisbar sei[16] (M. A., H. 20/468). Wer sich

»dem Einsatz durch erschlichene Krankheitszeichen zu entziehen versucht, muß als wehrunwillig gebrandmarkt und gegebenenfalls bestraft werden ... trifft der zur Neurose Neigende auf eine geschlossene Einheitsfront bei den Ärzten und dem Truppenteil (und gegebenenfalls den Gerichten), so wird es gar nicht zur Ausbildung von Neurosen kommen, oder die Neurose läßt sich leicht und dauernd beseitigen ... Da, wo Simulation bzw. mangelnder Wille nachweislich ist, ... soll wegen Zersetzung der Wehrkraft ein Tatbericht von Truppenteilen ... eingereicht und die Bestrafung erwirkt werden« (Villinger, Erfahrungsbericht vom 14.4.44, M. A., H. 20/500).

Auf »Wehrkraftzersetzung« stand Erschießung.

»Der 25jährige Unteroffizier M. erklärte eines Tages seinen Vorgesetzten, er wolle nicht mehr gegen die Russen kämpfen, da er sonst auf seinen Vater und auf seine Brüder schießen müßte. Er sei der uneheliche Sohn eines russischen Kriegsgefangenen aus dem vorigen Weltkrieg und wisse dies schon lange aus dem Gerede des Heimatortes und aus dem Spitznamen ›der Russ‹, den er in der Schule gehabt habe. Die Gemeinde gab auf Anfrage eine verneinende Auskunft. Die Idee, von einem Russen abzustammen, schien zunächst auf dem Wege eines Beziehungswahnes zustandegekommen zu sein. M. machte aber über die Art des Geredes und über seinen Spitznamen so präzise und realistische Angaben, daß man der Sache die Möglichkeit eines realen Hintergrundes zubilligen mußte. Außerdem sah er so mongoloid aus, daß auch von dieser Seite her seine Behauptung nicht ganz unwahrscheinlich war. Verwunderlich blieb nur, daß er mit der für ihn und seine Familie nicht gerade ehrenvollen Abstammung plötzlich hervortrat und Konsequenzen daraus ziehen wollte.

Einblick in seine Charakterstruktur eröffnete dafür das Verständnis. Er war eine autistische, kühle Natur mit einseitigem, geradezu leidenschaftlichem technischen Interesse bei sonst mäßiger intellektueller Begabung, und seit vielen Jahren ein hartnäckiger und unbeirrbarer Perpetuum Mobile-Konstrukteur. In der Hauptverhandlung gab er zu, daß nicht nur seine Abstammungsidee, sondern auch der Wunsch, wieder an seinem Perpetuum Mobile arbeiten zu können, ihn dazu veranlaßt hätte, um seine Entlassung in die Heimat zu bitten. Eine Schizophrenie war abzulehnen und ich habe auch in diesem Falle die Voraussetzungen des § 51 verneint« (M. A., Baeyer, 8.10.44, S. 54, Nr. 2, 20/500).

Baeyer plädierte für »mildernde Umstände«. Es muß offen bleiben, was für einen als zurechnungsfähig erklärten »Zersetzungstäter«, der mit der Todesstrafe rechnen mußte, »mildernde Umstände« bedeuteten.

Aus der Fülle der erschütternden Berichte der psychiatrischen Gutachter beim Heer, soll hier nur, exemplarisch, ein Tagebuchauszug wiedergegeben werden. Diese Tagebücher mußten für die Berliner Zentrale der »Beratenden Psychiater« beim »Heeressanitätsinspekteur« erstellt werden. Auf eine Auswahl aus dem Material wurde verzichtet, um etwas von dem »Alltag« wiederzugeben, in dem Ungeheuerliches und Banales absolut nivelliert nebeneinander standen, ohne daß, zumindest gefühlsmäßig, Akzente gesetzt wurden:

»9.12.44   Abgabe des Gutachtens über den Grenadier K., bei dem es sich um einen im Rückfall fahnenflüchtigen Schwachsinnigen mit leichten parkinsonistischen Zügen handelt; § 51,1 bejaht.

10.12.44   Arbeit auf Nervenstation und Ambulanz.

11.12.44   Vortrag auf dem HVPl. eines Korps über stumpfe Hirnverletzungen in Gegenwart des Armeearztes. Auf dem Rückweg Besuch eines anderen HVPl.

12.12.44   Vortrag im A. Feldlazarett Talsen vor Truppenärzten über neurologische Fragen im Felde.

13.12.44   Auf die Nervenstation kommt auf meine Bitte der Chefchirurg und sieht den wegen Simulation zum Tode verurteilten Unteroffizier K.[17] an. Bei diesem bestehen gewisse Gefäßstörungen an den Beinen, die auf eine alte Erfrierung zurückgehen, aber zweifellos stark übertrieben werden.
Auf der Station befindet sich jetzt ein Leutnant M., Theologe und ehemaliger Angehöriger der anthroposophisch gerichteten Christengemeinschaft. Er kommt mit Beziehungsideen, glaubt aus allen möglichen Anzeichen zu erschließen, daß ihm von höherer Seite seine militärische Unfähigkeit klargemacht und sein Konflikt mit dem Vater vor Augen geführt werden sollte. M. scheint einsichtig zu sein, klagt aber darüber, daß ihm solche Ideen zwangsartig immer von neuem kämen. Er wirkt nicht eigentlich schizophren, man gewinnt guten Kontakt mit ihm, keine Denkstörung und sonstigen sicheren schiziphrenen Symptome. Eine abnorme paranoide Entwicklung ist möglich.
Abgabe des Gutachtens über Kanonier N., schwachsinniger Stotterer, der beschuldigt wird, sich bei einem Regimentsstab, bei dem er sich als Versprengter aufhielt, nicht gemeldet zu haben; § 51,1 bejaht.

14.12.44   Ich fahre mit dem beratenden Chirurgen auf den HVPl. eines Korps und halte dort einen Vortrag vor Truppenärzten und den Ärzten der San.-Einheiten über Simulation und Aggravation.

15.12.44 Fahrt nach Pastende, wo ich auf der chirurgischen Abteilung eine Pneumokokkenmeningitis bei einem Oberschenkelverwundeten und eine teilweise Rückenmarksläsion sehe. Verabschiedung des beratenden Chirurgen OFA. Prof. B.

16.12.44 Abgabe des Gutachtens über den Gefreiten F. einen explosiblen Psychopathen, der in leichter Trunkenheit seinen Hauptmann bedroht hat. Zurechnungsfähig.

17.12.44 Fahrt nach Talsen in das dortige Zivilkrankenhaus, wo sich eine 50jährige, der Wehrmacht angehörige lettische Schwester befindet. Schwester O. leidet an einer Rückbildungsmelancholie und hat einen Suicidversuch gemacht. Sie kann im Krankenhaus nicht beobachtet und behandelt werden, muß nach Deutschland abtransportiert werden.

18.12.44 Fahrt nach Pastende, wo ich vor den Truppenärzten spreche, 1) über Polyneuritis und Neuritis, 2) über forensisch-psychiatrische Fragen.
Am gleichen Tage Abgabe des Gutachtens über den Obergefreiten K., der wegen Feigheit zum Tode verurteilt wurde. K. ist ein vegetativ labiler Mann mit konstitutionell erhöhter Angstbereitschaft; Zurechnungsfähigkeit bejaht, aber Milderungsgründe.

19.12.44 In Nervenambulanz und Abteilung Dienst gemacht, Gutachtenfälle untersucht.

20.12.44 Gutachten F. fertiggemacht. F. ist wegen Zersetzung der Wehrkraft durch staatsfeindliche Äußerungen angeklagt, OT-Mann, Südtiroler, explosibler stimmungslabiler Psychopath; Zurechnungsfähigkeit bejaht, aber Milderungsgründe.

21.12.44 Dienst auf der Nervenabteilung und in der Ambulanz, die stark zugenommen hat. Abnorme Reaktionen sind etwas häufiger geworden, wir hatten einige Fälle von psychogener Stummheit bzw. Taubheit zu therapieren. In einigen Fällen stand ein mätzchenhaftes Benehmen nach Schreckerlebnissen im Vordergrund.

22.12.44 Auf der Station befindet sich ein Hauptmann W., 49 Jahre alt, der offenbar ziemlich plötzlich an Kopfschmerzen, Schlafsucht, doppelseitiger Ptose erkrankt ist. Die Encephalographie ergibt einwandfrei einen Tumor des rechten Schläfenlappens. Abtransportiert in ein Heimatlazarett.

23.12.44	Von der Augenstation werden zur ambulanten Untersuchung zwei Fälle von Botulismus geschickt, die bei ein und derselben Kompanie nach Genuß von geräuchertem Schinkenspeck vorkamen. Der eine Kranke hat erhebliche Oculomotoriusstörung, eine beträchtliche Schluckparese, auffallend trockenen Mund, braune, borkig belegte Zunge. Beim anderen Fall sind die Erscheinungen wesentlich geringer ausgeprägt, neben geringen Oculomotoriusstörungen nur eine leicht näselnde Sprache. Beide hatten einige Stunden nach Genuß des Speckes Durchfall und Erbrechen. Fernmündliche Meldung an Armeearzt.
24. bis 26.12.44	Dienst auf der Nervenabteilung. Ich habe die Offiziersfälle und die gerichtlichen Gutachten übernommen. Es befinden sich jetzt zwei Offiziere mit älterer Ischiadicusverletzung auf der Abteilung, die unter dem Einfluß der Witterung akute neuritisch-neuralgische Erscheinungen bekamen.
27.12.44	In einem Offizierszimmer befindet sich der erwähnte Anthroposophische Theologe Leutnant M., der wegen Beziehungsideen eingeliefert wurde, und ein Ass. Arzt D., der zur forensischen Beurteilung wegen eines Zusammenstoßes mit seinem Div. Arzt und Verweigerung dienstlicher Befehle hier ist. D., ein verschrobener Mann, der immer schon durch unmotiviertes Lachen und ironisch-scherzhafte Behandlung seiner eigenen Angelegenheit auffiel, äußert jetzt plötzlich auch Beziehungsideen, fühlt sich durch Leutnant M. in unserem Auftrag beobachtet und bezieht auch andere harmlose Äußerungen und Vorfälle auf sich in dem Sinne, daß man ihn irritieren wolle, um seine Zurechnungsfähigkeit festzustellen. M. wiederum ist der Ansicht, daß D. da sei, um ihn zu beobachten. In einer Beziehungsidee gingen sie ganz konform: Eine russische Schwester erschien im Offizierszimmer und machte dort einige derbe Scherze, über die gelacht wurde. M. kam daraufhin zu mir, um mir zu erzählen, daß er den Eindruck hatte, daß die Schwester von den Ärzten seinetwegen heraufgeschickt worden sei, um zu prüfen, wie er darauf reagierte. Später stellte sich heraus, daß D. zuerst auf diese Idee gekommen war und M. sie von ihm übernommen hatte. In beiden Fällen besteht starker Schizophrenieverdacht, obwohl die psychotischen Erscheinungen bei beiden über derartige Beziehungssetzungen bisher kaum hinausgehen und beide ein äußerlich geordnetes Verhalten zeigen. Es

dürfte sich um das handeln, was ich einmal unter dem Begriff des ›konformen Wahnes‹ beschrieben habe, d. h. wechselseitige Beeinflussung zwischen zwei Schizophrenen im Gegensatz zum gewöhnlichen induzierten Irresein mit nur einem psychotischen Partner. Es wurde zuerst angenommen, daß D. vielleicht durch M. induziert worden sei. Eine genaue Befragung des D. ergab aber, daß er schon vor dem Erscheinen M.s Eigenbeziehungen hatte, nur noch nicht davon sprach. So glaubte er, daß die Besichtigung durch einen Oberstarzt nur Theater war, um ihn zu reizen, und daß der Oberstarzt gar kein richtiger Oberstarzt gewesen sei, sondern eine falsche Uniform getragen habe. M. und D. steckten übrigens immer zusammen und sprachen sich über ihre Erlebnisse aus.

28.12.44 Fahrt mit dem Beratenden Chirurgen, Stabsarzt Prof. B. zu den HVPlätzen des VI. SS-Korps. Rücksprache mit dem Korpsarzt und Div.-Arzt einer lettischen Division. Übernachtung auf einem HVPl.

29.12.44 Rückfahrt auf die KrSSt. Grenzi, wo ich die Nerven-Durchgänge der letzten Zeit an Hand der Bücher feststelle, nichts Bemerkenswertes. Nachmittags Ankunft im Quartier. Ich übernehme die Station von St. A. Dr. B., der zu einer Vertretung vom Heeresgruppenarzt nach Libau kommandiert worden ist.

30.12.44 Abgabe des Gutachten D.: Schizophrenieverdacht, chronisch rezidivierender Darmkatarrh. Nicht zurechnungsfähig, Verlegung in ein Heimatlazarett vorgeschlagen. D., der äußerlich ganz geordnet ist, wird zur Erledigung des Gerichtsverfahrens morgen zur Truppe zurückgeschickt. Leutnant M. wurde unter Schizophrenieverdacht mit Laz.-Zug verlegt, hat seine Beziehungsideen nicht aufgegeben. Wirkte neuerdings wieder innerlich erregt und verschlossen.

31.12.44 Dienst auf der Nervenabteilung und Ambulanz.«
(M. A. von Baeyer, H. 20/500)

Walter, Ritter von Baeyer war bereits als Junge von der Psychiatrie fasziniert. Seinen Entschluß, Medizin zu studieren, schrieb er dem Einfluß seines Elternhauses zu (sein Vater war Professor für Orthopädie). »Neugierde nach dem Außergewöhnlichen, ein Vergnügen am Phantastischen und Absurden, eine geheime Intimität mit dem Abseitigen« bildeten den Kern von Baeyers Neigung. In der Konfrontation mit der Realität psychischen Leidens in den Kliniken sei ein gewisser Selbstheilungsprozeß in Gang gekommen, durch den er die Psychiatrie in erster Linie als ärztlich-soziales Betätigungsfeld verstehen gelernt habe. In der Heidelberger Klinik begann Baeyer seine psychiatrische Laufbahn als Medizinalpraktikant (1927/28), wurde von 1929 bis 1933 Assistent und leitete die Klinik schließlich als Nachfolger Kurt Schneiders. Durch die Psychoanalyse angeregt, wandte sich Baeyer stärker von der Heidelberger Schule mit ihrem Dogma der Endogenität ab. Homburger brachte ihm Kinder- und Jugendpsychiatrie nahe, in Försters Klinik absolvierte er ein neurologisches Ausbildungsjahr. Da die Baeyers einen jüdischen Hintergrund hatten (die Familie väterlicherseits war jüdischen Ursprungs, um die Jahrhundertwende christianisiert und assimiliert), verlor Baeyers Vater 1933 seine Professur und zwei seiner Geschwister und seine Verwandten mußten auswandern. Baeyers Klinikchef Wilmanns kam in Untersuchungshaft, da er Hitler als Hysteriker bezeichnet hatte. Baeyer arbeitete als Stipendiat am Erb- und Familienbiologischen Institut der Deutschen Forschungsanstalt für Psychiatrie in München über die genealogische Erforschung der pathologischen Schwindler und Lügner. Obwohl die Arbeit keine Erfolge im Sinne des Erbgesundheitsgesetzes brachte, setzte sich Rüdin für Baeyers Habilitation ein. Durch Eintritt in die Reichswehr versuchte Baeyer sich, der durch die Ermordung Dollfuß' bedrohlicher gewordenen Lage zu entziehen. Auch in der Wehrmacht sei er schikaniert worden, die Beförderung zum Offizier und seine Verheiratung sollten verhindert werden und zuletzt seine Weiterbeschäftigung als Beratender Armeepsychiater.

Zweimal habe der NS-Studentenbund seine Habilitation verhindert. Obwohl er benachteiligt worden sei, sei er aber gewiß kein Verfolgter des Naziregimes gewesen. Beschämt habe ihn der Zwang zur Anpassung, die er nur mit der Hoffnung auf den Zusammenbruch der »Schandherrschaft« ertragen konnte. Baeyer bekennt sich dazu, daß er den Eintritt in die Armee nicht als bloße Flucht aufgefaßt habe, sondern er habe sich der militärischen Lebensform, »dem Prinzip von Befehlen und Gehorsam auch innerlich verbunden gefühlt«. Nach dem Krieg erlangte Baeyer die Habilitation (über Fleckfieber-Konfabulosen) in Erlangen und gilt als einer der Mitbegründer der Sozialpsychiatrie in Deutschland (Pongratz, 1977, S. 9–34).

Hinter diesen autobiographischen Anmerkungen scheint sich ein nachdenklicher und empfindsamer Mann zu verbergen, dessen Bild nicht zu dem Eindruck paßt, den man aus seinen Kriegstagebüchern gewinnen könnte. Als Psychiater stand er am Anfang seiner Laufbahn. Seine erste bedeutende Publikation galt dem konformen Wahn.[18] Dementsprechend richtete er auch seine besondere Aufmerksamkeit auf den Theologen M. und den Assistenzarzt D. Vielleicht war es Baeyer nur möglich, alles andere zu ertragen, indem er sich auf einen Bereich konzentrierte, der in besonderer Weise seinem Interesse entsprach. Aus seinem etwas übertriebenen psychiatrischen Jargon, der in seiner akribischen Kasuistik kaum zu übertreffen ist, läßt sich nicht feststellen, ob Baeyer hier ein geschicktes Tarnmanöver vornimmt oder als naiver Psychiater auftritt. Sein jeweiliges Plädoyer für mildernde Umstände läßt zumindest hoffen, daß er mit den Methoden seines Fachs versuchte, Verurteilten zu helfen.

Angesichts dieser erschütternden Dokumente, bei denen auf jeder 2. Seite die Begutachtung von zum Tode verurteilten »Simulanten« oder »Wehrkraftzersetzern« die Rede ist, erübrigt sich jeder Kommentar. Erst durch diesen Kontrast läßt sich die Bedeutung von Kempers Einschätzung der Arbeit der Poliklinik des Instituts ermessen. Denn: wie sahen die therapeutischen Möglichkeiten des Reichsinstituts aus. Eine ganze Reihe von leitenden Militär-Klinikern war am Reichsinstitut ausgebildet worden. So war es möglich, durch ein Hin- und Herüberweisen von erkrankten oder simulierenden Soldaten sie vor erneutem Fronteinsatz zu bewahren. Es wurden sich widersprechende Diagnosen gestellt oder liegengelassen, bis der Fall in Vergessenheit geriet (Cocks, 1985, S. 213). Kemper sah in der Poliklinik eine »Insel in der Insel« und konnte selbst der an ihn gestellten Forderung, Parteimitglied zu werden, ausweichen (Kemper, 1973, S. 292). Die Behandlungen in der Poliklinik konnten nach psychoanalytisch geprägten psychotherapeutischen Grundsätzen geführt werden.

6.3. Zur Frage der nichtärztlichen Psychotherapeuten

»Dr. Theo Reik, einer meiner best ausgebildeten nichtärztlichen Schüler teilt mir mit, daß ihm vom Wiener Magistrat mit Verfügung vom 24. Februar 1925 die Ausübung der psychoanalytischen Praxis untersagt wurde«, so schrieb Freud am 8.3.1925 an den Wiener Anatom, Prof. Julius Tandler, sozialdemokratischer Stadtrat für das Gesundheitswesen, in Wien. Tandler war auch sein »imaginärer unparteiischer« Gesprächspartner, demgegenüber Freud seine Position zur Frage der Laienanalyse (1926/1972) erläuterte.

Der Prozeß gegen Reik ist auf einem sehr vielschichtigen Hintergrund zu sehen: zum einen ist er wohl nur ein Element der ständigen Behinderung der Entwicklung der Psychoanalyse – z. B. bei der Genehmigung des Wiener Ambulatoriums, das erst im Juli 1922 (der Antrag war bereits im Juli 1920 gestellt worden) von den Behörden der Stadt Wien die Arbeitsgenehmigung erhielt, und zwar unter der Voraussetzung, daß keine nichtärztlichen Psychotherapeuten am Ambulatorium tätig sein dürften –, zum anderen hatte Reik gerade im Februar 1925 eine Vorlesungsreihe der

Wiener Psychoanalytischen Vereinigung zum Thema »Geständniszwang und Strafbedürfnis« veröffentlicht. Es ist nicht auszuschließen, daß die Anwendung der Psychoanalyse auf gesellschaftliche Institutionen eine bedrohliche Wirkung gehabt hat. Das Verfahren gegen Reik wurde eingestellt (Jones, 1962, S. 161). Trotzdem hatte es Reik so viele Schwierigkeiten gemacht, daß er seine psychoanalytische Praxis von Wien nach Berlin verlegen mußte.

Die Diskussion war ins Rollen gebracht, und Freud begann am 26. 6. 1926, seine »Laienanalyse« zu verfassen. Obwohl der Auslöser der Prozeß um Reik war, zeigte sich in der Aktualität der Frage[1], daß die Psychoanalyse an gesellschaftlicher Bedeutung gewann, so daß ein etablierter Stand (hier die Ärzteschaft) das Privileg, analytische Behandlungen durchführen zu dürfen, für sich beanspruchte. Man könnte hier ein Zeichen für eine zunehmende Professionalisierung der Psychoanalyse sehen. Freud nutzte die Gelegenheit, die Besonderheit der analytischen Behandlung im Gegensatz zu ärztlichen Heilverfahren herauszuarbeiten. »Kurpfuscher« könne auch derjenige Arzt sein, der eine analytische Behandlung ausübe, ohne sie gelernt zu haben und ohne sie zu verstehen. Selbst Ärzte, die in bester Absicht handelten, verhielten sich als »gute Ärzte«, ihrer medizinischen Ausbildung entsprechend, genauso, wie es von dem Analytiker nicht erwartet werde. Sogar die Psychiater versuchten, seelische Probleme auf körperliche Bedingungen zu reduzieren, um sie dann wie andere Krankheitsanlässe behandeln zu können (Freud 1926/1972, S. 263). Im übrigen gehe man bei der Behandlung von Nervenkranken kein großes Risiko ein (im Gegensatz zu einer Augenoperation zum Beispiel, deren Erfolg unmittelbar danach sichtbar werde), da sich gewisse biologische Abläufe (z. B. bei der Frau Menstruation, Heirat, Menopause) einstellten, die das Resultat einer Behandlung zusätzlich verändern könnten. Deshalb falle es oft schwer, Laien-Ärzten Fehler nachzuweisen oder sie dazu zu veranlassen, selbstkritisch ihre Fehler zu erkennen. Die organische Abklärung eines Falles sollte allerdings dem Arzt nach wie vor vorbehalten bleiben, und da in der psychoanalytischen Gesellschaft guter Kontakt zwischen ärztlichen und nichtärztlichen Mitgliedern bestehe, seien auch keine Bedenken dagegen zu erheben, wenn nach der Abklärung der Diagnose ein nichtärztlicher Therapeut die Behandlung übernehme. Selbst wenn sich während der Behandlung somatische Störungen einstellen sollten, empfehle es sich, auch für den ärztlichen Analytiker nicht, eine körperliche Behandlung selber zu übernehmen. Auch er selber würde den Patienten zur organischen Abklärung seines Leidens zu einem Fachmann, zum Beispiel zu einem Internisten, schicken. Das Medizinstudium sah Freud eher als Umweg an, der nicht so recht begründet erscheint. Ebensowenig könne man Laien dazu zwingen, Medizin zu studieren, wie Ärzte dazu zu bewegen, Analyse zu lernen (ibid., S. 282). Der Gebrauch der Analyse zur Therapie der Neurose sei eine mögliche Anwendung neben der Tiefenpsychologie als Wissenschaft, die die Lösung von Problemen, die große gesellschaftliche Institutionen wie Kunst, Religion und die verschiedenen Gesellschaftsordnungen aufgeben, anstreben. Im Verhältnis zu diesen Fragen sei die Medizin relativ unwichtig. »Ich will nur verhütet wissen, daß die Therapie die Wissenschaft erschlägt« (ibid., S. 291). Freud wehrte sich also gegen die Instrumentalisierung der Psychoanalyse zum Mittel der reinen Therapie. In ihrer helfenden Funktion könne sie große Bedeutung für Pädagogik und Sozialarbeit bekommen. Optimistisch beendete Freud seine Ausführungen: die Frage der Laienanalyse sei lediglich von lokaler Bedeutung. Die innere Entwicklungsmöglichkeit der Psychoanalyse dagegen sei durch Verordnungen und Verbote nicht zu beeinträchtigen.[2]

Im Gegensatz zu den Ländern, in denen das Heilen Ärzten vorbehalten war, also keine Kurierfreiheit bestand (Österreich, USA), war die Frage in Deutschland, wo es traditionellerweise nichtärztliche Heilpraktiker gab[3], nicht in diesem Maße brisant. Zur Kurierfreiheit schrieb Eitingon an einen Herrn Becher, einen Schriftsteller:

»Praktizieren kann in Deutschland, solange die Kurierfreiheit besteht, jeder, auf seine Verantwortung hin, unter entsprechenden Bedingungen, über welche sie der nächste Kreisarzt aufklären kann. Die Deutsche Psychoanalytische Gesellschaft hält es aber, aufgrund vorliegender, jahrzehntelanger Erfahrungen, für ausgeschlossen, daß man durch Selbststudium sich in die Lage versetzen kann, das so komplizierte Verfahren der psychoanalytischen Therapie sachgemäß auszuüben. Die Psychoanalytiker müssen, nach entsprechender Vorbildung, eine mehrjährige Ausbildung absolvieren« (24.7.1933).

Um die Kurierfreiheit bangte man bereits 1930, und Eitingon riet einem anfragenden rumänischen Arzt, der allerdings noch keine Approbation besaß, daß er sich nicht darauf verlassen könne, daß die Kurierfreiheit auch bestehen bleibe (Eitingon/Brummer, 6.5.1930, S. 44).

Als junge Wissenschaft, die sich in ihrer Bewegtheit auch der nationalsozialistischen »Volksbewegung« verbunden fühlte, war die Deutsche Gesellschaft für Psychotherapie darum bemüht, Wurzeln zu schlagen, sich zu etablieren. Ihren Anspruch, eine umfassende, alle Lebensbereiche durchdringende Bewegung zu sein, konnte sie allerdings nur mit der breiten Gefolgschaft der Nichtärzte aufrechterhalten.

In dem ursprünglichen Entwurf der Statuten der Deutschen allgem. ärztlichen Gesellschaft für Psychotherapie, der von Cimbal stammte, war die Mitgliedschaft sehr weit gefaßt: demnach konnten Mitglieder approbierte Ärzte werden und »qualifizierte Arztgehilfen«, letztere auf »Empfehlung von zwei Arztmitgliedern«. Kollektivmitglieder könnten neben

Ärztevereinigungen auch »Vereine, denen sowohl Ärzte wie qualifizierte Arztgehilfen angehören und Vereinigungen qualifizierter Arztgehilfen, letztere auf Empfehlung von zwei Ärztevereinigungen«, werden; diese Passage wurde gestrichen. Es muß offenbleiben, auf wessen Veranlassung das geschah – denn Göring zeigte sich nicht abgeneigt, auch nichtärztliche Psychotherapeuten aufzunehmen (nach Absprache mit dem Reichsärzteführer; Göring an Cimbal, 17.12.33 und 12.3.34). Und auch Jung äußerte Göring gegenüber, daß es z. B. für eine seiner Assistentinnen, die Nichtärztin sei, eine nichtgerechtfertigte Härte sei, von der Mitgliedschaft nur eingeschränkt Gebrauch machen zu dürfen (Göring/Cimbal, 29.10.33). Jung wollte sich allerdings nicht für eine ganz »unabhängige Laienanalyse« einsetzen. Er habe hier einen mittleren Standpunkt (Jung/Brüel, 19.3.34). Laienassistenten könnten Ärzten oft sehr nützliche Arbeit leisten. Die nichtärztliche psychotherapeutische Bewegung könne besonders gut unter ärztlicher Kontrolle bleiben, wenn den nichtärztlichen Psychologen ein bestimmter Studiengang und ein bestimmtes Verhältnis zum Arzt vorgeschrieben würde. Verschlösse sich der Arzt von vornherein der psychologischen Laienbewegung, so werde sie nicht unterdrückt, sondern würde sich im Gegenteil verselbständigen. Er empfahl deshalb, die Kompetenzen reinlich zu scheiden »und die so nötige ärztliche Kontrolle über die Arbeit der nichtärztlichen Psychologen« zu ermöglichen. Andererseits befürchtete er, daß die in Deutschland vorherrschende Kontrolle über die nichtärztliche psychotherapeutische Tätigkeit sich entwickeln könne wie die Bekämpfung der Geschlechtskrankheiten: »Unsichtbarmachung der Prostitution verhindert die Infektion keinesfalls« (Jung/Bänziger, 26.11.34; Jaffé, 1974, S. 232f.).

Im Deutschen Institut für psychologische Forschung und Psychotherapie durften auch nichtärztliche Psychotherapeuten Mitglieder sein. Nur am »Deutschen Institut« konnten sie ihre Ausbildung absolvieren. Zum Ausbildungsgang schrieb Göring: Psychotherapeuten, die nicht Ärzte sind, müßten ein zweijähriges Studium, in dessen Mittelpunkt die eigene Lehrbehandlung (Lehranalyse) steht, abschließen. Dann würden sie vom Reichsinnenministerium als »Behandelnde Psychologen« zugelassen. Im Unterschied dazu würden die »Beratenden Psychologen« nur ein Jahr ausgebildet und weiterhin in ihrem Beruf tätig bleiben. Dazu gehörten auch die Psychotechniker.

Nach wie vor solle »trotz gegenteiliger Strömungen aus dem psychiatrischen Lager unbedingt an der eigenen Behandlung, Lehrbehandlung, Lehranalyse« festgehalten werden. Akademiker und Nichtakademiker wurden zur Ausbildung zugelassen. »Bei den Nicht-Ärzten machen wir zu Beginn darauf aufmerksam, daß am Schluß der Behandlung unter Umständen nur ein Zeugnis ausgestellt wird, in dem die Behandlungserlaubnis beschränkt ist.« Da Psychotherapie eine »heilende Arbeit an unseren

Mitmenschen« sei, sei es nicht möglich, daß Nicht-Ärzte ohne eine ärztliche Organisation psychotherapeutisch tätig würden. Lange Unterredungen mit Herrn Dr. Hörmann (Leiter der Deutschen Gesellschaft zur Bekämpfung der Mißstände im Gesundheitswesen) hätten dazu geführt, die Nicht-Ärzte nicht den Heilpraktikern[4] anzuschließen, sondern sie in einer eigenen Sparte beim Amt für Volksgesundheit der DAF zusammenzufassen. Außerdem seien Nicht-Ärzte dazu verpflichtet, Patienten nur dann zu behandeln, wenn ein Arzt festgestellt habe, daß keine organische Krankheit vorliege. Das heiße natürlich nicht, daß der Patient vor der ersten Unterredung zum Arzt geschickt werden müsse. Der Zeitpunkt könne sich bei der Aufnahme der Anamnese von selbst ergeben. Bei Patienten, die über die Poliklinik vermittelt würden, sei eine körperliche Untersuchung Routine. Sie werde von Boehm, Göring und I. H. Schultz durchgeführt. In Zweifelsfällen werde der Patient an die erste medizinische Universitätsklinik der Charité (Leiter Prof. Dr. de Crinis) oder an das Institut für Konstitutionsforschung der Universität (Leiter Prof. Dr. Jaensch) oder an die Nerven- und Psychiatrische Universitätspoliklinik der Charité (Leiter Geh. med. Rat Prof. Dr. Bonhoeffer) überwiesen (Z. f. P., 1938, H. 4/5, S. 202–205). Die Behandlungserlaubnis und Organisation der nichtärztlichen Psychotherapeuten stieß auf erhebliche Widerstände:

»Vor einigen Tagen war ich bei der Berliner Ärztekammer, da mir March[5] gesagt hatte, P. g. Quandt habe sich ihm gegenüber darüber aufgehalten, daß wir Laienbehandler hätten ... Die Herren stehen auf dem Standpunkt, daß unsere Laienbehandler nicht den Masseuren und Hebammen gleichzustellen seien, da der Arzt die Behandlung der Masseure und Hebammen kontrollieren kann, die der psychotherapeutischen Laienbehandler aber nicht, da er von dieser Behandlungsweise nichts versteht. Sie sind der Ansicht, daß mit der offiziellen Zulassung der Laienbehandler das von der obersten Instanz aufgestellte Prinzip durchbrochen wird. Die Herren haben mich gebeten, ihnen die Berufsordnung, das Protokoll der Gründungssitzung, die Satzung des Instituts und eine Aufstellung zu senden, aus der ersichtlich ist: 1. Zahl der Ärzte, einschließlich Medizinstudenten, 2. Zahl der Laienpsychotherapeuten, die hauptberuflich nicht Psychotherapeuten sind, also Lehrer, Kindergärtnerinnen usw., gegen die die Herren nichts einzuwenden haben, 3. die Zahl der hauptberuflichen Psychotherapeuten, getrennt nach Akademikern und Nicht-Akademikern ... Gegen das Vorgehen der Berliner Ärztekammer habe ich ein formales und ein sachliches Bedenken. Ich bin der Ansicht, daß ein Gau sich den Anordnungen der vorgesetzten Stellen zu fügen hat; natürlich kann er diese Bedenken vortragen. Es geht aber nicht, daß die Gaustelle auf eigene Faust handelt[6]: Sachlich kann ich die Ansicht der Herren des Gaues Berlin auch nicht teilen. Wenn Sie behaupten, daß der

Arzt die Psychotherapie nicht kontrollieren könne, so haben Sie recht. Sie dürfen aber nicht sagen, daß dadurch eine Behandlungsweise, die für unser Volk unbedingt notwendig ist, ausscheiden muß; praktisch würde dies aber in vielen Städten noch der Fall sein, da wir nicht genug ärztliche Psychotherapeuten haben; es wäre uns beispielsweise in Berlin unmöglich, unsere poliklinischen Patienten zu versorgen, wenn wir die Laienpsychotherapeuten nicht einsetzen könnten. Die Hauptfrage ist: soll man eines Prinzips wegen die Volksgesundheit schädigen? ... Ich will mich nicht darüber auslassen, ob es überhaupt zweckmäßig ist, Laienpsychotherapeuten, die eine sehr gründliche psychotherapeutische und philosophische Ausbildung haben, als Behandelnde Psychologen zuzulassen. Sie wissen ja, daß ich für die Psychotherapeuten ein eigenes Studium haben möchte, verstehe aber auch durchaus Ihre Einstellung, die an sich gegen neue Studien ist. Eines ist aber sicher: solange wir nicht genügend Ärzte haben, die regelrecht Psychotherapie treiben können, brauchen wir noch Laienbehandler; wir können eines Prinzips wegen unsere Volksgenossen nicht sitzen lassen; weiter: die alten Laienbehandler, die wir zugelassen haben, können wir auch später nicht auf die Straße setzen; wir können nur mit der Zulassung von Nicht-Ärzten zur Ausbildung aufhören, sobald wir genügend Ärzte haben. P. g. Quandt sagte mir, in Berlin seien 60 psychotherapeutisch tätige Ärzte, einschließlich Juden. Nehmen wir an, daß unter diesen 20 Juden sind, so bleiben 40 übrig. Wir haben nicht so viele Ärzte in Berlin; wer für Psychotherapie liquidieren kann, entscheidet anscheinend P. g. Quandt, also ein Arzt, der selber behauptet hat, die Ärzte könnten die Laienpsychotherapeuten nicht kontrollieren, da sie von dieser Behandlungsweise nichts verstehen. Ich nehme an, daß P. g. Quandt nach dem Gesichtspunkt die Auswahl trifft: wer beim Liquidieren von psychotherapeutischen Sitzungen nach verhältnismäßig kurzer Zeit Erfolge hat, z. B. bei Anwendung von Hypnose, ist Psychotherapeut.

Mir scheint, wir sollten den Streit über die Frage der nichtärztlichen Psychotherapeuten ruhen lassen, bis wir genügend Ärzte ausgebildet haben. Das wird aber nur möglich sein, wenn wir endlich auch die Psyche in den Lehrplan der Mediziner einbeziehen. Solange die Ärzteschaft dieses beim Reichserziehungsministerium nicht erreichen kann, muß sie sich damit abfinden, daß wir auch geeignete Nicht-Ärzte ausbilden« (Göring/ Wirz, 28. 5. 1938).

Görings Position ist klar geworden: sein eigentliches Ziel ist die Schaffung eines neuen Studienganges für Psychotherapie innerhalb des Medizinstudiums. Mit dieser Forderung hoffte er wohl, die Ärztekammer unter Druck setzen zu können, um der Psychotherapie endlich eine institutionelle Basis an den Hochschulen zu schaffen. Am 8. 8. 1938 berichtete

Göring Wirz wiederum von einer Sitzung mit Herren der Ärztekammer Berlin/Brandenburg.

»›Die Behandelnden Psychologen‹[7] werden nicht mehr als Gehilfen des Arztes, sondern als Heilpraktiker bezeichnet. Sie gelten als solche für uns Ärzte, obwohl sie das Heilpraktikerexamen nicht gemacht haben. Statt dieses Examens genügt die Anerkennung unseres Instituts. Auf diese Heilpraktiker/Psychologen findet § 23 der Ärztlichen Berufsordnung keine Anwendung, das heißt, die Ärzte, die mit diesen zusammenarbeiten, werden nicht zur Rechenschaft gezogen. Es ist zu erwarten, daß in dem neuen Gesetz, welches die Kurierfreiheit aufheben wird, die Heilpraktiker/Psychologen, die von unserem Institut anerkannt sind, als Heilpraktiker zugelassen werden; ferner daß auch nach diesem Gesetz einer Zusammenarbeit zwischen diesen und den Ärzten nichts im Wege steht. Das Deutsche Institut wird nur noch in Ausnahmefällen für eine kurze Übergangszeit Nicht-Ärzte zu Heilpraktikern/Psychologen ausbilden. Die Ärztekammer Berlin/Brandenburg wird dafür Sorge tragen, daß junge Ärzte sich dem Beruf der Psychotherapeuten zuwenden. Die Vorlesungen, die an unserem Institut gehalten werden, werden vom nächsten Sommersemester an stärker dem Bedarf der Ärzte, die Psychotherapeuten werden wollen, Rechnung tragen. Aus dieser Zusammenfassung ergibt sich, daß die Dozenten an unserem Institut, die Nicht-Ärzte sind, für die nicht-pathologischen Gebiete innerhalb des Seelischen verwendet werden. Sie würden später dazu berufen sein, an Universitäten die Vorlesungen über Psychologie in den vorklinischen Semestern zu übernehmen. Während die Ärzte psychotherapeutische Vorlesungen und Seminare über Psychotherapie abhalten würden.«

Göring setzt sich also nicht ausdrücklich für nichtärztliche Psychotherapeuten ein, sondern für eine Stärkung der ärztlichen Psychotherapeuten; er war sogar bereit, auf nichtärztliche Psychotherapeuten bei der Neurosenbehandlung zu verzichten. Bei der Abfassung des Gesetzes gegen die Kurierfreiheit, das als »Gesetz gegen Kurpfuscherei« bezeichnet wurde, sollten die Psychotherapeuten in besonderer Weise berücksichtigt werden. Deshalb empfahl Wirz Göring (3.9.38), ein Memorandum an die mit der Abfassung des Gesetzes betrauten Stellen zu übersenden. Er meinte, daß die in Berlin vereinbarte »Zwischenlösung« (also daß mit einem Nachwachsen der ärztlichen Psychotherapeuten auf die nichtärztlichen verzichtet werden könne) vom ganzen Reich in dieser Form übernommen werden könne. Rein pragmatische, standespolitische Ziele sind hier vorrangig, inhaltliche Begründungen bleiben ausgespart.

Die Nicht-Ärzte waren allerdings keineswegs eine so kleine Gruppe: der Tätigkeitsbericht der Deutschen Landesgruppe von 1937 weist aus, daß ihr insgesamt 125 ordentliche (außerdem 3 fördernde) Mitglieder angehörten, daß von diesen 128 Mitgliedern 60 Ärzte, 25 andere Akademiker und 43 Nicht-Akademiker waren. Das Verhältnis von Ärzten zu Nicht-Ärzten war also ungefähr gleich (60:68), mit einem Übergewicht der Nicht-Ärzte. Außerdem gab es 42 Ausbildungskandidaten, von denen nur 16 Ärzte waren, 10 andere Akademiker und 10 Nicht-Akademiker. Hier wird eine Tendenz erkennbar zur Ausbildung von vorwiegend nichtärztlichen Psychotherapeuten. Da die nichtärztlichen Psychotherapeuten ganz offensichtlich einen nicht zu vernachlässigenden Machtfaktor darstellten, blieb das Vorgehen Görings, vor allem durch die Berliner Ärztekammer forciert, nicht unwidersprochen: so äußerte Herzog seine größten Bedenken, die er auch im Verwaltungsrat des Deutschen Instituts zur Sprache brachte (Herzog/Göring, 11.8.38). Der Plan, nichtärztliche Psychotherapeuten den Heilpraktikern einzugliedern, stieß bei den nichtärztlichen Psychotherapeuten »überall auf schärfste Ablehnung«.

»Ich glaube auch, daß es uns nicht zugemutet werden kann, mit diesen, teilweise etwas dunklen Existenzen, in einen Topf geworfen zu werden. Abgesehen von der Schädigung, die den nichtärztlichen Psychotherapeuten dadurch entstehen würde, würde meines Erachtens die Psychotherapie überhaupt wie ihre Gegner und für einen Teil des Publikums etwas von dem Geruch der eben nur geduldeten Heilpraktiker annehmen, die andererseits gerade deshalb es weitgehend ablehnen würden, mit uns zusammenzuarbeiten, weil sie das Gefühl haben würden, daß die Zusammenarbeit mit uns und Anerkennung von *einer* Gruppe der ›Heilpraktiker‹ allzuleicht den Anspruch auch der anderen Gruppen auf Anerkennung und Zusammenarbeit nach sich ziehen könnte. (Selbst wenn für unsere Gruppe die Zusammenarbeit als ausdrückliche Ausnahme bewilligt oder gar geboten würde!) – Ich betrachte es als einen erfreulichen Fortschritt, daß wir uns bisher quasi freiwillig verpflichtet haben, weitestgehend von unserer Seite mit Ärzten zusammenzuarbeiten und diese zu möglichst freizügigen Anfangsuntersuchungen wie bei körperlichen Erscheinungen heranzuziehen. Diesen Fortschritt sollte man nicht wieder aufs Spiel setzen durch eine so fragwürdige Regelung. – Sollte es denn nicht möglich sein, bei der im Anfang des Jahres geplanten Regelung – Behandelnde Psychologen als Sondersparte der DAF zu verbleiben? Dies war nicht ideal, aber doch erträglich und ausbaufähig. Sollte sich das als ganz unmöglich erweisen, so würde ich vorschlagen, daß wir die Eingliederung der nichtärztlichen Psychotherapeuten vorläufig überhaupt ganz zurückstellen und versuchen, den Herrn R. Ä. F. (Reichsärzteführer) dadurch vorläufig zufriedenzustellen, daß wir betonen, daß die Voraussetzung für praktische Arbeit aller Psychotherapeuten die Anerkennung durch das Institut (das heißt Mitgliedschaft) ist und daß das Institut eine möglichst genaue ›Aufsicht‹ über seine Mitglieder ausübt« (Herzog/Göring, 11.8.38).

Das Heilpraktikergesetz führte zu einer Beunruhigung der »Behandelnden Psychologen«, da die Verwaltungsbehörden von ihnen Unterlagen über ihre Legitimation verlangten. Nach seiner Unterredung mit Ministerialrat Dr. Linden empfahl Göring, einheitlich mit folgendem Text zu antworten:

»Aufgrund des Heilpraktikergesetzes vom 17.2.39 habe ich mich vor dem 1. April vorsorglich als ›Behandelnder Psychologe‹ gemeldet. Inzwischen hat laut Auskunft des ›Deutschen Instituts für psychologische Forschung und Psychotherapie‹ in Berlin das Reichsinnenministerium dahingehend Stellung genommen, daß die Behandelnden Psychologen als Hilfskräfte in der Gesundheitspflege vom 28.9.38 anzusehen seien und damit nicht unter die Bestimmungen des Heilpraktikergesetzes vom 17.2.1939 fallen. Ich bitte daher, meine vorsorgliche Meldung als nicht abgegeben zu betrachten« (20.3.39, 2.5.39 – Rundschreiben –).

Zur Klärung dieser berufsständischen Fragen fand am 13.5.39 eine Sondersitzung der Behandelnden Psychologen statt. Hier wurde Übereinstimmung darüber erzielt, daß man das Reichsinnenministerium dazu bewegen möge, die Behandelnden Psychologen nicht in den Heilpraktikerstand einzugliedern (siehe auch Göring/Herzog, 13.9.38).

Das wesentlichste, dagegen sprechende Argument sei, daß damit jede Möglichkeit der Schaffung eines nichtärztlichen Nachwuchses eliminiert werde. Die Vertreter des Reichsinnenministeriums stellten sich bei der Verhandlung vom 26.5.1939 auf den Standpunkt, daß die Behandelnden Psychologen als Hilfskräfte in der Gesundheitspflege einzusetzen seien, da sie ihre berufliche Tätigkeit nur auf ärztliche Anweisung hin ausübten. Die Anerkennung dieser Position im Sinne des Gesetzes zur Ordnung der Krankenpflege vom 28.9.1938 habe zur Voraussetzung, daß von seiten des Reichsinnenministeriums noch Bestimmungen über die Berufsausübung, Ausbildung, Ausbildungsstätten usw. getroffen werden müßten. Weiterhin sollten die Behandelnden Psychologen Behandlungen nur auf Weisung eines Arztes bzw. mit dessen Einverständnis durchführen.[8]

Um die Zusammenarbeit zwischen Ärzten und Psychologen zu erleichtern, richtete Göring ein Rundschreiben an alle ärztlichen Mitglieder (4.11.41) mit der Bitte um Übersendung von Adressen derjenigen Ärzte, die besonders geeignet seien für die praktische Zusammenarbeit.

Als Angehörige eines Heilberufes hatten die Behandelnden Psychologen erhebliche Vorteile: So mußten sie, nach Absprache zwischen dem Reichsgesundheitsführer und dem Reichsarbeitsminister, keinen Arbeitsdienst leisten. Falls sie doch von den Arbeitsämtern angefordert werden sollten, genüge eine Mitteilung an das Institut, um eine Freistellung zu erwirken (Rundschreiben Göring, undatiert).

Nachdem die Neuregelung der Ausbildung von Fachpsychologen vorgenommen worden war, wurde die Bezeichnung »Beratender Psychologe« vom »Deutschen Institut« aufgegeben. Den Ausbildungskandidaten wurde zugesichert, daß sie, nach erfolgreich beendeter Ausbildung als ›außerordentliche Mitglieder‹ in das Institut aufgenommen würden. Für die bisher ausgebildeten Beratenden Psychologen gelte, daß diese Bezeichnung nicht den Charakter eines Titels oder einer Berufsbezeichnung habe und nicht zu Werbezwecken zu verwenden sei (Rundschreiben, undatiert). Von den Psychiatern wurde eine engagierte Kampagne gegen die Etablierung der Psychotherapie geführt. Sie empfanden es als »Einbruch« in das Arbeitsgebiet des Psychiaters.

»Ich sehe in der gesamten geisteswissenschaftlichen Psychologie eine Gefahr für die Medizin, eine neue Art von seelischem Heilpraktikertum. Wenn ich nicht in der Wehrmacht wäre und es keine Wehrmachtspsychologie gäbe, so würde ich sicherlich zur Wahrung der medizinischen Belange in der Münchner Medizinischen Wochenschrift diesen Angriff abwehren. Vielleicht haben Sie die Freundlichkeit, mir Ihre Ansicht mitzuteilen, ob Sie nicht Lust haben, dazu Stellung zu nehmen« (Wuth, Beratender Heerespsychiater/Prof. Dr. Gorule, 5.8.41, M. A.; H. 20/827).

Wuth teilte Geheimrat Prof. Bumke seine Sorgen darüber mit, daß die Psychologen, deren Diplomprüfungsordnung ein vierwöchentliches Praktikum in einer psychiatrischen Klinik vorsehe, sich dieses Arbeitsgebiet begännen anzueignen.

»De Crinis und ich haben uns geweigert, für Laien klinische Psychiatrie mit Krankenvorstellungen zu halten. Es erscheint auch untragbar, sie in den Kliniken zu haben. Auch Rüdin soll Kroh eine Absage erteilt haben. Ich habe ihn auf die Gefahr für die deutsche Psychiatrie eindringlichst aufmerksam gemacht, die darin besteht, daß einerseits die Psychologen, andererseits die Psychotherapeuten das ganze Gebiet der Psychotherapie, ›Neurosen‹ usw. für sich beanspruchen und daß die Geisteskranken unter die Euthanasie fallen. Um den Nachwuchs wird es schlecht bestellt sein, wenn das Gebiet so beschnitten wird[9], und das wäre namentlich in soziologischer und forensischer Hinsicht eine Katastrophe, deren Vorboten wir schon zu spüren bekommen. Wie ich höre, sollen die Psychologen, da wir nicht für sie lesen, nach Marburg zu Kretschmer abgewandert sein. Offenbar haben viele noch nicht erfaßt, um was es hier geht« (Wuth/Bumke, 23.2.42, M. A. 20/480).

Bumke antwortete darauf, daß er sich nicht für befugt gehalten habe, angehende Diplompsychologen, denen vom Reichserziehungsminister vorgeschrieben worden sei, die Veranstaltungen zu besuchen, zurückzuweisen. Unter keinen Umständen würde er ihnen allerdings eine praktische Tätigkeit an der Klinik erlauben können. Da de Crinis, der gleichzeitig Referent im Reichserziehungsministerium sei, Psychologen ebenfalls zurückgewiesen habe[10], wolle er bei ihm für eine einheitliche Regelung plädieren. Er meint, kaum betonen zu müssen, daß er von der Einrichtung von Diplompsychologen nichts halte (Bumke/Wuth, 27.2.1942, M.A., H. 20/480).

Die Diskussion um die nichtärztlichen Psychotherapeuten wurde nach dem Krieg von beiden Parteien fortgesetzt. Die Argumente paßten sich den veränderten politischen Bedingungen an. Die Kontroverse blieb bis heute.

6.4. Die Auseinandersetzung mit der Deutschen Gesellschaft für Neurologie und Psychiatrie

Als »allgemeine ärztliche« Gesellschaft setzte sich die Deutsche Gesellschaft für Psychotherapie deutlich von den Psychiatern und Neurologen ab unter Betonung des allgemeinen, umfassenden Verständnisses von Psychotherapie als psychischer Hygiene. Rüdin, in seiner Funktion als Vorsitzender der Gesellschaft Deutscher Neurologen und Psychiater sollte angeblich vom Reichsinnenministerium den Auftrag erhalten haben, die ärztliche Gesellschaft für Psychotherapie in Deutschland aufzulösen. Rüdin habe das abgelehnt. Er wünschte allerdings, daß der Vorsitzende der neuen Gesellschaft auch im Vorstand des Vereins für Psychiatrie sein solle. Da sich Göring und Rüdin seit 25 Jahren kannten, erleichterte das die Verhandlungen (Gö/Ci, 1.10.1933). Um eine Ankoppelung nachhaltig zu vermeiden und eine autonome Entwicklung der psychotherapeutischen Bewegung zu gewährleisten, empfahl Cimbal die Ausarbeitung einer Denkschrift, die den wichtigsten Ministern geschickt werden solle, um klar aufzuzeigen, daß sich hier eine neue Richtung zu etablieren versuche, die sich darum bemühe, so rasch wie möglich »den Ideen des Führers dienen« zu dürfen (Ci/Gö, 19.10.33; siehe auch Gö/Heyer, 19.11.33). Während Cimbal hier als erfahrener berufspolitischer Funktionär in Erscheinung tritt, spricht aus Heyers Schreiben vom 18.10.1933 an Göring die Überzeugungskraft des engagierten Pioniers:

»Die Eingliederung der Psychotherapie in die Psychiatrie wäre meines Erachtens nicht nur das Ende der psychotherapeutischen Organisation, sondern auch eine innere Sinnlosigkeit und Unehrlichkeit. Unsere selbständige psychotherapeutische Gesellschaft ist gegründet worden im ausgesprochenen Kampf gegen die Universitätspsychiatrie. An der Einstellung der Majorität der Universitätspsychiater, die zu diesem Protest führte, hat sich seit dem nichts entscheidend geändert. Das läßt sich jederzeit belegen. Dieser Kampf galt und gilt nicht den äußeren Erscheinungen, nur – daß die exakte Psychotherapie an den Instituten kaum vertreten wird; daß Dozenten wie Bumke und Hoche sie im Gegenteil ohne Sachkenntnis, aber mit Affekt schmähen und diskreditieren –, sondern dahinter steht noch ein wesentlicherer Gegensatz. Die Psychotherapie und die – richtig verstandene – Analyse sind im Gegensatz zur Universitätspsychiatrie deshalb, weil diese eine rein materialistische Welt- und Naturanschauung zu haben und zu vertreten pflegt ... Es wäre eine lohnende Aufgabe, einmal zu zeigen, *wie* sehr die alte Psychiatrie genau die Mentalität hat, welche die idealistische Welle und Welt des Nationalsozialismus bekämpft! Freud und Adler gehören nicht so sehr auf den Scheiterhaufen als vielmehr die Bücher der Gehirnmythologen; derer, die heute wie eh noch vertreten, daß Seele »Chemie« sei; und daß es kein unbewußtes Seelenleben gäbe. Da sitzen die wahren Talmudisten, die Zöllner und Schriftgelehrten in alttestamentarischer Jehova-Tyrannei und verderben die schönsten Blüten und Träume des deutschen Ingeniums. Gegen diese kaltschnäuzige, zynische und rationalistisch-intellektuelle Welt des psychiatrischen Bonzen hat sich die Psychotherapeutische Gesellschaft s. Zt. gegründet. Wenn sie jetzt in irgendeiner Form in den sterilen Schoß der psychiatrischen Organisationen zurückkehren sollte, wäre das Selbstkastration ...

Wenn man tatsächlich in großer Verkennung der Bedeutung der Psychotherapie diese in die Psychiatrie einschalten wird, vernichtet man nicht nur den Wert, die Bedeutung, welchen die Psychotherapie für die gesamte rückständige Medizin als ›Keimzelle‹ (Weizsäcker) haben könnte; man wird meines bestimmten Erwartens auch einen Schlag ins Leere tun. Denn ich bin überzeugt, daß eine große Zahl von Psychotherapeuten sich dann nicht den Psychiatern anschließen wird, sondern dahin abwandern wird, wohin man dann schließlich noch eher gehört: zu den biologisch arbeitenden Gruppen. Ich jedenfalls würde das als ehrlicher und fruchtbarer bei weitem vorziehen. Nachdem gerade jüngst der ärztliche Führer, Kollege Wagner, diese biologisch arbeitenden Ärzte zu sammeln beginnt, wäre dazu im Rahmen der nationalsozialistischen Organisationsarbeit die beste Gelegenheit geboten.«

Jung unterstützte Heyers Argumentation. Er sah eine »Katastrophe« darin, wenn sich die Psychotherapie in Deutschland der Psychiatrie unterordnen würde. Die Psychiater hätten die Psychotherapie bisher nur unterdrückt, nie gefördert oder sich für sie interessiert. Prinzipiell verstehe der Psychiater nichts von Psychotherapie, weil er sie nie ausüben müsse.

»Man könnte daher mit ebenso gutem Recht die Innere Medizin der Chirurgie unterstellen.« Jung drohte sogar damit, daß er von seinem Posten zurücktreten würde, wenn die deutsche Psychotherapie der Psychiatrie angeschlossen würde und dadurch ihre Selbständigkeit verlöre. »Ich müßte dies schon tun zum Zeichen des Protestes meinem eigenen Lande gegenüber, denn ich habe mich hier stets dafür eingesetzt, daß die Psychotherapie von der Neurologie sowohl wie von der Psychiatrie abgetrennt werde« (Jung/Göring, 7.6.1934; Jaffé, 1974, S. 212).

Um seine alten Ressentiments gegen die Neurologen und Psychiater auszutragen, meinte Cimbal[1], wohl zunächst einen neuen Bündnispartner gefunden zu haben.

Hitler habe den Abbau des Irrenwesens und der Verwahrlostenfürsorge in seiner heutigen Form gefordert, und das sei berechtigt, da die Psychiatrie von Kraepelin und Bumke »streng materialistisch orientiert« sei.

»Sie ist ohne demokratisch sentimentale Denkweise nicht denkbar ... Bumke hat sich dann mit Förster zusammengeschlossen, das heißt ins Praktische gesetzt: die Gesellschaft für Nervenärzte und der Verein für Psychiatrie haben zwar unter arischer Leitung, aber mit jüdischer Denkweise die monistische Richtung der beiden Schwesterverbände in allen Kongressen durchgesetzt. In allen Kongressen war die Hirnanatomie im Vordergrund, erhielt unbegrenzten Platz bei Referenten und Vorträgen, und jeder Kliniker oder Therapeut, der sprach, wurde abgedrosselt oder als unwissenschaftlich abgetan, nebenbei mit dem Erfolg der Verödung, die das Schicksal der beiden Gesellschaften geworden ist. An diesem Schicksal kann auch die Neugeburt nichts ändern, die Professor Rüdin und Professor Kretschmer vorhaben. Aber sie können das Werk des Führers unendlich lähmen, indem sie es in falsche Bahnen lenken« (Cimbal/ Göring, 19.10.33).

Kretschmer beabsichtigte die Gründung einer psychotherapeutischen Sektion in der Gesellschaft für Neurologie und Psychiatrie. Gütt und Rüdin entschieden gegen zwei Gesellschaften. Göring wurde dazu beauftragt, Kretschmer, der sich seit der nationalsozialistischen Machtergreifung in Sanatoriumsbehandlung zurückgezogen hatte, davon zu unterrichten, daß er von seinem Plan Abstand nehmen möge (Göring/ Heyer, 19.11.33). Göring sollte zusammen mit Rüdin, als Vorstandsmitglieder des Vereins für Psychiatrie ein »frischeres Leben in den verknöcherten Verein« hereinbringen. Die Agitation begann: Die Adressaten für die »Deutsche Seelenheilkunde« sollten die Mitglieder des Deutschen Vereins für Psychiatrie und die Gesellschaft Deutscher Nervenärzte sein (Förster, Bumke, Nonne) (Ci/Gö, 10.3.34 und Gö/Ci, 19.11.33).

Obwohl die psychotherapeutische Bewegung sich mit der nationalsozialistischen innerlich verbunden fühlte, wurde sie doch nicht Trägerin der nationalsozialistischen Rassengesetzgebung. Hier sah Cimbal die entscheidende Differenz zum NS-Ärztebund, die er auch ungemein offenherzig darlegte:

»Die Denkart des nationalsozialistischen Ärztebundes ist nicht in der Form, sondern im Grundgedanken unserem Denken entgegengesetzt... Sie dürfen nicht vergessen, daß der nationalsozialistische Ärztebund nicht nur die Unterschicht der deutschen Persönlichkeiten, sondern auch die Oberschicht rasieren will, die Unterschicht durch das Sterilisierungsgesetz, der Erbbelasteten, die Oberschicht durch den Kampf gegen die Persönlichkeitsschulung, die analytische Freiheit der führenden Persönlichkeit... Die nationalsozialistische Ärztezeitung schreibt freilich nur von der Beseitigung der Unterschicht, übrigens in zunehmendem Maße mit wissenschaftlich grundlegenden Irrtümern, der Vererbungslehre. Man verwechselt immer wieder die Mendelschen Begriffe der Erbeigenschaften mit dem naturwissenschaftlichen Begriff der Grundeigenschaften. Grundeigenschaften sind aufbaufähig, wenn auch nicht wandlungsfähig.

Erbeigenschaften entwickeln sich folgerichtig in der Richtung des Aufbaus oder der Entartung, ohne einer äußeren Einwirkung irgendwie zu folgen. Der marxistische Materialismus wirkt sich also im Materialismus der Erbgesetze als Erbfatalismus aus und kämpft, weil die Menschen dieses Kreises innerlich alle noch Materialisten sind, gegen die Kultur, die wir zu vertreten versuchen.«

Cimbal erwog, ob es Rüdin gelungen ist, den Führer und Hess davon zu überzeugen, oder ob den Erbtheoretikern nur vorläufig freie Hand gelassen werde, »bis ihre Bewegung sich überstürzt hat...« »Jedenfalls ist die Auswirkung in den peripheren Schichten der Behörden, also bei den Erbgerichten, geradezu verheerend. Alle seelischen Erschütterungen der stark verantwortlichen und schöpferischen Menschen werden von der Sterilisierung bedroht, auch wenn sie schon ein halbes Dutzend prachtvolle Kinder haben, während die Syphilis, die doch die eigentliche Schuld jeder Entartung ist, nach wie vor unberührt und unangetastet bleibt. (Am Rand Ausrufezeichen, Fragezeichen. Der Passus ist wohl von Göring angestrichen.)

»Können Sie nicht vielleicht ermitteln, ob Rüdin Kinder hat? Wenn er keine Kinder hat, hängt das sicher mit seinem System zusammen. Wenigstens ist mir dann klar, warum er die eigentliche Ursache ausläßt und die notwendigen Entwicklungsstörungen der Hochzuchtrassen, speziell gerade der nordischen Hochzuchtrasse, mit der Sterilisierung bedroht. Aber Sie dürfen nicht vergessen, daß der nationalsozialistische Ärztebund dieser Machtlinie bedingungslos folgt«... (Cimbal/Göring, 22.7.34).

Göring hingegen betonte besonders die Verbindung zwischen Psychotherapie und Nationalsozialismus, der er ja seine Position verdankte und konfrontierte die Psychiater[2]: er vermisse einen Vortrag, »der sich mit der sozialistischen Idee unseres Führers befaßt«, die darin bestehe, »Volksgenossen, die in seelische Not geraten sind«, durch die Psychotherapie zu erreichen. »Aber wir ringen und kämpfen, um die sozialistische Idee zu erfassen und damit um die Seele des deutschen Volkes. Schon wegen dieses weltanschaulichen Gegensatzes können wir noch nicht zu ihnen kommen.«[3] Als »Reichsleiter der jungen deutschen psychotherapeutischen Gesellschaft« grüßte er den »92jährigen Verein, der, wie wir auch gestern abend gesehen haben, krampfhaft an seinen alten, ehrwürdigen Traditionen festhält, mit aller Ehrfurcht ... mit dem neuen deutschen Gruß einer jungen vorwärtsstürmenden Bewegung: Heil Hitler!« (Diskussionsbemerkung, unveröffentlicht).

Göring, der hier neue Impulse zu geben versprach, konnte seinen nationalsozialistischen Impetus inhaltlich nicht füllen, da er, und vor allem Cimbal, keine Koalition mit den nationalsozialistischen Rassentheoretikern eingehen wollte.

»Rüdin[4] bekämpft uns deshalb so erbittert, weil die Anerkennung unserer Wissenschaft die Verneinung des Sterilitätsgesetzes in seiner heutigen Form ist. Er müßte sich dann zu einer schärferen Begrenzung auf die sozial Unwertigen bekennen, was er aus politischen Gründen natürlich nicht wagt«. Die Position der Psychotherapeuten sei vergleichbar mit dem fortwährenden Lavieren eines Steuermanns um diverse Klippen: »Die eine Klippe ist die Vorstellung des Führers, er könne mit der Sterilisierung ein wirklich gesundes Volk erzielen, die andere Klippe ist die Notwendigkeit, einen allzu zwiespältigen und verwickelten Kulturzustand im deutschen Volke zu beseitigen, weil nach den gegebenen sozialen Verhältnissen nur ein einfach-gehorsamer und bedürfnisloser Mensch für den Staat der Zukunft verwendbar ist. Die dritte Klippe ist die Tatsache, vor der wir persönlich stehen, daß durch die Sterilisierung zweifellos die Volksentartung nicht im geringsten vermindert werden wird, weil sie ja aus ganz anderen Quellen stammt, und daß wir andererseits ganz genau wissen, daß der deutsche Mensch ohne zwiespältige und innerseelische Kultur ein ziemlich undisziplinierter Zwecks- und Erfolgscharakter wird, genau wie der Jude, der seine Religionskultur verloren hat. All diese Dinge dürfen wir nicht laut sagen und wir wissen nicht, ob wir lange genug am Leben und an der Arbeit bleiben, damit wir eingreifen können, wenn diese Dinge von selbst offensichtlich sein werden. Inzwischen müssen wir so tun, als ob die anderen anerkannt hätten, was wir wissen ...« (Ci/Gö, 4.8.34).

Die Mehrzahl der Psychoneurosen seien anlagemäßig mit den geistigen Erbkrankheiten identisch.

»Der Unterschied liegt nicht im Erbgut, sondern im charaktermäßigen Anteil der Persönlichkeitsentwicklung. Wenn ein vollwertiger Charakter endogene Depressionszustände bekommt, erscheinen sie im Krankheitsbild der Neurasthenie oder der nervösen Ermüdungszustände. Wenn ein Ungeschulter und Unentwickelter denselben Anfall bekommt, kommt er als Manisch-Depressiver in die Anstalt. Der periodische Ablauf in beiden Zuständen ist identisch. Die Wirkung der Krankheit hängt von der Schulung und dem Leistungsvermögen des Gehirns ab« (Ci/Gö, 4.8.34).

Der Druck, zu einer einheitlichen nationalsozialistischen erbbiologischen-rassenpsychologischen-psychotherapeutischen Grundauffassung und einer Vereinheitlichung der verschiedenen Gesellschaften zu gelangen, ging auf dieser politischen Ebene von Wirz aus (Gö/Ci, 24.2.35).

Pfingsten 1935 wurde auf Veranlassung des Reichsärzteführers Wagner die Reichsarbeitsgemeinschaft für eine neue deutsche Heilkunde gegründet, um biologische und naturheilerische Verfahren der Ärzteschaft näherzubringen.[5] Da die in der Reichsarbeitsgemeinschaft zusammengeschlossenen Vereine dem Reichsgesundheitsamt unterstellt wurden und damit die Reichsärzteordnung in Kraft trat, löste Wagner die Reichsarbeitsgemeinschaft (deren Leiter Kötschau gewesen war) auf. Der Reichsverband der Naturärzte und die Deutsche allgemeine ärztliche Gesellschaft für Psychotherapie blieben weiterhin in lockerer Verbundenheit (Z.f.P., 1936, H.5, S.258f.). Im Oktober 1935, im Anschluß an den Breslauer Kongreß, fand eine Unterredung im Reichsinnenministerium statt mit dem Ziel, die Deutsche allgemeine ärztliche Gesellschaft für Psychotherapie der Gesellschaft Deutscher Neurologen und Psychiater einzuordnen, da alle kleinen wissenschaftlichen Gesellschaften großen anzuschließen seien[6] (Z.f.P., 1937, Bd.10, H.1, S.4).

»Auf Veranlassung des Reichsinnenministeriums ging ich nach dem Breslauer Kongreß zu Oberregierungsrat Linden; er unterbreitete mir den Wunsch von Rüdin, daß wir der Gesellschaft für Psychiatrie usw. beitreten möchten; ich erwiderte, daß ich dieses als eine Unehrlichkeit dem Reichsärzteführer gegenüber auffassen würde und ohne ihn nichts tun würde. Im November sprach ich mit Rüdin selbst und erklärte ihm das gleiche... Im Dezember ließ mich der Präsident des Reichsgesundheitsamtes zu sich bitten; ich ging im Januar 1936 hin; er hatte zu der Aussprache Dr. Kresiment, der unsere Tagung in Nauheim und die in Breslau besucht hat, und den Abteilungsleiter für die wissenschaftlichen Gesellschaften hinzugezogen. Er bat mich auch, unsere Gesellschaft der Gesellschaft für Psychiatrie und Neurologie anzuschließen. Ich schrieb daraufhin an Kötschau, Wirz und Hörmann; die beiden ersteren stimmten zu. Hörmann antwortete nicht. Daraufhin schrieb ich Reiter, daß der Reichsärzteführer darüber entscheiden müsse; soviel aus dem Brief von Wirz hervorgeht, wird er nicht dagegen sein. Ferner habe ich Reiter vorgeschlagen, daß wir nicht von der Gesellschaft für Psychiatrie geschluckt werden dürften, sondern daß unser Name im Namen der Gesellschaft zum Ausdruck kommen müsse, es sei denn, daß der ganze Name geändert würde. Reiter stößt sich, wie auch Wirz, an dem Namen Psycho*therapie* ... Wie Sie wissen, bin ich dafür, daß es in Zukunft nur noch *einen* Nervenarzt gibt, der Psychiatrie, Neurologie und Psychotherapie beherrscht; ... wie Sie sehen, habe ich mich gegen die Verbindung mit den Psychiatern gesträubt. Wenn ich aber keine Stütze beim Reichsärzteführer habe, ist alles Sträuben vergebens« (Göring/Gauger, 10.3.1936).

Der Präsident des Reichsgesundheitsamtes, Reiter, stimmte Görings Bedingungen im allgemeinen zu. Demnach sollte die Gesellschaft als ganze unter ihrem Vorsitzenden aufgenommen werden und die Dachgesellschaft den Namen »Gesellschaft Deutscher Nervenärzte« annehmen. Reiter hielt es ebenfalls für richtig, wenn alle drei Fächer gleichberechtigt nebeneinander stünden. Er übernahm die Verhandlungen mit Rüdin (Reiter/Göring, 14.3.36). Dieser Vorschlag wurde vom Vorstand der Gesellschaft Deutscher Nervenärzte und Psychiater nicht angenommen. Gemäß einer mündlichen Vereinbarung im Sommer 1936 waren beide Gesellschaften aber bereit, loyal miteinander zu arbeiten (Z.f.P., 1937, Bd. 10, H. 1, S. 5). Während des Kongresses deutscher Neurologen und Psychiater im August 1936 betonte Rüdin:

»Die Psychotherapie ist nach Auffassung unserer Gesellschaft ein integraler Bestandteil der Psychiatrie und Neurologie und soll von diesen nicht abgespalten werden. Beide würden in Forschung, Praxis und Lehre verlieren, wenn sie getrennt marschierten. Daß das psychotherapeutische wie das individualpsychotherapeutische Wirken überhaupt seine Grenzen am erblich Verankerten hat, welches nur durch Erb- und Rassenpflege zu beseitigen ist, wird uns nie hindern, Individualpsychotherapie und also auch Psychotherapie mit derselben Hingebung wie früher zu pflegen, insofern sie auf solider Diagnostik beruhend, begründete Aussicht auf Erfolg hat und nicht allzusehr auf Kosten des gesunden Lebens geht« (Z. f. N. u. P., 1937, Bd. 158, S. 4f.).

Zwischen der Gesellschaft der Deutschen Neurologen und Psychiater und der Deutschen Gesellschaft für Psychotherapie wurde der Austausch von Rednern für die Tagungen der Gesellschaften beschlossen.[7]

Jung mißbilligte jede Verbindung mit der Gesellschaft für Psychiatrie: »In Deutschland versuchen nämlich die Psychiater, die Psychotherapie lahmzulegen; aber es sind gegenwärtig Versuche im Gange, diese Tendenz zu durchkreuzen. Näheres kann ich Ihnen leider nicht mitteilen und bitte Sie, diese Informationen mit Diskretion behandeln zu wollen« (Jung/Bjerre, 8.5.36; Jaffé, 1974, S. 1275).

Bereits seit Anfang 1935 gab es freundschaftliche Beziehungen zur Deutschen Gesellschaft für Innere Medizin. Die Kongresse beider Gesellschaften fanden in zeitlicher Anlehnung statt (Géronne[8]/Göring, 7.3.35).[9]

Am 20.4.1936 tagte die Reichsarbeitsgemeinschaft für eine neue deutsche Heilkunde gemeinsam mit der Deutschen Gesellschaft für Innere Medizin mit dem Thema »Behandlung der Herzschwäche«. Als Redner der Deutschen Gesellschaft für Psychotherapie war Curtius aufgefordert worden (Z.f.P., 1937, Bd. 10, H. 1, S. 5). Die Gründung des Deutschen Instituts für psychologische Forschung und Psychotherapie (Mai 1936) setzte ein deutliches Signal. Sie war als politischer Erfolg gegenüber der Gesellschaft für Neurologie und Psychiatrie zu werten, der außerdem in dem Anschluß der Deutschen Gesellschaft für Psychotherapie an die Gesellschaft für Innere Medizin seinen Ausdruck fand. Die erste gemeinschaftliche Sitzung der Internisten mit den Verbänden, deren Anschluß vorgesehen war, fand am 18.3.37 in Wiesbaden statt. Dort sollte offiziell der Anschluß, der nur locker sein sollte, vollzogen werden (Gö/Curtius, 7.2.37).[10]

Ausdrücklich wurde in einem Rundschreiben betont, daß die Selbständigkeit der Psychotherapeuten trotz des geplanten Zusammenschlusses aufrechterhalten werden sollte. Der Zusammenschluß bestehe vor allem darin, Kongresse in zeitlicher Nähe abzuhalten und eine gegenseitige Orientierung über die Hauptarbeitsthemen vorzunehmen (Reiter/Göring, 6.3.37).

Haeberlin vertrat Göring bei der konstituierenden Sitzung des Dachverbandes der Gesellschaft für Innere Medizin. Auf diesem Hintergrund erscheint das für den kommenden Kongreß (1938, Bad Nauheim) geplante Hauptthema »Rasse und Tiefenpsychologie« wie eine Eintrittskarte in den Dachverband der Gesellschaft für Innere Medizin, auf der die rassenpsychologische Ausrichtung der Deutschen Psychotherapie, die ja in einem gewissen, wenn auch unterschwelligen Widerspruch zu der Gesellschaft für Psychiatrie und Neurologie stand, bescheinigt wurde.[11]

Durch den Dachverband[12], zu dem seit der Sitzung vom 13.11.1937 auch die deutschen Neurologen und Psychiater gehörten, schienen beide Gesellschaften wieder näher zusammengerückt zu sein. Dieser Eindruck wurde allerdings nachdrücklich von Göring zurückgewiesen, indem er den deutschen Kongreß für Psychotherapie (27.–29.9.38) demonstrativ nicht nach Köln legte (wo die Psychiater tagten), sondern nach Düsseldorf. »Ich glaube, daß wir dokumentieren müssen, daß wir nicht so eng mit den Psychiatern verbunden sind« (Göring/Curtius, 18.12.37). Wei-

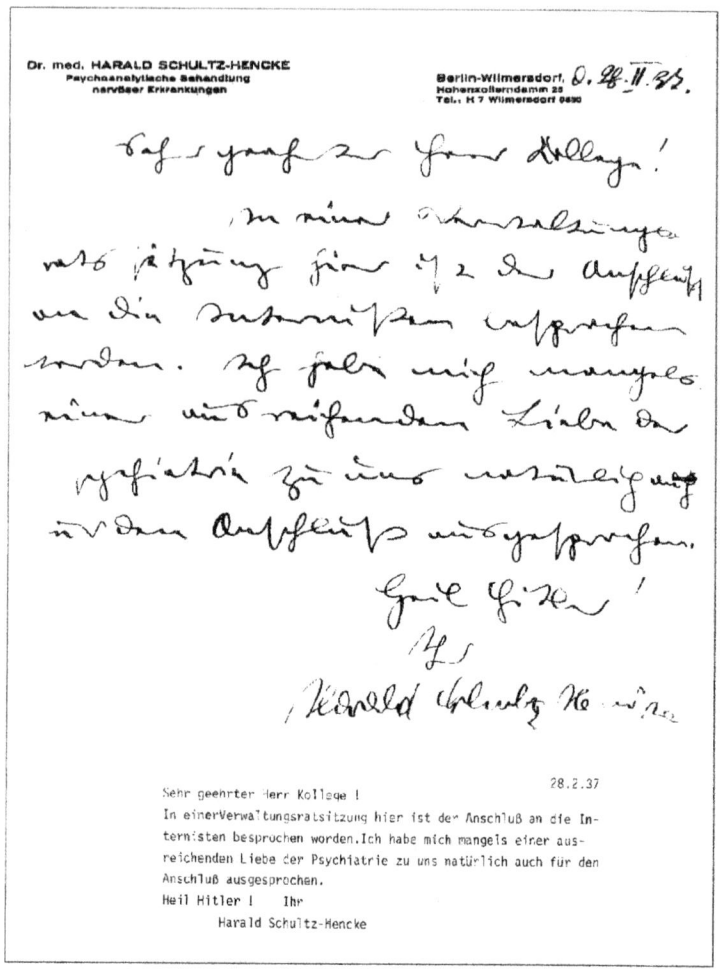

Abb. 18 Schultz-Hencke teilt Göring handschriftlich seine Entscheidung für den Anschluß an die Ges. f. innere Medizin mit.

ter wolle er den Psychiatern zeigen, wo ihre Fehler steckten, wenn sie Psychotherapie betrieben. Göring hatte sich über einen Vortrag von Mikorey, einem Oberarzt von Bumke, vor dem NS-Dozentenbund über Psychotherapie geärgert. Er hielt Mikoreys Angriffe aus der Position der Psychiatrie für verantwortungslos und erwog sogar, sich bei Bumke darüber zu beschweren. Noch zwei Monate später war Göring so empört über Mikoreys Angriffe gegen die Psychotherapie, daß er Haeberlin gegenüber andeutete, bereits Schritte gegen ihn unternommen zu haben. (Gö/Haeberlin, 5.2.38). Schmaltz hatte die Vermittlung zwischen Bumke und Göring übernommen – so, daß Mikorey auf dem deutschen Psychotherapeutenkongreß wiederum einen Vortrag hielt (Gö/Curtius, 14.2.38; Gö/Cu, 30.6.38).

In seiner Begrüßungsansprache betonte Göring ausdrücklich, daß der Kontakt zur Deutschen Psychiatrie hergestellt werden solle. (Kongreßbericht über die 2. Tagung der Deutschen allgemeinen ärztlichen Gesellschaft für Psychotherapie.) Zufrieden teilte Göring am 28.3.39 Curtius mit, daß der deutsche Kongreß die Möglichkeit geboten habe, Fühlung zu den Psychiatern aufzunehmen – auch mit Rüdin und Pette. Hattingberg habe mit Bumke gesprochen, ohne daß die Unterredung allerdings zu Görings Zufriedenheit ausgefallen sei.

Aus einer Aktennotiz vom 11.11.1940 über die Besprechung von Göring mit Linden geht hervor, daß Rüdin sich an Linden gewandt hatte, da er die Zusammenarbeit mit den Psychotherapeuten dringend wünsche. Göring meinte, daß das Aufgabengebiet der Psychotherapeuten so groß sei, daß sie sich nicht so eng binden könnten.

Dem schweizer Psychiater Morgenthaler gegenüber stellte Göring das Verhältnis zu den Psychiatern mit verkehrter Rollenverteilung dar. Die psychotherapeutische Organisation sei jetzt selbst für Rüdin interessant geworden, der sich nun um einen Zusammenschluß der Deutschen Gesellschaft für Psychiatrie und Neurologie und der Psychotherapeuten bemühe – ein Vorschlag, den Göring angeblich schon fünf Jahre vorher gemacht habe (Gö/Morgenthaler, 12.12.40).

Der Wunsch der Neurologen und Psychiater nach Zusammenarbeit wurde von Göring dazu benutzt, einen Vorstoß in der Frage der Institutionalisierung der Psychotherapie an den Universitäten vorzunehmen. In einem Gespräch mit dem Referenten für medizinische Fragen im Reichserziehungsministerium, de Crinis (28.11.1940), forderte Göring, daß ein Zusammenschluß nur möglich sei, »wenn auch bei der Universitäts- und Fachausbildung die Psychotherapie der Neurologie gleichgestellt würde«. De Crinis vertrat die Auffassung, daß Neurologie und Psychiatrie wichtiger als Psychotherapie seien, da nach dem Kriege voraussichtlich viele neurologische Gutachten gemacht werden müßten.

»Er (de Crinis) meint, daß er überhaupt sehr wenig Neurotiker an seiner Klinik sähe, worauf ich (Göring) antwortete, daß dies wohl daran läge, daß Neurotiker nicht gern zur psychiatrischen Klinik gingen, daß bei Prof. Siebeck und uns sehr viele Neurotiker wären. Im übrigen wollte ich der Neurologie keinen Abbruch tun. Ich hätte gerade als Kraepelin-Schüler durchaus Verständnis für die Neurologie.

Ich erklärte, daß nicht jeder Psychiater die große Psychotherapie treiben könne. Ich hätte privat gehört, daß Professor Heyde[13] in Würzburg Anspruch darauf erhebe, über Psychotherapie zu lesen und als Psychotherapeut anerkannt zu werden. C. nahm daraufhin absolut Partei für Heyde und erklärte, wir hätten doch innerhalb der Gesetze vollkommene Behandlungsfreiheit. Jeder Internist könne Neurologie treiben und wer sich etwa durch Bücher in Psychotherapie ausgebildet hätte, könne Psychotherapie treiben. Er widersprach sich insofern, als er bei den Neurologen eine Fachausbildung nach dem Universitätsstudium verlangte, während er es für den Psychotherapeuten zunächst ablehnte.

Ich sagte ihm, daß er sich diese Fragen durch den Kopf gehen lassen möchte und schlug ihm vor, auch zu überlegen, ob es nicht zweckmäßig sei, in Zukunft einen neurologisch oder einen psychotherapeutisch ausgerichteten Nervenarzt zu schaffen, da ich der Ansicht sei, daß die beiden auch vollständig verschiedene Menschen verlangten. C. gab dies zu. Er wolle sich die Sache überlegen und schien nicht abgeneigt zu sein, die Psychotherapie als Lehrfach an den Universitäten einzuführen, allerdings nur im Zusammenhang mit der Psychiatrie. Er betonte, daß die Medizinstudenten überhaupt sehr belastet seien« (Aktennotiz Gö/de Crinis, 28.11.40).

Sowohl die innenpolitische Situation als auch die außenpolitische hatte sich geändert: Proteste aus der Bevölkerung und aus kirchlichen Kreisen gegen die Ermordung Geisteskranker wurden laut, so daß die Aktion am 24.8.1941 offiziell eingestellt wurde. Vermutlich intensivierten die Psychiater unmittelbar vorher die Kontakte zur Gesellschaft für Psychotherapie, um von dem Euthanasieprogramm abzulenken. Besonders Rüdin betonte die Zusammengehörigkeit von Psychotherapeuten und Psychiatern, da es keine Psychiater gäbe, die nicht Psychotherapie betrieben. Außenpolitisch war es für die Gesellschaft für Psychotherapie bedeutsam, daß Jung im Sommer 1940 zurückgetreten war. Dadurch entstand ein größerer Druck zu einer nationalen Orientierung.

Göring zögerte allerdings weiterhin, einen Zusammenschluß mit der Gesellschaft für Neurologie und Psychiatrie anzustreben. Etwas fadenscheinig begründete er seine Skepsis mit der auf die Internationale Gesellschaft für Psychotherapie zu nehmenden Rücksicht. Ebenso wie Kretschmer[14] strebe er einen lockeren Kontakt an. Kretschmer schlug vor: Göring solle im Vorstand sein, eine Unterkommission im Beirat und die Kongresse beider Gesellschaften sollten in zeitlicher und räumlicher Nachbarschaft stattfinden. Für Göring zeichneten sich zwei zentrale Fragen ab: zum einen die Frage, wie sich dann sein Verhältnis auf Tagungen mit den Psychologen (z. B. Rom, 1942) gestalten solle und zum anderen, inwieweit das Deutsche Institut für psychologische Forschung und Psychotherapie von einer Verbindung beider Gesellschaften betroffen sein würde. Sein schärfster Kontrahent war Heyde, der rigoros forderte: »Erstens, die Deutsche Gesellschaft darf nicht Landesgruppe der Internationalen sein. Zweitens, den Kontakt mit Psychologen soll das Institut übernehmen. Drittens, Bindung zwischen Psychiatern und Psychotherapeuten, zwar elastisch, aber nicht locker. Gemeinsame Gesamtgesellschafts-Vorstandssitzungen.«

Weiter forderte er, daß in der Gesamtgesellschaft Psychiatrie und Neurologie die Psychotherapie eine Untergruppe bilden solle. Sowohl Göring als auch Kretschmer war die Bindung zu eng. Göring zog eine Zusammenarbeit mit den Kinderärzten der mit den Psychiatern vor. Er sei bereit, Rüdin jeweils zu orientieren, wolle aber keine Befehle entgegennehmen. Rüdin empfahl eine Kommission von Göring, Kretschmer und Heyde. Kretschmer schloß sich diesem Vorschlag an; Heyde wollte nur unter der Bedingung mitarbeiten, daß die Belange des Deutschen Instituts unabhängig von denen der Gesellschaft behandelt würden. Wieder klangen gegensätzliche Positionen zwischen Göring und Heyde an, die Heyde für weniger wissenschaftlich als weltanschaulich hielt. Hinter diesen Andeutungen könnten sich die unterschiedlichen Auffassungen zur Euthanasie verbergen. Auch der Gegensatz zwischen Göring und Kretschmer wurde nun deutlicher: Kretschmer unterstrich, daß jeder Nervenarzt grundsätzlich Psychotherapeut sei und daß deshalb ein Sonderfach Psychotherapie nicht nötig sei. Dagegen wies Göring darauf hin, daß viele hervorragende Psychotherapeuten Internisten und praktische Ärzte seien. Die weitere Behandlung der aufgetauchten Fragen sollte in einer besonderen Kommission bearbeitet werden. (Protokoll der Sitzung mit der Psychiatrischen Gesellschaft unter Vorsitz von Ministerialrat Linden am 10.5.41.) Am 19.6.41 übersandte Göring Vorschläge für die Zusammenarbeit beider Gesellschaften und betonte Heyde gegenüber, daß der Zusammenschluß beider Gesellschaften nicht forciert werden solle, sondern ein allmähliches Zusammenwachsen zweckmäßiger sei. Curtius hatte einen Vorentwurf verfaßt: Die Gesellschaft solle selbständig bleiben, da sie als Bindeglied des Instituts zur Verbreitung wissenschaftlicher Forschungsergebnisse unverzichtbar sei. Als führende Landesgruppe innerhalb der internationalen Gesellschaft verkörpere sie auch den Anschluß an die internationale Wissenschaft. Eine Arbeitsgemeinschaft mit der Gesellschaft für Psychiatrie könne sich in folgenden Bereichen ergeben:

1. im Abhalten von Kongressen, in denen sowohl die Überschneidung als auch die Abgrenzung beider Gebiete eine grundsätzliche Einordnung psychischer und psychophysischer Erkrankungen zulasse;

2. gemeinsames Auftreten in Fragen der Hochschulreform sowie der Standesinteressen.

Curtius stellte Bedingungen: Die Psychiater sollten grundsätzlich ihre oppositionelle Haltung zur Psychotherapie im Sinne von Bumke aufgeben und die tiefenpsychologische Forschungstätigkeit, deren Spezialgebiet die Psychotherapie sei, anerkennen. Für die Psychotherapie sei eine Spezialausbildung erforderlich, die sowohl von Ärzten als auch von Laien ausgeführt werden könne. Die Ausbildung, die die Eigenanalyse einschließe, sei ein besonderer Lehrgang, der mindestens zwei Jahre dauere. Diese Art der Ausbildung bleibe dem Deutschen Institut überlassen. Damit behalte es die alleinige Berechtigung, die Approbation für Psychotherapeuten zu vergeben. Die Vorschläge, die Göring dann an Heyde übersandte, waren in einigen Punkten abgeändert: auch er betonte die Selbständigkeit der Gesellschaft und wie wünschenswert es sei, in vielen Punkten zusammenzuarbeiten (z. B. bei der Kongreßgestaltung und der allgemeinärztlichen Fortbildung):

a) »Der Leiter der Deutschen allgemeinen ärztlichen Gesellschaft für Psychotherapie ist Vorstandsmitglied der Gesellschaft deutscher Neurologen und Psychiater und ständiger Fachberater für Psychotherapie.
b) Er ist Vorsitzender einer aus ihm, einem Psychiater und einem Neurologen zusammengesetzten Kommission, die alle gemeinsamen Fragen bearbeitet. Bei Unstimmigkeiten in der Kommission übernimmt der Leiter der Gesellschaft Deutscher Neurologen und Psychiater oder ein Vertreter des Reichsinnenministeriums eine Hilfestellung.
c) Dringliche gemeinsame Aufgaben werden im Einvernehmen mit dem Leiter der Gesellschaft Deutscher Neurologen und Psychiater erledigt.
d) Die Mitgliedschaft einer Gesellschaft ist nicht verbindlich für die andere, doch ist Teilnahme an beiden erwünscht. Der bei Doppelmitgliedschaft zu zahlende Beitrag ist bei der zusätzlichen Gesellschaft niedriger als der volle Beitrag und soll von den Kassenwarten gemeinsam festgesetzt werden.«

Offenbar hatte Göring Curtius' Forderungen als zu konkret empfunden und schien taktierend abzuwarten, ohne prinzipiell inhaltlich Stellung zu beziehen. Ein letztes Schreiben vom 21.11.1941 von Rüdin an Pette thematisierte den Zeitpunkt eines Kongresses der Gesellschaft für Psychiatrie. Er hoffte, ihn so legen zu können, daß auch die Gesellschaft für Psychotherapie und die Gesellschaft für Kinderpsychiatrie daran teilnehmen könnten. Falls das nicht möglich sei, halte Rüdin eine Zusammenkunft aller abkömmlichen Psychiater und Neurologen für besonders wichtig. Hier bricht die Korrespondenz ab.

Im Zentralblatt für Psychotherapie wurde über den Gang der Verhandlungen kaum berichtet. Auch ihr Ausgang bleibt unerwähnt. Die Kontroverse zwischen Psychotherapie und Psychiatrie hat eine lange Tradition. Sie begann eigentlich bereits mit dem Entstehen der Psychotherapie als Berufsstand. Die Geschichte beider Gesellschaften während des Nationalsozialismus bietet ein eindrucksvolles Beispiel dafür, daß alte, zum Teil auch heute noch bestehende Fehden jeweils mit den zu Gebote stehenden opportunen Mitteln der Politik ausgetragen werden.

6.5. Die Internationale allgemeine ärztliche Gesellschaft für Psychotherapie

Nach der nationalsozialistischen Machtergreifung wurde im Zuge der Gleichschaltung die allgemeine ärztliche Gesellschaft für Psychotherapie in eine, nach dem Führerprinzip organisierten Deutschen umgewandelt. Damit wurden die verbleibenden ausländischen Landesgruppen in die Defensive gezwungen und organisierten eine Internationale allgemeine ärztliche Gesellschaft für Psychotherapie, um die Entwicklung der Psychotherapie auf internationaler Ebene nicht stagnieren zu lassen und einen politischen Gegenpol zu der sich formierenden nationalsozialistischen Organisation zu bieten, – so aus der Perspektive der internationalen psychotherapeutischen Bewegung.
Aus der nationalsozialistischen Perspektive der deutschen Gruppe sah dieses Verhältnis anders aus:
Als Präsident der allgemeinen ärztlichen Gesellschaft für Psychotherapie sollte Jung mit dem Gewicht seines Namens das nationalsozialistische Selbstverständnis der sich als Deutsche allgemeine ärztliche Gesellschaft für Psychotherapie formierenden Untergruppe der Internationalen Gesellschaft legitimierend aufwerten. Der politische Stellenwert dieser Jung zugedachten Rolle wird vor allem durch Cimbals Einschätzung deutlich:
»Soviel ist mir in diesen Wochen klar geworden; man kann nur eine von beiden Bindungen haben, entweder parteiamtlich oder überstaatlich. Der Wunsch, den wir beide hatten, ist durch das schwankende Verhalten von Dr. Jung, wenigstens, soweit jetzt zu übersehen ist, zerstört« (Ci/Gö, 11.3.34).

Die Alternative zur überstaatlichen Ausrichtung ist also die parteipolitische.

»Wir Deutschen sind doch wohl durch härtere Mühlen gegangen. Alles, was wir vom Ausland sehen, ist weicher und schicksalsabhängiger geblieben und erschrickt vor Dingen, wie dieser Boykott, die uns Deutschen eine selbstverständliche und gewohnte Zwischenstufe geworden sind. Wenn wir Deutschen die Verbindung mit dem Ausland ganz verlieren sollten, was ich vorläufig bedauern möchte, müßten wir engste Verbindung mit der Partei suchen« (Ci/Gö, 11.3.34).

Jung entschied sich in dem Moment politisch – und nicht als Psychotherapeut, als er der Wahl des Kongreßortes, Bad Nauheim, zustimmte[1] und damit eine ungeheure propagandistische Wirkung erzielte.

Seinen ausländischen Kollegen gegenüber vertrat er die Auffassung, daß es durch eine internationale psychotherapeutische Organisation möglich sei, ein Gegengewicht zur nationalsozialistischen Politisierung der deutschen Landesgruppe (unter der ja vor allem Juden und Ausländer zu leiden hatten) zu schaffen. Deutschland sei gegenwärtig noch stärker abgeschlossen als während des Krieges und gerade deshalb sei hier die Chance gegeben, die gegenwärtige geistige Isolierung zu lockern. Bjerre, Adressat des Briefes, wurde von Jung ermutigt, eine schwedische Landesgruppe als Mitglied der internationalen Gesellschaft zu gründen. In Dänemark habe sich unter Vorsitz von P. Reiter eine dänische Landesgruppe gebildet. (22.1.1934, Jaffé, 1974, S. 178). Jung initiierte außerdem eine schweizerische Landesgruppe und begründet die Bildung von Landesgruppen seinem Freund Maeder gegenüber damit, daß er als ehemaliger zweiter sogenannter Ehrenvorsitzender durch Kretschmers Rücktritt zum ersten Vorsitzenden geworden sei, da die Deutschen darauf insistiert hätten, einen ausländischen Vorsitzenden für ihre überstaatliche Organisation zu gewinnen. Jung hoffte mit der Gründung einer schwedischen und schweizer Landesgruppe auch die Holländer, die sich bisher noch abwartend verhielten, für die Gründung einer Landesgruppe zu gewinnen. Österreich scheide aus politischen Gründen aus – außerdem seien die dortigen Psychotherapeuten fast ausschließlich Juden[2] (Jung/Maedler, 22.1.34; Jaffé, 1974, S. 180). Die Gründung einer Landesgruppe in der Schweiz mache besondere Schwierigkeiten (Jung/Brüel, 2.3.1934; Jaffé, 1974, S. 189). Sie kam erst im Januar 1935 zustande. Jung versuchte vor allem, die Holländer als Landesgruppe der überstaatlichen Gesellschaft zu gewinnen, und betonte, daß die überstaatliche Vereinigung unabhängig von der deutschen Landesgruppe sei, die nur »gleichgeschaltet« existieren könne. Um zu verhindern, daß die große Anzahl der deutschen Mitglieder die Führung des internationalen Vereins übernehme, sei eine Satzungsänderung notwendig, derzufolge jede Landesgruppe Vertreter ernennen müsse. Da die Deutschen ein großes Interesse daran hätten, dem Ausland angeschlossen zu sein, sei zu vermuten, daß sie keine Schwierigkeiten machten. In der Internationalen könnten auch einzelne Psychotherapeuten direkt Mitglieder werden, ohne allerdings, wenn sie ganz unabhängig von einer Landesgruppe wären, stimmberechtigt zu sein. Jung versicherte, »daß die nationalsozialistischen Ergüsse der deutschen Mitglieder wesentlich auf politischer Notwendigkeit beruhen und nicht auf religiöser Überzeugung der betreffenden Herren« (Jung/ J. van der Hoop, 12.3.1934; Jaffé, 1974, S. 194ff.). In den Statuten wurde festgelegt, daß eine Landesgruppe nicht mehr als 40 Prozent der anwesenden Stimmen haben dürfe. Damit wurde der Einfluß der zahlenmäßig stärksten deutschen Landesgruppe innerhalb der internationalen Gesellschaft eingeschränkt. Daß diese Einschränkung lediglich formalen Charakter haben konnte, wird deutlich, wenn man das Verzeichnis der Teilnehmer des 7. Kongresses für Psychotherapie, auf dem sich die Internationale allgemeine ärztliche Gesellschaft für Psychotherapie konstituierte, durchgeht: Während 71 deutsche Teilnehmer anwesend waren, kamen nur 2 Holländer (van der Hoop und Rümke), ein Schwede (Bjerre) und, als einziger Schweizer, Jung (ZfP, 1934, H. 4, Bd. 7).

Die Dominanz der deutschen Gruppe[3] wurde auch an der Wahl des Kongreßortes und an der Konzeption des 8. Kongresses für Psychotherapie (27.–30.3.35) deutlich: Die auf dem 7. Kongreß gefällte Entscheidung, wieder in Bad Nauheim zu tagen, sei von Psychoanalytikern und Psychotherapeuten der Freudschen und Stekelschen Richtung hintertrieben worden, da sie versucht hätten, einen Kongreß außerhalb Deutschlands, und zwar in Kopenhagen, stattfinden zu lassen. Durch Heyers geschickte Intervention sei das verhindert worden. Wegen der schlechten Devisenlage (jedem Teilnehmer könnten nur 10,- RM bewilligt werden) sei dieser Plan sowieso undurchführbar gewesen (Ci/Meier, 18.10.34). Der erste Kongreßtag sei international gehalten, die beiden folgenden der deutschen Psychotherapie gewidmet. Vielsagend fügte Göring diesem Mitteilungsschreiben an Wirz (24.3.35) hinzu: »das weiß Professor Jung« – und suggerierte damit Jungs heimliches Einvernehmen mit den deutschen Dominanzbestrebungen.

Erst langsam begann sich die internationale Gesellschaft zu konsolidieren: die Schweizer Landesgruppe wurde nun endgültig gegründet. Es beteiligten sich an ihr »ausschließlich jüngere Psychotherapeuten – kein einziger älterer, – da die sozusagen alle in sektiererhafter Abgeschlossenheit zu leben vorziehen« (Jung/van der Hoop, 19.1.35; Jaffé, 1974, S. 139).

Die Holländer zögerten immer noch, so daß sich Jung in seinem Schreiben an van der Hoop vom 19.1.1935 noch einmal sehr darum bemühte, auch ihn zu gewinnen, und schließlich überaus verärgert reagierte, als sie ihr Angebot, einen internationalen Kongreß in Holland stattfinden zu lassen, zurückzogen. Einschneidend sei das vor allem deshalb, weil die Holländer neben den Deutschen die stärkste Gruppe seien. Mit einer Verweigerung der Zusammenarbeit setze man einfach Weltanschauung gegen Weltanschauung; ein Religionskrieg entstünde, der keine wissenschaftliche Auseinandersetzung ersetzen könne. Außerdem hätten die

Deutschen die nationalsozialistische Revolution nicht verursacht, sondern lebten in einem Staat, der eine bestimmte weltanschauliche Haltung fordere. Die Haltung der Holländer sei »als eine Desavouierung des eigentlichen Zwecks unseres internationalen Vereins« zu verstehen. Die Schweizer alleine könnten mit Deutschland keinen internationalen Verein bilden, die Dänen seien nicht zahlreich genug, in Schweden habe Bjerre mit der Gründung einer Landesgruppe bisher keinen Erfolg gehabt und Jung sehe sich deshalb gezwungen, als Vorsitzender der internationalen Gesellschaft zurückzutreten (Jung/van der Hoop, 21.12.35, S. 263 f.). Van der Hoop antwortete:

»Sie werfen uns vor, daß Stimmungsmotive den Entschluß des Zurücknehmens unserer Einladung beeinflußt haben. Es wundert uns von einem Psychologen wie Sie, die Bedeutung der Stimmungen, als seien diese keine Tatsachen, beiseite geschoben zu sehen. Natürlich haben Sie mit allen Ihren Argumenten vollkommen recht. Natürlich ist der Kampf der Weltanschauungen keine wissenschaftliche Angelegenheit und natürlich würde auf einem Kongreß in Holland von uns aus nichts der freien Meinungsäußerung im Wege stehen. Auch sind wir davon überzeugt, daß ein solcher Kongreß von den deutschen Teilnehmern nicht durch politische Betrachtungen gestört werden würde. Wir denken nicht daran, die deutschen Ärzte auszuschließen.... Seien Sie überzeugt, daß wir ernsthaft danach gestrebt haben, die Chancen eines Kongresses so objektiv wie nur möglich zu betrachten, ohne uns durch weltanschauliche und politische Ressentiments bestimmen zu lassen. Ihre Bemerkung, daß wir Anhängern des Kommunismus gegenüber eine andere Einstellung annehmen würden, scheint uns deshalb wenig angebracht. Wohl würden wir es begrüßen, wenn mehr Landesgruppen vertreten wären aus Ländern, die keine bestimmte Weltanschauung propagieren. ... Nur ist leider momentan die Aussicht für einen Kongreß in Holland ungünstig. Mögen wir aus Ihrer Entrüstung uns gegenüber entnehmen, daß die Objektivität in der Schweiz größer ist und daß dort weniger Mißtrauen gegenüber der Zusammenarbeit mit deutschen Gelehrten bestehe? In diesem Fall würden wir Ihnen antragen, statt sich zurückzuziehen, den geplanten Kongreß im Herbst 1936 in der Schweiz organisieren zu wollen. Wir werden in diesem Fall all unseren Einfluß anwenden, um dort mit einer holländischen Gruppe zu erscheinen« (an Jung, 30.12.35).

Jung setzte van der Hoop weiter unter Druck: In seinem Schreiben vom 3.1.1936 warf er ihm vor, die internationale Vereinigung überhaupt torpedieren zu wollen, so daß es wenig Sinn habe, einen internationalen Verein zu organisieren. Aber nicht nur die Holländer seien für Jungs drohenden Rücktritt verantwortlich, sondern auch Befürchtungen in bezug auf die Gründung einer österreichischen Landesgruppe, von der er wisse, daß sie überwiegend unter Freudianischem Einfluß stehe, dementsprechend eine Opposition gegen Jung als Vorsitzenden der internationalen Gesellschaft zu erwarten sei (Jung /van der Hoop, 3.1.1936; Jaffé, 1974, S. 266f.). Am 10.1.1936 konnte Jung Göring dann auch mitteilen:

»Da nun die Holländer mir versprochen haben, sie würden alles aufbieten, um zu einer eventuellen Tagung in der Schweiz zu kommen und sie auch der Ansicht sind, daß die internationale Organisation gehalten werden sollte, so will ich also auf meinem verlorenen Posten ausharren, in der Hoffnung auf bessere Zeiten.«

Durch die Gründung des Deutschen Instituts für psychologische Forschung und Psychotherapie (im Mai 1936) fühlte sich die deutsche Gruppe jetzt stark genug, um einem Kongreßort außerhalb Deutschlands zuzustimmen. Kopenhagen war wieder im Gespräch, und Göring forderte Jung dazu auf, den Kongreßtermin festzusetzen, nicht ohne vorher zu klären, »ob die Skandinavier nicht zurückzucken wie die Holländer« (Gö/Ju, 15.10.36). Auf dem Kopenhagener Kongreß (2.–4.10.37) war die Konstituierung einer englischen Landesgruppe vorgesehen. Göring und Seif waren sich darüber einig, daß Strauss als Jude als Präsident der englischen Landesgruppe ungeeignet sei, und versuchten, einen »Gemeinschaftspsychologen« (wie die individualpsychologische Richtung Adlers nun genannt wurde) in diesen Posten zu lancieren (was ihnen allerdings nicht gelang) (Gö/Se, 24.10.37). Göring versuchte auch van der Hoop in diesem Sinne zu beeinflussen:

»Es würde mich sehr freuen, wenn in England eine Landesgruppe unserer internationalen Gesellschaft gegründet würde. Sie werden sicher mit Kollegen Jones von der psychoanalytischen Gesellschaft und mit Kollegen Baynes von der Jung-Gruppe sprechen. Ich habe an Kollegen Seif in München geschrieben, er möchte Ihnen auch einen seiner Schüler benennen, damit Sie sich auch mit diesem in Verbindung setzen können. Ich glaube, daß Kollege Jones einmal vorhatte, mit seiner ganzen psychoanalytischen Gesellschaft, die die ganze Welt umfaßt, in unsere internationale Gesellschaft einzutreten; mir scheint, daß dieses unserer Satzung widerspricht; es wäre richtiger und auch zweckmäßiger, es würde eine aus allen Richtungen zusammengesetzte englische Landesgruppe gegründet werden« (beigefügt war die Adresse von Jones) (Gö/van der Hoop, 22.1.37).

Falls der Hinweis auf Jones kein propagandistischer Trick Görings war, um van der Hoop seine Neutralität – selbst den verfemten Psychoanalytikern gegenüber – zu demonstrieren, scheint die Vorstellung Boehms, daß Jones die Tendenz der Politik der Deutschen Psychoanalytischen Gesellschaft billige, in dieser Bemerkung Görings eine gewisse Bestätigung zu finden.⁴ Van der Hoop zeigte sich Göring gegenüber zunehmend kompromißbereit; wohl nicht zuletzt deshalb, weil er auf Görings Begutachtung bei der Reichsschrifttumskammer seines auf deutsch verfaßten Buches »Bewußtseinstypen und ihre Beziehung zur Psychopathologie« (Huber-Verlag, Bern) hoffte.⁵

Auf dem Kopenhagener Kongreß konstituierte sich die englische Landesgruppe unter Strauss und Baynes. Auch in Schweden hatte sich inzwischen eine Landesgruppe konstituiert (Jung/Bjerre, 8.5.36; Jaffé, 1974, S. 274).

Am 15.3.1938 begrüßte Göring den Österreicher Kogerer herzlich als Mitglied des Deutschen Instituts für psychologische Forschung und Psychotherapie; da er beabsichtige, die österreichische Psychotherapeutengruppe als Arbeitsgruppe des Deutschen Instituts zu führen, sei sie als Zweigvereinigung der internationalen Gesellschaft aufzulösen. Über den Versuch Müller-Braunschweigs, die Wiener psychoanalytischen Institutionen dem Berliner Institut anzugliedern, fand sich in Görings Unterlagen kaum ein Hinweis. Von dem Beauftragten des Reichsärzteführers Österreichs (Ramm) erfuhr man lediglich: »In bezug auf Dr. Müller-Braunschweig habe ich in Erfahrung gebracht, daß seine Geldforderung an das Psychoanalytische Institut seitens der Familie Freud voll befriedigt werden wird.« Außerdem wird in demselben Schreiben betont, daß Pg von Kogerer in Wien bleibe und deshalb auf der internationalen Tagung in Oxford Wien als Tagungsort für 1939 vorgeschlagen werden könne (17.6.1938 an Göring). Van der Hoop nahm Stellung zu den Vorgängen um das Wiener Institut:

»Zufälligerweise hörte ich, daß Sie dem Wiener Psychoanalytischen Verein einigermaßen zu Hilfe gekommen sind, als er bei den Behörden in Verdacht war, Politik zu treiben. Ich möchte Ihnen meinen Dank für diese Hilfe ausdrücken und ich bin überzeugt, daß viele holländische Kollegen darin ähnlich empfinden werden. Sie wissen, daß wir den Juden gegenüber weniger kollektiv und mehr individuell urteilen. Ich kenne und schätze viele Mitglieder des Wiener Vereins. Ich weiß, was Sie für Ihre Patienten und für die Entwicklung der Wissenschaft übrig haben und ich bedaure, daß diese intensiv arbeitende Gruppe sich jetzt auflösen wird. Die Psychoanalyse hat dort auch allmählich viel von ihrer Einseitigkeit verloren. Wenn Sie etwas dafür tun können, die Ausreise dieser Kollegen zu erleichtern, so wäre ich Ihnen dafür sehr dankbar (an Gö, 6.4.38).

In Görings Antwort hieß es lapidar: »Ihr Dank für mein Eintreten für die Psychoanalytische Gesellschaft in Wien kam zu früh. Ich bedaure, Ihnen mitteilen zu müssen, daß ich nicht in der Lage war, mich so einzusetzen, wie Sie es gern gesehen hätten« (30.4.38).

Die politischen Verhältnisse der Staaten untereinander fanden also ihren unmittelbaren Niederschlag in den Beziehungen der Mitglieder der Internationalen Gesellschaft für Psychotherapie. Österreich und die Tschechoslowakei waren »blitzartig« zerschlagen worden. Unentschlossen hatten die Westmächte das Entstehen der Achse Berlin-Rom verfolgt und waren nicht unbeeindruckt dadurch geblieben. Bereits im Januar 1937 belohnte Hitler Belgiens Abkehr von der französischen Allianz mit der Zusicherung, die Unverletzlichkeit Hollands und Belgiens anzuerkennen. So wie es der deutschen Außenpolitik gelang, die Gegenfront aufzulösen, um die »Eroberung neuen Lebensraumes«, also den Krieg vorzubereiten (nach Bracher, 1969, S. 330f.), waren auch Görings Bemühungen um die Holländer, von deren Beteiligung die Internationale Gesellschaft ja abhängig war, trotz des Judenpogroms relativ erfolgreich. Auch wenn van der Hoop Deutschland als Kongreßort für ungeeignet hielt, kehrten er und Rümke[6] doch beeindruckt von der 2. Tagung der Deutschen allgemeinen ärztlichen Gesellschaft für Psychotherapie zurück. (27.–29. 9. 38). Der Ton seines Schreibens ist verbindlich –, so daß der Eindruck eines recht guten Einvernehmens – bei gewissen Differenzen – besteht. Es fällt auf, daß er innen- und außenpolitische Themen so anspricht, als hätte Göring nichts damit zu tun:

»Die Judenverfolgung im November und die Behandlung der tschechischen Frage haben das allgemeine Mißtrauen gegen Deutschland sehr verstärkt, so daß wenig Neigung besteht, einen Kongreß in Deutschland zu besuchen. Es sieht auch nicht danach aus, daß diese Stimmung sich in nächster Zeit ändern würde. Wir müssen mit diesen Tatsachen rechnen, auch wenn wir uns dadurch die gegenseitige menschliche Hochachtung und Anerkennung des geistigen Strebens und der wissenschaftlichen Leistungen nicht stören lassen. Als Psychotherapeuten werden wir solange wie möglich an der Aufgabe festhalten, das Verstehen und die Verständigung zwischen den Menschen zu fördern« (25. 3. 1939).

Als Deutschlands Verbündete wurden die Italiener[7] zur Gründung einer eigenen Landesgruppe[8] der internationalen Gesellschaft von Göring sehr gedrängt – nicht ohne ihre spezielle Eignung von der Gestapo vorher untersuchen zu lassen (Göring/Wirz, 22. 8. 38; Wirz/Göring, 3. 9. 38). Über Herzog kam außerdem eine Verbindung zu japanischen Psychiatern zustande, die Göring zur Gründung einer japanischen Landesgruppe[9] aufforderte. Seine Motive lagen auf der Hand: »Es wäre sehr gut, wenn die autoritär regierten Staaten der internationalen Gesellschaft beitreten würden, damit die liberalistischen Staaten nicht das Übergewicht erhalten. Ich habe auch schon Fühlung genommen mit Italien und Ungarn« (Göring/Herzog, 13. 9. 38).

Göring hatte sich zur Gründung einer ungarischen Landesgruppe an

Ferenc Völgyesi[10] in Budapest gewandt. Ferenc Völgyesi empfahl Benedek als Schlüsselfigur. Görings Antwort klang bestimmend: »1. Mit Prof. Benedek werde ich mich nicht in Verbindung setzen. 2. Sie werden so rasch es geht in Ungarn eine Landesgruppe der Internationalen Gesellschaft gründen. 3. Sie werden den Kollegen Annau bitten, so rasch als möglich auch eine Landesgruppe in Jugoslawien ins Leben zu rufen« (Gö/Vö, 11.8.38).

Völgyesi führte wiederum Schwierigkeiten bei der Gründung einer Landesgruppe an: Nach ungarischem Gesetz müsse eine solche Gründung von den Universitätskliniken und der ungarischen psychologischen Gesellschaft genehmigt werden. Die Universitätskliniken wollten sich mit dieser Frage nicht »wohlwollend« befassen, und die Psychologen erblickten lediglich eine »überflüssige Konkurrenz«. Außerdem zitierte er aus einem Schreiben von Annau, daß die meisten ungarischen Psychotherapeuten Analytiker und in der psychoanalytischen Vereinigung organisiert seien. Deshalb hätten sie kein Interesse an einem »als Konkurrenten zu betrachtenden psychotherapeutischen Verein«. Es sollten ruhigere Zeiten abgewartet werden. Zwischen Psychotherapie und Psychoanalyse würden weltanschauliche Differenzen leider nicht nur »konstruiert«; Göring bekämpfe sie »einstweilen mit wenig Erfolg« (Völgyesi /Göring, 20.12.1938). Göring bestätigte:

Tatsächlich bestünden weltanschauliche Differenzen zwischen den einzelnen tiefenpsychologischen Richtungen – nur in einem autoritären Staat sei es möglich, hier einen Ausgleich zu schaffen (17.1.39). Göring wollte offenbar den nationalsozialistischen Staat über die Differenzen zwischen Psychoanalyse und Psychotherapie entscheiden lassen. Ferner erbat er eine Liste der ungarischen Psychotherapeuten mit einem Vermerk über die jeweilige Richtung, der sie angehörten.

Seinen Versuch, eine ungarische Landesgruppe zu gründen, teilte Göring Haedenkamp[11] mit: Zwar seien besondere Schwierigkeiten zu erwarten, da die meisten ungarischen Psychotherapeuten Anhänger Freuds und Mitglieder der Internationalen Psychoanalytischen Gesellschaft seien; er sei aber sicher, daß unter ihnen auch solche seien, die »rein instinktmäßig das Jüdische in der Psychoanalyse »nicht mitmachen«. An Haedenkamp sandte er auch das Verzeichnis der Psychotherapeuten, bei denen jeweils vermerkt war, ob sie der Freudschen, Stekelschen, Adlerschen oder Jungschen Richtung angehörten (16.3.39).

Der Direktor der psychiatrischen und neurologischen Klinik, Benedek, der auch von Jung befürwortet wurde (Gö/Ju, 24.5.39; Ju/Gö, 26.5.39) erklärte sich schließlich dazu bereit, die Gründung einer ungarischen Landesgruppe in die Hand zu nehmen.

Im August 1939 sollte auf einer Delegiertenversammlung in Zürich die Weiterentwicklung der Internationalen Gesellschaft besprochen werden.

Göring und Crichton-Miller berieten, ob man Jung weiterhin zum Präsidenten wählen solle, da er in der Schweiz auf Schwierigkeiten stoße. Göring betonte (14.10.38), daß Jung eine überragende Persönlichkeit sei, die in der ganzen Welt Ansehen genieße, »wie sonst niemand außer Freud. Ich glaube daher, daß wir unserer internationalen Gesellschaft keinen Dienst erweisen, wenn wir Jung fallenlassen. Er hat es auch nicht verdient, denn er hat in den schwierigsten politischen Zeiten unserer Gesellschaft stets die besten Dienste geleistet.«

Crichton-Miller bestätigte, daß er Jung sehr schätze, daß er aber auch Verständnis für kritische Stimmen gegen ihn habe, da der Begründer einer Schule nicht außerdem Präsident einer internationalen Gesellschaft sein solle. Gerade um Jungs hervorragende Bedeutung zu erhalten, sei ein regelmäßiger Amtswechsel wünschenswert (Crichton-Miller/Gö, 17.10.38).

Auch die Holländer sahen Jung kritisch. In einem sehr herzlich und kollegial gehaltenen Schreiben erörterte van der Hoop ausführlich seine Einstellung zu Jung und der Frage seiner Präsidentschaft:

»Prof. Jung ist ohne jeden Zweifel ein sehr bedeutender Mann von großem Format und er hat unserem Verein in den schwierigen vergangenen Jahren große Dienste geleistet. Ich bin überzeugt, daß wir darüber dieselbe Meinung haben werden. Es ist auch gewiß ein Vorteil, einen so bekannten Gelehrten als Vorsitzenden zu haben. Daneben bestehen wichtige Beschwerden. Er hat eine sehr ausgesprochene eigene Richtung und *setzt sich mit anderen Richtungen so gut wie nicht auseinander.* Seine persönliche Haltung hat ihm viele Feinde besorgt, an erster Stelle in der Schweiz. Der Verein, den er als Landesgruppe gegründet hat, umfaßt nur die eigenen Anhänger (und dazu viele Laien). Er selbst hat zugegeben, daß ein Kongreß in der Schweiz erst möglich wäre, nachdem er als Vorsitzender zurückgetreten sei. Auch haben ein paar voranstehende Amerikaner mir geantwortet, als ich sie für Oxford zu interessieren versuchte, daß Jung als Vorsitzender für sie ein Hindernis bedeute, daran mitzuarbeiten. Die Teilnahme der Psychoanalytiker, die sowieso ein Problem ist, wird sicher durch Jung als Vorsitzenden erschwert« (an Gö, 2.7.1939).

Wie sehr van der Hoop daran interessiert war, Jung auszuschalten, wurde in seinem Bestreben deutlich, in engster Absprache mit Göring zu handeln:

»Im Anschluß an meinem vorigen Schreiben möchte ich Ihnen den Vorschlag machen, ob wir uns am 5ten in Zürich vor der Versammlung treffen könnten. Da es sich zum Teil um schwierige persönliche Fragen handelt, wäre eine Vorbesprechung erwünscht. Ich habe den Eindruck, daß die Schweizer Psychotherapeuten mit dem Jungschen Verein sehr unzufrieden sind, aber Jung persönlich nicht verletzen wollen. Das stimmt also mit unserem Standpunkt, worüber ich Ihnen schrieb, überein« (21.7.1939).

Jung hatte von sich aus die Absicht, neue Wahlen vorzuschlagen, als Präsident zurückzutreten, um »der Opposition gegen ihn« »den Wind aus den Segeln zu nehmen«. An Crichton-Miller schrieb Jung am 28. 6. 1939, daß er hoffe, daß er zu der Delegiertenkonferenz nach Zürich komme, da die internationale Gesellschaft in einer überaus heiklen Situation sei. Jung hielt Crichton-Millers Anwesenheit nicht nur in seiner Eigenschaft als Vizepräsident, sondern auch als »Vertreter höherer Vernunft« für unerläßlich. »Sie wissen, daß ich immer noch im Verdacht stehe, ein geheimer Naziagent zu sein, trotz allem, was ich sage und tue. Darum sollte jemand im Vorstand sein, der »über dem Vorstand« steht.« Jungs Argumentation erweckt den Eindruck, als brauche er die Anwesenheit Crichton-Millers als Alibi; seine tatsächliche Einstellung Göring und der deutschen Gruppe gegenüber bringt er nicht zum Ausdruck. Göring war unsicher, wie er sich auf der Delegiertenversammlung in Zürich im August 39 taktisch geschickt verhalten sollte. Sein Ziel war, die Geschäftsführung im Deutschen Institut zu monopolisieren. Sowohl bei den Holländern als auch bei den Engländern bestand der Wunsch, die Präsidentschaft der internationalen Gesellschaft zu wechseln. Als Entgegenkommen den Engländern gegenüber wollte er vorschlagen, daß der 1940 stattfindende Kongreß unter Vorsitz von Crichton-Miller in der Schweiz stattfinden könnte (Gö/Cu, 8.12.38). Andererseits erwog er, sich mit den Holländern zusammenzuschließen und dafür einen Tagungsort in Holland zu unterstützen; denn van der Hoop habe von der Düsseldorfer Tagung einen ausgezeichneten Eindruck gehabt, so daß er es immer stärker bedaure, daß die politischen Umstände immer wieder die internationale Zusammenarbeit störten (Göring/Curtius, 28.3.39). Curtius warnte vor van der Hoop, da er ihn »für nicht ganz zuverlässig« halte, im Gegensatz zu Rümke. Die Holländer solle man kurz halten und sich vor allem um die Engländer bemühen, da sie (inzwischen) eine größere Gruppe vertreten würden (Curtius/Göring, 29.3.39). Die Engländer versuchten, sich mit den Holländern zu verbünden, um die deutsche Machtposition zu schwächen. Dagegen verwahrten sich die Holländer. Nachdrücklich betonte van der Hoop, daß er nur vorläufig und aus praktischen Gründen der Abhaltung eines Kongresses in Holland zugestimmt habe – daß er aber eine Verlagerung der Aktivitäten der Gesellschaft nach Holland, so wie es ihm die Engländer vorgeschlagen hätten, mit Entschiedenheit ablehne. Wo es möglich wäre, sei er aber bereit, zwischen deutschen und englischen Auffassungen zu vermitteln (van der Hoop/Gö, 24.7.39).

Die Züricher Delegiertenversammlung der Internationalen allgemeinen ärztlichen Gesellschaft für Psychotherapie vom 5. und 6.8.1939 be-

> Prof. Dr. C. G. Jung   Küsnacht-Zürich
>   Seestrasse 228   30. Juli 1939
>
> Lieber Herr College!
>
> Es würde mich freuen, wenn ich
> Sie und College Curtius am nächsten Freitag
> zum Nachtessen um 7 Uhr empfangen dürfte.
> Wir haben dann Gelegenheit, uns ausführlich
> zu unterhalten.
>
> Mit den besten Grüssen
> Ihr sehr ergebener
> C.G. Jung.

Abb. 19 Jung an Göring, handschriftliche Einladung vom 30.7.1939. Jungs Einladung überschnitt sich offensichtlich mit der von Meier, denn der »nächste Freitag« war ebenfalls der 4.8.1939, an dem Meier Deutsche und Engländer eingeladen hatte (Gö/Cu, 29.7.39).

gann in freundschaftlicher Kollegialität mit einem privaten Abendessen am Abend vor der Tagung bei Meier, zu dem Deutsche und Engländer eingeladen waren (Göring/Curtius, 29.7.39). Bedrohlich schwebte allerdings über der Versammlung die Entscheidung darüber, ob die deutschlandverbündeten Länder (Italien, Ungarn und Japan) in die Internationale aufgenommen werden sollten oder ob das im Interesse eines Gleichgewichtes der Kräfte herausgezögert oder gar verhindert werden könnte. Göring versuchte, die Aufnahme der Landesgruppen zu forcieren. Das Zögern der Landesgruppen, die sich als »Verbündete« Deutschlands nicht sonderlich wohl zu fühlen schienen, wird darin deutlich, daß sie es versäumten, die zur Gründung nötige konstituierende Sitzung abzuhalten, Mitgliederlisten zusammenzustellen und den Antrag offiziell rechtzeitig zu stellen.

Göring, als treibende Kraft, forderte die Landesgruppen dementsprechend auch auf, ihre Mitgliederlisten und Statuten zunächst an ihn zu schicken, dann erst an den Generalsekretär der Internationalen Gesellschaft für Psychotherapie, Meier.

Die internationale politische Frontenbildung und der bevorstehende Ausbruch des 2. Weltkrieges (1.9.1939) fanden einen deutlichen Niederschlag in der sich eskalierenden Stimmung während der Sitzung der Gesellschaft. In Görings Bericht über die Delegiertenversammlung in Zürich, der an verschiedene offizielle Stellen ging[12], wurde die Eskalation nachgezeichnet, die sich im Verhältnis zu den anderen Landesgruppen bis zum faktischen Auseinanderbrechen der Internationalen allgemeinen ärztlichen Gesellschaft für Psychotherapie, vollzogen hatte. Ausgangspunkt war die Delegiertenversammlung in Kopenhagen gewesen, auf der beschlossen worden war, daß der nächste Kongreß in Deutschland stattfinde. Anschließend sei auf Bitten von Jung und den beiden Engländern Baynes und Strauss darum gebeten worden, den Kongreß aus Propagandagründen zur Mitgliederwerbung nach England zu verlegen, da sich dort noch keine Landesgruppe der Internationalen Gesellschaft gebildet hatte. Göring habe zugestimmt und sich das Versprechen geben lassen, daß der folgende Kongreß (1939) in Deutschland stattfinden solle. Auf dem Oxforder Kongreß (1938) sei Göring auf den Widerstand der holländischen Landesgruppe (van der Hoop) gestoßen, der erklärt habe, daß kein Holländer an einem internationalen Kongreß in Deutschland teilnehmen würde. Auf jener Delegiertenversammlung, auf der englische, holländische, dänische, schwedische und schweizer Vertreter anwesend gewesen seien, habe keiner für eine Tagung in Deutschland gestimmt, und es sei lediglich erreicht worden, eine Delegiertenversammlung stattfinden zu lassen, auf der der Kongreßort für 1940 bestimmt werden solle. Aufgrund dieser Oxforder Erfahrungen habe Göring die Italiener, Ungarn und Japaner zur Gründung von Landesgruppen angeregt und sie dazu veranlaßt, ihre Mitgliedsanträge unmittelbar vor der Züricher Versammlung zu stellen. Durch seine Verzögerungstaktik habe Jung diese Aufnahmeanträge an letzte Stelle plaziert und van der Hoop habe beanstandet, daß die Anträge zu spät eingereicht worden seien und deshalb bis zur nächsten Delegiertenversammlung zurückzustellen seien. Göring habe Einspruch erhoben: 1937 sei den Engländern zugestanden worden, einen internationalen Kongreß in Oxford abzuhalten, ohne daß sie Mitglieder der internationalen Gesellschaft gewesen seien; erst bei der Gelegenheit sei eine englische Landesgruppe gegründet worden. Von der englischen, holländischen und schweizer Landesgruppe sei der Wunsch geäußert worden, daß Jung den Vorsitz niederlegen möge, da er allzu stark Repräsentant seiner eigenen Richtung sei. Jung habe den Präsidentenposten niedergelegt. Daraufhin habe Göring erklärt, daß er es für falsch halte, einen neuen Präsidenten zu wählen, bevor nicht die drei neuen Landesgruppen aufgenommen worden seien. Da die anderen Landesgruppen dagegengestimmt hätten, habe Göring damit gedroht, die Delegiertentagung zu boykottieren. Daraufhin sei kein neuer Präsident gewählt worden, Jung zum Ehrenpräsidenten erwählt und ihm die Aufgabe übertragen, die Aufnahme der drei Landesgruppen vorzubereiten. Die Geschäftsführung solle in Händen von Generalsekretär Meier im engsten Einvernehmen mit Jung verbleiben.

»Da die politische Spannung recht erheblich war, verzichtete ich darauf, daß 1940 der Kongreß in Deutschland stattfindet. Ich erklärte aber, daß wir nur dann 1940 in ein sogenanntes neutrales Land gehen würden, wenn vorher Rom als Tagungsort für 1942 bestimmt würde...«

»erwähnt sei noch, daß bei dem gemeinschaftlichen Abendessen meine Frau zwischen Prof. Jung und dem englischen Juden, Dr. Strauss, gesetzt worden war. Ich entdeckte diese Taktlosigkeit beizeiten und konnte die Karte noch wechseln« (Bericht Görings).

Das Reichsministerium für Wissenschaft, Erziehung und Volksbildung bestimmte die Politik der Deutschen Gesellschaft für Psychotherapie gegenüber der Internationalen Gesellschaft: »Es wird meines Erachtens zu erwägen sein, ob nicht Deutschland auf die Dauer aus der genannten Gesellschaft austreten sollte, von der die deutschen Vertreter offensichtlich zurückgesetzt worden sind, um die Gesellschaft zu sprengen, sich notfalls auf einen Zusammenschluß mit den befreundeten Staaten beschränken sollten.« (Nach dem Original zit. 30.9.39). An den Reichsminister des Inneren (Linden) berichtete Göring am 9.11.1939 über die Delegiertenversammlung, daß die Deutschen insofern ihren Willen durchgesetzt hätten, als die Wahl des Vorsitzenden erst erfolgen solle, wenn die drei von Göring ins Leben gerufenen Landesgruppen Italien, Ungarn und Japan in die Internationale aufgenommen worden sind. Er halte es für seine Aufgabe, die Delegierten der »neutralen Staaten« zu gewinnen. Erst wenn sich Schwierigkeiten bei der Aufnahme der Landesgruppen ergeben sollten, plane er den Austritt aus der Internationalen Gesellschaft, um eine neue Internationale unter deutscher Führung zu gründen. Göring erhoffte sich allerdings noch Unterstützung von Brüel (Dänemark), der ihm geschrieben habe, daß es doch sehr bedauerlich sei, daß Strauss Vorsitzender der englischen Landesgruppe sei und nicht Baynes. Dann wären diese Schwierigkeiten nicht vorgekommen. »Ich bin ganz seiner Meinung; Schuld an dem Konflikt in Zürich ist der Jude Strauss.« Am 21.11.1939 antwortete Linden, daß der Reichsminister für Wissenschaft, Erziehung und Volksbildung eine Abschrift über den Bericht erhalten habe und er, Linden, mit dem von Göring vorgeschlagenen Vorgehen ganz einverstanden sei.

Göring unterrichtete Benedek, Direktor der psychiatrischen Klinik in

Budapest, am 16.8.1939 von der Delegiertenkonferenz in Zürich (zu der Benedek aus Devisenschwierigkeiten nicht hatte kommen können). Göring beklagte sich über die »unglaubliche Sturheit«, mit der sowohl Engländer als auch ihre »sogenannten Neutralen« (vor allem die Holländer) Schwierigkeiten bereitet hätten. Görings Antrag, Ungarn, Italien und Japan als Landesgruppen aufzunehmen, bevor ein neuer Präsident gewählt worden sei, sei zunächst abgelehnt worden, worauf er gedroht habe, sich an der Wahl des Präsidenten nicht zu beteiligen. Auf Antrag der Holländer (van der Hoop) sei beschlossen worden, daß die Landesgruppen zunächst ihre Statuten und die Namen ihrer Mitglieder zur Prüfung einreichen sollten. »Das ist natürlich ein Trick, um die Landesgruppen abzulehnen. Ich habe heute nach Zürich geschrieben, daß die englische Landesgruppe im vorigen Jahr ohne jede Formalität aufgenommen worden sei und daß ich darauf bestünde, daß die von mir benannten Landesgruppen genauso behandelt würden wie die englische.« Die deutsche Landesgruppe würde aus der internationalen Gesellschaft austreten, wenn die drei von ihr benannten Landesgruppen nicht aufgenommen werden sollten, und eine neue Internationale Gesellschaft gründen, an der auch Italien und Japan beteiligt werden würden. »Jedenfalls denke ich nicht daran, mir von den Engländern und ihren Anhängern Vorschriften machen zu lassen.« Zu dem geplanten Kongreß im Juli 1940 in Utrecht werden die Deutschen nur erscheinen, wenn 1942 die Internationale in Rom tagen würde. Den Japaner Naka versuchte Göring auf seine Politik einzustimmen: Er berichtete davon, daß die Deutschen im Kampf gegen Engländer und »sogenannte Neutrale« erreicht hätten, daß der neue Präsident nicht gewählt werde, bevor die neuen Landesgruppen aufgenommen wären (Göring/Naka, 18.8.39). Weiter bestand Göring darauf, daß die drei zur Aufnahme anstehenden Landesgruppen nicht in besonderer Weise überprüft würden, da das bisher – zum Beispiel bei der Aufnahme der Engländer, in deren Land bereits ein Kongreß geplant war, ohne daß sich die englische Landesgruppe konstituiert hätte – nicht Usus gewesen sei (Göring/Meier, 16.8.39).

Am 10.5.1940 marschierten die Deutschen durch Holland in Richtung Frankreich. Belgien, Luxemburg und die Schweiz fühlten sich bedroht. Am 29.5.1940 schrieb Göring an Jung schon vom Kriegsende und daß ihm daran liege, daß nach dem Krieg die Internationale mit den drei neuen Landesgruppen fortgeführt werden könne. Jung antwortete am 20.6.1940, daß er von allen drei Landesgruppen nichts gehört habe und die internationalen Beziehungen bis auf wenige Ausnahmen aufgehoben seien, »so daß während des Krieges keine, die Gesamtorganisation angehenden Geschäfte erledigt werden können. Nach Kriegsende werden wir wohl kaum in der Lage sein, die Gesellschaft in der bisherigen Weise weiterzuführen. ... Ich glaube, Sie müssen anstelle eines Weiterführens eher eine Neugründung ins Auge fassen. Die politischen und psychologischen Bedingungen werden sich nach dem Krieg dermaßen gewandelt haben, daß eine Neugründung sogar unerläßlich sein wird. Die Initiative dazu muß von Deutschland ausgehen. Ich werde auf Kriegsende von der Präsidentschaft zurücktreten (auf Wunsch schon vorher), indem ich zugleich die Auflösung der bisherigen Organisationen beantragen werde« (Jung/Göring, 20. 6. 40).

Göring vertrat demgegenüber die Auffassung, daß die politischen und psychologischen Bedingungen nach Kriegsende sicherlich eine Neuorientierung der Gesellschaft, bzw. eine Neubesetzung des Vorstandes notwendig machten, daß er aber eine Neugründung der Gesellschaft nicht für erforderlich halte.

Während Göring darauf drang, die Politik der Internationalen Gesellschaft im Sinne der deutschen Machtansprüche voranzutreiben, und Jung vorschlug, eine Delegiertenversammlung in Wien einzuberufen (Gö/Ju, 4. 7. 40), bremste Jung zunächst, indem er darauf hinwies, daß alle Angelegenheiten des Internationalen Vereins bis zum Ende des Krieges suspendiert würden; weiter verwies er Göring an Meier, der die nötigen Geschäfte ad interim – also bis zur Wahl eines neuen Präsidenten, führen würde. Am Ende seines Briefes ermutigte Jung Göring geradezu, eine Delegiertenversammlung von sich aus einzuberufen:

»Meine Demission gibt den Vorsitzenden der Landesgruppen ihre Aktionsfreiheit zurück, d. h. *jede Landesgruppe kann die Initiative ergreifen und die Einberufung einer Delegiertenversammlung im Rahmen der gegebenen Möglichkeiten in Vorschlag bringen.* Die Notwendigkeit der Wahl eines Präsidenten wäre dazu genügendes Motiv« (Ju/Gö, 12. 7. 1940).

M. H. Göring bemühte sich weiterhin sehr um die Unterstützung durch die Japaner. Am 15. 6. 1940 schrieb er an Naka (der seinen Assistenten, Okumura, zu der Wiener Delegiertenversammlung schicken wollte), daß es sich dabei ja um keinen internationalen Kongreß, sondern eine Tagung handele, zu der die Deutschen ihre Freunde eingeladen hätten. Göring ging nicht davon aus, daß die Schweizer und Holländer kommen würden, rechnete aber mit Banissoni (Italien), Bjerre (Schweden) und Pötzl (Wien).

Der Machtanspruch der Deutschen Gesellschaft stand in eklatantem Widerspruch zu ihren realen Möglichkeiten: einerseits beanspruchte die Gesellschaft die Vorherrschaft in der Internationalen Gesellschaft, andererseits fehlte ihr offenbar ein geeigneter Repräsentant, der auch vom Ausland akzeptiert werden könnte. Dieses für den Nationalsozialismus charakteristische Vakuum versuchte Göring zu füllen, indem er sich wieder an Kretschmer mit der Bitte wandte, die Präsidentschaft zu übernehmen. Kretschmer antwortet (29. 7. 1940), daß es angesichts der großen militärischen Erfolge für die Deutschen sinnvoll sei, ihre Reserve hinsichtlich internationaler Gesellschaften und Kongresse aufzugeben und möglichst weitgehend Präsidien mit Deutschen zu besetzen, (»Dieser Gesichtspunkt einer nationalen Aufgabe würde für mich starkes Gewicht haben«), bat aber um Orientierung über die ausländischen Landesgruppen und wollte wissen, warum Jung sein Amt niedergelegt hatte. Als neues Programm der Gesellschaft kündigte er an, ihren Gesichtskreis auf »die geistige Durchbildung des Arztes« hin zu erweitern, damit die Gesellschaft einen großen repräsentativen Rang in der Öffentlichkeit erlangen könne (Kretschmer/Göring, 29. 7. 40). Göring hatte in einem Schreiben, das nicht erhalten ist, Kretschmer über die Entwicklung der psychotherapeutischen Gesellschaft orientiert, und daraus gewann Kretschmer den Eindruck, »daß die nationalpolitischen Gesichtspunkte jetzt doch mehr im Vordergrund stehen«. Die Frage, welcher Nationalität der Vizepräsident sein soll (ob Deutscher oder Italiener), war Göring wichtiger als seine besondere wissenschaftliche Bedeutung. Kretschmer antwortet ausweichend, daß Göring seine Dispositionen nach bestem eigenen Ermessen treffen solle (22. 8. 40). Jung begrüßte, daß Göring eine Delegiertenversammlung nach Wien zum 7. 9. 40 eingeladen hatten (2. 8. 40). Auch Meier freute sich auf ein Wiedersehen in Wien (Meier/Göring, 8. 8. 40).

In Görings Bericht über die Delegiertenversammlung heißt es dann allerdings, daß bereits starke politische Spannungen deutlich zu spüren gewesen seien.

»Diese Versammlung hatte Prof. Jung beauftragt, die Aufnahme der drei Landesgruppen, Italien, Japan und Ungarn, vorzubereiten. Infolge des Kriegsausbruches scheint Prof. Jung nichts unternommen zu haben, um den Auftrag durchzuführen. Nachdem Frankreich niedergeworfen war, legte er den Präsidentenposten und die ihm gegebenen Vollmachten endgültig nieder und stellte den Vorsitzenden der Landesgruppen anheim, eine Delegiertenversammlung einzuberufen. Ich machte von dieser Anregung Gebrauch und lud die ausländischen Landesgruppen zur Tagung der Deutschen Gesellschaft nach Wien und einer daran anschließenden Delegiertenversammlung der Internationalen Gesellschaft ein, ferner als Gäste die noch nicht aufgenommenen drei Landesgruppen.«

Die Schweden unter Leitung von Bjerre, die Holländer (van der Hoop, Westerman Holsteijn und Rümke) hätten ihre Teilnahme an der Delegiertenversammlung angeblich zum Teil mit Sympathiebekundungen für die deutsche Psychotherapie, abgesagt.[13] Der eingeladene Japaner,

Naka, habe kein Durchreisevisum für Rußland erhalten können. Göring zitierte in seinem Bericht des Italieners Banissoni Stellungnahme, in der er betont habe, »daß die Wissenschaft konservativer sei als die Politik und die Wissenschaft ihr folgen und sich der Politik unterordnen müsse ...« Jeder Wissenschaftler, der mit dem Herzen der neuen Bewegung angehöre, »könne gar nicht anders«, als wissenschaftlich in dieser Ideenwelt zu wirken. Die Wissenschaftler, die glaubten, sie würden von dem neuen Geist unterdrückt, arbeiteten unbewußt im alten Geist; selbst die, welche nach außen hin die neue Zeit bejahten.

Auf der Delegiertenversammlung seien neben Deutschland nur Schweden, die Schweiz, Italien und Ungarn vertreten gewesen. Besonders erwähnt wurde der Generalsekretär der Internationalen Gesellschaft, Meier, der versucht habe, seinen Posten zu behalten, weil Jung ihn beauftragt habe, die Geschäfte weiterzuführen. Beschlossen wurde:
»1. Es wird keine Präsidentenwahl vorgenommen.
2. Alle Geschäfte der Internationalen Gesellschaft werden treuhänderisch von der Deutschen Gesellschaft geführt.
3. Bis zum Kriegsende werden keine Änderungen durchgeführt.
4. Die Aufnahme der Landesgruppen und die Wahl des Präsidenten wird von der deutschen Landesgruppe vorbereitet; diese beruft auch gleich nach Beendigung des Krieges eine Delegiertenversammlung ein.
5. Das Zentralblatt für Psychotherapie wird vom Vorsitzenden der deutschen Landesgruppe herausgegeben; Schriftleiter ist Dr. Bilz« (1. Fassung des Protokolls d. Delegiertenversammlung ...).

Die Schweizer Landesgruppe hatte ein Memorandum für die Wiener Delegiertentagung verfaßt (30.8.40). Ihr Standpunkt wurde folgendermaßen fixiert: Geschäfte der Internationalen Vereinigung sollten während des Krieges ruhen, da wesentliche Landesgruppen zur Zeit ausfielen. Ad interim solle ein Präsident und ein Generalsekretär eines »neutralen Staates« gewählt werden, die die Geschäfte lediglich formal weiterführten. Göring bot den Schweizern keine Möglichkeit, es vorzutragen, und sie selber waren nicht durchsetzungsfähig genug, um darauf zu bestehen. Erst nachträglich nahm Meier ausführlich Stellung – zunächst zu seiner Entscheidung, als Generalsekretär nicht zurücktreten zu wollen. Einwände habe er vor allem dagegen, daß die Geschäftsführung der »Internationalen Gesellschaft« und die Schriftleitung des Zentralblatts für Psychotherapie nach Berlin übernommen werden sollten. Die Schweiz sei das einzige Land, durch welches internationale Beziehungen noch aufrechterhalten werden könnten, und außerdem sei eine Transferierung von, für die Geschäftsführung notwendigen Akten und des Vermögens der Gesellschaft während des Krieges nicht möglich. Auch könne das

Zentralblatt von Berlin aus den Zusammenhang der Internationalen Gesellschaft nicht mehr repräsentieren (Meier/Göring, 24.9.40). Göring antwortete eher persönlich:
»Sie haben mir immer wieder versichert, daß Sie uns Deutsche verstünden. Wir beenden jetzt eine Epoche, die mit dem 30jährigen Krieg begonnen hat; der Krieg ist nicht das Wesentliche, sondern die Umwertung von Werten. Ganz Neues entsteht; das erfaßt alles, auch die Psychotherapie. Und das wollen Sie von Zürich aus leiten? Überlegen Sie doch mal selbst, ob das geht? Das kann doch nur von Deutschland aus geschehen. ... Nachdem Jung demissioniert hat, hat er kein Recht mehr, über die Geschäftsführung zu bestimmen; das konnte nur die Delegiertenversammlung. Daß wir in Deutschland die internationalen Beziehungen nicht aufrechthalten könnten, verstehe ich nicht. Wir haben die besten Verbindungen zu Holland, zu Dänemark, Schweden, Ungarn, Italien und Japan; auch die Schweizer haben an unseren Kongressen anscheinend gerne teilgenommen. Nur die Verbindungen mit Amerika sind schwierig; deshalb haben wir Sie ja gebeten, diese Verbindung durchzuführen; allerdings waren die Beziehungen zu Amerika bisher sehr gering. Auch haben wir Sie gebeten, in der Schweiz sämtliche Gelder weiterzuverwalten, weil die Überweisung heute auf Schwierigkeiten stoßen würde« (Gö/Me, 9.10.40).

Die Verantwortung für diese »statuswidrige Haltung« trage nicht Jung, sondern auch Meier, der ihm als sein Schüler allerdings habe folgen müssen – auch in den Konsequenzen, zumal er es nicht verstanden habe, die Gefühle der deutschen Delegation zu achten. »Bei dem kleinen Abendessen in Zürich haben Sie meiner Frau als Tischherrn Herrn Strauss gegeben, ich selbst hatte überhaupt keinen Platz.« Im übrigen sei Meiers Mitarbeit am Zentralblatt hemmend gewesen, da Originalarbeiten und Referate jahrelang liegengeblieben seien, so daß ein Interesse an Meiers Mitarbeit am Zentralblatt nicht bestehe.

»Wenn Sie nunmehr die Internationale Gesellschaft trotz des Beschlusses der Delegiertenversammlung sprengen wollen, so liegt das ganz bei Ihnen. Wir würden natürlich sofort eine neue Internationale Gesellschaft gründen, so daß die ganze Arbeit und auch das Zentralblatt weitergeführt werden könnten« (Gö/Me, 9.10.40).

Zum Schluß drehte Göring die Verhältnisse völlig um: Der Vorstand der Internationalen Gesellschaft habe sich seit dem Oxforder Kongreß (siehe Kap. 6.6.) nicht an die Statuten, Artikel 2, gehalten. Es heiße dort, daß der Verein politisch neutral sei; er habe sich nun »zu meinem größten Bedauern in das politische Fahrwasser begeben.« Das zeige sich daran, daß weder ein internationaler Kongreß, noch die Vizepräsidentschaft Deutschland übertragen worden sei (Göring/Meier, 9.10.40). Meier meinte, sich Göring gegenüber persönlich rechtfertigen zu müssen. Er begründete seine Haltung damit, daß sowohl Jung als auch der englische Vizepräsident Crichton-Miller ihn gebeten hätten, die Geschäftsführung bis Kriegsende zu übernehmen.

»Ich tue weiter nichts, als daß ich mich pflichtschuldig an die mir von der letzten Delegiertenversammlung gegebenen Aufgaben halte und an die Aufträge, die mir der abgetretene Präsident und der gegenwärtige Vizepräsident gegeben haben. Heißt das nun, daß ich Deutschland nicht verstehe oder mich der historischen Entwicklung verschließe? Oder heißt es, daß ich so dumm und so megaloman bin zu meinen, ›ich könne die Sache von Zürich aus leiten‹, wie Sie sich ausdrücken? Sie sollten mich wirklich besser kennen. Ich stehe nämlich auf dem Standpunkt, daß die Entwicklung, so wie sie kommen wird, auf alle Fälle kommt, und daß es deshalb nicht nur sinnlos ist, eingegangene Verpflichtungen zu brechen, sondern daß man damit eben gerade dieser Entwicklung schadet. Wenn die Neuordnung Europas unter deutscher Führung kommt, so dürfte es sich doch von selbst verstehen, daß die Internationale Gesellschaft auch unter deutscher Führung geht und ganz anders in Schwung kommt als bisher. Darauf kann ich mich mit Ihnen nur freuen, aber auch nur dann, wenn ich dann allen gegenüber sauber dastehe. Danach, wie ich zu dem, was in Europa unter deutscher Führung vorgeht, stehe, fragen Sie am besten 1. das, was ich bisher für Deutschland getan habe und 2. meine vielen deutschen Freunde. Schließlich bin ich als Alemanne nicht ganz ungeeignet für ein Verständnis. Und was das erstere anbetrifft, so glaube ich auch nicht, daß Sie Grund haben, mit Bezug auf die vielen Jahre während derer ich das Vergnügen hatte, im Verein und beim Zentralblatt mitzuwirken, irgendein Unverständnis meinerseits abzuleiten. ... Haben wir je schlecht zusammengearbeitet? Haben Sie Grund, aus Ihrer Meinung, daß Jung Deutschland nicht versteht, abzuleiten, daß ich es nicht verstehe, oder besser noch, daß ich die Welt nicht verstehe? Im übrigen haben die neuen Ereignisse auch denjenigen, die es noch nicht gewußt haben, gezeigt, daß diejenigen, die am meisten gegen die Zeit gearbeitet haben, am meisten für sie arbeiteten. ... Glauben Sie mir, verehrter Herr Professor, daß es nicht nötig ist, mir zu empfehlen, den deutschen Standpunkt verstehen zu wollen. Ich kann und tue das! Ich halte es hingegen für nötig, Sie zu bitten, meine zwangsläufige persönliche Situation zu berücksichtigen. Ich glaube, das von Ihnen verlangen zu dürfen, nachdem wir uns bisher immer so wohl verstanden haben« (Meier/Göring, 24.10.40).

Meier schien wenig Distanz zu der ihm zugedachten Rolle gehabt zu haben. Auf Meiers »Kniefall« antwortete Göring am 11.2.1940, daß er sich in das Unvermeidliche schicken solle, so wie es die Deutschen bisher getan hätten. Selbst für Schweizer Alemannen sei es nicht so leicht, sich die Idee eines Staates zu eigen zu machen, »der seit Jahrhunderten nie das Recht gehabt hat, der Größe seines Volkes entsprechend zu leben«. Meier zweifelte weiterhin die Berechtigung der Delegiertenversammlung von Zürich an, Beschlüsse zu fassen. Dabei argumentierte er von der formalen Struktur der Satzung aus, die er in seinem Interesse auslegte.

»Um nun, angesichts Ihrer Stellungnahme, das Leben der Gesellschaft nicht lahm zu legen, erkläre ich mich, unter allen Vorbehalten, bereit, auf Zusehen hin meine Mitarbeit in der von Ihnen gewünschten Art und Weise weiterhin zur Verfügung zu stellen. Ich behalte mir jedoch vor, jederzeit auf diese Erklärung zurückzukommen und meinen Rechtsstandpunkt geltend zu machen« (15.2.41).

Meiers Rechtsstandpunkt war in einer Erklärung der Schweizer Gruppe (15.2.41) dargestellt. Nach dem Schweizer Zivilgesetzbuch, das auf Artikel 1 und 12 der Statuten Anwendung finde, sei festgelegt, daß über Traktanden, »die vor der Sitzung nicht gehörig angekündigt sind, nur dann Beschluß gefaßt werden darf, wenn die Statuten es ausdrücklich gestatten«. Die Statuten enthielten keine diesbezügliche Bestimmung. »Die Erklärung Prof. Görings betreffend die Übernahme der Geschäftsführung und der Schriftleitung nach Berlin waren auf der Traktandenliste nicht vorgesehen.« Göring begrüßte Meier schließlich freudig: »Es freut mich, daß Sie, nachdem wir miteinander gerauft haben, mit der von mir vorgeschlagenen Lösung einverstanden sind. ...« (26.2.41).
Die offizielle Korrespondenz bricht ab. Seit der Übernahme der Geschäftsführung der Internationalen Gesellschaft durch das Deutsche Institut (im Anschluß an die Wiener Delegiertenversammlung vom 7.9.40) verweigerten die Landesgruppen die Mitarbeit: In Dänemark wurde aus politischen Gründen keine Versammlung der dänischen Landesgruppe abgehalten, die Jahresberichte aus England, Schweden und der Schweiz waren nicht eingegangen. Nur von Holland wurde von einer kombinierten Versammlung mit dem Niederländischen Verein für Psychiatrie und Neurologie und von verschiedenen Vorträgen berichtet und von Schweden die Gründung von Bjerres Institut (ZfP, 1941, H. 1/2, Bd. 13).

Göring bemühte sich darum, die Möglichkeiten für die Konstituierung einer neuen internationalen Gesellschaft unter deutscher Führung zu sondieren. Die Holländer hatten den Deutschen inzwischen den letzten Rest an Wohlwollen entzogen; in Amsterdam sei er von van der Hoop ziemlich kühl empfangen worden. Van der Hoop sei aber sehr ehrlich gewesen und habe gleich gesagt, daß Göring entschuldigen möge, wenn seine Frau ihn nicht empfangen wolle. Zur Gründung einer Landesgruppe zeigte er sich nicht bereit (Gö/Cu, 26.11.40).

Bei dem Schweizer Psychotherapeuten W. Morgenthaler beklagte sich Göring darüber, daß Meier Einspruch gegen die Fortführung der Geschäfte der internationalen Gesellschaft in Berlin erhoben habe und sich als nicht sehr kooperativ erweise. Göring schlug Morgenthaler vor, im Einvernehmen mit den anderen Schweizer Psychotherapeuten eine neue Landesgruppe zu bilden. In diesem Sinne habe er bereits Bjerre und Brüel benachrichtigt. Morgenthaler dankte am 25.11.1940 für Görings Vertrauen und betonte, daß er hoffe, bereits während des Krieges aktiv werden zu können. Außerdem berichtete er von Meiers Bericht vor der Gesellschaft für Praktische Psychologie. Morgenthaler habe eingewandt, daß die Vereinigung als Landesgruppe der internationalen allgemeinen ärztlichen Gesellschaft zu stark mit dem Namen von Jung verbunden sei (man spreche nur vom »Jung-Club«); von der Versammlung sei vorgeschlagen worden, daß Morgenthaler und Meier eine Organisation, unabhängig von Jung aufbauen sollten. Nun sei er, Morgenthaler, der Auffassung, daß Meier in der bisherigen Vereinigung bleiben solle und Morgenthaler die bestehenden lokalen psychologischen, psychotherapeutischen, psychotechnischen, eventuell auch psychohygienischen und ähnliche Vereinigungen der Schweiz zu einer Dachorganisation zusammenfassen wolle. Einstweilen sei es sinnvoll, die Vereinigung auf Schweizer Boden zu etablieren, und erst dann (nach dem Krieg) internationale Beziehungen aufzunehmen, weil im Augenblick die Gefahr bestehe, von der »ungeheuren Wucht« der »neuen deutschen geistigen Strömungen überrannt zu werden«. Trotzdem sei er als »rechter Schweizer« gern bereit, nach dem Krieg internationale Beziehungen aufzunehmen. Göring begrüßte Morgenthalers Schreiben in seiner Antwort am 12.12.1940 als eine Bestätigung des vom »Deutschen Institut« beschrittenen Weges des Zusammenschlusses aller Psychotherapeuten. Denn nur als geschlossene Einheit könne die Psychotherapie Einfluß gewinnen.

Göring versuchte, auch bei den Schweden Rückendeckung für seine Pläne zu finden. Bjerre ließ sich dabei allerdings nicht wie eine Schachfigur hin- und herschieben – er setzte sich auch mit der Ideologie des Nationalsozialismus auseinander. Zunächst hatte er Hitlers »Mein Kampf« mit großem Interesse gelesen und er drückte sich so vorsichtig aus, daß Göring darin Beifall zu hören meinte und seine Freude darüber zum Ausdruck brachte, daß Hitlers Ideen im Ausland so viel Interesse fänden (an Bjerre, 22.5.39).

Daß Bjerre »Mein Kampf« anders aufgefaßt hatte, als Göring wohl zunächst verstanden hatte, bezeugt sein Schreiben vom 31.10.1939:

»Danke für Ihre Freundlichkeit, mir die Reden Ihres Führers zu senden; ich hatte sie schon teilweise im Radio gehört und sie sind für alle, die ihn kennenlernen wollen, ein wichtiger Beitrag. Dr. Ljunggren hat mir erzählt, daß Sie während des Gesprächs im Sommer sagten, daß nur ein Deutscher ›Mein Kampf‹ verstehen kann; ›man muß das lesen können, was zwischen den Zeilen steht‹. Unzweifelhaft lesen wir, die draußen stehen und die Auswirkungen vom ›Mein Kampf‹ von der Ferne in ihrer Ganzheit überblicken, etwas anderes aus diesem Buch heraus als Sie, die drinnen sind und in seinem Geist leben. Ich kann nie die Stimme Hitlers hören oder etwas von ihm lesen, ohne von der Tragödie Deutschlands so stark erschüttert zu werden wie von nichts anderem. Sie haben unzweifelhaft in dem Recht, was Sie einmal zu mir schrieben, daß Hitler das Kollektiv des deutschen Volkes ist – zum Kollektiv gehört aber auch die letzte Tiefe der Tragödie. Was wir vor allem zwischen den Zeilen in ›Mein Kampf‹ lesen, ist gerade diese Tiefe.«

Obwohl Bjerre den Abgrund, auf den Deutschland zusteuerte, schon weitsichtig wahrnahm, suchte er den Kontakt zu den deutschen Kollegen weiterhin und bat darum, zu Kongressen eingeladen zu werden. Das ermutigte Göring, sich an Bjerre zu wenden, nachdem Jung sich von der Gesellschaft zurückgezogen hatte, und ihn darum zu ersuchen, an den Beschlüssen der Wiener Delegiertenversammlung festzuhalten, wenn Meier ihn um eine Stellungnahme bitten sollte (12.11.40). Auch Bjerre zog sich zurück, indem er dafür plädierte, die Aufgaben der Internationalen bis zum Ende des Krieges ruhen zu lassen. Er brachte dabei seine Sorge zum Ausdruck, daß eine Fortsetzung der Arbeit die Aussicht auf eine zukünftige Arbeit zerstören könnte. »Wenn ein derartiger Gegensatz in einer kulturellen Gemeinschaft entstanden ist, existiert diese Gemeinschaft nicht mehr als lebendige Tatsache, sondern nur als Fiktion« (16.12.1940).

Die fachlich kollegialen Beziehungen schienen auch weiterhin gut zu funktionieren. Bjerre bat Göring um Unterstützung für einen seiner Patienten, der ihn wegen Schlaflosigkeit aufgesucht hatte. Der Mann sei mit einer Dänin verlobt und wolle sie auch heiraten, sei aber von ihr durch die Absperrung getrennt. Göring möge sich dafür einsetzen, daß eine Ausnahme gemacht würde (5.12.41). Göring wandte sich daraufhin an den deutschen Gesandten in Kopenhagen, den er persönlich kannte. Tatsächlich konnte eine Ausnahme erwirkt werden. (Gö/Bj, 16.12.41). Ebenso wie in Holland (Juli 1940) unter van der Hoops Leitung entstand nun auch in Schweden ein Lehr-, Ausbildungs- und Forschungsinstitut, um dessen Aufbau sich Bjerre bemühte (Bjerre/Gö, 5.2.41).

In einem internen Bericht Görings über seinen Aufenthalt in Stockholm vom 29.1. bis 3.2.1943 heißt es über seine Unterredung mit Bjerre, daß der ihn davon habe überzeugen wollen, daß die Demokratie die einzig richtige Staatsform sei. Er habe kein Verständnis dafür gehabt, daß nach dem Krieg in Europa die Demokratien verschwinden würden. Sein oberster Gesichtspunkt sei die Freiheit des Menschen gewesen. Deshalb habe er sich dagegen gewehrt, eine vom schwedischen Staat abhängige Stellung anzunehmen und habe auch den Vorsitz der Schwedischen Gesellschaft für Psychotherapie niedergelegt und ein privates Ausbildungsinstitut für Ärzte und Theologen in Psychotherapie gegründet. Er halte es für besonders wichtig, daß Psychotherapie und Pädagogik keine Berührungspunkte hätten, da die Psychotherapie »kosmisch eingestellt« sein müsse. Eine Zusammenarbeit der Schwedischen Gesellschaft mit der Internationalen Gesellschaft für Psychotherapie, deren Geschäfte von ihm, Göring, geführt würden, habe er abgelehnt, da er glaubte, daß die Deutschen die Psychotherapie der anderen Länder allzustark beeinflussen wollten. Bisher habe er noch keine Beeinflussung bemerkt, meine aber, daß das doch eines Tages kommen müsse. Selbst zu einem Vortrag Görings habe sich Bjerre mit einer fadenscheinigen Begründung entschuldigen lassen. Von Tilgraen, einem Internisten, sei Göring mitgeteilt worden, daß Bjerre sowohl in Ärzte- als auch in Psychotherapeutenkreisen zwar als Wissenschaftler anerkannt sei, als Praktiker aber keine besondere Bedeutung habe, da er allzustark in philosophischen Gedankengängen lebe und verschroben und eigenwillig sei.[14] Tillgraen setzte sich für eine gemeinschaftliche Arbeit zwischen der Deutschen und Schwedischen psychotherapeutischen Gesellschaft ein. Görings Vortrag über die Grundlagen der Psychotherapie stieß in Schweden auf großes Interesse. Etwa 500 Zuhörer seien gekommen; unter ihnen der italienische und schweizerische Gesandte sowie etwa 30 Ärzte. Nach dem Vortrag hätten sich viele Zuhörer bei ihm bedankt; besonderen Eindruck hätte es gemacht, daß Göring betont habe, daß jedes Land seine eigene Psychotherapie entwickeln müsse unter Berücksichtigung seines Brauchtums, seiner Religion, seiner Geschichte und seiner Landschaft, und daß jeder Psychotherapeut »Ehrfurcht vor der Seele seines Volkes haben müßte.«

Bei dem Besuch des Kinderheims von Herrn Ritter, in dem zur Zeit 22 geisteskranke Kinder, die an Schizophrenie litten, beobachtet würden, habe er Ritter darauf aufmerksam gemacht, daß diese Art der Forschung in Deutschland auf kein besonderes Interesse stoße und er es für sinnvoll halte, wenn Ritter sich »erbgesunden Kindern« zuwende.

In Schweden gebe es kein Institut, in dem Psychotherapeuten ausgebildet würden, abgesehen von dem privaten von Bjerre. Jeder, der sich psychotherapeutisch ausbilden lassen wolle, müsse ins Ausland gehen. Auch sei Psychotherapie nicht auf Ärzte beschränkt. Anhänger Freuds, Adlers oder Jungs seien bei den führenden Psychotherapeuten in der Minderzahl (interner Bericht, 5.2.43).

In Norwegen bestand noch keine Landesgruppe der Internationalen allgemeinen ärztlichen Gesellschaft für Psychotherapie, lediglich eine Landesgruppe der Internationalen Psychoanalytischen Gesellschaft unter Leitung von Professor Schjelderupp. Nach seiner Aussage habe die norwegische Gruppe schon seit Jahren keinen engen Kontakt mehr mit der Internationalen Psychoanalytischen Vereinigung, da die norwegische Gesellschaft die orthodoxe Haltung der Internationalen Gesellschaft nicht mitmachen wolle. Professor Schjelderupp beabsichtige, die norwegische Landesgruppe nach dem Krieg in »unsere Gesellschaft« zu überführen (Bericht von Göring über Psychotherapeuten in den besetzten Gebieten, undatiert, wahrscheinlich 21.11.1940).[15]

Bei Görings Versuch, eine neue Internationale Psychotherapeutische Gesellschaft unter deutscher Führung zu gründen, war sein Ansprechpartner in Frankreich Laforgue.[16] Dr. Knapp von der Auslandsabteilung der Reichsärztekammer entwarf folgendes Bild von Laforgue (Knapp/Göring, 27.11.1940):

»Er ist eher eine deutsche Type trotz des französischen Namens, gebürtiger Elsässer, hat den Weltkrieg als Freiwilliger auf deutscher Seite mitgemacht und sich dabei mit seiner Familie, die zwar auch aus dem Elsaß stammt, aber französischen Ursprungs ist, überworfen. Dr. Laforgue hat auch in Deutschland (Freiburg und Berlin) studiert und besitzt die deutsche Approbation. In Frankreich scheint er der wichtigste Vertreter der neueren psychologischen und psychoanalytischen Forschung im Kreise der praktischen Ärzte zu sein. Er ist Mitbegründer der Französischen Psychoanalytischen Gesellschaft, war jahrelang in deren Vorstand und hat deren Zeitschrift bis vor 3 Jahren herausgegeben.

Dr. Laforgue glaubt in der Lage zu sein, ohne Mühe die französischen Ärzte seines Forschungsgebietes, die für das neue Europa wichtig und wertvoll sind, unter gleichzeitiger Ausschaltung der Juden und ausgesprochenen Judenfreunde zusammenfassen und dem von Ihnen geleiteten Internationalen Verband für Psychotherapie zuführen zu können. Jedenfalls hat er dieses Angebot gemacht, was mir beachtenswert erscheint.

Persönlich macht Dr. Laforgue den Eindruck eines ruhigen, zielbewußten und kenntnisreichen Gelehrten. Er ist etwa 45 Jahre alt und mit einer Französin verheiratet, deren Vater französischer Botschafter war und der sich noch heute in der Umgebung des Marschalls Pétain befindet.

Für Laforgue erhebt sich jetzt die Frage, ob er als Elsässer sich für die deutsche Staatsangehörigkeit entscheiden soll oder ob er Franzose bleiben will. Er bat mich, daß von unserer Seite überlegt werde, auf welche Weise er am besten der gemeinsamen Sache dienen könne. Falls er sich für Deutschland entscheiden sollte, hegt er den Wunsch, an irgendeiner deutschen Universität einen entsprechenden deutschen Lehrauftrag zu

erhalten. Aufgrund seiner persönlichen Erfahrungen, und vor allem aufgrund schlechter Erfahrungen, die seine Frau gemacht haben soll, möchte das Ehepaar jedoch nicht nach dem Elsaß zurück. Meine Bemerkung, daß vielleicht gerade an der Universität Straßburg die Möglichkeit eines Lehrauftrags für einen geborenen Elsässer bestände, führte zu einer Einschränkung der Ablehnung einer Rückkehr in das Elsaß. Bei einem Verbleiben in Paris gibt es natürlich zwei Möglichkeiten, einmal, daß Herr Laforgue Franzose bleibt und an der Verständigung zwischen Deutschland und Frankreich in seinem umfangreichen und einflußreichen Kreis weiterarbeitet, die zweite Möglichkeit wäre die, daß er Deutscher wird, aber in Paris bleibt, doch dürfte diese letztere Möglichkeit kaum in Frage kommen, da nach der neuesten Gesetzgebung Frankreich nach Möglichkeit alle politisch unerwünschten ausländischen Ärzte von der Praxis in Frankreich ausschließen will.
Ich muß noch auf einen Umstand hinweisen, der Dr. Laforgue belastet. Dr. Laforgue erzählte mir ausführlich, wie er in den letzten Jahren eine politische Wandlung durchgemacht habe. Er gehöre seit Jahren der Gruppe Dauriot an, mit der Deutschland m. W. z. Zt. politisch zusammenarbeitet. Dauriot ist Idealist und früherer Kommunist, der sich aber vor Jahren von Moskau losgelöst hat. Der Anschluß Laforgues an diese Bewegung zeigt immerhin, daß Laforgue kein politischer Streber ist, sondern ernst sich in den Dienst der Allgemeinheit zu stellen suchte. Er erzählte dann aber weiter, daß er die nationalsozialistische Bewegung aus der Ferne verfolgt, jedoch deren Einstellung zum Judenproblem nicht verstanden habe. Er war deshalb vorübergehend Mitglied und sogar Vorstandsmitglied der berüchtigten *Ligue Internationale contre l'antisémitisme* (LICA). Herr Laforgue erzählte dann ausführlich, wie er durch weitere Beobachtung und persönliche Erlebnisse dann zu dem Verständnis des deutschen antisemitischen Standpunktes gekommen sei. Er habe dann bereits 1936 seinen Austritt aus der LICA erklärt und sei seither offen auf der Seite der antisemitischen Bewegung. Diese Erklärungen wurden in glaubwürdiger Form vorgetragen und begründet, ich werde jedoch bei Gelegenheit noch versuchen, aus anderen Quellen diese Erklärungen nachzuprüfen.«

Unter den Psychotherapeuten, die »um Laforgue« seien, wird auch J. Lacan genannt. Dr. Dillenburger[17] holte ebenfalls Informationen über Laforgue ein (auszugsweise Abschrift aus einem Brief von Göring an Dillenburger, 16. 12. 41). Göring gab darin eine Beurteilung von Dr. Knapp weiter, in der es heißt, daß Laforgue »bis vor drei Jahren noch ziemlich liiert mit jüdischen Größen gestanden« habe, auch mit Freud selbst, seinerzeit aber zu seinem Gegner geworden sei und ihn bekämpfe. Auch sonst hatte sich Laforgue als überaus »geeignet« erwiesen:

285

»L. nannte mir Pariser Persönlichkeiten, die er für eine große Gefahr für die Annäherung zwischen beiden Völkern hält. Er meinte, noch sei es Zeit, aber nicht mehr lange dürfe gewartet werden, um den unheilvollen Einfluß gewisser Persönlichkeiten durch Ausweisung auszuschalten. Er meinte, ich sollte Minister Göbbels davon wissen lassen. Ich will nun mal zum ›General‹ der Flieger von Paris gehen und mit dem über diese Dinge sprechen und dann mit der Gestapo, ...«

Obwohl sich Laforgue hier zur Kollaboration anbot, wurde das Buch, um dessen Veröffentlichung in Deutschland er sich bemühte, von Göring und von von Hattingberg als »zu psychoanalytisch« beurteilt und »in unklarer Weise mit Jungschen Ansichten vermengt«. Politisch untragbar sei zum Beispiel die Annahme, »daß das jüdische Wesen durch Umwelteinflüsse und nicht rassisch bedingt ist.« Ein Druck wurde deshalb abgelehnt (31.12.1941).

Nicht nur die Deutschen waren in fataler Weise mit dem Nationalsozialismus verwoben, sondern auch verschiedene ausländische Psychotherapeuten. Neben Abgrenzungsschwierigkeiten auf einer rein menschlichen und auch kollegialen Ebene spielten sicher persönliche Motive eine Rolle: während die einen gehofft haben mögen, Freunde und Verwandte decken zu können oder gar zu retten, gab es andere, die daran interessiert waren, um fast jeden Preis ihre Publikationen zu veröffentlichen. Die politischen Verhältnisse drückten all diesen persönlichen Bestrebungen unmißverständlich ihren Stempel auf.

6.6. Die Selbstdarstellung der deutschen Psychotherapeuten auf Kongressen

Die nationalsozialistische Machtergreifung und die schlechte wirtschaftliche Lage der Psychotherapeuten führten dazu, daß der 7. Kongreß der allgemeinen ärztlichen Gesellschaft für Psychotherapie, der in Wien mit Kretschmer, Schilder, Hartmann, Anna Freud und Charlotte Bühler am 9.4.1933 mit dem Thema »Psychotherapie der Reifungskrisen«, tagen sollte, um ein Jahr verschoben wurde. Der statt dessen in Bad Nauheim abgehaltene Kongreß hatte allerdings ein fundamental anderes Gepräge: Seif, J. H. Schultz, Heyer, Gauger, Jung, Bjerre, Brüel, Meinertz, Künkel, Mohr und Speer waren die Referenten – an psychoanalytische Beiträge oder Vorträge, die von jüdischen Psychotherapeuten gehalten werden könnten, war nicht mehr zu denken.

Ein tatsächlicher Dialog zwischen der Psychoanalyse und den verschiedenen anderen therapeutischen Richtungen war damit radikal abgebrochen. Der Versuch, die Auseinandersetzung in Kopenhagen auf internationalem Forum, in Form des 8. Kongresses fortzusetzen, den deutsche Psychotherapeuten und Psychoanalytiker, die der Stekelschen und der Freudschen Richtung angehörten, unternahmen, wurde von Heyer vereitelt. Cimbal, der darüber an den Generalsekretär der Internationalen allgemeinen ärztlichen Gesellschaft für Psychotherapie, C. A. Meier berichtete, führte weiter aus, daß ein Kongreß außerhalb Deutschlands der agitatorischen Grundlage, aus der heraus die psychotherapeutische Bewegung entstanden sei, entbehre und damit zu rechnen sei, daß die Kongreßbesucher lediglich 10 RM Devisen zugebilligt bekämen (5.11.33).

Die Politisierung des Kongresses mußte nun auch für Meier klar erkennbar sein. Verführt durch das Angebot der Ausschaltung der Freudschen und der Stekelschen Richtung und der damit verbundenen Stärkung der Jungschen Position stimmte Jung den deutschen Plänen zu.

Auf dem Nauheimer Kongreß vom Mai 1934 wurde die Deutsche Gesellschaft für Psychotherapie als Landesgruppe der überstaatlichen Gesellschaft für Psychotherapie gegründet. Die Gründungsmitglieder der Deutschen Gesellschaft waren: Cimbal als Geschäftsführer, Haeberlin, von Hattingberg, Heyer, Künkel, I. H. Schultz, Schultz-Hencke, Seif, Weizsäcker und natürlich Göring, der, gemäß dem Leitgedanken der nationalsozialistischen Regierung, zunächst als »Führer der deutschen Psychotherapeuten« ernannt wurde (später wird der Terminus Führer zurückgenommen). Die Akzentuierung des speziell Nationalen wurde durch den Plan der nationalsozialistischen Psychotherapeuten, jeder der Landesgruppen ein Heft des Zentralblatts zu widmen, besonders deutlich: dementsprechend sollte es ein holländisches, ein dänisches, ein schweizer und ein skandinavisches Sonderheft geben. Damit hatte sich die »Deutsche Psychotherapie« ihr Forum geschaffen. Göring war sehr darum bemüht, den ausländischen Kongreßbesuchern ein positives Bild vom neuen Deutschland zu vermitteln: »Unsere ausländischen Freunde bitte ich, von ihrem Erleben bei uns in Deutschland in ihrer Heimat zu berichten. Erzählen Sie, daß ein SA-Mann in Zivil den Kongreß geleitet und ein SA-Mann in Uniform (Gauger) zum Gelingen beigetragen hat, aber daß wir nationalsozialistischen Ärzte, nationalsozialistischen Akademiker uns ganz für unsere Idee einsetzen aus Liebe zu unserem Volk.« (Schlußansprache, Kongreß für Psychotherapie, Bad Nauheim, 10. bis 13.5.1934).

Die Kongresse mußten sowohl vom Ärzteführer als auch vom Gauleiter und letztlich von der Staatspolizei genehmigt werden. Die Genehmigung wurde oft erst eine Woche vor Kongreßbeginn erteilt, darüber äußerte sich Cimbal an Meier (7.3.35) äußerst beunruhigt. Von den 1200 verschickten Einladungen wurden 200 den deutschen Mitgliedern zugestellt, 80 gingen nach Holland, nach Ungarn, Dänemark und Schweden je 50–100 an deutsche Sonder- und Ortsgruppen, 200 an die Badeverwaltung von Bad Nauheim zur Verteilung an dortige Ärzte, 70 an die Schweizer Ländergruppe und 300 an einzelne Anfragende. Schon aus dieser Verteilung wird deutlich, daß die deutsche Gruppe eindeutig die mächtigste war.

Der erste Kongreß der deutschen allgemeinen ärztlichen Gesellschaft für Psychotherapie in Breslau (3.–6. 10. 35) wurde von dem Gauamtsleiter Dr. Peschke, dem Vertreter des Reichsärzteführers Wagner, eröffnet. Er appellierte an den Arzt in seiner Funktion als Pädagoge und als Führer, der die Gesundheitsführung des gesamten deutschen Volkes in die Hand nehmen solle. »Objekt seiner Beeinflussung muß werden der gesamte Volkskörper«. Die »Schlacke« dieses Körpers, seine »rassefremden« und »erbkranken« Bestandteile müßten ausgeschieden werden, kraft einer gesunden Volksseele, die ihre Solidarität in der Volksgemeinschaft finde. Die Aufgabe der psychotherapeutischen Gesellschaft sei eine wissenschaftlich-ärztliche, Gesellschaften übergreifende und weltanschauliche Schulung und Erziehung der Ärzte. Göring hob in seiner Begrüßungsansprache besonders die internationale Anerkennung dieses ersten Kongresses der Deutschen allgemeinen ärztlichen Gesellschaft für Psychotherapie hervor, indem er herzliche Grüße von Jung verkündete und ein gutes Einvernehmen der holländischen, schweizer, dänischen und schwedischen Landesgruppen der Internationalen ärztlichen Gesellschaft für Psychotherapie. Während die Vertreter dieser Landesgruppen 1934 noch zögernd nach Nauheim gekommen seien, sei nun, 1935 klar, daß sie herzlich aufgenommen würden und kein Grund zur Beunruhigung vorliege. Neben einem Grußtelegramm, in dem die deutsche allgemeine ärztliche Gesellschaft Hitler »treue Gefolgschaft und bedingungslosen Einsatz« zusicherte, wurde auch Wagner gelobt, seinen Ausführungen auf dem Nürnberger Parteitag getreu, die »naturgegebene und gottgewollte Ungleichheit des Menschen« anzuerkennen und den harten Willen zum Leben des Nationalsozialismus einer weichen Schicksalsergebenheit entgegenzusetzen.

Hanse formulierte in seinem Beitrag »Konstitution, Neurose und biozentrische Gesundheitsführung« die Erwartungen, die an die Psychotherapie gerichtet waren. Die »kollektiven Umweltmöglichkeiten Adlerischer Richtung« oder auch die »Freudsche Analyse in ihrer einseitig intellektualistischen Überwertung sexueller oder libidinöser Vorgänge« reiche nicht aus, um eine »dem germanischen Empfinden entsprechende biozentrische Seelenführung« zu entwickeln, allein Jungs biologisch fundierte synthetische Höherentwicklung »unter Miterweckung aller blutmäßigen verwurzelten biologischen Regulationen und Strebungen« könne die »durch vorderasiatisch-orientalische Denkgewohnheiten beeinflußten Geisteshaltungen ändern, und durch nordisches Yogatum zur körperlichen Kräftigung und seelischen Aufnordung« des Volkes führen. Vielerlei pädagogische Maßnahmen hätten inzwischen ihre Bedeutung verloren, seit die deutsche Jugend durch HJ, BDM, SA, SS und Arbeitsdienst systematisch neurosenfeindlich und durch die völkische Wehrhaftigkeit im Sinne Künkels und politische Bezogenheit nach Gauger geschult worden sei. (Kongreßbericht der Deutschen allgemeinen ärztlichen Gesellschaft für Psychotherapie, Breslau, 1935, S. 48f.)

Dem Kongreß in Breslau (1935) folgte der 9. Internationale Kongreß für Psychotherapie in Kopenhagen. (2.–4. 10. 37).

Bjerre hatte das Thema »Rasse und Tiefenpsychologie« vorgeschlagen. Göring meinte, daß Jung wohl selber darüber sprechen wolle, da es ihn ja seit vielen Jahren schon beschäftige (Göring/Curtius, 7. 2. 37). Jung antwortete (4. 3. 37): »Ist der sanfte Dr. Bjerre eigentlich vom Teufel gestochen, daß er über ein solches Thema (Rasse und Tiefenpsychologie) in Kopenhagen sprechen möchte? Ein solches Thema kann zur Zeit nur in Deutschland diskutiert werden. Außerhalb der Grenzen ist die Atmosphäre dazu viel zu sehr erhitzt.«

Nur schwer kann man sich vorstellen, was Jung hier unter Diskussion versteht: die Position der Nazis zum Thema Rasse war ja ideologisch klar definiert, so daß eine Diskussion sich erübrigte. Die praktische Umsetzung der nationalsozialistischen Ideologie, die Judenverfolgung, war bereits in vollem Gange; es wäre lebensgefährlich gewesen, eine Gegenposition zu vertreten. In Kopenhagen sollten nach Görings Vorschlag Boehm und von Weizsäcker als Hauptreferenten der deutschen Gruppe sprechen. Für vier Tage erhielt jeder Kongreßteilnehmer insgesamt nur 60 Mark Devisen.[1] Wirz, von der Hochschulkommission der NSDAP, kommentierte Görings Bericht über den Kopenhagener Kongreß kritisch:

»Vor allem hat mich Ihre Feststellung interessiert, daß die psychoanalytische Richtung von Freud verhältnismäßig wenig stark hervorgetreten ist. Haben Sie als Delegationsführer von irgendeiner deutschen Dienststelle vor Ihrer Abreise Kenntnis erhalten, daß der Berliner Jude, Dr. Neugarten, einen Vortrag in Kopenhagen halten soll? ... Ihr Vorschlag, das Hauptthema für die nächste Tagung »Tiefenpsychologie und Rasse« zu nehmen, hat mich offen gesagt leicht erschüttert. Soweit sind wir doch noch lange nicht! Die Dinge müssen von selbst reifen, genauso wie das auf den internationalen eugenischen Kongressen vor sich gegangen ist. Es hat doch gar keinen Zweck, von uns aus die Gegner mit einem derartigen Thema zu provozieren, besonders zumal das Thema »Tiefenpsychologie und Rasse« bei uns doch selbst noch nicht genügend unterbaut ist, um vor einem internationalen Forum hieb- und stichfest zu sein. War es nicht möglich gewesen, bevor Sie offiziell als nächsten Tagungsort Nauheim vorschlugen, um dann schließlich einen Korb zu bekommen, dies mit den hauptsächlich beteiligten Nationen inoffiziell zu klären? So machen wir das nämlich auf allen anderen internationalen Kongressen. Selbst wenn hier die endgültige Wahl des Tagungsortes, wie ich Ihrem Bericht nach annehme, aus durchaus sachlichen Beweggründen entschieden wurde, so macht es in der Öffentlichkeit doch einen schlechten Eindruck, wenn ein Angebot Deutschlands unter den Tisch fällt« (13. 10. 37).

Die deutschen Psychotherapeuten waren sehr interessiert daran, in der internationalen Öffentlichkeit einen guten Eindruck zu machen und sich mit allzu »anstößigen« Themen zurückzuhalten. Die Naivität, mit der Göring das Thema »Rasse und Tiefenpsychologie« aufgegriffen hatte, läßt darauf schließen, daß er die politische Tragweite und die persönliche Tragik, die für einzelne damit verbunden war, noch nicht begriffen hatte. (Obwohl die Nürnberger Gesetze ja bereits im Herbst 35 verabschiedet worden waren). Göring rechtfertigte Wirz gegenüber sein Verhalten:
»Daß der Berliner Jude, Dr. Neugarten, in Kopenhagen sprechen würde, wußte ich aus dem Programm. Ich habe beim Reichsinnenministerium angefragt, wie ich mich dazu verhalten solle, worauf mir gesagt wurde, ich solle mich nicht um ihn kümmern, Devisen erhalte er nicht. Die Wahl des nächsten Tagungsortes ging folgendermaßen vonstatten: in der Sitzung der 10 Delegierten wurde der Tagungsort Bad Nauheim einstimmig angenommen. Eine öffentliche Sitzung aller Mitglieder gibt es bei der internationalen Gesellschaft nicht, da diese keine Einzelmitglieder hat (abgesehen von den in Deutschland lebenden Juden). Die Landesgruppe als solche ist Mitglied ... Am Abend des gleichen Tages kam Prof. Jung zu mir und trug mir die Bitte der Engländer vor. Da die sachlichen Gründe mir einleuchteten und keine Devisenschwierigkeiten entstehen würden, hielt ich es für einen Akt der Höflichkeit, den Engländern entgegenzukommen, was auch anerkannt wurde. Über das Thema »Tiefenpsychologie und Rasse« möchte ich gern mit Ihnen gelegentlich persönlich sprechen« (15. 10. 37).

Daß nicht selbstverständlich jeder Interessent an einem internationalen Kongreß zugelassen wurde, zeigt das Schreiben der deutschen Kongreßzentrale an Göring vom 26. 8. 1937. Demnach wurden zum Kopenhagener Kongreß »angesichts der ernsten Devisenlage« sechs Interessenten gestrichen (Ehepaar Unruh, Sorge, von Abercron, Hochstetter und Stackmann).

Gemessen an den Einladungen an Partei- und Staatsstellen, verfügte das Institut über ein weitgespanntes Netz von Kontakten. So erzielten zum deutschen Kongreß von 1938 folgende Personen des öffentlichen Lebens und Institutionen eine Einladung: Prof. Wirz, Dr. Linden, das Reichsgesundheitsamt, das Hauptgesundheitsamt Berlin, die Ärztekammer Berlin, SS-Obersturmführer Ehlich, Beauftragte für das ärztliche

Fortbildungswesen, Sanitätsamt Heer, Sanitätsamt Marine, Sanitätsamt Luftwaffe, heerespsychologisches Labor, Reichsärztekammer, Reichsarbeitsdienst (Kondeyne?) Reichsarbeitsministerium (Martinek), Erziehungsministerium (Hörmann), Reichsjustizministerium (Jedzinek), der Reichsärzteführer und die Fachgruppe Privatkrankenhäuser.

Auf Bitten der Deutschen sollte der 10. Internationale Kongreß wegen Devisenschwierigkeiten wieder in Deutschland stattfinden. In Frankreich sei die Basis der Psychotherapie nicht genügend ausgebaut, da nur die Psychoanalytiker organisiert seien. Man entschied sich schließlich für London als folgenden Kongreßort. Die Deutschen sollten wegen der begrenzten Deviseneinfuhr eingeladen werden (Z. f. P., Band 10, 1937, H. 3). In der gesamten Kongreßkorrespondenz nahm der Oxforder Kongreß (29.7.–2.8.1938) eine besondere Stellung schon durch den Umfang der Korrespondenz ein. Sein Thema lautete »Die Psychotherapie der einzelnen Lebensphasen«.

Strauss, Mitbegründer der englischen Landesgruppe, äußerte Jung gegenüber die Besorgnis, daß nichtarische Redner vom Oxforder Kongreß ausgeschlossen werden könnten. Die Engländer fürchteten, nicht mehr Herr im eigenen Haus sein zu können. Jung betonte, daß das entgegen der Satzung der Internationalen Gesellschaft sei. Als einzige Bedingung sei zu stellen, »daß jeder, arisch oder nicht, sich jeglicher Bemerkung enthält, die die politische Psychose unserer Tage zum Aufflammen bringen könnte. Sollte ein Redner diese Grenze überschreiten, würde ich ihn sofort unterbrechen. Ein wissenschaftlicher Kongreß ist nicht der Ort für politische Torheiten« (Jung/Strauss, 26.3.1938; Jaffé, 1974, S. 307).

Wie sehr die Teilnehmer an internationalen Kongressen unter die Lupe genommen wurden, zeigt das Schreiben vom 16.7.38 des Reichsministers des Inneren (Cropp) an Göring: fünf der vorgeschlagenen Teilnehmer wurden zurückgewiesen. »Dr. Röper, Hamburg, ist Mischling ersten Grades und wird auch sonst vom Gauamtsleiter nicht günstig beurteilt. Die Ehefrau von Dr. Brilmayer ist Volljüdin. Dr. Schmuttermeyer ist nach Mitteilung des Beauftragten des Reichsärzteführers in Wien politisch nicht tragbar«.[2] Eine Abschrift dieser Mitteilung ging an den Stellvertreter des Führers, das Auswärtige Amt, den Reichsminister für Wissenschaft, Erziehung und Volksbildung, den Reichsärzteführer, die Leitung der Auslandsorganisation der NSDAP, den Präsidenten des Reichsgesundheitsamtes und die deutsche Kongreßzentrale. Damit wurde also ausgeschlossen, daß einer der unerwünschten Teilnehmer doch an dem Kongreß teilnehmen konnte.

Devisenanträge mußten gestellt, ein Verzeichnis der Teilnehmer mußte vom Reichs- und Preußischen Ministerium des Inneren (Ministerialrat Dr. Linden) bewilligt werden. Von den 35 vorgesehenen deutschen Teilnehmern sollten die 7 Abteilungsleiter des Instituts voll eingeladen werden (Künkel, Heyer, Kranefeldt, König-Fachsenfeld, von Staabs, Curtius und Göring); die anderen nur teilweise. 50 Mark Devisen waren für jeden beantragt, 10 Mark durfte jeder »auf eigene Faust« mitnehmen (Göring/Curtius, 22.5.38). Göring lehnte die Einladung der englischen Gastgeber ab, da natürlich auch Juden als Teilnehmer zugelassen wurden. Das geschah wohl nicht zuletzt unter dem Druck des Auswärtigen Amtes, das empört auf einen Brief von Gibbs-Smith reagiert hatte, der sich in die »internen Angelegenheiten« des Reiches eingemischt habe (Göring/Curtius, 14.6.38). Für die deutschen Teilnehmer folgte daraus, daß sich die Reise erheblich verteuerte, da mehr Devisen für die Unterbringung aufzuwenden waren. Da das mit den bewilligten 75 Mark nur schwer möglich war, verzichteten einige Teilnehmer.

Die Kongreßteilnehmer erhielten strengste Anweisungen: neben dem Straßenanzug sei ein Frack erforderlich mit Orden und Ehrenzeichen (Göring/Curtius, 30.6.38). Außerdem wurden die Vortragenden angehalten, nach einigen einführenden englischen Sätzen unbedingt ihren Vortrag auf Deutsch zu halten. (Hattingberg hatte ihn in englischer Sprache angezeigt). (Göring/Curtius, 11.7.38). Nach offiziellen Angaben (Z. f. P., 1940, H. 1) nahmen nur 13 Mitglieder der deutschen Landesgruppe unter den veränderten Bedingungen am Kongreß teil. Die von den Engländern erstellte Mitgliederliste wies allerdings 23 deutsche Teilnehmer aus. Demnach waren 10 deutsche Mitglieder Juden und wurden nicht in dem offiziellen Jahresbericht der deutschen Landesgruppe mitgezählt. Der Kongreß fand in »glänzenden Rahmen« statt und die deutsche Delegation wurde mit ungewöhnlichen offiziellen Ehren bedacht. In den meisten europäischen Ländern habe die Psychotherapie eine Outsider-Stellung; »vielleicht kann sie gar nicht offiziell werden und ein wenig Opposition gehört zu ihrem Wesen, wie das Protestieren zum Protestantismus.« An Jung wurde das Ehrendoktorat verliehen. 300 Teilnehmer aus 18 Ländern hofften, durch wissenschaftliches Zusammengehen eine Garantie für einen europäischen Frieden zu bieten. In seiner Eröffnungsrede stellte Jung sein 14-Punkte-Programm vor als Resultat der Zusammenarbeit der verschiedensten psychotherapeutischen Richtungen, aus denen die Gemeinsamkeiten herausgefiltert worden seien[3] (Z. f. P., 1938, H. 4/5). Sie seien von allen psychotherapeutischen Lehren bestätigt worden, und es finde in ihnen »keinerlei sektiererischer Standpunkt« seinen Niederschlag, sondern sie dienten »eher als Grundlage für die Medizinische Psychologie der Gegenwart«. Die Vereinheitlichung der Psychotherapie sei von vitaler Bedeutung für die medizinische Psychotherapie, um eine Lehrbarkeit zu gewährleisten. Nur so könne ein Gegenpol zu den »wilden Psychotherapien«[4] gebildet werden.

Auf der Vorstandssitzung der Internationalen Gesellschaft in Oxford wurde der nächste Tagungsort und die Wahl des Vizepräsidenten beraten. Dabei verwahrte sich Göring dagegen,

»daß man Deutschland als Initiant und immer noch größte Landesgruppe der Gesellschaft ganz aus den führenden Stellen des Vorstandes hinausdrängt. Jung erklärt, daß die Wahl eines neuen Vizepräsidenten in keiner Weise den Sinn einer politischen Geste habe. Göring betont, daß Deutschland in der Kongreßfrage schon in Kopenhagen zugunsten von England zurückgetreten sei unter der ausdrücklichen Bedingung, daß dafür das nächste Mal Deutschland als Kongreßland gewählt werde. Er wünscht die protokollarische Festlegung dieser Forderung. Im übrigen erklärt er sich auf die obige Zusicherung Jungs hin einverstanden mit der Wahl Crichton-Millers«. (Protokoll der Vorstandssitzung der Internationalen allgemeinen ärztlichen Gesellschaft für Psychotherapie, Meier u. Jung, 1.8.38.)

Für dieses Zugeständnis lobte Jung Göring ausdrücklich (6.10.38) und meinte, daß die Haltung der deutschen Delegation in der Frage der Vizepräsidentschaft einen ganz ausgezeichneten Eindruck gemacht habe. Im Vertrauen zitierte er den englischen Vizepräsidenten, Dr. Crichton-Miller, in bezug auf »gewisse jüdische Umtriebe«:

»Wir haben die Erfahrung gemacht, daß jene, die im Verdacht politischer Sabotage standen, sich völlig korrekt, ja sogar höflich, benommen haben. Wir müssen annehmen, daß diese Haltung weiter andauern wird, und infolgedessen dürfen wir nicht dulden, daß paranoide und subjektive Gefühle mit uns davonlaufen, und wir damit unsere Zeit verschwenden.«

Jung versicherte Göring, daß er durch sein verständnisvolles Entgegenkommen der deutschen Delegation ein beträchtliches moralisches Prestige geschaffen habe.

Die deutschen Delegationen im Ausland wurden aber nicht nur enorm reglementiert, sondern Göring wurde auch dazu aufgefordert, in raffiniertester Weise Propaganda zu betreiben. Als wichtiger Funktionär der Internationalen Gesellschaft wurde er von der deutschen Kongreßleitung dazu angehalten (25.11.38), seine persönlichen Kontakte zu prominenten Ausländern dazu zu nutzen, die internationale Union gegen Krebsbekämpfung zu unterlaufen, da der Generalsekretär der Gesellschaft »nicht nur jüdischer Herkunft« sei, sondern auch ein »skrupelloser internationaler Hochstapler«.[5] Göring wollte sich zunächst aufgrund der ungesicherten Zukunft der überstaatlichen Gesellschaft zurückhalten.[6]

Die enge Verflechtung zwischen öffentlichem Auftreten auf wissenschaftlichen Gesellschaften und internationaler Politik wird hier besonders prägnant deutlich. Auch Jungs Appell an die Objektivität der Mitglieder: die Gesellschaft solle eine Insel der Wissenschaft bleiben, um einzig und allein der Wahrheitserforschung zu dienen, trotz widriger äußerer Umstände (Protokoll der Vorstandssitzung vom 1.8.38), muß angesichts dieser propagandistischen Schachzüge naiv wirken.

1939 fand kein internationaler Kongreß statt. Lediglich trafen sich in Zürich die Delegierten der Internationalen Versammlung. Jung legte den Vorsitz nieder. Im Zentralblatt wurde zur Begründung angeführt, daß Meinungsverschiedenheiten wegen der Aufnahme Italiens, Japans und Ungarns in die Internationale Gesellschaft, die Ursache gewesen seien. Die deutsche Landesgruppe übernehme die Geschäftsführung unter Protest von C. A. Meier. Während des Krieges wurden alle bindenden Beschlüsse aufgeschoben (Z.f.P., 1940, H. 1, Bd. 12 und 1941, H. 1-2, Bd. 13).

6.7. Die Liquidierung des Wiener Psychoanalytischen Instituts und seiner Einrichtungen[1]

Am 12.3.1938 marschierten die deutschen Truppen in Österreich ein. Unter dem Vorsitz von Anna Freud hielt die Wiener Psychoanalytische Vereinigung am 13.3. eine Vorstandssitzung ab. Es herrschte eine gespannte Stimmung. Jeder wurde nach seinen Plänen gefragt. Sterba, dem am ehesten die Leitung unter deutscher Führung zugefallen wäre, entschloß sich, sobald wie möglich, Wien zu verlassen. Anna Freud bemerkte: »Wir waren alle überzeugt, daß sie nicht die Rolle hier spielen würden, die Felix Boehm in Berlin gespielt hat«. Die Beratung ergab schließlich, daß jeder möglichst fliehen solle, da vor allem der Antisemitismus der Nazis nicht nur lebensbedrohlich war, sondern auch jede Wirkungsmöglichkeit der Psychoanalyse unmöglich machen würde. Der Sitz der Vereinigung sollte dorthin verlegt werden, wo Freud sich niederlassen würde (Huber, 1977, S. 72). Am 16.3.1938 wurde A. Sauerwald[2], der der Psychoanalyse wohlwollend gesonnen war, von der NSDAP zum kommissarischen Leiter der »Wiener Psychoanalytischen Vereinigung«, des »Wiener Psychoanalytischen Ambulatoriums« und des »Internationalen Psychoanalytischen Verlags« eingesetzt. Zuerst sah es so aus, als könnte man diese Institutionen mit Hilfe des Deutschen Instituts für psychologische Forschung und Psychotherapie halten.[3] Am 18.3.38 telegraphierte Martin Freud an Müller-Braunschweig: »Nach Rücksprache mit nationalsozialistischen Parteistellen halte ich sofortige Anwesenheit in Wien wegen Erhaltung wertvoller wissenschaftlicher Verlagsaktiven sehr empfehlenswert. Martin Freud.«

Am 20.3.1938 fand eine Sitzung der Wiener Psychoanalytischen Vereinigung statt, die von Dr. A. Sauerwald geleitet wurde. E. Jones nahm

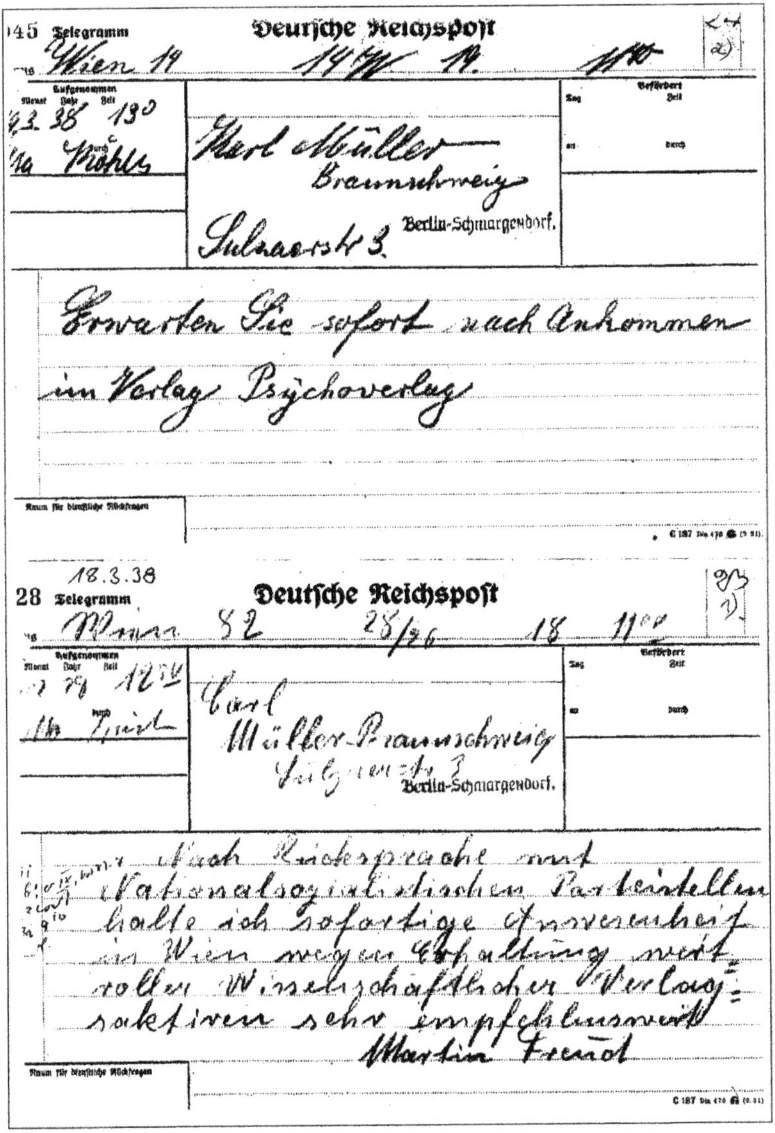

Abb. 20 Mit diesen beiden Telegrammen vom 18. und 19.3.1938 wurde Müller-Braunschweig von Martin Freud nach Wien gerufen.

als Präsident der Internationalen Psychoanalytischen Vereinigung an der Sitzung teil, außerdem Marie, Prinzessin von Griechenland (Vizepräsidentin der Internationalen Psychoanalytischen Vereinigung), Anna Freud (Stellvertreterin des Obmanns der Wiener Psychoanalytischen Vereinigung), Carl Müller-Braunschweig (Schriftführer der Deutschen Psychoanalytischen Gesellschaft und als Mitglied des Verwaltungsrates des Deutschen Instituts für psychologische Forschung und Psychotherapie) und schließlich A. Beranek (ehemaliger technischer Leiter des psychoanalytischen Verlags).[4] Folgende Mitglieder der Wiener Psychoanalytischen Vereinigung waren anwesend: Federn, Hitschmann, Bibring, Hartmann, Kries, Wälder, Hoffer, Steiner und Martin Freud.

Nach längerer Beratung wurde vorgeschlagen, daß S. Freud als Obmann der Psychoanalytischen Vereinigung, Müller-Braunschweig als Vertreter der Deutschen Psychoanalytischen Gesellschaft (hier nicht als Vertreter des Deutschen Instituts für psychologische Forschung und Psychotherapie bezeichnet) Rechte und Pflichten der Wiener Psychoanalytischen Vereinigung und ihr Vermögen treuhänderisch übergeben sollte. Göring stimmte diesem Vorschlag nach telefonischer Rücksprache Müller-Braunschweigs zu.

Aus handschriftlichen Notizen Müller-Braunschweigs geht hervor, daß, wahrscheinlich in kleineren Sitzungen, Fragen behandelt wurden, die die Bibliothek, die Eigentum Freuds war, das Vereinsvermögen, sowie die Teilnahme an Lehrveranstaltungen und die Fortführung des Ambulatoriums betrafen. Es wurde geplant, einen arischen Arzt von Berlin nach Wien zu schicken, da ja alle Mitglieder des Wiener Psychoanalytischen Instituts Juden waren und die Behandlungen ihrer Patienten abbrechen mußten. Dadurch gerieten viele Patienten in Not. Eine Unterstützung durch die Ärztekammer wurde nicht erhofft, da diese der Psychoanalyse feindlich gesonnen war. Zu den finanziellen Fragen ist vermerkt, daß keine Mahnungen an Zahlungsunfähige geschickt werden sollten, daß privatbeschlagnahmtes Geld zurückerstattet werden solle und schließlich, daß die Vereinsgelder an Sauerwald übergeben werden müßten. Den Verlag betreffend heißt es, daß die Interessentenkartei freizugeben sei, da sie der Internationalen Psychoanalytischen Vereinigung gehöre, außerdem das Archiv, ungebundene Drucke und die Handbibliothek, die Freuds Eigentum war. Die Liquidationszeit des Verlages sollte Ende 1938 beendet sein. Martin Freud ›verzichtete‹ auf einen Betrag von 60 000 Schilling (wohl Klientengelder und Privatvermögen?) zugunsten des hochverschuldeten Verlags. Außerdem hatte sich Müller-Braunschweig anscheinend auch um Pässe für die Familie Freud bemüht. Erwogen wurde, ob Frau Lampl[5] bereit sei, das Ambulatorium zu übernehmen. Dagegen empfahl Göring (20.3.38), daß die kommissarische Leitung des Ambulatoriums ein Psychotherapeut übernehmen solle, der außerhalb der einzelnen

Zusammenkunft
im kleinen Sitzungs saal der Wiener Psychoanalytischen Vereinigung
am 20.März 1938 3 Uhr nachmittags.

Es sind erschienen der von der NSDAP eingesetzte Kommissär Herr
Dr. Anton S a u e r w a l d
Herr Dr. Ernest Jones, als Präsident der Internat.Psychoanalytischen
Vereinigung.
Frau Marie Prinsessin von Griechenland, als Vice Präsidentin der Intern.
Psychoanalytischen Vereinigung.
Fräulein Anna Freud, als Vice Präsidentin der Internationalen Psycho-
analytischen Vereinigung und als Obmann Stellvertreter
der Wiener Psychoanalytischen Vereinigung.
Herr Dr. Carl Müller - Braunschweig,als Schriftführer der Deutschen
Psa Gesellschaft und als Mitglied des Verwaltungsrat
des Deutschen Institutes für Psychologische
Forschung und Psychotherapie, Berlin, in beratender
Funktion zu seiner Unterstützung von Herrn Dr. C.Müller
Braunschweig
Herr August B e r a n e k , Berlin,
Von der Wiener Psychoanalytischen Vereinigung der Obmann Stellvertreter
Herr Dr. Paul F e d e r n ,
als Mitglied des Vorstandes Dr. Eduard Hitschmann,Dr. Edw.Bibring,
Dr. H.Hartmann, Dr. E.Kris,Dr.Robert Wälder, Dr.W.Hoffer,von
Internationalen Psychoanalytischen Verlag Frau Berta Steiner,Herr
Dr. Martin J.Freud.

Nach längerer Beratung einigen sich die versammelten
Vorstandsmitglieder der Internationalen Psychoanalytischen Vereinigung
auf folgenden Vorschlag :
Der Obmann der Wiener Psychoanalytischen Vereinigung Herr Prof.Dr. Sigm.
Freud möge Herrn Dr. Carl Müller -Braunschweig als Vertreter der Deut-
schen Psychoanalytischen Gesellschaft ersuchen,dass diese Gesellschaft
als Treuhänderin die Rechten und Pflichten der Wiener Psychoanalytischen
Vereinigung und gleichzeitig auch das Vermögen übernehmen möge,
Herr Prof.Dr. Sigm.Freud nimmt diesen Vorschlag an.Herr Dr. Müller-
Braunschweig erklärt nach interurban telephonischer Rücksprache mit
Herrn Prof.Dr. Goering,dass die Deutsche Psychoanalytische Gesellschaft
bereit sei die Treuhänderrolle zu übernehmen.
Die im Protokoll genannten persönlich anwesenden Mitglieder und Vor-
standsmitglieder der Wiener Psychoanalytischen Vereinigung nehmen den
Sachverhalt zustimmend zur Kenntnis.

Wien, am 20.März 1938.

Abb. 21 Sitzungsprotokoll der Zusammenkunft am 20.3.1938 mit den Unterschriften der Beteiligten

Richtungen stehe. »Sonst haben wir nachher genau dieselbe Geschichte wie hier. Es ist viel unangenehmer, wenn später ein Psychoanalytiker ersetzt werden muß. Ich möchte auch keine einseitig gerichtete Zelle in Wien haben. Ich schlage Ihnen daher vor, Herrn von Kogerer[6] als kommissarischen Leiter zu benennen, falls der Kommissar damit einverstanden ist.«

Der Entwurf für den Bericht, den Sauerwald an Partei- und Dienststellen zu geben hatte (21.3.1938), stammte offensichtlich von Müller-Braunschweig.[7] Darin wurde die Funktion der Wiener Psychoanalytischen Vereinigung besonders hervorgehoben: sie sei zum Zweck der »psychoanalytischen Forschung und Heilweise und der Unterhaltung eines Ambulatoriums zur Behandlung der mittellosen Bevölkerungsklassen« gegründet worden. »Durch die psychoanalytische Heilweise werde die für das Volksganze in hohem Maße verderbliche Psychoneurose sowie die seelisch bedingten Erkrankungen behandelt.«

Interessanterweise wird das Deutsche Institut für psychologische Forschung und Psychotherapie lediglich als eine Erweiterung des Berliner Psychoanalytischen Instituts bezeichnet. Während Müller-Braunschweig Göring in seinem Bericht als »Reichsleiter der deutschen Psychotherapie, Prof. Dr. M. H. Göring und Senior der Familie des Generalfeldmarschalls Göring«, einführt, wird Göring bei Sauerwald schlicht als »Vorsitzender der Deutschen allgemeinen ärztlichen Gesellschaft für Psychotherapie« bezeichnet. Aus dieser Differenz zwischen den beiden Texten kann man einen Eindruck davon gewinnen, welche großen Hoffnungen Müller-Braunschweig in die Wirkung dieses Namens gesetzt haben muß. Müller-Braunschweig selber wird als Vertreter der Prof. Göring unmittelbar unterstellten Deutschen Psychoanalytischen Gesellschaft eingeführt, der wertvolles wissenschaftliches und materielles Gut für die deutsche Wissenschaft und Praxis der Therapie erhalten soll. Auch in der Darstellung der Verhandlung zwischen der Wiener Psychoanalytischen Vereinigung und den Vertretern des Deutschen Instituts, Müller-Braunschweig und Beranek, um die Treuhänderschaft gibt es einen kleinen Unterschied zwischen dem Sauerwaldschen und dem Müller-Braunschweigschen Bericht. Während es bei Sauerwald heißt, daß der Vorstand mit Jones und Marie Bonaparte den Vorschlag machten, daß die Deutsche Psychoanalytische Gesellschaft die Treuhänderschaft übernehmen solle, ist in Müller-Braunschweigs Bericht nur von Jones und Marie Bonaparte die Rede.[8] Ebenso wie in Berlin seien auch in Wien die jüdischen Mitglieder der Gesellschaft ausgetreten. »Nach erfolgter Genehmigung würde die ›Wiener psychoanalytische Vereinigung‹ ... in der ›Deutschen Psychoanalytischen Gesellschaft‹ aufgehen«. Die Treuhänderschaft wurde also ausdrücklich von der Deutschen Psychoanalytischen Gesellschaft übernommen und erst in zweiter Linie vom Deutschen Institut, das lediglich als politischer Rahmen für die DPG in Erscheinung trat.

Am 23.3.1938 verfaßte Müller-Braunschweig einen ausführlichen Rechenschaftsbericht für die Deutsche Psychoanalytische Gesellschaft. Daraus geht hervor, daß das Vermögen, Inventar und die Bibliothek der DPG in ähnlicher Weise »anvertraut« werden soll, wie das Berliner Psychoanalytische Institut seine Werte dem Deutschen Institut zur Verfügung gestellt hatte. Damit werden die Sach- und Vermögenswerte dem Deutschen Institut zur Verfügung gestellt. Falls es nicht mehr bestehen sollte, würden die Sachwerte, laut Satzung des »Deutschen Instituts« dem Reichsärzteführer zufallen. Die Vermögenswerte könnten selbständig verwaltet werden. Müller-Braunschweig setzte sich vor allem dafür ein, daß die psychoanalytischen Behandlungen weitergeführt werden konnten. Die psychoanalytische Poliklinik solle nach Görings Wunsch von dem arischen Arzt von Kogerer übernommen werden. Der Psychoanalytiker H. Hartmann stehe ihm in der Übergangszeit beratend zur Seite. Außerdem versuchte Müller-Braunschweig, Berliner Mitglieder der Deutschen Psychoanalytischen Gesellschaft, trotz der Einwände Görings, nach Wien zu dirigieren. In seinem Schreiben vom 23.3.1938 an Kogerer hob Müller-Braunschweig einige Punkte, die ihm als verantwortlichem Treuhänder besonders wichtig seien, hervor: er bat, Kogerer zu unterstützen, daß die Patienten in den privaten Praxisräumen der Analytiker zu Ende behandelt würden, ohne daß er jeden Fall einzeln durchprüfe, und wies darauf hin, daß seine und Görings Glaubwürdigkeit den Wienern gegenüber auf dem Spiel stünden.

Weiter betonte er, daß in Berlin Juden an Vorlesungen und Seminaren teilnehmen könnten und auch die Bibliothek benutzen könnten; das gelte auch für ehemalige Mitglieder und Ausbildungskandidaten.

»Wir haben in Berlin noch einige jüdische Ausbildungskandidaten, die aber nach vollendeter Ausbildung nicht als Mitglieder aufgenommen werden können. Es ist anzunehmen, daß die ehemaligen jüdischen Mitglieder der Wiener Vereinigung nur einen sehr geringfügigen Gebrauch von dem Recht der Bibliotheksbenutzung machen werden und wohl meistens ins Ausland fahren werden. Ansonsten könnten sie, soweit sie approbierte Ärzte sind – wie hier in Berlin – ruhig psychotherapeutische Privatpraxis treiben.« Weiter heißt es,
»um die arischen Ambulatoriumspatienten und die arischen Ausbildungskandidaten zu beruhigen, daß sie keinen verbotenen Boden betreten; wenn sie das Institut betreten, wäre es zweckmäßig, eine vorläufige Bezeichnung wie »hiesige Stelle« oder »Arbeitsgemeinschaft« des Deutschen Instituts für psychologische Forschung und Psychotherapie Berlin

an der Tür anzubringen. Herr Prof. Göring wird Ihnen darüber schreiben, es ist vorläufig nur eine Idee von mir (siehe Satzung, § 9, letzter Absatz).«

In bezug auf den den Wiener Analytikern einzuräumenden Spielraum war Müller-Braunschweig mit Görings Verhalten nicht einverstanden; so heißt es in seiner stenographischen Notiz vom 26. 3. in bezug auf ein Gespräch mit Göring: »Göring mir in den Rücken gefallen, indem er gleich an Kogerer schrieb. Warum der schnelle Zugriff? Psychoanalytische Zelle. Warum nicht mehr Vertrauen zu mir?«

Müller-Braunschweig schien inzwischen zu spüren, daß ihm die Möglichkeit der Einflußnahme zunehmend entglitt (sofern sie überhaupt bestanden hatte). Er bemühte sich darum, die Übernahme der Wiener psychoanalytischen Einrichtungen durch seine persönliche Präsenz[9] fair zu gestalten.

Die psychoanalytischen Behandlungen in den Privatpraxen mußten eingestellt werden. Müller-Braunschweig fühlte sich blamiert und von Göring im Stich gelassen (Notiz über ein Gespräch mit Göring, undatiert, möglicherweise am 28. 3. 1938).

Berliner Ärzte sollten nach Wien berufen werden. Zur Diskussion standen I. H. Schultz, J. Rittmeister, F. Künkel und Gross. Auch die arischen Mitglieder der Wiener Vereinigung, Frau Lampl und Herr Hartmann sollten zur Mitarbeit gewonnen werden. Um möglichst rasch ein funktionsfähiges Institut zu reorganisieren, empfahl Sauerwald[10], an verschiedene maßgebliche Stellen Berichte zu schicken. Im Bericht vom 28. 3. 1938, für den Sauerwald verantwortlich zeichnete und der an die Bezirksleitung der NSDAP (Weidmann zur Weiterleitung an Bürckel) gerichtet ist, heißt es:

»Gleich am ersten Tag meiner Tätigkeit mußte ich sehen, daß die genannten Institutionen (Wiener Psychoanalytische Vereinigung, Wiener Psychoanalytisches Ambulatorium und Internationaler Psychoanalytischer Verlag) unter durchweg jüdischer Führung standen, und ich habe mich sofort bemüht, in Wien Fachleute für Weiterführung, insbesondere des Psychoanalytischen Ambulatoriums zu finden, da durch die behördliche Sperre die Gesundheit vieler Patienten arg gefährdet war. Es war mir in der kurzen Zeit leider nicht möglich, in Wien Fachleute aufzufinden, und so habe ich mich, da mir bekannt war, daß in Deutschland eine analoge Institution besteht – sofort an das »Deutsche Institut für psychologische Forschung und Psychotherapie«, das unter Führung des Reichsleiters für Psychotherapie, P. g. Prof. Dr. jur. et med. M. H. Göring steht, gewandt.«

In seinem Telefongespräch vom 30.3.1938 bemühte sich Müller-Braunschweig um einige Korrekturen an dem Text. Aus den Korrekturen geht hervor, daß Müller-Braunschweig Wert darauf legte, daß die Treuhänderschaft von der Deutschen Psychoanalytischen Gesellschaft und nicht vom Deutschen Institut übernommen wurde.[11]

»In dankenswerter Weise ist (auf meine Anfrage hin) sofort (ein) der Vertreter des Herrn Prof. Dr. M. H. Göring, der Stellvertretende Vorsitzende der Arbeitsgruppe der DPG des Deutschen Instituts ... Müller-Braunschweig, Berlin, erschienen, der mich bei der notwendigen Umbildung des »Psychoanalytischen Ambulatoriums« und der »Wiener Psychoanalytischen Vereinigung« zu einer Wiener Arbeitsgemeinschaft des Berliner Instituts tatkräftigst unterstützte. (Von P. g. Prof. Dr. Göring wurde der Wiener Dozent, Dr. Heinrich Kogerer, kommissarisch mit der Führung des Ambulatoriums betraut.) Von der Reichsärztekammer wurde der Wiener Dozent, Dr. Heinrich Kogerer, mit der Führung des Ambulatoriums betraut (bis weiterführen ist gestrichen) und wird nach Genehmigung durch die zuständigen Stellen den Ambulatoriumsbetrieb weiterführen. Gleichzeitig werden die Herren Prof. Dr. M. H. Göring und Dr. Carl Müller-Braunschweig aus Berlin auf einige Zeit in Wien eintreffen, um ebenfalls beim Aufbau des neuen Instituts und der Weiterführung des Ambulatoriums behilflich zu sein. Hiermit scheinen alle Voraussetzungen gegeben zu sein, daß die Weiterführung der bisher unter nichtarischer Führung gestandenen Institutionen, nun unter rein arischer Führung und nach den Weisungen des Reichsärzteführers umgebildet und weitergeleitet werden. Was den »Internationalen Psychoanalytischen Verlag« betrifft, so ergibt sich folgendes Bild: der Internationale Psychoanalytische Verlag ist eine Gesellschaft mbH. Die Gesellschaftsanteile liegen in Händen von Mitgliedern der Familie Prof. Dr. Sigmund Freud. Die Inhaber des Verlages haben sich mündlich bereiterklärt, auf diese Anteile, nach Regelung ihrer Ansprüche, zugunsten von Mitgliedern des »Deutschen Instituts für psychologische Forschung und Psychotherapie« zu verzichten (Notiz von Müller-Braunschweig: Haben Sie zugunsten der Mitglieder des Deutschen Instituts verzichtet?). Der Verlag verfügt über einen wohl organisierten Betrieb und ein wissenschaftliches Bücherlager von beträchtlichem Wert. Der größte Teil der Verlagswerke ist allerdings in Deutschland für den freien Buchhandel nicht zugelassen und darf nur an Privatinteressenten für wissenschaftliche Zwecke abgesetzt werden. Die Bücher und Zeitschriften finden jedoch ziemlich großen Absatz im Auslande und waren dadurch Devisenbringer. Es besteht die Absicht, den Verlag in seiner bisherigen Form zu liquidieren, die restlichen Bücher und Zeitschriftenbestände an ausländische Interessenten abzusetzen und mit dem verbleibenden Kapital die Umwandlung des Verlages in ein deutsches Unternehmen in die Wege zu leiten. Es sei ausdrücklich festgestellt, daß gegen die Schriften keinerlei Bedenken politischer Natur bestehen, da es sich ausnahmslos um Veröffentlichungen handelt, die der Theorie oder Praxis der psychoanalytischen Forschung und Heilweise dienen. Das Hauptbedenken liegt vielmehr darin, daß die Verlagswerke zum überwiegenden Teil von jüdischen Autoren stammen, die für Deutschland kulturell nicht tragbar sind. Es ist geplant, daß nach erfolgter Änderung der Gesellschaft mbH die Entlassung der jüdischen Angestellten nach den Bestimmungen des Angestelltengesetzes erfolgt und von der neuen Gesellschaft mbH der frühere technische Leiter des Verlages, Pg. August Beranek, der seit einem Jahr aus politischen Gründen in Deutschland sich aufhalten mußte und dort im »Reichsverband der deutschen Zeitschriftenverleger«, Fachverband der Reichspressekammer Berlin tätig war, mit der Liquidierung und dem Umbau des Verlages betraut war.«

Das von Sauerwald empfohlene unterstützende Schreiben von Müller-Braunschweig an Bürckel[12], wohl vom 30.3.1938, entspricht ungefähr dem Sauerwaldschen Bericht. In ihm wurde noch einmal vor allem Görings Funktion besonders hervorgehoben. Er wird bezeichnet als »Vorsitzender der Deutschen Ärztlichen Gesellschaft für Psychotherapie vom Reichsärzteführer im Zusammenhang mit der Leitung des Deutschen Instituts zugleich auch mit der Leitung sämtlicher Angelegenheiten der Psychotherapie in Deutschland überhaupt betraut.«

Müller-Braunschweig drängte darauf, daß die Umbildung des Wiener Instituts möglichst umgehend geschehe, »da durch eine Verzögerung nicht nur die poliklinischen Patienten zu leiden hätten, sondern auch die Finanzierung der Institution, die wesentlich auf den Honoraren der poliklinischen Patienten und auf den Einkünften des Vorlesungs- und Ausbildungswesens beruht, durch eine Unterbrechung des gesamten Betriebes auf das schwerste geschädigt würde und damit die Umbildung und Weiterführung der Institutionen in Frage gestellt würde« (an den Sonderbeauftragten des Führers für die Volksabstimmung in Österreich, Gauleiter Bürckel, 30.3.1938).

Hochschuldezernent Wirz schien als Gegengewicht zur Internationalen Zeitschrift für Psychoanalyse eine Zeitschrift zu planen, in der die nichtjüdischen Mitglieder der deutschen, japanischen und italienischen Landesgruppe der Internationalen allgemeinen ärztlichen Gesellschaft für Psychotherapie zu Worte kommen sollten. Einerseits begrüßte Müller-Braunschweig diesen Plan, andererseits empfahl er eine gegen den jüdischen Einfluß gerichtete Zeitschrift nicht nach dem Vorbild der außenpolitischen Gruppierung vorzunehmen und damit die übrigen europäischen Länder sowie Amerika und Indien auszuklammern. Müller-Braunschweig schlug die Gründung einer ›deutschen Zeitschrift für Psychoanalyse‹ vor, die auf dem Boden des Dritten Reiches stehe und die psychoanalytische Forschung in Deutschland veröffentlichen solle. Gelegentlich könne man auch ausländische Autoren zu Worte kommen lassen und die bevorzugen, deren Länder mit Deutschland verbündet sind. National oder regional begrenzte Zeitschriften gebe es bereits in den USA und in Frankreich. Müller-Braunschweig hielt das »Zentralblatt« für ungeeignet, diese Funktion zu übernehmen, da psychoanalytische Beiträge darin untergehen würden und das Ausland wenig Notiz davon nehme. Im übrigen könnten die Vorurteile, daß die Wissenschaft im nationalsozialistischen Deutschland geknebelt werde, damit wirkungsvoll widerlegt werden. Das gemeinsame Ziel, der Aufbau einer deutschen Psychotherapie könne nur durch die Entwicklung einer deutschen, nichtjüdischen Psychoanalyse, die sich auch auf einem internationalen Forum als spezifisch deutsche, nichtjüdische Forschungsarbeit darstelle, erreicht werden. Eine angemessene Einschätzung dieses Schreibens fällt schwer. Müller-Braunschweig versuchte offenbar seinen langgehegten Wunsch, eine psychoanalytische Zeitschrift, zu realisieren. Selbst wenn sein Versuch, eine »deutsche Psychoanalyse« damit zu begründen, der Absicht entsprach, unter einem nationalsozialistischen Deckmäntelchen Psychoanalyse zu betreiben – war der Preis nicht zu hoch? Sicher war es wichtig, Wirz gegenüber alle Zweifel einer eventuellen Sympathie jüdischen Analytikern gegenüber auszuräumen und die Psychoanalyse von ihrem Stigma, »eine rein jüdische Angelegenheit« zu sein, zu befreien. Aber schließlich ging es jetzt zunächst um die Erhaltung der Wiener Bestände, die sicherlich ein gewisses Maß an Anpassung an die politischen Verhältnisse forderte und nicht um deutsche Psychoanalyse!

Müller-Braunschweig bemühte sich in seinem Schreiben vom 5. 4. 1938 darum, Sterba zur Mitarbeit am Wiener Institut zu gewinnen. Er brauche dazu »die volle Mitarbeit und Hilfe der wenigen arischen Mitglieder der ehemaligen Wiener Psychoanalytischen Vereinigung«. Als Mitglied der DPG wäre Sterba auch ohne weiteres Mitglied des Deutschen Instituts und damit in Deutschland als Psychotherapeut organisiert. Auch Jones sei der Meinung gewesen, daß Sterba versuchen solle, die Wiener Vereinigung weiter aufrechtzuerhalten. Als Sterba sich im Ausland auf Arbeitssuche begab, sei er von Jones massiv getadelt worden. Daraufhin habe er Freud und Anna Freud in Wien per Boten befragt, ob sie damit einverstanden gewesen seien, daß er das Land verlassen habe. Ihm sei bestätigt worden, daß er richtig gehandelt habe (Huber, 1977, S. 55).

In Beraneks Bericht über den Internationalen Psychoanalytischen Verlag vom 6. 4. 1938 heißt es, daß der Konkurs des Verlages nur vermieden werden könne, wenn die Bestände schnell verkauft würden. Prinzessin Marie von Griechenland habe angeboten, sämtliche Bestände aufzukaufen und ins Ausland auszuführen. Die Kaufsumme würde für eine neue Gründung »auf rein arischer Grundlage und im Sinne der bestehenden kulturpolitischen Richtlinien« genügen. Die Besitzer des Verlages, die Familie Freud, würden auf alle »aus diesem Verhältnis stammenden Rechte aus dem Verlag ausscheiden und die Anteile auf (mindestens zwei) Mitglieder des Deutschen Instituts für psychologische Forschung und Psychotherapie übertragen.«

Am 11.4.1938 gab Müller-Braunschweig die treuhänderischen Rechte und Pflichten für die Wiener Vereinigung nach Rücksprache mit dem Beauftragten des Reichsärzteführers, Herrn Dr. Ramm, an den Landesärzteführer für Deutsch-Österreich, Herrn Dr. Kaufmann, ab. Wahrscheinlich war die Entscheidung darüber in Müller-Braunschweigs Gespräch mit Wirz und Göring, das am 8.4. stattfinden sollte, gefallen.

Aus Görings Schreiben vom 19.4.1938 an die Mitglieder des Verwaltungsrates des Deutschen Instituts erfährt man, daß Wirz sich zunächst für die Übernahme des Wiener Psychoanalytischen Instituts eingesetzt hatte. Wirz war dann von Ramm, Mitarbeiter von Gauleiter Bürckel, über den Wert und Vermögensstand des »ehemaligen Freudschen Instituts« aufgeklärt worden. Er meinte, daß Göring sich darüber völlig falsche Vorstellungen gemacht habe (Wirz/Göring 14.4.1938).[13]

In einer Sitzung am 25.4.1938 mit Göring, Ehlich von der Gestapo, Kaufmann, Beranek, Wirz und Sauerwald sollte wahrscheinlich in Abwesenheit von Müller-Braunschweig über seine Rolle bei der Übernahme der Treuhänderschaft der Wiener Institutionen verhandelt werden. Dazu verfaßte Müller-Braunschweig zwei Memoranden. Das erste (18.4.1938) war an Göring gerichtet. In ihm rechtfertigte Müller-Braunschweig vor allem sein Verhalten. In einem zweiten (20.4.1938) an Sauerwald gerichteten Memorandum bat Müller-Braunschweig Sauerwald um Fürsprache. In zwei wesentlichen Punkten entsprechen sich die Memoranden; aus ihnen kann man erschließen, was Müller-Braunschweig eigentlich zum Vorwurf gemacht wurde:

1. Er habe die ärztlichen Instanzen in Österreich nicht benachrichtigt.

Müller-Braunschweig entgegnete, daß Sauerwald ihm gesagt hätte, daß sich die ärztlichen Instanzen noch nicht wieder neu konstituiert hätten und er von der Existenz des vom Reichsärzteführer eingesetzten Beauftragten für Österreich, Dr. Ramm, erst nach seiner Rückkehr aus Berlin (10.4.1938) erfahren habe (an Göring und Sauerwald).

2. Müller-Braunschweig habe an Anna Freud geschrieben, daß er versuchen wolle, Berliner Analytiker zur Übersiedelung nach Wien zu bewegen.

Er rechtfertigte diesen Passus, indem er die Konzeption des Deutschen Instituts hervorhob, nach der Vertreter aller therapeutischer Richtungen ihre Wirkung entfalten sollten und daß dieses Programm mit den zwei bis drei arischen Analytikern in Wien nicht realisierbar sei (Göring und Sauerwald).

3. Der Ton des Briefes an Anna Freud sei zu freundlich gewesen.
   Da er Anna Freud etwas Schmerzliches habe antun müssen, sei es der Versuch gewesen, eine »rein menschliche Geste«, über die »weltanschaulichen und rassischen Gegensätze« hinweg zu zeigen (nur an Sauerwald).
4. Göring hatte beanstandet, daß die psychoanalytischen Schriften im 2. Bericht von Sauerwald als Schriften bezeichnet wurden, gegen die keinerlei Bedenken politischer Natur bestünden.
   Müller-Braunschweig betonte, daß er an diesem 2. Bericht nicht mitgewirkt habe, da er in Berlin gewesen sei. Seine telefonische Rückfrage bei Sauerwald habe ergeben, daß keine »staatspolitischen« Bedenken gemeint seien; über kulturpolitische habe er sich nicht geäußert (an Göring).
5. Statt die Einrichtungen der Wiener psychoanalytischen Vereinigung in das »Deutsche Institut« zu überführen, habe er die Treuhänderschaft als Vertreter der Deutschen Psychoanalytischen Gesellschaft übernommen.
   Wie das Deutsche Institut die Treuhänderschaft für die Deutsche Psychoanalytische Gesellschaft übernommen habe, habe er den Gedanken, die Treuhänderschaft zu übernehmen (der nicht von ihm gekommen sei), aufgegriffen, um über die Vermittlung der Deutschen Psychoanalytischen Gesellschaft alle Werte möglichst »lautlos« in das Deutsche Institut zu überführen (an Sauerwald).
6. Müller-Braunschweig setze sich nicht ausreichend für die Interessen der deutschen Psychotherapie ein, sondern vorwiegend für Psychoanalyse.
   Müller-Braunschweig beteuerte seinen Einsatz für die Gesamtaufgaben im »Deutschen Institut« und belegte ihn ausführlich (an Sauerwald).

Der Tenor dieser Memoranden verrät, daß Müller-Braunschweig sich bisher in dem Glauben befunden hatte, sowohl Göring als auch den Wienern gegenüber loyal sein zu können. Die Beteuerungen seines Einsatzes für das Deutsche Institut wirken überaus angstvoll und legen die Frage nahe, warum Müller-Braunschweig so engagiert auf seine Integrität dem Deutschen Institut gegenüber hinweist.

Aus einer Mitteilung von Herrn Prof. Hans Müller-Braunschweig war zu erfahren, daß sein Vater eingehenden Verhören durch die Gestapo ausgesetzt gewesen sei. Das Angebot, durch den Eintritt in die Partei rehabilitiert werden zu können, habe er abgelehnt (9. 1. 80; auch Müller-Braunschweig, 1983).

Müller-Braunschweigs Engagement für die Wiener psychoanalytischen Institutionen zog noch weitere Kreise: Die formelle Autonomie der verschiedenen therapeutischen Gruppen scheint Thema der Zusammenkunft vom 5. oder 6. 5. 1938 gewesen zu sein, an der Wirz, Linden, Ehlich und Göring teilnahmen. I. H. Schultz, Künkel, Schultz-Hencke und ein Jungianer[14] sollten sich bereit halten, um Rückfragen schnellstens erledigen zu können (Gö/Curtius, 29. 4. 1938).

Die Deutsche Psychoanalytische Gesellschaft wurde aufgelöst, mußte aus der Internationalen Psychoanalytischen Vereinigung austreten und durfte nur noch als Arbeitsgruppe »A« weiterbestehen bleiben. Für die Jungianische Gruppe, die auch noch als eingetragener Verein existierte, wurde ebenfalls die Auflösung erwogen (Gö/Curtius, 8. 5. 1938); sie kam aber erst drei Jahre später zustande.

»Die Arbeitsgemeinschaft Wien« wurde gegründet. Gemäß der Satzung des Deutschen Instituts sollte hier eine Deutsche Seelenheilkunde erarbeitet, die Poliklinik weiterhin betrieben, Beratungsstellen eingerichtet und Psychotherapeuten ausgebildet werden. Jedes Mitglied der Wiener Arbeitsgruppe mußte auch Mitglied der Deutschen Allgemeinen Ärztlichen Gesellschaft für Psychotherapie werden. Im Verwaltungsrat des Instituts und in der Dozentenschaft seien alle namhaften Richtungen vertreten. Selbst jetzt heißt es in der Erklärung zur Konstituierung der »Arbeitsgemeinschaft Wien«: »Die Richtungen arbeiten im Institut paritätisch nebeneinander.« (Undatiert; »Arbeitsgemeinschaft Wien« des Deutschen Instituts für psychologische Forschung und Psychotherapie.)

Von den persönlichen Schicksalen, die nur ganz an der Peripherie in der offiziellen Korrespondenz anklingen, ist nur wenig bekannt: So weiß man, daß Anna Freud vor allem, sehr traurig gewesen ist, das Wiener Institut aufgeben zu müssen. In dem hier erwähnten Schreiben versuchte Müller-Braunschweig, sie zu trösten. Als Anna Freud von der Gestapo vorgeladen wurde (wahrscheinlich handelt es sich um eine zweite Vorladung, nicht die vom 22. 3.), hatte sie diesen Brief bei sich und ihn, um sich Verhören oder gar einer Verhaftung zu entziehen, vorgewiesen, um damit auszuweisen, daß sie unter dem Schutz des Deutschen Instituts stand.

Aus der Korrespondenz Aichhorns erfährt man, daß er um das Leben seines Sohnes[15] bangte. Am 24. 3. 1938 heißt es in Aichhorns Schreiben an Müller-Braunschweig: »Sie wissen von mir, daß ich erst dann kommen kann, bis mein Sohn wieder zu Hause ist. Ich höre nun von befreundeter Seite, daß seine Entlassung sehr beschleunigt werden könnte, wenn tatsächlich eine Einladung, nach Berlin zu kommen und den Vortrag zu halten, von Ihnen vorläge« (Ai/Mü-Br, 24. 3. 1938).

Aichhorn hielt seinen Einstandsvortrag am Deutschen Institut am 22. 6. 1939. Er sprach über »Der verwahrloste neurotische Jugendliche«. Obwohl er Freuds Namen nicht erwähnte und lediglich ein Zitat Anna Freuds seinen Ausführungen zugrundelegte, war sein psychoanalytisches Selbstverständnis unverkennbar. Anläßlich seines Besuches in Wien, Ende Juni 1939, forderte Göring Aichhorn dazu auf, ein Referat über

Psychoanalyse im nationalsozialistischen Staat zu halten. (Göring/Wiener Gruppe, 17.5.39). Es gelang Aichhorn offenbar, das Thema abzuwandeln: er sprach über die Aufgaben des »Behandelnden Psychologen« (Huber, 1977, S. 60–63).

Herzog ermahnte Aichhorn in seinem Schreiben vom 19.6.40, daß er »anstelle des nun einmal etwas anstößigen und nicht ganz eindeutigen Wortes Libido, libidinös, eine andere treffende Bezeichnung auswählen« solle. (Freud, Archiv). Die Wiener Gruppe mußte sich auch mit den Vorschlägen der Vereinheitlichung einer Neurosenlehre vom 17.2.1943 auseinandersetzen. Problematisch sei vor allem der Aufweis der Übersetzbarkeit der einzelnen psychotherapeutischen Schulsprachen. Hier klingt der deutliche Zweifel daran an, ob eine deutsche Einheitspsychotherapie realisierbar sei. Zwischen Mai 1938 und Juni 1944 wurden alle Ausbildungskandidaten (14) bei Aichhorn analysiert.

Im November 1944 erkundigte Aichhorn sich vorsorglich bei Kemper, welche »uns geläufigen Ausdrücke« bei ihnen erlaubt, welche verboten sind. Um die Zurückweisung seines Buches »Kategorien der Verwahrlosung« nicht zu riskieren, schickte er eine Liste fraglicher Termini mit (Ai/Ke, 18.11.44).

Kemper empfahl, trotz der zunehmenden Freizügligkeit im Reichsinstitut lieber Sachverhalte zu schildern, als psychoanalytische Termini zu benutzen, kreuzte aber die meisten Termini als »erlaubt« an.

Die Rezeption der Wiener Affaire in der Sekundärliteratur – durch Müller-Braunschweigs eigene Mitteilungen gestützt – scheint mir einen fatalen Akzent zu setzen: hier sieht es so aus, als ob lediglich Müller-Braunschweigs Wohlverhalten (bzw. seine Ungeschicklichkeit im Umgang mit der Medizinalbürokratie und seine Freundlichkeit Anna Freud gegenüber) dafür verantwortlich war, daß die Übernahme der Treuhänderschaft nicht vollzogen werden konnte. Hier scheint mir ein Fehlschluß vorzuliegen und eine Überbewertung persönlichen Verhaltens, da die an ihn gerichteten Vorwürfe recht verschiedenartig waren: Das Mißlingen der Übernahme der Treuhänderschaft ist vielmehr auf dem Hintergrund der Auseinandersetzung zwischen Psychoanalyse und Medizinalbürokratie zu interpretieren. So wurde Müller-Braunschweig ja auch angelastet, daß er den Beauftragten für Österreich, Ramm, übergangen hatte. Die österreichisch-nationalsozialistische Ärzteschaft hatte sicher kein Interesse daran, das Wiener Psychoanalytische Institut bestehen zu lassen und durch eine Ankopplung an das Deutsche Institut aufzuwerten. Was den Verlag betrifft, so liegt die Vermutung nahe, daß er zutiefst verschuldet war und eine Treuhänderschaft auch die Übernahme der Schulden beinhalten würde.[16] Erst als diese finanzielle Situation klar wurde, wurden die Konsequenzen gezogen und ein Teil der Verlagsbestände zur Vernichtung in Eisenbahnwaggons verladen, ein anderer (45 Kisten) vom Sicherheitsdienst in Berlin beschlagnahmt. Das Deutsche Institut erhoffte sich eine ansehnliche Zuteilung dieser Bestände. Die einzige Institution, die nun haltenswert erschien, war die Psychoanalytische Poliklinik, die aus propagandistischen Gründen – »zur Erhaltung der Volksgesundheit« – auch ohne das Psychoanalytische Institut und den Verlag übernommen werden konnte.[17]

Die Wiener psychoanalytische Vereinigung wurde am 10.4.1946 in einer Festsitzung wieder eröffnet. Sie genoß höchstes Ansehen: Neben Vertretern verschiedener psychoanalytischer Vereinigungen waren der Unterrichtsminister, der Altbürgermeister, Staatssekretäre, Stadträte, Schulräte, Professoren und Vertreter von Ärztekammer und Instituten anwesend. In allen Wiener Tageszeitungen erschienen Berichte über den Verlauf der Festsitzung.

7. Nach dem Durcharbeiten

Nach dem Durcharbeiten hat das Thema an Faszination verloren; es präsentiert sich nun als Alltag mit seinem spannungsvollen Gemisch aus Banalität und Ungeheuerlichkeit. Im Alltag der professionellen Gruppen, in der Organisationsarbeit der Repräsentanten, kommen die Wirkungen des historischen Zeitgeschehens fast nur als Personenwechsel innerhalb bleibender Strukturen, als Störungen und Hindernisse, mit denen es fertig zu werden gilt, zum Ausdruck. Die Organisationsformen und inhaltlichen Profile der verschiedenen psychotherapeutischen Gesellschaften bleiben auch unter dem Dachverband der deutschen ärztlichen Gesellschaft für Psychotherapie erhalten; selbst die ›Deutsche Seelenheilkunde‹ scheint, da sie ihre Existenz nur einem aufgesetzten Dogma verdankt, die praktische Arbeit nicht wesentlich zu verändern.

Der Ausschluß der Juden aus der Gesellschaft, als Verwaltungsakt vollzogen, läßt die Realität ihrer unbarmherzigen Verfolgung kaum aufkommen, noch weniger Betroffenheit. Wer ausgeschlossen ist, tritt für die Gesellschaft nicht mehr in Erscheinung, ist faktisch ausgelöscht. Nur am Rande werden jüdische Psychotherapeuten, die Frage ihrer Mitgliedschaft bei der deutschen allgemeinen ärztlichen Gesellschaft für Psychotherapie und der Umgang mit ihnen auf internationalen Kongressen in der offiziellen Korrespondenz erwähnt und in einer Art, daß der »Verdacht«, man empfinde eine gewisse Sympathie für sie, nicht aufkommt. Die jüdischen Psychotherapeuten werden nicht nur verfolgt und schließlich ermordet, sondern verschwinden auch aus dem Bewußtsein, werden im wörtlichsten Sinne verdrängt. Aus den vorliegenden Quellen ließ sich ihre Geschichte nicht schreiben; sie kann nur gestreift werden. Aus Berichten, die nach dem Krieg bekannt wurden, erfuhr man von Landauers und Watermanns Tod im KZ und Kempners Ermordung im Warschauer Getto. Das Schicksal der ungarischen psychoanalytischen Gruppe legt Zeugnis ab von der mörderischen Praxis der nationalsozialistischen und faschistischen Herrschaft.

Wie kommen die Akteure des Geschehens selber vor? Göring, der schwache, offizielle Regierungsvertreter, Wortführer nationalsozialistischer Funktionäre, Kretschmer, der die alte Machtstruktur repräsentierende ehemalige Präsident der Gesellschaft und Jung, der ambivalente Bündnispartner, stehen repräsentativ für die in der psychotherapeutischen Bewegung vertretenen Tendenzen.

Göring, Kretschmer und Jung sollen durch die vorliegenden biographischen Fragmente nicht in ihrer Persönlichkeit gewürdigt werden – vor allem Göring, der nur als Träger eines bedeutenden Namens seine Funktion als Leiter der deutschen Gesellschaft für Psychotherapie bekleidete, blieb als Mensch weitgehend im Hintergrund. Obwohl der Zufall ihn an die Spitze der psychotherapeutischen Organisation verschlagen hatte, scheinen sich die meisten Psychotherapeuten mit ihm identifiziert zu haben. In keinem der nachträglich verfaßten Berichte über diese Zeit wird abgrenzende Kritik geübt. Über die Art und das Ausmaß der Identifizierung können hier nur Vermutungen angestellt werden. So stellte Müller-Braunschweig vor allem Görings eigene Angst in den Mittelpunkt seiner nach dem Krieg verfaßten Beurteilung (vom 24. 1. 1948). Die Hervorhebung der Harmlosigkeit Görings[1] (siehe auch Kemper, 1973, S. 273f.) könnte in der eigenen Tendenz zur Verharmlosung der nationalsozialistischen Machtherrschaft, die Göring ja auch verkörperte, ihren Niederschlag gefunden haben. In Baumeyers Hinweis, (1971, S. 209) daß sich Frau Göring im Verlauf ihrer Lehranalyse bei Kemper von einer scharfen Kritikerin der Psychoanalyse, psychoanalytischen Positionen anzunähern begann, scheint die Vorstellung mitzuschwingen, daß die Nationalsozialisten durch die Wirkung der Psychoanalyse ›bekehrt‹ werden könnten.[2] Vielleicht gab es in den Berichten über diese Zeit eine Tendenz, Göring wohlwollend zu beurteilen, da ja eine Verbindung mit ihm bestanden hatte und ein negatives Urteil auch auf den Beurteilenden zurückschlagen könnte, der ja Görings Schutz immerhin beansprucht hatte. Diese Deutungen sind mit aller Vorsicht zu betrachten. Sie sollen nicht den Beurteilenden in Mißkredit bringen, sondern den Gefühlen und Einstellungen der Psychoanalytiker im Nationalsozialismus nachspüren helfen.

Im Gegensatz zu Göring wird Kretschmers Persönlichkeit in der Literatur nicht in besonderer Weise charakterisiert. Er spielt weder als Identifikationsfigur noch als Projektionsfigur eine Rolle – auch nicht für die den Nationalsozialismus ablehnenden Psychotherapeuten, die ihn vor der Machtergreifung ja zu ihrem Leiter gewählt hatten. Obwohl er in »Ungnade« gefallen war, bemühte sich Göring immer wieder um seine Mitarbeit – so, daß man vermuten kann, daß Kretschmer, kraft seiner besonderen Persönlichkeit, die, wenn auch mit einer gewissen Stille umgeben, sich immer wieder ins Gespräch zu bringen verstand, respektiert wurde.

Die Dokumentation von Jungs Verhalten ist sehr umfangreich geworden, und die Verfasserin hat darauf verzichtet, sie zu »straffen«. In einer gewissen persönlichen Sympathie den Jungianern gegenüber, mußte sie immer wieder gegen ein inneres Zögern ankämpfen, die den Nationalsozialismus unterstützenden Äußerungen Jungs darzulegen. Wollte man wie ein Buchhalter Bilanz ziehen, so müßte man eine ganze Reihe von Argumenten, die für eine opportunistische, antisemitische Haltung Jungs sprechen, mit ihren Gegenargumenten konfrontieren. Bediente sich Jung lediglich der Terminologie der neuen Machthaber aus taktischen Gründen? Tat er es zur Erhaltung der Psychotherapie generell? Zur Unterstützung seiner Freunde?[3] Oder sah er die Chance nun, da seine traditionellen »Gegner« Freud und Adler aus dem Felde geschlagen waren, seine Analytische Psychologie zu etablieren und, indem er, gemäß dem Programm der Deutschen Seelenheilkunde, Adler und Freud angeblich in seiner Lehre aufgehen ließ, sie gänzlich überflüssig zu machen? Immer wieder neu hoffte die Verfasserin, daß Jung sein eigener Fürsprecher sein könnte – eine eigene Übertragungshaltung? oder Ausdruck von Jungs Ambivalenz den Nazis gegenüber? Zumindest hätte eine eindeutige Haltung den vorliegenden Beitrag erheblich gekürzt. Selbst Jaffé, enge Mitarbeiterin Jungs, selber Jüdin, beurteilt zumindest den Zeitpunkt, zu dem Jung seine Ansichten zum Thema Rasse und Tiefenpsychologie kundtat, als einen schweren Fehler (1968, S. 92). Entschuldigend versucht sie darzulegen, daß er weder Antisemit noch Nazi gewesen sei. Jungs eigener Kommentar, nach dem sein Engagement für die Nazis ein »Ausrutscher« gewesen sei (Jaffé, 1968, S. 104), weist darauf hin, daß Jung sich selbst nie ernsthaft und selbstkritisch mit seiner Rolle auseinandergesetzt hat, sondern sie in erschreckender Weise verharmlost. Die Versuchung liegt nahe ein zu kritisierendes Verhalten schonungsvoll, mildernd auf dem Hintergrund der eigenen Biographie zu verstehen. Eine Entschuldigung für Jungs Verhalten gibt es nicht, – aber ein Verstehen. Es fällt auf, daß Jungs Äußerungen über Juden fast immer in Zusammenhang mit Kommentaren zu Freud gemacht wurden, so daß die heftige Übertragungsbeziehung zu Freud zu Jungs »persönlicher Gleichung« geworden ist und der politischen Situation ihr Gepräge gegeben hat. Auch während der Nazizeit war Jung der »Präsentierarier« der psychotherapeutischen Bewegung (so wie er es für die psychoanalytische gewesen war).

Die Deutsche Psychoanalytische Gesellschaft hatte, zusammen mit der Internationalen Psychoanalytischen Gesellschaft, schon einige Positionskämpfe durchgestanden und sich in der Auseinandersetzung mit den »Abtrünnigen« einerseits und der Öffentlichkeit andererseits geformt. Im Vergleich zu den Jungianern und den Adlerianern waren die Freudianer die etablierteste und profilierteste Gruppe der vornationalsozialistischen Zeit. Sie entschloß sich, zusammen mit der Gesellschaft für Individualpsychologie und der Jung-Gesellschaft zum Anschluß an das Deutsche Institut für psychologische Forschung und Psychotherapie.

Dieser Konzession folgten weitere, in der Hoffnung, unauffällig weiterarbeiten zu können und das Bestehen der Deutschen Psychoanalytischen Gesellschaft zu ermöglichen bzw. abzusichern. Während die Jungianer sich stärker in die Privatheit zurückzogen und die Adlerianer/ Künkelianer ihre Popularität mit einer Verwischung ihrer Aussagen bezahlten, konnten auch die Freudianer keine klar umrissene Gruppe bleiben: Die die klassische Psychoanalyse vertretenden Psychoanalytiker wurden als Anachronisten betrachtet (deren praktischen Wissens man sich allerdings gern bediente) – ihr Wirkungskreis war eingeschränkt; zu Schultz-Hencke, der als Vertreter der jüngeren Psychoanalytikergeneration galt, strömten die jüngeren, neu hinzukommenden Psychoanalytiker.[4] Die Differenzen zwischen klassischer Analyse und Neoanalyse traten erst nach dem Krieg, als eine offene Auseinandersetzung wieder möglich wurde, in Erscheinung. Die nach 1933 Aufgenommenen hatten die alten jüdischen Lehrer nicht mehr kennengelernt. Dementsprechend blieb für die meisten Psychoanalytiker nach dem Krieg Schultz-Hencke der zentrale Kristallisationspunkt; vielleicht sogar, weil niemand ihnen die klassische Position hatte überzeugend nahebringen können.

Die Psychoanalytiker Boehm, Müller-Braunschweig und Schultz-Hencke kamen den unterdrückenden und letztlich zerstörenden Manövern der nationalsozialistischen Staats- und Parteistellen oft zuvor und vollzogen, wohl aus Angst vor Sanktionen und Einschränkungen, eine ›Selbstgleichschaltung‹. Ebenso wie die drei Psychoanalytiker war auch der Jungianer Heyer in diesen Selbstzerstörungsprozeß verstrickt. Auf der bewußten Ebene verstanden sie ihre Rolle entgegengesetzt: Boehm sah sich als »Retter« der Deutschen Psychoanalytischen Gesellschaft, Müller-Braunschweig als der Erhalter der theoretischen Positionen der Psychoanalyse, Schultz-Hencke als ihr kreativer Veränderer und Heyer schließlich als Pionier der psychoanalytischen Bewegung, mit dem »Gesangbuch« in der einen Hand und dem »Schwert« in der anderen. Paradoxerweise mußte Boehm, als ihr Vorsitzender, die D. P. G. auflösen, Müller-Braunschweig verfaßte ein Memorandum, das die psychoanalytischen Grundpositionen zugunsten der Anpassung an die nationalsozialistische Ideologie aufgab, sie damit zerstörte; schließlich wirkte auch Schultz-Henckes Kritik an der Psychoanalyse zerstörend, zumal er nur scheinbar zur psychoanalytischen Gruppe gehörte, ohne ihre zentralen Aussagen zu vertreten. Heyer ist der einzige, der bewußt zum »Schwert« gegriffen hat.

Boehm, Müller-Braunschweig und Schultz-Hencke unterschieden sich vor allem durch die unterschiedliche Distanz, die sie zu ihrer eigenen Rolle hatten: Während Boehm mit einem gewissen Stolz die Leitung der DPG übernommen haben dürfte, ohne die totale Abhängigkeit, in der er sich befand, zu realisieren, konnte auch Müller-Braunschweig diese Abhängigkeit erst bei seinem mißglückten Versuch, die Wiener psychoanalytischen Einrichtungen dem Deutschen Institut für psychologische Forschung und Psychotherapie anzugliedern, angstvoll wahrnehmen. Schultz-Hencke scheint sich als weitgehend unberührt und unberührbar durch den Nationalsozialismus verstanden zu haben. Wie sonst hätte er sich als Überwinder der klassischen Psychoanalyse, deren Vertreter sich ja nicht mit seinen Argumenten öffentlich auseinandersetzen durften, verstehen können. Auch die Vertreter der Deutschen Gesellschaft für Psychotherapie waren ängstlich darum bemüht, bei jeder sich bietenden Gelegenheit ihre Verbundenheit mit dem Nationalsozialismus euphorisch zu betonen. Dieses Wohlverhalten der deutschen Psychotherapeuten wurde durch die Gründung des Deutschen Instituts für psychologische Forschung und Psychotherapie (1936) belohnt. Damit fand der Verschmelzungsprozeß der verschiedenen psychotherapeutischen Richtungen seinen institutionellen Ausdruck. Heyer, der eine etwas exzentrische outsider-Rolle dem medizinischen Establishment gegenüber eingenommen hatte, wurde nach anfänglichem Zögern, nicht zuletzt durch Jungs Einfluß, zum engagierten »insider« und scharfen Vertreter nationalsozialistischer Doktrin. »Jüdische« Theorien wurden zerstört, jüdische Therapeuten ausgeschlossen, die inhaltliche Substanz der psychotherapeutischen Bewegung entleert. Dennoch werden die Täter nicht deutlich.

Eine »Deutsche Seelenheilkunde« wurde konzipiert. Aber die Jungianer versagten ihre Mitarbeit – Schultz-Hencke als der prägnanteste Vertreter der psychoanalytischen Gruppe, der die aus der Sicht der Nazis »anstößigen« Positionen aufgegeben hatte, konnte sich nicht mit den nationalsozialistischen Anforderungen, die an ein solches Konzept gestellt wurden, anfreunden. Die Adlerianer/Künkelianer hatten, abgesehen von ihrem »gesunden Menschenverstand« und ihrem kompensatorischen Neurose-Modell, keinen theoretischen Bezugsrahmen. In das nun entstandene Vakuum wurde das Deutsche Institut für psychologische Forschung und Psychotherapie hineingegründet. Die Arbeitsbedingungen der deutschen Psychotherapeuten, die sich in ziemlichen finanziellen Schwierigkeiten befanden, wurden nun abgesichert. Für diese Sicherheit gaben sie ihre Autonomie auf. Obwohl die Psychoanalyse, wenn überhaupt, so nur kritisch erwähnt werden durfte, kamen die Vertreter der Deutschen Seelenheilkunde nicht ohne das technische Wissen und die Erfahrung der Psychoanalytiker aus (Kemper, Vortrag v. 22.9.1973, unveröff.). Auf Kosten der Analytiker entstanden so ein Ausbildungsinstitut, eine Poliklinik (mit verschiedenen Abteilungen) und verschiedene wissenschaftliche Forschungsprogramme. So kann man sich auch ein deutsches Institut, z. B. in München, das ja ohne weiteres auf dem individualpsychologischen Arbeitskreis von Heyer oder/und Seif hätte aufbauen können, kaum vorstellen. Damit begründete das Institut ein neu entstehendes Selbstbewußtsein der Psychotherapeuten.

Die privilegierte Situation des Deutschen Instituts wird vor allem im Gegensatz zur Behandlung psychisch Kranker während des Krieges deutlich. Während das Deutsche Institut hoch subventioniert (zunächst durch die Arbeitsfront, dann durch den Reichsforschungsrat und das Luftfahrtministerium) seinen psychotherapeutischen Grundsätzen treu, weiterarbeiten konnte, geht es in den Berichten der Heerespsychiater um die Begutachtung von »Simulanten« und »Wehrkraftzersetzern«. Die Begutachtung entschied über Leben und Tod. Für psychotherapeutische Behandlungen war unter diesen Bedingungen kein Platz. An ihre Stelle traten in extremen Fällen mittelalterliche Prügelstrafen.

Hier wird besonders deutlich, daß die vereinheitlichende Ideologie der Nazis, vor allem in der ersten Reaktion auf die Machtergreifung, ihre zerstörende Wirkung ausübte, und in der zweiten Phase sehr widersprüchliche Tendenzen nebeneinander existierend ihren institutionellen Niederschlag fanden.

Die im Gegensatz zur Psychiatrie stehende psychotherapeutische Bewegung manifestierte ihre Unabhängigkeit durch den Einsatz nichtärztlicher Psychotherapeuten. Das verschaffte ihr einerseits eine breite Gefolgschaft, andererseits schroffe Ablehnung des medizinischen Establishments. Göring meinte erst dann auf nichtärztliche Psychotherapeuten verzichten zu können, wenn die »Unterwanderung« der gesamten Ärzteschaft gelungen wäre. Gab es zur »Deutschen Seelenheilkunde« kein Korrektiv, für die Distanzierung von ihr keinen Rückhalt? Die Internationale Gesellschaft für Psychotherapie war zugleich Anker und Gegenpol der deutschen psychotherapeutischen Bewegung. Während die Internationale zunächst den Mangel an innen- und parteipolitischer Unterstützung (trotz Görings verwandtschaftlicher Beziehungen) kompensieren sollte, wurde sie später zum beanspruchten »Lebensraum« der sich imperialistisch gebärdenden deutschen Psychotherapeuten. Diese Konstellation erwies sich jeweils als direktes Abbild der großen Politik. Wie unvereinbar loyales Verhalten gegenüber den Vertretern des Nationalsozialismus mit der Loyalität zu Freud und den jüdischen Psychoanalytikern war, zeigt der Bericht von Müller-Braunschweigs Versuch der Angliederung der Wiener Psychoanalytischen Institutionen an die Deutsche Psychoanalytische Gesellschaft und damit an das Deutsche Institut. Die unglückselige Fehleinschätzung, die Müller-Braunschweig hoffen ließ, durch persönlichen Einsatz diese Kluft überbrücken zu können, zeigt, wie wenig Distanz er zu seiner, ihm zugeschobenen Rolle hatte.

Erst auf dem Hintergrund der Internationalen Gesellschaft für Psychotherapie konnte sich die deutsche Psychotherapie wirkungsvoll in Szene setzen – so, daß auch ausländische Gruppen vom Auftreten der Deutschen auf nationalen und internationalen Kongressen und ihren verkündeten Intentionen nicht unbeeindruckt blieben.

Während der Nazizeit wurde die Psychotherapie in einer selbst heute kaum erreichten Form finanziell unterstützt. Die Gründe dafür sind wohl nicht in einem veränderten seelischen Empfinden zu suchen, das die Menschen stärker und intensiver nach Hilfe suchen ließ – auch ist es zu bezweifeln, daß die Psychotherapie per se ein Anpassungsinstrument war, das eine psychische Verfügbarkeit von noch widerstrebenden Bürgern gewährleistete – vielmehr scheint die Psychotherapie in ihrer Entfaltung durch das Vakuum, das der Nationalsozialismus schuf, enorm begünstigt worden zu sein. Die Vernichtung kultureller Güter hinterließ Leerplätze, die durch die nationalsozialistische Ideologie nicht gefüllt werden konnten. Die Judenvertreibung und schließlich ihre Vernichtung hinterließ eine Leere, in die manche begierig hineindrängten, die andere als schmerzende Wunde empfanden. Die Vernichtung der Geisteskranken ließ die Psychiater um ihre Existenz fürchten (so daß sie sich nur dafür einsetzen konnten, daß diese Aktion beendet wurde oder sich Neurotikern zuwenden mußten).

Wie in einer psychotherapeutischen Behandlung, in der die Psychotherapie leicht in die Rolle gerät, eine Leerstelle im Leben des Patienten zu besetzen, wirkte sie hier, im gesellschaftlichen Bereich, kompensatorisch daran, aufgerissene Lücken zu füllen. Eine tatsächliche Verankerung des Berufsstandes der Psychotherapeuten innerhalb der gesellschaftlichen Infrastruktur fand nicht statt: Eine gesetzliche Verankerung des Berufsstandes der Psychotherapeuten gab es nicht (lediglich einen Gesetzentwurf), die Etablierung im Rahmen der alteingesessenen Deutschen Gesellschaft für Neurologie und Psychiatrie schlug fehl, Bemühungen der Integration der Medizinischen Psychologie in das Medizinstudium waren erfolglos, und die Vertretung der Psychotherapeuten in der Ärztekammer wurde abgelehnt. Göring versuchte immer wieder, innenpolitische Mißerfolge durch außenpolitische Erfolge im Rahmen der Internationalen allgemeinen ärztlichen Gesellschaft für Psychotherapie zu kompensieren. Die Politik des Deutschen Instituts spiegelt im wesentlichen die »große« Politik wider und Deutschlands usurpatorischen Anspruch. Internationale Kontakte wurden abgebrochen, die deutschen Psychotherapeuten versuchten eine neue, nationalsozialistische Gesellschaft unter deutscher Führung aufzubauen. Dieser Versuch scheiterte, der Krieg brachte Deutschlands Niederlage.

Nach dem Krieg und der Zerstörung des Deutschen Instituts wurde deutlich, wie wenig es der Psychotherapie gelungen war, sich gesundheitspolitisch, hochschulpolitisch und standespolitisch zu etablieren. Die Psychotherapeuten zerstreuten sich sehr schnell, und Strukturen, die vor der Nazizeit ihre Tragfähigkeit unter Beweis gestellt hatten, bekamen nun eine neue Wichtigkeit: Die Psychoanalytiker sammelten sich um Müller-Braunschweig und Schultz-Hencke und die Jungianer um Frau Bügler. Die eigentlichen »Verlierer« waren die sich erst Jahre später organisierenden Adlerianer.

In den überlieferten Aufzeichnungen wird dieser neue Beginn verglichen mit der Gründung des Deutschen Instituts, durch die die Machthaber direkt ins Haus geholt wurden. Auch nach dem Krieg mußte man sich mit den neuen Machthabern, den Siegermächten auseinandersetzen, deren Forderungen noch unklar waren. Das Kriegsende wurde wohl auch von den meisten Psychotherapeuten und Psychoanalytikern eher als Zusammenbruch denn als Befreiung verstanden.

Auf dem internationalen psychoanalytischen Kongreß in Zürich (1949) wiederholte sich das gleiche Verhalten, das die deutschen Psychoanalytiker bei der nationalsozialistischen Machtergreifung gezeigt hatten: Statt in Bescheidenheit und in Beschämung sich zurückzuhalten und sich den Angriffen der internationalen Öffentlichkeit zu stellen – egal ob sie berechtigt oder unberechtigt gemacht wurden – trug Schultz-Hencke seine während der Nazizeit ausgearbeitete Theorie vor, die allein schon durch diese Art der uneinfühlsamen Placierung Unwillen, Protest, scharfe Zurückweisung und Empörung provozierte. Dagegen konnte Müller-Braunschweig nur ein schwaches Gegengewicht setzen – zumindest aber Taktgefühl zeigen. Schultz-Henckes Austritt aus der DPG wurde, wenn auch nicht direkt, zur Voraussetzung zur Wiederaufnahme in die IPV. Die Internationale Psychoanalytische Vereinigung verhielt sich damit ebenso wie die Siegermächte: So wie in einem geteilten Deutschland die Vergangenheitsbewältigung durch den faktischen und psychischen Mechanismus der Spaltung verhindert wurde, neigen auch die psychoanalytischen Gesellschaften (DPV und DPG) dazu, bedrohliche und unliebsame Aspekte der eigenen Geschichte dem jeweils anderen Teil der Gesellschaft zuzuschreiben und damit einer integrierenden Aufarbeitung auszuweichen.

Nach dem Durcharbeiten entsteht ein Gefühl der Erleichterung, der Ruhe nach dem aufwühlenden Miterleben jeder Phase der verstrickenden Konzessionen, der scheinbaren Etablierung und des Zusammenbruchs.

Integre Psychoanalytiker wie Müller-Braunschweig gingen aus diesem Prozeß beschämt, verletzt, betroffen und in ihrer Identität und Integrität zutiefst erschüttert hervor. Sie fühlten sich durch ihre Schuld bedrückt; eine Schuld, mit der es, sie anerkennend, zu leben galt. Müller-Braunschweig z. B. nahm eine Nachanalyse auf, um seine eigene Verstrickung durchzuarbeiten. Denn erst durch einen analytischen Prozeß kann die Unterscheidung von Innen- und Außenwelt gelingen, von unbewußten Vorstellungen, die sich unmerklich mit der Geschichte verbunden hatten, und bewußt gewählten Haltungen. Eigene unbewußte aggressive oder/und narzißtische Phantasien werden auf ihre Ursprünge in der persönlichen Biographie verwiesen. Nur durch einen solchen Prozeß kann die Schuld zu einem akzeptierten Teil der Persönlichkeit werden. Die Phantasie der Vergebung der Schuld setzt ein göttliches Gegenüber, eine religiöse Bindung voraus, die dem Analytiker nicht offensteht. Die einzige Entlastung liegt in der Möglichkeit der Sühne. Es scheint so als wäre sie ein wesentlicher Motor für die Wiederbelebung der Psychoanalyse nach dem Krieg.

Durch das eigene Durcharbeiten hat sich das Urteil über die Repräsentanten der psychotherapeutischen Bewegung und ihrer Handlungsweisen neutralisiert. In manchen Fällen mag ihre Beurteilung milder geworden sein, als bei Beginn der Arbeit konzipiert – denn eine jahrelange intensive Beschäftigung mit einzelnen Personen gelingt eigentlich nur, wenn sich, trotz aller Kritik eine gewisse Sympathie für sie einstellt. Obwohl neue Informationen zu neuen Resultaten und Schlußfolgerungen geführt haben, scheinen mir nicht die Ergebnisse von entscheidender Bedeutung zu sein, sondern der Prozeß des Erarbeitens der eigentliche, erkenntnisbildende Vorgang.

Neue Perspektiven tun sich auf – Themen, die nun authentischer und zugleich sachlicher bearbeitet werden können:

1. Um nicht der Deutschen Seelenheilkunde eine spezifische Deutsche Geschichtsschreibung zur Seite zu stellen, müßten die Verbindungen, Verwicklungen, Konzessionen, Kollaborationen und vor allem die Formen der Abgrenzung und des Widerstandes, die von anderen Landesgruppen der internationalen Gesellschaft für Psychotherapie ausgingen, in enger, neben der Wissenschaftlichkeit auch den menschlichen Kontakt suchender Zusammenarbeit mit ausländischen Kollegen aufgenommen werden. Die große Bedeutung, die der Internationalen Psychoanalytischen Vereinigung in diesem Zusammenhang als »Über-Ich« beizumessen ist, würde dann besonders deutlich werden.

2. Die Untersuchung des Einflusses der nationalsozialistischen Gewaltherrschaft auf die psychoanalytische Theorienbildung steht noch aus. Durch die Spaltung der Gesellschaft in DPV und DPG wurde eine allzu simple Rollenzuschreibung in, vom Nationalsozialismus geprägte, neoanalytische Theorie der DPG (aus DPV-Sicht) und in, an ›orthodox‹ und unkreativ an Freudsche Dogmen fixierte, DPV (aus DPG-Sicht) vorgenommen.

3. Die Frage nach der Wirkung von Krieg und Verfolgung in Psychoanalysen, die die Bamberger Tagung der Mitteleuropäischen Psychoanalytischen Vereinigung so bewegte und immer wieder von der Thematisierung der aktuellen Vergangenheit den Faden verlierend sich im Innenweltmilieu zu verstricken drohte, war damals wohl noch zu früh gestellt und könnte wohl erst nach einem solchen Prozeß der über das Durcharbeiten historischer Ereignisse identitätsstiftenden Selbstreflektion umfassend beantwortet werden.

4. Die Geschichte der sich im Rhythmus von Formierung und Etablierung

gestaltenden psychoanalytischen Bewegung, die nach dem Krieg die wesentlichen, auch die Geschichtsschreibung formenden Akzente, setzte und DPG und DPV entstehen ließ, ist noch nicht geschrieben. Ihr Durcharbeiten erscheint im Interesse einer selbstreflektierenden Identitätsbildung notwendig.

Anhang

Anmerkungen

1.0. Einleitung

1 z. B. Leibfried, S. u. Tennstedt, F. Berufsverbot und Sozialpolitik. Die Auswirkungen der nationalsozialistischen Machtergreifung auf die Krankenkassenverwaltung und die Kassenärzte. Bremen 1980
2 Geuter, U., Die Professionalisierung der deutschen Psychologie im Nationalsozialismus. Diss. Freie Universität Berlin 1982
3 Nach R. Jacoby: »Kritik der konformistischen Psychologie von Adler bis Laing«. Frankfurt a. M 1978
4 Grundlage für eine Rekonstruktion bietet bisher unveröffentlichtes Quellenmaterial:
   1. Korrespondenz des alten Berliner Psychoanalytischen Instituts über die Ausbildung vor 1933. Es handelt sich hier vor allem um Anfragen über Bedingungen, unter denen die psychoanalytische Ausbildung durchgeführt werden kann, Bitten um finanzielle Unterstützung durch den Stipendienfonds und Empfehlungen. Die Korrespondenz wurde im wesentlichen von Eitingon beantwortet. Schreiben von Simmel, Fenichel, Bernfeld, Raknes, Ophuijsen, Berliner, Graber, Landauer, Kardiner, Deutsch und Pfister befinden sich in den Unterlagen.
   2. Die Korrespondenz von Prof. M. H. Göring von 1932 bis 1941 mit Bally, Cimbal, Conti, Chrichton-Miller, Forel, Gauger, Griesbeck, Haeberlin, Herzog, Heyer, Jung, Künkel, Kretschmer, V. Kogerer, Luxenburger, C. A. Meier, Schmaltz, Rümke, Schultz-Hencke, Seif, Seelmann, J. H. Schultz, Stransky, Wirz.
   3. Korrespondenz des Deutschen Instituts für psychologische Forschung und Psychotherapie mit verschiedenen nationalsozialistischen Stellen: mit der Kulturabteilung des Auswärtigen Amtes, dem Reichsgesundheitsamt, der Abteilung Innere Medizin, der Deutschen Gesellschaft für Konstitutionsforschung, der Kassenärztlichen Vereinigung, der Reichsärztekammer, dem Reichsministerium für Wissenschaft, Erziehung und Volksbildung.
   4. Dokumente des Deutschen Instituts: Gründungsdokumente, Statuten, Jahresberichte, Kongreßberichte, Berichte der verschiedenen Arbeitsgruppen (z. B. München und Wuppertal), Mitgliederlisten, Pressekontakte und Verlagskorrespondenz.
   5. Deutsches Institut für Psychologische Forschung und Psychotherapie: verschiedene Umläufe, Einladungen und Organisatorisches.
   6. Internationale Korrespondenz mit Bulgarien, Dänemark, England, Frankreich, Holland, Italien, Japan, Norwegen, Rumänien, der Schweiz, Schweden und Ungarn (nur zum Teil berücksichtigt).
   7. Ausbildungsunterlagen von einigen Kandidaten des Deutschen Instituts für Psychologische Forschung und Psychotherapie (kaum berücksichtigt).
   8. Korrespondenz und Berichte der Heerespsychiater an die Berliner Zentrale der »beratenden Psychiater«.
   9. Lebensläufe führender Psychotherapeuten und andere biographische Anmerkungen.
   10. Korrespondenz Aichhorns mit deutschen Psychotherapeuten; im wesentlichen mit dem Material Hubers (1977) identisch.

Der größte Teil des Materials (1. bis 7.) ist im Bundesarchiv in Koblenz archiviert. Für die im Text nicht in besonderer Weise gekennzeichneten Zitate gilt die Signatur kl.Ew.762. Der unter 8. aufgeführte Bestand befindet sich im Militärarchiv in Freiburg. In dem für deutsche Benutzer besonders schwer zugänglichen Document Center (Berlin) ist das personenbezogene Material gelagert. Unterlagen, die sich auf Müller-Braunschweig und seinen Versuch der Angliederung des Wiener Psychoanalytischen Instituts an das Deutsche Institut beziehen, wurden mir freundlicherweise von Prof. H. Müller-Braunschweig zur Verfügung gestellt. Aichhorns Korrespondenz wird im Freud-Archiv aufbewahrt. Die offiziellen Urkunden, die sich auf die Wiener Psychoanalytische Gesellschaft und ihre Auflösung beziehen, befinden sich im Österreichischen Staatsarchiv. Berichte, wissenschaftliche Arbeiten und Dokumente von Zeitzeugen, die das Schicksal der jüdischen Emigranten und Flüchtlinge thematisieren, konnten nur am Rande in die vorliegende Arbeit einbezogen werden. Hier könnte sich in der Wiener Library (ursprünglich London, inzwischen Israel) weiteres Material finden lassen.

1.1. Literaturübersicht

1 Siehe auch Schultz-Hencke (1949)
2 Von der Redaktion der »Psyche« als Dokumentation im Mai 1984 herausgeben.

2. Psychoanalytische Überlegungen

1 1952 hatte die DPV 11 alte Mitglieder, 4 a. o.; 1956 10 alte, ein neues, 7 a. o., 1959/60 7 alte, 9 neue, 19 a. o.; 1964/65 7 alte, 22 neue und 28 a. o.
2 Die Deutsche Psychoanalytische Gesellschaft wurde 1910 gegründet. Die Gründung der psychoanalytischen Poliklinik und des Ausbildungsinstituts gingen von der Berliner psychoanalytischen Gesellschaft aus (siehe Kap. 3.1.). Obwohl die Deutsche Psychoanalytische Vereinigung erst 1949 gegründet wurde, fühlte sie sich ebenfalls als Nachfolgerin der alten Deutschen Psychoanalytischen Gesellschaft.
3 Die DPV nannte sich nach ihrer Aufnahme in die International Psychoanalytical Association zusätzlich »Zweigvereinigung der IPA«. Dieser Zusatz entsprach der formalen Eintragung im Vereinsregister der alten DPG und wurde bei ihrer zwangsweisen Auflösung am 10.1.1939 mitgelöscht. Als Reaktion auf den Zusatz der DPV ließ die DPG den Zusatz »gegr. 1910« hinzufügen. 1910 war die DPG als Landesgruppe der ebenfalls 1910 gegründeten Internationalen Psychoanalytischen Vereinigung entstanden. Die Gründung der Berliner Psychoanalytischen Gesellschaft, auch Berliner Psychoanalytische Vereinigung genannt, hatte sich bereits zwei Jahre vorher vollzogen. Auf den Briefköpfen der DPG ist noch 1938 der Zusatz »gegr. 1908« vermerkt.
4 Das Mitwissen um verbotene politische Aktivitäten z. B. bedeutete ja auch für den Psychoanalytiker eine erhebliche Gefährdung.
5 In einer kaum leserlichen Notiz entzifferte ich »traf Freud im Burghölzli«. Diese Notiz kam mir deshalb so sensationell vor, weil sie eindeutig von M. H. Göring stammte. In der Phantasie tat sich mir eine ganz neue, atemberaubende Vorstellung auf: Sollten Göring und Freud tatsächlich zusammengetroffen

sein? Diese Vorstellung paßte so wenig in das Bild des klugen, überlegenen Freud, das ich mir bisher gemacht hatte, und genausowenig in das von Göring, dem ich diesen mutigen Schritt nicht zugetraut hätte. Gerade weil eine solche Begegnung dieser beiden Vertreter zweier Welten bisher nicht überliefert war, überlegte ich, ob beide nicht auch ein Interesse daran gehabt haben mögen, ein solches Treffen nicht bekannt werden zu lassen. Der Gedanke faszinierte mich sehr, und es fiel mir schwer, den Zusammenhang, in dem diese Notiz überliefert war, zur Kenntnis zu nehmen: Göring hatte seine ersten Kontakte mit Jung aufgenommen und hatte sich offenbar über Jungs Werdegang Notizen gemacht. Göring hatte also nicht Freud getroffen, sondern Jungs Begegnung mit Freud im Burghölzli vermerkt. Meine persönliche Enttäuschung über diese »Finte« machte mich nachdenklich und führte zu neuen Fragen.

6 Ein anschauliches Beispiel bietet eine Episode, die Simmel in seinem Nachruf auf Fenichel berichtete:
»Fenichel hatte, aus Wien kommend, die Leitung der Prager Gruppe übernommen. Bei einem Treffen sollte Hanna Heilbronn (später Frau Fenichel) einen Vortrag halten. Es ergab sich aber, daß gerade an dem Tag, an dem dieser Vortrag gehalten werden sollte, Hitler in Wien einmarschierte. Die Mitglieder der Gruppe waren aufs äußerste alarmiert und verfolgten angespannt Radionachrichten und Telefonanrufe, da sie sich Sorgen um ihre Freunde machten, um Freud und um den Fortbestand des Wiener Psychoanalytischen Instituts. Niemand hatte Lust, eine wissenschaftliche Sitzung abzuhalten. Schließlich übernahm Fenichel die Leitung und sagte folgendes: »Ich möchte Ihnen eine Geschichte erzählen. Vor einigen Jahren war mein Vater sehr beunruhigt über die Nachricht, daß ein enger Verwandter in Gefahr sei – die Nachricht erreichte ihn unmittelbar vor dem Mittagessen – er war bedrückt und mochte nicht essen, trotz des Drängens meiner Mutter. Als meine Mutter darauf bestand, daß er doch etwas essen möge, fragte er schließlich: »Was gibt es denn zum Mittagessen?« Sie antwortet: »Gedünstetes.« Diese Antwort rief ein Lächeln auf dem Gesicht meines Vaters hervor, und er sagte: »Gedünstetes kann man immer essen.« Die Leute lachten, und Fenichel fuhr dann fort: »So wie es mit dem Gedünsteten ist, ist es auch mit der Psychoanalyse – man kann sich immer damit befassen.« Und Hanna Heilbronn hielt ihr Referat. Diese Haltung ist typisch für Fenichels Beziehung zur Psychoanalyse – Psychoanalyse in allen Lebenslagen und für alle Lebenslagen« (I. J. P., 1946, Vol. 27).

7 Diese Überlegungen sind vor allem als Denkmodell zu betrachten, denn Boehm machte nach dem Krieg aus seinem Antisemitismus keinen Hehl.

8 Das Memorandum wird heute Müller-Braunschweig zugeschrieben, zumal der in ihm enthaltene politische Passus fast identisch ist mit Müller-Braunschweigs Beitrag im »Reichswart« mit dem Titel »Psychoanalyse und Weltanschauung« (1933) (siehe Kap. 5.3.).

9 »Wir haben unsere Arbeit die ganzen Jahre sachlich weiterzuführen versucht, und es hat uns bis heute ferngelegen, uns als politische Märtyrer hinzustellen, obwohl jeder von uns beiden (Kemper und Schultz-Hencke) hierzu Material zu bringen hätte. Aber die Tatsache, daß, wie gesagt, bis Kriegsende kein Pg in unseren Reihen war, die Tatsache, daß ein Schüler von uns beiden, der eine leitende Funktion im Institut hatte, 1943 aus politischen Gründen hingerichtet wurde (Anm. d. Verf.: gemeint ist Rittmeister, der bei Kemper in Lehranalyse gewesen war und dem Kreis um Schultz-Hencke zugerechnet wurde), die Tatsache, daß gegen mehrere andere Mitglieder Verfahren liefen und noch vieles

andere, müssen heute dann von uns auch einmal offiziell genannt werden, obwohl es uns viel lieber wäre, wenn wir in Ruhe und ohne ständige wirtschaftliche Bedrohung und Diffamierung unsere uns am Herzen liegende Arbeit leisten könnten. Ungern möchten wir die Flucht in die Öffentlichkeit antreten, vor allem über die Vermittlung über unsere Freunde im Ausland zu den hiesigen Besatzungstruppen, und haben es deshalb vorgezogen, uns zunächst an Sie zu wenden (Kemper/Redecker, Polizeibevollmächtigter in der Medizin, der kontrollierte, ob diejenigen, die eine Heilkunst ausübten, auch dazu berechtigt waren; 11.2.1946).

Frau Lemke, Leiterin des Gesundheitsamtes Wilmersdorf, der Jung-Gruppe nahestehend, setzte sich ebenfalls für die Finanzierung eines Instituts für Psychotherapie ein: Am Institut seien »ausgesprochen antifaschistische Persönlichkeiten tätig gewesen«. »So wurde u. a. Dr. Rittmeister wegen Gründung einer kommunistischen Zelle verhaftet und hingerichtet, Dr. Müller-Braunschweig erhielt als Antifaschist Lehrverbot, ebenso Frau Bügler als Halbarierin. An dem Institut waren ferner Schwidder, jetziger Amtsarzt von Pankow und Frl. Dräger, Mitglied der KPD, die jetzt im Jugendamt der KPD tätig ist, beschäftigt. Trotz des Lehrverbotes wurden Herrn Dr. Müller-Braunschweig und Frau Dr. Bügler regelmäßig vom Institut Patienten zugewiesen« (Lemke/Redecker 16.2.46).

10 »He (Boehm) raised the question of the basic meaning of the contemplated rejection of the old German Psycho-Analytical Society (Gesellschaft). He felt, that this implied a rejection of himself, as if his teaching and writing had shown a deviation from the system of psycho-analysis, and he protested against this implication« (Bibring, 1952, S. 254).

11 in der von ihm zusammengestellten Liste (Baumeyer, 1971, S. 204f.).

12 In den Quellen stehen die offiziellen Verhandlungen im Vordergrund, in der Sekundärliteratur die persönlichen Schicksale.

3.1. Die Deutsche Psychoanalytische Gesellschaft

1 Abraham, Karl (1877–1925), Studium in Würzburg, Freiburg und Berlin. Erster Assistenzarzt unter Jung als Oberarzt im Burghölzli bis Nov. 1907. Psychiatrisch-neurologische Praxis in Berlin; enge freundschaftliche Zusammenarbeit mit Freud seit Juni 1907 (Abraham, 1976; McGuire, 1974).

2 Historiker haben inzwischen herausgefunden, daß Freuds Gedanken keineswegs in Deutschland ignoriert wurden. Die meiste Aufmerksamkeit wurde der Psychoanalyse von Ärzten entgegengebracht, obwohl auf großen medizinischen Kongressen kein Bezug auf sie genommen wurde. Nach 1900 taucht Freuds Name häufig in der neurologischen und psychiatrischen Fachliteratur auf. Erst als 1909 die erste psychoanalytische Zeitschrift erscheint, beginnt sich ein durch das Berliner Psychoanalytische Institut auch institutionell verankerter Kreis von Freudianern zu konstituieren. Psychoanalytische Artikel verschwinden damit allerdings aus den psychiatrischen und neurologischen Fachzeitschriften. Obwohl Freuds Arbeiten regelmäßig in der »Zeitschrift für Psychologie« rezensiert wurden, hielt die experimentelle Psychologie seine Gedanken für einen Rückfall in eine bereits überwundene Naturphilosophie. Auch Psychiater schlossen sich dieser Einschätzung an. – In der Nachkriegsatmosphäre der 20er Jahre wurden die psychoanalytischen Ideen gerade von den intellektuellen Kreisen der Kulturmetropole Berlin mit großem Interesse auf-

genommen. Öffentliche Vorträge, Radiosendungen und der Film »Geheimnisse einer Seele« (1925), der von der UFA produziert wurde, legen davon Zeugnis ab (Decker, 1982, S. 589–602).
3 Max Eitingon wurde am 26.6.1881 in Mohilew (Galizien) als Sohn eines reichen Pelzhändlers geboren. Er starb am 30.7.1943 in Jerusalem nach langem schwerem Herzleiden an der gleichen Gefäßkrankheit, an der seine Mutter gestorben war. Als »österreichischer Pole« behielt er seine österreichische Nationalität. Er wuchs in Leipzig auf, mußte aber die Schule wegen seines Stotterns vor dem Abitur verlassen. Ohne ausreichenden Abschluß konnte Eitingon nur einzelne Teile der Natur- und Cameralwissenschaften studieren. Eitingon studierte Geschichte, Physik, anorganische Chemie, Zoologie, Kulturphilosophie, Germanistik und Kunstwissenschaften in Leipzig (Sommersemester 1900), wechselte für ein 2semestriges Philosophiestudium zur Universität in Halle über und setzte dann sein Studium bis 1902 in Leipzig fort. Aufgrund seines Abschlußzeugnisses in Leipzig konnte er sich als ordentlicher Student in Medizin in Heidelberg einschreiben. Nach einem weiteren Studium in Marburg (bis WS 1903/04) schloß Eitingon das Studium in Zürich (1909) mit der Promotion über »die Wirkung des Anfalls auf die Assoziationen der Epileptischen« ab. Da er kein Staatsexamen hatte, konnte er keine allgemeingültige medizinische Qualifikation erlangen. Während seiner Studienzeit arbeitete Eitingon als Unterassistent in der von Bleuler geleiteten Irrenheilanstalt Burghölzli und lernte dort durch Jung, der ihm bei seiner Promotion behilflich gewesen war, die Psychoanalyse kennen. In dieser Zeit waren auch Brill (New York), Nunberg (Polen) und Binswanger am Burghölzli tätig und vor allem Abraham, mit dem er sich anfreundete.
Nach einem ersten brieflichen Kontakt zu Freud suchte Eitingon Freud am 28.1.1907 persönlich auf; seine Lehranalyse fand auf abendlichen Spaziergängen statt. Im November 1909 ließ sich Eitingon in Berlin nieder, nahm eine Stelle bei dem Neurologen Oppenheimer an und unterstützte Abraham bei dem Aufbau der 1908 gegründeten Berliner Psychoanalytischen Vereinigung. Nach seiner Heirat mit der russischen Schauspielerin Mirra Jacovleina Raigorodsky, 1912, brach sein persönlicher Kontakt zu Abraham ab. Die Trennung zwischen Freud und Jung führte in der Berliner Psychoanalytischen Vereinigung zu einer Grundsatzdebatte über den Begriff des Unbewußten, in der Eitingon eindeutig die freudsche Position vertrat.
1914 meldete sich Eitingon freiwillig zum Kriegsdienst. Durch seine Erfolge bei der Behandlung von Kriegsneurosen und auch Zwangsneurosen wurde er vom Assistenzarzt in Prag zum Chefarzt der Beobachtungsabteilung in Kassa ernannt. Eitingons guter Kontakt zu den Patienten, seine Gewissenhaftigkeit, sein Fleiß, Pflichttreue und Aufopferung führten zu seiner Auszeichnung mit dem »goldenen Verdienstkreuz mit der Krone am Band der Tapferkeitsmedaille mit Allerhöchster Erschließung vom 11.8.1918«. Anfang 1919 durchlitt Eitingon eine persönliche Krise mit Insuffizienzgefühlen und Depression, da er keine Kinder würde haben können.
Als Ausdruck für Freuds Dank für Eitingons Begründung und Finanzierung der psychoanalytischen Poliklinik wurde er in den engsten Kreis um Freud, das Komitee, aufgenommen. Eitingon und Simmel leiteten die Poliklinik. 1921 trat Eitingon in den Internationalen Psychoanalytischen Verlag ein und unterstützte ihn ebenfalls finanziell. Im Januar 1922 wurde Eitingon zum Schriftführer der von Abraham geleiteten Berliner Psychoanalytischen Vereinigung ge-

wählt. Auf Anregung Simmels wurde 1924 unter Eitingons Vorsitz ein Ausschuß zur Erarbeitung international gültiger Richtlinien zur psychoanalytischen Ausbildung gegründet, dessen Empfehlungen auf dem IX. Internationalen Psychoanalytischen Kongreß in Bad Homburg, 1925, allgemeine Gültigkeit erlangten. Eitingon wurde zum Vorsitzenden der Internationalen Unterrichtskommission gewählt; das blieb er bis zu seinem Tod.

Nach Abrahams Tod 1925 wurde Eitingon die Leitung der Berliner Psychoanalytischen Vereinigung angetragen. Eitingon lehnte ab, da er als Sekretär der Internationalen Psychoanalytischen Vereinigung vorgesehen war und bereits die Leitung der Unterrichtskommission, der Poliklinik und des Verlags innehatte. Obwohl sich Eitingon wie Freud für die Ausübung der Psychoanalyse durch »Laien« einsetzte und damit im Widerspruch zur amerikanischen Psychoanalytischen Vereinigung stand, brachte er auf dem Innsbrucker Kongreß (1927) eine Resolution ein, in der er für den psychoanalytischen Ausbildungskandidaten ein abgeschlossenes Medizinstudium nachdrücklich befürwortete. Da sich seit 1929 die Ertragslage des Eitingonschen Familienunternehmens verschlechtert hatte und auch Eitingons Privatpraxis, die sich in den Jahren 1928 bis 1930 gut entwickelt hatte, durch die sich verschärfende politische Situation in Deutschland zurückging, mußte Eitingon seinen finanziellen Einsatz für das Berliner Psychoanalytische Institut und den Verlag zurückziehen.

Eitingon mußte Berlin 1933 verlassen (siehe Kap. 5.2.) Er ging nach Jerusalem und gründete mit Wulff, Smeliansky, Schalit und Kluge zusammen im November 1933 die Palästinensische Psychoanalytische Vereinigung.

Eitingon hatte Freud sowohl menschlich als auch wissenschaftlich und ökonomisch, seit sie sich kannten, treu zur Seite gestanden. Freuds Tod 1939 schien auch Eitingons Lebensmut erheblich zu beeinträchtigen. In seinen letzten Lebenjahren zog er sich ganz in seinen Privatbereich zurück (Gumbel, 1977; Jones, 1943; Neiser, 1978; Zweig, 1950).

4   Ernst Simmel wurde am 4.4.1882 in Breslau geboren; er starb am 11.11.1947 in Los Angeles, Californien, an Herzversagen, nur 65jährig. Als Jüngster von neun Geschwistern war er in Berlin aufgewachsen. Als Apothekerlehrling legte er 1902 extern das Abitur ab. In Berlin und Rostock studierte er Medizin (1902–1907) und beendete das Studium 1908. Simmel hatte eigentlich Schauspieler werden wollen, war aber zu klein gewachsen. Seine Assistenzarztzeit verbrachte er am Auguste-Viktoria-Krankenhaus in Berlin. 1913 eröffnete er seine private Praxis. Simmel legte keinen Wert auf eine lukrative Stadtpraxis; in seinem sozialpolitischen Engagement zog er es vor, sich als Mitbegründer des sozialdemokratischen Ärztevereins zu engagieren. Der sich aus diesem Verein abspaltende Verein sozialistischer Ärzte stellte in der Weimarer Zeit die wohl wichtigste oppositionelle Gesundheitsbewegung dar (Hermanns, 1984). Im ersten Weltkrieg war er von 1914–1916 Militärarzt, von 1916–1917 Chefarzt eines Lazarettes für Nierenerkrankungen und von 1917–1919 Chefarzt eines Lazarettes für Kriegsneurotiker. Durch die Arbeit »Kriegsneurosen und psychische Traumata« wurde Freud auf ihn aufmerksam. Er schrieb an Abraham (17.2.1918, Abraham, 1965):

»Das ist zum ersten Mal ein deutscher Arzt, der sich ohne gönnerhafte Herablassung ganz auf den Boden der Psychoanalyse stellt, ihre vortreffliche Brauchbarkeit in der Therapie der Kriegsneurosen vertritt und mit Beispielen belegt und sich auch in der Frage der sexuellen Ätiologie durchaus rechtschaffen be-

nimmt. Er ist der Psychoanalyse allerdings nicht ganz nachgekommen, steht im Wesen auf dem kathartischen Standpunkt, arbeitet mit der Hypnose, die ihm ja Widerstand und sexuelle Triebkräfte verdecken muß, entschuldigt dies aber richtig mit der Notwendigkeit eines raschen Erfolges und mit dem Massenbetrieb. Ich glaube, ein Jahr Schulung würde einen recht guten Analytiker aus dem Manne machen. Sein Benehmen ist korrekt.«
Analysiert wurde Simmel von Abraham. Als Mitglied der Berliner Psychoanalytischen Vereinigung entwickelte er einige Grundprinzipien der Lehranalyse, wie die Durchführung der Analysen unter Supervision und die Abhaltung von Fallseminaren und entwarf ein erstes Curriculum. Sein besonderes Engagement galt dem Aufbau der 1920 gegründeten Poliklinik. Von 1925–1930 war er Vorsitzender der Berliner Psychoanalytischen Vereinigung; 1927 gründete er das erste Sanatorium für die Behandlung von Süchtigen nach psychoanalytischen Grundsätzen im Schloß Tegel. Die Klinik mußte aus finanziellen Gründen 1931 geschlossen werden. Freud schätzte Simmel sehr: »Und wirklich wußte ich, von meinen persönlichen Verpflichtungen abgesehen, in Berlin niemanden, der durch die Echtheit und Intensität seiner Gesinnung die Aufnahme in jenen Kreis (Anm. d. Verfasserin: das ehemalige »Komitee«, dessen Mitglieder von Freud einen Ring zum Zeichen der Dazugehörigkeit erhielten) – wenn er noch bestünde, so verdienen würde wie Sie. Indes, Formen mögen vergehen, ihr Sinn kann sie überleben...« (Freud/Simmel, 11.11.1928; Freud, 1960).
Über Simmels Flucht aus Berlin berichtet sein ehemaliger Analysand M. Grotjahn: Während einer Analysestunde wurde Simmel durch ein vereinbartes Zeichen von einem Freund vor den Nazis, die im Begriff waren ihn zu verhaften, gewarnt. Simmel und Grotjahn konnten durch den Hinterhof in ein Sanatorium flüchten, in dem Simmel gut bekannt war. Simmel floh von da aus. Da er aber nicht glauben konnte, daß die Nazis ihn tatsächlich verfolgen würden, kehrte er zurück. Erst nachdem er sich von dem Terror der Nazis überzeugt hatte und nun erkannte, daß ihm nur die Wahl zwischen Flucht und Tod blieb, entschloß er sich, Deutschland endgültig zu verlassen (pers. Mitteilung von M. Grotjahn v. 30.12.1984). Hermanns (1984) weist darauf hin, daß Simmel in seinem Engagement als Gesundheitspolitiker, Arzt und Psychoanalytiker Positionen vertrat, an die man auf der Suche nach einer historischen Alternative zum Nationalsozialismus gern anknüpfen möchte.

5 1925 war die psychoanalytische Behandlung in die neue preußische Gebührenordnung (PREUGO) und die Allgemeindeutsche Gebührenordnung für Ärzte (ADGO) aufgenommen worden (Leupold-Löwenthal, 1984).

6 In dem »Kinderseminar« organisierte sich die »zornige Jugend«, wie Kemper die Gruppe um Schultz-Hencke und Fenichel bezeichnete. Sie hatte sich ein Forum geschaffen, um ihre eigenen Gedanken auszudrücken und zu diskutieren. Die sich dort versammelnden jungen Analytiker sollten später die Psychoanalyse auf internationaler Ebene prägen. An den Treffen nahmen teil: Binswanger, die Geschwister Bornstein (Berta und Steff); M. Boss, R. Fließ, A. Garma, G. Gerö, M. Grotjahn, P. Heimann, E. Jacobsohn, B. Kamm, L. Libeck-Kirschner, W. Kemper, B. Lantos. H. u. J. Löwenfeld, A. Mette, A. Reich, R. Spitz und E. Weigert-Vowinckel. Die Sitzungen fanden meistens in der Wohnung von R. Spitz statt. Mit E. Jacobsohn, B. Kamm und L. Liebeck-Kirschner traf sich Kemper zu einem kleinen Arbeitskreis (Pongratz, 1973, S. 270).

7 Übersicht über Anfragen zur Ausbildung am Berliner Psychoanalytischen Institut

	1928	1929	1930	1931	1932	1933
Außereurop. Ausland	–	–	2	–	1	–
Europ. Ausland	1	3	–	7	5	1
USA	3	2	3	4	2	3
Deutschland	2	6	9	14	4	4

8 Einen Einblick in die damaligen Lebenskosten und die an die Psychoanalyse gestellten Erwartungen gestattet das Schreiben eines Herrn Kaiser an Müller-Braunschweig:
»Sehr geehrter Herr Doktor,
ich bitte freundlichst, die Frage zu prüfen, ob für meine Frau und mich Honorarermäßigung bei den Kursen und Seminaren des Instituts gewährt werden kann: Im folgenden gebe ich Ihnen einige Auskünfte, von denen ich annehme, daß Sie sie für Ihre Entscheidung nötig haben.
1. Wirtschaftliche Lage: Einkommen aus einem Angestellten-Verhältnis: RM 818,– pro Monat netto. Unterhaltspflicht für zwei Kinder aus erster Ehe: RM 300,– pro Monat. Ausgaben für meine Analyse und die meiner Frau: RM 170,– bis 190,– pro Monat. Außerdem hat meine Frau aus ihrer Unterrichtstätigkeit (Klavierunterricht) ein durchschnittliches Monatseinkommen von RM 80,– bis 100,–. Vermögen besitze ich nicht.
2. Gründe des Interesses an dem Besuch der Kurse: Meine Frau wird durch ihre Unterrichtstätigkeit dauernd vor pädagogische Probleme, teils individueller, teils auch ganz allgemeiner Art gestellt. (Was natürlich mit der Problematik des Klavierunterrichts, wie er heute von den Schulen und insbesondere von den Eltern der Schüler gewünscht wird, zusammenhängt). Für das bessere Verständnis der ihr so gestellten Aufgaben erwartet sie Hilfe von der Psychoanalyse. Ich selbst möchte mich auf dem Gebiet der Psychoanalyse wissenschaftlich und eventuell auch praktisch betätigen.
3. Auskünfte kann geben über die wirtschaftliche Lage: mein Analytiker, Herr Dr. Bally; über persönliche Eignung für das Studium der Psychoanalyse, Frau Dr. Naef; eventuell kommt in dieser letzten Beziehung (und zwar für mich selbst, d. h. nicht für meine Frau) Herr Dr. Radó in Betracht, der kürzlich eine Arbeit von mir für die »Imago« angenommen hat« (15. 1. 1930).
9 Bernfeld, S., 1892–1953. In den Jahren 1916–1921 war Bernfeld führend in der Organisation der jüdischen Jugendbewegung. In dieser Zeit engagierte er sich vor allem als Reformpädagoge, beeinflußt von M. Montessori, B. Otto und G. Wynecken. Eine zunächst fortschrittlich erscheinende zionistische Wohlfahrtsorganisation ermöglichte ihm die Gründung eines Kinderheimes für jüdische Waisenkinder. 1920 mußte er seine Arbeit, in der er auch versucht hatte, psychoanalytische Erkenntnisse einfließen zu lassen, auf Druck der Organisation aufgeben. B. ging 1924 an das neugegründete Wiener psychoanalytische Ausbildungsinstitut, dann an das Berliner Institut und kehrte 1933 nach Wien zurück. Bernfeld war nicht nur Jude, sondern auch Sozialist und Psychoanalytiker – so daß ein Bleiben für ihn auch in Österreich unmöglich war. Über Südfrankreich ging er in die USA (Hoffer, 1955).
10 F. Krüger äußerte sich in der Berliner Börsenzeitung alles andere als wohlwollend über Psychoanalyse (Berliner Börsenzeitung, »Wider die Psychoanalyse«, Nr. 20, 14. 5. 1933).

11 Landauer, Karl, geb. 1887 (München) – 1945, Studium der Medizin in Freiburg, Berlin und bei Ernst Kraepelin in München. 1912 ging er nach Wien zur psychoanalytischen Ausbildung bei Freud und zur psychiatrischen bei Julius Ritter Wagner von Jauregg (1857–1940). Landauer leistete Kriegsdienst, heiratete 1917 in Heilbronn Karoline Kahn und ging 1919 nach Frankfurt/M. Neben der Arbeit als Krankenhauspsychiater betrieb er eine private psychoanalytische Praxis. Zusammen mit Heinrich Meng gründete Landauer in Frankfurt das Psychoanalytische Institut; drittes und viertes Mitglied wurden Frieda Fromm-Reichmann und Erich Fromm. Als Jude mußte Landauer 1933 nach Amsterdam emigrieren und arbeitete dort als Analytiker weiter. Im Juni 1943 wurde er in das Konzentrationslager Bergen-Belsen deportiert, wo er umgekommen ist (Bonin, 1983, S. 188).

3.2. Die Gesellschaft für Individualpsychologie

1 Die Zeitschrift für Individualpsychologie, Organ der Gesellschaft für Individualpsychologie, erschien 1914/16 zum erstenmal. Nach dem Ersten Weltkrieg nahm sie ihr Erscheinen wieder auf und berichtete seit 1923, nach dem ersten Kongreß, der in München stattfand, als »Internationale Zeitschrift für Individualpsychologie« jährlich von den auf der ganzen Welt sich bildenden Adlerianischen Gruppen. Nach einer Pause von fast zehn Jahren (1937–1946/47) erschien sie bis 1951 (20. Jg.). Die Chronik der Zeitschrift gibt Auskunft über die Veranstaltungen der jeweiligen Ortsgruppen und vor allem über Adlers eigene Vorträge und sonstige Aktivitäten. Adler war nicht nur Herausgeber der Zeitschrift, sondern sie war auch sein Eigentum.

2 Vorher hatte Adler den Sommer in seinem Wiener Haus verbracht, den Winter in Amerika.

3 Dr. Leonhard Seif wurde am 15.1.1866 in München als Sohn eines Bahnbeamten geboren. Nach einem einjährigen Philosophiestudium und dem Studium der Medizin wurde er Nervenarzt. Seine analytische Ausbildung erhielt er von Jung (1909). 1911 wurde er Obmann der neugegründeten Münchner Psychoanalytischen Gesellschaft, die, nach Ausscheiden ihrer Freudianischen Mitglieder, in die »Gesellschaft für Individualpsychologie« umgewandelt wurde. Die Neurose verstand Seif als Kompromiß zwischen infantilen und sozialen Forderungen. 1922 gründete er in München eine Erziehungsberatungsstelle. Seit 1936 arbeitete er zusammen mit der Volksbildungskanzlei in München. »Seif gehört zu den wenigen, die die Lehre von der Leib-Seele-Einheit in die Praxis umsetzten« (Z. f. P., 1940, Bd. 12, H. 6). Zwischen 1927 und 1937 hielt er Vorträge an den Universitäten Harvard, der Universität in Boston, der Londoner Universität, der in Birmingham und in New York. Er legte, ebenso wie Künkel, großes Gewicht auf das »Gemeinschaftsgefühl« (Adler) und eine religiöse Orientierung. S. war Mitglied des NS-Ärztebundes und der NSV. Trotz der Würdigung, die ihm im »Zentralblatt« zuteil wurde, und der Tatsache, daß seine Darstellung der Erziehungsberatungsstelle in der nationalsozialistischen Bibliographie des Chefarztes der Führerkanzlei Bouhler aufgeführt wurde, betrachteten ihn die Nazis skeptisch als Repräsentanten der Freudschen und Adlerschen Richtung (Cocks, 1985, S. 55ff. u. S. 142). Seif starb 1950.

4 Künkel, Fritz, geb. 1889 als Sohn eines preußischen Gutsbesitzers in Stolzenberg (Brandenburg). Medizinstudium in München. Verlor im Ersten Weltkrieg seinen linken Arm (sein Bruder Hans verlor den rechten) und wurde mit dem

eisernen Kreuz 1. und 2. Klasse ausgezeichnet. Assistenzarzt im 48. Infanterieregiment. 1917 Approbation zum Arzt. 1924 Arztpraxis in Berlin-Wilmersdorf. Gründete einen Kreis von Interessenten, die der Adlerschen Richtung nahestanden.
Aus Protest gegen das soziale Milieu seiner Herkunftsfamilie Hinwendung zu einem unpolitischen introvertierten Leben. Durch die Erfahrung des Ersten Weltkrieges besonders hohe Bewertung des Gemeinschaftsgefühls. Das Interesse für Psychotherapie entwickelte er vor allem, da er meinte, mit nur einem Arm kein guter Arzt sein zu können. 1920 Heirat mit Ruth Löwengard, einer Jüdin. Sie starb Ende der 20er Jahre. Aus dieser Ehe gingen drei Kinder hervor. Künkel war dadurch während der NS-Zeit belastet. Er brachte die Kinder in Holland bei einer befreundeten Familie unter. Den Adlerschen Ansatz erweiterte er um eine religiöse Orientierung und bezog auch Elemente der Jungschen Theorie ein. Künkels Ansatz wurde von Göring begeistert als Grundlage einer deutschen Seelenheilkunde aufgenommen. Künkel unternahm diverse Vortragsreisen nach Holland, Schweden und in die USA. Bei Kriegsanbruch war er in den USA und kehrte nicht wieder nach Deutschland zurück. Er starb in Los Angeles 1956 (Cocks, 1985, S. 49–54; und persönliche Mitteilung von Frau Dr. Herzog-Dürck).

5 Arbeitsgruppen der internationalen Gesellschaft
  für Individualpsychologie:

Wien (Alfred Adler)
Dresden (Rechtsanwalt Roth)
Hamburg (Eleonore Rieniets)
Ungarischer Verein (Stefan von Manday)
Arbeitsgemeinschaft Karlsruhe (Karl Sulzer)
Medizinische Gesellschaft für Individualpsychologie London (Young und Langdon Brown)
Der Individualpsychologische Club in London (W. T. Symons)
Arbeitsgemeinschaft Breslau (Alfred Pietsch, Wohlau)
Private Erziehungsanstalt (Marianne Lebek)
Arbeitsgemeinschaft Köln (Hedwig Bloemendal)
Arbeitsgemeinschaft Brasov (Kronstadt, Rumänien) (Ernst Kahana)
Arbeitsgemeinschaft Freudenstadt/Schwarzwald (J. Bauer)
Arbeitsgemeinschaft Stuttgart (Stadtpfarrer J. B. Schairer)
Arbeitsgemeinschaft Chemnitz (Klemens Pauli)
Arbeitsgemeinschaft Zagreb/Jugoslawien (Beno Stein)
Gesellschaft für Individualpsychologie in Milwaukee/USA (S. Plahner)
Arbeitsgemeinschaft Kopenhagen (Bildhauerin Kyra Bohldsen)
Arbeitsgemeinschaft Palästina (Dr. Jehoshua Bierer)
Arbeitsgemeinschaft Krakow/Polen (Lehrer J. I. Kohn)
Individualpsychologische Gruppe in Berlin (Anni Heinrichsdorff)
Arbeitsgemeinschaft Fernauti/Rumänien (Lehrerin Dorothea Bräuer)
Arbeitsgemeinschaft Individualpsychologischer Ärzte, Berlin (Wilhelm Brandt)
Arbeitsgemeinschaft Düsseldorf (Karl Lendsberg)
Arbeitsgemeinschaft Wuppertal (M. H. Göring)
Arbeitsgemeinschaft Konya/Türkei (Hamdi Bey)
Arbeitsgemeinschaft Zürich (Ines Spring-Zürcher)
Individualpsychologisch-pädagogische Arbeitsgemeinschaft an der Außiger Handelsakademie (Walter Schuster)
Verein zur Förderung der Individualpsychologie Athen (Demetrios Moraitis)
Arbeitsgemeinschaft Utrecht (I. H. Ronge)

Arbeitsgemeinschaft Paris (Frau M. Rapaport, Alexander Neuer)
Arbeitsgemeinschaft Amsterdam (Paula Allmayer)
Arbeitsgemeinschaft Dortrecht (Fräulein von Geelen)
Arbeitsgemeinschaft Rotterdam (J. W. Boks)
Arbeitsgemeinschaft Brünn, Tschechoslowakei (Neumarck)
Arbeitsgemeinschaft Trieste, Italien (Frau Stock, A. Horvat)
Chicagoer Gesellschaft für Individualpsychologie (Frau L. Menser)
(IZIP 1934, 12. Jahrgang, S. 263/264)
Die Internationale Psychoanalytische Vereinigung hatte Mitglieder in:
Boston (Dr. Martin W. Peck)
Chicago (Blitzsten, Dr. N. Lionel)
New York (Brill, Dr. A. A.)
Washington (Dooley, Dr. Lucie)
England (Jones, Dr. Ernest)
Deutschland (Eitingon, M.)
Indien (Bose, Dr. G.)
Ungarn (Hollos, Istvan)
Holland (Monchy, Dr. med. S. J. R. de)
Holland (Ophuijsen, Dr. med. J. H. W.)
Paris (Borel, Dr. Adrien)
Rußland (Kannabich, Prof. J. W.)
Schweiz (Sarasin, Dr. med. Philipp)
Wien (Freud, Prof. Dr. med. Sigmund).

3.3. Die C. G. Jung-Gesellschaft

1 Zu dem auch heute noch bestehenden Psychologischen Club ist immer noch nur eine begrenzte Zahl von Juden zugelassen. (Pers. Mitteilg. von Frau Frasca-Wyss, Aug. 1981.)

4.0. Die Formierung der psychotherapeutischen Bewegung

1 Der Begründer der amerikanischen Mental Health-Bewegung, Beers, litt selber unter Depressionen, paranoiden Vorstellungen und Halluzinationen (Angst-, Glückspsychose). In seinen manischen Intervallen gelang es ihm, durch seine ausgezeichnete organisatorische Begabung, viele Kontakte zu prominenten Persönlichkeiten des öffentlichen Lebens zu knüpfen und seinen hier produktiv eingesetzten Rede- und Schreibzwang ganz in den Dienst seiner Reformbestrebungen zu stellen. Den ersten Internationalen Kongreß für Mental Hygiene in Washington (1930) besuchten bereits über dreitausend Teilnehmer; ungefähr 50 Staaten waren repräsentiert, und er fand unter dem Patronat des amerikanischen Präsidenten Hoover unter Vorsitz des Psychoanalytikers White statt (Reimann, 1967, S. 55 f.).
2 Sommer war der engagierteste Vorkämpfer der psychischen Hygiene und verband sie mit Psychotherapie.
Sommer, Robert, Universitätsprofessor, Geheimer Medizinalrat, Dr. med. et phil., (19.12.1864–3.2.1937).
Vater Justizrat, jüngstes von sechs Kindern, Studium von Medizin, Philosophie und Psychologie, Promotion 1887 an der Philosophischen Fakultät Berlin. Ein Jahr später medizinische Approbation. 3 bis 4 Jahre Assistenzarzt an der Heil- und Pflegeanstalt Rybnick/Oberschlesien, dann Studium der Psychologie, Habilitation in Würzburg an der Psychiatrischen Klinik bei Rieger, bei dem er seit 1890 Assistenzarzt war. 1895 Berufung an die Psychiatrische Klinik in Gießen.

1904 Mitbegründer der Gesellschaft für Experimentelle Psychologie. Hervorhebung der Bedeutung der Prophylaxe, z. B. durch einen gesunden Städtebau unter Berücksichtigung der psychischen Hygiene. 1923 Gründung des »Deutschen Verbandes für Psychische Hygiene«; Einbeziehung von Erbbiologie und Erbgesundheitspflege. 1924 Abwendung von der Experimentalpsychologie hin zur Tiefenpsychologie und Mitbegründer der allgemeinen ärztlichen Gesellschaft für Psychotherapie (Z. f. P., 1934, Bd. 7, H. 6, S. 313f.).
3 Die internationale psychotherapeutische Bewegung verfügte durch diese Gründer der Landesgruppen der Gesellschaft für Psychische Hygiene bereits über eine Infrastruktur, auf die auch während des Nationalsozialismus zurückgegriffen wurde: Göring ernannte Roemer zum Leiter der Zweigstelle des Deutschen Instituts für psychologische Forschung und Psychotherapie in Württemberg/Baden, Kogerer wurde zum Leiter der ehemaligen psychoanalytischen Einrichtungen in Wien, und Stransky, der getaufter Jude war, richtete später (19. 6. 1940) ein Bittgesuch an Göring in der Hoffnung, daß der ihm bei seinen Bemühungen um Ausreise behilflich sein könne (siehe Kap. 5.4.)
4 So wurde auf dem ersten Kongreß für Psychische Hygiene der Hauptzweck des neu gegründeten »Internationalen Ausschusses für psychische Hygiene« definiert.
5 Cimbal, Walter, Dr.; geb. 1887 in Neisse bei Breslau, Nervenarzt, Oberarzt der städtischen Heil- und Pflegeanstalten, Leiter des städtischen Beratungsamtes für psychische und nervöse Krankheiten in Hamburg-Altona; Schrift- und Geschäftsführer der allgemeinen (deutschen) ärztlichen Gesellschaft für Psychotherapie (1932–1935). Das RMdI veranlaßte Wirz dazu, Erkundigungen über Cimbal einzuholen (RMdI/Göring, 27. 4. 1935). Sekretär der »Internationalen Ärztlichen Gesellschaft für Psychotherapie«. Von Cocks als einer der ›Vulgäridealisten‹ in ihrem nationalsozialistischen Engagement bezeichnet (Cocks, 1985, S. 77).
6 Göring, Prof. Dr. jur. Dr. med., Matthias Heinrich (siehe Kap. 5.1.) im folgenden Text ohne Vornamen genannt zur Unterscheidung von seinem berühmten Vetter Hermann.
7 Als einzige Ausnahme nannte sie J. H. Schultz (s. Anm. 14), der vor allem die Bedeutung der Übertragung betont habe. Eitingon warnte Freud vor J. H. Schultz: »Des sonst oft saftigen Shakespeares Erstaunen darüber, daß jemand lächeln kann und immer lächeln und noch ein Schurke sein kann, ist angesichts des J. H. Sch. sehr matt ... Es ist sicher etwas von einem irgendwie guten, besonders persönlich bestrickenden Kern in diesem Menschen, aber er stellt sich, sein Gewissen und seine große Geschicklichkeit so restlos in den Dienst seiner jeweiligen Interessen und seiner Absicht, à tout prix Erfolg zu haben, und ist von einer Unbedenklichkeit in dieser Hinsicht, daß wir allen Anlaß haben, uns vor ihm sehr zu hüten und gar keinen Grund, ihn zu nahe an uns heran zu lassen« (Neiser, 1978, S. 47).
8 Die Themen waren: Psychische Hygiene und Leibesübungen, ... und geistige Arbeit, ... in der staatlichen Organisation mit besonderer Darstellung der verhängnisvollen Wirkung der Bürotätigkeit, ... und körperliche Hygiene, ... und Rassenhygiene und Eugenik, ... und Gedächtnis, ... der Ruhe und Bewegung, ... der Pubertät, ... im Sexualleben, ... der Ehe. »Es handelt sich also für mich darum, einerseits den engen Begriff der psychischen Hygiene, den ich vor der jetzigen Mental-Hygiene-Bewegung aufgestellt habe, festzuhalten und durchzubilden, andererseits ihn in weite Gebiete des praktischen Lebens zu

übertragen und psychotherapeutisch zu verwerten« (AäZP, Sommer 1928, S. 157).
9   Das Organ der Gesellschaft hieß von 1928 (Bd. 1) bis 1929 (Bd. 2) Allgemeine ärztliche Zeitschrift für Psychotherapie und psychische Hygiene, einschließlich der klinischen und sozialen Grenzgebiete (Hrsg. Sommer). Von 1930 an (Bd. 3) wurde die Zeitschrift umbenannt in »Zentralblatt für Psychotherapie und ihre Grenzgebiete, einschließlich der Medizinischen Psychologie und der Psychischen Hygiene« (Hrsg. Sommer, Kretschmer, Kronfeld, I. H. Schultz, Allers bis Bd. 6, H. 2, März 1933). Seit Dezember 1933 gab Jung das ZfP heraus. Mit der Gründung des Deutschen Instituts für Seelenkunde und Psychotherapie e. V. trat Görings Name neben den von Jung (Bd. 9, H. 2, 1936). Als Jung im Sommer 1940 den Vorsitz der internationalen Gesellschaft niederlegte, gab er auch die Herausgabe des Zentralblattes ab (Bd. 12, H. 3, 1940). Unter Görings Namen erschien es bis Bd. 16, H. 1, 1944.
10 Stekel, der sich bereits 1912 von Freud abgewandt hatte, wollte seine Zeitschrift gemeinsam mit dem Zentralblatt redigieren. Cimbal befürchtete, daß das der Regierung mißfallen könnte, und empfahl Schultz (Schrifleitung), die Anfrage abzulehnen (Bericht... Cimbal, 12.9.1933).
    Stekel tat sich dann mit dem aus der Redaktion des Zentralblattes ausgeschlossenen Kornfeld in Wien zusammen und gab mit ihm die Zeitschrift »Psychotherapeutische Praxis« heraus (1934–1936/37).
11 Kriegsteilnehmer waren:

Achelis, Werner
Bilz, Rudolf
Boehm, Felix
Cimbal, Walter
Curtius, Otto
Gauger, Kurt
Göring, Matthias Heinrich
Haeberlin, Carl
Hattingberg, Hans von
Heyer, Gustav Richard
Kemper, Werner
Krisch, Hans
Künkel, Fritz
Mohr, Fritz
Roemer, Georg
Scherke, Felix
Schultz, Johannes Heinrich (J. H.)
Schultz-Hencke, Harald
Seelmann, Kurt
Seif, Leonhard
Speer, Ernst
(Cocks, 1975, S. 33)

12 Rüdin, Ernst (1874–1952), gebürtiger Schweizer. Mitherausgeber des Archivs für Rassenhygiene (begründet 1904) und Mitbegründer der Gesellschaft für Rassenhygiene (gegr. 1905 von seinem engen Mitarbeiter Dr. A. Plötz). Ab 1925 ordentlicher Professor für Psychologie in Basel, ab 1928 Direktor des Kaiser-Wilhelm-Instituts für Genealogie und Demographie sowie des Forschungsinstituts für Psychiatrie in München. Bei der nationalsozialistischen Machtübernahme von Frick, R. (Reichsinnenminister) zu seinem Ehrenbevollmächtigten in zwei deutschen Gesellschaften für Rassenhygiene berufen. Leitung des Verbandes für psychische Hygiene und Rassenhygiene (16.7.1933). Verfaßte die wesentlichen Formulierungen des Gesetzes zur Verhütung erbkranken Nachwuchses, das am 14.7.1933 erlassen wurde und am 5.1.1934 in Kraft trat. R. pries, daß durch Hitlers politische Führung sein rassenhygienisches Ideal nun realisiert würde. Auch schrieb er die Nürnberger Gesetze (»Zum Schutz des deutschen Blutes und der deutschen Ehre« vom 15.9.1935) seiner Erbgesundheitsbewegung zu (Wistrich, 1983, S. 232). R. gilt im allgemeinen als so sehr mit der nationalsozialistischen Rassenkunde und ihren schrecklichen Folgen identifiziert, daß biographisches Material über ihn schwer aufzu-

finden ist. Auch in Biographien von Psychiatern oder Psychotherapeuten wird er kaum erwähnt.
Der Psychiater Walter Ritter von Baeyer schildert ihn als: »urban, liebenswürdig, unfanatisch, in seinem Auftreten an einen Künstler erinnernd, eher unpolitisch und ganz überwiegend an seiner erbbiologischen Forschungsrichtung interessiert, in der er ja bedeutende und in ihrem Wert bleibende Leistungen aufzuweisen hatte. Er war ein geschickter Organisator von Forschung, der seinen planmäßig von ihm eingesetzten Mitarbeitern weiten Spielraum ließ ... Rüdins engste Mitarbeiter waren alles andere als Nationalsozialisten, vielmehr liberale, kritisch eingestellte Leute, die auch hinsichtlich der Wirksamkeit des Erbgesundheitsgesetzes skeptisch waren und lieber die gesetzliche Verankerung einer freiwilligen Unfruchtbarmachung als die Zwangssterilisation gesehen hätten. Im Kasino, in dem wir uns mit den Mitarbeitern der anderen Institute der Forschungsanstalt trafen, herrschte ein freier, internationaler Geist« (Pongratz, 1977, S. 17).

13 Seit 1933 hieß die Individualpsychologische Gesellschaft: Gesellschaft für Gemeinschaftspsychologie.

14 Wagner, G. (1888-1939). Begründer und Führer des nationalsozialistischen Ärztebundes, des Sachverständigenbeirates für Volksgesundheit und der Generalbevollmächtigte der NSDAP für das Gesundheitswesen. Stand in Konkurrenz mit der Gesundheitsabtg. des RMdI. Im Frühjahr 33 hatte er eine Reichsarbeitsgemeinschaft für Berufe im sozialen und ärztlichen Dienst ins Leben gerufen. Als Reaktion darauf gründete das RMdI am 20.11. den Reichsausschuß für Volksgesundheit (geleitet von Artur Guett und Gustav Frey). Als Freund von Heß engagierte er sich für die Naturheilkunde und versuchte, ein medizinisches Anti-Establishment zu einer Gesundheitsfront für eine neue deutsche Heilkunde aufzubauen. Das Hauptamt für Volksgesundheit der NSDAP entstand, in dem die Gesundheitsämter aller Parteiorganisationen mit Ausnahme der SS und SA zusammengefaßt waren. Seine Organisationsoffensive von 1935/36 scheiterte, so daß die Gesundheitsfront der NSDAP im Januar 1937 zusammenbrach (Cocks, 1975, S. 138-146).

15 Schultz, Johannes Heinrich (auch I. H. abgekürzt), geb. 1884 in Göttingen. 1908 medizinische Approbation. Psychiatriestudium in Jena bei Otto Binswanger (1913). Nach seiner Teilnahme am Ersten Weltkrieg Professor für Neuropathologie in Jena 1919. Zusammenarbeit mit Prinzhorn in H. Lahmann's Naturheilsanatorium in Dresden. 1924 neuropathologische Praxis in Berlin. Angeregt durch die Erfahrungen im Ersten Weltkrieg, Interesse an Psychotherapie, vor allem Hypnose und Suggestion. In erster Ehe mit einer Jüdin verheiratet, von der er sich noch vor der Nazizeit scheiden ließ, galt dadurch bei Beginn der Nazizeit als vorbelastet. Eintritt in das NSKK. Seit 1924 Vorträge an der Berliner Akademie für Ärztliche Fortbildung. Umfassende wissenschaftliche Produktion. Enger Mitarbeiter Görings als Leiter der Poliklinik des Deutschen Instituts und in einem vom RLM eingerichteten und finanzierten Extrabüro.
Cocks charakterisiert ihn als »cleveren Opportunisten«, dessen Patriotismus und fachlicher Ehrgeiz ihn ohne weiteres Lippenbekenntnisse dem Regime gegenüber machen ließ. (Cocks, 1985, S. 69). Schultz wurde vor allem als Begründer des autogenen Trainings berühmt (Cocks, 1985, S. 66-69; S. 150; Schultz, 1964).

16 Hattingberg, Hans von, (1879-1944), aus österreichischer Juristenfamilie; Wandervogel; nach dem Jurastudium unter Einfluß Forels, Studium von

Psychologie und Medizin. Niedergelassener Psychotherapeut in München; im 1. Weltkrieg Leiter einer selbsteingerichteten Nervenklinik. Nach wissenschaftlicher Auseinandersetzung mit der Psychoanalyse Hinwendung zu Graphologie und »moderner Menschenkunde« (Klages). 1925 Gründung der Ztschr. f. Menschenkunde mit Kampmann. Zunehmend stärkere Beschäftigung mit religiösen Fragen in Verbindung mit ärztlicher Psychotherapie (6. Kongreß f. Psychoth. Dresden, »Arzt u. Priester«) 1932 Übersiedlung nach Berlin, in der Hoffnung, sich endlich habilitieren zu können. Gründung eines psychotherapeutischen Ambulatoriums am katholischen St. Getraudenkrankenhaus. Ernennung zum Honorarprofessor im Mai 1940. Kein Parteimitglied. (D. C. Lebenslauf). H. starb am 18. 3. 1944. Im Zentralblatt wurde er in einem ausführlichen Nachruf gewürdigt (ZfP Bd. 16, H. 1/2, 1944).

17 Haeberlin, Carl, Dr. med.; geb. 1878 in Frankfurt. Approbation zum Arzt 1903 in München. Teilnahme am Ersten Weltkrieg. Anschließend Arzt im Sanatorium in Bad Nauheim. Konservativ-nationalistische Haltung. 1933 NS-Ärztebund. Unterstützte die nationalsozialistische Gesundheitsreform. Er verstand den Arzt als Kameraden des Kranken, der dessen natürliche Kräfte anregen mußte, um im Einklang mit dem biologischen Lebensrhythmus und der natürlichen Umgebung zu sein. Zur Überwindung einer »logozentrischen Wissenschaft« vertrat er eine »biozentrische Charakterkunde«. Haeberlin starb 1947 (Cocks, 1985, S. 36, S. 74, S. 77 f.). Haeberlin vertrat später bei den Sitzungen des Dachverbandes der Gesellschaft für Innere Medizin.

18 Lammers, Hans Heinrich (1879–1962), Chef der Reichskanzlei (1933–1945) und Hitlers engster juristischer Berater (Wistrich, 1983, S. 167).

19 Antisemitische Gruppe um Theodor Fritsch, Herausgeber der Halbmonatsschrift »Hammer« (1902–1940). Mit dem »geschärften Blick auf die Zerstörung des deutschen Empfindens«, wie es angeblich von jüdischen Künstlern und Intellektuellen betrieben wurde, kritisierte Fritsch auch Freud: »Eine deutsche Ärztin, Atheistin reinsten Wassers, die in einer deutschen Großstadt in einem Institut für anormale Jugendliche dozierte, sagte mir: ›Vor ein paar Monaten hat unser Direktor uns aufgefordert, wir möchten uns mit Freud beschäftigen. Wir sind ein halbes Dutzend junger Ärzte und Ärztinnen. Wir stürtzten uns auf Freud. Eine Woche später merkten wir mit Entsetzen, was aus unserer Kameradschaft geworden ist. Nicht mehr eine Tasse Tee konnten wir zusammen trinken, ohne von sexuellen Phantasien geplagt zu werden. Wir glaubten, wir würden verrückt‹« (Allgem. Rundschau v. 30. 3. 1929); (Fritsch, 1932, S. 395).

20 Rust, Bernhard (1883–1945), von 1934 bis 1945 Reichsminister für Wissenschaft, Erziehung und Volksbildung, galt als »schwach«, ein »alkoholträchtiger Exstudienrat«, der sich nicht gegen parteipolitische Erziehungskonzepte durchsetzen konnte; andererseits hatte er neben dem Erziehungsministerium den Posten des Gauleiters von Braunschweig inne und vertrat in Personalunion Partei und Staat (Bracher, 1969, S. 285/379). R. war »alter Kämpfer«. Durch seine »Säuberung« der Universitäten mußten mehr als 1000 Hochschullehrer (vor allem Juden, Sozialdemokraten und Liberale) die Universität verlassen. Statt der führenden Rolle, die Deutschland im Bereich der Naturwissenschaften bisher gespielt hatte, herrschte nun der Geist des Militarismus, des Germanentums und Antisemitismus, Rust beging am 8. 5. 1945 Selbstmord (Wistrich, 1983, S. 233/234).

21 Schemm, Hans Bayerischer Kultusminister, der als »gescheiterter Volksschul-

lehrer« die Hochschulpolitik nach nationalsozialistischen Grundsätzen diktierte (Bracher, 1969, S. 293).
22 Conti, Leonardo Ambrozis Giovanni (1900–1945) gebürtiger Schweizer. Seine Mutter wurde später Reichsführerin der Hebammen. Medizinstudium in Deutschland. Mitbegründer des antisemitischen Kampfbundes für Deutsche Kultur. Aktiver Führer der völkischen Studentenbewegung. Als Freikorps-Mitglied Teilnahme am Kapp-Putsch (13.3.1920). Von 1921–23 Mitglied des rechtesten Flügels des Wikingerbundes. 1923, während seines Studiums in Erlangen, wurde er Mitglied der SA und Horst Wessels Arzt. Als Parteimitglied unterstützte er 1927 den Aufbau einer medizinischen Abteilung der SA. 1929 arbeitete er mit Bormann und Wagner an der Reform der SA und wurde 1930 Leiter des Nationalsozialistischen Deutschen Ärztebundes (NSDAB). In der Gesundheitsabteilung des Reichsinnenministeriums wurde er Wagners Gauobmann für Berlin (Dez. 1930). Im Mai 1932 wurde Conti Mitglied des preußischen Landtags, und am 13.2.33 beauftragte H. Göring ihn, die Medizin von Juden und Marxisten zu »reinigen«. Dafür wurde er am 12.1.34 zum Staatsrat auf Lebenszeit ernannt. Seit 1934 rückte Conti von Wagner und der SA ab und orientierte sich stärker an der etablierten Elite der SS und des RMdI. Es gibt verschiedene Anzeichen, die darauf hinweisen, daß Conti und Wagner die traditionellen Animositäten zwischen SS und SA gegeneinander ausspielten. Nach Wagners Tod (25.3.39) wurde Conti zu seinem Nachfolger. Am 30.3.1940 kündigte er die Auflösung der Reichszentrale für Gesundheitsführung (ein Bollwerk für Parteigesundheitsaktivitäten) an. Der verbleibende Teil, der Reichsausschuß für den Volksgesundheitsdienst, wurde dem RMdI angeschlossen. Conti wurde Staatssekretär im Reichsarbeitsministerium (RAM) und hatte auf diese Weise einen erheblichen Einfluß auf die DAF und vor allem auf die Sozialversicherungen, die Kassenärztliche Vereinigung (KVD) und die Reichsärztekammer (RAK). In Personalunion von Reichsärzteführer und Reichsgesundheitsführer hatte Conti wichtige Schlüsselpositionen innerhalb des Staats- und Parteiapparates inne. Damit drang er in Ley's Machtbereich vor, der dagegen bei Heß protestierte. Conti nam sich 1945 das Leben (nach Cocks, 1975, S. 240–246; Leibfried, 1980, S. 97; Wistrich 1983, S. 42/43).
23 Gütt, Arthur (1891–1949), Reichsministerium des Inneren, Abteilungsleiter des Reichsausschusses für Volksgesundheit, der als Reaktion auf die von Wagners Gesundheitsabteilung gegründete Reichsarbeitsgemeinschaft für Berufe im sozialen und ärztlichen Dienst eingerichtet wurde. (Cocks, 1975, S. 138). Sep. 1933 Rücktritt auf eigenen Wunsch (Wistrich, 1983, S. 106).
24 Schultze, Walther (1894–1979), Reichsdozentenführer von 1935–1943. 1933 Leiter der Abteilung VII im bayrischen Justizministerium. Ab Nov. 1933 Beförderung zum Leiter der Abteilung Gesundheitswesen im bayrischen Innenministerium (Wistrich, 1983, S. 246).
25 Allers, Rudolf Dr. med., österreichischer Psychotherapeut, Individualpsychologe, jüdischer Herkunft. Emigrierte später nach Nordamerika, wo er an der Georgetown University, Washington, D. C., lehrte (Jaffé, 1974, S. 174). Cimbal fragte bei Göring an, ob Allers als Redakteur des Zentralblattes weiter verwendet werden dürfe. Er sei fast unentbehrlich, weil seine Referate aufs äußerste geschätzt seien. Allers dränge auf eine Entscheidung, weil er im wesentlichen von der literarischen Arbeit lebe (Ci/Gö 4.1.1934). Zehn Monate später heißt es: Allers habe monatlich ein Gehalt von 200 RM vom Verlag be-

kommen. Diese hohe Gehaltszahlung sei aus wirtschaftlichen Gründen nicht mehr möglich gewesen. Auf einen niedrigeren Betrag hätte sich Allers nicht eingelassen und die Korrespondenz abgebrochen. (Ci/Meier, 18.10.1934). Nach Cocks soll Jung sich besonders für Allers eingesetzt haben (Cocks, 1985, S. 116).

26 Gauger, Kurt (10.3.1899–1959), wurde als viertes von sechs Kindern in Stettin geboren, als Sohn des Schuldirektors Albert Gauger; er schloß 1917 das Kaiser-Wilhelm-Gymnasium ab, studierte Psychologie, Philosophie, Pädagogik und nebenbei Literaturwissenschaften und Geschichte. 1922 promovierte er über Hartmann. In den folgenden Jahren ging er zur See. 1925–1931 studierte er in Berlin und Rostock Medizin. Während der Weimarer Republik war er aktiv in einer rechten Terrororganisation. 1926 begab er sich bei Mila von Frosch (einer jungianischen Psychotherapeutin) in Behandlung. Er freundete sich mit W. Achelis, einem Psychotherapeuten, an, obwohl er der Liebhaber dessen Frau war. Beide gehörten der Jugendbewegung an. Sein Jugendfreund Zierold, Direktor der Kammer für Filmwertung, vermittelte ihm eine Stellung beim Deutschen Institut für Film und Bild. Später gab Gauger an, sich bei Conti für die Psychotherapie eingesetzt zu haben. Er scheint gehofft zu haben, daß Göring ihn in wichtiger leitender Funktion am Berliner Institut einsetzen würde. 1936 zog er sich auf seine Filmarbeiten zurück. Er widmete sich stärker seinen literarischen Interessen. 1943 erschien eine Sammlung von Seegeschichten. Cocks entwarf eine Fallstudie Gaugers als Prototyp des unpolitischen Deutschen und naiven Intellektuellen, der sich aus seiner persönlichen Problematik heraus für den Nationalsozialismus engagierte (Cocks, 1975, S. 93–107).

27 Der Grund für den Prozeß ist unbekannt.

28 Der Nationalsozialistische Ärztebund hatte neben der Funktion »das Heilwesen mit nationalsozialistischem Geist zu durchdringen«, die Aufgabe der »Unterbringung unseres medizinischen Nachwuchses«. Vor allem sollte er innerhalb der Ärzteschaft nach rassistischen Gesichtspunkten »Gegner« definieren, um »arischen« Ärzten »neuen Lebensraum« zu schaffen. Diese Politik stand zunächst im Gegensatz zur Politik des Hartmannbundes, der vor allem die wirtschaftlichen Standesinteressen der Ärzte vertrat und den »Gegner« außerhalb der Ärzteschaft, nämlich in der Krankenversicherung, sah (Leibfried, 1980, S. XIII/XIV).

29 Heß, Rudolf, 1894 in Alexandria (Ägypten) geboren. Seit 1920 Mitglied der NSDAP, seit 1923 Hitlers Vertrauter und engster Anhänger. 1932 Vorsitzender der politischen Zentralkommission der NSDAP, 21.4.1933 Stellvertreter des Führers. Während er sich 1914 freiwillig zum Dienst in der Armee gemeldet hatte, um der Unterdrückung durch seinen Vater zu entgehen, vergötterte er nun Hitler in kritikloser Gefolgschaft. Am 1.9.1939 ernannte ihn Hitler zu seinem 2. Nachfolger nach Göring. Am 10.5.1941 versuchte er als selbsternannter Friedensbote die britische Regierung für Hitlers Lebensraum-Politik im Osten zu gewinnen. Nach seiner darauffolgenden englischen Kriegsgefangenschaft wurde er von der deutschen Presse als geistig zerrütteter Idealist hingestellt (Wistrich, 1984, S. 119/120). Anfang der 30er Jahre war G. R. Heyer sein Arzt gewesen. Zwischen beiden hatte es allerdings Differenzen gegeben, und Gerhard Wagner (Reichsärzteführer) nahm Heyers Platz ein (Wistrich, 1984, S. 285, siehe auch »Heyer«, Kap. 5.3. und persönl. Mitteilg. von Frau L. Heyer).

30 Happich, C., leitender Arzt der Inneren Abteilung des »Elisabethstift« in Darmstadt; arbeitete mit meditativen und kontemplativen Verfahren, Vorläufern des »Katathymen Bilderlebens« (Krapf, 1977, S. 1188).

5.0. Der Prozeß der »Selbstgleichschaltung«

1 Die Suizidquote in Deutschland war seit Beginn der 30er Jahre relativ konstant. Sie betrug 4,1 auf 10 000 Einwohner (in den USA betrug sie 1,4 auf 10 000 EW). (Gumpert, 1940, S. 42; siehe auch Kap. 6.2.).
2 Zu der Persönlichkeit von Cimbal werden zur Zeit genauere Recherchen vom Michael Balint-Institut in Hamburg in Angriff genommen, die eine solche Vermutung nicht ausschließen.

5.1. Die Repräsentanten der allgemeinen ärztlichen Gesellschaft für Psychotherapie

1 Auf Kretschmer wird hier nur insoweit eingegangen, als er für die Gesellschaft für Psychotherapie von Bedeutung war. Die folgenden Persönlichkeitsskizzen erheben nicht den Anspruch auf Würdigung der jeweiligen Persönlichkeit.
2 Diese Sicht ist sicher nur aus der Perspektive einer vereinfachenden Rassenlehre aufrechtzuerhalten; immerhin sah Goebbels so viel »Unpassendes« in Kretschmers »Der geniale Mensch«, daß er eine Neuauflage verbieten ließ (Kretschmer, 1963, S. 157).
3 Mauz, Prof. Dr., gehörte zu den sieben Psychiatern, die bereits zu Beginn der Aktion zur Ermordung Geisteskranker als Gutachter fungierten (Kaul, 1973, S. 70).
4 In diesem Brief unterschrieb Kretschmer zum erstenmal mit »Heil Hitler«.
5 Curtius übernahm die Geschäftsführung von Cimbal, nachdem der seinen Posten aufgeben mußte.
6 Für verschiedene persönliche Mitteilungen danke ich Herrn Dr. E. Göring. Bei Cocks findet sich ebenfalls eine ausführliche Darstellung Görings (1985, S. 102–111).
7 Kraepelin, Emil (1856–1926), geboren in Neustrelitz, mit 28 Jahren Chef der Irrenanstalt Leubus; legte großen Wert auf Autorität, Ordnung und Organisation; zählte zu den Bewunderern Bismarcks und schuf eine »kaiserliche deutsche Psychiatrie«. 1903 wurde er als Professor der klinischen Psychiatrie nach München gerufen und leitete die psychiatrische Forschungsanstalt in München. Kraepelin sammelte Tausende von Krankengeschichten, um ein System der deskriptiven Psychiatrie zu entwickeln und die Patienten aufgrund ihres manifesten Verhaltens zu klassifizieren. Sein Lehrbuch gilt als antipsychologisch und eine Kulmination neurophysiologischer Methoden. Zunächst war er der Auffassung, daß Geisteskrankheiten erblich bedingt wären, später meinte er, daß ihnen eine, wenn auch nicht nachweisbare, Störung des körperlichen Stoffwechsels zugrunde läge (Alexander/Selesnick, 1969, S. 214–217).
8 In der launigen Institutszeitung Ha-Kra-Kü-Ri, in der führende Institutsmitglieder ›durch den Kakao‹ gezogen werden, heißt es über Göring (15.4.1939):

EHRENTAFEL

(Ständiger Raum für Jubilare und sonstige verdiente Mitglieder)
Gö-beet (Nach Ho-mehr oder weniger.)
Gö-nnet mir, Gö-tter, den Bart, meinen Allerwertesten, Edlen,

Noch viele Jahre dahin, sprossend am munteren Kinn!
Gö-nnet noch viele Jahrzehnte ihn mir als Schirm auf der Seefahrt des Lebens!
Gö-nnet Ihr gö-nnerisch Gö-then ihn nicht, so gö-nnet ihn mir, dem Gö-ringern,
Seht, was wachsen will, wächst ja bei mir, und es krault sich gut mit den Händen,
Dehnt, Ihr Gö-tter, den Schirm noch aus! Und ich halte ihn treu überm wachsenden Haus
mit seinen dehnbaren Wänden.

Der Schirmherr in Not.

Papi ist der Schirmherr aller Kinder,
Er beschützt sogar Freud-volle Sünder;
Doch schon lieber sind ihm heilige Jung-Frauen,
Hofft für alle einst ein selig Wir-Erschauen.
»Nach den Wiren muß man gieren,
Will man nicht Konnex verlieren!«
So meint Papi.
Und der Hörsaal tuschelt leise
Still geheimnisvolle Weise ...
Was Er formt, das weiß noch keiner ...

Ach, denn Freud-los wäre traurig,
Selbst wenn Wir-Voll, dennoch schaurig.
Und die Träume voller Anima
Formen nicht das stolze »Heureka«!
Papi ist der Schirmherr aller Kinder!
Doch sie bleiben schuldbelad'ne Sünder;
Keines sucht die Ideal-Erscheinung,
Keines geht den Weg ersehnter Einung.
Armer Papi, hast Du eine Not!
Deine Kinder schlagen sich noch tot!
Und sie liegen dann im Grabes-Wir vereint –
Deine Tränen sagen: »Wir ham's gut gemeint!«

9 Nach Stransky hatte es diese Vorstellung allerdings auch am alten Berliner Psychoanalytischen Institut gegeben (Z. f. P. Bd. 10, H. 1, 1937, S. 20/21).
10 Persönliche Mitteilung von Frau Dr. U. Lässig (7. 8. 1980).
11 Wie sehr Frau Bügler allerdings unter der Situation gelitten hat, wurde nach dem Krieg deutlich, als sie sich scharf gegen die anderen therapeutischen Gruppen abgrenzte und einen kleinen jungianischen Kreis um sich versammelte und ihr Verhalten mit unerfreulichen Erfahrungen aus dem ›Göringinstitut‹ begründete. (Protokoll der Sitzung der Mitglieder des Ausschusses für Psychotherapie vom 7. 8. 1945, unveröffentlicht.)
12 Klingelhöfer, MinR. Dr. Dr. h. c., gehörte dem Amt für Wissenschaft des Reichs- und Preußischen Ministeriums für Wissenschaft, Erziehung und Volksbildung an. Er war sowohl in der Hochschulabteilung als auch in der Forschungsabteilung tätig (Handbuch ..., 1936, S. 277).
13 Rittmeister, Dr. med. John, wurde 1898 als Sohn einer weltoffenen Hamburger Kaufmannsfamilie geboren. Sein Medizinstudium und seine psychiatrisch-neurologische Ausbildung absolvierte er in München (1926–1929). In seiner darauffolgenden Volontärzeit im Burghölzli kam er auch mit dem Kreis um C. G. Jung in Berührung. Es folgte eine Assistentenzeit an der Poliklinik für Nervenkranke an der Universität Zürich, dann eine Volontärzeit in Müsingen. Sein gesamter Schweizer Aufenthalt erstreckte sich von 1929 bis 1937. In Zürich war er politisch aktiv tätig und organisierte Hilfe für Emigranten aus Deutschland. Zur Ausreise aus der Schweiz wurde er wegen »kommunistischer Umtriebe« genötigt. In Berlin war er Oberarzt am Waldhaus Nikolassee. Seine psychoana-

lytische Ausbildung absolvierte er am Deutschen Institut für psychologische Forschung und Psychotherapie (Lehranalyse bei Kemper). R. wurde dem später als »neoanalytische Gruppe« bezeichneten Kreis um Schultz-Hencke zugerechnet. Er war Arzt an der Poliklinik des »Deutschen Instituts«. Zunächst beteiligte sich R. an informellen politischen Diskussionen im Freundeskreis und an Hilfsaktionen für Juden und ausländische Arbeiter. Weihnachten 1941 lernte er Schulze-Boysen und seine Organisation kennen (die von der Gestapo als »Rote Kapelle« bezeichnet worden war). R. war vor allem an der Planung, Formulierung und Verteilung von Flugblättern beteiligt sowie an der Propagandaarbeit unter ausländischen Arbeitern. Am 26. 9. 1942 wurde er verhaftet, am 13. 5. 1943 in Plötzensee hingerichtet (Hermanns, 1982; Schultz-Hencke, 1945).

Müller-Braunschweig leitet die Veröffentlichung von Rittmeisters Tagebuch, das er im Gefängnis schrieb, ein: »und zwar als ein Gedenken an einen Kollegen, wie es würdiger und eindrucksvoller nicht vorzustellen ist. Wir halten daher jedes weitere Wort an dieser Stelle für unangebracht. Es könnte die Unmittelbarkeit der Erschütterung, die jeder Erschütterungsfähige bei diesen Aufzeichnungen erleben muß, nur abschwächen« (Müller-Braunschweig, 1949).

14 Auch Cocks vermutet, daß in dem einzigen Treffen zwischen M. H. Göring und H. Göring, das offiziell dokumentiert wurde (vom 25. 9. 1942) und in dem es offiziell um Homosexualität als Verbrechen ging, M. H. Göring einen letzten Versuch unternahm, um Rittmeister zu retten (Cocks, 1985, S. 152).

15 Persönliche Mitteilung von Herrn Prof. H. Roloff vom 14. 6. 1980.

16 Gemeint sind die Repressionen gegen die psychoanalytische Gruppe (siehe Kap. 5.3.). Außerdem Maßnahmen wie die Anbringung von vielen Hitlerbildern.

17 Weizsäcker, Adolph; von 1940–42 Referent für anthroposophische Heilerziehung, verantwortlich für anthroposophische Heime. Da eine Reihe der Ärzte die Ermordung der dort untergebrachten Kinder nicht billigte, wurde den Eltern der Rat gegeben, die Kinder nach Hause zu nehmen. Weizsäcker soll auch Kontakt zum ›Kreisauer Kreis‹ gehabt haben. Weizsäcker wurde als Heerespsychologe eingezogen (Pers. Mittlgn. von Frau Weizsäcker-Hoss, 11. 7. 80 und Frau Laiblin, 10. 7. 80.)

18 Bally, Gustav, geboren 1893 als Sohn Schweizer Eltern. Medizinisches Staatsexamen in Zürich; psychiatrische Ausbildung bei Bleuler an der Züricher Universitätsklinik. 1924 Ausbildungs- und Arbeitsaufenthalt am Berliner Psychoanalytischen Institut; seit 1932 psychoanalytische Praxis in Zürich. 1940 regelmäßige Lehraufträge für psychotherapeutische Kurse an der Medizinischen Fakultät und Ausbildung von zukünftigen Psychoanalytikern; 1947 Übernahme eines Extraordinariats für Philosophie, Psychologie und Pädagogik an der Handelshochschule St. Gallen, das er 1956 aufgab; seit 1948 Assistenzarztausbildung an der Psychiatrischen Klinik Burghölzli. Seit 1956 Professor der Medizinischen Fakultät der Universität Zürich (Bally, 1961).

19 Jeder Landesgruppe sollte in einem eigenen Heft die Möglichkeit der Selbstdarstellung geboten werden.

20 »Seien Sie tolerant und vergessen Sie nicht, daß Sie es leichter haben als Jung, meinen Gedanken zu folgen, denn erstens sind Sie völlig unabhängig und dann stehen Sie meiner intellektuellen Konstitution durch Rassenverwandtschaft näher, während er als Christ und Pastorensohn nur gegen große innere Widerstände den Weg zu mir findet. Umso wertvoller ist dann sein Anschluß.

Ich hätte beinahe gesagt, daß erst sein Auftreten die Psychoanalyse der Gefahr entzogen hat, eine jüdisch nationale Angelegenheit zu werden« (Freud/Abraham; 3.5.1908; Abraham, 1965, S. 47).

21 »Sehr geehrte Kollegen!
Auf dem letztjährigen Kongreß der ›Überstaatlichen allgemeinen ärztlichen Gesellschaft für Psychotherapie‹ ist beschlossen worden, den Verein in Form von Landesgruppen zu konstituieren. Infolgedessen sind nun in den verschiedenen am Kongreß vertretenen Ländern (Dänemark, Deutschland, Holland, Schweden und Schweiz) Landesgruppen gegründet worden, oder sind im Begriff, gegründet zu werden. Die Bedingungen der Mitgliedschaft dieser Landesgruppen variieren je nach den lokal gültigen Statuten. Da nun infolge der politischen Umstände einerseits und andererseits infolge der Tatsache, daß noch nicht in allen Ländern Landesgruppen existieren, es Einzelnen nicht möglich ist, sich ihren entsprechenden Gruppen anzuschließen, so ist die Bestimmung getroffen worden, daß der Anschluß an eine Landesgruppe nur fakultativ ist, d. h. es besteht die Möglichkeit einer individuellen Mitgliedschaft im Rahmen der ›Überstaatlichen allgemeinen ärztlichen Gesellschaft für Psychotherapie‹. Die ›Überstaatliche Gesellschaft‹ ist politisch und konfessionell neutral. Solche, die Mitglieder derselben zu werden wünschen, sind gebeten, sich an das Generalsekretariat der ›Überstaatlichen allgemeinen Gesellschaft‹, vertreten durch Dr. W. Cimbal, Altona, Allee 87, oder an den Geschäftsführer des Vorsitzenden (Dr. C. A. Meier, Burghölzli-Zürich) wenden zu wollen ... Wir laden Sie deshalb höflichst ein, der ›Überstaatlichen allgemeinen ärztlichen Gesellschaft für Psychotherapie‹ beizutreten. Mit vorzüglicher Hochachtung, Dr. C. G. Jung, Zürich-Küsnacht, 1.12.34.«
Auch in der Internationalen Psychoanalytischen Vereinigung war Jones während des Luzerner Kongresses (26.–31. 8. 1934) dazu autorisiert worden, Einzelmitglieder, die keiner Landesgruppe angehörten, aufzunehmen. Jones machte nach dem Rücktritt der jüdischen Mitglieder der Deutschen Psychoanalytischen Gesellschaft von diesem Privileg Gebrauch (I. Z.f. P., Korrespondenzblatt, 1936, S. 165).

22 Adler, Gerhard, Dr. phil., geb. 1904, Analytischer Psychologe in Berlin bis 1936, jetzt in London, Mitherausgeber der »Collected Works« von Jung (Jaffé, 1974, S. 128).

23 Muralt, Axel von, gehörte Schweizer Sozialistenkreisen an (Ellenberger, 1973, S. 906).

24 Persönl. Mitteilung v. 15. 8. 1980.

25 Roback, Abraham Aaron, Ph. D., 1890–1965. Amerikanischer Psychologe (Jaffé, 1974, S. 281).

26 Brüel, Oluf, Dr. med., Begründer einer dänischen Landesgruppe der »Internationalen allgemeinen ärztlichen Gesellschaft für Psychotherapie« unter eigener Präsidentschaft. Sein Versuch, entsprechende Gruppen in Schweden und Norwegen zu gründen, hatte vorerst keinen Erfolg (Jaffé, 1974, S. 189).

27 Bjerre, Poul, Dr. med., 1876–1964, schwedischer Psychiater und Psychotherapeut. Gründer einer schwedischen Landesgruppe der »Internationalen ärztlichen Gesellschaft für Psychotherapie« 1936. Bjerre gehörte seit 1911 der Internationalen Psychoanalytischen Vereinigung an.

28 Eine Abrechnung der Einnahmen der Vorträge liegt ebenfalls vor. Die Vorträge brachten 3345,67 RM; Kosten entstanden für 1189,82 RM, so daß ein Reingewinn von 2155,85 RM berechnet wurde. ⅔ dieser Summe gingen auf das

Konto der Jung-Gesellschaft (1437,23 RM), ⅓ ging an das Deutsche Institut (718,62 RM). Jungs Honorar betrug 500 RM. Die Abrechnung ist von Herrn Gampert von der C. G. Jung-Gesellschaft e. V. vorgenommen worden (11. 10. 1937).
29 Persönliche Mitteilung von Frau Strauss-Klöbe, 5. 8. 1980.
30 Strauss, Erich Benjamin, gest. 1961, Psychiater, Mitglied des Organisationskomitees für den 10. Internationalen Kongreß für Psychotherapie, Oxford, 1938.
31 van der Hoop, J. H., Dr. med., war Leiter der holländischen Landesgruppe der ›Internationalen Gesellschaft für Psychotherapie‹; Psychoanalytiker.
32 Chichton-Miller, Hugh (1877–1959), Psychiater, Gründer und Leiter der »Tavistock Clinic for Functional Nerve Cases«, 1938 Vizepräsident der »Internationalen Gesellschaft für Psychotherapie« (Jaffé, 1974, S. 342).
33 Banissoni, Ferruccio, Prof. Dr., Universität Rom, Angewandte Psychologie, Leiter der Italienischen Landesgruppe der »Internationalen Gesellschaft für Psychotherapie«.
34 Auch Bonhoeffer war 1938 in diesem Sinne aktiv geworden (Cocks, 1985, Anmkg. Nr. 109, S. 237).
35 In den »Terry Lectures« über »Psychologie und Religion« führte Jung aus, daß Staaten Anspruch auf Theokratie erheben und diesen totalitären Anspruch mit der Unterdrückung der freien Meinungsäußerung durchsetzen. »Wir sehen wieder, daß Leute sich gegenseitig die Hälse abschneiden, um kindischer Theorien willen, wie das Paradies auf Erden herzustellen sei.« Staatsgefängnisse und Staatssklaverei entstehe. Jung bezog sich dabei lediglich auf den »mörderischen Ausbruch bolschewistischer Ideen«, ohne den Nationalsozialismus zu erwähnen.
36 Meier, C. A., Dr., geb. 1905, Psychiater und Psychotherapeut, seit 1961 Professor für Allgemeine Psychologie an der Eidg. Technischen Hochschule, Zürich. 1948–1957 Präsident des C. G. Jung-Instituts Zürich. Seit 1964 Präsident und Forschungsleiter der Stiftung »Klinik und Forschungsstätte für Jungsche Psychologie«, Zürich. (Jaffé, 1974, S. 239).
37 Morgenthaler, W., Dr., bemühte sich um die Organisation aller psychotherapeutischen Richtungen in der Schweiz.
38 Ebenfalls im BA unter kl/Ew 762.

5.2. Die Auflösung der Deutschen Psychoanalytischen Gesellschaft

1 Eitingon stimmte Freuds Auffassung, das Institut gehöre der Berliner Vereinigung, nicht zu. Er habe das Berliner Institut weder der Vereinigung übergeben noch geschenkt; es sei ihr lediglich unterstellt. Die finanzielle Unterstützung von 3. Seite, als Eitingon das Institut nicht habe finanzieren können, sei nicht so entscheidend (ibid.).
2 Für die Erstellung dieses Kapitels stellten mir Frau G. Mittelhaus (Boehms Sekretärin vom Nov. 1939 bis Nov. 1945), Frau H. Neumüller-Boehm, Boehms Tochter, Frau E. Bartens, Herr P. Moor und Frau Dr. Kath – um nur die wichtigsten Informanten zu nennen – ihre persönlichen Erinnerungen zur Verfügung.
3 Diese Erinnerung geht möglicherweise auf die Ha-Kra-Kü-Ri-Zeitung des ›Deutschen Instituts‹ vom 14. 4. 1939 zurück. Hier heißt es:
»*Fettnäppchen* zum Hineintreten gesucht. Angebot unter »Böhmerwald« an die Redaktion.«

4 Rosenberg, A., 12.1.1893–16.10.1946. Sein Buch »Der Mythos des 20. Jahrhunderts« (1930) lieferte dem Nationalsozialismus die scheinwissenschaftliche Begründung seiner völkischen und antichristlichen Weltanschauung. Seit 1941 »Reichsministerium für die besetzten Ostgebiete«. In Nürnberg zum Tode verurteilt. R. war seit 1923 Hauptschriftleiter der Parteizeitung »Völkischer Beobachter« (Wistrich, 1983, S. 229).

5 Persönliche Mitteilung von Frau Dr. M. Mitscherlich vom 1.6.1981.

6 Für die Erstellung dieses Kapitels gilt mein besonderer Dank Frau Margarete Köhler, die von 1948 bis 1958 Müller-Braunschweigs Sekretärin war, und vor allem Herrn Prof. Hans Müller-Braunschweig.

7 Frau Köhlers erster Eindruck war: »Zu Müller-Braunschweig kann man Vertrauen haben; er scheint aber ein bißchen umständlich zu sein« (persönl. Mittlg. vom 18.9.1984).

8 Diese von Müller-Braunschweig immer wieder enttäuscht erhobene Klage impliziert ja, daß er sehr gern gelehrt und wohl auch publiziert hätte – aber warum erschien ihm das – unter den gegebenen politischen Bedingungen so erstrebenswert? Hätte er nicht auch über dieses Verbot erleichtert sein können? Es ist zu vermuten, daß sich auch hier Müller-Braunschweigs Autoritätsabhängigkeit zeigt, die es ihm vor allem schmerzlich erscheinen ließ, daß ihm überhaupt etwas Fundamentales verboten wurde.

9 In den Jahren 1939/40 machte Ada Müller-Braunschweig noch eine Nachanalyse bei Käthe Bügler, die der Jungschen Richtung angehörte und eine besonders schwierige Stellung am Institut für psychologische Forschung und Psychotherapie hatte, da sie Halbjüdin war (persönl. Mittlg. v. Prof. H. Müller-Braunschweig vom 26.8.1984).

10 Der Lebenslauf wurde bei dem Rektor der Freien Universität und einer entsprechenden Stelle der amerikanischen oder britischen Besatzungsmacht eingereicht, um eine finanzielle Unterstützung für ein Psychoanalytisches Ausbildungsinstitut zu erhalten.

11 Freud äußerte sich zu diesem Vortrag kritisch wissenschaftlich, ohne Bezug auf die politischen Verhältnisse zu nehmen (21.7.1935 an MüBr., unveröff.).

12 Pers. Mitteilung v. Prof. H. Müller-Braunschweig, 9.1.1980, und Müller-Braunschweig, H. 1983.

13 In Müller-Braunschweigs Brief vom 23.5.46 an Bally klingt nochmal seine Freude über das Wiederanknüpfen mit den ausländischen Gesellschaften an, obwohl er damit rechnet, daß die Schatten der letzten Jahre eine Begegnung unvermeidlich verdüstern werden und daß es lange Zeit dauern werde, bis die Beziehung zwischen den deutschen Kollegen und denen des Auslands wieder etwas Unbeschwertes, Ungezwungenes und Herzliches bekommen könne. (Mü-Br/Ba, 23.5.46). Bally stimmt Müller-Braunschweigs Befürchtungen zu und fügt hinzu, daß, bevor man sich wieder von Mensch zu Mensch begegnen könne, »neue kritische Spannungen auftreten könnten.« Er sieht in der Schweizer »Mittlerrolle« seine »vornehmste Aufgabe« (Ba/Mü-Br, 20.6.46).

14 Müller-Braunschweig führt an, daß er von 1922 bis 1933 Sekretär des Unterrichtsausschusses gewesen sei, von 1933 bis 1936 dessen Vorsitzender und von 1936–1938 im Unterrichtsausschuß des Deutschen Instituts (zusammen mit I.H. Schultz, v. Hattingberg, Weizsäcker und Künkel). (Mü-Br/Sch-He, 1.6.1945).

15 Ein genauer Bericht darüber ist leider nicht erhalten. In Müller-Braunschweigs Bericht an die Generalversammlung vom 17.4.48 wird diese Begegnung im

Rückblick kurz geschildert: Die Einladung sei bereits im Herbst 1945, ausgehend von der Amsterdamer Gruppe, eingetroffen. Unsicherheit bestand noch über die Einstellung der an dieser Tagung teilnehmenden Gruppen (Franzosen, Schweizer, Skandinavier und Ungarn). Die deutsche Gruppe wollte zunächst abklären, ob ihr Erscheinen auch erwünscht sei. Schließlich konnte Frau Lampl de Groot mitteilen, daß die holländische, englische und französische Gruppe sich einstimmig für die Teilnahme der Deutschen am Treffen ausgesprochen habe. Bedenken seien von einzelnen Mitgliedern anderer Gruppen – und zwar aus der Schweiz – geäußert worden. Nach vielen Mühen zur Bewilligung der Einreise seien die Delegierten der Gesellschaft, Frau Dräger, Frau Kalau vom Hofe und Müller-Braunschweig, nach Amsterdam gefahren, erreichten es aber erst einen Tag nach Beendigung des Kongresses. »Immerhin war es zu unserer Freude noch möglich, eine große Reihe der Kollegen, nicht nur aus Holland, sondern auch aus England, Frankreich, Belgien, Schweiz, Ungarn, darunter viele alte Bekannte, zu begrüßen und dabei ungetrübte menschliche und kollegiale Beziehungen zu uns festzustellen. Ich glaube, Sie werden mir zustimmen, daß es kein Fehlgriff war, der Wiederanknüpfung mit der IPV sowohl in der Korrespondenz wie durch die Beteiligung am Treffen ein gehöriges Maß von Zeit und Kraft zu widmen« (S. 8).
16 Persönliche Mitteilung von Ernst Göring vom 4. 8. 1980.
17 Für ihre, diesem Kapitel zugrunde liegenden Mitteilungen, danke ich Frau Bartens, Herrn und Frau Prof. Ribensam und Frau Schultz-Hencke.
18 De Crinis (1889–1945), Österreicher, 1934 nach dem mißglückten Naziputsch gegen Dollfuß aus Österreich geflohen. Leiter der Psychiatrischen Universitätsklinik in Köln. Seit 1931 Parteimitglied, 1936 Mitglied der SS. 1939 Leiter der Psychiatrischen Abteilung der Charité (Nachfolger von Bonhoeffer). 1941 Ärztlicher Direktor im Wissenschaftsamt des Reichsministeriums für Wissenschaft, Erziehung und Volksbildung. Obwohl er sich ideologisch mit der Vernichtung Geisteskranker einverstanden erklärt hatte, war er als einziger von acht Angesprochenen nicht dazu bereit, aktiv an der Tötungsaktion mitzuwirken (Cocks, 1975, S. 211; Kaul, 1973).
19 Der Brief Freuds an Schultz-Hencke ist nicht zugänglich, da er noch von Freunden Schultz-Henckes verwahrt wird.
20 Siehe auch Schultz-Hencke (1951).

5.3. Die deutsche allgemeine ärztliche Gesellschaft für Psychotherapie

1 Schultz' erste Frau war Jüdin. Von ihr ließ er sich scheiden. Da er zunächst trotzdem einigen Repressionen ausgesetzt gewesen war, trat er dem Nationalsozialistischen Kraftfahrkorps (NSKK) bei (Schultz, 1964, S. 130f.).
2 Seif hatte sich mit einer Denkschrift an die Regierung gewandt.
3 Seine erste Ehe mit der Jüdin Ruth Lowengard könnte ihm vorgeworfen worden sein (siehe Kap. 3.2.).
4 Prof. Dr. M. Staemmler schreibt: ... für die Psychoanalytiker bestehe »der Mensch nur noch aus einem Geschlechtsorgan, um das herum der Körper vegetiert« ... zum Schutz der ›deutschen Seele‹ sollten sie »psychologische Experimente an einem Menschenmaterial machen, das rassenmäßig zu ihnen gehört.« (Sächsisches Ärzteblatt, Nr. 11/Bd. 104, S. 209).
5 Dieser Passus ist fast identisch mit dem im »Reichswart« (August 1933) publizierten Artikel Müller-Braunschweigs, »Psychoanalyse und Weltanschauung«.

Ausgehend von diversen Veröffentlichungen in der »Psyche« (Nov. 1982, Dez. 1983) entbrannte gerade um diese Passage eine heftige Auseinandersetzung. Ernst Klett interpretierte sie dagegen folgendermaßen: »Das ist eine Sprache, die primär nichts mit dem Nationalsozialismus zu tun hat. Es hätten diese Sätze auch 1925 oder 1930 geschrieben werden können, etwa im Umkreis der bündischen Jugend, oder in einer bürgerlich-nationalen Zeitung, auch in Gewerkschaftskreisen wären solche Töne denkbar gewesen. Daß die Diktion uns heute etwas komisch vorkommt (aber doch nicht »erschreckend«), ist eine andere Sache; dem Autor kann man es nicht anlasten« (Klett/Hans Müller-Braunschweig, 28. 5. 1984).

6 Das Berliner Psychoanalytische Institut wurde umbenannt: ... »um Verwechslungen mit städtischen oder staatlich subventionierten Einrichtungen zu vermeiden ... heißt ... das ›Berliner Psychoanalytische Institut‹ ›Psychoanalytisches Institut‹ und die ›Poliklinik und Lehranstalt‹ jetzt ›Ambulatorium und Lehranstalt‹« (IZP, 1935, S. 152).

7 Griesbeck, W., war der Beauftragte von Hörmann, dem Leiter der Deutschen Gesellschaft zur Bekämpfung der Mißstände im Gesundheitswesen, die zur Expertenkommission der NSDAP zur Bekämpfung der Mißstände im Gesundheitswesen gehörte (Cocks, 1985, S. 263).

8 Zu den Gründen für Cimbals Entmachtung am 12. 6. 1937 nahm er Göring gegenüber Stellung: Die erste Anschuldigung sei von der Ärztekammer ausgegangen von Prof. Holzmann (Gauobmann des NSD-Ärztebundes e. V. Hamburg). Die Art der Anschuldigungen ist nicht bekannt geworden, da er sie bei Göring als bekannt voraussetzte. Außerdem hatten seine Lehrbücher Anstoß erregt und waren von der Zeitschrift »Der öffentliche Gesundheitsdienst« angegriffen worden. Holzmann, den Cimbal zu diesen Angriffen befragte, habe überzeugend »sein Wort als Nationalsozialist« gebend, geantwortet, daß er nicht wisse, um was es sich handeln könne. Da diese Anschuldigung bereits »ihre zerstörerischen Wirkungen« gehabt hätte, verzichtete Cimbal auf eine volle Rehabilitation und bat lediglich darum, daß sein seit 1935 fertiggestelltes Lehrbuch »Konstitutionstherapie« erscheinen dürfe. Die dritte Anschuldigung, die von der Reichsfachschaft der Krankenkassen ausgegangen sei und die sich auf ein Gutachten über eine vermutliche Hirngeschwulst bezogen habe, sei hinfällig geworden. Auch Cocks merkt an, daß Cimbal zur Zielscheibe des Establishments geworden sei (Cocks, 1975, S. 109). Diese Vorgänge werden z. Zt. von einer Arbeitsgruppe des Michael Balint-Instituts in Hamburg genauer untersucht.

9 Frey, G., gehörte dem Reichsausschuß für den Volksgesundheitsdienst e. V. an. Der Reichsausschuß war an die Stelle des am 20. 11. 1933 aufgelösten Reichsausschuß für hygienische Volksbelehrung getreten. Er sollte die »Verbindungsstelle zwischen dem Reichsministerium des Inneren und der Öffentlichkeit zur Aufklärung und Erziehung des gesamten deutschen Volkes in allen gesundheitlichen Fragen, »insbesondere zur Pflege der Erbgesundheit und der Rassenpflege nach nationalsozialistischen Grundsätzen« sein. A. Gütt leitete den Ausschuß, Frey war sein Stellvertreter. Zu dem Ausschuß gehörten zwei Abteilungen: 1. Bevölkerungspolitik unter der Leitung von Ruttke und 2. Gesundheitsführung unter Denkers Leitung (Handbuch, 1936, S. 133).

10 Jones datiert sie fälschlicherweise auf den 1. 12. 1933 (Jones, 1962, S. 223).

11 In den 30er Jahren wanderten 190 Psychoanalytiker in die USA ein; ein Drittel zwischen 1930 und 1933 und zwei Drittel nach der Besetzung Österreichs zwischen 1938 und 42 (Fermi, 1968, S. 152).

12 Die falsche Namensschreibung entspricht der Quelle. Richtig: Simenauer.
13 Persönliche Mitteilung von Herrn Dr. G. Scheunert. Er war bei Therese Benedikt in Leipzig in Lehranalyse.
14 Im IV. Quartal 1934 hatte die DPG 28 Mitglieder. 11 lebten im Ausland. (IZP, Bd. 21, S. 152f.) 1936/37 wohnten 17 Mitglieder der DPG in Berlin (Müller-Braunschweig, IZP, S. 455, 1937).
15 Die Namen der Emigranten Dreyfuss, D. (1934 nach Palästina), Friedländer, K. (1933 nach London), Glück, E. (1933 nach Ceylon), Günther, G. (1936 nach Oslo), Hasvoll, N. (1936 nach Kopenhagen), Leonhard, M. (1932 nach USA), Lewy, E. (1936 nach Los Angeles), Maas, H. (1933 nach London) und Rosenfeld, E. finden sich nicht in den Mitgliederlisten der DPG.
16 Dieses Gutachten übersandte Göring Curtius mit der Bemerkung, daß er, Curtius, wohl nicht ganz damit einverstanden sei, da die Jungianische analytische Psychotherapie nicht als allein in Betracht kommende Lehrweise verstanden werde. (Gö/Cu, 16. 2. 36.) Es überrascht, daß Göring bei einem Gutachten, das ausdrücklich über das Psychoanalytische Institut angefordert worden war, die Jungsche Richtung überhaupt in die Diskussion brachte.
17 Linden, Herbert (geb. 14. 9. 1899); Mitglied der Institutsverwaltung des Deutschen Instituts für Psychologische Forschung und Psychotherapie. Er gehörte der Abtg. IV, »Volksgesundheit«, im RMdI an. 1934 Vorsitzender der Reichsfachgemeinschaft zur Bekämpfung des Alkoholismus und der Reichsarbeitsgemeinschaft für Volksernährung. Linden war Psychiater und von 1939 an unter Reichsgesundheitsführer und Reichsärzteführer Conti maßgeblich am Euthanasieprogramm beteiligt (Cocks, 1975, S. 157; Handbuch, 1936, S. 117).
18 Wirz, Franz, gehörte zum Stab des Stellvertreters des Führers, R. Heß, und leitete die Kommission für Hochschulpolitik (Handbuch, 1936, S. 8).
19 Frau Mittelhaus erinnert sich sogar an Teppiche aus Eitingons Privatbesitz.
20 Tätigkeitsbericht der Arbeitsgruppe A zwischen Dez. 1939 und März 1942 (Abb. 22; s. S. 347ff.).
21 Es könnte sich um die Sitzung gehandelt haben, die Göring in seinem Brief an Curtius (29. 4. 1938) ankündigte. Sie sollte am 5. oder 6. stattfinden.
22 Die C. G. Jung-Gesellschaft wurde erst am 6. 11. 1941 aufgelöst.
23 Körner übernahm den Posten des Schriftleiters des Zentralblattes von Curtius (Gö/Meier, 16. 8. 39). Er gehörte der Jung-Gruppe an.
24 Curtius hatte offenbar einen Antrag auf Umsiedlung nach München gestellt. Befürwortende Stellungnahmen von Wirz und dem Reichsärzteführer seien eingegangen, und dafür dankte Curtius Göring. Curtius teilte mit, sich körperlich und seelisch sehr erschöpft zu fühlen. (Cu/Gö, 13. 4. 39). Am 18. 8. 1939 führte er seine Pläne ausführlicher aus: Er wolle seine Praxis in Duisburg aufgeben, die ihm immerhin Bruttoeinnahmen von ca. 20 000 Reichsmark einbrächte. Sein Vermögen sei durch wirtschaftliche Rückschläge reduziert, und er könne es lediglich als Reserve für sein späteres Alter bzw. für die Versorgung seiner Familie betrachten. Er sei also auf die Einnahmen aus der Praxis angewiesen. Selbst wenn Heyer nach Berlin gehe und vielleicht Seif nicht mehr praktiziere, rechne er damit, daß nur eine begrenzte Zahl an Klienten zu ihm kommen würde. Er müsse sich in München also eine Praxis von Grund auf neu aufbauen. Schon deshalb könne er die Leitung der Münchner Arbeitsgemeinschaft nicht übernehmen. Mit Görings Hilfe wolle er versuchen, einen Ausweg zu finden. Er bat darum, eine offizielle Stellung bekleiden zu können, die in Zusammenhang mit dem Berliner Institut stehe und er die Belange der süd-deutschen psychothe-

rapeutischen Gruppen bei sich vereinen könne. Er versuchte neue Verbindungen anzuknüpfen und die Vermittlung nach Berlin zu übernehmen. Zum Beispiel gäbe es eine Reihe von Ausbildungskandidaten in Lehranalyse, denen es schwerfallen würde, in Berlin die Ausbildung, so wie es vorgeschrieben sei, abzuschließen. Für so eine offizielle Stellung brauche er Rückendeckung von Göring und eine entsprechende Honorierung (Cu/Gö, 18.8.39).
25 Heyer ging im Sommer 1939 nach Berlin.
26 Frau L. Heyer-Grote war so freundlich, sich mit viel Sorgfalt und Geduld meinen Fragen zu widmen. Hilfreiche Informationen konnten mir hier vor allem Frau Dr. K. Weizsäcker-Hoss, Herr Dr. Müller-Hegemann und Frau Strauß-Klöbe zur Verfügung stellen.
27 Kindler charakterisierte Heyer: Mit dem Schwung des von der Jugendbewegung Geprägten verwandte er sein aggressives Temperament und seine Intuition darauf, »alles und jeden in Bewegung zu versetzen, sei es aus Begeisterung, sei es aus Protest« (1977, S. 820f.).
28 Müller, Friederich von, 1858–1941, Internist, lehrte in Bonn (seit 1889), in Breslau (1890), in Marburg (seit 1892), in Basel (seit 1899) und seit 1902 in München. Von Müller war nicht nur als Internist einer der bedeutendsten Universitätslehrer seiner Zeit, sondern auch als Neurologe bekannt. Hedi Kloiber gab 1953 seine Lebenserinnerungen heraus (Kindler, 1977, S. 830).

5.4. Anmerkungen zur »Arierfrage«

1 Adler hatte sogar persönlich in Görings Haus verkehrt (persönliche Mitteilung von E. Göring, 22.8.83).
2 Künkel war in erster Ehe mit einer Jüdin verheiratet gewesen. Sie starb Ende der 20er Jahre. Die Kinder aus dieser Ehe wuchsen in Holland bei einer gräflichen Familie auf (persönliche Mitteilung von Frau Dr. Herzog-Dürck, 11.8.1980).
3 Ein besonderer Einsatz Jungs ist in diesem Zusammenhang nicht belegbar. Jung erwirkte lediglich die Möglichkeit der Einzelmitgliedschaft von Mitgliedern bei der Internationalen Gesellschaft für Psychotherapie – so daß hier auch Juden Mitglieder sein konnten.
4 1936 war die Anzahl der jüdischen Ärzte in Berlin bereits auf 35 % gesunken (Cocks, 1975, S. 152).
5 Anmerkung von Frau Heyer-Grote vom 15.8.1980.
6 Persönliche Mitteilung von Frau Dr. Herzog-Dürck v. 11.8.1980.
7 Pers. Mitteilung von Herrn Prof. H. Müller-Braunschweig.
8 Hanna Ries und Eva Rosenfeld.
9 In dem Kapitel 6.6. wurde der Umgang mit einzelnen jüdischen Kongreßteilnehmern dargestellt.
10 Göring charakterisierte Strauss als »typischen aufdringlichen Juden«. Er hatte verhindern wollen, daß er der zweite Vorsitzende der englischen Landesgruppe wurde (Gö/Seif, 24.10.37).
11 Stransky, Erwin, geb. 1877 in Wien. Examen in Medizin 1900 in Wien. Facharztausbildung für Neurologie und Psychiatrie 1908. 1915 Professor (Koren, 1973). 1949 war Stransky 1. Stellvertretender der österreichischen Gesellschaft für psychische Hygiene. Der Vorsitzende war Kauers; A. Aichhorn 2. Stellvertreter (IZIP, Jg. 18, 1948, S. 47).
Noch 1950 nahm er als Delegierter der Gesellschaft am Kongreß der World

Arbeitsgruppe A
des
Deutschen Instituts für psychologische Forschung und Psychotherapie

Schriftführer: Dr. Carl Müller-Braunschweig, Berlin-Schmargendorf, Sulzaer Straße 3 / Fernruf: 89 12 92

BERLIN, 23. März 1942.

B e r i c h t
über die wissenschaftliche Tätigkeit von Oktober 1939 bis März 1942.
- - - - - - - -

Oktober 1939 bis September 1940.

1939:

20. Oktober:	Frau Spangenberg:	Analyse eines 17 jährigen mit Entwicklungshemmung und agierendem Oedipus.
9. Novemb.:	Frau Staudte;	Die ersten 12 Stunden einer Behandlung
17. "	Frau Böhlendorf:	Zur Analyse des Übertragungsprozesses eines Zwangscharakters.
1. Dezemb.:	Herr Boehm:	Mitteilungen aus dem Institut.
"	Frau Ortner:	Ein Fall von Zwangsneurose.

1940:

13. Januar:	Diskussion über die Organisation der Poliklinik (Rittmeister)	
26. Januar:	Herr Kemper:	Zur Frigidität.
9. Februar:	Herr Besold:	Zur Frigidität.
23. Februar:	1) Frau Böhlendorf:	Referat über "Meng, Seelischer Gesundheitsschutz".
	2) Kleine Mitteilungen.	
8. März:	Frau Steinbach:	Ein Fall von Reinlichkeits- und Berührungszwang.
5. April:	Frau Fuhge:	Referat über "Karen Horney, New ways in Psychoanalysis.
25. April u. 3. Mai 40:	Herr Schultz-Henoke:	Referat über das Buch "Der gehemmte Mensch".
17. Mai:	Diskussion über Schultz-Hencke, Der gehemmte Mensch. Einleitung: Dr. Müller-Braunschweig.	

Abb. 22 Tätigkeitsbericht der Arbeitsgruppe A

- 2 -

31. Mai: Diskussion über: "Die Angst".
Einleitung: Fuhge und Seiff.
14. Juni: Fortsetzung der Diskussion über "Die Angst"
Einleitung: Dr. Rittmeister.
28. Juni: Herr Schultz-Hencke: Referat über "Sandström, Ist die Aggression ein Übel?"
28. September: Herr Kemper: Urethrale Sexualäusserungen.

Oktober 1940 bis September 1941.

1940:
12. Oktober: Schluss und Diskussion des Vortrags Kemper.
23. Oktober: Frau Ortner: Behandlung eines psychosenahen Jungen.
6. November: Fortsetzung des Vortrags Ortner.
24. November: Fortsetzung und Diskussion des Vortrags Ortner.
14. Dezember: Diskussion über "Verhalten gegenüber Agieren von Aggressionen".

1941:
11. Januar: Diskussion über "Agieren der positiven Übertragung".
25. Januar: Diskussion über "Agieren ausserhalb der Stunde".
8. Februar: Diskussion: Verhalten gegenüber Verwandten des Patienten.
15. Februar: Herr Boehm: Hysterische und zwangsneurotische Persönlichkeit.
1. März: Fortsetzung der Diskussion des Vortrags Boehm.
5. April: Frau Fuchs-Kamp: Ein Kinderfall von Hysterie.
26. April: Frau Achelis: Ein Fall von hysterischer Persönlichkeit.
6. Mai: Frau Draeger: Ein Fall
24. Mai: Frau Achelis: Über Schwierigkeiten im Laufe von Behandlungen
7. Juni: Frau Fuchs-Kamp)
Herr Schultz-Hencke) : Typischer Sinn spezieller
Frau v. Staabs) Symptome.
28. Juni: Diskussion über grundsätzliche Schwierigkeiten der Behandlung. Einleitung: Schultz-Hencke.
14. Juli: Fortsetzung der Diskussion vom 28.6.41.

1941.

Oktober 1941 bis März 1942.

11. Oktober: Frau Draeger: Ein Fall von Arbeitshemmung und Sexualstörung.
25. Oktober: Herr Schultz-Hencke: Korreferat zum Fall von Frau Draeger.
8. November: Herr Boehm: Referat über Krankengeschichten.
22. November: Herr Aufreiter: Ein Fall von Platzangst.
13. Dezember: Herr Riemann: Über eine zwangsneurotisch-explosive Persönlichkeit.

1942.

10. Januar: Herr Schultz-Hencke: Mitteilungen zur Frage der Kurz-Therapie.
24. Januar: Frau Werner: Drei Fälle von Verwahrlosung.
7. Februar: Herr Boehm: Über einen unbehandelbaren Fall.
21. Februar: Frau Kath: Ein undankbarer Fall.
7. März: Frau Goebel: Seelische Hintergründe einer "Drüsenschwäche"
14. März: Herr Rittmeister: Über die Entwicklungskrise des jungen Descartes.

- - - - - - - -

Federation for Mental Health teil und setzte sich für die Schaffung einer Organisation ein, die den Austausch von Psychiatern, Neurologen, Psychologen und Pädagogen als Beitrag zur Völkerversöhnung fördern sollte (IZIP, Jg. 19, 1950, S. 47).
12 Brief von Wirz an Göring v. 13.10.1937 (s. S. 289f.).

6.0. Die Etablierung der psychotherapeutischen Bewegung

1 Reichsarbeitsgemeinschaft für eine neue deutsche Heilkunde: Wagner versuchte, mit seiner Vorliebe für eine nationale, rassistische Naturheilkunde, alle Gesellschaften außerhalb des medizinischen Establishments zu einer ›Gesundheitsfront‹ zusammenzufassen. Zu dieser »Deutschen Gesellschaft zur Bekämpfung der Mißstände im Gesundheitswesen«, deren Leiter E. Hörmann war, gehörten: der Reichsverband der Naturärzte, die Gesellschaft für Bäder- und Klimakunde, der Zentralverein Homöopathischer Ärzte, der Kneipp-Ärztebund, der Reichsverband Deutscher Privatkrankenanstalten, die Vereinigung Anthroposophischer Ärzte und schließlich die Deutsche Gesellschaft für Psychotherapie. (ZfP, Meier, 1937). Der erste und letzte Kongreß dieser Reichsarbeitsgemeinschaft fand vom 18.–20.4.1936 in Wien statt, und es wurden auf ihm Vorträge von Heyer, Göring und Gauger gehalten. Im Januar 1935 brach Wagners Gesundheitsfront zusammen, und die Gesellschaft wurde, zusammen mit dem Reichsverband der Naturärzte, dem Reichsgesundheitsministerium, der Leitung von Reiter unterstellt (Cocks, 1975, S. 145).
2 Jansen gehörte, ebenso wie Klingelhöfer, dem Amt für Wissenschaft im RMdI an – und zwar der Hochschulabteilung.
3 Grote, Heinrich, Dr. med. (1888–1945); Medizinstudium, Teilnehmer des 1. Weltkrieges, 1919 Niederlassung als Landarzt bei Hannover. Leitung des Hannoverschen Landärzteverbandes und der Ärztekammer Niedersachsen. 1931 in scharfer Opposition gegen den Hartmannbund. 1933 Beauftragter des Reichsärzteführers für die ärztlichen Organisationen im Bereich Niedersachsen und dann Landesinspekteur der Kassenärztlichen Organisationen für Berlin und Brandenburg. Berufung als Stellvertreter des Reichsärzteführers in die Reichsführung der, den Hartmannbund übernehmenden, Kassenärztlichen Vereinigung Deutschlands. Ausbau der Kassenärztlichen Vereinigung (Erlaß einer neuen Zulassungsordnung) und Gestaltung der Reichsärzteordnung. SS-Standartenführer beim Stabe des SS-Hauptamtes, Hauptstellenleiter in der Reichsleitung der NSDAP, im Mai 1945 von sowjetischen Soldaten erschossen (Leibfried, 1980, S. 82/99).
4 Er verwies dabei auf § 23 der Reichsärzteordnung, durch den der Kreis der Mitglieder der Reichsärztekammer festgelegt worden war.
Die Reichsärztekammer war durch das Gesetz über die Reichsärzteordnung errichtet worden (13.12.1935), ihr Leiter war G. Wagner, sein Stellvertreter Bartens.

6.1. Das Deutsche Institut für psychologische Forschung und Psychotherapie

1 Wir haben darauf verzichtet, das Institut als »Göring-Institut« zu bezeichnen; damals diente dieses Etikett zur Aufwertung, heute dient es zur Diffamierung.
2 Die Gründung des Deutschen Instituts war damit vor allem für nichtärztliche Psychotherapeuten eine wesentliche Basis zur Existenzsicherung.

3 Mitglieder des Deutschen Instituts für psychologische Forschung und Psychotherapie (s. nachfolgende Tab.).
4 Die dem Institut angeschlossenen Arbeitsgemeinschaften wurden von folgenden Vorsitzenden geleitet: Mohr (Düsseldorf); Hapke (Wuppertal); Seif (München) und Roemer (Stuttgart), von Kogerer (Wien).
5 »Ostmark« war die Bezeichnung Österreichs zwischen 1938 und 1945.
6 Die Geschäftsführung befand sich im ersten Stock, die Poliklinik im dritten. Im Foyer des Instituts hing noch Ende der 30er Jahre ein Freudbild einem Hitlerbild gegenüber (Cocks, 1975, S. 155). Müller-Hegemann konnte es mit Sicherheit für den Zeitraum zwischen 1934–36 bezeugen (persönliche Mitteilung, 28. 7. 1980).
7 Das großbürgerliche Gepräge des alten Berliner Psychoanalytischen Instituts fand noch in der Einrichtung seinen Niederschlag. Die Räume waren mit Teppichen ausgelegt; über das Mobiliar sind genaueste Listen überliefert. Fräulein Sträcker, die Hausdame, sorgte dafür, daß bei den abendlichen Sitzungen Tee und Kaffee angeboten wurde. Frau Bartens (geb. Kirsten) arbeitete für I. H. Schultz und Göring. Frau Mittelhaus war Sekretärin von Boehm, Frau Dybus arbeitete für Frau Kalau vom Hofe und Frau Poensgen sorgte für die Vermittlung der poliklinischen Patienten. Sie war Rittmeister zugeordnet, arbeitete aber so selbständig, daß sie die Zuweisung von Patienten zu den verschiedenen Psychotherapeuten im wesentlichen vornahm. Die Bibliothekarin, Frau Nasse, wird als »grande dame« beschrieben, die aus jedem Ausleihverfahren eine »Teeparty« machte und eine überaus damenhafte Einstellung zu ihrer Arbeit hatte. Unmittelbar nach dem Krieg konnte sie ihren Mann, der Jude war, in Spanien treffen. Zu diesem Stamm der Sekretärinnen kamen in den späteren Jahren weitere hinzu, der Betrieb verlor etwas seinen intimen Charakter. Die meisten Sekretärinnen waren selber in Analyse, ohne daß darüber untereinander gesprochen wurde. Das Institut hatte sogar einen Koch, dem es gelang, während des Krieges aus den eingeschränkten Lebensmitteln ein einigermaßen schmackhaftes Gericht zu bereiten. Als bekannt wurde, daß er homosexuell war, wurde ihm gekündigt. Göring gewährte ihm also keinen Schutz. Die Atmosphäre im Institut wird als sehr freundlich mit intensivem Zusammenhalt untereinander beschrieben. Der Widerspruch zwischen der Realität, in der die Ausgrenzung zum Alltag gehörte und dem Gefühl untereinander wurde offenbar völlig verleugnet. Von den Psychotherapeuten wurden die Angestellten im Institut gleichwertig behandelt. Man durfte mitdenken. Ältere Analytiker (wie Boehm z. B.) verhielten sich auch den Sekretärinnen gegenüber als Kavaliere der »Alten Schule« (persönliche Mitteilung von Frau Mittelhaus, 7. 6. 1980 und Frau Dybus, 25. 7. 80).
8 Daraus entstand eine kleine Broschüre (Prof. Dr. Hans von Hattingberg, Neue Seelenheilkunde). In Berlin hatte von Hattingberg als einziger Psychotherapeut einen staatlichen Lehrauftrag.
9 Persönliche Mitteilung von Frau Dybus (ehem. Sekretärin von Frau Kalau vom Hofe) (25. 7. 1980).
10 Persönliche Mitteilung von Herrn E. Göring (4. 8. 1980).
11 Persönliche Mitteilung von Herrn Dr. Müller-Hegemann (28. 7. 1980).
12 Frau Göring erfuhr davon und kam uneingeladen dazu. Gerade an dem Abend hielt eine werdende Psychoanalytikerin ihren Aufnahmevortrag. Da sie nicht aus Berlin kam und ihr die herrschende Sprachregelung nicht bekannt war, bediente sie sich unbefangen einer naiv-drastischen psychoanalytischen Termi-

Mitglieder des Deutschen Instituts für psychologische Forschung und Psychotherapie*

Ärztliche Mitglieder:

Achelis, Waltraut
Achelis, Werner
Aufreiter, Johann
Bahrmann, K. F.
Bauer, Joachim
Baumeyer, Franz
Beerholt, Alexander
Beetz, Frigga
Beetz, Paul
Besold, Fritz
Bilz, Josefine Mariea
Bilz, Rudolf
Bitter, Wilhelm
Bomhard
Brandt, Armin
Brendgen, Franz
Breuer, Maria
Breuninger, Manfred
Buchholz, Bruno
Böhlendorf, Ina
Boehm, Felix
Bügler, Käthe
Clauss, Ludwig
Credner, Lene
Curtius, Otto
Delius, Kurt
Dillenburger, Fr. W.
Dogs, Wilfried
Froboese, Flitia
Fuhge, Gertrud
Gauger, Kurt
Gayer, Isabelle
Gebsattel, Viktor
Gesslein, Leo
Göring, Matth. Heinr.
Göring, Peter
Grevenitz, Jutta v.
Gundert, Hermann
Hackländer, Friedrich
Happich, Karl
Hattingberg, Hans v.
Hau, Egon
Heyer, Gustav Friedrich
Hoffmann, Walter
Haeberle, Alfons
Haeberlein, Karl
Jungmann-Herrmann, Anna
Kalau vom Hofe, Marie
Kankeleit, Otto
Kath, Ingeborg
Keim, Karl Friedrich
Kellner, Hans
Kemper, Werner
Kern, Otto
Körner, Otto
Köster, Richard
Kogerer, Heinrich v.
Kolle, Kurt
Kranefeldt, W. M.
Krauss, Paul
Krauss, Reinhold
Kühnel, Gottfried
Künkel, Fritz
Leers, Hans
Liertz, Rhaban
Linden, Herbert
Luchsinger, Kurt
March, Hans
Meyer, Eduard
Meinertz, Josef
Mette, Alexander
Michl, Walter
Mohr, Fritz
Moritz, Eva Sofie
Müller-Hegemann, Dietrich
Niedieck, Otto
Ockel, Gerhard
Opitz, Erich
de Ponte, Erich
Rienietz, Leonore
Rittmeister, John
Rotthaus, E.
Rutkowski, Erik v.
Roemer, Georg A.
Rueff, Maria
Saatmann, Luise
Seif, Leonhard
Sumpf, Else
Scheunert, Gerhard
Schultz-Hencke
Schmitz, Karl
Schultz, Joh. Heinr.
Schultze, Martha
Staabs, Gerdhild v.
Steger, Max
Stoltenhoff, Heinrich
Tiling, Erich
Trentzsch, Karl
Wegscheider, Claus
Weigel, Herbert
Weizsäcker-Hoss, Käte
Wiegmann, Heinz
Wimmersberg, Frances von

* Die zum Teil fehlerhafte Namensschreibung entspricht dem Original.

Nichtärztliche Mitglieder:
Achelis-Lehbert, Elli
Aichhorn, August
Aichele, Julie
Abel, Helene
Appelt, Alfred
Bacher, Isabelle
Becker, Heinrich
Bentinck, Graf John
Birnbaum, Ferdinand
Bolterauer, Lambert
Dubois-Raymond, Fanny
Bremer, Erich
Buder-Schenck, Hildegard
Busch, Paula
Büttner, Hans
Cartsburg, Ada
Cellarius, Julie
Dalsgard, Henning
Draeger, Käthe
Ekmann, Thore
Esslen, Angela
Eulenburg, Siegrid, Gräfin
Fircks, Paul von
Fischer, Karl
Frehe, Kurt
Fröhlich, Martha
Fuchs-Kamp, Adelheid
Glaser, Margit
Giercke, Wera
Gmeiner, Margarethe
Goebel, Gertrud
Goehlich, Marie
Göring, Erna
Graber, Hans-Gustav
Grell, Klara
Grun, Hertha
Hantel, Erika
Hapke, Eduard
Hattingberg, Lisa von
Herzog, Edgar
Herzog-Dürck
Hesse, Elisabeth
Heyer, Lucy
Heyer, Zoe
Hochheimer, Wolfgang
Haendler, Otto
Jensen, Maria
Jaeger, Manuela
Kersten, Otto
Koch, Wiltrud
Kranefeldt, Hanna
Krause-Absass, Margarethe
Kuhr, Alexander
Koenig-Fachsenfeld, Freiin Olga von
Künkel, Elisabeth
Küpper-Goebbels, Christel

Laiblin, Marie
Laiblin, Wilhelm
Lambert, Elsbeth
Laessig-Graf, Ursula
Lohmann, Berta
Lübbeke, Herta
Lüps, Alice
Madlung, Maria
Mann, Hedwig
Marcinowski, Auguste
Matthes, Paula
May, Dora
Meier-Denninghoff, Elly
Meyer-Grell, Martha
Mhe, Margarethe
Michel, Ernst
Mitscherlich, Luise
Moyzischewitz, Herta
Müller-Braunschweig, Ada
Müller-Braunschweig, Carl
Neumann, Johannes
Neumann, Margarethe
Ohm, August
Oertmann, Erna
Ortner, Astrid
Pagenstecher, Wolfgang
Pasche, Carl
Pasche-Fries, Maria
Prosch, Mila von
Ranft, Herrmann
Reymann, Ina
Riemann, Fritz
Ruscheweyh, Hedwig
Roellenbleck, Ewald
Rüffer, Irmgard
Saalfeld, Herta
Sänger, Annemarie
Seelmann, Kurt
Seifert, Friedrich
Seiff, Margarethe
Spangenberg, Johanna
Spiel, Oskar
Sprengel, Luise-Renate
Supan, Hildegard
Sydow, Eckard von
Schauer, Franz
Scheffen, Herrmann
Scheffen-Rauch, Vera
Scherke, Felix
Schierenberg, Kurt August
Schipfer-Donat, Emma
Schirren, Julius
Schlie, Else
Schmaltz, Gustav
Schmidt, Karoline
Schneider, Ernst

Schneider-Kassel, Hans
Schottländer, Felix
Schultz-Grimm, Ellen
Schumacher, Artur
Schücking, Edith von
Stackmann, Hildegard
Stehr, Virgo von
Stark, Marianne
Staudte, Anny
Steinbach, Margarete
Strauss, Heinz Artur
Strauss-Kloebe, Sigrid
Thumb, Norbert
Timme, Christel
Timme, Modesta
Unruh, Lonny von
Voss, Hella

Vetter, August
Walter, Hildegard
Weizsäcker, Adolf
Weizsäcker, Luise
Weller, Gertrud
Werner, Marie-Luise
Werner, Rudolf
Weymann, Erika
Wolff, Ilsemarie
Willich, Helene
Wünsche, Helene
Worms, Hans
Wüstner, Mathilde
Zeddies, Adolf
Zeise, Ludwig
Zippert, Erwin

1941 war der Mitgliederstand von 204 (1940) auf 240 angewachsen.

nologie. Boehm wurde immer nervöser und kritisierte die Referentin. Zur allgemeinen Überraschung verteidigte Frau Göring sie (persönliche Mitteilung von Frau Dr. Kath, 14.10.80).

13 Ein Ventil für die unterschwelligen Aggressionen zwischen den Gruppen scheint die Ha-Kra-Kü-Ri-Zeitung (15.4.1939) geboten zu haben. Sie könnte anläßlich einer Feier zu dem als nationalen Festtag erklärten 50. Geburtstag Hitlers verfaßt worden sein. Unter dem Motto: Götterdämmerung im Aeppelkahn müßten »alle Mitglieder der Pro-minenten und die Contra-minenten zwangsweise ein freiwilliges Hakraküri ausführen..., weil sie vor Lachen sich den Bauch halten und die Eingeweide zerreißen werden, getroffen vom dämmernden Äppelstrahl des göttlichen Witzes, geschossen vom strahlenden Appelgott im dämmernden Kahn...« Diese witzig gemeinte Einführung wirkt heute, rückblickend wie eine grausige Prognose des Harakiri des Dritten Reichs.
14 Persönliche Mitteilung von Herrn Dr. Müller-Hegemann (28.7.1980).
15 Die Ergebnisse seiner Untersuchung faßte er unter dem Titel »das stille Kind« zusammen.
16 Persönliche Mitteilung von Frau Dr. von Grävenitz (6.8.1980).
17 Persönliche Mitteilung von Frau Laiblin (10.7.1980).
18 Persönliche Mitteilung von Herrn Prof. H. Müller-Braunschweig (20.12.1979).
19 Titel: »Vertrauen zum Arzt«? Kohlhammer, Stuttgart 1944.
20 Der Kandidat konnte sich seinen Lehrbehandler in Rücksprache mit dem Abteilungsleiter selber auswählen. Sobald er Praktikant war, also Seminare und Vorlesungen besuchen durfte, wurde ihm auch die Behandlung poliklinischer Fälle unter Supervision gestattet.
21 Die Diplomprüfungsordnung für Psychologen, die von einer Kommission von Hochschullehrern (Kroh, Lersch, Sander), Wehrmachtspsychologen (Voß, Simoneit), Vertretern der Deutschen Arbeitsfront (Brenhorst, Roos), Mitgliedern des Reichsarbeitsministeriums (Stets, Krechel), Lehrer der Lehrerbil-

dungsanstalt (Hoffmann) und Vertretern des Deutschen Instituts (Göring, Heyer) vorgelegt worden war, wurde am 1.4.1941 verabschiedet. (Siehe auch Geuter, 1982.)
22 Der Beruf des »Behandelnden Psychologen« war vom Reichsinnenministerium durch einen Erlaß Hermann Görings legitimiert worden. Seine gesetzliche Verankerung sollte nach dem Krieg veranlaßt werden. Die Ausbildung war an das »Deutsche Institut« gekoppelt.
23 In einem Rundschreiben vom 17.11.1941 heißt es, daß eine Lehrbehandlung nur übernommen werden dürfe, wenn der betreffende Lehrbehandler eine schriftliche Bestätigung der Institutsleitung erhalten habe. Ein Wechsel des Lehrbehandlers sei ohne vorherige Verständigung des Leiters der zuständigen Ausbildungsabteilung nicht möglich. Auch die Kontrollbehandlung könne nur mit Wissen und Einverständnis des Abteilungsleiters begonnen werden. Ausbildungen, die vom Abteilungsleiter und der Institutsleitung vorher nicht genehmigt worden sind, würden nicht anerkannt.
24 Am alten Berliner Psychoanalytischen Institut fünf- bis sechsmal pro Woche.
25 Dräger, K., war Kommunistin. Nach 1945 wurde ihr vom Ostberliner Ministerium die pädagogische Abteilung Weißensee angeboten. Da sie dort nicht psychoanalytisch arbeiten konnte, kam sie 1948/49 nach West-Berlin und war maßgeblich am Aufbau der DPV beteiligt.
26 Das Schreiben endete damit, daß Müller-Braunschweig sich für die Weihnachtsfeier am Institut entschuldigte, da es sich mit dem Weihnachtsoratorium überschneide. »Würden Sie mir böse sein, wenn ich fehlen oder später erscheinen würde?« (20.12.42).
27 In dem Text hatte Göring bei der Ausführung über »Krankengeschichten, die im Schrifttum der Psychotherapie der Vergangenheit und Gegenwart veröffentlicht worden sind, dick »der Vergangenheit und Gegenwart« gestrichen und ein markantes Ausrufezeichen an den Rand gesetzt.
28 Persönliche Mitteilung von Frau Dr. O. König von Fachsenfeld (11.8.1980).
29 Die Kinderärztin und Psychotherapeutin Frau Dr. Bilz erhob in der Erstuntersuchung eine ausführliche Anamnese, bei der sie vor allem darauf achtete, daß die Bindung zwischen ihr und dem Kind nicht dazu führte, daß das Kind »antherapiert« wurde und das eine psychotherapeutische Behandlung erschwerte. Während die Behandlungen von Kindern außerhalb der Institutsräume vorgenommen wurden, fanden Erziehungsberatungen grundsätzlich in den Räumen des Instituts an sechs Beratungsnachmittagen statt. Sechs Wochen nach Beginn der Therapie wurde das Kind wieder vorgestellt und weiter im Abstand von 3 bis 6 Monaten. Neben der ambulanten Therapie wurden Kinder auch in tiefenpsychologisch geleitete Heime vermittelt. Davon gab es drei von Mitgliedern des Instituts geleitete: in Berlin das Heim von Frau Dr. Fuchs-Kamp, in Schwalenberg das Heim von Schmidt-Timme und in Beuren (Nürtingen/Württemberg) das von Frau Aichele. Sie konnten den Bedarf allerdings nicht decken. Die Abteilung war stark beeinträchtigt durch »die kriegsbedingten Umstellungen des Schulbetriebes und die weitreichende Kinderlandverschickung« (ZfP. Bd. 14, H. 1/2, S. 30ff.).
30 Obwohl das Heim von Frau Aichele mit dem Deutschen Institut zusammenarbeitete, legte sie persönlich Wert darauf, nicht von der NSV übernommen zu werden. Folglich bekam sie auch keine finanzielle Unterstützung (persönliche Mitteilung von Frau von Grävenitz, 6.8.1980). J. Aichele war bekannt dafür, daß in ihrem Heim ein ausgezeichnet geschultes Team arbeitete und Psychothe-

rapie überall stattfand: beim Mittagessen, während des Spielens, »auf der Treppe«. Die »Schriftenreihe Erziehungshilfe«, vom Institut herausgegeben, sollte die Arbeit der Abteilung unterstützen.

31 Die Eltern mußten – vor allem aus Gründen der aktiven Mitbeteiligung – wenn sie mittellos waren, mindestens 1 RM bezahlen. Waren sie im Verlauf der Behandlung kooperativ gewesen, so kam es vor, daß sie am Ende der Behandlung, quasi zur Belohnung, das Geld zurückbekamen (persönliche Mitteilung von Frau Dr. König-Fachsenfeld, 11.8.80).

32 Nach Boehms Angaben waren in den letzten 15 Jahren 510 homosexuelle Patienten und Patientinnen beraten und behandelt worden. 341 von ihnen erfolgreich (Z. f. P., 1942, H. 1/2, S. 123).

33 Patienten, die nicht über die Poliklinik vermittelt wurden, mußten zwischen 10 und 15 RM aufbringen.

34 Die Therapeuten bekamen bis zu 5 RM vom Institut erstattet.

35 Empfehlungsvertrag zwischen dem Deutschen Institut und der Wirtschaftsgruppe Lebens- und Krankenversicherung, Berlin C2, Kaiser-Wilhelm-Str. 1–3.

36 Persönliche Mitteilung von Frau L. Heyer-Grote (15.8.1980).

37 Wissenschaftsminister Rust gründete im März 1937 den Reichsforschungsrat als Teil der Deutschen Forschungsgemeinschaft, der mit Forschung betraut wurde, die im Dienst des Vierjahresplanes (Hitler hatte am 9.9.1936 den zweiten Vierjahresplan verkündet und Göring am 18.10. zum Bevollmächtigten ernannt) stand und besonders Aufgaben aus dem Gebiet der Naturwissenschaften übernahm. Der Reichsforschungsrat hatte keine Rechtspersönlichkeit, d.h., daß sein Etat über die Deutsche Forschungsgemeinschaft (DFG) verwaltet wurde und der Führungsstab (Präsident, Stellvertreter des Präsidenten, Geschäftsführer der Verwaltung und besonders berufene Wissenschaftler sowie Rechtsbeirat) direkt Rust unterstellt war und von ihm berufen wurden. Rust berief 13 Wissenschaftler als Leiter der im Forschungsrat zu bildenden Fachgliederung. Für die Abteilung Medizin war Sauerbruch zuständig. Im Laufe der nächsten drei Jahre schuf Rust noch drei weitere Fachsparten: die für Bevölkerungspolitik, für Erbbiologie und Rassenpflege. Zwischen 1938 und 1942 hatte Göring immense Machtbefugnisse auf sich vereinigen können. Im Oktober 1940 wurden Görings Vollmachten als Beauftragter des Vierjahresplanes ausdrücklich um vier Jahre verlängert.

Anfang 1942 wurde klar, daß die Periode der Blitzkriege vorbei war. Die USA traten in den Krieg ein, und alle Kräfte wurden nun, Anfang 1942, auf die »totale Kriegswirtschaft« konzentriert. Das bedeutete eine Umstrukturierung der bisherigen Wirtschaftspolitik, die zwar flexibel war und noch ein hohes Maß an Friedensproduktion aufrechterhielt, aber keine langfristige Planung kannte. Reichsminister Todt verunglückte im Februar 1942 tödlich, und Speer wurde sein Nachfolger. Damit ging H. Görings Vorherrschaft zu Ende; allerdings wurde am 9.6.1942 der Reichsforschungsrat dem Wissenschaftsministerium weggenommen und H. Göring, dem »Reichsmarschall des Großdeutschen Reiches«, überantwortet.

Speer veranlaßte im Frühjahr 1942 eine Umbildung des Reichsforschungsrates und schlug H. Göring als Präsidenten vor. H. Göring nahm an und ernannte Speer und Rust zu seinen beiden Vizepräsidenten. Faktisch wurde Rust ausgeschaltet. Im Präsidialrat, dem repräsentativen Organ des neuen Reichsforschungsrates, vereinigte sich ein Großteil der Machthaber jener Zeit. Sauer-

bruch war weiterhin der Fachspartenleiter der Allgemeinen (klassischen) Medizin. Über seine Fachsparte lief die Förderung des Deutschen Instituts, insbesondere des Forschungsschwerpunktes »Grundlagen und Gesetze der Entwicklung der menschlichen Persönlichkeit und der Gemeinschaft; Psychotherapeutische Ausbildung« (S – 4891/5679 – (2.455/10), der mit der Dringlichkeitsstufe »S« (also der zweiten Dringlichkeitsstufe) versehen war. Breuer war der begutachtende Referent (B. A. aus R. 26 III/20). Die geschaffenen Arbeitsgemeinschaften der angewandten Forschung des Reichsforschungsrates erhielten sehr weitgehende Vollmachten und erhebliche Geldmittel. Die Arbeitsgemeinschaften waren unabhängig neben den Fachspartenleitern tätig. Die Forschungsförderung zersplitterte sich immer stärker und wurde schließlich immer chaotischer. Das Ende kündigte sich an (Zierold, 1968, S. 213–221).
38 Gemäß dem Original zitiert.
39 Persönliche Mitteilung vom 1.6.1981.
40 Aus dem Protokoll von Schultz-Hencke vom 11.6.1945 wird Sauerbruchs Einstellung der Psychotherapie gegenüber deutlich: »Schultz-Hencke trifft Sauerbruch im Gang, spricht ihn an und erfährt zunächst dessen äußerst feindselige Haltung gegen das alte Psychotherapeutische Institut, das »Schauerinstitut«, sowie die heftige Kritik, die Sauerbruch sowohl an den Jungschen Positionen, die er für verwaschen und verschwommen hält, wie an den alten psychoanalytischen Freuds übt. Er« ... lehnt ... »das Sensationelle der Sexualtheorie schärfstens ab« (Schultz-Hencke, Protokoll, unveröff.).
41 Bemerkungen zur Frage des psychologischen Mißverständnisses zwischen Deutschland und Frankreich von einem Franzosen.
42 1. Versprechungen werden bei der Abfahrt gegeben, die bei der Ankunft nicht eingehalten werden.
2. Verträge werden nicht eingehalten. Spezialarbeiter werden schlecht eingesetzt.
3. Die Propaganda weist mit größtem Nachdruck immer wieder auf Dinge hin, die längst gesehen und verstanden wurden.
4. Politische französische Organisationen, die bei den Arbeitern in schlechtem Ansehen stehen, werden fühlbar, wenn auch inoffiziell unterstützt.
5. Die Trennung von Familie und Heimat ist zu lang.
43 Der Begriff »Neurose« war zwischen Psychiatern und Psychotherapeuten umstritten. Kurt Schneider z. B. vertrat die Auffassung, daß man ohne den Begriff auskomme, da es sich bei der Neurose nicht um eine Nervenstörung handele, sondern um eine psychogene Reaktion, für die der Betreffende eine gewisse Verantwortlichkeit zu übernehmen hätte. Schultz dagegen entwickelte sein Schema, in dem Kernneurose, Schichtneurose, Fremd- und Randneurose ihre festen Plätze hatten (XII Verhandlungen der Fachgruppe Psychiatrie und Neurologie, S. 270–279; M. A.).
44 Persönliche Mitteilung von E. Göring, 4.8.1980.
45 Rittmeister wurde am 26.9.1942 inhaftiert und am 13.5.1943 hingerichtet.

6.2. *Patienten im Nationalsozialismus*

1 Deshalb verboten manche Widerstandsgruppen die psychotherapeutische, vor allem die tiefenpsychologische Behandlung ihrer Mitglieder. Frau Bry, eine heute in den USA lebende Psychoanalytikerin, hatte Anfang der 30er Jahre ihre Lehranalyse bei Müller-Braunschweig aufgenommen. Ihr jetziger Mann, den

sie damals kennenlernte, war ein führendes Mitglied der sozialistischen Widerstandsgruppe »*Neubeginnen*«, die sich bereits vor der nationalsozialistischen Machtergreifung im Untergrund organisiert hatte. Frau Bry wurde dazu aufgefordert, die Analyse abzubrechen, was sie auch unter dem Vorwand tat, daß sie sich als Jüdin von Müller-Braunschweig in ihrem seelischen Empfinden nicht verstanden fühlte (Vortrag im Berliner Psychoanalytischen Institut vom 12.7.83).

2 Kamm, B., wurde 1899 in Prag geboren. Er stammte aus einer strenggläubigen katholischen Familie. 1927 medizinisches Staatsexamen und Promotion. ½ Jahr Tätigkeit an der Med. Univ. Klinik Frankfurt/Main (unter Strasburger). Medizinalassistent bei Dr. Happel (Ehemann der Psychoanalytikerin Clara H.), durch seine Empfehlung Assistenzarzt am Institut f. animalische Physiologie, lediglich um Geld zu verdienen. Kontakt zur Psychoanalyse, ebenfalls durch Happel, der ihn zur Lehranalyse an Landauer (v. September 1928 – Juli 1929) als »ungewöhnlich begabt« und »feinen anständigen Charakter« empfahl. 1928 Einbürgerung in Deutschland durch Protektion eines Zentrumsabgeordneten. Bewerbung nach Berlin zur psychoanalytischen Ausbildung. Anstellung an der Kuranstalt Westend (Nachfolgeeinrichtung von Simmels Sanatorium). (Landauer/Eitingon 2.11.1928; Kamm/Eitingon 17.4.1931).

3 Man gewinnt sogar den Eindruck, daß die statistischen Darstellungen absichtlich sehr uneinheitlich die verschiedenen Jahre dokumentieren, um keinen Vergleich zu ermöglichen. Was damals vielleicht ein ganz geschicktes Tarnungsmanöver gewesen sein mag, erschwert auch heute die vergleichende Interpretation der Tabellen.

4 Hoche hatte zusammen mit Binding 1920 die Schrift verfaßt: »Über die Freigabe der Vernichtung unwerten Lebens«, die den Nazis als wesentliche Rechtfertigung des Euthanasieprogramms diente.

5 Amtsleiter, Leiter des Amtes II b der Kanzlei des Führers.

6 Oberdienstleiter, Chef des Hauptamtes II der Kanzlei des Führers.

7 Heyde, Werner, am 25.4.1902 als Sohn eines Tuchfabrikanten in der Lausitz geboren. Ostern 1920 Beitritt zur Schwarzen Reichswehr und Beteiligung am Kapp-Putsch. Studium der Medizin, 1925 Staatsexamen. Von 1930 bis 1934 tätig an der Psychiatrischen Klinik in Würzburg, Leiter der Poliklinik. 1932 Privatdozent für Psychiatrie und Neurologie an der Universität Würzburg. Mai 1933 Mitglied der NSDAP. Zur Vertuschung der Schlägerei zwischen dem KZ-Inspektor Eicke und dem damaligen Gauleiter im Saargebiet, Birkel, hatte Heyde Birkel in die Psychiatrische Klinik Würzburg aufgenommen, um ihn vorübergehend verschwinden zu lassen. Himmler, als Eickes Schutzherr, sei ihm dafür dankbar gewesen, und das führte 1936 dazu, daß er, der zunächst nicht SS-Angehöriger war, vom Reichsarzt SS, Chef des Sanitätsamtes, dringend aufgefordert worden war, den psychiatrisch-neurologischen Dienst in der SS sowie die psychiatrisch-neurologische und die erbbiologische Überwachung der Konzentrationslager einzurichten und zu leiten und eine psychiatrisch-neurologische Gutachtertätigkeit für die Geheime Staatspolizei zu übernehmen. Nach Ernennung zum SS-Hauptsturmführer (1.1.36) wurde ihm die Sanitätsabteilung der SS-Totenkopfverbände zugeteilt. Am 16.8.1939 wurde er zum Führer im Stab SS-Hauptamt (SS-Sanitätsamt) und von Bouhler mit der Durchführung eines Sonderauftrages betraut. Im gleichen Jahr Übernahme einer Professur der Universität Würzburg. Einstellung eines SS-Ermittlungsverfahrens gegen Heyde, in dem er wegen »homosexueller Verfehlungen« beschuldigt wurde. Im Dezem-

ber 41 wurde der Vorwurf der Homosexualität wieder erhoben und Heyde durch Nitzsche abgelöst. 1947 war es Heyde zunächst gelungen zu fliehen. Unter falschem Namen (Dr. Sawade) arbeitete er weiterhin als psychiatrischer Gutachter. Erst am 12.11.1959 wurde Heyde festgenommen. Am 18.2.1964, bei Beginn der Hauptverhandlung gegen ihn, nahm er sich das Leben. (Nach Kaul, 1973, S. 56/57; S. 193–215.)
8 Angesprochen wurden: Schneider, Carl; De Crinis; Kihn; Heintze; Wentzler; Unger; Pfannenmüller; Bender. Die Teilnahme an der Aktion war freiwillig. Als Gutachter waren noch Nitsche, Villinger und Mauz dazugekommen. Ewald (Göttingen) war der einzige, der mit protestartiger Ablehnung auf die T4 Aktion reagierte (Kaul, 1973, S. 59f., 70).
9 Persönliche Mitteilung von Frau Dr. Kath (14.10.1979).
10 Persönliche Mitteilung von Frau Dybus (25.7.1980).
11 Persönliche Mitteilung von Frau Bartens (5.6.1980).
12 Für die Mitteilung dieses eindrucksvollen Beispiels danke ich Herrn Ludger Hermanns, der ein Gespräch mit Frau Stark auf Videokassette aufzeichnen konnte.
13 Persönliche Mitteilung von Herrn A. Speer (1.6.1981).
14 Freisler, Roland (1893–1945). 1933–1942 Staatssekretär im Reichsjustizministerium, 1942–1945 Präsident des Volksgerichtshofs.
15 Persönliche Mitteilung von Herrn Ernst Göring (4.8.1980).
16 Eine Anleitung zur »professionellen« Simulation bezeugt, daß es offenbar in einigen Truppenabschnitten eine psycholgisch wohlorganisierte Verweigerung gegeben hat. Die Fehler des schlechten Simulanten bestünden darin, daß der Betreffende plumpe und wissenschaftlich unmögliche Angaben über sein Symptom macht und daß er seine Symptome dem Arzt allzu massiv unter die Nase reibt. Die richtige Haltung solle folgenden Eindruck vermitteln: »Hier ist ein guter Soldat, der das Unglück hat, sehr gegen seinen Willen krank zu sein.« Neben diesen einführenden psychologischen Grundregeln wird die körperliche Symptomatik einzelner Krankheitsbilder genauestens beschrieben und Anweisungen gegeben, wie man sie künstlich erzeugen kann (M. A. H 20/2162).
17 Die hier abgekürzten Namen wurden im Original ausgeschrieben.
18 »Über den konformen Wahn«, Zschr. Ges. Neur., 1932, Bd. 140, H. 3 u. 4, S. 398–438.

6.3. Zur Frage der nichtärztlichen Psychotherapeuten

1 In Österreich bestand keine Kurierfreiheit, d. h., daß das Heilen den Ärzten vorbehalten war.
2 Die Frage der nichtärztlichen Psychotherapeuten spielte für die »Unabhängigkeitserklärung« der American Psychoanalytic Association eine wesentliche Rolle (Leupold-Löwenthal, 1984).
Seit 1924 war die Mitgliedschaft der New Yorker Psychoanalytischen Gesellschaft ausschließlich Doktoren der Medizin vorbehalten. Freud meinte, daß sich hier lediglich ein praktisches Moment niedergeschlagen habe, da in den USA Laienanalytiker viel Unfug und Mißbrauch mit der Analyse betrieben hätten, und deshalb der Ruf der Analyse geschädigt sei. Die Frage der Laienanalyse könne man auch nicht allein nach praktischen Erwägungen entscheiden und von lokalen Verhältnissen abhängig machen. (Freud, 1926/1972, S. 295). Da die Entscheidung der Amerikaner die bestehende Sachlage nicht verändere, sei sie

vergleichbar mit dem Versuch einer Verdrängung. Da man Laienanalytiker in ihrer Tätigkeit nicht behindern könne, sei es zweckmäßiger, ihnen Gelegenheit zu einer qualifizierten Ausbildung zu geben, um auf diese Weise Einfluß auf sie zu gewinnen. (Freud, 1926/1972, S. 296.) Trotz allem hielt die American Psychoanalytic Association an ihrem Standpunkt fest, nichtärztliche Psychoanalytiker nur als außerordentliche Mitglieder zuzulassen. Eine Kommission wurde beauftragt, um der Internationalen Unterrichtskommission Richtlinien für die Zulassung und Ausbildung von Kandidaten vorzulegen. Die Frage der Laienanalyse wurde zur Entscheidung den Unterrichtsausschüssen der einzelnen Länder überlassen. Durch den Zustrom nichtärztlicher Psychotherapeuten aus Europa, während der Nazizeit, bekam diese Frage eine besondere Brisanz.

3 1929 gab es im Deutschen Reich 12413 nichtapprobierte Krankenbehandler. Außerdem muß von einer erheblichen Dunkelziffer ausgegangen werden (Fischer, 1965, S. 413). Die nichtärztlichen Psychotherapeuten befanden sich also in gefährlicher Nähe zu den »Kurpfuschern«.

4 Das Heilpraktikergesetz, demzufolge eine entsprechende Erlaubnis vorliegen mußte, damit der Heilpraktiker tätig werden durfte, trat am 17. 2. 1939 in Kraft.

5 March, Hans, Dr. med., gehörte der psychoanalytischen Gruppe an.

6 Weiter heißt es: »Dieses ist aber schon geschehen. Die zuständige Stelle in Danzig hat beim Gau Berlin, nicht etwa bei der Zentrale in Berlin, angefragt, ob eine Laienpsychotherapeutin, die wir, falls sie in Deutschland leben würde, als behandelnde Psychologin anerkennen würden, anerkennen sollen. Daraufhin hat die Ärztekammer Berlin mit »nein« geantwortet. Es handelt sich um eine Nicht-Akademikerin, die über 60 Jahre alt ist und mit Erfolg seit vielen Jahren Psychotherapie getrieben hat. Sie hat auf unsere Veranlassung im letzten Wintersemester bei uns gehört und unter unserer Aufsicht Kontrollbehandlungen vorgenommen. Wir sind zu der Überzeugung gelangt, daß wir dieser Psychotherapeutin mit gutem Gewissen Neurotiker anvertrauen können, falls sie unter Aufsicht eines Arztes arbeitet. Die Kosten für den Berliner Aufenthalt mußte sich die Psychotherapeutin leihen. In Danzig ist, soviel uns bekannt, kein ärztlicher Psychotherapeut. Ich bin der Ansicht, daß der Gau Berlin nicht das Recht hat, an die Danziger Stelle zu schreiben, ohne die vorgesetzte Stelle gefragt zu haben. Ich würde es begrüßen, wenn Sie den Danzigern eine Richtigstellung zukommen lassen würden. Natürlich müßte sich die Psychotherapeutin ... genau nach unserer Berufsordnung richten.«

7 »Die Behandelnden Psychologen haben sich an die Berufsordnung für die deutschen Ärzte (Deutsches Ärzteblatt vom 13. 11. 1937) vorläufig zu halten, bis eine eigene Berufsordnung vorliegen wird« (Z. f. P., Bd. 14, H. 1/2, 1942, S. 65).

8 Göring stellte in seinem Rundschreiben vom 4. 12. 1942 Richtlinien auf, in denen eine strikte Trennung tiefenpsychologischer Behandlung und Besprechung von körperlichen Untersuchungen betont wurde. Anlaß für dieses Schreiben seien zwei Fälle gewesen, aus denen erhebliche Schwierigkeiten für den einzelnen und damit für die gesamte Arbeit entstanden seien: so habe ein Behandelnder Psychologe einen Knaben sich entkleiden lassen, um seine körperliche Konstitution zu prüfen und ein Arzt habe einen frauenärztlichen Eingriff mit Psychotherapie verquickt.

9 Unfaßlich, daß der Mord an Geisteskranken hier als berufsständisches Problem definiert wurde. Solche Passagen lassen daran zweifeln, ob diese Zeit jemals einfühlend verstanden werden kann.

10 De Crinis lehnte die Einbeziehung der Diplompsychologen in die Medizin eben-

falls ab, da er darin eine »gefährliche Halbbildung« sehe (Bumke/Wuth, 3.3.1942, M. A., H. 20/480).

6.4. Die Auseinandersetzung mit der Deutschen Gesellschaft für Neurologie und Psychiatrie

1 Cimbal bezeichnete sich selbst als Schüler Kraepelins. Nach 3jähriger Assistenzzeit sei er durch Kraepelins Fürsprache in sein jetziges Amt gekommen. (Ci/Gö, 19.10.33.)
2 Auf dem Kongreß des Deutschen Vereins für Psychiatrie in Münster, 25.5.1934.
3 Auf der Tagung hatte es fälschlicherweise geheißen, daß die deutschen Psychotherapeuten im Verein für Psychiatrie aufgenommen worden seien. (Diskussionsbemerkung)
4 Cimbal machte auch keinen Hehl daraus, daß er Rüdins neues Buch über Erblehre und Rassenhygiene für »primitve Konstitutionspropaganda« hielt. (Ci/Gö, 23.2.35.)
5 Mitglieder der Reichsarbeitsgemeinschaft waren der Reichsverband der Naturärzte, die Gesellschaft für Bäder- und Klimakunde, der Zentralverein homöopathischer Ärzte, der Kneipp-Ärztebund, der Reichsverband Deutscher Privatkrankenanstalten und die Vereinigung anthroposophischer Ärzte.
6 Den Zweck dieser Maßnahme formulierte Reiter eindeutig bei der Gründung der Deutschen Gesellschaft für Hygiene am 18.8.1936: »... Als mein Minister mir die Aufgabe stellte, alle wissenschaftlich medizinischen Gesellschaften zusammenzufassen, da war ich mir bewußt, daß sich hinter diesem Auftrag der Wunsch einer *Mobilmachung aller einschlägigen medizinischen wissenschaftlichen Kräfte* verbarg, die unter einheitlicher Führung in die gesundheitspolitische Kampffront eingesetzt werden sollen« (Glaser, 1960, S. 74).
7 Bevor Göring dieses Angebot gemacht hatte, hatte sich Rüdin bereits eigenmächtig an J. H. Schultz gewandt. Göring protestierte dagegen. Die Vermittlung zwischen beiden Gesellschaften sollte über Kretschmer laufen. Rüdin machte zu Bedingung, daß auf psychiatrischen Kongressen nur Redner sprechen sollten, die der naturwissenschaftlichen Richtung nahestünden (Göring/Gauger, 10.3.1936).
8 Géronne war Schriftführer der Deutschen Gesellschaft für Innere Medizin.
9 Siehe auch 9.3.1935; Göring an Reiter.
10 In einem von Curtius verfaßten Rundschreiben vom 18.2.1937 wurden die Gesellschaften, die unter dem Dachverband der Gesellschaft für Innere Medizin zusammengeschlossen werden sollten, aufgeführt: Deutsche Gesellschaft für Innere Medizin (Siebeck, Géronne), Deutsche Gesellschaft für Kinderheilkunde (Rietschel), Deutsche ärztliche Gesellschaft für Psychotherapie (Göring), Deutsche ärztliche Arbeitsgemeinschaft für Physikalische Therapie (Sturm, Grober). Deutsche Gesellschaft für Bäder- und Klimakunde (Krone), Deutsche Gesellschaft für Kreislaufforschung (Koch), Deutscher Zentralverein Homöopathischer Ärzte (Rabe), Deutsche Pharmakologische Gesellschaft (Flury), Reichsarbeitsgemeinschaft für eine Neue Deutsche Heilkunde (Kötschau, Väth), Deutsche Gesellschaft für Rheumabekämpfung (Rother).
In dem Rundschreiben vom 13.11.1937, das vom Reichsgesundheitsamt (Reiter) ausging und an alle Mitgliedsgesellschaften der Gruppe Innere Medizin gerichtet war, ist vermerkt, daß noch eine ganze Reihe weiterer Gesellschaften sich zur Mitarbeit bereit erklärt hatten. Die Gesellschaft für Verdauungs- und

Stoffwechselkrankheiten und die Deutsche Ärztliche Arbeitsgemeinschaft für Physikalische Therapie gehörten direkt dem Dachverband an. Eingeladen werden wollten die Deutsche Pharmakologische Gesellschaft (Flury), die Deutsche Dermatologische Gesellschaft (Zieler), die Gesellschaft Deutscher Neurologen und Psychiater (Rüdin) und die Deutsche Hämatologische Gesellschaft (Schilling).

11 Nachdem sowohl Jung als auch Wirz Einspruch gegen das Thema erhoben hatten, wurde es abgewandelt in »Grundfragen der Psychotherapie«.

12 Eine wesentliche Aufgabe des Dachverbandes bestand darin, Richtlinien für Kontakte mit dem Ausland auszugeben. So heißt es in einem Rundschreiben zur 3. Sitzung des Dachverbandes vom 13. 11. 1937: Die Beziehungen der deutschen Wissenschaft zum Ausland sollen gepflegt werden, um »in den wissenschaftlichen Kreisen weiter Freunde für Deutschland zu gewinnen«. Da viele deutsche Gesellschaften Mitglieder internationaler Vereinigungen seien und dementsprechend auch beitragspflichtig; die Finanzämter seien vom Innenministerium angewiesen worden, Devisen freizugeben, um die Zahlung von Jahresbeiträgen zu erleichtern. Trotz der ausdrücklichen Betonung der freundschaftlichen Beziehungen zum Ausland solle die Aufnahme von Negern und Negermischlingen vermieden werden. Unbemittelten Professoren und Wissenschaftlern, die auf internationalen Tagungen als prominente deutsche Sachverständige auftreten könnten, sollten Geldmittel für die Reise vom Kultus- oder Propagandaministerium zur Verfügung gestellt werden, wenn sie von dem Delegationsführer empfohlen und durch eine erschöpfende Charakterisierung ihrer wissenschaftlichen und menschlichen Qualitäten und ihrer politischen Einstellung ausgewiesen werden könnten. Genaueste Anweisungen wurden auch zur Mitarbeit an ausländischen oder an internationalen Zeitschriften gegeben, an denen Juden mitarbeiteten. Selbst im Ausland wurden Bücher herausgegeben, zu deren Mitarbeit Juden ausdrücklich ausgeschlossen wurden. (Pädiatrische Zeitschrift von Prof. Fanconi in Zürich und Handbuch der Biologie des Kindes von Prof. von Groeser, Lemberg.) Da nicht in jedem Fall ausgeschlossen werden könne, daß jüdische Autoren an ausländischen Publikationen beteiligt seien, wurde die Devise ausgegeben, daß deutsche Wissenschaftler deshalb von der Mitarbeit nicht ausgeschlossen werden sollten, da auch an deutschen Fachzeitschriften in mäßigen Prozenten jüdische Autoren zugelassen seien. (Ausnahme: Publikationen zur Jugenderziehung.) Unzulässig sei jedoch die Publikation durch jüdische Herausgeber oder jüdische Verlage. Unerwünscht sei auch die deutsche Mitarbeit an Werken jüdischer Verleger oder jüdischer Herausgeber (z. B. bei dem Verlag von Karger, früher Berlin, jetzt Schweiz).

13 Heyde war maßgeblich mit der Durchführung des Euthanasieprogramms beauftragt. Zwischen ihm und Göring traten immer wieder massive Spannungen auf.

14 Kretschmer war damit beauftragt, die Psychotherapie betreffenden Fragen in der Gesellschaft für Psychiatrie zu klären. Er wies vor allem darauf hin, daß ein Zusammenschluß beider Gesellschaften die Situation der nichtärztlichen Psychotherapeuten erheblich erschweren würde.

6.5. Die allgemeine Internationale ärztliche Gesellschaft für Psychotherapie

1 Der Kongreß hatte eigentlich ein Jahr früher in Wien unter Beteiligung verschiedener jüdischer Psychoanalytiker stattfinden sollen.

2 Obwohl Jung immer wieder sein Engagement für Juden betonte, sah er hierin offenbar ein Handicap für die Gründung einer österreichischen Landesgruppe.
3 Die überlieferten Mitgliederlisten sind leider zum Teil undatiert und nicht von allen Landesgruppen vorhanden. Demnach hatte Deutschland 210, Dänemark 10 und Schweden 36 Mitglieder.
4 Jones äußerte sich nun eindeutig gegen eine Zusammenarbeit aller Psychoanalytiker mit der internationalen Gesellschaft (van der Hoop/Gö, 27.3.37).
5 van der Hoop/Gö, 7.1.37; Gö/van der Hoop, 22.1.37; van der Hoop/Gö, 28.2.37; Görings befürwortender Bericht an die Reichsschrifttumskammer 4.3.37.
6 Rümke wurde im allgemeinen als besonders entgegenkommend von Göring dargestellt. Nur aus einer Andeutung Görings ist zu entnehmen, daß er um das Schicksal seines Sohnes besorgt war. Göring hatte anscheinend versprochen, Nachforschungen über Rümkes Sohn anzustellen und mußte ihm am 4.6.1943 mitteilen: »Von Ihrem Sohn habe ich noch nichts gehört.« Rümke gehörte ebenfalls der psychoanalytischen Gruppe an.
7 In dem Antikominternpakt verbündete sich Deutschland im Nov. 1936 mit Japan gegen die UdSSR. Im Jan. 1937 trat Italien dem Pakt bei, im März 1939 Spanien.
8 Die vorgesehene italienische Landesgruppe hatte 11 Mitglieder.
9 In Japan interessierten sich 81 Psychotherapeuten für eine internationale Zusammenarbeit.
10 Bekannter Hypnotiseur; in Ungarn selbst umstritten.
11 Haedenkamp, Karl, Dr. med., 26.2.1889 (Hamm)–13.7.1955, als Abgeordneter der Deutschnationalen Partei von 1924–28 im Reichstag; schon vor 1933 faschistisch orientiert. Schriftleitung des »Deutschen Ärzteblattes«; bis 1939 Führung der Auslandsabteilung der Reichsärztekammer (Albrecht, 1974, S. 61).
12 Görings Berichte über internationale Tagungen und Versammlungen gingen an das Reichsministerium für Wissenschaft, Erziehung und Volksbildung und wurden von dort aus an den Reichsminister des Inneren weitergeleitet.
13 Weder van der Hoop noch Rümke waren eingeladen worden. In seinem Schreiben vom 30.9.1940 an Göring brachte van der Hoop sein Erstaunen darüber zum Ausdruck. Aber Göring selbst war politischem Druck ausgesetzt: er hatte die Einladungen nicht direkt an die Delegierten verschicken können – sie mußten den »Reichskommissar« passieren. (Gö/van der Hoop, 22.10.40). Westerman-Holsteijn, der einzige eingeladene Holländer, hatte aus »psychischen und finanziellen« Gründen abgesagt (an Göring, 27.8.40).
14 Göring hatte Bjerre zunächst eingeführt als »wissenschaftlich bedeutenden Mann, ein Bekannter der Gräfin Wilamowitz-Möllendorf, einer Schwester Karin Görings« (Gö/Prof. Gamilscheg, 31.8.1938). (Prof. Gamilscheg organisierte die Gastvorlesung an der Berliner Friedrich-Wilhelm-Universität.)
15 In einer undatierten Zeitungsnotiz heißt es: »Auch in Norwegen ist jetzt die Psychoanalyse verboten worden! Im letzten Kronrat wurde beschlossen, daß Ärzte in ihrer Praxis keine psychoanalytischen Untersuchungen oder Behandlungsmethoden anwenden dürfen, es sei denn, daß sie vom Sozialministerium eine besondere Erlaubnis hierzu erhalten haben.«
16 Laforgue war seit 1927 Mitglied der IPV und gehörte auch nach dem Krieg noch der französischen »Société Psychoanalytique de Paris« an.
17 Oberstabsarzt am Lazarett Clichy (Paris).

6.6. Die Selbstdarstellung der deutschen Psychotherapeuten auf Kongressen

1 Schmaltz teilte Göring mit, daß er im Interesse der Repräsentation der Gesellschaft dieses schäbige Auftreten nur bedauern könne. (10.9.37). Auch Göring »hängt die Devisensache zum Hals heraus« – die Kürzung von 80 (zunächst bewilligt) auf 60 Mark sei darauf zurückzuführen, daß viele Devisen für Kongresse anläßlich der Weltausstellung in Paris ausgegeben worden seien, die »staatlicherseits für besonders wichtig gehalten würden« (Göring/Schmaltz, 11.9.37).
2 Über die beiden letzten Zurückgewiesenen wurde kein Kommentar abgegeben.
3 Nach der vorliegenden zweiten Fassung wurden 14 »gemeinsame Gesichtspunkte« aufgestellt.

»1. *Ärztliches Vorgehen*. Als *ärztliche Methode* verfährt die Psychotherapie ärztlich. Sie strebt nach einer *Diagnose*. Zu diesem Zweck erhebt sie eine *Anamnese*. Aus den Mitteilungen über die Leidensentstehung sowie aus den Symptomen des Patienten versucht sie zur Feststellung der spezifischen Art des Krankseins zu gelangen. (Am Rand ist mit Görings Handschrift »I. H. Schultz« vermerkt.)

2. *Psychogenese*. Dabei stellt sie fest, daß es Erkrankungen gibt, die aus den körperlichen Veränderungen nicht abgeleitet werden können und die nur von der psychischen Sphäre her verstehbar sind.

3. *Diagnose*. Darum hat die psychotherapeutische Diagnostik nicht den Sitz der Krankheit, sondern die *psychische Beschaffenheit der kranken Persönlichkeit* im Auge. (Mit Görings Handschrift ist vermerkt »Indikation«).

4. *Exploration*. Die Exploration zieht alle menschlichen Ausdrucksformen in Betracht. Die Sprache, die Einfälle, die Phantasie, den Traum, die Symptome und Symptomhandlungen, die allgemeine Einstellung. (Mit Görings Handschrift vermerkt »Zum Ganzen Künkel«.)

5. *Ätiologie*. In der vertieften Exploration offenbart sich eine in die Dunkelheit der Persönlichkeit hineinreichende Ätiologie, welche deren Bewußtseinsgrenzen überschreitet.

6. *Das Unbewußte*. Den dunklen Anteil der Persönlichkeit nennt man das *Unbewußte*. (Mit Görings Handschrift hinzugefügt »Körner, Curtius«.)

7. *Bewußtmachung und Analyse*. Die Aufgabe der Psychotherapie besteht in der Erhellung der unbewußten Zusammenhänge, in denen das Leiden ursprünglich möglich wurde und in der Gegenwart noch möglich ist. Ihr Mittel ist die *Analyse und Deutung* aller Äußerungsformen (mit Görings Handschrift ist »Schultz-Hencke« vermerkt).

8. *Fixierung*. Die vertiefte Forschung führt unter anderem zur Feststellung von *Fixierungen* an gewisse psychische Entwicklungsstufen sowie an lebenswichtige Situationen und Personen der Kindheit.

9. *Bedeutung der Fixierung*. Diese Fixierungen erscheinen einerseits als causae efficientes der nachfolgenden krankhaften Zustände, andererseits als causae finales, indem sie der späteren individuellen Lebensführung schicksalsbestimmende Aufgaben setzen. (Sogenannter causaler und finaler [oder prospektiver] Aspekt der kindlichen Ausgangssituation). Als causae materialis kommen die Triebe und ihre Entwicklung, als causae formales die Symbole (Ideen) in Betracht.

10. *Beziehung zwischen Arzt und Patient*. Der psychotherapeutische Prozeß ist getragen von der *Beziehung zwischen Arzt und Patient*. In der persönlichen

Auseinandersetzung, der therapeutischen Situation, liegt die Basis zur Auseinandersetzung mit und zur Anpassung an die Sozietät.
11. *Übertragung*. Die Beziehung zwischen Arzt und Patient kann in der Behandlung die besondere Form der *Übertragung* annehmen, welche eine Projektion unbewußter Inhalte darstellt und als Übertragungsneurose in die Erscheinung tritt. (Mit Görings Handschrift »Reduktion [Infant]« durchgestrichen [Baynes]. Pfeile gehen in Richtung 12 und 13.)
12. *Die ontogenetische Reduktion. Die Reduktion der Übertragungsneurose* offenbart den lebensgeschichtlichen Hintergrund, letzterer in den kindlichen Fixierungen. (Reduktion auf causa efficiens und materiales. Methode: Reductio in primam figuram).
13. *Synthetische Behandlung*. Die synthetische Behandlung entwickelt die Bedeutung der Übertragungsneurose zur Zielsetzung der Lebens- sowohl wie der Symbol- (Ideen)Gestaltung. (Erfüllung der causa finalis und formalis. Methode: amplificatio). (Mit Görings Handschrift »von Hattingberg« vermerkt.)
14. *Therapie. Behandlung richtet sich nach den Bedürfnissen des jeweiligen praktischen Falles*. Es kommen in Betracht:
    I. Praktische Ratschläge (rationales Verfahren, Persuasion), suggestive Eingriffe (Wachsuggestion und Hypnose) und schließlich einfach Beichte.
    II. *Das Abreagieren* eines oder mehrerer traumatischer Momente (kathartische Methode).
    III. In anderen Fällen wird die Anwendung der *Reduktion* auf infantile Ausgangssituationen nötig. (Psychoanalyse 1. Stadium).
    IV. Bei gewissen Fällen muß die psychoanalytische Therapie bis zur Übertragung und deren Lösung durch Anpassung durchgeführt werden. In anderen Fällen steht die *Analyse des Verhaltens* im Vordergrund.
    In II und IV ist die Analyse der Träume unerläßlich. (Psychoanalyse 2. Stadium).
    V. Tritt trotz Anpassung keine wesentliche Besserung ein, so ergibt sich die Notwendigkeit der *synthetischen* Behandlung der Übertragungsinhalte. Ebenso kann in gewissen Fällen das synthetische Verfahren von vornherein möglich und indiziert sein (Individuationsprozeß).
    (In III und V tritt auch die erzieherische Aufgabe an den Arzt heran, kategorisch darauf zu dringen, daß der Patient die erkannten Inhalte in ernsthafter und verantwortlicher Weise in seine Lebensführung einbezieht. Gefahr des bloßen Intellektualismus!).«

Hier verkommt Psychotherapie offenbar zu einem Katalog mechanischer Anweisungen, in denen es eindeutig um Anpassung an soziale Normen geht und nicht mehr um die Erforschung der Persönlichkeit, die allein einen Nachreifungsprozeß möglich machen könnte.

4 In Görings Vorschlag »zur Lehrbarkeit der Psychotherapie«, in dem er auf Jungs 14-Punkte-Programm Bezug nimmt, heißt es, daß die allgemeine ärztliche Gesellschaft für Psychotherapie ihre eigenen Professoren bevollmächtigen solle.
5 Weiter heißt es: Deshalb sei der deutsche Reichsausschuß für Krebsbekämpfung in Übereinstimmung mit verschiedenen Ministerien (Volksaufklärung und Propaganda, Wissenschaft, Erziehung und Volksbildung und Auswärtiges Amt) dabei, aus der Internationalen Gesellschaft auszutreten. Göring solle nun seine persönlichen Kontakte dazu nutzen, prominenten ausländischen Wissenschaft-

lern vor Augen zu führen, »wie ein verbrecherischer Jude gute internationale Beziehungen zu zerstören und rein wissenschaftliche Arbeiten geschäftlich auszunutzen imstande ist.« Diese Stimmungsmache sollte die Gründung einer neuen internationalen Krebsorganisation vorbereiten, die von der Deutschen Gesellschaft ausgehen sollte. Göring wurde zu diesem Verhalten nicht nur unverbindlich aufgefordert, vielmehr wurde ihm sogar eine Antwortpostkarte übersandt, auf der er eintragen mußte, an wen und zu welchem Zeitpunkt er seine Briefe ins Ausland abgesandt habe. Den Wortlaut des Göringschen Schreibens und die Antworten solle er an das Archiv weiterleiten.

6 Göring antwortete am 28.1.1938, indem er kurz die Lage der Internationalen Gesellschaft für Psychotherapie zusammenfassend skizzierte:
»Bei unserem Internationalen Kongreß in Oxford 1938 haben wir die Feststellung machen müssen, daß der vorläufige Vorsitzende der neu gegründeten Landesgruppe England ein Jude ist. Dieser wurde aber nicht zum Vizepräsidenten gewählt, vielmehr ein anderer englischer Psychotherapeut, der Deutschland freundlich gesinnt ist. Der Generalsekretär der Internationalen Gesellschaft, Dr. C. A. Meier, in Zürich, versicherte mir, daß alles geschehen würde, damit der jüdische Psychotherapeut nicht endgültiger Vorsitzender der englischen Gesellschaft würde. Man weiß aber nie, wie die Sachen laufen. Im August 1939 wird eine Delegiertenversammlung in Zürich abgehalten werden; voraussichtlich werden dort wesentliche Änderungen beschlossen werden. Wahrscheinlich wird Prof. Jung nicht Dauerpräsident bleiben, sondern die Präsidentschaft bei den Landesgruppen wechseln. Dann wird aber auch die Frage aufgeworfen werden müssen, wo das ständige Sekretariat sein wird. Jedenfalls muß es von der Schweiz nach einem anderen Staat verlegt werden. Ich werde alles daransetzen, daß dies Sekretariat nach Deutschland kommt, doch glaube ich, daß England auch Wert darauf legt. Es kommt sehr darauf an, wie zu diesem Zeitpunkt die politische Konstellation sein wird. Wir halten es für zweckmäßig, in diesem Augenblick über die Angelegenheit Tomarkin (der jüdische Generalsekretär der Internationalen Gesellschaft für die Krebsbekämpfung) noch nichts zu schreiben, sondern den geeigneten Zeitpunkt abzuwarten. Ich hoffe, daß Sie damit einverstanden sind, und bitte Sie, mir Ihre Ansicht darüber mitzuteilen. Ich werde, bevor ich darüber ins Ausland schreibe, Ihnen Mitteilung machen, würde aber eventuell Ihr Einverständnis einholen, wenn ich es für richtiger halte, die Angelegenheit erst im August 1939 mündlich bekanntzugeben. Die mündliche Besprechung ist oft zweckmäßiger, weil man dann die Reaktion des Partners sofort erkennt und demgemäß antworten kann. Heil Hitler« (28.11.1938, Göring an die deutsche Kongreßzentrale).

6.7. Die Liquidierung des Wiener Psychoanalytischen Instituts und seiner Einrichtungen

1 Wenn nicht anders vermerkt, befindet sich alles hier verarbeite Material im Privatarchiv von Prof. H. Müller-Braunschweig.
2 Schur, M., berichtet, daß Sauerwald zunächst als ungehobelter, grober Nationalsozialist aufgetreten sei und schließlich begann, sich mit Freuds, Schriften zu beschäftigen. Beeindruckt habe ihn aber vor allem die Persönlichkeit Freuds, so daß er sehr hilfsbereit geworden sei und sich dafür eingesetzt habe, daß Freud, seine Familie und die ihm Nahestehenden ausreisen konnten. Unter erheblichem eigenen Risiko habe er den Beleg über Freuds Guthaben im Ausland

versteckt. Für die respektlose Behandlung, die Anna Freud durch Gestapoleute erfahren mußte, entschuldigte sich Sauerwald bei ihr. Sauerwald konnte zunächst auch eine schützende Hand über Freuds Schwestern halten. Sie wurden erst in verschiedene Vernichtungslager abtransportiert, nachdem er zur Wehrmacht eingezogen worden war. Sauerwald sorgte auch dafür, daß Freuds Kunstsammlung und sein übriger Besitz sorgfältig verpackt wurde. 1939 tauchte Sauerwald bei Alexander Freud (Freuds jüngerem Bruder) auf und erkundigte sich nach Freuds Befinden. Sauerwald berichtete, daß er als promovierter Chemiker bei der Wiener Polizei als Sprengstoffexperte beschäftigt worden sei. Außerdem habe er Sprengstoffe für die nationalsozialistische Untergrundbewegung in Österreich hergestellt. Nach dem Krieg wurde Sauerwald, der als Kriegsverbrecher angeklagt worden war, durch die Fürsprache von Marie Bonaparte und Anna Freud freigesprochen (Schur, 1977, S. 586f.).
3 Von den 102 Mitgliedern des Wiener Instituts war im Aug. 1938 nur ein halbes Dutzend dageblieben (Solms-Rödelheim, 1976).
Der überwiegende Teil der Wiener Vereinigung bestand aus Juden. Arisch waren: Aichhorn, Burlingham, Hartmann, Lampl-de Groot, Nepallek, Sterba, Editha und Richard; Deming, Hawkins und Jackson. Nur Aichhorn und v. Winterstein blieben in Wien (Freud-Archiv, Wien).
4 Beranek war bis Juli 1937 technischer Leiter des Psychoanalytischen Verlags gewesen. Dann trat er der NSDAP bei und wurde aus politischen Gründen aus Österreich ausgewiesen.
5 Durch ihre Heirat mit Hans Lampl, der österreichischer Jude war, war sie nun unversehens Deutsche geworden.
6 Kogerer, Heinrich von, Doz. Dr., übte seine psychotherapeutische Praxis weitgehend im Rahmen des von Wagner-Jauregg gegründeten Ambulatoriums aus; als Beratender Psychiater nahm er in seinem Vierteljahresbericht (Okt.–Dez. 1943) ausführlich Stellung zu Freud, dessen Schule er »hartnäckig und unerbittlich« bekämpft habe und zu M. H. Göring. Kogerers Frau war Halbjüdin. Aufgrund dieser Entdeckung mußte er die am 1. 5. 1938 erworbene Parteimitgliedschaft niederlegen (27. 5. 1938). Durch Hitlers ›Gnadenentscheidung‹ vom 14. 12. 1941 wurde von Kogerer am 27. 8. 1942 rückwirkend (1. 1. 1942) wieder in die Partei aufgenommen (Cocks, 1985, S. 110).
7 Müller-Braunschweigs persönliche stenographische Notizen weichen kaum von dem vorgelegten Bericht ab.
8 In seinem Rechtfertigungsbericht vom 20. 4. 1938 schreibt Müller-Braunschweig, daß er nicht mehr wisse, von wem der Vorschlag gekommen sei. Anscheinend wollte er damit nicht nur ausdrücken, daß ihn keine Schuld trifft, weil er gar nicht auf die Idee gekommen war, die Möglichkeit der Treuhänderschaft anzubieten, sondern er wollte auch vermeiden, daß Jones und Marie Bonaparte Schwierigkeiten bekämen.
9 In der Gesprächsnotiz Müller-Braunschweigs vom 26. 3. 1938 über ein mit Göring geführtes Gespräch führte Müller-Braunschweig die Gründe an, die ihn veranlaßten, in Wien zu bleiben:
1. um dem Kassierer zur Hand zu gehen;
2. Vorlesungsarrangements zu treffen für den Sommer;
3. die finanziellen Verhältnisse zu prüfen;
4. Verlagsangelegenheiten;
5. sich um die persönlichen Verhältnisse der Wiener Vereinigung zu kümmern.
10 B. Steiner schrieb erleichtert an Müller-Braunschweig, daß er sein Amt »mit

größtem Verständnis für unsere Sache« versehe und auch Beraneks Anwesenheit von größtem Wert sei (St/Mü-Br, 28.3.38).
11 Die Korrekturnotizen, die *nicht* berücksichtigt wurden, füge ich in Klammern hinzu.
12 Bürckel, Josef (1894–1944). Nach dem Anschluß Österreichs war Bürckel Gauleiter von Wien. Seit dem 22.4.1938 »Reichskommissar für die Wiedervereinigung Österreichs mit dem Reich«. Durch seinen Erlaß, daß alle Personen, die sich jüdische Betriebe angeeignet und unter »Kommissarische Kontrolle« gebracht hatten, Berichte zu erstellen hätten, versuchte er Gewalt- und Plünderungsaktionen gegen Juden zu beenden. In manchen Fällen strengte er sogar Strafprozesse gegen Personen an, die sich durch Diebstahl bei Juden bereichern wollten (Wistrich, 1983, S. 38).
13 »Aufgrund des Berichts, den der ärztliche Gauamtsleiter von Österreich ihm gegeben hatte, zieht er (Wirz) seinen Einsatz zurück. Der Bericht des Gauamtsleiters fußt auf Verhandlungen, die er mit Dr. Müller-Braunschweig und den Wiener zuständigen Stellen geführt hat« (Gö/Mitglieder des Verwaltungsrates, 14.4.1938).
14 Göring hielt es für eine Zumutung, Curtius darum zu bitten, sich eventuell für Rückfragen bereitzuhalten. »Andererseits halte ich es für gefährlich für Jung und seine Schüler, wenn Kranefeldt zugezogen wird« (Gö/Curtius, 29.4.1938).
15 Sein ältester Sohn war bei einem Fluchtversuch in die Schweiz als politisch belastet verhaftet worden und verbrachte den größten Teil des Jahres 1938 im KZ Dachau (Huber, 1977, S. 60).
16 Nur durch umfangreiche Spendenaktionen konnte er 1933 vorläufig saniert werden (IZfP, 1935, S. 141). Auch schien es damals üblich zu sein, daß aus Kostengründen nur die Autoren Bücher veröffentlichen konnten, die auch in der Lage waren, die Druckkosten selber zu bezahlen.
17 Ein Teil der Bestände war mit Goebbels' Einverständnis in die Schweiz verkauft worden, um Devisen zu bringen; es handelte sich wahrscheinlich um den von Marie Bonaparte erworbenen Bestand. 15 Exemplare jeden psychoanalytischen Werkes wurden der Gestapo übergeben (Sch-H- 14.6.1945, 6. Bericht, unveröff.).

7. Nach dem Durcharbeiten

1 »Ich habe ihn (Göring) als einen der gütigsten Menschen während meines Lebens kennengelernt. Ihm allein – den wir alle nur »Pappi« nannten, haben alle Psychoanalytiker – Jungianer und Adlerianer – es zu verdanken, daß sie im Dritten Reich ihre Praxis ausüben durften, ihre Lehren in Vorträgen, Vorlesungen, Seminaren und Lehranalysen durchführen konnten« (Graber, 1980).
2 Eine etwas größenwahnsinnige Vorstellung, die Groddeck geteilt haben soll (Cocks, 1975, S. 90).
3 Wer waren eigentlich Jungs Freunde – war es Curtius? Heyer, der als Duzpartner und Vertreter Jungs in Deutschland zu seinen Freunden zu zählen war, zögerte zunächst noch, sich auf den Nationalsozialismus einzulassen und tat es dann vor allem auf Jungs Rat hin.
4 Am 18.8.1945 hatte die DPG 36 Mitglieder (10 davon außerhalb von Berlin). Von den 26 in Berlin lebenden Mitgliedern waren 9 während des Krieges dazugekommen; von diesen 9 fühlten sich 6 der Gruppe um Schultz-Hencke (DPG) zugehörig und nur 3 der Gruppe um Müller-Braunschweig (DPV).

Danksagungen

Das vorliegende Buch ist die überarbeitete Fassung der Inaugural-Dissertation, die ich im Januar 1984 dem Fachbereich Philosophie und Sozialwissenschaften der Freien Universität Berlin vorlegte. Den großzügigen Arbeitsbedingungen am Institut für Medizinische Psychologie im Fachbereich Medizinische Grundlagenfächer, die mir Prof. H. P. Rosemeier, der Leiter des Instituts, einräumte, ist das Zustandekommen der Arbeit zu verdanken. Den Bundesarchiven in Koblenz und Freiburg danke ich für die mir eingeräumten Arbeitsmöglichkeiten.

Vor allem gilt mein Dank der wohlwollenden, einfühlsamen Begleitung der Arbeit durch Prof. Irmingard Staeuble, die mir durch ihr kritisches Nachfragen Anstöße gab, noch unklare Passagen genauer zu durchdenken und auszuformulieren. Besonders danke ich auch Prof. E. Lürßen (Berliner Psychoanalytisches Institut, Karl-Abraham-Institut e. V.). Seine Identität als Psychoanalytiker bot mir eine wesentliche Orientierungshilfe im Nacherleben der in ihrer Identität bedrohten und gefährdeten, deutschen Psychoanalytiker während der Nazizeit. Prof. H. Bach (Institut für Psychotherapie e. V.) und Prof. H. Becker (Max Planck-Institut für Bildungsforschung) erleichterten mir durch ihr lebendiges Interesse den zunächst sehr mühsamen Einstieg in die Thematik. Weiter danke ich Dr. Ulf Geuter und Ludger Hermanns für Anregungen und Hinweise zur Ausgestaltung des mir besonders am Herzen liegenden 2. Kapitels des Buches.

Ohne die Unterstützung meiner Interviewpartner (s. Anhang) wäre es mir wohl kaum gelungen, mich in die damaligen Verhältnisse auch nur annäherungsweise hineinzudenken. Eine wohlwollende freundliche Haltung meinem Anliegen gegenüber wies mir neue Perspektiven; oft waren es allerdings gerade eine zögernde Zurückhaltung oder auch ein bisweilen unfreundliches Entgegentreten, die mir den Weg zu neuen Fragen wiesen. Besonders hilfreich waren Frau L. Heyer-Grote, Frau M. Köhler, Frau G. Mittelhaus und Herr Prof. H. Müller-Braunschweig.

Ohne die gründlichen Vorarbeiten von Prof. G. Cocks (Michigan), auf die ich mich stützen durfte, wäre mir das komplizierte politische Spiel »hinter den Kulissen« kaum zugänglich geworden.

Im Frühjahr 1985   Regine Lockot

Verzeichnis der Abkürzungen

AäZfP	Allgemeine ärztliche Zeitschrift f. Psychotherapie und Psychische Hygiene, einschließlich der klinischen und sozialen Grenzgebiete; Organ der Allgemeinen Ärztlichen Gesellschaft für Psychotherapie.
A.Ch	Amtsgericht Charlottenburg
ADGO	Allgemeine Deutsche Gebührenordnung für Ärzte
BA	Bundesarchiv
BDC	Berlin Document Center
DAF	Deutsche Arbeitsfront
DFG	Deutsche Forschungsgemeinschaft
DPG	Deutsche Psychoanalytische Gesellschaft
DPV	Deutsche Psychoanalytische Vereinigung
DVP	Deutsche Volkspartei
IP	Individualpsychologie
IPV	Internationale Psychoanalytische Vereinigung
IZP	Internationale Zeitschrift für Psychoanalyse
KVD	Kassenärztliche Vereinigung Deutschlands
MA	Militärarchiv
NSDAB	Nationalsozialistischer Deutscher Ärztebund
NSDAP	Nationalsozialistische Deutsche Arbeiterpartei
NSBO	Nationalsozialistische Betriebszellenorganisation
NSDD	Nationalsozialistischer Deutscher Dozentenbund
NSKK	Nationalsozialistisches Kraftfahrkorps
NSLB	Nationalsozialistischer Lehrerbund
NSV	Nationalsozialistische Volkswohlfahrt
NZZ	Neue Züricher Zeitung
Pg	Parteigenosse (der NSDAP)
PREUGO	Preußische Gebührenordnung
RAM	Reichsarbeitsministerium
RMdI	Reichsministerium des Inneren
SD	Sicherheitsdienst
SS	Schutzstaffel (der NSDAP)
IZI	Internationale Zeitschrift für Individualpsychologie
ZfNuP	Zeitschrift für die gesamte Neurologie und Psychiatrie
ZfP	Zentralblatt für Psychotherapie und ihre Grenzgebiete, einschließlich der Medizinischen Psychologie und der Psychischen Hygiene, Organ der Internationalen Allgemeinen Ärztlichen Gesellschaft für Psychotherapie.

Interviewpartner

E. Bartens	5.6.80
I. Dybus	25.7.80
H. Frasca-Wyss	Aug. 81
E. Göring	4.8.80
J. von Graevenitz	6.8.80
J. Herzog-Dürck	11.8.80
L. Heyer-Grote	Aug. 80
W. Hochheimer	8.7.80
I. Kath	14.10.80
M. Köhler	1.2.80 und 25.1.80
O. von König-Fachsenfeld	11.8.80
G. Krichhauff	4.9.79
U. Lässig	7.8.80
M. Laiblin	10.7.80
J. Lampl-de-Groot	18.12.79
L. Meyer	11.11.84
G. Mittelhaus	27.5.80 und 7.6.80
M. Mitscherlich	1.6.81
P. Moor	16.11.79
H. Müller-Braunschweig	20.12.79
H. Neumüller-Boehm	12.7.80
E. u. G. Ribensam	19.9.80
H. Roloff	14.6.80
E. Simenauer	20.5.81
A. Speer	1.6.81
G. Scheunert	8.8.79 und 26.7.80
G. Schultz-Hencke	22.9.80
S. Strauss-Klöbe	5.8.80
K. Weizsäcker-Hoss	11.7.80
H. Wiegmann	10.11.79

Folgende Archive stellten Material zur Verfügung:

Bundesarchiv, Koblenz
Berliner Document Center
Freud-Archiv, Wien
Militärarchiv, Freiburg i. Br.
Österreichisches Staatsarchiv
Wiener Library, London

Literatur

Abraham, Hilda: Karl Abraham: Sein Leben für die Psychoanalyse. Eine Biographie von H. Abraham. München 1976.
Abraham, Hilda, Ernst Freud: Sigmund Freud, Karl Abraham, Briefe 1907–1926. Frankfurt a. M. 1965.
Achelis, W.: Weltanschauung. In: Göring, Jahresbericht 1941, ZfP, Bd. 14, H. 1/2, 1942.
Albrecht, Barbara u. Günther (Hrsg.): Diagnosen: Ärzteerinnerungen aus dem 20. Jahrhundert. Berlin, DDR, 1974.
Album Rubonorum: 1875–1957, Hrsg. v. Philisterverband der Rubonia, Lübeck 1957.
Alef, Eberhard: Das Dritte Reich. Hannover 1970.
Alexander, F. G., Selesnick, S. T.: Geschichte der Psychiatrie. Zürich 1969.
Asbeck, F.: Naturmedizin in Lebensbildern; 1977.
Baechler, J.: Tod durch eigene Hand. Frankfurt a. M. 1981.
Baeyer, Ritter von: Über konformen Wahn. Zschr. Ges. Neur. Bd. 140, H. 3 u. 4, S. 398–438, 1932.
Bally, Gustav: Einführung in die Psychoanalyse Sigmund Freuds. München 1961.
Bally, Gustav: Deutschstämmige Psychotherapie. Neue Züricher Zeitung 155: 343 v. Dienstag, 27. 2. 1934.
Bannach, H. J.: Die wissenschaftliche Bedeutung des alten Berliner Psychoanalytischen Instituts. In: Psychoanalyse in Berlin, 50-Jahr-Gedenkfeier des Berliner Psychoanalytischen Instituts (K.-Abraham-Inst.), Meisenheim: Hain 1971.
Baumeyer, Franz: Zur Geschichte der Psychoanalyse in Deutschland. Zeitschrift für Psychosomatische Medizin und Psychoanalyse. Bd. 17, 1971.
Becker, H. u. Nedelmann, C.: Psychoanalyse und Politik. Frankfurt a. M. 1983.
Beese, F.: Psychoanalyse und Neoanalyse. (Abgrenzung und Synthese) Vorlesung im WS 1978/79 im Fachbereich II der Stuttgarter Akademie. Nicht verlegte Broschüre.
Bericht über den XII. internationalen Psychoanalytischen Kongreß Korrespondenzblatt; Geschäftliche Sitzung; IZP, Bd. 19, S. 259, 1933.
Berliner Psychoanalytisches Institut; Korrespondenzblatt IZP, Bd. 21, S. 310 bis 313; 1935.
Bernfeld, S.: Zur Kritik der psychoanalytischen Ausbildung, Psyche, Mai 1984.
Besançon, Alain: Psychoanalytische Geschichtsschreibung. In: Wehler: Geschichte und Psychoanalyse. Frankfurt a. M. 1971.
Bibring, G.: (general Secretary); 103rd Bulletin of the international Psycho-analytical Association. Report of the Seventh International Psycho-analytical Congress. IJP XXXIII, Part 3, S. 254, 1952.
Boehm, F.: Deutsche Psychoanalytische Gesellschaft; II. Quart. Korrespondenzblatt; Bericht über Reich: Massenpsychologische Probleme innerhalb der Wirtschaftskrise; Vortrag vom 28. 6. 1932. IZP, Bd. 18, S. 559f., 1932.
Boehm, F.: Siehe Müller-Braunschweig 1937; Generalversammlung der Deutschen Psychoanalytischen Gesellschaft v. 27. 2. 1937; IZP, Bd. 23, S. 454, 1937.
Boehm, F.: Poliklinische Erfahrungen. ZfP, Bd. 12, H. 2/3, 1940.
Boehm, F.: Katamnesen. Siehe Göring, Jahresbericht 1941. ZfP, Bd. 14, H. 1/2, 1942.

Boehm, F.: Poliklinik. Siehe Göring, Jahresbericht 1941. ZfP, Bd. 14, H. 1/2. 1942.
Boehm, F.: Bericht über die Ereignisse von 1933 bis zum Amsterdamer Kongreß im August 1951. In: Boehm, F.: Schriften zur Psychoanalyse, München 1978.
Boehm, F.: Meine Begegnung mit Freud. In: Der Psychologe, Sonderheft VIII/5–6, 1956.
Bonin, W.: Die Großen Psychologen. Siehe Hermes Handlexikon. 1983.
Bracher, Karl Dietrich: Die deutsche Diktatur. Entstehung – Struktur – Folgen des Nationalsozialismus. Frankfurt a M. 1969.
Bräutigam, W.: Als Ausbildungskandidat am »Göring«-Institut. Psyche, Jhrg. 38, H. 10, 1984.
Braun, Christina von: En Allemagne: Une Psychoanalyse. Reconnue d'utilité publique. In: Critique Nr. 333, Bd. 31, Febr. 1975.
Bumke, O.: Handbuch der Psychischen Hygiene und der Psychiatrischen Fürsorge. Berlin, Leipzig 1931.
Clark, Ronald: S. Freud. S. Fischer, Frankfurt a. M. 1981.
Cocks, Geoffrey Campell: Psyche and Swastika. Neue Deutsche Seelenheilkunde 1933–45. University of California, Los Angeles, Ph. D. 1975.
Cocks, G.: Psychotherapy in the Third Reich; The Göring Institut. New York 1985.
Decker, H.: The Reception of Psychoanalysis in Germany. Comparative Studies in Society and History. An Intern. Quaterly. Vol. 24, Nr. 4, Oktober 1982.
Devereux, G.: Angst und Methode in den Verhaltenswissenschaften. München 1967.
Dörner, Klaus: Nationalsozialismus und Lebensvernichtung. In: Vierteljahreshefte für Zeitgeschichte, Jg. 15, 1967, H. 2 (April), S. 121–152.
Dörner, K.: Bürger und Irre. Frankfurt a. M. 1969.
Dräger, K.: Einige Bemerkungen zu den Zeitumständen und zum Schicksal der Psychoanalyse und der Psychotherapie in Deutschland zwischen 1933 und 1949. In: Psychoanalyse in Berlin. 50-Jahr-Gedenkfeier des Berliner Psychoanalytischen Instituts (K.-Abraham-Institut), Psyche 9/1, 1971.
Eitingon, M.: Ansprache bei der Einweihung der neuen Institutsräume. In: 10 Jahre Berliner Psychoanalytisches Institut, Wien, 1930.
Ellenberger, Henry F.: Die Entdeckung des Unbewußten. Bd. II., Bern 1973.
Eulner, H.: Die Entwicklung der medizinischen Spezialfächer an den Universitäten des deutschen Sprachgebiets. Frankfurt a. M. 1970.
Evard, Jean-Luc: Les années brunes. Le Psychoanalyse sous IIIe Reich. Lockot, R./Evard: L'écriture d'un mythe (1983). Edition Confrontation 1984.
Fenichel, Otto: Statistischer Bericht über die therapeutische Tätigkeit 1920–1930. In: 10 Jahre Berliner Psychoanalytisches Institut, Wien 1930.
Fermi, Laura: Illustrious Emigrants. The Intellectual Migration from Europe 1930–41. Chicago 1968.
Fischer, Alfons: Geschichte des Deutschen Gesundheitswesens. Bd. II, Hildesheim 1965.
Freud, A.: (General Secretary) Bulletin of the International Psychoanalytical Association. Report of the sixteenth international Psycho-analytical Congress. IJP Jhrg. XXX, Part 3, S. 10, 1949.
Freud, S.: Briefe 1873–1939. Hrsg. Freud, E. und L., S. Fischer, Frankfurt a. M. 1960.

Freud, S.: Eine Kindheitserinnerung des Leonardo da Vinci. 1910, Gesammelte Werke (G. W.) Bd. 8; London, 1943; S. Fischer, Frankfurt a. M. 1973.
Freud S.: Weitere Ratschläge zur Technik der Psychoanalyse. Zur Einleitung der Behandlung. 1918, G. W. Bd. 8; London, 1943; Frankfurt a. M. 1973.
Freud, S.: Zur Frage der Laienanalyse. 1926, G. W. Bd. 14; London, 1948; Frankfurt a. M. 1973.
Freud, S.: Zur Geschichte der psychoanalytischen Bewegung. 1915, G. W. Bd. 10; London, 1946; Frankfurt a. M. 1973.
Freud, S.: Erinnern, Wiederholen und Durcharbeiten, 1914, G. W. Bd. 10, London 1946, Frankfurt a. M. 1973.
Freud, S.: Psycho-Analysis. 1926 (engl.), 1934 (dtsch.), G. W. Bd. 14; London 1948; Frankfurt a. M. 1972.
Freud, S.: Vorwort zur Broschüre ›Zehn Jahre Berliner Psychoanalytisches Institut‹. 1930. G. W. Bd. 14; London 1948, Frankfurt a. M. 1972.
Freud, S.: Hemmung, Symptom und Angst. 1926, G. W. Bd. 14; London, 1948; Frankfurt a. M. 1979.
Freud, S.: Neue Folgen der Vorlesung zur Einführung in die Psychoanalyse. 1933, G. W. Bd. 15; London 1940, Frankfurt a. M. 1973.
Freud, S.: Der Mann Moses und die monotheistische Religion. 1939, G. W. Bd. 16; London 1940, Frankfurt a. M. 1979.
Freud, S.: Schriften aus dem Nachlaß. 1953, G. W. Bd. 17; London 1941; Frankfurt a. M. 1973.
Fritsch, Theodor: Handbuch der Judenfrage, Leipzig 1932.
Gerö, G.: IIIer allgemeiner ärztlicher Kongreß für Psychotherapie in Baden-Baden vom 20.–22. 4. 1928; IZP, Bd. 14, S. 280 f.; 1928.
Geuter, U.: Die Professionalisierung der deutschen Psychologie im Nationalsozialismus. Diss. Freie Universität Berlin, 1982.
Glaser, K.: Vom Reichsgesundheitsrat zum Bundesgesundheitsrat. Schriftenreihe aus dem Gebiet des öffentlichen Gesundheitswesens. Hrsg. Stralau, J. und Habernoll, A.; Heft 13, Stuttgart 1960.
Glover, C.: Korrespondenzblatt; Tätigkeitsbericht der psychoanalytischen Ambulatorien. IZP, Bd. 23, S. 453, 1937.
Göring, M. H.: Anregungen zur Bibelbetrachtung. In: Evangelischer Religionsunterricht. 50, S. 144–156., 1939.
Göring, M. H.: Mitteilungen des Reichsärzteführers der Deutschen allgemeinen ärztlichen Gesellschaft für Psychotherapie, ZfP, 6., S. 140 f., 1933.
Göring, M. H.: Aktuelles. Bericht über den VII. Kongreß für Psychotherapie in Bad Nauheim. ZfP. 7, S. 130, 1934.
Göring, M. H.: Auflösung der Reichsarbeitsgemeinschaft für eine neue deutsche Heilkunde. ZfP. 9, S. 259, 1936.
Göring, M. H.: Weltanschauung und Psychotherapie. ZfP, Bd. 9, H. 5, S. 290 bis 296. 1936.
Göring, M. H.: Bericht über die Tätigkeit der Internationalen allgemeinen ärztlichen Gesellschaft für Psychotherapie und ihrer Landesgruppe in den Jahren 1939 und 1940. ZfP, Jahrg. 13, H. 1/2, 1941.
Göring, M. H.: Jahresbericht 1941 des Deutschen Instituts für psychologische Forschung und Psychotherapie und Hinweise anläßlich der Mitgliederversammlung am 28. 3. 1942. ZfP, Bd. 14, H. 1/2, S. 62–77. 1942.
Graber, G.: Meine Erfahrungen über »Psychoanalyse im Dritten Reich«. Unveröffentlichter Bericht, 1980.

Güse, H. G., Schmacke, N.: Psychiatrie zwischen bürgerlicher Revolution und Faschismus. Bd. 2, Kronberg 1976.
Gütt, Rüdin, Ruttke: Das Gesetz zur Verhütung erbkranken Nachwuchses. München 1934.
Gumbel, E.: Psychoanalyse in Israel. In: Psychologie des 20. Jahrhunderts. Bd. III, Zürich 1977.
Gumbel. E.: Nachruf auf A. Smelinansky: IJP, Vol. 43, 1962.
Gumpert, H.: Heil Hunger! New York 1940.
Handbuch für das Deutsche Reich 1936. Hrsg. v. Reichs- und Preußisches Ministerium des Inneren, Berlin 1936.
Hannah, Barbara: C. G. Jung. Sein Leben und Werk. Fellbach, Oeffingen 1982.
Hanse, A.: Konstitution, Neurose und biozentrische Gesundheitsführung. Kongreßbericht Breslau 1935.
Hattingberg, H. von: Bibliothek. Siehe Göring, Jahresbericht 1941. ZfP, Bd. 14, H. 1/2. 1942.
Hattingberg, H. von: Neue Seelenheilkunde. Berlin 1943.
Henseler, H., Kuchenbuch, A.: Hrsg. Die Wiederkehr von Krieg und Verfolgung in Psychoanalysen; Arbeitstagung der Mitteleuropäischen psychoanalytischen Vereinigung; Bamberg, 30. 3.–3. 4. 1980, Ulm–Berlin 1982.
Hermanns, L.: John F. Rittmeister und C. G. Jung. Psyche, Jg. 36, H. 7, 1982.
Hermanns, L. M.: Ernst Simmels Sanatorium Schloß Tegel (1927–1931). Zum Konzept der ersten psychoanalytischen Klinik in Deutschland. Vortrag, unveröff., Bad Boll 1984.
Hermes Handlexikon: Die großen Psychologen. Von der Seelenkunde zur Verhaltenswissenschaft. Hrsg. Bonin, W. F.; Düsseldorf 1983.
Heyer, G. R.: Der Organismus der Seele. München 1937.
Himmler, H.: Geheimreden und andere Ansprachen 1933–1945. Frankfurt a. M. 1974.
Hoffer, H.: Nachruf auf S. Bernfeld. IJP, Vol. 36., 1955.
Horney, K.: Der erste allgemeine ärztliche Kongreß für Psychotherapie, IZP, Bd. 12, S. 578f.; 1926.
Huber, W.: Psychoanalyse in Österreich seit 1933. Bd. 2, Veröffentlichung des L. Bolzmann-Instituts für Geschichte der Gesellschaftswissenschaften, Wien 1977.
Jacoby, R.: Soziale Amnesie. Eine Kritik der konformistischen Psychologie von Adler bis Laing. Frankfurt a. M. 1978.
Jaffé, A.: Jung und der Nationalsozialismus. In: Aus dem Leben und der Werkstatt von C. G. Jung. Zürich 1968.
Jaffé, A.; Adler; Hrsg.: Briefe von C. G. Jung. Frankfurt a. M. 1974.
Jay, M.: Dialektische Phantasie. Die Geschichte der Frankfurter Schule und des Instituts für Sozialforschung 1923–1950. S. Fischer, Frankfurt 1976.
Jenssen, C.: Die Reform der Psychoanalyse durch C. G. Jung. In: »Wider die Psychoanalyse«, Literaturblatt der Berliner Börsen-Zeitung 78 v. 14.5.1933.
Jones, E.: Leben und Werk von Sigmund Freud. Bd. III, Bern 1962.
Jones, E.: I. Bericht über den XIII. internationalen Psychoanalytischen Kongreß in Luzern (26.–31. 8. 1934), IZP, S. 112–115, Bd. 21, 1935.
Jones, E.: Korrespondenzblatt; Bericht des Zentralvorstandes; (29. 8. 1934); IZP, S. 132–139; Bd. 21; 1935.
Jones, E.: Nachruf auf M. Eitingon. IJP, Vol 24, 1943.
Jung, C. G.: Geleitwort. ZfP, 6., S. 139f., 1933.

Jung, C. G.: Geleitwort. ZfP, 8., S. 1–5, 1935.
Jung, C. G.: Wotan. Neue Schweizer Rundschau. 3, S. 657–669, 1935/36.
Jung, C. G.: Zeitgenössisches. Neue Züricher Zeitung v. 13.3.1934 u. 14.3.34.
Jung, C. G.: Zur gegenwärtigen Lage der Psychotherapie. ZfP, 7/1 1934.
Jung, C. G. und Weizsäcker, A.: In einem Radiointerview, 26.6.1933. Manuskript nicht veröffentlicht. In: Bericht über das Berliner Seminar von Dr. C. G. Jung, 1933.
Kästner, Erich: Splitter und Balken (8.2.46), Ztschr. unbekannt.
Kalau vom Hofe, M.: Kriminalpsychologische Abteilung. Siehe Göring, Jahresbericht 1941, ZfP, Bd. 14, H. 1/2, 1942.
Kankeleit, O.: Aktuelles. Bericht über den Allgemeinen Ärztlichen Kongreß für Psychotherapie. AäZfP, S. 325, 1930.
Kaul, Friedrich Karl: Nazimordaktion T 4. Volk und Gesundheit, Berlin 1973.
Kemper, W.: W. Kemper. In: Hrsg. Pongratz: Psychotherapie in Selbstdarstellung. Bern 1973.
Kemper, W.: Vortrag vom 22.9.1973. Tonbandmitschnitt, im wesentlichen identisch mit Kemper (1973).
Kindler, Nina: G. R. Heyer in Deutschland. In: Psychologie des 20. Jahrhunderts, Bd. III, Zürich 1977.
König von Fachsenfeld, F.: Erziehungshilfe. Siehe Göring, Jahresbericht 1941. ZfP, Bd. 14, H. 1/2, 1942.
Koren, N.: Jewish Physicians. A biographical Index. Jerusalem 1973.
Krapf, G.: Hypnose, Autogenes Training; katathymes Bilderleben. In: Psychologie des 20. Jahrhunderts, Bd. III, Zürich 1977.
Kretschmer, Ernst: Gestalten und Gedanken. Stuttgart 1963.
Kühne, P.: Nachruf auf F. Boehm. Der Tagesspiegel v. 28.9.1958.
Leibfried, S. und Tennstedt, F.: Berufsverbot und Sozialpolitik 1933. Die Auswirkung der nationalsozialistischen Machtergreifung auf die Krankenkassenverwaltung und die Kassenärzte. Bremen 1980.
Leupold-Löwenthal, H.: Zur Geschichte der »Frage der Laienanalyse«, Psyche, Jg. 38, Feb. 1984.
Lewy, E.: Nachruf auf E. Simmel. IJP, Vol. 28, 1947.
Maetze, G.: Psychoanalyse in Berlin 1950–1970. In: Psychoanalyse in Berlin. 50-Jahr-Gedenkfeier des Berliner Psychoanalytischen Instituts (K.-Abraham-Institut), Meisenheim: Hain 1971.
Maetze, G.: Psychoanalyse in Deutschland. In: Die Psychologie des 20. Jahrhunderts. Freud und die Folgen. Bd. II, München 1976.
McGuire, W. und Sauerländer, W.: Briefwechsel Freud, S./C. G. Jung. Frankfurt a. M. 1974.
Meier, C. A.: Bericht über die Tätigkeit der einzelnen Landesgruppen der Internationalen allgemeinen ärztlichen Gesellschaft für Psychotherapie. ZfP, Bd. 10, H. 1, S. 3–9, 1937.
Meier, C. A.: Bericht über die Tätigkeit der einzelnen Landesgruppen. ZfP, Bd. 10, H. 4/5, S. 199–211, 1938.
Meier, C. A.: Bericht über die Tätigkeit der einzelnen Landesgruppen, 1938. ZfP, Bd. 12, H. 1, 1940.
Mitscherlich, A. und Mielke, F.: Medizin ohne Menschlichkeit. Ulm 1960.
Müller-Braunschweig, C.: Psychoanalyse und Weltanschauung. In: Reichswart, Aug. 1933.
Müller-Braunschweig, C.: Korrespondenzblatt der Internationalen Psychoanalyti-

schen Vereinigung; Bericht von Boehm, Leiter des Ambulatoriums; IZP, Bd. 23, S. 454–455. 1937.
Müller-Braunschweig, C.: Kurzer Bericht über die Geschichte der ›Deutschen Psychoanalytischen Gesellschaft‹ von 1939–1940 Mitteilungen. In: Ztschr. f. Psychoanalyse, Bd. I, H. 1, 1949.
Müller-Braunschweig, C.: In Memoriam; Aus den Tagebuchblättern des Dr. John Rittmeister. Zeitschrift f. Psychoanalyse, Bd. 1, H. 1, 1949.
Müller-Braunschweig, C.: Skizzen der Geschichte der ›Deutschen Psychoanalytischen Gesellschaft‹ von 1936–1947. (Bericht des Vorsitzenden auf der Generalversammlung vom 17.4.48) Unveröffentlicht, 1948.
Müller-Braunschweig, C.: Kurzer Bericht über die Entwicklung und Tendenzen der psychoanalytischen Forschung und Ausbildung in Deutschland ab 1933 bis zur Gegenwart. Unveröffentlicht. 1951.
Müller-Braunschweig, H.: 50 Jahre danach. Stellungnahme zu den in ›Psyche‹ 11/1982 zitierten Äußerungen von Carl Müller-Braunschweig. In: Psyche, 37, H. 12, 1983.
Muralt, A. von: C. G. Jungs Stellung im Nationalsozialismus. In: Schweizer Annalen; Aarau 1946/47.
Neiser, E. M. J.: Max Eitingon. Leben und Werk. Diss. Mainz 1978.
Ostrowski, S.: Vom Schicksal der jüdischen Ärzte im 3. Reich. Beobachtungen und Erlebnisse aus Berlin. Bulletin des Leo-Baeck-Instituts Nr. 24, 6. Jg. 1963.
Pongratz, L. J.: Psychotherapie in Selbstdarstellung. Bern 1973.
Pongratz, L. J.: Psychiatrie ind Selbstdarstellung. Bern 1977.
Prinzhorn, H.: Psychotherapie. Leipzig 1929.
Psyche: Mit Beiträgen von Lohmann/Rosenkötter/Brainin/Kaminer; Hermanns; Juelich. Stuttgart, H. 11, Jg. 36, 1982.
Reimann, H.: Die Mental Health-Bewegung. Tübingen 1967.
Rittmeister, J.: Der augenblickliche Stand der Poliklinik und ihre künftigen Aufgaben. ZfP, Bd. 12, H. 2/3, S. 88–96. 1940.
Rubins, J.: Karen Horney, Sanfte Rebellin der Psychoanalyse. Biographie. München 1980.
Sachs, H.: Nachruf auf Josine Müller. IZP, Bd. 17, S. 293, 1931.
Schultz, J. H.: Lebensbilderbuch eines Nervenarztes. Stuttgart 1964.
Schultz, J. H.: Vorschlag eines Diagnose-Schemas. ZfP, Bd. 12, H. 2/3, S. 97–161, 1940.
Schultz-Hencke, H.: Die Tüchtigkeit als psychotherapeutisches Ziel. ZfP, Bd. 7, H. 1/2, 1934.
Schultz-Hencke, H.: Lehrbuch der analytischen Psychotherapie, Stuttgart 1951.
Schultz-Hencke, H.: La Psychotherapie et la Psychanalyse en Allemagne. Les Temps Modernes, Aug./Sept. 1949.
Schwidder, W.: Die klinische Psychotherapie in Berlin. Mitteilungen. In: Psyche, Jg. 4, 1950/51.
Simmel, E.: Zur Geschichte und sozialen Bedeutung des Berliner Psychoanalytischen Instituts. In: 10 Jahre Berliner Psychoanalytisches Institut. Int. Psychoan. Verlag, Wien 1930.
Simmel, E.: Nachruf auf O. Fenichel. IJP, Vol. 27, 1946.
Solms-Rödelheim, W.: Psychoanalyse in Österreich. In: Psychologie des 20. Jhd., Bd. 2, S. 1180–1191. München 1976.
Sommer, R.: Psychotherapie und psychische Hygiene. AäZfP, Bd. 1, H. 1, S. 6–9 und S. 129–133.

Sommer, R.: Zeitschriften für psychische Hygiene und psychiatrische Prophylaxe. Leitsätze der Vorträge und Referate des III. Allgemeinen ärztlichen Kongresses für Psychotherapie in Baden-Baden vom 20.–22. 4. 1928. AäZfP, Bd. 1, 1928.

Sperber, M.: Rundschreiben über die Funktion der Berliner Gesellschaft für Individualpsychologie (IP) in der wissenschaftlichen und organisatorischen Bewegung der IP-Bewegung von 1930/31 (anstelle eines Referats) anläßlich der Generalversammlung. ZfP, Bd. 4, S. 351–355, 1931.

Spiegel, R.; Chrzanowski, G.; Feiner, A.: On Psychoanalysis in the Third Reich. Contemporary Psychoanalysis, Vol. 11, Nr. 4, 1975.

Stern, Paul: C. G. Jung; Prophet des Unbewußten. München 1977.

Stransky, E.: Rasse und Psychotherapie. ZfP, Bd. X, H. 1, 1937.

Streicher und Will, H.: Die Psychoanalyse des Juden S. Freud. In: Zeitschrift ›Deutsche Volksgesundheit aus Blut und Boden‹ 1/1, Aug./Sept. 1933.

Thomae, H.: Die Neo-Psychoanalyse Schultz-Henckes. In: Psyche, H. 1, 1963/64.

Valenstein, A.: Nachruf auf E. Bibring. IJP, Vol. 41, 1960.

Vowinckel, E.: Bericht über den 6. allgemeinen ärztlichen Kongreß für Psychotherapie in Dresden vom 14.–17. 5. 1931. IZP, Bd. XVII, H. 3, S. 417/418, 1931.

Wehler, Hans-Ulrich: Geschichte und Psychoanalyse. Frankfurt a. M. 1971.

Winnicott, D. W.: Nachruf auf O. Friedmann. IJP, Vol. 40, 1959.

Wistrich, R.: Wer war wer im dritten Reich. München 1983.

Zapp, G.: Psychoanalyse und Nationalsozialismus. Dissertation. Untersuchung zum Verhältnis Psychoanalyse/Medizin während des Nationalsozialismus. Kiel 1978.

Zierold, K.: Forschungsförderung in 3 Epochen. 1968.

Zweig, A.: M. Eitingon in memoriam. Jerusalem 1950.

Verzeichnis der Abbildungen

Abb. 1 Vordruck der Berliner Psychoanalytischen Vereinigung, vor 1933
Abb. 2 Brief von Jung an Göring vom 3. 10. 1933
Abb. 3 Prof. M. H. Göring, Dr. jur. et med.; zum 60. Geburtstag (ZfP, Bd. 11, H. 4, 1939)
Abb. 4 Prof. Dr. C. G. Jung (Henry Murray)
Abb. 5 Handschriftl. Brief von Jung an Göring vom 30. 7. 1939
Abb. 6 C. Müller-Braunschweig liest Freuds »Unbehagen in der Kultur«, etwa Mitte der 30er Jahre
Abb. 7 C. Müller-Braunschweig mit Marie Bonaparte 1953 während des 18. internationalen psychoanalytischen Kongresses in London
Abb. 8 Die Rolle des Juden in der Medizin und Psychoanalyse
Abb. 9 Studienplan des Psychoanalytischen Institutes vom Januar 1936
Abb. 10 Studienplan des Deutschen Instituts für psychologische Forschung und Psychotherapie undatiert, wahrscheinlich Ende 1936
Abb. 11 Einladung zur Auflösung der DPG mit Briefkopf. Die Deutsche Psychoanalytische Gesellschaft mußte sich nach Müller-Braunschweigs mißglücktem Versuch, die Wiener Psychoanalytische Vereinigung dem Deutschen Institut anzugliedern, auflösen
Abb. 12 Fragebogen für Ausbildungskandidaten; ausgefüllt von einer jüdischen Kandidatin unmittelbar nach dem Krieg
Abb. 13 Brief von Wirz an Göring vom 13. 10. 1937
Abb. 14 Deutsches Institut für psychologische Forschung und Psychotherapie in Berlin, Keithstraße, Anfang 1941
Abb. 15 Sekretariat des Deutschen Instituts für psychologische Forschung und Psychotherapie in Berlin, Budapester Straße
Abb. 16 Küche des Deutschen Instituts für psychologische Forschung und Psychotherapie in Berlin, Budapester Straße
Abb. 17 Die wichtigsten Mitglieder des Deutschen Instituts für psychologische Forschung und Psychotherapie (das Bild entstand wahrscheinlich beim Einzug in die Keithstr. 41, ca. 1940). Von links: Heyer, Kemper, Schultz-Hencke, von König-Fachsenfeld, Achelis, Rittmeister, Herzog-Dürck, von Hattingberg, Göring, J. H. Schultz, Scherke, Boehm, Bilz, Müller-Braunschweig
Abb. 18 Schultz-Hencke teilt Göring seine Entscheidung für den Anschluß an die Ges. f. innere Medizin mit (28. 2. 1937)
Abb. 19 Jung an Göring, handschriftliche Einladung vom 30. 7. 1939
Jungs Einladung überschnitt sich offensichtlich mit der von Meier, denn der »nächste Freitag« war ebenfalls der 4. 8. 1939, an dem Meier Deutsche und Engländer eingeladen hatte (siehe Gö/Cu, 29. 7. 39)
Abb. 20 Mit diesen beiden Telegrammen vom 18. und 19. 3. 1938 wurde Müller-Braunschweig von Martin Freud nach Wien gerufen
Abb. 21 Sitzungsprotokoll der Zusammenkunft am 20. 3. 1938 mit den Unterschriften der Beteiligten
Abb. 22 Tätigkeitsbericht der Arbeitsgruppe A

Namenregister

Schrägschrift kennzeichnet die Seitenzahlen der Namen in den Anmerkungen.
Schräg und fett weist auf Kurzbiographien im Anmerkungsteil hin. Die Literaturliste ist nicht ins Register aufgenommen.

Abel, Helene 353
Abercron, Carla von 290
Abraham, Hilda 13, 40
Abraham, Karl 13, 39f., 116, 120, 130, 323–326, 340
Achelis, Waltraud 352
Achelis, Werner 147, 163, 193f., 198f., 218, 332, 336, 348
Achelis-Lehbert, Elli 352
Adler, Alfred 12, 40, 48, 82ff., 88, 91, 94, 99, 104, 132, 135, 137f., 144, 153, 173, 193, 195, 249, 268, 283, 311, 320, 328f., 346
Adler, Gerhard 102, 340
Adler, Valentine 49
Adorno, Theodor W. 45
Aichele, Julie 203, 353, 355
Aichhorn, August 33, 196, 306f., 320f., 346, 353, 367
Albrecht, Barbara u. Günther 363
Alexander, Franz G. 47, 145, 149, 337
Allers, Rudolf 57, 63, 93, 332, 335
Allmayer, Paula 330
Almásy, Endre 182
Annau, Desider 268
Appelt, Alfred 353
Arnold, Karl 198
Arnold, (Lässig, Graf) Ursula 148f.

Aschoff 127
Aufreiter, Friedl, 349
Aufreiter, Johann 352

Bacher, Isabelle 353
Bänziger, Hans Conrad 241
Baeyer, Walter von 230, 232, 236 ff., 333
Bahrmann, K. F. 352
Bally, Gustav 94, 97, 99, 122, 131, 144, 149, 320, 327, 339, 342
Banissoni, Ferruccio 107, 275, 277, 341
Bannach, H. J. 13, 19
Bartels, Fritz 184
Bartens (geb. Kirsten), Ellen 341, 351, 359, 371
Bartens Fritz 350
Bauer, Joachim 352, 329
Baumeyer, Franz 13, 19, 21, 31, 149, 194, 196, 310, 323, 352
Baynes, Helton Godwin 272f., 365
Becher, William 240
Becker, Heinrich 353
Becker, Helmut 7
Beerholdt, Alexander 352
Beers, C. W. 53, 55
Beetz, Frigga 352
Beetz, Paul 352
Benda, C. E. 102
Bender, Hans 196, 359

Benedek, Therese 45, 149, 345
Benedek, Prof. 268, 273f.
Bentinck, Graf John 353
Beranek, August 296f., 298, 302ff., 367f.
Bernfeld, Siegfried 7, 43f., 47, 113, 116, 145, 149, 320, 327
Bernhard, Ernst 176
Berliner, Bernhard 320
Besold, Fritz 347, 352
Bey, Hamdi 329
Bibring, Grete 323
Bibring, Edmund 33, 296f.
Bierer, Jehoshua 329
Bilz, Josefine M. 203, 352, 355
Bilz, Rudolf 158, 193f., 198, 277, 332, 352
Binding, Rudolf 358
Binswanger, Ludwig 324, 326
Binswanger, Otto 333
Birkel 358
Birnbaum, Ferdinand 353
Bismarck, Otto von 337
Bitter, Wilhelm 352
Bjerre, Poul 104, 255, 262ff., 266, 275f., 280–283, 286, 289, 340, 363
Bleuler, Eugen 50, 324, 339
Blitzsten, Lionel N. 330
Bloemendal, Hedwig 329
Blome, Kurt 208
Bluhm, Kilian 148f.
Bodelschwingh, Friedrich von 222
Böhlendorf, Ina 347, 352
Boehm, Felix 8f., 12ff., 19, 21, 28–32, 47, 85, 111–117, 120f., 123, 131, 133, 141, 145, 147, 149, 152, 155, 176f., 193ff., 197, 216, 218, 225, 242, 289, 294, 312, 323, 332, 341, 347ff., 351f., 354, 356

Boehm (verh. Neumüller), Hilde 116, 341
Boehm, L. 51
Bohldsen, Kyra 329
Bohne 222
Boks, J. W. 330
Bolterauer, Lambert 353
Bomgard, W. von 352
Bonaparte, Marie, Prinzessin Georg von Griechenland 126, 296ff., 303, 367f.
Bonhoeffer, Karl 120, 242, 341, 343
Bonin, Werner, F. 328
Bormann, Martin 174, 226, 335
Bornstein, Berta 45, 149, 326
Bornstein, Steff 149, 326
Bouhler, Philipp 221, 328, 358
Boumann, K. H. 57
Bose, G. 330
Boss, Medard 326
Bracher, Karl Dietrich 267, 334f.
Brack, Viktor 221
Bräuer, Dorothea 329
Bräutigam, Walter 15, 200
Brandt, Arnim 352
Brandt, Karl 165, 221f.
Brandt, Wilhelm 329
Braun, Christina von 14, 19
Braune (Pfarrer) 222
Brecht, Karen 151
Bremer, Erich 353
Bremhorst, Albert 354
Brendgen, Franz 352
Breitenfeld 204
Breuer (Referent) 357
Breuer, Josef 192
Breuer, Maria 352
Breuninger, Manfred 352
Brill, A. A. 85, 324, 330
Brilmayer, Wilhelm 291
Brown, Langdon 329

Brown, Young 329
Brüel, Oluf 103, 241, 262, 273, 281, 286, 340
Brunner M. 44, 240
Brüning (Jungianer) 51, 161
Bry, Ilse 357f.
Buder-Schenk, Hildegard 149, 381, 353
Buchholz, Bruno 352
Bügler, Käthe 51, 86, 315, 323, 338, 342, 352
Bühler, Charlotte 286
Bürckel, Josef 300, 302, 304, 368
Büttner, Hans 353
Bumke, Oswald 53, 74, 230, 247ff., 256f., 260, 361
Burlingham, Dorothy 367
Busch, Paula 353

Cartsburg, Ada 353
Cassierer, Ernst 115
Catel, Werner 221
Cellarius (Schwager), Julie 149, 195, 353
Chaplin, Charly 196
Cimbal, Walter 37, 54f., 57–70, 72f., 75–78, 82ff., 91ff., 99–103, 131, 134ff., 140, 143f., 146f., 173, 184, 213, 240f., 248, 250–253, 261ff., 287, 320, 331f., 335ff., 340, 344, 361
Clark, Ronald W. 96, 99, 144
Claus, (Dr.) 137
Clauss, Ludwig 352
Cocks, Geoffrey C. 14, 19, 37, 52, 57, 75, 77, 84f., 108, 152, 164, 194f., 198, 207, 209, 225f., 238, 328f., 331ff., 335ff, 339, 341, 343–346, 350f., 367f.

Cohn, Franz 149
Cohen, B. 101f.
Conti, Leonardo A. A. 59, 62f., 136f., 221, 320, 335f., 345
Craig (engl. Mental Hygien-Bewegung) 53
Credner, Lene 352
De Crinis, Max 127, 130, 166, 222, 242, 247f., 257f., 343, 359f.
Crichton-Miller, Hugh 105, 107, 178, 269f., 279, 293, 320, 341
Cropp, Fritz 291
Curtius, Otto 78, 83f., 86ff., 92f., 103–107, 147, 158f., 161, 166, 173f., 185ff., 193, 255, 257, 259f., 270f., 281, 289, 292, 306, 332, 337, 345f., 352, 361, 364, 368

Dalsgard, Henning 353
Decker, Hanna 324
Delius, Kurt 51, 352
Deming, Julia 367
Denker, (NS-Gesundheitspolitik) 344
Descartes, René 86, 349
Deutsch, Helene 320
Dillenburger, Fr. W. 285, 352
Dörner, Klaus 53
Dogs, Wilfried 352
Dollfuß, Engelbert 237
Dooley, Lucie 330
Doriot, Jacques 285
Dräger, Käthe 13, 19f., 112, 149, 153, 200, 323, 343, 347f., 353, 355
Dreyfuss, Daniel 345
Dubois, Paul 39
Dubois Reymond, Fanny 51, 353
Dührssen, Annemarie 195
Dybus, Edith, 351, 359, 371

Eduard VII., König von England 130
Ehlich (NS-Gesundheitsbereich) 290, 306
Eicke (KZ-Inspektor) 358
Eitingon, Max 8, 33, 40–44, 46f., 110f., 114, 116, 131, 142, 145, 149, 240, 320, 324f., 330f., 341, 345, 358
Ekimoff, Georg 210
Ekmann, Tore 45, 149, 353
Eliasberg, Wladimir 60, 109, 173
Ellenberger, Henry F. 48, 51
Esslen, Angela 353
Eulenburg, Siegrid von 353
Ewald, Gottfried 359

Fanconi, Ferrucio 362
Federn, Paul 33, 116, 296f.
Fenichel, Otto 33, 43, 47, 111, 113, 130, 145, 149, 215ff., 320, 322, 326
Fermi, Laura 344
Fircks, Paul von 353
Fischer, Alfons 360
Fischer, Gustav 128
Fischer, Karl 353
Fliess, Robert 149, 326
Flury (Deutsche Pharmakologische Gesellschaft) 361f.
Foerster, Otfried 237, 250
Forell, August 320, 333
Frasca-Wyss, Hedy 330, 371
Frehe, Kurt 353
Freisler, Roland 226, 359
Freud, Alexander 367
Freud, Anna 31, 114–117, 122, 124f., 141, 286, 294, 296f., 303–307, 367
Freud, Ernst 43, 191
Freud, Martin 117, 294–297

Freud, Sigmund 7, 9, 11f., 17–20, 23, 27, 31, 39ff., 43ff., 47f., 50ff., 58, 88, 90f., 94ff., 99, 101f., l04f., 110ff., 115–118., 120, 128, 130ff., 136, 138–140, 144f., 152f., 158, 162, 164, 166, 180, 192f., 195, 209, 228f., 238ff., 249, 266, 268f., 283, 285f., 288f., 294, 296, 301, 303f., 311, 314, 321–326, 328, 330ff., 334, 340–343, 357, 359f, 366f.
Frey, Gustav 147, 333, 344
Frick, Wilhelm 332
Friedländer, H. 57
Friedländer, Kate 345
Friedmann, Oscar 33, 120
Fritsch, Theodor 334
Froboese, Felicita 352
Fröhlich, Martha 353
Fromm, Erich 149, 328
Fromm-Reichmann, Frieda 149, 328
Fuchs, Else 149
Fuchs-Kamp, Adelheid 203, 348, 353, 355
Fuhge, Gertrud 347f., 352

Gamilscheg (Friedr.-Wilh. Universität) 363
Gampert, G. 51, 161
Garma, Angel 149, 326
Gauger, Albert 336
Gauger, Kurt 14, 52, 65, 68, 99, 128, 136, 143–147, 152, 186, 193, 196, 254, 286f., 289, 320, 332, 336, 350, 352, 361
Gaupp, Robert 74
Gayer, Isabelle 352
Gebsattel, Viktor 352
Geelen, Fräulein von 330

Gehlen, Arnold 129
Geitel, M. 51
Genil-Perrin (Mental Hygien-Bewegung) 53
Georg von Hannover 130
George, Stefan 161
Gerö, Georg 57, 149, 326
Géronne (Deutsche Gesellschaft f. Innere Medizin) 255, 361
Gesslein, Leo 352
Geuter. Ulfried 320
Gibbs-Smith, M.-H. 292
Giercke, Wera 353
Glaser, K. 361
Glaser, Margit 353
Glover, Edward. 12, 188
Glück- Gymroi, Edith 345
Gmeiner, Margarete 353
Goebbels, Joseph 74, 92, 221, 286, 368
Goebel, Gertrud 149, 349, 353
Goehlich, Maria 353
Göring, Erna 80, 82, 87, 208, 227, 310, 337, 351f., 354
Göring, Ernst 80, 82, 87, 125, 208, 227, 343, 346, 351, 357, 359, 371
Göring, Hermann 62f., 82, 84ff., 186, 208, 222, 226, 296, 335f., 339, 355f.
Göring, Karin 363
Göring, Mathias Heinrich 7f., 10, 14, 26, 36, 52, 54f., 59–73, 75–87, 91ff., 97–109, 112, 115, 121f., 127, 131, 134–141, 143f., 146f., 151ff., 156, 158f., 161f., 164ff., 172ff., 177–180, 182, 184–187, 193f., 198–201, 204–208, 210–213, 218, 222, 224, 226f., 229, 241–247, 250, 260–262, 265–293, 298–307, 309f., 314f., 320ff., 329, 331f., 334–337, 339, 344ff., 350ff, 355, 360–368
Göring, Peter 80, 352
Götz, Bruno 103
Goldstein, Kurt 57
Gorule Prof. Dr. 247
Graber, Hans-Gustav 149, 320, 353, 368
Grävenitz, Jutta von 197, 210, 352, 354f., 371
Graf, (Arnold, Lässig) Ursula 149
Grell, Klara 51, 203, 353
Griesbeck, W. 67, 97, 99, 144, 184, 320, 344
Grober (Physikalische Therapie) 361
Groddeck, Georg 7, 148, 150, 368
Groeger (Pädagoge) 49
Groeser, Prof. 362
Gross (Abtg. F. Rassenhygiene) 71, 300
Gross, Alfred 148, 150,
Grote, Heinrich 186, 350
Grotjahn, Martin 147f., 150, 326
Grun, Hertha 353
Günther, G. 345
Güse, Hans-Georg 74, 223
Gütt, Arthur 62f., 67, 77, 221, 223, 250, 333, 335, 344
Guggenheim, Max 101
Gumbel, Erich 33, 325
Gumpert, Martin 212, 215, 337
Gundert, Hermann 150, 352
Gundolf, (Gundolfinger), Friedrich 161

Haas, Erich 150
Haasvoll, Nina 345
Hackländer, Friedrich 352

Haeberle, Alfons 352
Haeberlin, Carl 57, 60f., 66, 72, 82f., 134ff., 147, 174, 255, 257, 320, 332, 334, 352
Haedenkamp, Karl 268, 363
Haendler, Otto 353
Haenel-Guttmann, Irene 148, 150
Hahn, Benno 57
Hannah, Barbara 88, 92, 101
Hanse, August 288
Hantel, Erika 198, 226, 353
Hall, Stanley 39
Hamann (Heeressanitätsinspektor) 227
Happel, Clara 150, 358
Happich, Karl 69, 337, 352
Hapke, Eduard 351, 353
Harnier (siehe Heyer) 167
Harnik, Jenö 47, 145, 150
Hartmann, Eduard von 336
Hartmann, Heinz 286, 296f., 299f., 367
Hasselbach, Hans Karl von 165
Hattingberg, Hans von 12, 58, 60f., 66, 80, 82f., 93, 100, 112, 134ff., 140, 147, 163, 165, 169, 192ff., 196ff., 213, 218, 225, 257, 286f., 292, 332, 333f., 342, 351f., 365
Hattingberg, Lisa von 353
Hau, Egon 352
Hauer, Jacob Wilhelm 103
Hawkins O'Neil, Mary 367
Hefelmann, Hans 221
Heidegger, Martin 127
Heilbronn, Hanna 322
Heimann, Paula 148, 326
Heinrichsdorff, Anni 329
Heintze (Psychiater, NS) 359
Heintze, Ilse 176
Hencke, Karl Ludwig 127

Henseler, Heinz 19
Herold, Karl Maria 150
Hermann, Imre 182
Hermanns, Ludger M. 325f., 338, 359
Herzog, Edgar 193, 198, 218, 245f., 267, 307, 320, 353
Herzog-Dürck, Johanna 193f., 329, 346, 353, 371
Heß, Rudolf 69, 134, 162, 226, 251, 333, 335, 336, 345
Hesse, Elisabeth 353
Heyde, Werner 221, 258ff., 358f., 362
Heyer, Anselm 169
Heyer, Carl 167
Heyer (geb. Harnier), Erna 167
Heyer (geb. Zobel), Friederike 170
Heyer, Gustav 167
Heyer, Gustav Richard 58f., 66, 77, 90f., 100, 127, 131, 134ff., 138, 161f., 164–167, 186, 193ff., 197ff., 208, 218, 226, 248ff., 263, 287, 292, 312f., 320, 332, 336, 345f., 350, 352, 355, 368
Heyer, Karl 167
Heyer, Viviane 170
Heyer, Wilhelm Jakob 167
Heyer, Wolfgang 168
Heyer, Zoe 353
Heyer-Grote, Lucy 103, 162, 164, 169f., 205, 208, 336, 346, 353, 356, 371
Himmler, Heinrich 221, 225, 358
Hirzel, S. (Verlag) 146
Hitler, Adolf 20, 33, 62, 68f., 83f., 87, 91, 93, 102–105, 107, 109, 115, 121, 124, 174, 214, 221ff., 226, 237, 250f.,

267, 281f., 288, 322, 332, 336f., 354, 356, 366f.
Hitschmann, Eduard 296f.
Hoche, Alfred Erich 128, 221, 249, 358
Hochheimer, Wolfgang 353, 371
Hochstetter 290
Hörmann, Bernhard 186, 242, 253, 291, 344, 350
Hörschelmann 163
Hoffer, Willi 296f., 327
Hoffmann, Artur 355
Hoffmann, Jacob 150
Hoffmann, Walter 352
Hollos, Istvan 183, 330
Holzmann, Prof. 344
Homburger, Eric 237
Hoop, van der, J. H. 105, 263–267, 269f., 272, 274, 276, 280, 282, 341, 363
Horkheimer, Max 45f.
Horney, Karen 47f., 55, 118, 133f., 145, 148, 150, 347
Horney, Oskar 118
Horvat, A. 330
Huber, Wolfgang 14, 19, 44, 196, 294, 303, 307, 320, 368
Hübner (Jungianer) 51
Hug-Hellmuth, Hermine 121
Husserl, Edmund 127

Jackson, Edith 367
Jacobson, Edith 43, 148, 150, 326
Jacoby, Russel 320
Jaeger, Manuela 353
Jaensch, Walter 242
Jaffé, Aniela 75, 90, 93, 100–103, 107, 162, 241, 250, 255, 262f., 265f., 311, 335, 340
Janet, Pierre 50

Jansen, Werner 184, 350
Jedzinek (Reichsjustizministerium) 291
Jensen, Maria 353
Jones, Ernest 12, 20, 31ff., 47, 85, 117, 124f., 141, 144f., 147, 153, 176, 239, 265, 294, 298, 303, 325, 330, 340, 344, 363
Jung, Carl Gustav 12, 17, 27, 39f., 50ff., 57ff., 61ff., 68, 71, 74ff., 79, 82f., 87–110, 132ff., 137f., 143f., 146, 152f., 158f., 161ff., 166, 170, 173, 176 - 179, 192f., 195, 197, 241, 249f., 254f., 258, 261–266, 268–279, 281ff., 286–294, 310f., 313, 320, 322–324, 332, 339ff., 346, 362f., 365, 367f.
Jung, Emma 158, 176
Jungmann-Hermann, Anna 51, 182f., 352

Kästner, Erich 109
Kahana, Ernst 329
Kaiser, Helmuth 327
Kalau vom Hofe, Maria 147, 150, 193, 197, 204, 225f., 343, 351f.
Kamm, Bernhard 28, 148, 150, 214, 326, 358
Kampmann, N. (Verlag) 169
Kankeleit, Otto 352
Kannabich, J. W. 330
Kant, Immanuel 120
Karamasow, Brüder 214
Kardiner, A. 320
Karger (Verlag) 362
Kath, Ingeborg 341, 349, 352, 354, 359, 371
Kauders, Otto 53, 346
Kaufmann, Karl 304

387

Kaul, Friedrich Karl 222f., 337, 343, 359
Kehrer, Ferdinand Adalbert 128
Keim, Karl Friedrich 352
Kellner, Hans 352
Kemper, Werner 82, 87, 112, 117, 123, 131–134, 150, 158, 164–167, 188, 194–197, 218, 227, 238, 307, 310, 313, 322f., 326, 332, 347f, 352
Kempner, Salomea 150, 309
Kern, Otto 352
Kersten, Otto 353
Kihn, Berthold 359
Kindler, Nina 162, 166, 346
Kirsch, James 102, 332
Kjustad 44
Klages, Ludwig 57, 136ff., 334
Klaus, Otto 49
Klein, Melanie 47, 116, 145
Klett, Ernst 344
Klingelhöfer, Nicolaus 86, 338, 350
Kloiber, Hedi 346
Kluge, Walter 150, 325
Knapp, Dr. 284f.
Knauer (Familie) 221
Koch (Kreislaufforschung) 361
Koch, Wiltrud 353
Köhler, Margarete 118f., 121, 123, 125, 342, 371
König-Fachsenfeld, Freiin Olga von 51, 193f., 203, 292, 353, 355f., 371
Körner, Otto 159, 161, 345, 352, 364
Köster, Richard 186, 352
Kötschau, Karl 253, 361
Kogerer, Heinrich von 53, 228, 266, 298–301, 320, 331, 351f., 367
Kohn, J. I. 329

Kolb, G. 53
Kolle, Kurt 352
Kondeyne (Reichsarbeitsdienst) 291
Kraepelin, Emil 79, 115, 230, 250, 258, 328, 337, 361
Kraft, Erich 150
Kranefeldt, Hanna 51, 353
Kranefeldt, Wolfgang M. 51, 99f., 138, 144, 153, 159, 161, 176, 193, 197, 218, 292, 352, 368
Krapf, G. 337
Kraus, Reinhold 352
Krause-Ablass, Margarethe 353
Krauss, Paul 352
Krechel 354
Kresiment 253
Kretschmer, Ernst 57, 59 ,61, 63, 73–79, 135, 185, 247, 250, 258f., 262, 276, 286, 310, 320, 337, 362
Kretschmer, Wolfgang, 75, 88, 332
Krichhauff, Giesela 371
Kries, Ernst 296f.
Kroh, Oswald 247, 354
Krone (Bäder- und Klimakunde) 361
Kronfeld, Arthur 50, 57, 60, 173, 332
Krüger, Felix 45, 327
Kühne, Paul 113
Kühnel, Gottfried 352
Kümmerlé (Jungianer) 51, 161
Künkel, Elisabeth 203, 353
Künkel, Fritz 49f., 57, 59, 61, 66, 72, 82, 84, 135–138, 140, 147, 152, 159, 173, 193, 195, 286f., 289, 292, 300, 306, 320, 328f., 332, 342, 346, 352, 364

Künkel, Hans 328
Küpper-Goebbels, Christel 353
Kürschner, Lotte 118
Kuhr, Alexander 353
Kujawa, von (Jungianer) 51

Lacan, Jacques 285
Lässig, Ursula (Arnold, Graf) 148, 338, 353, 371
Laforgue, René 284ff., 363
Lahmann, Heinrich 333
Laiblin, Marie 198, 339, 353, 354, 371
Laiblin, Wilhelm 353
Laing, Ronald 320
Lambert, Elsbeth 353
Lammers, Hans Heinrich 60, 334
Lampl, Hans 45, 150, 367
Lampl de Groot, Jeanne 31, 45, 114, 116f., 150, 296, 300, 343, 367, 371
Landauer, Karl 40, 45ff., 145, 150, 309, 328, 358
Landmark, Johannes 150
Lantos-Schneider, Barbara 116, 150, 326
Le Bon, Gustave 209
Lebek, Marianne 329
Leers, Hans 352
Lehmann, J. F. (Verlag) 169
Leibfried, Sebastian 320, 335f., 350
Leibnitz, Gottfried Wilhelm 229
Lemke, Gertrud 323
Lenzberg, Karl 69, 329
Leonardo da Vinci 27
Leonhard, Majorie 345
Lersch, Phillip 354
Leupold-Löwenthal Harald 326, 359
Lewy, Ernst 33, 345

Lewin, Kurt 57
Ley, Robert 53, 226, 335
Liebeck-Kirschner, Lotte 148, 150, 326
Lieck, E. 171
Liertz, Rhaban 352
Linden, Herbert 109, 152, 159, 178, 193, 221 f., 246, 253, 257, 259, 273, 290f., 306, 345, 352
Lindner, Torsten 51
Ljunggren, Stig 282
Lockot, Regine 117, 141, 205, 214
Lohmann, Berta 353
Löwenfeld, Henry 326
Löwenfeld, Yela 326
Löwengard, Ruth (verh. Künkel) 329, 343
Lorenz, Konrad 129
Lowtzky, F. 150
Luchsinger, Kurt 352
Lübbeke, Herta 51, 353
Lüps, Alice 80, 353
Luxenburger, Hans 320

Maas, Hilde 345
Madlung, Maria 353
Maeder, Alphons 262
Maetze, Gerhard 13, 15, 19f., 43, 117
Manday, Stefan von 329
Mann, Hedwig 353
March, Hans 150, 242, 352, 360
Marcinowski, Auguste 353
Martinek (Reichsarbeitsministerium) 291
Matthes, Paula 353
Mauz, Friedrich 57, 75, 78, 135, 337, 359
May, Dora 51, 353
McGuire, William 39, 323

Meier, C. A. 106, 108, 177ff., 185, 263, 271-282, 287, 294, 320, 335, 340f., 345, 350, 366
Meier-Denninghoff, Elly 353
Meinertz, Josef 286, 352
Meng, Heinrich 45 f., 58, 150, 328
Menser, L. 330
Mentzel, Rudolf 208
Mette, Alexander 147, 150, 326, 352
Meyer, Eduard 352
Meyer, Luise 371
Meyer-Grell, Martha 353
Meyer-Mark, Hans 159, 164, 198
Mhe, Margarete 353
Michel, Ernst 353
Michl, Walter 352
Mikorey, M. 256f.
Mitscherlich, Alexander 221
Mitscherlich, Luise 353
Mitscherlich, Margarete 342, 371
Mittelhaus, Grete 82, 341, 345, 351, 371
Mohr, Fritz 286, 332, 351f.
Monakow, Constantin von 39
Monchy, S. J. R. de 330
Montessori, Maria 327
Moor, Paul 341, 371
Moraitis, Demetrios 329
Morgenthaler, W. 108, 257, 281, 341
Moritz, Eva-Sophie 51 f., 152f., 161, 193, 352
Moses 17 f.
Moyzischewitz, Herta 353
Müller-Braunschweig, Ada 33, 119f., 150, 176, 342, 353
Müller-Braunschweig, Carl 7, 9f., 12, 14, 19, 28f., 32, 36, 43ff., 80, 85, 87, 111, 114f., 117-126, 131ff., 141, 144, 147, 150, 152f., 155, 158ff., 176, 193ff., 200f., 216, 218, 227, 266, 294ff., 298-307, 310, 312, 314ff., 321f., 323, 339, 342f.,345, 347, 353, 355, 357f., 367f.
Müller-Braunschweig, Hans 15, 122, 305, 321, 327, 342, 344, 346, 354, 366, 371
Müller, Friederich von 115, 161, 168f., 171, 346
Müller-Hegemann, Dietfried 195, 200, 346, 351f., 354
Müller-Hess (Gutachter) 114
Müller, Josine 120
Müller u. Kiepenheiuer (Verlag) 169
Muralt, Axel von 88, 103ff., 108f., 340
Mussolini, Benito 104
Muthmann, Arthur 150

Naef, Elisabeth 148, 150
Naegele, Otto 49
Naef, Elisabeth 327
Naka, Syuzo 274f., 277
Nasse, Waldtraut 198, 351
Neiser, E. M. J. 41, 110f., 116, 131, 325, 331
Nepalleck, Richard 367
Neuer, Alexander 330
Neugarten, H. 289f.
Neumann, Johannes 353
Neumann, Margarete 353
Neumarck 330
Neumüller-Boehm, Hilda 116
Niedieck, Otto 352
Nietzsche, Friedrich 103, 229
Nitzsche, Otto 359
Nonne, Max 250
Nunberg, Hermann 324

Ockel, Gerhard 352
Ohm, August 353
Okumura, Nikiti 275
Ophuijsen J. H. W, van 320, 330
Opitz, Erich 352
Oppenheimer, Carl 324
Ortega y Gasset, José 209
Ortner, Astrid 347f, 353
Otto, Berthold 327

Pagenstecher, Wolfgang 353
Pasche, Carl 353
Pasche-Fries, Maria 353
Pauli, Klemens 329
Peck, Martin W. 330
Peschke, Dr. 288
Pétain, Henri Philippe 284
Pette, Heinrich 257, 260
Pfannenmüller, (Psychiater) 359
Pfister, Oskar 112, 116, 320
Pietsch, Alfred 329
Plahner, S. 329
Poelchau, Harald 117
Poensgen, Frau (Sekretärin) 351
De Ponte, Erich 352
Plötz, A. 332
Pötzl, Otto 275
Pongratz, Ludwig, J. 74, 237, 326, 333
Prinzhorn, Hans 55ff., 136, 169, 333
Prosch, Mila von 51, 336, 353

Quandt 242f.

Rabe (Homöopathische Ärzte) 361
Radó, Sandor 47, 130f., 145, 150, 327
Raigorodsky (verh. Eitingon), Mirra Jacovleina 324
Raknes, Ole 150, 320
Ramm, R. 266, 304, 307
Ranft, Hermann 45, 150, 353
Rapaport, M. 330
Redecker, (Polizeibevollmächtigter in der Medizin) 323
Reich, Annie 150
Reich, Wilhelm 43, 47, 112, 145, 150, 326
Reik, Theodor 47, 145, 150, 238f.
Reimann, Helga 53, 330
Reiter, Hans 253ff. 350, 361
Reiter, Paul 262
Révész, László 182
Reymann, Ina 353
Rickert, Heinrich 127
Riebensahm, Gerda 343, 371
Rieger, Konrad 330
Riehl, Alois 120
Riemann, Fritz 150, 349, 353
Rieniets, Eleonore 329, 352
Ries, Hanna 117, 120, 176f. 346
Rietschel, (Kinderheilkunde) 361
Ritter (Schweden) 283
Rittmeister, John 28, 86, 159, 166, 193ff., 197, 211, 218, 300, 322f., 338f. 349, 351f., 357
Roback, Abraham A. 103, 340
Rockefeller-McCromick, Edith 51
Roellenbleck, Ewald 151, 176, 353
Roemer, Georg A. 53, 331f., 351f.
Röper, E. 291
Roloff, Helmut 86, 339, 371
Ronge, I. H. 329
Roos, Carl Alexander 354
Rosenberg, Alfred 115, 342
Rosenfeld, Eva 120, 345f.
Rostock, Paulus 127, 131, 165f.
Roth (Rechtsanwalt, Dresden) 329

Rother (Rheumabekämpfung) 361
Rotthaus, E. 352
Rubins, Jack 118
Rüdin, Ernst 59, 62, 67, 69, 75, 77, 186, 221, 223, 234, 237, 247f., 250–254, 257–260, 332f., 361f.
Rueff, Maria 352
Rüffer, Irmgard 353
Rümke H. C. 263, 267, 270, 276, 320, 363
Ruscheweyh, Hedwig 353
Rutkowski, Erika von 352
Ruttke, Falk 63, 173, 221, 223, 344
Rust, Bernhard 62, 334, 356

Saalfeld, Herta 353
Saatmann, Luise 352
Sachs, Hanns 7, 43, 47f., 116, 120, 145, 148, 151
Sander, Friedrich 354
Sänger, Annemarie 353
Sarasin, Philipp 330
Sauerbruch, Ferdinand 169, 208, 356f.
Sauerwald, Anton 294, 296ff., 300, 302, 304f. 366f.
Sawade Dr. (siehe Heyde) 359
Seelmann, Kurt 320, 353
Schairer, J. B. 329
Schalit, Ilja 151, 325
Scheffen, Hermann 353
Scheffen-Rauch, Vera 353
Scher, Franz 353
Schemm, Hans 59, 62, 334
Scherke, Felix 193f., 198, 209, 332, 353
Scheunert, Gerhard 151, 159, 345, 352, 371
Schierenberg, Karl August 353

Schilder, Paul 57, 286
Schilling (Hämatologische Gesellschaft) 362
Schipfer-Donat, Emma 353
Schirren, Julius 176, 353
Schjeldrupp, Harald 284
Schlie, Else 353
Schlosser (Pfarrer) 222
Schmacke, Norbert 74, 223
Schmaltz, Gustav 158f., 161, 198, 257, 320, 353, 364
Schmideberg, Melitta 47, 145, 151
Schmideberg, Walter 151
Schmidt, Karoline 353, 355
Schmitz, Karl 352
Schmoeckel, Johanna 176
Schmuttermeyer, Dr. 291
Schneider, Carl 359
Schneider, Ernst 353
Schneider, Kurt 237, 357
Schneider-Kassel, Hans 354
Schott, Ada (verh. Müller-Braunschweig) 121
Schottlaender, Felix 86, 151, 354
Schücking, Edith von 354
Schultz, Johannes Heinrich (auch: I. H.) 12, 57ff., 60f., 66, 75, 77, 82f., 87f., 112, 134–138, 140, 147, 159, 162, 164ff., 193f., 197f., 202, 210, 218, 221, 223ff., 230, 242, 286, 300, 306 , 320, 331f., 333, 342f., 351f., 361, 364
Schultz-Grimm Ellen 354
Schultze, Martha 352
Schultze, Walther 62, 335
Schultz-Hencke, Gerda 131, 343, 371
Schultz-Hencke, Harald 9f., 12ff., 19, 21, 57, 61f., 66, 83,

87, 111, 113, 115, 118ff., 122, 126–136, 140f., 146f., 151, 158, 188, 193ff., 197f., 206, 210f., 218, 256, 287, 306, 312f., 315f., 320ff., 326, 332, 339, 342, 347ff., 352, 357, 364, 368
Schultz-Hencke, Walter, 130
Schultz-Venrath, Ulrich 359
Schumacher, Artur 354
Schur, Max 366
Schuster, Walter 329
Schweitzer, Ernst 176
Schwidder, Werner 12, 19, 21, 323
Seelmann, Kurt 332
Seif, Leonhard 49, 57, 59ff., 66, 80, 82f., 100, 135ff., 140, 147, 158, 173, 198, 227, 265, 286f., 313, 320, 328, 332, 343, 345f., 351f.
Seifert, Friedrich 353
Seiff, Margarete 151, 195, 203, 353
Selesnick, Sheldon T. 337
Seyss-Inquart, Arthur 179
Siebeck, Richard 257, 361
Simmel, Ernst 7, 33, 41ff., 47, 57f., 112f., 145, 147f., 151, 320, 322, 324f., 325f., 358
Simenauer, Erich 148, 345, 371
Simon, Th. 53
Siomoneit, Max 354
Simson, Emil 151
Slotopolsky, D. B. 40
Smeliansky, Anna 33, 43, 151, 325
Sokolnicka, Eugenie 115
Solms-Rödelheim, Wilhelm 367
Sommer, Robert 51, 53–57, 75, 330ff.
Sonnemann, Emmy 85

Sorge 290
Spändel, Heinrich 198
Spangenberg, Johanna 347, 353
Speer, Albert 208, 226, 356, 359, 371
Speer, Ernst 286, 332
Sperber, Manès 49
Speyer, E. Breit von 102
Spiel, Oskar 353
Spiegel, Rose 14, 19
Spitz, René 147, 151, 326
Sprengel, Luise-Renate 353
Spring-Zürcher, Ines 329
Staabs, Gerdhild von 198, 203, 292, 348, 352
Stackmann, Hildegard 51, 290, 354
Staehr, Virgo von 51, 354
Staemmler, M. 343
Stark, Marianne 203, 226, 354, 359
Staub, Hugo 113, 151
Staudte, Anni 347, 354
Steger, Max 352
Stegmann, Margarete 151
Stein, Benno 329
Stein, H. 51, 60
Steinbach, Margarete 347, 354
Steiner, Bertha 296f., 367f.
Stekel, Wilhelm 40, 48, 57, 263, 332
Sterba, Edith 367
Sterba, Richard 294, 303, 367,
Stern, Paul 51
Stets, Walter 354
Stock, Frau 330
Stoltenhoff, Heinrich 352
Störring, Gustav 135
Sträcker, Fräulein 351
Stransky, Erwin 53, 179, 182, 320, 331, 338, 346
Strasser, Gregor 68, 84

Strauss, Erich Benjamin 105, 178f., 265, 272ff., 278, 291, 341, 346
Strauss, Heinz Artur 354
Strauss-Klöbe, Siegrid 341, 346, 354, 371
Streicher, Julius 139f.
Strünckmann 68, 84
Sturm (Physikalische Therapie) 361
Sulzer, Karl 329
Sumpf, Else 352
Supan, Hildegard 353
Sydow, Eckard von 151, 353
Symons, W. T. 329
Szalasi, Ferenc 183

Tandler, Julius 238
Tennstedt, Florian 320
Thiele, H. 228
Thomae, Helmut 13f., 19f., 31, 75
Thompson, G. W. Aidan 53
Thumb, Norbert 354
Thurmann (geb. Herrmann), Liese 175f.
Tiling, Erich 352
Tillgraen, Josua 283
Timme, Christel 354
Timme, Modesta 354f.
Titus, Kaiser 163
Todt, Fritz 356
Tomarkin 366
Toulouse, E. 53
Trentzsch, Karl 352
Trömner, E. 57

Unger, Helmut 221, 359
Unruh, Lonny von 290, 354

Väth 186, 361
Valenstein Arthur 33
Vershofen, W. 198

Vervaeck 53
Vetter, August 86, 197f., 203, 354
Villinger, Werner 231f., 359
Völgyesi, Ferenc 268
Vogel, Prof. 127
Vollrath, Ulrich 151
Voß, Hans von 354
Voss, Hella 354
Vowinckel (Weigert), Edith 58, 151, 326

Waelder, Robert 296f.
Wagner, Gerhard 60, 64, 67ff., 151, 170, 184, 221, 249, 253, 288, 333, 335f., 350
Wagner, Richard 103
Wagner von Jauregg, Julius 328, 367
Walter, Hildegard 354
Wassermeyer 69
Watermann, August 151, 309
Wegscheider, Claus 352
Weidmann 300
Weigel, Herbert 45, 151, 352
Weitbrecht, H. 74
Weizsäcker, Adolf 51, 90, 135, 153, 161, 163, 193, 197f., 287, 339, 342, 354
Weizsäcker, Luise 51, 354
Weizsäcker, Viktor von 57, 66, 249, 289
Weizsäcker-Hoss, Käthe 339, 346, 352, 371
Weller, Gertrud 354
Welsch, M. E. 115
Wentzler, (Psychiater) 359
Werner, Marie-Luise 151, 349, 354
Wertmann, H. 51
Westerman Holsteijn, A. J. 276, 363

Westphal, Alexander 79
Wessel, Horst, 335
Weygandt, Wilhelm 53
Weymann, Erika 354
Wiegmann, Heinz 352, 371
Wilamowitz-Möllendorf, Gräfin 363
Wile 107
Wilke 231
Will, H. 96, 139
Willich, Helene 354
Wilmanns, Karl 237
Wimmersberg, Franziska (Frances) von 151, 352
Winnicott, Donald W. 33
Winterstein, Alfred von 367
Wirz, Franz 78, 146, 152, 158f., 180, 184, 187, 243f., 253f., 263, 267, 289f., 302ff., 306, 320, 331, 345, 350, 362, 368
Wistrich, Robert 69, 332, 334ff., 368
Witt, Gerhard 151
Wittenberg, W. 50
Wolff, Ilsemarie 354
Worms, Hans 354
Wünsche, Helene 51, 354
Wüstner, Mathilde 354
Wulff, Mosche 151, 325
Wuth, I. A. 230f., 247f., 361
Wyneken, Gustav 327

Zabel, Werner 226
Zapp, Gudrun 15, 20
Zeddies, Adolf 354
Zeise, Ludwig 86, 354
Zieler, (Dermatologische Gesellschaft) 362
Zierold, Kurt 336, 357
Zippert, Erwin 354
Zweig, Arnold 325

Psychosozial-Verlag

Elke Metzner, Martin Schimkus (Hg.)
Die Gründung der Internationalen Psychoanalytischen Vereinigung durch Freud und Jung

2011 · 276 Seiten · Broschur
ISBN 978-3-8379-2101-4

Ein aktueller Blick auf ein entscheidendes Ereignis der Psychoanalysegeschichte!

Im vorliegenden Buch wird das Gründungsereignis der Internationalen Psychoanalytischen Vereinigung (IPV) in Nürnberg 1910 interdisziplinär und aus Sicht verschiedener psychoanalytischer Schulen reflektiert. Kam die Gründung zu früh oder beinahe schon zu spät? Handelt es sich bei Adlers und Jungs kurz nach der Gründung erfolgten Austritten aus der IPV um Spaltungen oder Sezessionen? Neben diesen Fragen werden auch damals diskutierte Themen wie das Unbewusste, Traum und Symbolik, Hermaphroditismus, Fetischismus und Paranoia aufgegriffen, aus heutiger Sicht dargestellt und in der aktuellen psychoanalytischen Landschaft neu verortet.

Mit Beiträgen von Almuth Bruder-Bezzel, Michael B. Buchholz, Michael Ermann, Edith Kerstan, Friedhelm Kröll, Roman Lesmeister, Michael Lindner, Christian Maier, Elke Metzner, Leibl Rosenberg, Martin Schimkus, Anne Springer und Mai Wegener

Jean Laplanche
Neue Grundlagen für die Psychoanalyse

2011 · 200 Seiten · Broschur
ISBN 978-3-8379-2006-2

Mehr als 20 Jahre nach der Erstpublikation liegen die *Neuen Grundlagen für die Psychoanalyse* von Jean Laplanche erstmals in deutscher Übersetzung vor.

Das Buch ist eine Einladung zum selbstständigen Denken in und mit der Psychoanalyse. Der profunde Kenner des Freud'schen Werkes und Mitautor des *Vokabulars der Psychoanalyse* setzt sich darin kritisch mit den Ursprüngen der Psychoanalyse bei Freud und seinen Nachfolgern auseinander. Er entwickelt einen weitreichenden Vorschlag für eine Neubegründung der Psychoanalyse. Jean Laplanche verbindet in seiner Arbeit die unverblümte Kritik der Irrwege mit der Anerkennung der ureigenen, unverzichtbaren Elemente der Psychoanalyse. Das Buch bildet einen zentralen Moment im Schaffen des Autors und eröffnet den Weg zur »Allgemeinen Verführungstheorie«. Es ermöglicht, die Entstehung des Unbewussten, die Natur des Triebes, aber auch das Wesen der psychoanalytischen Praxis neu zu begreifen, und stellt insofern einen Meilenstein für eine metapsychologische Neubestimmung der Psychoanalyse dar. Auch der Bezug bzw. die Abgrenzung zu anderen Wissenschaften (u.a. Biologie und Linguistik) wird erläutert.

Psychosozial-Verlag

Otto Rank
Das Trauma der Geburt
und seine Bedeutung für die Psychoanalyse

2007 · 229 Seiten · Broschur
ISBN 978-3-89806-703-4

Ein Klassiker der psychoanalytischen Literatur!

Otto Ranks »Das Trauma der Geburt und seine Bedeutung für die Psychoanalyse« ist mit Recht als ein Klassiker der psychoanalytischen Literatur weithin bekannt. Rank führt in die frühe ganz an der Vaterbeziehung orientierten Psychoanalyse mit der vorsprachlichen Mutterbeziehung und der Geburtserfahrung eine damals neue Problemebene ein. Dem Buch und seinem Autor wurde aus den Reihen der etablierten Psychoanalytiker darum auch massiver Widerstand entgegengesetzt, und das Werk Ranks fiel in Vergessenheit. Inzwischen wird aber gewürdigt, dass Rank mit der Betonung der Mutterbeziehung wesentliche Entwicklungen in der Psychoanalyse und Psychotherapie vorweggenommen hat.

www.ingramcontent.com/pod-product-compliance
Ingram Content Group UK Ltd.
Pitfield, Milton Keynes, MK11 3LW, UK
UKHW022209230426
12048UKWH00016BA/744